Os Astros Sempre Nos Acompanham

Claudia Lisboa

Os Astros Sempre Nos Acompanham

Um Manual de Astrologia Contemporânea

Edição revista e ampliada

13ª edição

Rio de Janeiro | 2023

CIP-BRASIL. CATALOGAÇÃO NA FONTE
SINDICATO NACIONAL DOS EDITORES DE LIVROS, RJ

L75a Lisboa, Claudia
  Os astros sempre nos acompanham : um manual de astrologia conteporânea / Claudia Lisboa. – 13. ed. – Rio de Janeiro : / Rio de Janeiro BestSeller, 2023.

  ISBN 978-65-5712-199-3

  1. Astrologia. 2. Horóscopos. I. Título.

21-71879   CDD: 133.5
                                   CDU: 133.52

Leandra Felix da Cruz Candido – Bibliotecária - CRB-7/6135

Texto revisado segundo o novo Acordo Ortográfico da Língua Portuguesa.

Título
OS ASTROS SEMPRE NOS ACOMPANHAM
Copyright © 2021 by Cláudia Lisboa

Projeto gráfico: Tatiana Podlubny
Capa e ilustrações: Marina Rozenthal

Todos os direitos reservados. Proibida a reprodução,
no todo ou em parte, sem autorização prévia por escrito da editora,
sejam quais forem os meios empregados.

Direitos exclusivos de publicação em língua portuguesa
para o mundo reservados pela
Editora Best Seller Ltda.
Rua Argentina, 171, parte, São Cristóvão
Rio de Janeiro, RJ – 20921-380

Impresso no Brasil

ISBN 978-65-5712-199-3

Seja um leitor preferencial Record.
Cadastre-se e receba informações sobre nossos
lançamentos e nossas promoções.

Atendimento e venda direta ao leitor
sac@record.com.br

Para minhas filhas
Luna e Mel

Agradecimentos

Aos meus alunos que sonharam antes de mim; a Kim Bins, por sua generosa disposição de me acompanhar; a Jayme Carvalho, em memória, que colaborou com as transcrições das aulas e me inspirou; a Raïssa de Castro, editora, fonte de estímulo em todo este projeto; a Tatiana Podlubny, pela sensibilidade do projeto gráfico; a Nelson Felix e Maria Nepomuceno, amigos que acolheram meus sonhos; a Marta Porto e Ana Madureira, que pacientemente leram os originais; à minha mãe, Jane Hartley, que apoiou desde o começo minha escolha profissional; aos meus avós que já partiram, John e Madeleine Hartley, por terem abrigado as minhas ideias; e a Eduardo Rozenthal que, além de companheiro, influenciou enormemente meu modo de pensar e ensinar astrologia.

Sumário

Prefácio   15

Introdução   23

PARTE I — ORIGENS

1. Um breve passeio pela história da astrologia   29

Mesopotâmia   30
Egito   32
A dominação persa   33
A era Alexandrina   34
A Índia, o Extremo Oriente, a América Central e os hebreus   34
Grécia e Roma   35
Astrologia árabe   38
Ocidente medieval   39
Renascença   39
Séculos XVII, XVIII, XIX e XX   41

PARTE II — OS RUDIMENTOS DA ASTROLOGIA

2. Classificação dos signos do Zodíaco   47

Apresentação   48
Polaridades   51
Os elementos e as triplicidades   52
Balanceamento de elementos e triplicidades   53
Conceitos-chave dos elementos   55
Conceitos-chave das triplicidades   56
O elemento Fogo   57
O excesso e a falta de Fogo   58
O elemento Terra   59
O excesso e a falta de Terra   60
O elemento Ar   61
O excesso e a falta de Ar   62
O elemento Água   63

O excesso e a falta de Água	64
Os signos cardinais	65
O excesso e a falta de cardinal	66
Os signos fixos	66
O excesso e a falta de fixo	67
Os signos mutáveis	67
O excesso e a falta de mutável	68

3. Os signos do Zodíaco   71

Conceitos-chave dos signos	72
Sobre a mitologia dos signos	78
O mito de Áries — O carneiro do tosão de ouro	79
O signo de Áries	81
O mito de Touro — O rapto de Europa	83
O signo de Touro	84
O mito de Gêmeos — Castor e Pólux	86
O signo de Gêmeos	87
O mito de Câncer — A hidra de Lerna	90
O signo de Câncer	90
O mito de Leão — O leão de Nemeia	93
O signo de Leão	94
O mito de Virgem — O exílio de Astreia	96
O signo de Virgem	96
O mito de Libra — A balança de Astreia	99
O signo de Libra	99
O mito de Escorpião — A morte de Órion	102
O signo de Escorpião	102
O mito de Sagitário — O centauro Quíron	105
O signo de Sagitário	106
O mito de Capricórnio — A cabra Amalteia	108
O signo de Capricórnio	109
O mito de Aquário — O rapto de Ganimedes	112
O signo de Aquário	112
O mito de Peixes — O casamento de Anfitrite	115
O signo de Peixes	115

4. Os planetas — 119

Apresentação — 120
Conceitos-chave sobre os planetas — 120
O Sol e a Lua — Personagens centrais — 123
O mito da Lua — A luz noturna — 126
A Lua — Personagem central feminina — 127
O mito do Sol — A luz diurna — 129
O Sol — Personagem central masculina — 129
O mito de Mercúrio — O mensageiro — 131
Mercúrio — O andrógino — 132
Vênus e Marte — Os amantes — 134
O mito de Vênus — A deusa do amor — 136
Vênus — A amante — 137
Vênus Lúcifer e Vênus Hésperus — As duas amantes — 138
Vênus Lúcifer — A amante movida pela paixão — 139
Vênus Hésperus — A amante movida pela razão — 140
O mito de Marte — O deus da guerra — 140
Marte — O amante — 141
Marte conquistador — O amante apaixonado — 143
Marte estrategista — O amante racional — 143
O mito de Júpiter — Pai dos homens e dos deuses — 143
Júpiter — O benfeitor — 145
O mito de Saturno — O deus do tempo — 146
Saturno — O antagonista — 147
O mito de Urano — O céu — 148
Urano — O agitador — 149
O mito de Netuno — O deus do mar — 151
Netuno — O Sonhador — 151
O mito de Plutão — O deus da morte — 153
Plutão — O redentor — 153

5. As casas astrológicas — 157

Apresentação — 158
Sistemas de divisão das casas — 159
Diferença fundamental — 160

Conceitos-chave das casas 160
Sobre as casas angulares 163
Casa 1 — O Ascendente 164
Casa 2 167
Casa 3 170
Casa 4 — O Fundo do Céu 173
Casa 5 175
Casa 6 177
Casa 7 — O Descendente 180
Casa 8 184
Casa 9 187
Casa 10 — O Meio do Céu 189
Casa 11 191
Casa 12 193

6. Signos nas pontas de casas e signos interceptados 197

Apresentação 198
Signos na ponta da casa 1 ou interceptados na casa 1 198
Signos na ponta da casa 2 ou interceptados na casa 2 202
Signos na ponta da casa 3 ou interceptados na casa 3 206
Signos na ponta da casa 4 ou interceptados na casa 4 209
Signos na ponta da casa 5 ou interceptados na casa 5 213
Signos na ponta da casa 6 ou interceptados na casa 6 217
Signos na ponta da casa 7 ou interceptados na casa 7 221
Signos na ponta da casa 8 ou interceptados na casa 8 225
Signos na ponta da casa 9 ou interceptados na casa 9 230
Signos na ponta da casa 10 ou interceptados na casa 10 235
Signos na ponta da casa 11 ou interceptados na casa 11 240
Signos na ponta da casa 12 ou interceptados na casa 12 243

7. Aspectos 249

Apresentação 250
Orbe 251
Conceitos-chave dos aspectos 251
Conjunção 253
Sextil 253

Quadratura 254
Trígono 255
Oposição 256
Grande quadratura 257
Grande trígono 258

PARTE III — INTERPRETAÇÃO

8. Planetas nos signos 263

O Sol nos signos 264
Lua nos signos 276
Mercúrio nos signos 291
Vênus nos signos 303
Marte nos signos 319
Júpiter nos signos 335
Saturno nos signos 346
Urano nos signos ,56
Netuno nos signos ,59
Plutão nos signos 362

9. Ascendente e Meio do Céu nos signos 367

Ascendente nos signos 368
Meio do Céu nos signos 376

10. Planetas nas casas 385

Sol nas casas 386
Lua nas casas 398
Mercúrio nas casas 411
Vênus nas casas 423
Marte nos casas 431
Júpiter nos casas 451
Saturno nos casas 465
Urano nos casas 482
Netuno nos casas 498
Plutão nos casas 512

11. Planetas em aspectos — 529

Aspectos com o Sol — 530
Aspectos com a Lua — 548
Aspectos com Mercúrio — 566
Aspectos com Vênus — 580
Aspectos com Marte — 592
Aspectos com Júpiter — 604
Aspectos com Saturno — 613
Aspectos com Urano — 620
Aspectos com Netuno — 624
Aspectos com Plutão — 627

12. Lilith — 631

Apresentação
Lilith nos signos — 638
Lilith nas casas — 654
Aspectos com Lilith — 672

13. Nodos Lunares — 685

Apresentação — 686
Nodos Lunares nos signos — 687
Nodos Lunares nas casas — 694
Aspectos com os Nodos Lunares — 701

14. Quíron — 719

Apresentação
Quíron nos signos — 721
Quíron nas casas — 728
Aspectos com Quíron — 736

15. Roda da Fortuna — 753

Apresentação — 754
Roda da Fortuna nos signos — 755
Roda da Fortuna nas casas — 760
Aspectos com a Roda da Fortuna — 767

APÊNDICE 1 - NOÇÕES BÁSICAS DE MECÂNICA CELESTE 779

A esfera celeste 780
Os movimentos da Terra 780
Movimento de rotação da Terra 780
Coordenadas terrestres 780
Fusos horários 782
Movimento de revolução da Terra e eclíptica 783
Inclinação do eixo terrestre e as estações do ano 783
Coordenadas celestes 787
Movimento de precessão dos equinócios 789
Zodíaco e signos zodiacais 791
As leis de Kepler 792
Movimento retrógrado dos planetas 793
As fases da Lua 794

APÊNDICE 2 - PLANETAS RETRÓGRADOS 797

BIBLIOGRAFIA 800

Prefácio

Claudia Lisboa nos aponta o cosmos através de seu território astrológico cultural; convida-nos a contemplar a imensidão do firmamento, deixando que as conexões se façam entre a beleza do macrocosmo e as riquezas configuradas no microcosmo. Uma viagem no tempo histórico; da idade mais remota à atualidade; visão das imagens arquetípicas expressas na natureza celeste se manifestando na vida terrestre. Vislumbro em seu território de saberes, o qual denominou *Os astros sempre nos acompanham — Um manual de astrologia contemporânea*, desenhado laboriosamente em cada página, uma profissional atenta aos cânones básicos da estrutura da astrologia.

Sua obra é a expressão viva de anos de incansável dedicação aos estudos, de observação contínua e atenta ao conhecimento empírico adquirido no exercício de cálculos matemáticos de precisão e análises na execução de mapas astrológicos individuais, e de sua longa convivência teórica e prática ministrando, há anos, aulas com critério didático, bem pessoal; abrindo portas ao desvelar horizontes escritos no Céu estrelado e que se revelam efetivamente na vida cotidiana — Céu e Terra interagindo.

Consciente dos conceitos do sábio suíço C. G. Jung, das leis das correspondências entre o que se sucede em nós e o que nos sucede fora de nós, o que se manifesta em nós é desenhado no Céu por semelhança. Claudia aborda as várias vertentes que compõem a astrologia, ponto de partida do princípio da sincronicidade, o que está fora de nós mesmos e se revela em nós.

Encontrou seu próprio trajeto de trabalho, seguindo pegadas próprias, sendo fiel a si mesma. Como quem realiza o processo de individuação, de que nos fala C. G. Jung, Claudia sempre se mostrou ser ela mesma, em sua individualidade, sua particularidade. Iniciou sua caminhada no percurso dos astros — da astrologia, a mãe de todas as ciências — com a grande mestra Emma Costet de Mascheville[1].

---

1 Emma Costet de Mascheville (1903-1981) nasceu em Haimhausen, na Alemanha, e se estabeleceu no Brasil em 1925. Astróloga e professora de astrologia, estudou e testou seus conhecimentos ao longo de 56 anos.

Emma de Mascheville foi a mais douta da história da astrologia no Brasil. Não me refiro somente ao seu conhecimento epistemológico e à vasta experiência acumulada em anos de atendimento particular e/ou como mestra, mas em especial por sua singular visão de mundo, sua largueza filosófica transmitida generosamente. Mulher que olhava o futuro da humanidade com esperança na compreensão das bipolaridades próprias da vida, certa de que assim é possível reencontrar a harmonia, a unidade primordial. Sempre reflexiva a indagar: "O que nós somos?" Tive poucos encontros com essa preciosa mulher e percebi que não estava diante apenas da astróloga Dona Emma, mas de um ser humano que pensava, questionava as causas e os princípios essenciais da vida; da natureza em sua magnitude. Claudia Hartley Lisboa teve a felicidade de fazer toda a sua formação básica com essa grande senhora, que lhe transmitiu o método de estudos e a sede das profundas indagações para a compreensão da vida individual, coletiva e cósmica; a astrologia em seu significado mais elevado. Profética, Dona Emy, carinhosamente assim chamada, apontava Céus e horizontes: "As grandes dificuldades para o final de século irão contribuir para o amadurecimento e a evolução humana." Astrologia, portanto, a serviço da evolução pessoal e coletiva.

Os astros sempre nos acompanham nos abre suas janelas com o olhar para as origens remotas da astrologia; caminha-se pela Pérsia com suas bases e crenças primitivas. A Mesopotâmia em suas raízes milenares, entre os rios Tigre e Eufrates, quando o conhecimento do firmamento estrelado se afirma por observações precisas dos sábios imperadores, que eram sacerdotes, astrólogos-astrônomos; os primeiros matemáticos registrando em argila, cuidadosamente, as configurações observadas dos movimentos diários dos astros, fazendo suas conexões precisas com o que se passava na vida cotidiana, isto é, nos acontecimentos aqui na Terra. Mostra-nos que contemplar o percurso do Sol, da Lua e dos astros cintilando na imensidão do Céu era vislumbramento e profunda reverência religiosa. Sumérios, assírios, babilônios e caldeus eram, sem dúvida, observadores muito meticulosos e perspicazes. Essa riqueza do saber celeste era simultaneamente dividida com outra civilização não menos importante, a egípcia, que, por outros meios, também registrou o que se passava no Céu, fazendo suas ligações com o que ocorria na

Terra. Os egípcios, ao contemplar a abóboda celeste em seus observatórios mais ou menos no mesmo período que os persas, decifraram os mistérios do Zodíaco em sua magnitude física e simbólica, e com outras contribuições importantes. Esses povos se enriqueceram mutuamente num período de maior comunicação cultural.

Para os antigos, o destino e tudo na natureza que os cercava estavam "escritos nas estrelas", mas isso não significava um determinismo imponderável. Indubitavelmente, esses dois povos foram o berço das observações celestes. Civilizações seguintes aprimoraram culturalmente o saber astronômico e astrológico, que se espalhou por todas as nações até os dias de hoje.

Depois de passarmos pela Índia, pelo Extremo Oriente, pela América Central e pelo povo hebreu, chegamos à Grécia, com seus avanços fundamentais e imensa contribuição às bases da astrologia, numa convergência de sábios pensadores-filósofos, e a Roma, que democratiza esse saber. Claudia nos leva a conhecer um pouco das influências árabes, das culturas que se desenvolveram na Idade Média até o Renascimento, seguindo para os séculos XVII, XVIII, XIX e XX. Já caminhando no terceiro milênio como uma astronauta com o olhar celeste e os pés firmes no chão, ela nos oferece a cada página de seu livro a complexidade das configurações dos astros e sua aplicação prática.

Astronomia e astrologia andavam de mãos dadas até o século XVII. Com o avanço das ciências exatas, houve um distanciamento, mas o saber astrológico seguiu seu rumo com passos silenciosos e constantes, como se pode acompanhar.

Encontramos prazer ao ler sobre os rudimentos fundamentais da astrologia, a exposição dos 12 signos do Zodíaco e suas polaridades, com ampla visão da essência de cada um dos signos com suas singularidades. Um exemplo interessante é quando descreve o signo de Peixes e seu signo complementar: "Quando crê em algo, persegue seu sonho, mesmo que todos desacreditem dele. Solitário, segue seu caminho pelos oceanos do seu desejo cruzando as fronteiras ditadas pela realidade objetiva. Diametralmente oposto a Peixes está Virgem, símbolo da análise e da crítica. É importante que Peixes se inspire nessas qualidades, pois, na sua falta, tenderá a refugiar-se na fantasia, dissociando-a da realidade. Com disciplina e organização, torna-se mais objetivo e, assim, pode acolher as pequenas coisas que a vida exige." Observa-se aqui uma postura de aconselhamento, e não uma determinação factual.

A aceitação e a compreensão de energias opostas têm a ver com a aceitação de nossos conflitos, da possibilidade de integração das próprias contradições e complementação de nossa natureza como um todo. A autora nos mostra que a interpretação na leitura de um astro ou aspecto no mapa natal é justamente no sentido de dar uma indicação possível para a harmonia e o crescimento da pessoa humana diante dos desafios a serem confrontados.

No percurso, ainda podemos nos deleitar com algumas imagens, como a composta ao descrever o irreverente décimo primeiro signo: "Aquário deixa marcas de sua passagem como um vendaval desarrumando o quintal."

Em seu itinerário, Claudia aborda com rigor os conceitos-chave dos elementos básicos da natureza e suas triplicidades. As potências do Fogo, da Terra, do Ar e da Água e o que pode acontecer de se ter a mais ou a menos, em excesso ou em falta. Trata-se, mais uma vez, de um olhar atento aos pormenores descritos na imensidão e da complexa bagagem que a velha senhora astrologia nos oferece.

Ao tratar com amplitude a natureza dos 12 signos do Zodíaco, Claudia enriquece a descrição ao recorrer à mitologia, nos apresentando cada um dos mitos em seus estágios primordiais, de Áries a Peixes. O mesmo acontece ao escrever pontualmente sobre a natureza dos astros; os dois luminares, Sol e Lua (como personagens centrais), e os planetas. Ao acompanhar atentamente a sequência da leitura, página por página, apreendemos as riquezas e configurações míticas que definem cada um desses signos e astros em seu significado simbólico e arquetípico; além da interação das energias masculinas em complementação às femininas expressas nessas fontes vitais. E, assim, percorremos seu livro com sedenta curiosidade.

As casas astrológicas com seu sistema de divisões são descritas em seus conceitos-chave, pontuando cada casa em sua singularidade, particularidade e as conexões com os astros nelas presentes. Numa passagem referente aos cuidados e acolhimento sobre a presença da Lua em determinada casa, descreve: "Já que estamos falando de cuidar e acolher, não podemos deixar de reconhecer o quanto é adequada a relação tradicional da Lua com a casa, espaço físico que nos protege das intempéries, lugar de recolhimento ao qual retornamos para repousar e restaurar as forças empregadas nas tarefas diurnas e, finalmente, o 'útero' que acolhe e nutre relações de afetividade."

Este pequeno manual que é oferecido ao público, a estudiosos e sedentos de conhecimentos da astrologia, é marcado por uma postura objetiva e palpável pela experiência didática pontuada como instrumento para o alargamento da consciência. A astrologia é um dos processos mais ricos e sutis de autoconhecimento, de tomada de consciência de si mesmo. Escrever um livro não é apenas uma afirmação cultural ou mesmo prazer do ego, mas é, acima de tudo, dar o recado, deixar um legado; é oferecer um presente pessoal e íntimo para o público em geral e, neste caso, também para a história da astrologia. Trata-se de escritos para uma compreensão maior da natureza humana e da vida em sua totalidade.

Claudia tem a simplicidade de nos dizer que aprendeu muito na vivência cotidiana. Soube aprender com os clientes, com os alunos, na escuta atenta e trocas de ideias, percepções. Firme em seu conceito das polaridades zodiacais ao lembrar a mestra Dona Emma, que dizia: "O Escorpião tem duas almas: a da destruição e da regeneração", Claudia, por sua vez, afirma acreditar que a maioria de nós experimente ao longo da vida um pouco de cada uma. Entendemos como momentos ou circunstâncias de destruição assim como de regeneração e transformação servem para se alcançar níveis mais elevados de consciência.

É possível amadurecer ao enfrentar os impasses da vida, refletir, observar e superar conflitos com o tempo. Claudia mostra, nas entrelinhas, que viver é um processo contínuo de enfrentamento de nossos contrários, de nossas polaridades escuras e luminosas, ativas e receptivas, e nos transmite um dos ensinamentos de Emma de Mascheville: "Acredito que o mais difícil na área em que o Escorpião está envolvido é lidar com o conteúdo psíquico das regiões sombrias do ser. Por outro lado, lá encontramos as forças criativas, sendo, portanto, necessário enfrentar tal conteúdo se quisermos dar vazão a elas. Quando se trata desse signo, nada passa indiferente, tudo vem acompanhado da violência associada a tais potências, da intensidade que faz da vida um palco de emoções tremendamente assustadoras, mas fatalmente atraentes.

Por isso, é evidente que nessas áreas da vida é preciso um trabalho psíquico que ajude a viabilizar efetivamente o uso positivo das poderosas forças por nós criadas."

Referindo-se ao exercício da escuta, nos relata: "Aprendi com os capricornianos que trabalho para eles é o alicerce de suas vidas. Todos, salvo algumas exceções, sentem enorme desejo de vencer na vida por conta própria. Não se acovardam frente às dificuldades que a realidade lhes apresenta. Muito pelo contrário, em momentos mais tranquilos, o capricorniano se impõe novas adversidades, como se não soubesse viver sem um obstáculo a ser ultrapassado."

A era iluminista reduziu a astrologia à racionalidade do determinismo e, por consequência, tornou-se fechada em suas teorias fatalistas, perdendo sua riqueza simbólica no campo das probabilidades. É preciso lembrar que na passagem do século XVI para o XVII, a astrologia passava por três vertentes para os tipos de previsões. Isso quem nos legou foi Kepler, ao declarar que havia a análise física (corpo), a metafísica (psíquica) e a dos signos (astronomia). Kepler, a princípio, chegou a entendê-la como predestinação. Depois, mais observador, passou a ter reservas em relação às pretensões e desígnios da astrologia tradicional. Acentuava que a função do astrólogo era interpretar os sinais do Céu visíveis em relação à Terra, tendo uma postura de aconselhamento, um tanto psicológica/metafísica, diante das possibilidades, por não ousar ser determinista ao afirmar: "Não sei com suficiente certeza se poderia ousar predizer confiantemente qualquer coisa específica", isto é, ser factual. Kepler (1571-1630) fazia horóscopos e os interpretava como um profissional dedicado e respeitado. Apreendeu a totalidade da criação, sem divisões entre as energias celestes e terrestres. Foi um matemático na precisão das coordenadas celestes e intuitivo, místico altamente espiritualizado. As conexões astrais se manifestavam, isto é, se revelavam de maneira física e emocional na vida de seus clientes. Kepler sabia disso, das ocorrências das probabilidades em relação aos seus clientes. O Iluminismo que se estabeleceu no século XVII fechou a astrologia na racionalidade determinista, cartesiana.

A astrologia, apresentada por Claudia, abre portas para a leitura quântica das probabilidades, avança para sua compreensão larga e fecunda, em harmonia com os valores da vida. Não importa se o Sol é o centro do sistema, é do ponto de vista da Terra que vislumbramos os movimentos celestes. É a partir da Terra que fazemos nossas referências. É da Terra que procuramos compreender nossa dimensão e responsabilidade existencial. Aqui vivemos, e a astrologia é preciosa como uma bússola para nos orientar nessa caminhada árdua e maravilhosa que é viver a vida em todas as suas dimensões. Somos herdeiros das estrelas há bilhões de anos. No interior do átomo não há códigos ou leis de causa e efeito — o que existe é a imprevisibilidade. Ela se revela através dos ritmos da natureza, e percebemos que cada um de nós participa desses ritmos intimamente e que estamos conectados com todo o Universo em sua fonte primordial.

A astrologia é ciência enquanto passível de experimentação, ao estabelecer cálculos aritméticos da matemática, de precisão, e é arte enquanto interpretação de uma linguagem simbólica. A astrologia pertence ao mundo das alegorias, das metáforas. Cada um de nós é dono de seu próprio destino. O processo de individuação, ser verdadeiramente quem somos, depende de nossos desafios pessoais. O profissional astrólogo, como um Sócrates contemporâneo, dirá "Conheça-te a si mesmo", e, ao fazer as conexões celestes, apenas ajudará ao seu consulente a conhecer-se e, com sensibilidade, mostrará o horizonte a ser vivido, sem interferências no livre-arbítrio. A matéria densa e a sutil não são inseparáveis. Nenhuma teoria científica pode ser completa às investigações do ilimitado, e o mesmo se dá com o saber astrológico. Nenhuma teoria é completa sem integrar o ser observador e o objeto observado.

A história das ciências está repleta de críticos maledicentes, que não estudaram nem absorveram a linguagem simbólica dos Céus. Essas pessoas não nos interessam, nem merecem falas.

Na história da humanidade, são muitos os sábios pensadores, filósofos, artistas, poetas e músicos que apreenderam os sinais dos Céus e se beneficiaram ricamente em suas vidas pessoais. Não citarei nada de Dante, Goethe, Hildegard Von Bingen, nem Henry Miller ou Walter Benjamin, mas de um monge beneditino contemporâneo, Gerhard Voss, em sua obra *Astrologia cristã* (*Astrologie christlich*), de 1980, ao afirmar que "o horóscopo é uma carta de amor de Deus, e, mais ainda, o horóscopo, meio de conscientização, não representa apenas um grilhão que prende a pessoa à sua condição humana, mas constitui um processo de autoconhecimento mediante o qual a pessoa descobre o seu eu e o perscruta até que se torne um vaso, embora turvo, mas que, mesmo assim, contém algo divino, luminoso".

Outro sábio que viveu sua paixão pela imensidão do infinito celeste e curtia profunda simpatia pela linguagem simbólica dos astros foi Albert Einstein, que afirmava: "Os domínios do mistério prometem as mais belas experiências." E ainda: "Uma proposição é correta quando, dentro de um sistema lógico, é deduzida de acordo com as regras aceitas da lógica. Um sistema tem conteúdo de verdade de acordo com a certeza e a inteireza da possibilidade de coordenação com a totalidade da experiência. Uma proposição correta tem a sua 'verdade' adquirida por empréstimos ao conteúdo de verdade do sistema a que pertence."

A astrologia não é um saber para se acreditar ou negar credibilidade, e sim um saber tão antigo quanto a história da humanidade, a ser constatado. Quando dois ou mais planetas interagem geometricamente no Céu configurado entre si, podemos constatar simbolicamente, por correspondência, acontecimentos na vida terrestre, por sincronicidade. É a lei das correspondências. É nessa vertente que o cosmos nos habita — já que *os astros sempre nos acompanham* — que a astróloga Claudia Lisboa nos presenteia neste ano de 2013, quando o mundo em sua totalidade, em plena efervescência, quer horizontes objetivos para a compreensão dos valores essenciais da vida humana.

Martha Pires Ferreira
Verão, 2013

Introdução

Olhar para o Céu estrelado e contemplar a imensidão do firmamento, ora acolhedora, ora atemorizante, é dilatar a percepção e, juntamente, o significado da existência. Com a alma povoada de imaginação, os humanos conferem aos astros simbolismos, impregnando-os de uma misteriosa potência. Força e simbolismo nos são devolvidos pelos próprios astros sob a forma de conhecimentos verdadeiramente sagrados, confidenciados ao pé do ouvido dos astrólogos.

O desígnio da astrologia é, portanto, fazer a ponte entre os humanos e o cosmos. De posse do saber astrológico, os homens peregrinam em direção ao firmamento, em busca da sua dimensão mágica. No sentido inverso, os astros se reclinam sobre a superfície da Terra e tocam a sua própria humanidade.

Fazer astrologia é conversar com pontos luminosos do Céu, fazer-lhes perguntas e esperar as respostas. Às vezes, elas nos chegam quase em tempo real, outras demoram uma eternidade. Há milênios os humanos aprenderam a língua do firmamento, mas ainda há muito o que decifrar. Por isso, talvez, algumas respostas cheguem mais tardiamente. Felizmente, a astrologia não se tornou uma língua morta, como ocorreu a tantas outras. Contudo, à semelhança de qualquer linguagem, precisa ser sempre atualizada. Algumas palavras e expressões caem em desuso, enquanto novas são criadas. Com a língua dos astros não é diferente. O modo como os antigos se comunicavam com os corpos celestes não é, evidentemente, o mesmo praticado hoje. A língua atualizada sob o olhar contemporâneo veste a interpretação astrológica de uma roupagem adequada aos ouvidos do sujeito do nosso tempo. As interpretações que nos soam estranhas nos tratados clássicos de astrologia, quando relidas sob esse novo olhar, têm o brilho da sabedoria milenar renovado.

Há um momento indefinido no tempo em que a curiosidade humana e os mestres do firmamento se encontraram, e alguns desses curiosos se transformaram nos primeiros astrólogos de que se tem notícia, os primeiros decifradores da língua falada no Céu estrelado. A partir desse encontro, os humanos registraram meticulosamente as posições ocupadas pelos astros, estudaram com cuidado as relações entre estas e os acontecimentos na Terra e desenvolveram cálculos suficientemente precisos para prever as futuras posições e, por conseguinte, fazer projeções sobre os eventos terrestres e humanos. Esse diálogo tão íntimo e silencioso da Antiguidade tornou-se um burburinho efervescente com o passar dos séculos e até mesmo dos milênios. Em tempos passados, esse diálogo caiu em descrédito e teve, portanto, seus momentos de reclusão, período suficiente para transmutar-se e ressurgir vigoroso nos dias atuais, ocupando um lugar digno de uma linguagem de tal envergadura.

Fazer astrologia hoje é, do mesmo modo como os povos do passado faziam, ouvir as mensagens vindas do firmamento e traduzi-las de acordo com um saber edificado por diversas culturas e atravessado por suas tendências. A diferença entre a maneira como os antigos liam tais mensagens e como nós o fazemos na atualidade reside no fato de, não pretendendo ser a astrologia contemporânea determinista tal como era no passado, elementos como a genética, a educação, o ambiente onde o indivíduo cresceu, seus valores morais e, especialmente, suas escolhas influenciarem o modo como as tendências produzidas por tais relações são forjadas na sua experiência e em suas realizações pessoais. Observado isso, uma boa interpretação considera as combinações entre as diferentes posições dos astros numa carta natal, entendendo, portanto, o conteúdo de informações contidas na matriz astrológica não como um somatório de interpretações isoladas, mas como um diálogo dinâmico e orgânico entre elas. Cabe, portanto, a cada astrólogo, conduzido pela sensibilidade e pela atmosfera do encontro com o seu consulente, produzir uma interpretação criativa e que seja capaz de soprar nos ouvidos da alma de quem busca esse saber a tradução das mensagens que os astros produziram no dia do seu nascimento e endereçaram especialmente a esse indivíduo.

Foi-me dado o privilégio de conversar com o firmamento. Sinto-me autorizada pelo meu próprio horóscopo para isso. Ademais, recebi as bênçãos de Emma Costet de Mascheville para iniciar-me nessa linguagem sagrada. Acompanhei-a por anos à fio, assistindo às suas aulas, testemunhando suas palestras e calculando horóscopos na sua casa, no bairro da Independência, em Porto Alegre. Dela, ouvi declarações como: "Não falem mal de Saturno; não é o Saturno do Céu e sim o teu Saturno interior que te atormenta; se algum Escorpião te fere, sê consciente de que ele tem a finalidade de despertar alguma qualidade que mantinhas oculta e deixaste de manifestar. Mesmo a ferida é um bem para o teu despertar a que deves ser grato, assim como o és ao cirurgião que desperta nova vida em ti."

Estávamos na década de 1970 e uma nova visão da astrologia surgia, não só no Brasil, mas no mundo inteiro. A chance de estudar com alguém que transmitia esse conhecimento milenar de maneira diferente dos manuais clássicos de astrologia foi acolhida por mim como uma dádiva. Tratava-se de uma astrologia mais humana, uma astrologia que, no lugar do determinismo, levava em conta a responsabilidade do indivíduo sobre as suas escolhas.

Ávida por absorver a sabedoria de Emma, sentava-me, junto a outros tantos jovens, ao redor de uma mesa improvisada na garagem da sua casa. Nos fins de semana, caminhava ao seu lado às margens do rio Guaíba, quando então me era confiado o exemplo da potência que era fazer da astrologia um instrumento de construção de um modo singular de ser no mundo. Emma era única.

Fiel às origens e, portanto, com a posse legítima desse saber universal e simbólico, Emma estava absolutamente aberta a adaptar a astrologia aos novos tempos. Ela nos falava sobre campos magnéticos. Ela nos falava sobre campos bioenergéticos. Ela nos falava sobre o *spectrum* da luz. Ela nos falava sobre a vida.

Naquele tempo de muitas cores, de paz e amor, abria-se o caminho que eu iria percorrer levando a semente que então fora plantada em mim.

Passaram-se mais de trinta anos e, de lá para cá, as estrelas me confidenciaram segredos para serem traduzidos por quem nelas confiou. Tenho sido, portanto, astróloga.

Trouxe ao mundo duas filhas. Plantei algumas árvores. Mas faltava o livro. As filhas vieram cedo, as árvores foram plantadas ao longo da vida e o livro ficou à espera de uma mensagem vinda do firmamento. Ela, afinal, tocou o pé do meu ouvido e a mandala do meu mapa na tela do computador. Era chegada a hora de escrever. Eis, pois, alguns dos segredos a mim confiados.

PARTE I
Origens

CAPÍTULO 1
Um breve passeio pela história da astrologia

Sem sombra de dúvida, a astrologia é um saber milenar. Todavia, é muito difícil, se não impossível, datar com exatidão a sua origem. Não obstante, é curioso pensar que quase todos os animais mantêm os olhos presos ao chão, mas os humanos, diferentemente, dirigem o olhar para o lado oposto, contemplando o Céu e o movimento dos astros. Desse modo, pode-se dizer que a astrologia teve início quando o homem olhou para o firmamento e estabeleceu as primeiras correlações entre os fenômenos celestes e os acontecimentos na Terra.

Um dado importante a ser mencionado é a estreita relação, até mesmo indistinção, durante milênios, entre a astrologia e a astronomia, já que ambas baseavam-se em conhecer o movimento dos astros com precisão. Martha Pires Ferreira cita no seu livro *Metáfora dos astros*, que "(...) existem registros que seu conhecimento se situa em época bem remota, mais de 26000 a.C.", e que "nesta fase proto-histórica, pastores e agricultores já haviam constatado a importância da ordem celeste".[2] Em seu livro *Calendário,* David Ewing Duncan relata que foram encontrados na região do vale do Dordogne, na França, pedaços de ossos de águia datados de *circa* 11000 a.C. e entalhados com marcações que, para alguns pesquisadores, eram registros das fases da lua e seriam, provavelmente, os primeiros calendários. Esses teriam sido produto das minuciosas observações dos humanos dos ciclos planetários, fundamento da astronomia e da astrologia.[3]

Nesses tempos remotos, o saber astrológico era produzido pela observação empírica e transmitido boca a boca. Verdade seja dita, todos os povos plasmaram os Céus. No entanto, a Mesopotâmia, região entre os rios Tigre e Eufrates, foi o solo fértil no qual a astrologia se desenvolveu, mantendo-se viva até os dias de hoje.

Mesopotâmia

Os povos que habitaram a Mesopotâmia na Antiguidade deixaram provas contundentes de que nessa terra, chamada de crescente fértil, a astrologia teve suas raízes. Segundo Serge Hutin, "não só documentos

---

2   FERREIRA, Martha Pires. *Metáfora dos astros*. Rio de Janeiro: Vida, 2004. p. 26.
3   DUNCAN, David Ewing. *Calendário*. Rio de Janeiro: Ediouro, 1999. p. 31-34.

seguros atestam a existência muito desenvolvida da astrologia entre os caldeus, dois ou três milênios antes da Era Cristã, mas as descobertas mais recentes recuariam a sua prática a uma época nitidamente mais anterior ainda, a dos sumérios, que a teriam trazido da Ásia Central por volta do quinto milênio antes de Cristo".[4] Foram achadas na Mesopotâmia muitas tabelas planetárias gravadas em tijolos, assim como documentos escritos por sumérios, babilônios, caldeus e assírios. Esses povos formaram a matriz sobre a qual foi edificada a astrologia, posteriormente desenvolvida e compilada pelos gregos.

O que diferenciou os mesopotâmicos dos outros povos do Ocidente foi o fato de aqueles anotarem de forma sistemática os fenômenos celestes e terem feito correlações entre o movimento dos astros e os eventos terrestres. Tal prática se desenvolveu e foi aprimorada especialmente devido à forte instabilidade política da região. Com a presente perspectiva de perda de poder, os reis recorriam aos adivinhos observadores do Céu para lhes informarem as previsões do que estava para acontecer. Na visão de Jim Tester,[5] a causa principal para o desenvolvimento dos cálculos astronômicos nessa região foi a organização do tempo segundo calendários voltados para propósitos agrícolas e, especialmente, religiosos. Não obstante, essas finalidades não se afastavam daquelas de cunho político, porquanto, nesses povos, a arte divinatória da astrologia era praticada por sacerdotes que enviavam os relatórios ao rei. Por muito tempo a astrologia foi privilégio dos soberanos, mais tarde também da aristocracia, e somente em cerca de 250 a.C., na Era Alexandrina, foi utilizada amplamente para todos os indivíduos.

Nas ruínas de Nínive, na biblioteca do rei assírio Assurbanipal (668-630 a.C.), arqueólogos encontraram tábuas de argila que reproduziam a cópia de uma coleção astrológica de data bem mais antiga, dos tempos do rei Sargon, o Antigo. Nessas tábuas revela-se uma astrologia totalmente voltada para os acontecimentos coletivos, afirmando o que foi dito anteriormente. Eis aqui uma passagem descrita numa dessas tábuas encontradas na biblioteca de Assurbanipal:

---

4   HUTIN, Serge. *História da astrologia*. Lisboa: Edições 70, 1989. p. 55.
5   TESTER, Jim. *Historia de la astrologia Occidental*. México: Siglo Veintiuno Editores, 1990. p. 23-24.

O mês Addaru terá trinta dias. Na noite de 13 para 14, observei o Céu com atenção, levantei-me sete vezes, mas não houve eclipse. Enviarei um relatório ao rei.

Grandes templos foram erigidos na Mesopotâmia antiga para a observação e adoração dos astros, denominados zigurates. Os zigurates eram formados por sete andares de diferentes cores, representando os sete planetas conhecidos até aquele momento. Do alto de um zigurate, os astrólogos observaram e anotaram com precisão os movimentos dos astros no firmamento.

No período babilônico, por volta de 727 a.C., já se faziam registros de eclipses. No entanto, marcava-se o Céu de acordo com a posição das estrelas, e não de acordo com as marcas fixas de um Zodíaco de 30 graus, sistema posteriormente usado pela astrologia. Os primeiros Zodíacos provavelmente surgiram em torno de 2600 a.C.

Já na Antiguidade, além da divisão da eclíptica[6] em 12 signos, os astrólogos desenvolveram igualmente um sistema de divisão da esfera celeste em 12 partes, usando como referência a linha do horizonte e o meridiano do observador. Tais subdivisões são conhecidas e utilizadas até os dias atuais, com a denominação de casas astrológicas.

Por fim, foram os sumérios os inventores do sistema sexagesimal de horas e minutos, facilitando sobremaneira as operações matemáticas em relação à astronomia (diga-se de passagem, muito complicadas).

Egito

Se a Babilônia foi vista como o berço da astrologia, esta prerrogativa deve ser partilhada igualmente com o Egito. Afinal, a astrologia foi desenvolvida simultaneamente nas duas regiões. As cartas celestes egípcias datam de aproximadamente 4200 a.C., e os horóscopos, de 3000 a.C.

Um dos mais importantes testemunhos astrológicos egípcios é o Zodíaco circular esculpido no teto do Templo de Denderah, hoje ex-

---

[6] Caminho aparente do Sol ao longo do ano ou o plano de órbita da Terra em torno do Sol.

posto no Museu do Louvre. Tal Zodíaco continha todo o saber dos sacerdotes referente à astrologia praticada na época. De forma semelhante, era perceptível o conhecimento muito preciso da astrologia estelar por parte dos construtores das grandes pirâmides, visto que elas estavam orientadas na direção de estrelas de grande importância nas marcações do espaço celestial. Além de servirem como túmulos, as pirâmides também eram observatórios astronômicos. A propósito, no Egito é comum encontrar sarcófagos adornados com representações dos signos do Zodíaco.

Os egípcios criaram um complexo e aperfeiçoado calendário chamado Sotíaco, que dividia cada uma das 12 constelações zodiacais em três partes, designadas pela estrela mais brilhante. Desta maneira, estavam determinadas 36 divisões ou decanos, governadas individualmente por uma divindade. Além do mais, até hoje utilizamos, com poucas alterações, o calendário adotado por eles, com a divisão do ano em 12 meses e dos dias em 24 horas.

Acredita-se que os sacerdotes egípcios conheceram a precessão dos equinócios[7] e elaboraram um catálogo já detalhado das estrelas visíveis, sabendo distingui-las dos planetas, chamados de astros, que ignoram o repouso.

A dominação persa

Em 539 a.C., o rei Ciro II da Pérsia dominou a Mesopotâmia, marcando o fim do império da Babilônia. Com a prática de registrar os fenômenos celestes e no contato com os astrólogos da Mesopotâmia, os persas introduziram a matemática nos cálculos astronômicos. Com a regularização dos calendários, ocorre, então, um grande avanço na astrologia e na astronomia. Ademais, são descobertos os períodos sinódico[8] e sideral,[9] de modo que os planetas ficam estabilizados em signos zodiacais e não mais em constelações.

---

7   Deslocamento retrógrado do ponto vernal devido ao movimento do eixo da Terra, semelhante a um pião, chamado de precessão.
8   Diz-se das revoluções dos planetas tendo como referência o Sol.
9   Diz-se das revoluções dos planetas tendo como referência as estrelas fixas.

A primeira carta astrológica conhecida da Babilônia data de provavelmente 410 a.C. Nela estão registradas informações astrológicas do nascimento de uma pessoa numa determinada data e os signos nos quais estavam posicionados a Lua e os planetas.

A Era Alexandrina

A partir da conquista da Caldeia por Alexandre, o Grande, tornou-se possível um intercâmbio cultural entre o pensamento helênico e a tradição intelectual dos povos do crescente fértil. Com o avanço das tropas de Alexandre, o grego se torna a língua dominante, marcando o início de uma propagação não só da astrologia, mas de todas as ciências ocultas desenvolvidas nessa região, alcançando, inclusive, a Índia. Os tratados de astrologia escritos em diversas outras línguas só chegaram até nós porque foram traduzidos para o grego e, deste, para as línguas modernas. Um outro aspecto referente à conquista de Alexandre é o fato de o pensamento dos helênicos se voltar para o entendimento do porquê das coisas, e isto acrescenta à astrologia religiosa dos povos da Mesopotâmia e do Egito o cunho científico nascido na Grécia.

A carta astrológica mais antiga desse período é de 263 a.C., e os graus dos signos já eram mencionados. Uma das efemérides mais antigas data de 307 a.C., e elas foram fabricadas até 42 d.C. Os registros gregos dessa Era Helenista estão cheios de referências a um conhecimento ainda mais anterior da astrologia, referindo-se a ela como muito antiga.

A Índia, o Extremo Oriente, a América Central e os hebreus

Apesar de ter influências babilônicas e gregas, entre outras, as bases da astrologia indiana são totalmente distintas daquelas da astrologia clássica ocidental. Ela foi também influenciada pela astrologia chinesa, principalmente no que se refere à utilização do Zodíaco lunar. Os astrólogos indianos praticavam a astrologia horária, fazendo cálculos para a hora de uma determinada pergunta com o intuito de obter a melhor resposta e calculando mapas de eventos como casamentos, festas etc.

Ainda existem dúvidas quanto às origens históricas da astrologia chinesa, se seria ou não mais antiga que a dos caldeus. No entanto, sejam quais forem suas origens primárias, a astrologia chinesa também foi muito própria e singular. Ela influenciou, além da Índia, a astrologia feita em outras regiões do Extremo Oriente, como Coreia, Japão e Ásia Central.

A astrologia na América Central pré-colombiana também foi muito particular e minuciosamente desenvolvida como a dos chineses, apresentando, aliás, similaridades como, por exemplo, o emprego do simbolismo animal e pirâmides construídas para a observação do firmamento semelhantes aos zigurates da Mesopotâmia. Mas talvez o mais importante seja a extrema complexidade dos seus calendários, com a interferência dos ciclos da Lua, do Sol e de Vênus.

Por outro lado, não se pode duvidar que os sacerdotes de Israel também tivessem conhecimento sobre os ciclos solares e lunares, fundamentos das previsões astrológicas. Afinal, Moisés marcou o Êxodo para a noite de Lua cheia da primavera, sugerindo que ele conhecia o ciclo lunar.

Verdade seja dita, o desenvolvimento da astrologia é simultâneo na Índia, na China, na Grécia e em tantos outros lugares. Afinal, a história não se desenvolve linearmente.

Grécia e Roma

Muito antes das conquistas de Alexandre, os pensadores gregos foram ao Oriente em busca de conhecimento. Platão e Aristóteles acreditavam firmemente na influência direta dos astros sobre os homens. Pitágoras, iniciado na Babilônia, introduziu a astrologia na Grécia. Sua obra *Doutrina da harmonia das esferas*, do século VI a.C., amplia o saber astrológico e astronômico até então desenvolvido.

Por volta de 300 ou 400 a.C., os caldeus se espalharam e levaram seu conhecimento consigo. Os gregos assimilaram com muita facilidade a cultura dos povos da Mesopotâmia, e começaram, então, a desenvolver a precisão dos cálculos e o rigor do sistema astrológico. Um exemplo disso foi Hiparco (160-124 a.C.), que introduziu na Grécia a circunferência de 360 graus e aperfeiçoou os cálculos relativos à precessão dos equinócios.

Para os gregos, o saber oculto vindo do Oriente era encantador. E com a astrologia não foi diferente. Por volta de 280 a.C., um padre babilônico vindo da Caldeia introduziu esse conhecimento na Grécia. Ele fundou a primeira escola de astrologia na ilha de Cós e foi homenageado com uma estátua com a língua de ouro, o que remetia ao valor das suas palavras.

Aristarco de Samos (310-230 a.C.) foi o primeiro cientista da Antiguidade a defender que a Terra movia-se em torno do Sol, antecipando-se a Copérnico em mais de 1.500 anos. Sua obra conhecida nos dias de hoje e escrita antes de se conceber a hipótese do heliocentrismo é *Sobre as dimensões e as distâncias do Sol e da Lua*, na qual registrou o cálculo do diâmetro da Lua em relação ao da Terra.

Claudio Ptolomeu (100-170 d.C.), astrônomo, astrólogo e matemático grego, escreveu por volta de 140 d.C., na época da dominação romana, o mais famoso tratado de astrologia, o *Tetrabiblos*. Ele codificou e compilou todo o conhecimento que havia sido desenvolvido pelos povos da Antiguidade. Desse modo, o *Tetrabiblos* foi o mais importante manual de astrologia usado pelos astrólogos por mais de mil anos, e ainda é consultado e respeitado pelos astrólogos atuais.

A astrologia clássica chegou até os nossos dias com as técnicas já desenvolvidas nesses tempos, incluindo, além do estudo da influência dos signos e dos quatro elementos (Fogo, Terra, Ar e Água), a teoria sobre as casas astrológicas, os cálculos dos aspectos, dos trânsitos e das direções. No entanto, enquanto na astrologia do Egito e da Mesopotâmia as previsões eram feitas por sacerdotes, na Grécia houve uma laicização dessa prática, pois os astrólogos gregos já não eram mais padres.

Graças à dominação romana, a astrologia grega adquiriu sua máxima extensão. Embora sob o domínio de Roma, a cultura da bacia do Mediterrâneo ainda era helenista e, durante esse período, os escravizados gregos disseminaram sua cultura e seu conhecimento entre os latinos.

Júlio César, Crasso e Pompeu acreditaram firmemente nas predições astrológicas. A bem da verdade, houve uma vulgarização desse saber, e os estudiosos começaram a praticar a astrologia para desempenhar papéis políticos e se tornarem conselheiros privados de soberanos e seus próximos.

Na época de César, Marcus Manilius escreveu o primeiro tratado de astrologia, por volta de 6 a 14 d.C., chamado *Astronômicas*, no qual eram descritos e estudados com enorme riqueza os signos, as casas astrológicas e as casas derivadas. Outro autor de grande quilate foi Dorotheus de Sidon (25-75 d.C.), que escreveu o *Pentateuco*, um longo poema astrológico dividido em cinco livros. Vettius Valens (120-175 d.C.) compôs a *Antologia*, primeira coleção de horóscopos de pessoas conhecidas, entre 15 e 175 d.C. Ele não teve tanto prestígio intelectual quanto Ptolomeu, mas deixou como legado um grande material de pesquisa.

Além das obras de Ptolomeu, Manilius, Dorotheus e Valens, um conjunto de textos do período helênico ficou bastante conhecido e exerceu grande influência na astrologia feita na Grécia. Escrito em primeira pessoa pelo deus mitológico egípcio Tot, ou Hermes Trismegisto (o Três Vezes Grande), e sob a forma de diálogos, o *Corpus Hermeticum* é o resultado de um complexo sincretismo religioso, que contribuiu, sem sombra de dúvida, para o enriquecimento da astrologia grega. Esses textos reuniam inúmeras obras de filosofia, alquimia, astrologia, magia e medicina.

Da Roma imperial e republicana não existem muitos registros astrológicos, até porque os intelectuais eram críticos e céticos em relação aos conhecimentos astrológicos. No entanto, Ptolomeu era dessa época. Para ele, a astrologia servia para orientar a vida das pessoas, podendo prepará-las melhor para os perigos. Além disso, foi ele quem expôs de forma organizada a teoria geocêntrica na qual se definia que a Terra era o centro do Universo, teoria abalada apenas no século XIV, com o heliocentrismo proposto por Copérnico.

Apesar do ceticismo dos filósofos e intelectuais da época, a astrologia em Roma e suas províncias teve um prestígio incontestável até o triunfo do cristianismo. Em 323 d.C., o cristianismo se tornou a religião oficial do Estado, com um poder cada vez maior, e os seus dias gloriosos passaram a ter o tempo contado quando, em 357 d.C., pela pressão do Estado e da Igreja, Constantino passou a considerar a magia e a astrologia práticas divinatórias pagãs e, portanto, crimes passíveis de pena de morte.

A Igreja se posicionou contra o determinismo planetário, pois segundo essa teoria, o homem não tinha livre-arbítrio, sem o qual a intervenção misericordiosa de Deus não teria sentido algum.

Sendo assim, a Grécia deu à astrologia uma estrutura intelectual e Roma lhe deu a dimensão política de poder e, igualmente, de perigo. Afinal, as proibições não provinham de um ceticismo intelectual, mas do medo quanto ao uso desse saber.

Astrologia árabe

O desenvolvimento da astrologia árabe teve uma vasta extensão temporal e territorial. Ela progrediu entre 750 e 1550 d.C. pelo Médio e Próximo Oriente, pelo Norte da África, pela Índia Ocidental, pela Espanha, pela Sicília e pelo Sul da França. É graças a essa expansão que o conhecimento sobre alquimia e astrologia foi tão bem preservado. Afinal, eles compilaram e traduziram muitos escritos antigos do grego para o árabe e, depois, do árabe para o latim.

Os primeiros astrólogos árabes nutriram seu conhecimento com fontes anteriores à predicação de Maomé. Alguns pesquisadores consideram a astrologia árabe uma extensão da tradição astrológica grega, tendo recebido influências também da astrologia hindu. O Alcorão (650-656 d.C.) condena explicitamente, entre as formas de idolatria, a astrologia.

Um dos astrólogos de maior destaque no mundo árabe foi Rhazes, que deixou um extenso comentário do livro *Tetrabiblos* de Ptolomeu. Outro astrólogo de relevo foi Abū Alī Mohamed, conhecido como "segundo Ptolomeu" pela vastidão e extensão dos seus conhecimentos astronômicos e astrológicos.

Bagdá transformou-se num grande centro de astronomia e um importante observatório foi construído na cidade, no qual trabalhavam muitos astrólogos. Dentre eles, o famoso Albumasar, discípulo de Al-Kindī, conhecido por introduzir o discurso e os conceitos helênicos no pensamento islâmico. É de sua autoria a *Introdução à astrologia,* um tratado em que o estudo das conjunções desempenha um papel de grande destaque.

Os árabes foram excelentes construtores de instrumentos astronômicos (como o astrolábio) e se dedicaram exaustivamente ao aperfeiçoamento dos cálculos que determinavam a posição dos astros no firmamento.

Ocidente medieval

Foi na Espanha islâmica que a astrologia se desenvolveu no Ocidente cristão. Entre 1135 e 1153, muitos tratados astrológicos árabes foram traduzidos. No entanto, a atitude da Igreja Cristã durante a Idade Média não era de afinidade com os conceitos utilizados pela astrologia. A Igreja condenava o determinismo astrológico e no Concílio de Laodiceia foi proibido o exercício da profissão de matemático.[10] Depois desse primeiro concílio, outros dois agravaram a situação. O Concílio de Toledo e o Concílio de Braga decretaram que a fé na astrologia deveria ser punida com a excomunhão.

No entanto, nem todos os astrólogos foram silenciados pela Igreja. A estratégia usada pelos sobreviventes aos decretos foi criar a máxima "Os astros inclinam, não determinam", de maneira a isentar o viés determinista da astrologia, condenado pela Igreja Católica.

Nas obras de São Tomás de Aquino, é possível encontrar trechos que mostram essa posição medieval clássica que admitia a influência dos astros, sem considerá-la determinante ou fatal. Inclusive, em *A divina comédia*, de Dante Alighieri, há referência ao livre-arbítrio numa passagem sobre o purgatório.

Desse modo, à medida que a Idade Média avançava, a astrologia também se expandia. Um fato que colaborava muito com a sua prática e o seu desenvolvimento era a existência de poucos céticos. Segundo Serge Hutin, "no século XIII, corria na escola de Medicina de Bolonha (uma das mais afamadas da Europa) o seguinte adágio: 'Um doutorado sem astrologia é como um olho que não pode ver.'"[11]

Renascença

A astrologia viveu um momento de grande prestígio durante o Renascimento. O número de astrólogos não parou de crescer e todas as pessoas, da alta sociedade às grandes massas, acreditavam na predição dos astros.

---

10 Como eram chamados os astrólogos naquela época.
11 HUTIN, Serge. *História da astrologia*. Lisboa: Edições 70, 1989. p. 107.

Em relação aos métodos, parece que pouquíssimos aspectos na corrente árabe-latina eram diferentes daqueles da Idade Medieval. No entanto, surgem pensadores que seguiam as ideias de Ptolomeu, que criticam o pensamento árabe e fazem uma "reforma" na astrologia, seguindo a linha das obras de Kepler.

Uma guinada importante no pensamento renascentista foi a derrubada da teoria geocêntrica por Nicolau Copérnico, mudando a ideia de que não é a Terra o centro do Universo, mas sim o Sol, de maneira que a Terra e outros planetas orbitam em torno dele. Apesar de a astrologia continuar fortemente ligada ao geocentrismo, essa mudança não fez com que a crença nas predições dos astros desaparecesse. Inclusive, o próprio Copérnico acreditava nas influências planetárias. Da mesma forma, Tycho-Brahé — mestre de Kepler — não foi somente um astrônomo de renome, como também um astrólogo convicto na prática da elaboração de horóscopos. Como afirma Martha Pires: "É do ponto de vista da Terra que percebemos os movimentos celestes. É da Terra que fazemos nossas referências e plasmamos infinitudes.'"[12]

Na Renascença, poucos pensadores realmente condenavam a astrologia, e quando o faziam, a motivação era científica, e não religiosa.

A rainha Catarina de Médicis, da corte francesa, teve dois astrólogos famosos a seu serviço: Nostradamus e Augier Ferrier. Nostradamus (1503-1566), autor das *Centúrias*, foi médico, astrólogo, adivinho e profeta. Ele ligou a astrologia às práticas mágicas. Na Itália, dentre os pensadores renascentistas praticantes da astrologia, se destacou o filósofo, médico e matemático Jerônimo Cardano (1501-1576) e, na Alemanha, o ilustre Paracelso, que relacionou astrologia e medicina de maneira explícita. Na França, Jean-Baptiste Morin, de Villefranche (1583-1656), autor da obra *Astrologia Gallica*, composta de 26 livros, foi um dos mais importantes compiladores e codificadores da astrologia.

---

12 FERREIRA, Martha Pires. *Metáfora dos astros*. Rio de Janeiro: Vida, 2004. p. 55.

Séculos XVII, XVIII, XIX e XX

É passível de entendimento que não há um verdadeiro rompimento entre a Renascença e o século XVII. Sendo assim, durante muito tempo as perspectivas astrológicas não se modificaram.

Johannes Kepler (1571-1630) elaborou as três leis que regem as órbitas dos planetas em torno do Sol. Ele fez seu próprio horóscopo, além de fazer predições astrológicas para os nobres.

No começo do século XVII, entre os membros da fraternidade Rosa-cruz, a astrologia era tida em alta conta, e renomados astrólogos fizeram parte dessa sociedade secreta. Para os rosacrucianos, a astrologia era um saber indispensável das ciências herméticas tradicionais.

O mais célebre astrólogo desse século foi Willian Lilly (1601-1682), autor da obra *Astrologia cristã*, com mais de oitocentas páginas.

No meio do século XVII, a astrologia e a astronomia se separam definitivamente e, desde então, quase nenhum astrônomo acreditaria mais na astrologia. Exceção a essa regra foi Flamstead, criador do Observatório de Greenwich. Uma passagem interessante relacionada com essa separação é o comentário de Isaac Newton a Halley, astrônomo e cético que questionava as bases da astrologia:

Senhor, eu a tenho estudado, o senhor não.[13]

No entanto, nos meios eclesiásticos, as atitudes eram cada vez mais de desconfiança e condenação em relação à astrologia. Em 1666, Colbert, ministro das finanças de Luís XIV, baniu a astrologia das disciplinas ministradas nas universidades, sob a justificativa de não estar baseada na metodologia científica. Além disso, o próprio Luís XIV, em 31 de julho de 1682, proscreveu a impressão e a divulgação dos almanaques astrológicos em todo o reino. À medida que o século XVII avançava, o descrédito da astrologia crescia, sendo visível não só no meio acadêmico, como também na arte.

13　*The Concise Planetary Ephemeris for 1900 to 1950 A.D.* Medford: The Hieratic Publishing Co., 1979. p. 3.

No século XVIII, o "Século das Luzes", a atitude geral das pessoas era completamente cética em relação à astrologia. Afinal, no auge do racionalismo, esse saber foi renegado, porque não se podia prová-lo nos termos científicos do momento. Sendo assim, no final do ano letivo de 1770, o último curso acadêmico de astrologia é fechado na Universidade de Salamanca, na Espanha. No entanto, nas sociedades secretas, como a já citada Rosa-cruz, a astrologia ainda era preservada. Não obstante, por mais de um século, o conhecimento astrológico ficou nas mãos de um pequeno grupo de indivíduos na Europa.

Entre os cultos da sociedade do século XIX, o descrédito na astrologia se mantinha, e somente em meados desse século se registrou a chegada de novos ares. E foi sob os pseudônimos bíblicos de Zadkiel e Raphaël que dois ingleses reabilitaram a apreciação sobre a astrologia. Zadkiel (Richard James Morrison) e Raphaël (William C. Wright), dois astrólogos, publicam diversos almanaques astrológicos, marcando o início da chamada "astrologia científica", que se espalhou pelo mundo anglo-saxônico e pelos Estados ocidentais.

Desse modo, os astrólogos desse século e dos subsequentes deveriam se preocupar com o cientificismo do saber, e também com a renovação das perspectivas tradicionais da astrologia. Muitos deles pertenciam a sociedades secretas, como a Sociedade Teosófica, fundada por Madame Blavatsky,[14] e a Ordem Martinista de "Papus".[15]

Na *belle époque*, período de profundas transformações culturais do início do século XX, o espetacular renascimento da astrologia não cessou. No começo dessa época, os livros e as revistas sobre o assunto, além das escolas especializadas, eram um tremendo sucesso. Um pouco antes da Segunda Guerra Mundial, Charles Fossez — o Fakir Birman — inventou os horóscopos diários que, hoje em dia, são famosos e indispensáveis nos jornais do mundo inteiro.

---

14   Helena Petrovna Blavatskaya, mais conhecida como Madame Blavatsky, foi uma escritora, filósofa e teóloga russa, nascida no ano de 1831, responsável pela sistematização da moderna teosofia e uma das fundadoras da Sociedade Teosófica.

15   Gérard Anaciet Vincent Encausse, conhecido como Papus, nasceu na Espanha no ano de 1865. Foi médico, escritor, ocultista, membro rosa-cruz, maçom e fundador do martinismo moderno.

Desse modo, a astrologia comercial cresceu não só na imprensa, através dos jornais e das revistas, como chegou também ao rádio e à televisão. Mas o último aperfeiçoamento foi o horóscopo feito no ano de 1968, em Paris, pelo computador IBM 360-30, que calculou os dados astronômicos de uma carta natal e, cruzando-os com textos redigidos *a priori*, traçou um retrato psicológico individualizado.

Foi mergulhado nesse caldo cultural da época que teve início a divisão entre os astrólogos que querem fazer da astrologia uma ciência a todo custo e aqueles que permanecem ligados às tradições. Foi ainda nesse cenário do século XX, época do surgimento de tantos novos saberes, que nasceu a astrologia humanista, tão bem representada, entre outros, por astrólogos como Dane Rudhyar, Stephan Arroyo e Liz Green e, no Brasil, pela alemã Emma Costet de Mascheville. Cabe, nesse momento, transcrever novamente uma das declarações feitas por essa astróloga, ilustrando de maneira magistral a natureza desse novo olhar: "Não é o Saturno do Céu que te atormenta e, sim, o que está em ti."

PARTE II
Os rudimentos da astrologia

CAPÍTULO 2
Classificação dos signos do Zodíaco

Apresentação

Para iniciar a jornada de conhecimento pelo universo simbólico da astrologia é preciso, antes de mais nada, compreender a maneira como tal conhecimento está organizado e conhecer minuciosamente os elementos que compõem a estrutura desse espetáculo produzido no espaço sideral. Esses elementos são os signos do Zodíaco, os planetas, as casas astrológicas e os aspectos. Inspirada pela analogia do espetáculo, posso dizer que signos ocupam o lugar do enredo da dramaturgia astrológica; os planetas, o das personagens; as casas astrológicas são o cenário; e os aspectos, a atmosfera criada pela iluminação. Vamos, portanto, apresentá-los com mais detalhes.

Guiados pela mudança climática causada pelas diferentes estações do ano, os antigos dividiram o Céu em 12 partes iguais, criando, deste modo, o Zodíaco. Cada uma dessas 12 divisões corresponde a um signo:

♈ ÁRIES	♎ LIBRA
♉ TOURO	♏ ESCORPIÃO
♊ GÊMEOS	♐ SAGITÁRIO
♋ CÂNCER	♑ CAPRICÓRNIO
♌ LEÃO	♒ AQUÁRIO
♍ VIRGEM	♓ PEIXES

Os 12 signos estão agrupados segundo a natureza dos quatro elementos — Fogo, Terra, Ar e Água — e conforme três modalidades, chamadas triplicidades — cardinal, fixa e mutável. Para os observadores do Céu, o Zodíaco lhes emprestou um sistema de coordenadas preciso para a localização da posição do Sol, da Lua e dos planetas no firmamento. Esses astros que se movimentam, diferentemente das estrelas que, para nossa percepção, permanecem fixas na abóbada celestial, compõem as personagens do enredo ao qual os signos do Zodíaco foram, por analogia, associados. Os antigos denominaram esses astros de planetas — incluindo o Sol e a Lua —, que significava "astros que ignoram o repouso", e ainda hoje tal denominação é utilizada pela astrologia. Na Antiguidade só era possível ver a olho nu Mercúrio, Vênus, Marte, Júpiter e Saturno. A astrologia feita nos dias de hoje inclui também Urano, Netuno e Plutão.[16]

Em seguida, tratamos do cenário onde o enredo da história se passa. Este é constituído pelas casas astrológicas, um sistema de coordenadas criado na Antiguidade e que, à semelhança dos signos, divide o Céu em 12 partes, mas, dessa vez, a partir da linha do horizonte e do meridiano do observador na Terra. As casas astrológicas são numeradas de 1 a 12, sendo denominadas pelo número. Quatro das 12 casas se destacam por seu valor simbólico. São elas: a casa 1, definida pelo signo Ascendente; a casa 4, pelo signo do Fundo do Céu; a casa 7, marcada pelo signo Descendente; e, finalmente, a casa 10, definida pelo signo localizado no Meio do Céu. Essas casas coordenam as funções de todas as outras.

Por fim, é a vez de apresentar-lhes a iluminação, responsável pela atmosfera do espetáculo. Tratamos aqui dos aspectos, ou seja, das distâncias que separam os astros, medidas, na eclíptica, em graus, minutos e segundos. Serão abordados neste livro os mais utilizados na astrologia clássica:

☌ Conjunção — distância angular de 0°

✳ Sextil — distância angular de 60°

☐ Quadratura — distância angular de 90°

△ Trígono — distância angular de 120°

☍ Oposição — distância angular de 180°

Um conceito de extrema relevância na astrologia é o de regência, ou seja, de comando, aplicado especialmente para os signos, mas também para as casas astrológicas. Tanto os signos quanto as casas são comandados, ou regidos, por um determinado planeta, que a eles se

---

16   Asteroides também são usados pelos astrólogos atuais.

assemelha. Essa correlação é de enorme valor e criatividade na análise de um mapa natal. Através dos regentes, os signos e as casas estabelecem uma poderosa aliança, unindo-se a outros signos e outras casas. A relação dos signos e das casas com seus regentes é a seguinte:

Áries e a casa 1 — regidos por Marte

Touro e a casa 2 — regidos por Vênus

Gêmeos e a casa 3 — regidos por Mercúrio

Câncer e a casa 4 — regidos pela Lua

Leão e a casa 5 — regidos pelo Sol

Virgem e a casa 6 — regidos por Mercúrio

Libra e a casa 7 — regidos por Vênus

Escorpião e a casa 8 — regidos por Plutão e Marte

Sagitário e a casa 9 — regidos por Júpiter

Capricórnio e a casa 10 — regidos por Saturno

Aquário e a casa 11 — regidos por Urano e Saturno

Peixes e a casa 12 — regidos por Netuno e Júpiter

Apresentados os elementos básicos que compõem o conhecimento astrológico, é preciso agora aprofundarmo-nos no significado da função de cada um. A estrutura se organiza a partir das forças emanadas dos signos, que são expressas sob forma de tendências. Essas potências são transmitidas, então, pelos planetas, personagens de temperamentos distintos e capazes de traduzi-las. Cada um a seu modo, os planetas atuam como uma espécie de canal por onde fluem as forças representadas pelos signos zodiacais. Liberada a sua potência, as características de ambos, signos e planetas, são aproveitadas na elaboração e construção da história pessoal do indivíduo. Pois as casas astrológicas representam os setores da vida em que o sujeito consagra as qualidades dos signos e, por intermédio da atuação dos planetas, experimenta, realiza e constrói sua obra existencial. Os aspectos simbolizam os climas produzidos pela relação entre os planetas e que afetam toda a estrutura, enriquecendo a história construída no Céu para cada indivíduo em particular e que lhe serve como matriz a partir da qual se edifica o seu destino. Por fim, o diretor do espetáculo é o próprio indivíduo, criando e levando ao mundo o projeto elaborado no encontro entre ele e os astros do firmamento. Hermann Hesse afirma que:

> *O fato de a nossa existência ser trágica, mas santa, não retira, porém, àquele que assim crê, a sua responsabilidade.*[17]

De antemão pode-se dizer que os signos são potências disponíveis na mão do diretor que, de posse da faculdade de decidir sobre como será montado o espetáculo da sua vida, transformará as qualidades de tais signos em força de expressão e impulso de criação.

Conhecer, portanto, os signos zodiacais é o primeiro passo para montar as peças que, depois de organizadas, servirão como base para a interpretação do mapa natal como um todo. São os signos as forças que, quando acionadas e bem-dirigidas, dão vida à história escrita nas linhas do firmamento.

Vamos, então, nos aprofundar na análise e no estudo do nosso roteiro astrológico.

Polaridades

Conforme já foi discutido, os signos são o produto da divisão da eclíptica em partes iguais, com 30° cada. Eles estão dispostos, portanto, em seis eixos, formados por pares de polaridades opostas e, igualmente, complementares. O estudo das polaridades é de enorme valor, pois, se compreendermos que as dificuldades de um signo estão relacionadas à falta de expressão do seu oposto, a análise astrológica deixa de ser maniqueísta e adota uma interpretação que exige do sujeito um trabalho sobre si. Ao ter consciência do que lhe falta expressar, o indivíduo tem a possibilidade de crescer, e não de simplesmente se manter preso às qualidades boas e ruins dos seus signos. Eis os seis eixos:

---

17   HESSE, Hermann. *Minha fé*. Rio de Janeiro: Record, 1991. p. 66.

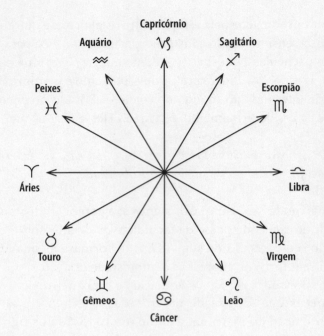

Os elementos e as triplicidades

A segunda classificação dos signos é segundo os elementos, agrupando três signos de qualidades semelhantes em quatro grupos distintos. Eis a distribuição dos signos segundo os quatro elementos:

FOGO	Áries ♈, Leão ♌ e Sagitário ♐
TERRA	Touro ♉, Virgem ♍ e Capricórnio ♑
AR	Gêmeos ♊, Libra ♎ e Aquário ♒
ÁGUA	Câncer ♋, Escorpião ♏ e Peixes ♓

Quanto às polaridades dos elementos:

FOGO se opõe e complementa AR
TERRA se opõe e complementa ÁGUA

A terceira classificação é a das triplicidades, ou seja, são três grupos compostos de quatro signos cada um, agrupando-os de acordo com modalidades semelhantes de expressão:

CARDINAL	Áries ♈, Câncer ♋, Libra ♎ e Capricórnio ♑
FIXA	Touro ♉, Leão ♌, Escorpião ♏ e Aquário ♒
MUTÁVEL	Gêmeos ♊, Virgem ♍, Sagitário ♐ e Peixes ♓

Nota-se que cada um dos quatro elementos é composto por três signos de triplicidades distintas, e cada triplicidade é constituída por quatro signos de diferentes elementos. Tais combinações enaltecem a potência das interpretações, já que podemos entender os signos como tendo, entre si, parentescos e diferenças que ora os aproximam, ora os afastam uns dos outros.

O estudo dos quatro elementos e das triplicidades é o começo de uma longa jornada destinada à compreensão do significado de cada signo em particular e da coreografia criada pela interação entre eles.

Balanceamento de elementos e triplicidades

Em cada mapa astrológico,[18] os elementos e as triplicidades estão mais ou menos ativados e, em alguns deles, há equilíbrio e, em outros, carência ou excesso de um ou mais deles. Não obstante, para fazer jus a uma boa interpretação, é preciso acolher o modo como eles estão distribuídos, com seus ônus e bônus. Entretanto, o fato é que a vida nos afeta das mais variadas maneiras, sem levar em consideração se nos faltam dispositivos para enfrentar o que nos é apresentado — como a carência de um elemento ou uma triplicidade — ou se somos excessivamente afetados pelo que nos acontece — excesso de um deles. Nesses casos, a interpretação exige, no mínimo, uma atenção especial.

Apenas para facilitar o reconhecimento da forma como os ele-

---

18 Também chamado de horóscopo, mapa natal ou carta astral. Indica com detalhes as posições dos astros no momento do nascimento de uma pessoa. A partir dele são feitas as interpretações astrológicas. Para calculá-lo, é preciso ter em mãos a hora, o dia, o ano e o local do nascimento.

mentos e as triplicidades estão distribuídos num mapa natal, pode-se recorrer a um sistema de pontuação. É preciso lembrar que tal procedimento é exclusivamente técnico e deve ser usado com flexibilidade. Além disso, e talvez por isso mesmo, os métodos de contagem diferem entre os estudiosos. No entanto, o que vemos são resultados próximos, não comprometendo, portanto, a qualidade das interpretações.

Essa pontuação considera os signos em que se localizam o Ascendente,[19] o Meio do Céu[20] e os planetas. Para tanto, é preciso ter em mãos a posição de cada um deles, quer dizer, saber em que signo se encontrava na hora do nascimento, informação obtida pelo cálculo da carta natal através de programas especializados ou de sites que oferecem gratuitamente tal serviço.

De posse da informação de que os planetas lentos passam muitos anos num mesmo signo, tais posições se referem especialmente a uma geração, e não a um indivíduo em particular. Por esse motivo, alguns planetas terão mais peso na contagem dos pontos e outros, menos.

De antemão, sabendo-se que Sol, Lua, Ascendente e Meio do Céu configuram as bases sobre as quais a individualidade é construída; considera-se que Mercúrio, Vênus, Marte e Júpiter representam as vias de expressão de tal individualidade; e que Saturno, Urano, Netuno e Plutão são representações das tendências da geração à qual o indivíduo pertence, pode-se, então, pontuá-los da seguinte forma:

SOL ☉ LUA ☾ ASC MC	3 pontos
MERCÚRIO ☿ VÊNUS ♀ MARTE ♂ JÚPITER ♃	2 pontos
SATURNO ♄ URANO ♅ NETUNO ♆ PLUTÃO ♇	1 ponto

---

19   Ascendente é o signo que se localiza a Leste na hora de um nascimento. Ele parece estar subindo no horizonte, por isso, recebe esse nome. Ele está relacionado, essencialmente, à maneira como a pessoa se expressa e simboliza as experiências que a levam à criação de uma forma singular de ser e de agir no mundo.

20   É o signo que está mais alto no Céu na hora de um nascimento. É aquele que parece estar em cima da nossa cabeça. Ele está relacionado, essencialmente, à vocação e ao status da pessoa na sociedade em que vive.

Embasados em tal pontuação, considera-se em equilíbrio um elemento que some entre 4 e 8 pontos e uma triplicidade cujo produto da soma esteja entre 5 e 11. Resultados abaixo ou acima dessas tolerâncias indicam possíveis dificuldades de adequação do sujeito às experiências associadas ao elemento ou à triplicidade em questão.

Conceitos-chave dos elementos

FOGO

SIGNOS — Áries, Leão e Sagitário

CASAS — 1, 5 e 9

OPOSTO E COMPLEMENTAR — AR

Calor, vitalidade, ação, impulsividade, agressividade, impaciência, liderança, comando, egocentrismo, explosão, impetuosidade, vontade, orgulho, brilho, conflitos, assertividade, independência.

TERRA

SIGNOS — Touro, Virgem e Capricórnio

CASAS — 2, 6 e 10

OPOSTO E COMPLEMENTAR — ÁGUA

Materialidade, estabilidade, consistência, perseverança, apego, pragmatismo, praticidade, estabilidade, segurança, obstinação, teimosia, produtividade, organização, limites, tempo, espaço.

AR

SIGNOS — Gêmeos, Libra e Aquário

CASAS — 3, 7 e 11

OPOSTO E COMPLEMENTAR — FOGO

Cooperação, interação, inteligência, comunicação, movimento, racionalidade, troca, sociabilidade, intercâmbio, instabilidade, dispersão, dependência, abstração, curiosidade, irritabilidade.

ÁGUA

SIGNOS — Câncer, Escorpião e Peixes

CASAS — 4, 8 e 12

OPOSTO E COMPLEMENTAR — TERRA

Sensibilidade, intuição, sentimentos, introspecção, inspiração, carência, suscetibilidade, absorção, humores, evasão, melancolia, maleabilidade, emoção, contemplação, fantasia, intoxicação.

Conceitos-chave das triplicidades

CARDINAL

SIGNOS — Áries, Câncer, Libra e Capricórnio

CASAS — 1, 4, 7 e 10

Impulsividade, iniciativa, renovação, começo.

FIXA

SIGNOS — Touro, Leão, Escorpião e Aquário

CASAS — 2, 5, 8 e 11

Estabilidade, controle, firmeza, meio.

MUTÁVEL

SIGNOS — Gêmeos, Virgem, Sagitário e Peixes

CASAS — 3, 6, 9 e 12

Adaptabilidade, movimento, maleabilidade, fim.

O elemento Fogo

O calor, o movimento frenético das labaredas e a energia emanada do Fogo simbolizam vontade de viver, alegria, exaltação à existência, bom humor, ousadia e coragem para enfrentar os perigos da vida. Todas essas características estão à nossa disposição nas casas e nos planetas em que o Fogo estiver presente. Lá nos sentimos fortes para expressar as emoções mais intensas, liberamos as pressões contidas e somos impulsionados a sair do estado de inércia e a tomar decisões.

Turbulenta, ardente e, muitas vezes, explosiva, a força do Fogo nos permite encarar com bravura os fatos mais duros da vida. Sua energia é vital para nos mantermos erguidos diante das derrotas e triunfantes quando vitoriosos. A característica competitiva desse elemento nos aproxima da alma dos atletas, levando-nos a superar limites e enfrentar pressões, seguros de que somos capazes de suportá-las. Sua natureza é constituída de tensões, vigílias, força, riscos e desafios, pois, são as grandes empreitadas, e a luta pela defesa da vida, das ideias e dos territórios. A expressão popular "É preciso matar um leão por dia" representa bem a forma de viver de quem tem ênfase nesse elemento. Aliás, seu comportamento impulsivo é, na maioria das vezes, imprevisível aos olhos dos desavisados. Para os mais sensíveis, as atitudes do Fogo são interpretadas como agressivas, impacientes e intolerantes. Não que estejam sem razão, pois muitas vezes quem está vinculado a esse elemento não gosta de esperar pelos outros, detesta sentir-se dependente do ritmo alheio e, por tal motivo, acaba agindo desajeitadamente e até mesmo de forma indelicada. Em face disso, devemos ficar atentos a tais tendências nas áreas do mapa envolvidas com o Fogo. Pois, nessas áreas, apesar de nos mostrarmos francos e dispostos a enfrentar os conflitos, é lá que também somos capazes de ferir. As casas e planetas em Fogo indicam onde provocamos conflitos e, igualmente, nos sentimos convocados a brigar. É evidente que esses setores estão sujeitos a maiores tumultos, tensões e desentendimentos. Em contrapartida, tudo fica mais intensificado e as coisas ganham vida.

A independência, necessidade quase absoluta desse elemento, torna-se uma bandeira à frente de todo e qualquer outro desejo. O

Fogo simboliza o exercício da vontade e a conquista da liberdade. É difícil domá-lo, é masculino, competitivo e forte, criativo e tempestuoso, majestoso e intolerante, voluntarioso e livre, explosivo e franco. O Fogo simboliza, ainda, o exercício da criação e a afirmação da singularidade do sujeito. Assim como suas labaredas inquietas consomem o material que se transforma em calor, o indivíduo transforma constantemente suas experiências, criando, a partir delas, um modo próprio de existir no mundo. Nos pontos em que o Fogo aparece em nosso mapa, devemos afirmar o que somos. Eis a força do elemento traduzida em atitude direta e assertiva. É um arco que, apontado para o alvo, não falha.

O excesso e a falta de Fogo

O excesso de Fogo aponta para uma tendência exageradamente autocentrada, atitudes impensadas e passionais, além do descontrole da agressividade. São pessoas, em geral, inquietas e facilmente irritáveis, principalmente quando contrariadas. Sua impulsividade pode produzir comportamentos rudes que, frequentemente, dificultam sobremaneira os relacionamentos. A prática de atividades vigorosas, principalmente se forem em grupo, produz melhor circulação de energia, conferindo boa disposição física e mental e, pela disciplina presente em tais atividades competitivas, amplifica a possibilidade de se relacionar bem com os demais.

A falta de Fogo pode gerar dependência da aprovação dos outros e inibição para expressar emoções intensas. Há pouca confiança na própria atitude, comprometendo sua autonomia e liberdade. Geralmente se manifesta como pouco entusiasmo e disposição para enfrentar os desafios apresentados pela vida. A falta de energia ígnea pode gerar carência de alegria e humor. A vida costuma ser vista por um ângulo pessimista, os riscos podem assustar essas pessoas, deixando-as introvertidas. Assim como no caso das que têm excesso de Fogo, para as que são carentes dele, a prática de esportes e de exercícios físicos pode compensar esse desequilíbrio, reciclando as energias e desenvolvendo construtivamente o espírito competitivo.

O elemento Terra

É na Terra que vivemos e dela extraímos nossa sobrevivência. Sobre seu solo sentimos nossos pés firmes e enraizados à realidade. Esse elemento simboliza o mundo percebido na sua forma física, a experimentação das coisas através dos cinco sentidos. É o contato com a materialidade dos objetos. É o universo das certezas, de tudo que é palpável, daquilo que pode ser mensurado. Podemos dizer que o elemento Terra "vê com as mãos", semelhante à criança quando deseja conhecer um determinado objeto. A realidade, para esse elemento, é descrita a partir das sensações físicas. O corpo fala, sente, percebe. Assim, quando se trata do elemento Terra, as coisas não são compreendidas de forma intelectual, teórica ou intuitiva e, sim, pela experimentação empírica. Para os planetas ou casas em signos de Terra, de nada adiantam teorias e explicações de alguma coisa, enquanto esta ainda não foi experimentada. Somente após a experimentação é possível considerar apreendida tal coisa. Por isso, essas posições são responsáveis por nossas realizações objetivas, pelos esforços empregados com a intenção de mantermo-nos confortáveis no mundo da materialidade. Aliás, o elemento Terra pode e deve ser associado ao trabalho, pois é deste que extraímos o sustento e realizamos os desejos que dependem de recursos materiais.

Por tudo que já vimos, é razoável que a esse elemento sejam atribuídos o comportamento prático e o temperamento pragmático. Realista, firme e muitas vezes duro, esse jeito de ver o mundo é a chave das nossas realizações. A Terra representa a edificação do que é necessário para o suprimento das necessidades físicas e para promover o desenvolvimento material. É a ponte que liga a ilha ao continente. Ela possibilita e torna mais fácil o acesso entre ambos. Ela está lá e lá deve permanecer. O que está feito, está feito, e pronto. A Terra é o ingrediente que torna as coisas viáveis, que transforma as necessidades e os desejos em realidade.

Onde quer que a Terra se situe num mapa natal, a consciência de tempo e espaço comparece, facilitando o reconhecimento dos limites e a noção de ordem e funcionalidade. É possível ou não? Eis o drama inerente do elemento que necessita pôr tudo à prova. Ele é denso e receptivo na maneira de encarar as experiências da vida. É prático, racional e construtivo no que diz respeito às possibilidades de realização e perseverante frente aos desafios e desejos.

Terra é o mundo das medidas, da consciência, da forma e da ocupação do espaço. Trata-se das margens, das fronteiras que estabelecem os limites. Onde temos a Terra no mapa, sentimos necessidade de nos apropriar do que é nosso e do cenário ao qual pertencemos.

O excesso e a falta de Terra

As pessoas com excessiva ênfase no elemento Terra tendem a envolver-se demasiadamente com o universo do trabalho e com valores materiais. Para elas, as questões da vida podem reduzir-se simplesmente ao que veem e ao que experimentam objetivamente. Isso pode dificultar o exercício da criatividade, tornando o cotidiano mais duro do que poderia ser. O contato com os sentimentos e a expressão dos mesmos geralmente ficam comprometidos. Por isso, as situações que afetam emocionalmente esses indivíduos são evitadas, ou os deixam fora de combate. O excesso de racionalidade presente no mapa dessas pessoas pode torná-las ásperas, teimosas e, em alguns casos, também amargas. A prática de atividades artísticas e uma boa psicoterapia podem auxiliar significativamente a minimizar os problemas gerados pelo excesso desse elemento.

Aqueles que carecem de Terra em seus horóscopos costumam viver distantes da realidade objetiva, dificultando as realizações na esfera material. Sofrem com obrigações, compromissos, horários, preços das coisas, a importância do salário. Muitas vezes não valorizam adequadamente seus talentos e trabalho. Seus valores tendem a estar bem distantes das coisas concretas e, em geral, abandonam um pouco seu próprio corpo, pondo as necessidades deste em segundo plano. É preciso que estabeleçam uma rotina regular e procurem regrar melhor suas obrigações. O cultivo da disciplina pode auxiliar sobremaneira o alcance de melhor equilíbrio físico e de trabalho.

O elemento Ar

A permeabilidade do elemento Ar simboliza a capacidade de pensar, de estabelecer relações entre as coisas, de refletir acerca do mundo, traduzindo-o e compreendendo-o. Não é sem sentido, portanto, considerar que o Ar representa a linguagem, a mais poderosa ferramenta de simbolização criada pelos humanos e que facilitou sobremaneira as comunicações. O Ar é a palavra que veste o objeto de significado e permite, pela abstração, recriá-lo em nossas mentes.

A função desse elemento é gerar ideias, levando-nos a filosofar, a criar histórias e a fazer ciência. Ele simboliza o entendimento da realidade, seja objetiva, emocional, psicológica, espiritual ou física. A mente e o ato de pensar são aguçados pela curiosidade onde quer que o Ar esteja no nosso horóscopo. Nessas posições, sejam elas relacionadas aos planetas ou às casas, queremos saber o porquê das coisas, perguntamos o que é isso ou aquilo, desejamos contar fatos e experiências vividas e trocar ideias com os demais.

O elemento Ar nos deixa mais próximos da natureza dos pensadores e de todos os responsáveis pela manutenção e desenvolvimento do conhecimento. É a circulação das ideias, as diferentes línguas, os diversos pareceres, sendo, portanto, o representante simbólico do encontro e do intercâmbio social. É a consciência de que o indivíduo não está só, de que vive em sociedade e necessita interagir com o coletivo para o seu próprio desenvolvimento e para o desenvolvimento dos demais. Se o sujeito é o que é e pode fazer o que quer, também isto é direito do outro. O Ar tem como função atender às diferentes necessidades dos indivíduos, permitindo que o organismo social funcione de forma digna e justa. Respeitar e considerar o universo de seu semelhante, a consciência social, o fascínio pelo conhecimento e o poder comunicativo são as características mais marcantes desse elemento.

Nas casas e nos planetas onde o Ar se posiciona na carta natal, o comportamento tende a ser cooperativo e reflexivo, levando-nos a pensar antes de tomar decisões, olhando o outro, considerando seus desejos e atendendo sua demanda. Os planetas e as casas que estão em signos de Ar só funcionam bem se constituirmos alianças, se dermos espaço para a participação do outro e se o escutarmos. Nesse caso, devemos aprender a ceder, a nos despojar do egoísmo e a conhecer e experimentar a potência dos encontros. O Ar é o elemento que representa a transformação do individualismo em força de integração. Simboliza também a extração de significados substanciais de situações que, aparentemente, são simples e destituídas de valor intelectual. O Ar está relacionado a: inteligência e agilidade, cooperação e instabilidade, habilidade na arte de se relacionar ou de compreender a dependência do indivíduo em relação ao outro.

O excesso e a falta de Ar

As pessoas com excesso do elemento Ar nos seus horóscopos tendem a ser demasiadamente tensas, por possuírem uma mente assaz inquieta e hiperativa. Não param de pensar e buscam explicações para tudo. Uma consequência comum é a dispersão decorrente de uma ansiosa curiosidade e da enorme quantidade de informações que são capazes de assimilar. Em geral, há esgotamento mental e desconexão com os limites corporais. Mente e corpo caminham com um descompasso típico de pessoas que passam horas a fio estudando, lendo ou conectadas às redes sociais, esquecendo-se de dormir, comer e se exercitar. Nesse caso, se fazem necessários períodos de descanso, e práticas como a meditação podem ajudá-las imensamente a dominar o rebuliço mental.

Aqueles que têm falta desse elemento sofrem com a dificuldade de se relacionar com os demais. A resistência a aceitar novas ideias ou que difiram das suas próprias é um dos maiores motivos de tal dificuldade. Também não lhes é fácil achar tempo para refletir acerca da vida e, principalmente, acerca de si mesmo. Em geral, estão ocupados com outras atividades "mais objetivas", tentando resolver problemas palpáveis, ou muito envolvidos emocionalmente para poder enxergar com clareza e racionalidade as situações em que se encontram. A dedicação à leitura, aos estudos e às atividades em grupo pode auxiliar imensamente esses indivíduos a equilibrar a falta que lhes faz esse elemento.

O elemento Água

Três quartos da Terra são cobertos pela água. A vida em nosso planeta deve sua existência à água. O homem se desenvolve ao longo da gestação envolto no líquido amniótico. Portanto, é um elemento de natureza primitiva. A Água representa tudo o que nos devolve à ancestralidade, aos tempos perdidos no passado e que marcam a alma no presente. Para compreender sua natureza é necessário reconhecer as forças psíquicas às quais estamos submetidos, além de mergulhar nas profundezas do ser e reconhecer o quanto podemos extrair força e poder de lá. A sensibilidade tão frequentemente associada aos signos de Água percebe nessa morada reservada, profunda e misteriosa, as marcas das experiências vividas. Os planetas e casas em Água nos dizem que é aí que relativizamos os fatos, pois no universo desse elemento as coisas são imensuráveis e incompreensíveis pela razão. Apenas sabemos que sentimos e, sujeitos à correnteza da emoção, nos deixamos conduzir e ser afetados por ela. São experiências cujo significado a mente objetiva não é capaz de alcançar ou reproduzir.

A subjetividade, os movimentos de interiorização e a realidade revestida de significado psíquico são algumas das expressões desse elemento enigmático e de difícil compreensão. Profundo, sensível e denso, o elemento Água provoca uma necessidade irresistível de penetrar nos misteriosos labirintos da alma. Essa necessidade pode ser uma viagem dolorosa e angustiante, porquanto nos coloca em contato direto com a solidão, algo normalmente temido, pois não temos mais o outro para nele projetar nossas fantasias. No entanto, sem dúvida, esse processo é necessário, pois somente o indivíduo capaz de conviver com sua riqueza e seu caos interior sabe acolher o outro sem nele depositar a responsabilidade de torná-lo feliz.

Nas fossas abissais dos oceanos, onde a luz é incapaz de chegar, habitam seres quase imateriais. Nós também somos assim nas regiões do mapa natal que acolhem o elemento Água. Lá, lançamos mão das pequenas percepções, da sensibilidade às atmosferas e recorremos à luminosidade que emana das intuições. Esse elemento está associado ao livre trânsito pelo universo da imaginação. Ele é moldável e sensível, intenso e emotivo, envolvente e contemplativo.

Sendo a Água um elemento associado à sensibilidade, não se pode esquecer que nas áreas em que ela se encontra tendemos a absorver o clima e as energias do ambiente. Essa tendência é bem evidente em quem tem posições fortes nesse elemento. São como esponjas que absorvem e limpam, mas também se intoxicam. Em contrapartida, por se envolverem tanto com a dor alheia, são capazes de acolher quem sofre, dissolvendo a aflição e oferecendo conforto e calor emocionais.

O silêncio também deve ser discutido ao se analisar as posições envolvidas com esse elemento, que pode atuar tanto como um provedor de profunda paz para alguns, quanto como uma experiência aterrorizadora para outros. Mais uma vez, percebe-se a importância de contato interior para lidar bem com as experiências que não passam pela linguagem, de momentos em que o silêncio é capaz de dizer muito mais do que as palavras. A Água é, enfim, a alma da realidade.

O excesso e a falta de Água

Aqueles que possuem excesso do elemento Água tendem a viver demasiadamente submetidos às flutuações emocionais e costumam vivenciar grandes distorções da realidade. A imaginação predomina e, por consequência, os medos aumentam significativamente. Também pode ocorrer manipulação dos sentimentos, sejam eles os seus próprios ou os dos demais. A instabilidade de humor costuma ser um sintoma desse excesso, agravado pelo fato de viver com as emoções "à flor da pele". Deixam-se influenciar demais pelo que ocorre à sua volta e absorvem facilmente todo tipo de energia que os circunda. Podem tornar-se vítimas de tudo, não assumindo responsabilidades nos problemas objetivos da vida. Devem aprender a aceitar melhor os fatos, principalmente quando contrariam suas expectativas e sua imaginação. Organizar-se, cultivar a disciplina, fazer trabalhos manuais, repetitivos, e até mesmo o contato com a terra podem ajudá-los a compensar esse excesso.

Os que possuem falta de Água têm dificuldade de entrar em contato com os próprios sentimentos e lidar com os sentimentos dos demais. Há carência e fragilidade emocionais. Isso pode gerar uma vasta gama de conflitos psicológicos e até mesmo físicos, pois tendem a somatizar facilmente os problemas de ordem emocional. A dificuldade em expressar os sentimentos também leva essas pessoas a inibir o contato mais íntimo com os outros ou a desconfiar daqueles que se abrem com maior facilidade. O medo de se magoarem pode desenvolver uma atitude de interiorização excessiva e falta de coragem para correr riscos emocionais. A prática de alguma atividade artística ou criativa os auxilia consideravelmente a entrar em contato e a expressar o que ocorre no íntimo do seu ser.

Os signos cardinais

Os signos cardinais são os signos dos solstícios[21] e dos equinócios,[22] ou seja, do começo das estações. Representam o início de novos ciclos, a força que chega com vigor, disposição para seguir adiante e atingir um objetivo final. Essa triplicidade tem como principal característica a impulsividade. Os signos cardinais simbolizam o rompimento com o estado de inércia e o ímpeto de começar tudo de novo depois de concluído um ciclo. Segundo Stephen Arroyo, os signos cardinais são forças centrífugas, ou seja, agem de dentro para fora.[23]

Os planetas e as casas portadoras dos signos cardinais disponibilizam a qualquer tempo e hora uma boa dose de energia destinada a incentivar o começo de um novo empreendimento. O certo é que, onde temos um signo cardinal, não conseguimos ficar parados. Dependendo do elemento — se de Fogo, Terra, Ar ou Água —, nos sentiremos impulsionados a criar, realizar, agregar ou proteger. Quando o signo cardinal é de Fogo, há o impulso de agir segundo a própria vontade; se for de Terra, de trabalhar; de Ar, o impulso é gregário; e de

---

21 Momento em que ocorre o maior dia ou a maior noite do ano, na entrada do verão e do inverno. O signo de Câncer tem início no solstício de junho, e o de Capricórnio, no solstício de dezembro.

22 Momento do ano em que o dia é exatamente igual à noite. Ocorre na entrada da primavera e do outono. O signo de Áries tem início no equinócio de março, e o de Libra, no equinócio de setembro.

23 ARROYO, Stephen. *Astrologia, psicologia e os quatro elementos.* São Paulo: Pensamento, 1993. p. 88.

Água, de cuidar. Ao deixar fluir a força que insiste em se manifestar, seguramente nos tornaremos seres da ação.

O excesso e a falta de cardinal

O excesso de cardinal pode se manifestar como empolgação no início de algo e desinteresse logo a seguir. As coisas são estimulantes até que se tenha domínio sobre elas. Há tendência a continuamente querer algo novo, raramente tendo paciência para concluir um ciclo inteiro. O excesso de disponibilidade de energia pode gerar dispersão da mesma e, portanto, se faz necessário manter os objetivos claros para se conseguir atingi-los.

Quando há falta de cardinal, a tendência é sentir-se desestimulado a investir em novos empreendimentos. A carência de disponibilidade de energia para dar início às coisas gera passividade. Quando um ciclo da vida chega ao fim, essas pessoas ficam esperando que algo especial aconteça e que lhes dê um novo sentido para viver. Portanto, é preciso que arrisquem dar o primeiro passo, mesmo que seja instável e gere insegurança. No decorrer do caminho essas pessoas costumam recobrar as forças e, assim, chegar aos objetivos traçados.

Os signos fixos

Estes são os signos subsequentes ao início das estações, ou seja, são os signos do "meio", nos quais a estação se estabiliza e não deixa mais dúvidas da sua presença. A natureza nesse estágio se mostra plena de vigor. Ela atingiu o máximo de seu desenvolvimento e se coloca à espera das transformações que estarão por acontecer. Ainda segundo Stephen Arroyo,[24] ao contrário dos signos cardinais, a força dos fixos se dá de fora para dentro, simbolizando seu poder de concentração. São os signos que geram estabilidade e segurança. Portanto, sua característica mais marcante é a insistência. São conhecidos como signos obstinados. Ter tudo sob controle é o nosso maior desejo nos pontos em que temos os signos fixos nos nossos horóscopos.

---

24 Op. cit., p. 88.

Essa triplicidade de signos é determinada, às vezes, obstinada. Suas posturas são firmes e consistentes. Seu papel na sociedade é o de manutenção do que foi criado, dos ciclos que se iniciaram e que, fatalmente, terão o seu fim. Sua função é extrair o máximo possível das potencialidades que foram geradas pelos signos cardinais e, ao mesmo tempo perpetuá-las. São signos de sustentação, funcionam como alicerces e dão consistência à construção do que somos. Quando o signo fixo é um signo de Fogo, a firmeza está associada às atitudes; se for de Terra, há determinação na execução de tarefas; se for de Ar, as ideias são consistentes e firmes; e, finalmente, quando é de Água, há controle e determinação emocionais.

O excesso e a falta de fixo

O excesso de fixo costuma gerar atitudes demasiadamente controladoras, exacerbando a teimosia típica desses signos. Pode haver, também, pouca flexibilidade e consequente aprisionamento aos desejos. Esse tipo de comportamento evita o fluir das experiências, impedindo a entrada de novos processos. Nesse caso, é necessário aprender a entregar-se e deixar a vida se encarregar pela chegada dos acontecimentos que não foram planejados, tornando possível a conclusão e o começo de novos ciclos.

Na falta dessa triplicidade, o que se observa é instabilidade e inclinação à perda de controle. A concentração pode ficar comprometida em função da fácil dispersão. É preciso que aprendam a persistir nos seus objetivos e manter suas metas fixas num alvo para não estagnar nem deixar se levar por estímulos contrários a elas.

Os signos mutáveis

Os mutáveis fecham o ciclo iniciado com os cardinais. Equivalem aos meses do fim das estações, antecedendo o começo de uma nova. São, portanto, signos da transição, e têm como principal característica a maleabilidade, responsável por emprestar ao olhar uma visão variada da realidade. Essa modalidade de signos é, por excelência, inquieta, e nos pontos em que os mutáveis aparecem no mapa natal, experimentamos múltiplos desejos, mudamos os interesses com muita facilidade e tornamo-nos seres adaptáveis. Também é possível associar os mutáveis à existência de possíveis saídas quando nos vemos encalacrados num problema. Esses signos são portas que se abrem e apontam novos caminhos.

Os mutáveis estão também associados ao movimento. Nada fica parado no lugar onde os encontramos. Os planetas e as casas nesses signos exigem troca constante, apreciam várias coisas ao mesmo tempo e sentem necessidade de espaço para se locomover.

Pensar como um signo mutável é imaginar alternativas, e seu leque de possibilidades é imenso. Em contrapartida, as casas e os planetas que estão nesses signos apontam para onde habitualmente nos perdemos no complexo labirinto de escolhas. Lá, variamos, tendemos a ser instáveis, temos dúvidas e mais dúvidas e, por outro lado, somos maleáveis, nos adaptamos com muita facilidade, e é onde mais aprendemos, seja na teoria ou na prática. Quando o signo mutável é também um signo de Fogo, as diversas possibilidades aparecem no campo criativo; se for de Terra, suas transformações têm relação com o trabalho; se for de Ar, o pensamento é adaptável; e, finalmente, de Água, os sentimentos variam e tendem a não se estabilizar. Afinal, ser mutável é ver a realidade mudar à medida que nos movimentamos.

O excesso e a falta de mutável

O excesso de mutáveis no mapa sinaliza instabilidade e dispersão. Como tudo é possível, dúvidas constantes e inabilidade em escolher saídas para os problemas são aflições frequentemente associadas a essas pessoas. Além disso, também é encontrada boa dose de ansiedade, pelo fato de a pessoa querer resolver tudo ao mesmo tempo, dispersando energia e tempo nos seus empreendimentos. Exercícios e práticas que a ajudem a se concentrar, habituar-se a fazer uma coisa de cada vez e ter pausas entre elas é um bom jeito de minimizar os efeitos negativos gerados pelo excesso dos signos mutáveis.

Na falta de mutável, a tendência é haver inflexibilidade e dificuldade de enxergar perspectivas, principalmente em situações que parecem não ter saída. As portas se fecham, gerando angústia por se aprisionar numa realidade aparentemente rígida e imutável. A visão se estreita por consequência da dificuldade de adaptação e, evidentemente, as mudanças são vividas, via de regra, com dor. Abrir um leque de atividades diferentes das habituais pode ajudar quem tem falta de mutável a ampliar horizontes, conhecer novas pessoas e desenvolver melhor sua capacidade de adaptação.

CAPÍTULO 3
Os signos do Zodíaco

Áries, o primeiro dos signos celestes, notável pela riqueza de sua lã, observa com admiração o Touro que tem uma marca diferente da marca dos outros signos, e que, com a cabeça baixa, parece chamar Gêmeos, que é seguido de Câncer, após o qual vem Leão, depois Virgem. Balança, após haver igualado as durações do dia e da noite, faz-se seguir de Escorpião, que se distingue por sua luz brilhante. Sagitário, composto do homem e do cavalo, exibe seu arco; está pronto para disparar sua flecha, que ele conduz sobre a cauda de Escorpião. Observa-se em seguida Capricórnio, ocupando um pequeno espaço. Depois dele, Aquário esvazia sua urna inclinada, e Peixes recebe com avidez a água que daí corre lentamente; é seu elemento natural; seguido de Áries, é o último dos signos celestes. Assim são os signos que dividem o Céu em tantas partes iguais; são tantos quadros brilhantes que aí formam com um revestimento.

Marcus Manilius[25]

CONCEITOS-CHAVE DOS SIGNOS

ÁRIES
Elemento — Fogo
Triplicidade — Cardinal
Regente — Marte
Associado à casa — 1
Símbolo zodiacal — Carneiro
Símbolo gráfico — ♈
Regência corpo — Cabeça, cérebro
Signo oposto e complementar — Libra
Signos de mesmo elemento — Leão e Sagitário
Signos de mesma triplicidade — Câncer, Libra e Capricórnio

Ação, assertividade, atitude, coragem, decisão, entusiasmo, excitação, impulsividade, independência, iniciativa, liderança, impaciência, agressividade, competitividade, individualismo, pressa.

---

25 MANILIUS, Marcus. *Os astrológicos ou a ciência sagrada dos céus.* Rio de Janeiro: Artenova, s/d.

TOURO
Elemento — Terra
Triplicidade — Fixa
Regente — Vênus
Associado à casa — 2
Símbolo zodiacal — Touro
Símbolo gráfico — ♉
Regência corpo — Pescoço, garganta, sistema endócrino, coluna cervical
Signo oposto e complementar — Escorpião
Signos de mesmo elemento — Virgem e Capricórnio
Signos de mesma triplicidade — Leão, Escorpião e Aquário

Perseverança, determinação, estabilidade, paciência, produtividade, resistência, segurança, sensualidade, trabalho, materialidade, empreendedorismo, força física, durabilidade, apego, teimosia, solidez, concretude, obstinação.

GÊMEOS
Elemento — Ar
Triplicidade — Mutável
Regente — Mercúrio
Associado à casa — 3
Símbolo zodiacal — Dois irmãos gêmeos
Símbolo gráfico — ♊
Regência corpo — Pulmões, braços, mãos
Signo oposto e complementar — Sagitário
Signos de mesmo elemento — Libra e Aquário
Signos de mesma triplicidade — Virgem, Sagitário e Peixes

Adaptação, comunicação, flexibilidade, leveza, movimento, troca, informação, curiosidade, inconstância, negociação, instabilidade, irritabilidade, dispersão, racionalidade, intermediação.

CÂNCER
Elemento — Água
Triplicidade — Cardinal

Regente — Lua
Associado à casa — 4
Símbolo zodiacal — Caranguejo
Símbolo gráfico — ♋
Regência corpo — Aparelho digestivo, estômago, seios, região peitoral, útero, pâncreas
Signo oposto e complementar — Capricórnio
Signos de mesmo elemento — Escorpião e Peixes
Signos de mesma triplicidade — Libra, Capricórnio e Áries

Afetividade, acolhimento, raízes, família, imaginação, intuição, lembranças, recordações, passado, proteção, casa, sensibilidade, indolência, melancolia, instabilidade, empatia, reserva.

LEÃO
Elemento — Fogo
Triplicidade — Fixa
Regente — Sol
Associado à casa — 5
Símbolo zodiacal — Leão
Símbolo gráfico — ♌
Regência corpo — Coração, sangue, fígado, coluna dorsal, vesícula biliar
Signo oposto e complementar — Aquário
Signos de mesmo elemento — Sagitário e Áries
Signos de mesma triplicidade — Escorpião, Aquário e Touro

Coragem, liderança, força, determinação, criatividade, comando, confiança, alegria, autoridade, egoísmo, narcisismo, dominação, controle, energia, nobreza, generosidade, brilho, vaidade, orgulho.

VIRGEM
Elemento — Terra
Triplicidade — Mutável
Regente — Mercúrio
Associado à casa — 6
Símbolo zodiacal — Mulher
Símbolo gráfico — ♍

Regência corpo — Intestino delgado, abdômen, glândulas suprarrenais, assimilação dos nutrientes, pâncreas, baço, útero
Signo oposto e complementar — Peixes
Signos de mesmo elemento — Capricórnio e Touro
Signos de mesma triplicidade — Sagitário, Peixes e Gêmeos

Organização, crítica, pragmatismo, meticulosidade, perfeccionismo, praticidade, simplicidade, variação, classificação, análise, observação, comprovação, intolerância, ansiedade, diversidade, eficiência.

LIBRA
Elemento — Ar
Triplicidade — Cardinal
Regente — Vênus
Associado à casa — 7
Símbolo zodiacal — Balança
Símbolo gráfico — ♎
Regência corpo — Rins, aparelho urinário, coluna lombar, ovários
Signo oposto e complementar — Áries
Signos de mesmo elemento — Aquário e Gêmeos
Signos de mesma triplicidade — Capricórnio, Áries e Câncer

Diplomacia, estética, imparcialidade, justiça, persuasão, harmonia, ponderação, reflexão, intermediação, indecisão, afetividade, instabilidade, tolerância, dependência, cooperação.

ESCORPIÃO
Elemento — Água
Triplicidade — Fixa
Regente — Plutão e Marte
Associado à casa — 8
Símbolo zodiacal — Escorpião
Símbolo gráfico — ♏
Regência corpo — Intestino grosso, órgãos sexuais, ânus, bexiga, pélvis, vesícula biliar, baço, testículos, próstata, ovários

Signo oposto e complementar — Touro
Signos de mesmo elemento — Peixes e Câncer
Signos de mesma triplicidade — Aquário, Touro e Leão

Transformação, sedução, planejamento, estratégia, investigação, controle, poder, regeneração, profundidade, desapego, destrutividade, dominação, frieza, intensidade, imposição.

SAGITÁRIO
Elemento — Fogo
Triplicidade — Mutável
Regente — Júpiter
Associado à casa — 9
Símbolo zodiacal — Centauro
Símbolo gráfico — ♐
Regência corpo — Pernas, coxas, nervo ciático, glúteos
Signo oposto e complementar — Gêmeos
Signos de mesmo elemento — Áries e Leão
Signos de mesma triplicidade — Peixes, Gêmeos e Virgem

Determinação, foco, expansão, conhecimento, progresso, insatisfação, dogmatismo, abundância, meta, abstração, reflexão, obstinação, impaciência, intolerância, alegria, otimismo.

CAPRICÓRNIO
Elemento — Terra
Triplicidade — Cardinal
Regente — Saturno
Associado à casa — 10
Símbolo zodiacal — Cabra
Símbolo gráfico — ♑
Regência corpo — Ossos, articulações, joelho, pele
Signo oposto e complementar — Câncer
Signos de mesmo elemento — Touro e Virgem
Signos de mesma triplicidade — Áries, Câncer e Libra

Determinação, disciplina, organização, planejamento, ambição, praticidade, objetividade, dureza, frieza, rigidez, estruturação, desconfiança, realismo, estabilidade, confiança, prudência.

AQUÁRIO
Elemento — Ar
Triplicidade — Fixa
Regente — Urano e Saturno
Associado à casa — 11
Símbolo zodiacal — Aguadeiro
Símbolo gráfico — ♒
Regência corpo — Circulação sanguínea, tornozelos, panturrilha
Signo oposto e complementar — Leão
Signos de mesmo elemento — Gêmeos e Libra
Signos de mesma triplicidade — Touro, Leão e Escorpião

Renovação, revolução, rebeldia, inventividade, integração, cooperação, solidariedade, novidades, inovações, excentricidade, intolerância, imprevisibilidade, instabilidade, irritabilidade, sociabilidade.

PEIXES
Elemento — Água
Triplicidade — Mutável
Regente — Netuno e Júpiter
Associado à casa — 12
Símbolo zodiacal — Dois peixes nadando em direções opostas, ligados por um cordão
Símbolo gráfico — ♓
Regência corpo — Pés, sistema linfático
Signo oposto e complementar — Virgem
Signos de mesmo elemento — Câncer e Escorpião
Signos de mesma triplicidade — Gêmeos, Virgem e Sagitário

Sensibilidade, intuição, receptividade, sonho, fantasia, poesia, caos, desorganização, inspiração, silêncio, profundidade, reflexão, contemplação, confusão, nebulosidade, absorção.

SOBRE A MITOLOGIA DOS SIGNOS

Apesar da existência de mitologias genuínas de riquíssimo conteúdo simbólico nas diferentes culturas, neste capítulo serão relatadas somente as histórias da mitologia greco-romana[26] referentes às constelações zodiacais, ou seja, as que ocupam no espaço sideral a faixa no Céu desenhada pelo percurso diurno do Sol, denominada eclíptica. Por muito tempo, constelações serviram como base para os cálculos astronômicos e astrológicos, sendo substituída apenas pelo Zodíaco Tropical — calculado com base no fenômeno das estações do ano — muito tempo depois.[27] Por um longo período, as posições dos signos do Zodíaco Tropical coincidiram com as das Constelações Zodiacais, um dos motivos, talvez o mais importante, pelo qual até hoje esses dois são confundidos.[28] Não obstante, o imaginário mitológico se faz presente nas interpretações dos signos com uma eficiência inegável. Ademais, melhor do que interpretar os mitos, já que cada signo será largamente estudado logo após a sua descrição, é apenas relatá-los e deixar que a alma de cada leitor se embeveça e absorva as mensagens sagradas ocultas neles e façam suas próprias correlações. A respeito disso, escreve Ítalo Calvino:

Mas sei bem que toda interpretação empobrece o mito e o sufoca: não devemos ser apressados com os mitos; é melhor deixar que eles se depositem na memória, examinar pacientemente cada detalhe, meditar sobre seu significado sem nunca sair de sua linguagem imagística. A lição que se pode tirar de um mito reside na literalidade da narrativa, não nos acréscimos que lhe impomos do exterior.[29]

---

26 As divindades serão tratadas por sua denominação latina, já que os planetas do sistema solar recebem essa denominação.

27 Ver pp. 30 a 43.

28 Devido ao movimento de precessão do eixo da Terra, o ponto vernal, ponto de partida para a divisão da eclíptica em 12 partes iguais, ou seja, os signos do Zodíaco, se desloca pelo horizonte celeste, percorrendo as Constelações Zodiacais no sentido retrógrado.

29 CALVINO, Ítalo. *Seis propostas para o próximo milênio.* São Paulo: Companhia das Letras, 1990.

O mito de Áries — O carneiro do tosão de ouro

Átamas, rei de Tebas, casou-se com Néfele, que lhe deu dois filhos: Frixo e Hele. Repudiando a primeira esposa, Átamas casou-se novamente, com Ino, que foi mãe de Learco e Melicertes. A segunda esposa, enciumada e temendo que seus filhos não herdassem o reino, concebeu um plano para liquidar os enteados. Convenceu as mulheres beócias a grelhar todos os grãos de trigo existentes. Ao serem semeados, os grãos não brotaram, de maneira que uma fome terrível assolou a região. Átamas mandou consultar o Oráculo de Delfos sobre os meios de fazê-la cessar. Ino subornou os mensageiros, comunicando a Átamas que os deuses exigiam o sacrifício do príncipe Frixo e da princesa Hele. Quando os dois estavam para ser sacrificados, Néfele, sua mãe, lhes enviou um carneiro voador de lã de ouro para transportá-los da Europa para a Ásia. O maravilhoso animal, dotado da razão e da faculdade de falar, partiu para longe da ira funesta de Ino. Por desgraça, Hele, assustada com o barulho das ondas, não se segurou fortemente ao animal e, preocupada em olhar para baixo, escorregou do seu dorso e caiu no estreito que, deste então, passou a se chamar Helesponto, *mar de Hele*. Frixo tentou, em vão, salvar a irmã. Continuou sua viagem, e, ao chegar à Cólquida, foi bem-recebido pelo rei Eetes, que lhe deu a filha Calcíope em casamento. Frixo sacrificou o carneiro a Júpiter e ofereceu a lã de ouro ao sogro, que a cravou num carvalho, no campo consagrado a Marte, o deus da guerra. Um feroz dragão foi incumbido de proteger e vigiar o velocino de ouro dia e noite e, para maior segurança, o campo foi cercado de touros furiosos que lançavam chamas pelas ventas.

Éson, rei de Iolco, foi destronado por Pélias, seu próprio irmão. O Oráculo predisse que o novo rei seria destronado por um filho de Éson. Temendo que seu filho fosse perseguido pelo usurpador, assim que Jasão nasceu, Éson fez correr o boato de que a criança era doente. Poucos dias depois, anunciou sua morte, enquanto Jasão foi levado, às escondidas, por sua mãe ao monte Pélion, onde foi instruído pelo centauro Quíron. Aos 20 anos, tendo completado seus estudos, Jasão deixou o mestre e aconselhou-se com o Oráculo, que lhe ordenou vestir uma pele de leopardo, levar uma lança em cada uma das mãos, calçar apenas uma sandália e partir para Iolco. Ao chegar lá, Jasão permaneceu cinco dias com o pai e, no sexto, apresentou-se ao tio como filho de Éon, exigindo, atrevidamente, o trono que lhe pertencia. Pélias, ao perceber que o sobrinho impressionara o povo por seu bom aspecto e pela singularidade de sua indumentária, fingiu estar disposto a entregar-lhe o trono, mas, na verdade, queria ver-se livre da ameaça de seu rival. Propôs-lhe, então, uma expedição gloriosa, mas cheia de perigos: ele deveria trazer da Cólquida o velocino de ouro, arrancado do carneiro que transportara Frixo, e que se encontrava no campo de Marte. Ao voltar, o trono lhe seria concedido.

Jasão aproveitou a oportunidade para se cobrir de glórias. Anunciou sua expedição em toda a Grécia, e a elite dos heróis apresentou-se para dela participar. Escolheu aproximadamente cinquenta dos mais famosos — o próprio Hércules se uniu a eles. Pediu a Argos, filho de Frixo, que construísse uma embarcação para transportar o grupo. Em sua homenagem, a nau é chamada de Argos. Depois de uma navegação demorada e perigosa, o grupo finalmente chega à Cólquida. Jasão reclama a posse do velocino de ouro e o rei Eetes condiciona essa posse à realização de duas grandes provas. Na primeira, Jasão deveria subjugar dois touros cuspidores de fogo que tinham pés e chifres de bronze, prendê-los a um arado de diamante, fazendo-os arar o campo consagrado a Marte, para nele semear os dentes de um dragão, dos quais nasciam homens armados, que deveriam ser completamente exterminados. Na segunda prova, seria preciso matar o monstro que guardava o precioso tosão de ouro. Essas tarefas deveriam ser executadas num só dia. Juno e Minerva, que amavam o herói, fizeram com que Medeia, filha de Eetes, se apaixonasse pelo jovem. Medeia, hábil na arte do encantamento e da magia, promete ajudar Jasão se ele aceitar amá-la eternamente. Feitas as promessas, Jasão se apresenta para cumprir as provas. Ele consegue amansar os touros, lavrar o campo e semear os dentes do dragão. Ao surgirem os homens armados, Jasão lançou uma pedra no meio dos combatentes que, furiosos, voltaram-se uns contra os outros, matando-se. Em seguida, ele se aproxima do monstro que havia sido entorpecido com as ervas encantadas de Medeia, tira-lhe a vida e apanha o velocino de ouro, para a surpresa de todos, principalmente do rei. De posse do seu tesouro, Jasão e os argonautas fogem, levando consigo Medeia. O velocino foi entregue a Pélias e, segundo uma das versões existentes, o príncipe assume o poder no lugar do tio. Por tal feito, o carneiro do velocino de ouro é levado ao Céu e colocado entre as constelações do Zodíaco.

O signo de Áries ♈

Representada pela circunferência fechada — como Uroboros, a serpente devorando a própria cauda, em que o começo e o fim se encontram —, a mandala simboliza a circularidade do tempo mítico. Esse lugar de eterno recomeço é ocupado na mandala astrológica pelo signo de Áries, início do ciclo zodiacal. Áries é regido por Marte, deus da guerra — Ares para os gregos — e representa a energia eruptiva, libertadora das forças criativas da vida. Áries nasce do signo de Peixes, como o anúncio de uma nova vida, assim como o despertar da primavera surge após o dissolver da neve, o desaguar dos rios cujas águas fertilizam o solo, quando o frio cede lugar ao calor e a vida brota mais uma vez. A entrada de Áries designa a diferenciação, aquilo que se separa do caos e se torna singular. É o vigor da primavera, convidando a natureza para a celebração do amor. Nesse signo, tudo é intenso, não existe meio-termo. Representado pelo carneiro, o signo contém a bravura do animal que usa a própria cabeça como arma: vence o líder, aquele que tem a cabeça mais dura. Seu universo é constituído de histórias de heróis e heroínas. A valentia e o destemor são princípios que regem o seu modo de ser e de viver. Tudo o que estiver relacionado ao signo de Áries numa carta astrológica indica os aspectos em que somos bravos e espontâneos e, assim como os carneiros, os pontos em que podemos impor a vontade, liderar e brigar pelo que se quer: uma situação trivial pode se tornar um campo de batalha, uma questão de vida ou morte. A independência jamais pode ser comprometida, senão armas e escudos surgem, o humor se revela insuportável e a agressividade, provavelmente, aflora, deixando marcas da sua passagem por todos os lados.

Os impulsos instintivos transformados em ação revelam a naturalidade com que este signo se manifesta. Simboliza a infância, a força espontânea, o vigor indomável e a ousadia nas decisões. Onde temos Áries no nosso horóscopo, costumamos ser incansáveis e não saber quando parar. É o lugar no qual, quando todos já estão esfalfados, continuamos a batalha e, ao terminá-la, estamos prontos para uma nova aventura. Basta haver uma missão impossível, uma causa ou um inimigo a ser enfrentado, e eis que surgirá o mais destemido dos guerreiros, vestindo uma armadura e empunhando a espada.

A impulsividade, o poder de iniciativa e o mando são características associadas a Áries, signo que tem na primavera o seu estandarte. A vida brota depois de um longo tempo de hibernação e anuncia o começo de um novo ciclo. São as novas ideias, cheias de vigor e esperança, surgindo depois do ocaso do velho. Por esse motivo, o ariano ou as casas e planetas ligados a Áries não se interessam em poupar energia. É imprescindível liberá-la. Estão aí as sementes do que um dia será fruto e alimentará as mentes sedentas de vigor e vida. Entretanto, por haver uma tendência à desmesura, é preciso alocar também ponderação, característica marcante de Libra, signo oposto a Áries. O ato de pensar e refletir sobre prováveis atitudes impulsivas ajuda a adaptá-las às circunstâncias do mundo e a medir as consequências de suas ações. Onde Áries está presente é preciso escolher as batalhas certas, sob pena de exaurir forças em querelas miúdas e sem sentido. Também é necessário aprender a ser manso para que suas armas não sejam instrumentos de guerras desnecessárias que só deixam cicatrizes, dores e nada mais.

No nascimento, primeiro surge a cabeça, simbolizada por Áries, e por último os pés, associados a Peixes, o último signo na ordem zodiacal. Ainda ao nascer, o corte do cordão umbilical e a primeira respiração, atos iniciais de independência da mãe, marcam o começo de toda uma trajetória a ser trilhada em direção à construção de si mesmo. Temos que abrir os pulmões, sentir o impacto da vida e chorar, para então passarmos a viver por nós mesmos. A conquista da independência, viver por conta própria, sermos nós mesmos — tudo isso está sintetizado no signo de Áries. A experiência da *primeira vez* é sempre Áries, portanto, podemos experimentá-lo a vida inteira.

O signo de Áries representa a força criativa da vida, que garante a cada um de nós a independência. Autonomia é a palavra-chave e, onde ele estiver no mapa natal, acharemos ferramentas para lutar pela sobrevivência e conheceremos o espírito combativo. Ali devemos usar a impulsividade para dar início à conquista do nosso próprio espaço. É por isso que os planetas ou a casa associados a Áries são indicações de liderança e competitividade. Entretanto, todo planeta que estiver nesse signo funciona com imediatismo, e sua força pode se esvair rapidamente. Para ele, o menor caminho entre dois pontos é uma reta, e dá-se por satisfeito. Sendo assim, qualquer obstáculo encontrado por um ariano torna-se um problema, e se não houver outras indicações relativas à perseverança ou um pouco de paciência, a força inicial se esgota, e aquilo que tanto o motivou no começo, perde a graça. Como se diz popularmente, muitas vezes é só "fogo de palha". Pode-se concluir, portanto, que, onde estiver o signo de Áries, provavelmente também são encontradas impaciência e intolerância.

A humanidade necessita de seres audaciosos, líderes e dispostos a enfrentar os conflitos. É aí que entra o signo de Áries, indicando coragem, autonomia e independência, um indivíduo autêntico e sem máscaras, distinto dos demais. O primeiro signo trata do primeiro desafio enfrentado pelo sujeito, que é o de se tornar um "si mesmo", produto da criatividade de cada um, um jeito singular de ser e de apropriar-se da vida. É importante que possamos agir de acordo com os recursos extraídos de nós mesmos, ainda que sejam descobertos ou provocados pelos nossos encontros. Mas isso é um assunto para ser tratado em outros signos.

O mito de Touro — O rapto de Europa

Europa era filha de Agenor, rei da Fenícia, e Teléfassa. Sua beleza era tão estupenda e de uma alvura tão fascinante que havia suspeitas de que uma das aias de Juno tinha roubado a maquiagem da deusa para dá-las a Europa. Um dia, Júpiter viu a princesa brincar à beira-mar com suas companheiras e, encantado com a beleza da jovem, transformou-se num touro branco de cornos semelhantes à Lua crescente. Determinado a conquistá-la, Júpiter deitou-se aos pés de Europa com um ar doce e carinhoso. Apesar de assustada, a princesa acariciou o animal, ornou-o de guirlandas e sentou-se sobre o seu dorso. Num piscar de olhos, o touro se levantou e se lançou em direção ao mar, ignorando os gritos desesperados da princesa fenícia. Chegando à ilha de Creta, já em sua forma original, o deus desposou Europa, com quem teve três filhos. Ela foi presenteada pelo deus com um cão inclemente, um dardo certeiro e Talos, um homem de bronze que passou a ser o seu guardião. Depois da sua morte, Europa foi considerada uma divindade pelos cretenses, e o touro que a seduziu tornou-se uma constelação colocada entre os signos do Zodíaco.

O signo de Touro ♉

Touro é o símbolo da materialidade das coisas, dos recursos e da produtividade. Os cornos do animal, representados graficamente pela Lua crescente, se referem à fecundidade e abundância. O animal mais parrudo do Zodíaco simboliza ainda o uso da força física, indicando a resistência às mais duras tarefas. Portanto, está vinculado à capacidade de investir energia na viabilização de empreendimentos, de vislumbrar numa determinada atividade as chances de sucesso, os resultados possíveis, a durabilidade e o esforço a ser empreendido. O raciocínio é o seguinte: se for incerto, não faça; se não for durável, talvez não valha o esforço. É saber simplificar um investimento de forma a minimizar os recursos empregados. É o signo da economia, da materialização, e está associado à experiência de arriscar pouco e só investir no que é garantido.

Touro é um signo fixo, aquele que corresponde ao meio das estações do ano, quer dizer, mês no qual a estação se firma. Sua função é estabilizar a força propulsionada no signo cardinal, aquele responsável pelas ações iniciais. Sendo também um signo de Terra, tudo nele remete à solidez e concretude. Pessoas que têm alguma ênfase no signo de Touro não costumam ter pressa, não ficam apertadas com os horários, pois raramente acumulam diferentes tarefas ao mesmo tempo. A lentidão muitas vezes atribuída aos taurinos dificilmente é um defeito, mas um efeito colateral do seu *modus operandi*. Se a perseverança é um excelente atributo desse signo, em contrapartida, a outra face da moeda é a inclinação à teimosia e obstinação. Quando se trata de um desejo ao qual ele se apegou, a tendência é que acumule mais e mais, queira mais e mais, raramente se sentindo satisfeito. É o desejo ardente de Touro se manifestando no seu viés pouco saudável.

Por ser de Terra, um outro atributo desse signo é a praticidade. Talvez, dos três signos de Terra, o Touro seja o mais objetivo de todos, já que se trata do primeiro desse elemento, considerando-se a ordem natural do Zodíaco. A experiência concreta é a melhor parceira de tudo que esteja ligado a Touro num mapa astrológico, desde aprender alguma coisa até resolver um determinado problema. Touro representa tudo o que é palpável, que pode ser sentido objetivamente e que não deixa dúvidas quanto à sua forma. É tocar o objeto, sentir na pele, cheirar seu odor, ouvir seu som, enxergar suas cores. São essas as referências às quais Touro está vinculado. É evidente que outros signos tratarão das experiências subjetivas, aquelas que não podem ser percebidas pelos cinco sentidos. Mas isso é assunto que não diz respeito ao signo em questão e que será tratado mais adiante.

No corpo, o signo de Touro rege a garganta e o funcionamento das glândulas endócrinas, e, assim como Libra, é regido pelo planeta Vênus, deusa do amor, da beleza, do prazer e da harmonia. A grande diferença entre esses dois signos é o fato de Libra ser um signo de Ar e, portanto, lidar com as qualidades como a diplomacia, e o outro, de Terra, ligado mais às questões do conforto. O vínculo de Vênus com o elemento concreto faz do universo de Touro um lugar cheio de charme, sensualidade e prazer. Entretanto, por se tratar do primeiro signo de Terra, a estética taurina pode ser simples, sendo, acima de tudo, confortável. Uma certa dose de espírito conservador revela gosto pelas coisas duráveis. O mesmo ocorre em relação às pessoas. Não se pode abstrair o fato de ser Vênus o seu regente e que as coisas relativas ao amor e à sexualidade também estão presentes na interpretação desse signo. A necessidade de segurança atribui ao taurino o poder de criar relações duráveis, muitas vezes evitando confrontar problemas para preservá-las. Podemos dizer que os planetas ou as casas que tiverem relação com Touro estão sujeitos a essas tendências. Portanto, devemos observar a inclinação desses setores em tornar a estabilidade, uma das grandes qualidades taurinas, um algoz capaz de aprisioná-los. O apego talvez seja um dos seus mais tiranos sentimentos. Escravizado pelo desejo, é necessário o ferrão, representado pelo signo oposto, Escorpião, para se livrar das situações em que não vê saída. O sangue frio de Escorpião, o que vê na escuridão e que desce às profundezas, pode salvá-lo do aprisionamento gerado pelo excessivo apego. A qualidade transformadora do signo de Escorpião pode impedi-lo de se tornar escravo dos seus próprios desejos. Essa tendência revela a origem da famosa teimosia atribuída a Touro, esse signo doce e perseverante, paciente e conservador.

Touro é o signo do empreendedor obstinado, às vezes cego a tudo que não esteja relacionado ao seu desejo. Apesar do temperamento passivo, dificilmente dispensa trabalho. Basta dar-lhe uma tarefa e veremos surgir a força física do touro fértil, reprodutor, cuja capacidade de colocar a mão na massa é incomparável com qualquer outro signo zodiacal. Touro é uma lição de paciência e força de vontade. As habilidades de materialização, acrescidas do senso estético, são capazes de produzir resultados verdadeiramente encantadores e surpreendentes.

O mito de Gêmeos — Castor e Pólux

Leda, esposa de Tíndaro, rei da Lacedemônia, tentando fugir do cortejo de Júpiter, se metamorfoseou em gansa, mas o pai dos deuses se transformou num cisne e a tornou mãe de Pólux e Helena, seus filhos imortais. Na mesma noite em que foi possuída por Júpiter, Leda se uniu ao marido, dando à luz Castor e Clitemnestra, ambos mortais. Segundo outra versão, Leda, já grávida de Tíndaro, foi seduzida por Júpiter, que se metamorfoseou num cisne. A jovem, acariciando a ave que se aninhara em seus braços, não percebeu que tinha sido possuída.

Ao final de nove meses, Leda põe dois ovos, cada um com um filho mortal e outro imortal: um continha Castor e Clitem Nestra (filhos de Tíndaro e, consequentemente, mortais), no outro estavam Pólux e Helena (filhos de Júpiter, imortais).

Castor e Pólux costumam ser chamados de dióscuros (que significa "filhos de Júpiter"). Tornaram-se célebres pela amizade fraterna que os unia. Quando cresceram, limparam o mar Egeu dos piratas que o infestavam; acompanharam Jasão e os argonautas à Cólquida, na conquista do velo de ouro. De volta à pátria, libertaram sua irmã Helena, raptada por Teseu.

Certa vez, convidados para o casamento de Idas e Linceu com Febe e Hilera, os dióscuros raptaram as noivas, iniciando uma batalha fatal: Castor e Linceu morreram. Desesperado com a morte do irmão, Pólux pediu ao pai para torná-lo imortal. Júpiter, não podendo atendê-lo integralmente, partilhou a imortalidade entre eles, de modo que viviam e morriam alternadamente. Assim, cada um deles passava um dia em companhia dos deuses. A seguir, transportou-os para o Céu, onde formaram a constelação de Gêmeos.

O signo de Gêmeos ♊

O signo de Gêmeos simboliza o amor fraterno, a divisão, a troca e a comunicação. O próprio grafismo de Gêmeos, representado pelo algarismo romano II, evidencia as polaridades associadas a esse signo: a alternância dos dias e das noites, a vida e a morte, o amor e o ódio, a alegria e a tristeza e assim por diante, trazendo-nos a compreensão da dualidade à qual estamos sujeitos. Tudo é temporário, efêmero e mutável. Movimento e multiplicidade. Cabem muitos mundos no mundo de Gêmeos, que carrega um anjo e um demônio que lhe falam, advogando o tempo todo: isso é certo, isso é errado; isso é bom e isso é mau. É no signo de Gêmeos que entendemos o quanto a verdade é multifacetada e que, portanto, duas pessoas podem se apossar de uma parcela da realidade e ser contraditórias e verdadeiras ao mesmo tempo. Nesse sentido, são múltiplos e têm canais abertos para os mais diversos assuntos.

Gêmeos é um signo mutável, o que lhe concede a capacidade de fragmentar-se, fazer coisas simultâneas ou ter atividades paralelas. Em muitos casos, a divisão é interna: nunca sabendo definir o que deseja, com dúvidas a respeito de si mesmo, podendo um dia querer uma coisa e, no dia seguinte, outra. A leveza, a divisão e a multiplicidade conferem a muitos geminianos a capacidade de desempenhar diferentes papéis. Essa versatilidade pode exacerbar em alguns a tendência à dispersão e à procrastinação. É assim que, no nosso horóscopo, funcionam também os planetas e as casas envolvidos com esse signo.

O signo de Gêmeos se relaciona com os pulmões, os braços e as mãos, e é regido pelo mitológico Mercúrio, deus que abre os caminhos, das encruzilhadas, das trocas e da comunicação. Por isso, Gêmeos está associado à linguagem. É nesse signo zodiacal que a palavra ganha poder, e os sentimentos, os pensamentos e as sensações podem ser expressos e explicados. Quando se trata de compreender Gêmeos, surge a necessidade da fala, de traduzir em palavras as coisas. É inerente ao signo a capacidade analógica, de abstração e simbolização. É a via de troca, pela qual somos capazes de fazer acordos e de compreender as diferenças, e, consequentemente, de possível entendimento entre os seres. Conversar é um bom meio para construir boas relações. Interagir e falar, no universo de Gêmeos, são inseparáveis. Gêmeos é a codificação das coisas. A palavra nos devolve o objeto e nos humaniza. A palavra é o insumo da comunicação, a via de relação com o outro. É preciso desenvolver uma linguagem minimamente consensual para haver entendimento, ainda que o conjunto não seja igual para todos, pois cada objeto é simbolizado com diferentes cargas de afeto. Entretanto, para que ocorra comunicação, é fundamental o estabelecimento de um pacto linguageiro. Sendo Gêmeos um signo de Ar, ele trata da compreensão lógica e intelectual, dos jogos de palavras, ao mesmo tempo em que se inter-relaciona, troca e negocia.

O sentido da vida em Gêmeos é atender à curiosidade, perceber e experimentar o que está ao alcance do olhar. Inspirada numa passagem do livro *Sexta-feira ou os limbos do Pacífico*, de Michel Tournier,[30] posso afirmar que é errôneo supor Gêmeos superficial no sentido de pouca profundidade. Se considerarmos superficial como "de grande vastidão", podemos então classificar Gêmeos como um signo superficial. O que de fato interessa a Gêmeos é a superfície, nunca a profundidade. Para isso existem os signos de Água que, por sua vez, não se identificam em nada com as coisas da superfície.

Gêmeos é, sobretudo, generalista. Portanto, a casa ou os planetas que se encontram nesse signo se comportam de maneira genérica e variável. Há flexibilidade, pois, há que se lembrar da classificação de Gêmeos na categoria de signo mutável. E toda vez que deitamos o olhar para tais posições, elas nos apresentam um lado diferente. São como caleidoscópios, estão sempre em movimento, há sempre algo a aprender, e, se já esgotamos algum interesse, nossa curiosidade se voltará para outras searas. É o lugar onde, se buscarmos unidade, o que de fato encontraremos é diversidade. A multiplicidade de interesses e a agitação física

---

30 TOURNIER, Michel. *Sexta-feira ou os limbos do Pacífico*. São Paulo: DIFEL, 1985. p. 60-61.

ou mental provocam fatalmente dispersão. A curiosidade intensa leva à distração e a falta de foco gera ansiedade, pois há divisão, somos assolados por dúvidas. A chave para essas dificuldades geminianas reside no simbolismo do seu signo oposto — Sagitário —, o centauro com sua seta apontada para o alto, indicando a direção a tomar, concentrando a atenção no objetivo maior a ser alcançado. A integração com o seu oposto transforma dispersão em união de forças, que auxilia a atingir metas, a dar sentido ao fluxo energético e, assim, atenuar a ansiedade. Esse é um trabalho também necessário nas configurações astrológicas envolvidas com o signo de Gêmeos.

Ele é o mais volátil dos signos, um silfo que aparece e some diante dos olhos e que nos deixa completamente perplexos. É comum nunca encontrá-lo onde o vimos pela última vez. Movimento e adaptação são as qualidades que permitem a sinuosa peregrinação no universo da multiplicidade, ou seja, no mundo geminiano. A energia é pulverizada; o temperamento, maleável. É dividir-se, intermediando os diferentes interesses. Borbulhante ou aéreo, Gêmeos é o símbolo da leveza, capaz de trazer novos ares a ambientes viciados. A mente, um eterno pensar, um trânsito intenso de palavras, imagens e ideias, é a provável origem de sua inquietude e ansiedade. Lembram as borboletas na sua leveza e no seu voo errante, incerto e ágil. Disseminadores, eles transportam o pólen do conhecimento. A troca é certamente um dos seus mais preciosos valores. Onde abrigamos o signo de Gêmeos é quase impossível imaginar relacionamentos sem diálogo. Pode ser até um simples comentário, mas já é suficiente para gerar a possibilidade de interação e troca.

Para finalizar, ainda resta relacionar Gêmeos ao movimento e à liberdade de ir e vir. A moradia de Gêmeos no nosso mapa é um lugar inquieto, agitado, mas, principalmente, arejado. Nada envelhece. Tudo se troca a tempo e hora. Sintetizando, Gêmeos é a coreografia das palavras. Tanto têm a nos ensinar! Seria possível um mundo sem linguagem? Sem meios de comunicação? Sem trocas? Gêmeos é a *biblioteca do Zodíaco*, o celeiro do conhecimento, o universo das escolas, traduzindo, compilando e transmitindo tudo o que a humanidade assimilou e apreendeu.

O mito de Câncer — A hidra de Lerna

A hidra de Lerna era uma serpente descomunal, com muitas cabeças — de cinco a cem, dependendo do autor —, que matava tudo com seu tenebroso hálito. O monstro foi criado pela deusa Juno, na tentativa de destruir Hércules. Num de seus 12 trabalhos, o herói consegue exterminar a serpente com a ajuda de seu sobrinho Iolau. A cada cabeça que Hércules cortava da hidra, nasciam outras duas, mas Iolau ia cauterizando as feridas com uma grande tocha, impedindo o renascimento dos membros extirpados. Durante a realização dessa prova, ao perceber que o herói triunfava, Juno enviou um gigantesco caranguejo para distraí-lo. O caranguejo mordeu o pé de Hércules, que o repeliu com um pontapé e o esmagou imediatamente. Juno colocou seu caranguejo, então, entre os astros, onde forma a constelação de Câncer.

O signo de Câncer ♋

Assim como o caranguejo, o signo de Câncer simboliza a experiência de viver em dois mundos: na terra, símbolo da estabilidade no mundo físico, e na água, representando o complexo universo psíquico, os sentimentos e a imaginação. Tanto em um quanto em outro, procura-se segurança. Seu simbolismo está intimamente associado à necessidade dos humanos de construir um abrigo para proteger-se, sentir-se amparado e acolhido. Esse processo ocorre no seu íntimo, onde ergue uma fortaleza que o preserva contra o mundo exterior, dando condições para que a individualidade se desenvolva de forma inviolável e a salvo dos perigos. Câncer significa recolher-se dentro da própria carapaça, uma blindagem forte que proteja e dê garantias, tanto no plano físico quanto no emocional. É por isso que os planetas ou a casa associados ao signo de Câncer tendem a permanecer no interior de uma casca dura, escondendo enorme emotividade liberada somente na intimidade. Nunca espere que no lugar onde Câncer se encontra nós consigamos nos abrir facilmente e expor os mais profundos sentimentos. O máximo que conseguiremos é ver o pequeno caranguejo sumir dentro do buraco que cavou e, quem sabe, muito tempo depois, quando ele sair da sua toca, tornar a vê-lo novamente. Câncer é um daqueles signos que pode demorar para se revelar, mas, ao se familiarizar, provavelmente nos permitirá conhecer sua vida em toda a sua profundidade. Capaz de contar longas histórias com detalhes, incluindo muitas vezes a trajetória de toda a família e dos que fizeram parte daquele enredo, Câncer é o guardião da memória, o celeiro das emoções vividas. Nos planetas que estão no signo de Câncer ou a casa que tem no signo a sua cúspide, encontraremos sempre um baú de recordações, algo do qual já nem lembrávamos mais, perdido no tempo e que, ao revê-lo, nos faz sentir saudades do passado. É a nossa Arca de Noé, salvando a memória do dilúvio que é a própria vida. O universo do signo de Câncer é povoado por um extraordinário poder de imaginação, com tamanha riqueza de imagens que, para ele, sonhar é viver. Deleita-se esparramado nas próprias reflexões. A realidade varia ao sabor das emoções e da sensibilidade. Tudo é subjetivo e, como todo signo de Água, ele é abismal e insondável. Ao mergulhar no buraco onde se escondeu, recompõe as energias gastas, reflete acerca do que viveu, digere as emoções e o alimento adquirido lá fora.

O signo de Câncer se refere às raízes que nutrem a construção de uma estrutura emocional estável e segura. Simboliza o lugar no qual mantemos vivas as experiências dos tempos passados, da nossa origem. Acredito que a maioria das pessoas associe o signo de Câncer particularmente com casa e família. E tal ligação tem pé e cabeça, pois a casa que carregamos, semelhante a do caranguejo, são as referências que transportamos nas "costas da alma", trazidas do passado, da formação, da relação com os pais e antepassados até o momento presente. Na trajetória da evolução, os ciclos se repetem, mesmo que diferenciadamente. O passado serve como base para a construção do futuro e da formação de um conjunto psicológico de que o indivíduo dispõe ao longo da sua existência. No mapa de nascimento, os planetas e as casas relacionados com esse signo apontarão para o passado, para informações sobre a maneira como a relação com os pais e a família afetou emocionalmente o sujeito. De posse disso, a pessoa consegue compreender melhor os comportamentos condicionados a outrora e, se necessário, encontra caminhos que a auxiliem a modificá-los ou usá-los a favor de si e da construção de uma vida saudável. Dotado de sensibilidade nessas posições, o sujeito é capaz de conservar as suas lembranças e, como um visionário, projetá-las no futuro. Assim, ele encontra o elo perdido entre o passado e o futuro, ou seja, a consciência do momento presente que contém, ao mesmo tempo, o passado e o futuro. Nesse sentido, é possível antecipar que o signo oposto a Câncer, Capricórnio, é o simbolismo apropriado para a realização de tal situação. Capricórnio trata da relação do sujeito com a realidade presente, despojada de fantasias ou projeções. Portanto, onde quer que tenhamos o signo de Câncer, na posição oposta haverá Capricórnio apontando para o contato com a realidade tal como ela é, e o esforço de construir o futuro calcado no resultado do trabalho de nos transformarmos no que de fato somos capazes de ser. A tendência de Câncer é viver no ontem e tentar corresponder às expectativas familiares ou às próprias fantasias, sem compromisso com a realidade possível. Quando os dois signos, Câncer e Capricórnio, se unem, podemos falar que o passado se encontra com o futuro no momento presente, ou seja, alcançamos o sentido de eternidade. Se a projeção do futuro pode tomar como base os padrões passados que se repetem, pode-se afirmar, portanto, que Caranguejo simboliza a sensibilidade do ontem e a visão do amanhã. Mais uma vez, repete-se a imagem do animal que vive em dois mundos.

O movimento das marés está igualmente associado ao simbolismo de Câncer, ora a maré é cheia, ora a maré é baixa. Assim como as águas oceânicas, o humor canceriano flutua conforme a maré, ou seja, conforme somos afetados emocionalmente pela relação que estabelecemos com os climas e acontecimentos vindos de fora. Não é à toa que procuramos abrigos físicos e psicológicos para nos protegermos das intempéries da vida. Certa vez, uma cliente minha, bióloga e canceriana, comentou sobre determinadas espécies de crustáceos. Esses, ao contrário dos caranguejos, nascem sem a carapaça e, para se protegerem, se aninham nas casas dos que já morreram, apropriando-se delas. O curioso, dizia ela, é que algumas casas eram muito grandes, a tal ponto de terem dificuldade de locomoção. Com isso concluo que, se dizemos que os caranguejos "andam de lado", alguns podem quase não andar, tamanho é o fardo que escolhem carregar.

Sendo regido pela Lua, Câncer é um signo de simbolismo feminino, associado aos cuidados e à proteção. Onde temos Câncer no mapa, nosso olhar é dócil e nos inclinamos ao envolvimento íntimo com as pessoas. Agimos como mães que cuidam do filho, protegendo-o, embalando-o, dando-lhe alimento e afeto. O signo de Câncer rege o aparelho digestivo, o universo da alimentação, os seios e a amamentação. Está, assim, associado também ao alimento emocional, pois o que somos afetivamente é resultado, entre outras coisas, do nutriente que recebemos.

Para finalizar, Câncer é como o lago, espelha a realidade — é o seu reflexo e não a realidade em si. Seu papel é conservar, ser arquivo, organizar as lembranças para que não se percam com o passar do tempo. São as folhas amareladas do livro já lido, a geladeira que foi dos avós e que até hoje funciona, o travesseiro que carregamos nas viagens, a doce lembrança de quando éramos crianças e jovens. Câncer é ter a segurança de que temos uma casa onde morar e um lugar ao qual sempre poderemos voltar e seremos bem-recebidos.

O mito de Leão — O leão de Nemeia

Em Nemeia, cidade da Argólida, deu-se o primeiro trabalho de Hércules. Lá vivia um temido leão, feroz e devastador, irmão de outros monstros igualmente terríveis: a hidra de Lerna, o Cérbero, a Esfinge e a Quimera. A fera foi gerada pela deusa Juno para provar o herói. Passava parte do dia escondido num bosque, e quando saía de lá, aterrorizava toda a região, devorando os habitantes e os rebanhos. Caçadores e guerreiros o haviam atacado inutilmente. Suas lanças partiam-se e suas flechas caíam no chão, sem ferir o animal. Eristeu mandou que Hércules fosse matá-lo, para pôr um fim às devastações que ele fazia. Primeiramente, o herói tentou vencer o monstro a flechadas, mas, por ter a pele invulnerável, o leão não se abateu. Hércules fechou, então, uma das duas saídas da caverna do animal e, brandindo sua temível clave, aplicou-lhe uma pancada tão forte na cabeça que o feroz animal caiu no chão, desacordado. Agarrando-o com sua força extraordinária, o sufocou. Com a pele do leão, Hércules cobriu seu corpo, e da sua cabeça, fez um capacete. Em comemoração, Júpiter transformou o animal na constelação de Leão.

O signo de Leão ♌

Não é sem razão que Leão foi eleito para acolher sob o seu simbolismo as forças vitais e a exuberância da vida. Afinal, ele é reconhecidamente o "rei dos animais". O ar de nobreza mesclado à ferocidade do animal fascina os olhares humanos, despertando respeito e medo. Ele não deixa dúvidas da sua força e do domínio que exerce sobre os demais. É a imagem de quem se impõe e não admite ser desafiado. É dessa forma que devemos entender o signo: deixar claro os limites do território que lhe pertence e que, quem nele se encontrar, estará sujeito às ordens da sua majestade, o Rei. Regido pelo Sol, Leão simboliza o magnetismo, a certeza e a autoconfiança. É quando o peito abre e emana força e luz. Note-se que o Sol é a estrela ao redor da qual giramos. Portanto, ele é, para nós, uma estrela singular, diferenciada de todas as demais. Essa circunstância nos remete ao significado do signo de Leão, um doador de vida e, ao mesmo tempo, centralizador e mantenedor da ordem do sistema. Cada pessoa com a sua singularidade, todos somos um Sol em torno do qual giram outros astros. Somos senhores da nossa existência e também irradiadores de calor e vida. É por esse motivo que eu imagino ter sido creditado ao signo de Leão a virtude da generosidade. O Sol não poupa energia, continuará a ofertá-la até o último dos seus dias. Assim somos, cada um como uma estrela, com suas vidas próprias, doadores de si. Ao mesmo tempo, somos dotados de uma força gravitacional capaz de fazer circular em torno de nós tudo o que dela se aproximar. Se é por vaidade ou nobreza, o certo é que Leão estará sempre associado ao comando daqueles que a ele estiverem subordinados. Podemos compará-lo com a antiga ideia (talvez não tão antiga ainda) de que a *corte* deve estar sempre à disposição, pois existe para servi-lo. Mas, no íntimo do signo de Leão, encontramos seu maior compromisso: glorificar a vida e simplesmente vivê-la e aproveitá-la.

Uma característica importante a ser analisada ainda neste signo é a de ser leal a si mesmo e, em contrapartida, a exigência de que os outros retribuam também com lealdade. Não há dúvida quanto à presença dessa tendência nas posições ocupadas por planetas ou casas no signo de Leão. Há nesses setores a oportunidade de despertarmos sentimentos que consideramos nobres e seguramente nos sentiremos altamente melindrados e feridos no nosso orgulho caso alguém desconfie da altivez de nossas atitudes. Isso nos remete à compreensão de que nem tudo é força e poder quando falamos em Leão. Sua vaidade e seu orgulho denotam facilmente fragilidade. Uma simples crítica fere sua autoestima e pode ser interpretada como um ataque pessoal ou uma afronta. O raciocínio é assim: se o que faz é resultado do seu melhor, então estará isento de críticas. O fato de nos expormos nas áreas onde Leão se faz presente amplia o nosso compromisso com o sucesso e, consequentemente, também crescem as inseguranças. O que de fato existe é uma terrível autoexigência a que estamos submetidos, como um escravo ao seu amo. É possível que, por esse motivo, passemos a reduzir ou castrar boa parte da nossa criatividade. Falhar é pressupor vaias e desaprovação, portanto, não nos permitimos errar. Queremos ser admirados e queridos o tempo todo.

Como centro irradiador de luz, magnanimamente abre seu coração, mas não admite que a vida possa ser vivida de forma simples ou trivial. Tudo em Leão é intenso, por isso não é à toa sua classificação na categoria dos signos de Fogo, aqueles que se julgam merecedores inatos do que a vida tem de melhor a oferecer. Também por ser um Signo fixo, acrescenta-se aí uma boa dose de dramaticidade. É a forma encontrada por ele para firmar suas expressões. Mas não devemos esquecer também a propensão ao controle, característica primordial do signo de Leão e a mais forte tendência dos signos fixos. Para Leão, a vida é um teatro, onde espera ser o protagonista e que as luzes incidam sobre ele, chamando a atenção dos olhares para si. Não poderia ser, senão, o coração o órgão eleito para ser regido por esse signo centralizador e vital. A expressão geralmente usada por muitos leoninos, "penso com o coração", talvez tenha raiz no imaginário criado por essa simbologia. Mais um detalhe vale a pena ser observado. A origem da palavra coragem, virtude associada a Leão, vem do latim *coratium*, derivado de *cor*, "coração". Isso porque, em épocas remotas, esse órgão era considerado a sede da coragem.

Apesar de toda a criatividade, vigor e alegria, a personalidade simbolizada no signo de Leão pode ofuscar o outro por não saber compartilhar o palco com os demais. A imagem do aguadeiro representada no signo oposto, Aquário, deve ser absorvida para que o leonino reconheça que o outro também merece um lugar nobre na sua vida. Ajustar-se a outra pessoa significa, para tal personalidade, limitar seu campo de ação e, sendo assim, torna-se insensível ao que não lhe diz respeito diretamente. Nos setores que acolhem esse majestoso signo devemos descer do trono onde estamos sentados e servir os outros para que sejamos, de fato, verdadeiramente amados. A estrela solitária deve unir-se à constelação luminosa da solidariedade tão bem-representada no signo que a complementa.

O mito de Virgem — O exílio de Astreia

Júpiter e Têmis — a justiça divina — tiveram uma filha, a virgem Astreia, que viveu entre os homens na época da Idade de Ouro, semeando paz, bondade e justiça. Em uma das mãos trazia a balança, na outra, a espada. Quando os homens passaram a viver em dissonância com as leis, os crimes que cometiam a obrigaram a abandonar sucessivamente as cidades, as vilas e os campos. Exilou-se, então, no Céu, onde foi transformada na constelação de Virgem. Carregou consigo a balança que, junto a ela, foi colocada entre os astros na forma da constelação de Libra.

O signo de Virgem ♍

Virgem é mais um daqueles signos que carregam um estigma injusto. A maioria das interpretações se detém apenas num dos aspectos contidos num simbolismo de extrema riqueza. A começar, Virgem é o único signo do Zodíaco representado por uma mulher. Portanto, um símbolo associado ao feminino, à terra que generosamente nutre seus filhos com o alimento produzido. Observe-se que a estrela de maior grandeza da constelação da Virgem é Spica, significando "espiga", símbolo de prosperidade. Ainda que a natureza de Virgem seja crítica e pragmática, essas interpretações empobrecem o universo de possibilidades representadas na imagem arquetípica de fertilidade. Um signo de Terra sempre honra a forma e homenageia a natureza. Além disso, sendo um signo mutável, de natureza flexível, Virgem traduz a multiplicidade com que a matéria se apresenta diante dos nossos olhos. É a natureza em constante movimento, variando seu contorno, ditando regras que preservam a ordem natural da vida. Virgem é a vida manifestada na diversidade, nas diferenças, no fato de não existir nenhum ser igual ao outro e todos fazendo parte de um sistema ordenado para a preservação da vida. Compreender o lugar próprio de cada uma das criaturas no Universo é um princípio básico representado no signo de Virgem. Do mais elementar dos seres até o mais complexo, cada um tem uma função, e deve exercê-la da melhor maneira possível. É dessa ordenação que trata o simbolismo de Virgem e não daquela organização falaciosa que não admite que se misturem camisas brancas com as coloridas, ou que se perturba ao menor sinal de poeira em qualquer canto da casa. Segundo Liz Greene, há dois tipos de virginianos: o extrovertido, que tenta aplicar sua necessidade de classificar, de ordenar e de sintetizar no nível mundano; e o introvertido, que tenta se ordenar internamente.[31] Por isso, todos conhecemos alguns virginianos que projetam essas necessidades da forma convencional como vemos na maioria das interpretações. Porém, conheço pessoas que não têm nenhuma ênfase especial nesse signo e mantêm suas casas e seus escritórios organizados. Por se tratar de um signo regido por Mercúrio — planeta associado às faculdades mentais —, entendemos que essa ordem está muito mais próxima da ideia ou de um pensamento ordenado do que apenas a sua projeção nas pequenas coisas do mundo. Uma das características mais marcantes desse signo é sua capacidade de observação, o que lhes confere material suficiente para que possam fazer uma análise minuciosa da realidade. Para mim, o signo de Virgem é o mais pragmático dos signos de Terra. É um autêntico São Tomé: é preciso ver para crer. Como o Zodíaco representa a natureza na sua diversidade, certamente teríamos um lugar para aqueles que questionam tudo de forma que a verdade e a eficiência possam ser alcançadas. Já imaginaram se não existissem os críticos, capazes de apontar as falhas para que o mundo possa se aperfeiçoar? E se não houvesse laboratórios, com seus exames minuciosos, evidenciando aquilo que não podemos enxergar? Acredito que viveríamos no caos da ignorância, acreditando exclusivamente em forças sobrenaturais.

---

31 GREENE, Liz. *Os astros e o amor*. São Paulo: Cultrix, 1997.

Devemos muito àqueles que, com dedicação e poder de análise, nos apresentam a realidade de forma clara e límpida. Entretanto, nem sempre é confortável deparar-se com a verdade, e a crítica feita pelos virginianos incomoda os que desejam ocultar ou que não admitem seus erros e defeitos. Quem sabe não é esta a origem do estigma de ser um signo impertinente, obsessivo e insensível? Devemos lembrar que a interpretação dos signos deve se desvincular da dicotomia bem e mal, compreendendo sua tendência natural sem julgá-lo. Nem podemos apontar uma hierarquia entre eles, pois não existem signos bons ou maus, melhores ou piores.

Os planetas ou as casas que estiverem vinculados ao signo de Virgem sinalizam a área da vida onde ansiamos melhorar, inclinando-nos ao aperfeiçoamento e à autocrítica. Ficamos, portanto, sujeitos ao olhar seletivo, apurando os sentidos, refinando a percepção. Entretanto, esses atributos de Virgem são, ao mesmo tempo, os maiores aliados e os mais fortes adversários. Se a autocrítica for severa demais a ponto de impedir a realização dos potenciais disponíveis, evidentemente, ela deixa de ser uma qualidade aperfeiçoadora. Porém, a crítica construtiva pode corrigir falhas e evitar a repetição contínua de padrões desgastados.

Virgem simboliza a mente analítica e pragmática, o filtro da realidade, a clareza e a simplicidade. É exigir o máximo de eficiência em qualquer atividade. O desejo último é aprimorar o desempenho — seja físico, mental ou emocional. É o signo da purificação, associado ao método, à rotina e ao cotidiano. Onde quer que tenhamos o signo de Virgem, tendemos a ordenar, averiguar e calcular. É a observação minuciosa, funcional, o aspecto prático da vida, a comprovação empírica e o mensurável.

Virgem rege o intestino delgado, responsável pela seleção dos nutrientes. Pensar no signo de Virgem é pensar numa alimentação saudável, livre de toxinas, própria para a saúde. É saber distinguir o que promove bem-estar e o que deve ser descartado por ser nocivo ao organismo. Mais uma vez, não é difícil compreender o estigma associado a Virgem: manter uma vida saudável seguramente dá muito trabalho. Por esse motivo, talvez o discernimento seja uma de suas características mais marcantes: separar o joio do trigo, limpando as impurezas.

Sendo um signo de Terra, Virgem se refere à realidade, ao aspecto objetivo da experiência. Por outro lado, como todos os signos mutáveis, tem capacidade de adaptação. A soma dessas duas qualidades resulta em precisão do olhar e capacidade de autorregular-se, adequando-se às condições da vida cotidiana. É o signo da especialidade, da precisão e do cuidado com os detalhes. Entretanto, a busca incessante por perfeição gera ansiedade, característica frequentemente encontrada nas posições astrológicas onde Virgem está envolvido. É aí que não conseguimos descansar, estamos sempre ocupados, com muito serviço a fazer. Somos como formigas que trabalham exaustivamente. Onde Virgem está presente, nada pode escapar ao olhar, ou seja, não se consegue relaxar, esperar mais um pouco, deixar para um momento melhor. Apesar de toda a sua disposição de trabalhar, Virgem precisa se inspirar no seu signo oposto e complementar, Peixes, para que a paz lhe seja devolvida. Do lado oposto onde está Virgem, encontramos a calma que transcende o alcance do olhar pragmático, a confiança de que também é possível lidar com o imponderável. É preciso distanciar a vista e compreender a realidade como um todo, confiando na existência de uma ordem cósmica. Quando a análise criteriosa é feita com sensibilidade e amor universal, características de Peixes, não há espaço para a crítica destrutiva e pessoal. A ansiedade é reduzida e a tranquilidade assume o seu lugar.

O mito de Libra — A balança de Astreia

O mito de Libra está relacionado à balança que Astreia — filha de Júpiter e Têmis — carregou consigo quando foi transformada na constelação de Virgem.[32]

O signo de Libra ♎

Único signo do Zodíaco representado por um objeto, a Balança, ou Libra, está associada à justiça, à harmonia, ao belo e ao equilíbrio resultante da combinação de forças opostas. Para se fazer justiça, é preciso haver imparcialidade, e os dois lados devem ser ouvidos, pesa-

---

32   Ver o mito completo na pág. 96.

dos e medidos. São os dois pratos da balança, representando o "eu" e o "outro". A imparcialidade e o distanciamento são necessários para pesar e medir os prós e os contras, sem correr o risco de "Puxar a brasa para a nossa sardinha", como popularmente se diz. Se não houver isenção, não há justiça, e, não havendo justiça, não há equilíbrio ou paz. Portanto, o equilíbrio entre a nossa individualidade e a individualidade do outro é assunto a se tratar nesse signo. Libra simboliza o respeito ao jeito de ser do próximo. É nesse sentido que esse signo é o caminho que leva um indivíduo a compreender os outros, a unir-se a eles em torno de algo comum e à experiência de que, quando há união, suas forças se multiplicam. Assim como Áries, Libra é um signo equinocial. Os signos equinociais são aqueles associados às estações que começam quando o dia e a noite têm a mesma duração. Entretanto, se Áries está associado à primavera, estação em que o dia cresce até atingir sua maior duração no verão, Libra se associa ao outono, onde a duração da noite começa a aumentar até chegar à noite mais longa do ano, na entrada do inverno.[33] Na simbologia astrológica, o dia representa a força da individualidade, enquanto a noite representa, a força da coletividade. É por esse motivo que Libra é considerado o signo responsável pelo ingresso da consciência no mundo social, deixando para trás o poder que o ego exerce sobre nosso jeito de ser e de viver. Se em Áries devemos ser o que somos, em Libra é preciso aceitar o outro com seu modo peculiar se ser.

Um aspecto importante a ser abordado sobre esse signo é o de não relacionar Libra com o equilíbrio em si, mas com o esforço para alcançá-lo. Note-se a tendência à instabilidade dos pratos da balança, pois oscilam muito mais do que ficam estáticos quando usados para pesar. Libra é o confronto eterno com a instabilidade interna e a constante busca de uma harmonia que venha para acalmar. Como costuma acontecer, quem busca exaustivamente o equilíbrio é porque não o tem. Por isso, encontramos tantos librianos dizendo que são tudo, menos equilibrados. Libra representa o desejo de obter controle dos impulsos, das desmesuras, de tudo o que não é da ordem da razão.

---

[33] A analogia se refere às estações no Hemisfério Norte, local onde foi construído o saber astrológico. Mesmo para horóscopos feitos no Hemisfério Sul, a associação se mantém, pois é o aspecto simbólico que interessa.

Dessa forma, os planetas ou a casa astrológica associados a esse signo tendem a se expressar com frieza e racionalidade, por serem essenciais para se atingir a medida justa das coisas e, por consequência, a harmonia desejada. É aí que não queremos perder o juízo, nem deixar extravasar emoções que nos façam parecer transtornados, pois tudo isso agride o senso estético representado no signo de Libra.

Libra rege os rins e a região lombar, e a sua associação com o planeta Vênus, que na mitologia greco-romana remete à deusa do amor e da arte, nos encaminha a um outro aspecto do signo, ou seja, o amor ao belo, algo extremamente especial quando se deseja um mundo justo. Quando falo aqui de estética, não me refiro exclusivamente à arte, mas também à sua estreita relação com a ética. Respeitar o outro é ético e belo; abrir mão do egoísmo é ético e estético. Da mesma maneira que é delicioso apreciar uma obra de arte e assistir a um bom espetáculo, também é receber o outro com o melhor que temos a lhe oferecer. Se em Áries nos aperfeiçoamos para nos sentirmos melhores conosco, em Libra nos aperfeiçoamos para promover o encontro com o outro que melhor se encaixa com o nosso modo peculiar de viver. É onde temos Libra que tendemos a pensar na ética das relações, na escolha do belo como um caminho de harmonia e prazer. É aí que descobrimos recursos para atrair o outro em nossa direção e apuramos o olhar para o reconhecimento de sua presença.

O signo de Libra simboliza o impulso gregário, e é nesse momento da interpretação que compreendemos porque um signo associado ao equilíbrio é um signo cardinal, ou seja, impulsivo. Somos impelidos a buscar associações e parcerias, atraídos pelo outro e por tudo que este possa despertar em nós e que, sem ele, jamais experimentaríamos. Por esse motivo, o ego desce no horizonte, e dá lugar à chegada do outro, cheio de mistérios, um universo inteiro para ser desvendado. É em Libra que tomamos consciência da existência de um outro, ao qual desejamos nos unir, partilhar nossas vidas, contar o que sentimos, nossos sonhos, sofrimentos, alegrias, enfim, a nossa história. É também nesse signo que entendemos que o outro também deseja alguém tanto quanto nós, que também tem uma história a nos contar e que caminha na mesma direção. Libra é o ponto de encontro, o lugar onde dois caminhos se cruzam e se tornam um. Entretanto, as indecisões e dependências decorrentes da instabilidade dos pratos da balança devem ser compensadas com as qualidades do signo oposto, Áries: iniciativa, força e coragem. A falta de consciência de si mesmo torna-se um desequilíbrio quando não há energia e ação. Ceder facilmente aniquila a vontade e deposita no outro uma responsabilidade que não lhe cabe. Saber lutar e se impor complementa esse temperamento que exalta o belo e tenta manter a harmonia da vida.

O mito de Escorpião — A morte de Órion

Segundo Homero, Órion era filho de Euríale e Netuno, que lhe concedeu a faculdade de caminhar sobre as águas. Tornou-se célebre pela sua paixão pela caça e pelo seu amor pela astronomia. Era um caçador gigante, de força e vigor extraordinários. A deusa Aurora, embriagada com sua beleza, apaixonou-se por ele, o raptou e o levou para a ilha de Delos. Entretanto, Órion perde a vida por ciúme, segundo Homero, ou por vingança de Diana, segundo outros. Ele teria forçado a deusa a competir no disco com ele e, derrotado, foi assassinado. Conta-se também que Órion tentara violentar a deusa, que fez sair da terra um escorpião que lhe picou mortalmente o calcanhar. Diana conseguiu que tanto Órion quanto o escorpião fossem levados ao Céu. As estrelas da constelação de Órion desaparecem no Ocidente quando as de Escorpião nascem no Oriente.

O signo de Escorpião ♏

Regido por Plutão, senhor das profundezas, deus associado à morte e ao renascimento, Escorpião simboliza os mistérios, as regiões insondáveis e obscuras da natureza, as forças ocultas, aquilo que permanece latente, o poder de transformação e regeneração. Pelo fato de ter sido regido por Marte, deus da guerra, portanto também associado à morte, o signo carregou ao longo dos tempos o estigma de maldito, o mais vingativo, aquele em quem não se pode confiar, o traidor, o pior dos signos. Convenhamos, a humanidade não iria atribuir valores suaves àquele que falava despudoradamente da morte, assunto pouco compreendido, tabu entre os tabus, vista como negativa, inaceitável e que insistimos em negar. Quando se trata, então, da cultura ocidental, isso se agrava substancialmente. Por isso, um signo intenso e profundamente emotivo arca com tal fama. Dizia Emma Costet de Mascheville que se não existisse a força do Escorpião, os humanos ainda estariam vivendo em árvores. Isso denota a relação desse signo com as forças transformadoras capazes de enterrar o velho e dar lugar ao novo que urge nascer. Por isso, é comum também ver a associação do signo de Escorpião com a fênix, a ave mitológica que nasce das cinzas que restaram da incineração do seu corpo ao morrer. Escorpião simboliza a mobilização de forças poderosas, capazes de fazer a metamorfose que evita a estagnação. São forças que regeneram o que se deteriorou, que trazem de volta à vida, reciclado e transmutado, o que estava à beira da morte. Qualquer planeta ou casa relacionado ao signo de Escorpião deve mergulhar sem pudor nas profundezas da alma, remexer o lodo psíquico, para de lá extrair tais forças transformadoras. Pode-se concluir que tal tarefa não está isenta do medo nem da dor. Portanto, tudo que pudermos fazer para nos auxiliar em tal descida é substancialmente bem-vindo.

Escorpião é o princípio dos sobreviventes, daqueles que visitam os hospitais da alma. Representa a percepção do quão necessário é morrer para renascer mais forte, como a necrose das células velhas dá espaço às novas células no decorrer de nossas vidas. Movido pela paixão, para Escorpião é tudo ou nada. Tocar apenas na superfície das coisas, das situações ou dos envolvimentos não serve. É necessário ir até o fim. Só se perde o medo quando o atravessamos. É preciso confrontar os fantasmas que habitam os infernos da alma para, de lá, emergir transmutado.

Escorpião purifica pela destilação do veneno que atormenta nossas mentes aflitas. Ao fim do processo, tem-se um ser transmutado, renascido e, portanto, mais forte para enfrentar sua sorte: um sobrevivente. Uma excelente analogia com o signo é a da lagarta que, pela metamorfose, transmuta-se em borboleta. O ser rastejante e predador recolhe-se no casulo — onde suas células são destruídas e apenas uma pequena matriz é preservada, gerando um novo ser, totalmente distinto do anterior — para depois tornar-se livre e, no seu voo polinizador, cultivar a vida. Do mesmo modo, ao remexer o que se oculta nas esferas inferiores, o Escorpião se transmuta, purifica e reorganiza a realidade.

Mas, afinal, quais são os caminhos que atravessamos para atingir tal libertação? Em geral, tais tormentas nos deixam completamente quebrados. Na ânsia de querer mudar, as angústias apoderam-se da alma e, muitas vezes, tornamo-nos reféns do tumulto interior. Essa é a provável viagem a ser empreendida pelas áreas do horóscopo que estão condicionadas ao signo de Escorpião. Emma Costet de Mascheville dizia que o Escorpião tem duas almas: a da destruição e a da regeneração. Acredito que a maioria de nós experimente ao longo da vida um pouco de cada uma. .

Creio que o mais difícil na área em que o Escorpião está envolvido é lidar com o conteúdo psíquico das regiões sombrias do ser. Por outro lado, lá encontramos as forças criativas, sendo, portanto, necessário enfrentar tal conteúdo se quisermos dar vasão a elas. Quando se trata desse signo, nada passa indiferente, tudo vem acompanhado da violência associada a tais potências, da intensidade que faz da vida um palco de emoções tremendamente assustadoras, mas fatalmente atraentes. Por isso, é evidente que nessas áreas da vida é preciso um trabalho psíquico que ajude a viabilizar efetivamente o uso positivo das poderosas forças criadas por nós.

Uma característica típica do signo de Escorpião é o seu poder de sedução. O olhar penetrante que desnuda o objeto do seu interesse, o charme dos seus gestos, são atributos desse que é um dos mais misteriosos signos do Zodíaco. Entretanto, não podemos atribuir a ele o título de temperamento fácil. É só imaginar o seu conteúdo simbólico para entender o porquê. Ao Escorpião está associada a inclinação de manipular bem os sentimentos, tanto no sentido criativo quanto no destrutivo. Apesar de estar relacionado à capacidade de penetrar nos lugares de difícil acesso, o próprio Escorpião representa o que está encoberto por uma cortina indevassável, e que impede qualquer um de compreendê-lo. Assim se comportam as regiões da carta natal onde há a presença do signo de Escorpião. Lá somos impenetráveis e também não resistimos à tentação de sondar as coisas sombrias e misteriosas. Planetas em Escorpião têm uma aparência de frieza, porém, por detrás das aparências, há efervescência. Um astro em Escorpião é um agente de transformação pessoal, e por isso atua com intensidade, principalmente emocional. As experiências precisam ser fortes, ainda que dolorosas. Nada superficial interessa, quanto mais abaixo da superfície, melhor — daí a sua capacidade investigativa e a apreciação pelos mistérios. Apesar de ser magoável como qualquer signo de Água, o Escorpião sabe lutar, pois também é regido por Marte. Há fogo debaixo daquela água. Por isso, é tido como vingativo. Sua raiva é lenta. Como todo signo fixo, reage por acúmulo. Quando os sentimentos não são transmutados, há tendência à obsessão.

Escorpião rege o intestino grosso e os órgãos sexuais, e, a propósito, quanto à tradicional associação do Escorpião com o sexo e a sexualidade, verificamos ser absolutamente natural que o tema da morte venha acompanhado do instinto que mantém a vida sobre a Terra. Através do sexo, o ser vivo deposita a semente que se destina à continuidade da espécie: a vida sobrevive à morte. E assim, para as pessoas com ênfase nesse signo, a qualidade da sua atividade sexual é a medida da sua relação com a própria vida. Isso não significa que as pessoas dos outros signos não deem importância ao sexo. Todos nós, onde tivermos o signo de Escorpião no mapa, seremos induzidos a experimentar a sexualidade na sua mais profunda e transformadora dimensão. É lá que descobrimos os mais ocultos desejos e despertamos para os significados da sexualidade, da morte e da vida.

Para finalizar, repito o que tantas vezes ouvi Emma, minha mestra, dizer quando ensinava o signo de Escorpião: "Não me falem mal dos Escorpiões! Se algum escorpião te fere, sê consciente de que ele quer despertar em ti o que não querias ou não eras capaz de ver. Agradece a ele como agradeces a um cirurgião que te corta, mas que te cura. Mas vocês, Escorpiões, inspirem-se no signo oposto, Touro, e não esqueçam de dar anestesia, pois a dor do despertar pode ser suavizada com a tua doçura."

O mito de Sagitário — O centauro Quíron

Quíron nasceu dos amores de Saturno e da oceânide Fílira. Pelo fato de o deus ter se unido a ela metamorfoseado num cavalo, nasceu um centauro, ser de dupla natureza: metade animal, metade homem. Quíron cresceu numa gruta no monte Pélion, onde adquiriu o conhecimento da botânica e da astronomia. Quíron tornou-se um grande sábio. Ensinou música, a arte da guerra e da caça, moral, mas, sobretudo, medicina. Foi o educador de um grande número de heróis, inclusive de Hércules, que estudou na sua escola. Quando Hércules perseguia o centauro Élato, este se escondeu no refúgio do mais justo dos centauros. Quíron foi então ferido acidentalmente por uma flecha envenenada que Hércules havia dirigido a Élato. Toda a sorte de unguentos conhecida foi aplicada sobre seu ferimento, mas ele se mostrou incurável. Tamanha era a dor que Quíron suplicou ao pai dos deuses que pusesse fim aos seus dias. Comovido, Júpiter transferiu a Prometeu sua imortalidade e o centauro pôde, enfim, descansar. Quíron subiu, então, ao Céu, sob a forma da constelação de Sagitário. Sua flecha, apontada para o alto, simboliza a transformação do ser animal em ser espiritual.

O signo de Sagitário ♐

Sagitário, assim como Gêmeos, é um signo dual. Como vimos, a divisão geminiana ocorre entre duas cabeças ou dois irmãos. Em Sagitário, a divisão se dá no mesmo ser. Ele é representado pelo centauro — metade animal, metade homem —, o arqueiro que dispara suas flechas para o alto e cavalga na direção em que elas foram lançadas. Simboliza o pensamento fixo nas alturas, a transformação do instinto animal em ser evoluído, o humano à busca do divino. Representa, portanto, a razão dominando o instinto, o homem colocando as rédeas na sua metade animal para, então, colocar o instinto e o intelecto a serviço do seu desenvolvimento espiritual. É o horizonte sem limites, a perseguição de um conhecimento elevado, um ideal a ser alcançado. Sagitário significa enxergar o que está longe, viajar para as regiões mais distantes do pensamento, expandir as fronteiras do pequeno universo pessoal. As flechas do centauro são arremessadas para os alvos mais distantes e de improvável alcance. Se algo parecer inatingível, o nosso arqueiro surgirá disposto a provar que nada é impossível, e cavalgará forte e elegantemente à frente, apontando o caminho a seguir. Onde temos Sagitário no nosso mapa, sentimos vontade de ir mais longe, de saber mais, de evoluir espiritualmente, de alcançar horizontes largos onde o pensamento pode cavalgar indefinidamente sem medo de esbarrar com limites que detenham ou impossibilitem suas buscas.

Sagitário rege as coxas e tem como regente o planeta Júpiter, que remete mitologicamente ao deus dos homens e dos deuses, a quem se atribuía, entre outras funções, a de juiz. Logo, o signo se associa às leis, tanto na sua formulação quanto na aplicabilidade. Se colocarmos Sagitário diante do seu oposto, Gêmeos, o primeiro está mais para o arquétipo do Ph.D. ou do juiz, enquanto Gêmeos se parece com o professor ou o advogado. Em outra instância, o signo de Sagitário pode ser representado pelo sacerdote, associando o signo, portanto, à religião. Entretanto, em todas as instâncias relatadas, temos em comum o poder legitimado por um saber ou pelas leis que regem o exercício de tais funções.

As posições do mapa de nascimento associadas ao signo de Sagitário estarão sujeitas à busca incessante, mas também a um alto grau de insatisfação. Lá ficamos alheios ao que ocorre à nossa volta, e tudo o que nos permitir ir mais longe nos interessará. A jornada é motivada pelos desafios encontrados ao longo do caminho. Quanto mais distantes parecerem os alvos, mais nos interessaremos em atingi-los. Entretanto, logo após a conquista de tais objetivos, há desinteresse pelo objeto do desejo e as setas do centauro são acionadas novamente e disparadas em uma nova direção.

O universo de Sagitário é superlativo, gigantesco e exagerado. As coisas não são o que parecem ser, mas ampliadas por um olhar telescópico, impregnadas de significados, conferindo-lhes um brilho especial a olhos descuidados. É interessante pensar que Júpiter, o planeta regente de Sagitário, é na mitologia o deus que se ocupa do Olimpo, o mais alto dos mundos, representando, assim, o desnível existente entre o divino e o humano e que, no signo, está associado ao saber que confere ao humano um lugar nas alturas e lhe atribui poder.

Sagitário é um signo de comportamento impulsivo, dinâmico e voluntarioso, e como todos os signos de Fogo, é movido pelo risco. Onde quer que tenhamos o signo de Sagitário, lá viveremos uma vida de aventuras, viajaremos para lugares longínquos, sempre inquietos e obstinados. O que realmente importa é a jornada e não a chegada ao destino, pois, depois de atingidos os objetivos, há perda de interesse e, em alguns casos, até frustração com a realidade alcançada, devido à expectativa anteriormente gerada. Acredito que a mente sagitariana esteja conectada com as mais altas esferas do saber pela intuição. Desse modo, o conhecimento é concedido à mente, estando esta sempre antenada com o novo, com o que ainda está por ser descoberto.

Dizia Emma que Sagitário é o símbolo da sinfonia inacabada. Jamais está satisfeito. A inquietude pode ser tanto a mola de crescimento quanto a origem de ansiedade e desilusão. A busca incansável pelo melhor, pelo maior ou pelo absoluto o distancia das coisas simples que o cerca. Como consequência, a felicidade pode parecer inatingível, na medida em que segue indiferente ao que acontece à sua volta. Muitas vezes inflexível, Sagitário pode se tornar dogmático. Em situações tensas, revela seu lado animal, dando patadas, numa demonstração clara de irritação, como Zeus a brandir os raios, fazendo ecoar os trovões em noites de tempestade. O que falta a Sagitário é habituar-se a olhar para os lados e compreender que existem inúmeros caminhos que o conduzem ao que procura, e que nem sempre suas ideias são as melhores ou as mais adequadas. Falta-lhe a percepção de que os outros também podem estar com a razão. O signo de Gêmeos, seu oposto, representante da multiplicidade, ensina que, ao olhar a realidade por diversos ângulos, a abordagem é mais rica e repleta de alternativas. Dessa forma, a leveza e a flexibilidade devem ser desenvolvidas para que se compreenda que a felicidade pode ser encontrada na simplicidade, ajudando Sagitário a reduzir a ansiedade e as possibilidades de frustração. Seus ideais são elevados, mas os revezes e mudanças da vida o ensinam a encontrar dentro de si a meta que supunha longe. No seu livro *Luz e sombra*, Emma Costet de Mascheville afirma que "o entusiasta dogmático e defensor da lei torna-se o filósofo realizado na vida interna, mudando as leis conforme o seu crescer".[34]

O mito de Capricórnio — A cabra Amalteia

Para evitar que Saturno devorasse o filho caçula, Reia, grávida de Júpiter, refugiou-se na ilha de Creta, na caverna de Dicte, e lá deu à luz secretamente o futuro deus dos deuses e dos homens. O filho foi alimentado com o leite da cabra Amalteia e com o mel do monte Ida. Um

---

34 MASCHEVILLE, Emma Costet de. *Luz e sombra*. Brasília: Editora Teosófica, 1997. p. 50.

dia, brincando com sua ama de leite, Júpiter quebrou o chifre da cabra que o aleitava. Para compensá-la, prometeu-lhe que o corno se encheria de tudo aquilo que o possuidor desejasse. Esse corno é chamado de Cornucópia, e tornou-se o símbolo da abundância dos dons divinos. Em reconhecimento aos seus serviços, Júpiter, mais tarde, colocou a cabra entre os astros.

O signo de Capricórnio ♑

Capricórnio — a cabra montanhesa — simboliza o passo firme da subida triunfante em direção ao cume. Objetiva e teimosa, a cabra tem uma meta a ser cumprida, algo a concretizar. Foca no resultado, tem competência e sabe que, para alcançar o que quer, necessita de tempo e esforço. É a expressão da razão e da prudência. A cabra astrológica, entretanto, tem a singularidade de ser um animal imaginário, pois tem uma cauda de peixe, ocultando, nas profundezas de uma personalidade seca, instinto e sensibilidade pouco explorados nas interpretações clássicas desse signo obstinado por realizações e pelo poder. Fala-se de um signo frio e duro como uma rocha. Não que isto não tenha pé nem cabeça, afinal, o comportamento capricorniano evidencia solidez e senso de realidade. Entretanto, observa-se uma enorme dificuldade em demonstrar sentimentos sem antes ordenar exaustivamente o próprio caos interior. Seguramente, quando chega a expressá-los, tudo parece tão resolvido a ponto de se considerar que não passam de fatos concretos aos quais estava submetido. O símbolo mesclado revela a profundidade e as forças psíquicas que o orientam na escalada. Há, certamente, uma força poderosa refugiada no seu interior, de onde extrai uma determinação infatigável, mas não nos é dado o direito de enxergá-la. Afinal, o capricorniano não é tão calculista, ambicioso, frio e insensível como costuma ser taxado. O que há é uma preocupação com a solidez e a estabilidade, sendo provável que sua vida gire em torno do dever e das responsabilidades. Onde quer que tenhamos o signo de Capricórnio, lá nos esforçaremos insistentemente para superar nossas limitações. Capricórnio é um signo do elemento Terra, o solo onde as raízes se firmam, o universo das certezas, da estabilidade, do pragmatismo e da segurança. O comportamento é racional e prático. A solidez da sua estrutura resiste à passagem do tempo, semelhante às montanhas — a imagem da duração.

A cabra zodiacal é regida por Saturno — Cronos para os gregos —, deus mitológico associado ao tempo. É a consciência de que tudo tem seu tempo e hora, que é preciso esperar os frutos amadurecerem para serem colhidos, é deparar-se com a realidade inexorável da passagem do tempo linear e do envelhecimento. Capricórnio é o princípio da cristalização e do esforço. Tem consciência de que nada na vida é obtido sem empenho, sem ordem e com regras claras. Os planetas associados ao signo de Capricórnio ou a casa que começar com ele indicam os esforços empreendidos na obtenção de resultados concretos e, para tanto, é preciso impor limites, encarnar, dar forma, tornar o abstrato concreto. Simbolizam o confronto maduro com a realidade e o reconhecimento das barreiras impostas por ela. Nessas questões, cada um ao seu modo deve agir com rigor e austeridade, valorizar o cumprimento do dever e a sabedoria adquirida com as experiências já vividas e as frustrações superadas. Devemos ser capazes de sacrificar tudo o que não for fundamental para atingir nossos objetivos. Todas essas atitudes estão contidas na simbologia astrológica de Capricórnio.

Capricórnio é o signo que diz preferir o durável ao transitório, a qualidade à quantidade. Para ele, a vida é ordenada segundo critérios rígidos e bem-definidos. Sua estrutura psicológica é pautada no estabelecimento de limites que possam definir com clareza o que sentem e querem de si próprios. Confiança e credibilidade são, portanto, condições indispensáveis para alcançar objetivos. Normalmente, os elementos astrológicos que estão no signo de Capricórnio indicam onde nos inclinamos a ser lentos, mas constantes. Não espere aí decisões impensadas, a menos que haja motivações emocionais que o pressione e o faça agir com total desconforto.

No mundo de Capricórnio, a vida é interpretada como cumprimento de dever e senso de responsabilidade. O simples ato de ir ao cinema é vivido como algo indispensável à sua cultura, a se sentir em dia com o que está sendo produzido no campo da arte ou, pelo menos, como uma informação estimulante ao senso crítico. Evidentemente, tudo o que estiver associado a esse signo provoca um constante sentimento de pressão. Relaxar reside em algum lugar distante da psique densa e sensível do universo capricorniano. Ser Capricórnio é impor-se responsabilidades e provar para si mesmo que é capaz de suportar o peso do cumprimento do dever para, então, usufruir a deliciosa sensação de liberdade. Provar, provar e provar. É um teste após o outro. Mestre na arte de construir, Capricórnio mantém ritmo constante e, até certo ponto, previsível. Aprendi com os capricornianos que trabalho é o alicerce de suas vidas. Todos, salvo algumas exceções, sentem enorme desejo de vencer na vida por conta própria. Não se acovardam frente às dificuldades que a realidade lhes apresenta. Muito pelo contrário, em momentos mais tranquilos, o capricorniano se impõe novas adversidades, como se não soubessem viver sem um obstáculo a ser ultrapassado. Esse comportamento legitima sua classificação como um signo cardinal, grupo de signos relacionado à impulsividade e aos começos. O impulso de Capricórnio é o de fazer, não ficar parado, começar logo para terminar no tempo certo e calculado. O resultado é uma construção sólida e madura que garante a consciência do limite e da dureza que é enfrentar as dificuldades que a vida nos apresenta. Quem sabe não é esse o motivo de desenvolver uma personalidade austera e, muitas vezes, acabrunhada. Capricórnio rege os joelhos em particular, e os ossos e as articulações em geral. É o esqueleto sólido que sustenta o corpo ereto. Semelhante à ossatura, Capricórnio é como a rocha, símbolo da permanência e da superação do tempo. Onde temos esse perseverante signo, quanto mais velhos e maduros ficamos, melhor vivemos. A condição é não cristalizar as emoções e cultivar a doçura. Essas são qualidades inerentes ao signo oposto, Câncer. Para que as nossas "articulações emocionais" se mantenham saudáveis, é preciso lubrificá-las com delicadeza e sensibilidade. A vantagem do Capricórnio é ter a cauda marinha, oferecendo um lugar profundo de onde ele poderá extrair as emoções guardadas a sete chaves e torneá-las com o carinho representado pelo seu complementar Câncer.

Por fim, entender Capricórnio pode ser um caminho duro, pois não é fácil entrar na sua intimidade, conhecer a fundo seus desejos e sentimentos. Mas é preciso paciência e tempo, porque Capricórnio precisa segurança para expor a fragilidade ou mesmo a riqueza interior. Entretanto, se o acesso nos for concedido, nos surpreenderemos com alguém muito diferente do que inicialmente aparentava. O ser endurecido pela aridez da escalada pode se revelar alguém com sensibilidade e emoção. Aquele que souber fazer contato com os próprios sentimentos, amolecer suas muralhas, pode conhecer uma realidade bem mais suave. O solo seco inerente à sua natureza, irrigado com a doçura — virtude capaz de despertar o seu lado sensível —, o aproxima das pessoas e enternece o coração.

O mito de Aquário — O rapto de Ganimedes

Hebe era filha de Juno e de Júpiter. Seu pai achou-a tão maravilhosa ao nascer que a nomeou deusa da juventude, e encarregou-a de servir o néctar aos imortais nos banquetes do Olimpo. Certo dia, ao desempenhar suas funções, Hebe levou um tombo na presença de todos. Ao verem a cena pouco honrosa, os deuses gargalharam, expondo-a ao ridículo. Tímida e envergonhada, Hebe jamais quis voltar a exercer tal função, limitando-se a atrelar e desatrelar o carro de sua mãe. Um dia, passeando nas alturas do monte Ida, Júpiter avistou o mais belo mortal que conhecera até então: Ganimedes. O jovem, que pastoreava os rebanhos do pai, encantou o deus com sua extraordinária beleza. Transformado numa águia, Júpiter convidou-o a subir no seu dorso, e Ganimedes, encantado com a aventura, foi raptado pelo deus e levado ao Olimpo. Apesar do ciúme da possessiva esposa, Ganimedes passa a servir o néctar aos deuses, substituindo Hebe. Em homenagem ao jovem, Júpiter transforma-o na constelação de Aquário, o aguadeiro, o que rega o mundo com o seu saber.

O signo de Aquário ≈

Representado pelo aguadeiro, símbolo do homem que irriga a sociedade com o seu saber, Aquário é o visionário — pioneiro e profeta — que indica as novas direções a seguir. O grafismo de duas ondas sincronizadas representa a vibração conjunta entre o indivíduo e a coletividade, a eletricidade cósmica, os raios e as tempestades capazes de sacudir a natureza e libertar as sementes para que nasçam novos seres.

A aproximação do final do Zodíaco — Aquário é o penúltimo signo — leva-nos, simbolicamente, ao entendimento do indivíduo como parte de um todo que se organiza de acordo com uma ordem e responsável último por enfrentar os problemas sociais e apresentar suas soluções. É evidente que nem todo aquariano se dá conta da sua necessidade de interferência social, mas curiosamente esse signo contém uma frieza no trato dos chamados pequenos sentimentalismos, como bem diz a astróloga Martha Pires Ferreira, ela mesma uma aquariana. Pelo fato de o signo estar relacionado a grandes causas e ideais, os planetas e as casas que o abrigam carregam um quê de impaciência e intolerância com os problemas individuais. Regido por Urano — conhecido como planeta rebelde por ter uma rotação excêntrica —, Aquário é por natureza um signo exaltado e desobediente. Portanto, onde encontramos Aquário, não aceitamos qualquer imposição e temos um desejo permanente de renovação. Indignados com as injustiças e desequilíbrios sociais, o olhar atravessa o presente e projeta o futuro. Uma outra observação em relação ao signo: a impaciência com o tempo é notória, pois a lentidão dos processos de transformação não acompanha a velocidade de suas ideias. O aguadeiro quer o futuro já. Em contrapartida, no passado foi regido por Saturno, o taciturno deus do tempo. Acredito que a responsabilidade tenha sido relacionada à liberdade e, portanto, está justificada à sua regência.

Aquário rege a circulação sanguínea, a panturrilha e o tornozelo. É um signo de Ar, mental, associado ao relacionamento com grupos e à reflexão; a racionalidade é temida pelos mais sensíveis por causa do desprezo com que trata os problemas e as questões pessoais. Muitas vezes é considerado frio. Não está preocupado com o que acontece com o indivíduo e, muito menos, com os fatos isolados da vida das pessoas. Adota uma abordagem sistêmica e não separa o particular do coletivo. As configurações astrológicas envolvidas com o signo de Aquário apontam para onde tendemos a viver como ermitões, geralmente devido às dificuldades em fazer contatos íntimos, conforme dito anteriormente. Aquário simboliza a inclinação ao isolamento, às vezes por acreditar não ser entendido, principalmente quando há recusa a atuar de forma objetiva na sociedade. É sentir-se à parte. Marginal ou exilado, andando na contramão do senso comum, é uma das melhores imagens para compreender a natureza intempestiva e contrariada de Aquário. Acredito ser também um modo de chamar a atenção para suas ideias e propostas, quase sempre muito à frente de seu tempo. Emma Costet de Mascheville era aquariana, com todas as características desse signo irreverente e inovador. Preocupada com o futuro das gerações, sonhou com a introdução da astrologia nas escolas e na educação. Ela sustentava a necessidade de compreendermos a individualidade da criança para que ela possa participar efetivamente da vida social. Viveu uma vida inovadora para o seu tempo. Seus pensamentos se irradiaram e continuam sendo transmitidos por aqueles que beberam em sua fonte inesgotável de sabedoria. Aquário é assim, deixa sementes espalhadas por todos os cantos, numa lógica que poucos entendem, possibilitando a germinação de uma nova vida em lugares onde jamais se imaginaria poder brotar algo diferente do já conhecido. Aquário deixa marcas de sua passagem como um vendaval desarrumando o quintal. Mexe com os preconceitos arraigados na sociedade e que precisam ser transformados. Portanto, necessita ser radical para ser ouvido e não é sem sentido dizer que suas ideias são compreendidas depois de comprovadas. Aquário é o signo que não tolera rotina, nem a sensação de aprisionamento. Sente claustrofobia quando se vê amarrado a uma situação e busca uma saída, custe o que custar.

Aquário significa uma personalidade marcante, mesmo que, em geral, se esqueça de si mesmo, algo pequeno demais com que se preocupar. Os planetas ou as casas associadas a Aquário denotam os pontos em que nossa personalidade é notável. Também é aí que se revelam uma intuição extraordinária e um enorme poder de previsão, características desse signo pensante, racional e, aparentemente, frio.

Acredito que ser Aquário é estar mais próximo das estrelas do que do mundo terreno, e, quase sempre, sofrer com isso. Esse isolamento cósmico o distancia do contato com os problemas mais triviais e gera dificuldades em lidar com o dia a dia. É impressionante o quanto Aquário sabe aconselhar e ajudar os outros, mas pouco usufrui dessa capacidade para si mesmo, pois tende a sentir-se inseguro, o que o deixa profundamente irritado. Ser Aquário é ser solidário, é ser fraterno, é pensar mais nos outros do que em si mesmo. Esse signo contém os mais profundos paradoxos, por isso entendê-lo não é uma tarefa fácil. Será necessário disposição para percorrer os extremos sem aviso prévio e ter liberdade para se deixar surpreender. Entretanto, a luz que ilumina esse signo projeta sombra no seu oposto, Leão. Embora os indivíduos envolvidos nas posições astrológicas deste signo sejam pioneiros e originais, falta-lhes, também, a confiança no próprio poder, a alegria de viver e a disciplina, características marcantes do signo de Leão. Ao aprender a confiar mais em si mesmo, evita as incertezas, o pessimismo e a introversão. É preciso sentir o pulsar do próprio coração e conscientizar-se de que a experiência de vida também é única e individual. Isto seguramente pode ajudar a se relacionar mais intimamente e a compreender que os anseios pessoais podem ser tão nobres quanto os universais.

O mito de Peixes — O casamento de Anfitrite

Netuno, o rei dos mares, há muito tempo amava Anfitrite, filha de Dóris e de Nereu. A ninfa, por um excesso de pudor, recusou-se a casar com o deus e, para escapar de suas perseguições, escondeu-se nas profundezas do oceano. Um delfim, encarregado dos interesses de Netuno, encontrou Anfitrite na ilha de Naxus, conduzindo o coro das Nereidas, suas irmãs. Persuadida, ela acaba por convencer-se em acompanhar o animal. Netuno a desposou e, como recompensa, o delfim foi posto entre os astros na forma da constelação de Peixes.

O signo de Peixes ♓

O signo de Peixes — o último do Zodíaco — é representado por dois peixes nadando em direções opostas, unidos por um cordão. É o fim que se encontra com o começo, a serpente que morde a própria cauda, a transição entre o fim de um ciclo e a preparação para um novo. Tudo nesse símbolo é paradoxo, não há lugar para "uma coisa ou outra" e sim "uma coisa *e* outra". No universo de Peixes, tudo e nada convivem lado a lado em perfeita sincronicidade. Os extremos se encontram e se tornam unidade. Podemos pensar que o derradeiro signo é, portanto, aquele que representa a totalidade e a síntese, o signo que contém todos os outros, como tantos estudiosos já disseram. Se tudo está lá, o que quer que se procure pode ser encontrado. Esta deve ser uma das origens da conhecida sensibilidade do signo. Como um camaleão, Peixes confunde-se com o ambiente. Devido a tal suscetibilidade, Peixes é um radar que capta o intangível e, por isso, deve-se ficar atento aos pressentimentos apontados pelos planetas que estão nesse signo. Ondas de percepção emanam deles, revelando o que os olhos são incapazes de enxergar. Costumo dizer que Peixes vê o que ninguém vê e, em contrapartida, não enxerga o que está a um palmo do seu nariz.

Os piscianos têm uma lógica difícil de decifrar, e não parecem pertencer ao mundo em que vivemos. Ao mergulharem nas profundezas do seu oceano psíquico, distanciam-se dos detalhes mais simples da vida e deixam-se conduzir pelas correntezas da imaginação. A mente fértil é capaz de chegar às regiões desconhecidas e desvendar mistérios que intrigam a racionalidade humana. Em Peixes, o misterioso tem o seu lugar e o mágico bate à porta, deixando-nos perplexos com sua presença. É quando o inimaginável torna-se possível. Esta é a realidade representada pelo signo que está relacionado com os pés e o psiquismo e tem como regente Netuno, senhor dos mares e das profundezas oceânicas, deus mitológico capaz de conceder um mar tranquilo e também de enfurecê-lo com tormentas terríveis e ondas gigantescas onde naufragamos. Ademais, na Antiguidade, Peixes foi regido por Júpiter, o planeta associado à confiança, à abundância e à possibilidade de alargar a percepção das coisas, evidentemente características semelhantes a esse signo. A imagem dos dois peixes entrelaçados reflete a natureza dual e mutável do signo. O peixe que nada rio acima é um doador, que extrai energia das fontes mais elevadas, e o peixe que nada rio abaixo, o dramático, o que se afunda na condição de vítima e que não enfrenta as situações duras, e que deságua junto com o rio no oceano salgado que lhe tira a vida.

Por tratar dos mistérios, Peixes é o signo que mais tem sido relacionado à espiritualidade pela maioria dos astrólogos, tanto antigos, quanto contemporâneos. Sendo do elemento Água, tem as características típicas de sensibilidade e poder de imaginação. Associadas ao fato de ser o último dos signos, essas características concederam a Peixes o lugar de detentor simbólico das buscas e experiências no campo espiritual, ainda que não seja verdade que todo pisciano se transformará num místico. Apenas devemos compreender que o mundo de Peixes transpõe aquilo que, para a maioria das pessoas, é importante e tem valor. Para completar, devemos atentar ao fato de vivermos numa cultura materialista, onde os valores subjetivos ocupam pouquíssimo espaço no pódio dos nossos desejos. Portanto, ao nos referirmos aos valores representados por esse signo absolutamente sensível às atmosferas, aos climas e a tudo mais que possamos nomear de imaterial, é perfeitamente compreensível a dificuldade de entendê-lo. Dessa maneira, é coerente que nos sintamos incompreendidos nas posições onde Peixes se encontra em nosso horóscopo, ou seja, planetas ou casas nesse signo. É como se o mundo conspirasse contra nós, nos marginalizando e nos obrigando a mergulhar no mais profundo do nosso ser. O ganho é certamente um grande enriquecimento psíquico e espiritual, já que, para a maioria, essa situação obriga a lidar com a solidão, com os potenciais internos adormecidos ou questões problemáticas a serem trabalhadas.

As oscilações de humor, típicas dos signos de Água, no caso de Peixes são resultantes, principalmente, do que absorve. É natural que se sinta profundamente afetado no encontro com os outros, tomando para si o que não lhe pertence. Se Peixes significa ter um pouco de todos os outros signos, então não é difícil entender a facilidade como é atingido pelas questões alheias. Muitas vezes esquece de si para se envolver com outra pessoa ou com determinado desejo. Entretanto, não se deve subestimar-lhe a força, nem considerá-lo totalmente passivo. Quando crê em algo, persegue seu sonho, mesmo que todos desacreditem dele. Solitário, segue seu caminho pelos oceanos do seu desejo, cruzando as fronteiras ditadas pela realidade objetiva.

Diametralmente oposto a Peixes está Virgem, símbolo da análise e da crítica. É importante que Peixes se inspire nessas qualidades, pois, na sua falta, tende a refugiar-se na fantasia, dissociando-a da realidade. Com disciplina e organização, torna-se mais objetivo e, assim, pode acolher as pequenas coisas que a vida exige. Afinal, mesmo que se sinta melhor viajando pelo seu universo interior, é preciso entender que, ao se organizar, perde menos tempo; que, sendo mais realista, evita desilusões; que, tendo discernimento, pode conseguir organizar o próprio caos; e que, aprendendo a filtrar o que absorve, é capaz de alcançar mais facilmente a paz de espírito.

CAPÍTULO 4
Os planetas

Apresentação

Os planetas do sistema solar, corpos redondos trafegando indefinidamente no espaço sideral; o Sol, senhor absoluto, iluminador dos seus súditos e coordenador das revoluções por eles feitas ao seu redor; e a Lua, corpo celestial que incha e desincha, satélite fiel e inspirador da alma humana — todos eles oferecem aos amantes do firmamento um espetáculo à parte. Esses objetos possuidores de materialidade são os responsáveis pela manifestação da potência representada nos signos zodiacais. Cada um desses planetas genuinamente dá forma aos fluxos de energia emanados por um Zodíaco que pulsa e dá vida aos papéis que representa no espetáculo celestial. A natureza diferenciada dos planetas produz a roupagem com a qual os signos se vestem. Graças à existência desses corpos na simbologia astrológica, somos capazes de trazer ao mundo os impulsos internos representados pelas características de cada um dos signos do Zodíaco.

Semelhantes às constelações, os astros que não conhecem o repouso — assim os planetas eram chamados pelos antigos — também foram associados às divindades e, ainda percorrendo o universo da mitologia greco-romana, pelo mesmo motivo descrito no capítulo anterior, sugiro que o leitor contemple as suas histórias com o coração aberto antes de mergulhar na interpretação astrológica de cada um.

CONCEITOS-CHAVE SOBRE OS PLANETAS

SOL
Rege — Leão
Associado à casa — 5
Símbolo gráfico — ☉
Regência corpo — Coração, baço

Energia vital, criatividade, consciência, comando, brilho, calor, centralização, magnetismo, orgulho, vaidade, egocentrismo, dignidade, reconhecimento, controle, individualismo, dominação.

LUA
Rege — Câncer
Associado à casa — 4
Símbolo gráfico — ☾
Regência corpo — Estômago, útero, ovários

Sensibilidade, proteção, amparo, afetividade, feminilidade, imaginação, fantasia, segurança, lembranças, recordações, passado, instabilidade, raízes, casa, família, ancestralidade, ressentimentos, mágoas, introversão, fertilidade.

MERCÚRIO
Rege — Gêmeos e Virgem
Associado às casas — 3 e 6
Símbolo gráfico — ☿
Regência corpo — Pulmões, braços, mãos, sistema nervoso

Linguagem, adaptação, comunicação, flexibilidade, intriga, movimento, troca, informação, curiosidade, inconstância, negociação, instabilidade, excitação, dispersão, intermediação, intelecto.

VÊNUS
Rege — Touro e Libra
Associado às casas — 2 e 7
Símbolo gráfico — ♀
Regência corpo — Útero, timo, ovários

Amor, arte, beleza, afetividade, sensualidade, libido, desejo, fertilidade, paixão, bens, materialidade, prazeres, estética, possessividade, harmonia, diplomacia, sedução, luxúria, consumismo, fecundação.

MARTE
Rege — Áries
Associado à casa — 1
Símbolo gráfico — ♂
Regência corpo — Testículos, músculos

Aguerreação, combate, arrivismo, competição, liderança, impulsividade, assertividade, energia, coragem, egoísmo, agressividade, violência, impaciência, masculinidade, riscos, desafios.

JÚPITER
Rege — Sagitário
Associado à casa — 9
Símbolo gráfico — ♃
Regência corpo — Glândula suprarrenal, sistema sanguíneo, fígado

Entusiasmo, alegria, bom humor, determinação, abundância, proteção, sorte, justiça, cultura, ética, leis, progresso, prosperidade, obstinação, intolerância, dogmatismo, desenvolvimento.

SATURNO
Rege — Capricórnio
Associado à casa — 10
Símbolo gráfico — ♄
Regência corpo — Vesícula biliar, baço, ossos, articulações

Disciplina, rigor, organização, abnegação, sacrifício, amadurecimento, determinação, estruturação, seriedade, prudência, objetividade, frieza, cálculo, racionalidade, aridez, ambição, limitações, provas.

URANO
Rege — Aquário
Associado à casa — 11
Símbolo gráfico — ♅ ou ⛢
Regência corpo — Sistema nervoso motor, glândula pituitária

Inovação, inventividade, transgressão, imprevisibilidade, tecnologia, atualidade, ciência, revolução, ruptura, humanismo, liberdade, instabilidade, excentricidade, rebeldia.

NETUNO
Rege — Peixes
Associado à casa — 12
Símbolo gráfico — ♆
Regência corpo — Secreções, líquor, medula espinal, sistema linfático, glândula pineal

Fantasia, sensibilidade, intuição, inconsciência, espiritualidade, ilusão, desilusão, fantasia, psiquismo, nebulosidade, indefinição, dissolução, amplitude, profundidade, abstração, inspiração, intoxicação, vícios.

PLUTÃO
Rege — Escorpião
Associado à casa — 8
Símbolo gráfico — ♀ ou ♇
Regência corpo — Órgãos sexuais, aparelho excretor, aparelho reprodutor, ânus

Transmutação, desintegração, profundidade, obscuridade, inconsciência, redenção, sublimação, regeneração, cura, mistério, magnetismo, obsessão, domínio, controle, poder, morte.

O Sol e a Lua ☉ ☾ — Personagens centrais

Desde que os humanos dirigiram o olhar para o Céu, eles se depararam com dois astros de grandes proporções: o Sol, brilhando de dia, e a Lua, iluminando a noite. Ao observar as variações de suas posições no Céu e, invariavelmente, suas repetições, o tempo passou a ser regulado com base nos seus movimentos. Na maioria das culturas antigas, o Sol foi tratado como divindade masculina, e a Lua, como feminina. Para eles, as mulheres se assemelhavam ao astro noturno. Elas "incham" e "desincham", assim como a Lua cresce e mingua nas diferentes fases, e o ciclo menstrual tem quase a mesma duração do ciclo lunar. Na língua francesa, é comum chamar o período menstrual de *le moment de la Lune*, o período da Lua, e no interior da Alemanha, *der Mond*, a Lua. Em algumas culturas, os raios da Lua eram considerados fecundantes. Até certo tempo, também se desconhecia a participação do homem na reprodução e, portanto, seu papel era secundário. Na agricultura, o homem preparava o terreno para a mulher plantar, cultivar e colher. Logo, a Lua exercia a função de protetora das mulheres e das sementes.

Especialmente após a chegada do patriarcado, o Sol, fonte irradiadora de calor e luz, que brilha enquanto dura o tempo de trabalho, passou a ser associado ao homem. O sistema baseado no comando e na dominação encontrou na luz reinante do dia o seu representante. Enquanto a mulher reinava no mundo misterioso da noite, o homem reinava na claridade do dia, período em que a visão é possível. A esses dois astros foram associadas qualidades masculinas e femininas. Ainda que, no passado, as masculinas eram exclusivamente exercidas pelos homens, e as femininas, pelas mulheres, na sociedade atual esses valores encontram-se bastante mesclados. Aliás, hoje homens e mulheres já exercem as duas funções e expressam tanto qualidades femininas quanto masculinas, independentemente do seu sexo. Assim sendo, as funções do Sol e da Lua na astrologia atual são interpretadas com igual valor para os dois.

Nos primórdios do patriarcado, devido à divisão de tarefas por sexo, coube ao homem as funções de provedor e guerreiro, e à mulher, a de cuidar e proteger. O exercício da autoridade, a consciência moral, o poder de comando e a independência foram associados à luz mais forte que comandava durante o dia. Em contrapartida, a sensibilidade, o amor, a ternura, o nutrir e proteger ficaram vinculados à luz mais frágil que governava a noite. Ainda nos dias atuais, agir e fazer estão em estreita relação com o masculino, enquanto manter e agregar, com o feminino. O mais importante a ser considerado na interpretação de Sol e Lua é compreender que ambos são valiosos para qualquer pessoa, homem ou mulher. Algumas pessoas podem desenvolver com mais facilidade uma determinada polaridade e, por isso, essa passa a operar mais intensamente em seu comportamento e em sua vida. O certo é que a posição de cada um dos astros no mapa de nascimento de uma pessoa indica o modo como essas qualidades vão se manifestar para ela.

Entretanto, não podemos esquecer de levar em consideração as influências socioculturais sofridas por cada indivíduo em particular. Somos marcados pelos ditames da cultura, e, por tal motivo, ainda hoje os homens tendem a agir e viver mais de acordo com as referidas qualidades masculinas, e as mulheres, com as femininas. Esse assunto costuma ser polêmico, principalmente após a liberação da mulher, tanto no aspecto civil e sexual quanto profissional. Muito tem se discutido acerca da igualdade e diferença entre os dois sexos. As mulheres lutaram por uma equiparação social que lhe foi injustamente negada. Com os movimentos feministas, a mulher conquistou um espaço definitivo na sociedade, que proporcionou uma melhora sensível na sua posição frente à sexualidade e ao mercado de trabalho, privilégio dos homens até então. Por outro lado, por necessidade de se afirmar numa sociedade hostil aos seus valores, a própria mulher nega e deprecia grande parte dos valores femininos. Hoje, muitas delas se sentem mais perdedoras do que vitoriosas devido ao acúmulo de responsabilidades decorrentes de suas próprias conquistas e escolhas. A maioria sofre com a distância dos filhos e com a falta de tempo para investir nas relações de afeto. Acrescente-se a isso o fato de a grande maioria dos homens ainda não ter se modificado o suficiente para assumir as ditas funções femininas. Somente pouco a pouco vemos tal mudança ocorrer. O resultado disso é que, mesmo com todo o progresso gerado pela liberação das mulheres, o desequilíbrio das duas funções se mantém e os valores masculinos ainda são os mais apreciados por homens e mulheres.

O que temos na atualidade são olhares bem distintos quando o assunto se refere às diferenças entre os dois sexos. Muitos estudiosos e pensadores defendem a ideia de serem os homens e as mulheres idênticos, e que suas dessemelhanças são decorrentes exclusivamente das marcas sociais e culturais. Outros acreditam que, independentemente das influências externas e do exercício de atividades semelhantes, a forma física diferente não é apenas um revestimento que envolve seres do mesmo sexo. O comportamento masculino tende à objetividade e à consciência de unidade, enquanto o feminino se inclina à sensibilidade e à consciência da multiplicidade. Para eles, tanto no aspecto físico e psicológico quanto no espiritual, as necessidades do homem e da mulher são totalmente diferentes. Há ainda os que levam em consideração os dois aspectos anteriormente referidos. As diferenças são produto das marcas da cultura e também aspectos intrínsecos à natureza de cada sexo em particular. Sem deixar de lado as influências culturais, o que nos interessa em relação aos dois astros luminosos é compreender como cada um deles se expressa, tanto no mapa de um homem quanto no de uma mulher.

As diferentes qualidades associadas ao Sol e à Lua são imanentes ao ser humano, e esses atributos se manifestam ao longo de toda a sua vida, seja em tempos diferentes, ou simultaneamente. É evidente que em determinados momentos precisamos dispor mais de uma qualidade do que de outra, dependendo da função que estamos exercendo. No entanto, é especialmente importante notar que, por vivermos aprisionados numa cultura que ainda divide tarefas e comportamentos de acordo com o sexo, o Sol no mapa dos homens se expressa com mais força e naturalidade, assim como a Lua flui melhor no mapa das mulheres. Por isso, as mulheres se permitem expressar mais facilmente os sentimentos, percebem com mais perspicácia o universo da subjetividade e são reconhecidas por seu sexto sentido, qualidades associadas à Lua. Em contrapartida, somente elas passam pela experiência da menstruação e do parto, dando-lhes a oportunidade de ter um contato direto com a experiência dicotômica da vida e da morte. Do mesmo modo, homens tendem a fazer uso da razão com extrema facilidade. O Sol, como senhor do mundo da luz, personifica a consciência que analisa, classifica e separa. Estrela única do sistema ao qual pertencemos, o Sol encarna a força do comando, o poder centralizador e a vontade incontestável, atributos marcantes da personalidade masculina. Além disso, os homens não sofrem com o grito do relógio biológico. Conclui-se, portanto, que nos homens e nas mulheres, tanto o Sol quanto a Lua se farão presentes, mas há aspectos biológicos, psicológicos e culturais que os diferenciam e que devem ser acolhidos na interpretação astrológica.

O mito da Lua ☾ — A luz noturna

A Lua — ou Selene — era filha de Hiperíon e de Teia, irmã de Hélio e Eos (o Sol e a Aurora). Ao saber que seu irmão havia sido afogado no Erídano, jogou-se do alto do seu palácio. Entretanto, os deuses, comovidos com sua dor, colocaram-na no Céu sob a forma de um astro, representado por uma jovem incrivelmente bela que percorria o Céu à noite numa carruagem prateada conduzida por dois cavalos velozes. Lua amou vários deuses: com Júpiter, teve Pandia; de Pã, ganhou um rebanho de bois totalmente brancos. De sua maior paixão, Endímion, teve cinquenta filhas e, por isso, tornou-se o símbolo da fertilidade. É considerada o olho da noite e a rainha do silêncio. Segunda-feira é o dia da semana a ela consagrado (*Lunae dies*).

A Lua — Personagem central feminina

A Lua varia de aspecto ao longo de seu curso mensal. Num determinado momento, se apresenta plena e cheia, e, noutro, simplesmente desaparece do Céu sem deixar vestígio. Da mesma maneira, a casa astrológica em que a Lua se encontra no mapa natal é sujeita a instabilidades e variações cíclicas emocionais. Nela, as "marés" psíquicas se fazem presentes, e as experiências a ela relacionadas estão condicionadas ora a um mar emocional revolto, ora à mansidão dos seus humores. A Lua está associada ao signo de Câncer e, portanto, simboliza a "terra mãe", que tudo nos dá e também pode nos tirar. Na mitologia hindu, a deusa Kali é criadora e destruidora. Dá vida a seus filhos com uma das mãos e os devora com a outra. Desde os tempos remotos do paleolítico, a Lua simbolizou a dualidade entre a vida e a morte. Também na astrologia a Lua representa a conexão com a natureza, com o corpo e com a nutrição. Simboliza, acima de tudo, a função materna, o ato de prover alimento e cuidar, a mãe que sustenta a vida através da gestação e do alimento por ela fornecido (lembre-se que a Lua está diretamente associada à fertilidade, à fecundação, à terra e à matéria). É a partir do relacionamento com a mãe que aprendemos a lidar com as artimanhas de nossos desejos e achar um meio de satisfazê-los. É na relação com ela que, por um lado, descobrimos os primeiros sentimentos de amor e, por outro, de abandono e rejeição. A Mãe Terra tanto nos é capaz de oferecer seus frutos como de provocar abalos incalculáveis quando nos mostra sua face destrutiva. Com ela aprendemos a nos proteger dos agentes agressores que o mundo nos reserva. Ela tanto nos dá o abrigo como nos tira o teto que nos acolhe.

Quando uma criança nasce, o pai e a mãe lançam mão das qualidades femininas. Portanto, nesse momento, é para a Lua que devemos deitar o olhar da análise astrológica. A maternidade, a paternidade, as questões familiares e os laços de afetividade são todos simbolizados pelo astro noturno. O signo em que a Lua se encontra no mapa de nascimento indica o que faz uma pessoa se sentir protegida e o que a motiva a cuidar do outro. A Lua representa o cenário afetivo no qual o sujeito constrói sua individualidade. É o modo como afetamos e somos afetados pelo outro e pelo mundo que nos cerca. São os alicerces emocionais sobre os quais nos preparamos para lidar com os relacionamentos. O signo e a casa da Lua contêm informações importantes para o entendimento do mecanismo através do qual a pessoa interage com o outro, expressa os sentimentos e recebe o que a afeta emocionalmente.

Já que estamos falando de cuidar e acolher, não podemos deixar de reconhecer o quanto é adequada a relação tradicional da Lua com a casa, espaço físico que nos protege das intempéries, lugar de recolhimento ao qual retornamos para repousar e restaurar as forças empregadas nas tarefas diurnas e, finamente, o "útero" que acolhe e nutre relações de afetividade. No interior da casa, a intimidade dos relacionamentos se constitui, seja pelo carinho com o qual as pessoas interagem, seja pelos conflitos que emergem de tal contato. Há, evidentemente, uma dinâmica singular na história familiar de cada indivíduo. Numa mesma família, diferentes membros ocupam lugares distintos no espaço relacional. A posição da Lua de cada pessoa aponta para o modo como a família lhe afeta e como ela se apropria de um lugar singular na organização de tal núcleo.

A Lua no mapa de nascimento simboliza as marcas do passado, o celeiro onde está preservada a memória afetiva de cada um. Podemos dizer que o astro noturno representa o terreno de onde as raízes psíquicas extraem alimento para o crescimento emocional saudável. O signo e a casa a ela relacionados apontam para o tipo de solo no qual ela está enraizada e a maneira como a pessoa extrai de lá o alimento necessário para sua saúde emocional. Por se tratar do passado, é evidente que a Lua contém elementos fortes de fantasia. Podemos reconhecer no signo onde a Lua se encontra o ingrediente responsável pelos sonhos de uma pessoa. Esse signo pode nos remeter tanto aos fantasmas que nos aterrorizam, quanto às imagens que acalmam o espírito. A Lua nos faz sonhar, nos embala o sono e acolhe na alma anjos e demônios.

O mito do Sol ☉ — A luz diurna

O Sol — ou Hélio — era filho do titã Hiperíon e da titânida Teia, irmão de Eos e Selene (Aurora e Lua). Foi afogado pelos seus tios, os titãs, no Erídano. Ao procurar pelo corpo do filho, sua mãe adormeceu de cansaço e, em sonho, viu Helena dizer que ele fora posto no Céu, e, aquilo que outrora se chamava fogo sagrado doravante seria designado Sol, sendo representado como um jovem com a cabeça cercada de raios, como uma cabeleira dourada. O Sol percorre o Céu numa carruagem de fogo conduzida por quatro cavalos que respiram fogo assim que a Aurora lhe abre as portas do dia. De noite, recolhe-se nas ondas para descansar, enquanto seus cavalos também reparam suas forças para recomeçarem o dia com novo vigor. Hélio se apaixonou ardentemente por Rode, filha de Netuno e Vênus. Com a ninfa que recebe o nome da ilha onde nasceu, teve sete filhos, os Helíacos. Também desposou Perseis, filha de Tétis e Oceano, e com ela gerou Eetes, Perses, Circeu e Pasífae. É considerado o olho do mundo, aquele que tudo vê; tinha o poder de curar a cegueira e saber tudo o que se passava na Terra e no Olimpo. Domingo é o dia da semana a ele consagrado (*Solis dies*).

O Sol — Personagem central masculina

Diferentemente do astro noturno, o Sol não incha nem desincha, ou tampouco desaparece durante seu reinado diurno, à exceção de quando ocorre um eclipse. Ele brilha pleno e inteiro ao longo de todo o dia. O seu simbolismo está associado a Leão, signo por ele regido e, portanto, ao poder do *logos*, da apreensão objetiva da realidade e do pragmatismo. A luz que ilumina o que os olhos enxergam dá ao Sol a função de representar a consciência. Sendo a estrela que ocupa o lugar central em torno da qual giram os planetas, o astro diurno recebeu o desígnio de simbolizar o que hoje se entende na psicologia por *self*. No mapa natal, o Sol é a força motriz responsável pela constituição da individualidade, pela consciência de que somos únicos e capazes de criar a nós mesmos como seres absolutamente singulares. Portanto, o signo onde se encontra o Sol representa o tipo de força que nos estimula a ser o que somos e nos impulsiona a afirmar nossa individualidade. As posições relacionadas ao Sol se referem à capacidade de comando, de exercício da vontade e de poder centralizador. Acionar a força solar significa entrar em cena, ser notado e reconhecido. O Sol representa o domínio e a organização psíquica, tudo o que a mente pode suportar, porque é capaz de compreender.

Assim como a Lua representa a função materna, o Sol, em contrapartida, representa a paterna, ou seja, a lei e a ordem. Após o estabelecimento da lei e da ordem, o pai pode estimular os voos arriscados e o contato do filho com o desconhecido. Ele impulsiona a criança a conquistar a independência, diferenciando-a da mãe. Ao nos voltarmos para o Sol, nos deparamos com o imenso espaço que o circunda, remetendo-nos a um sentimento de eternidade. A associação do astro rei com a figura do pai é semelhante à antiga analogia do Sol com a figura do herói, com a força e o poder de vencer. A posição do Sol no mapa de nascimento aponta para o lugar onde nos sentimos imbatíveis, mas, em contrapartida, também onipotentes. Havendo uma boa relação com os valores solares, aprendemos a nos sentir confiantes e a desenvolver um forte sentimento de autoestima. Se, ao contrário, houver deficiência no mundo solar, teremos mais dificuldade de encarar o que somos e a assumir responsabilidades na vida.

A posição do Sol no mapa de nascimento está associada à consciência da realidade e ao reconhecimento de ordem e hierarquia. Pelo eixo de organização em torno do qual as diferentes atividades da vida giram, podemos garantir a obtenção de um bom resultado de tais empreendimentos. O signo solar representa a força responsável pela manutenção da individualidade, imunizando-a contra as influências externas, sejam elas próximas ou distantes da realidade do dia a dia da pessoa. A expressão das qualidades desse signo auxilia a construção de um ego saudável, da consciência e do senso de objetividade. Investir no signo e na casa onde está o astro diurno aumenta consideravelmente as chances de sucesso na vida, de sermos reconhecidos e de nos sentirmos importantes diante da sociedade e do mundo em que vivemos. As configurações astrológicas associadas ao

Sol indicam o que nos dá vontade de viver, de forma a nos mantermos bem-dispostos, com vitalidade e energia.

O mito de Mercúrio ☿ — O mensageiro

Mercúrio era filho de Júpiter e Maia. Nasceu sobre o monte Cilene, na Arcádia. Foi enfaixado pela mãe e colocado no vão de um salgueiro. À primeira saída de Maia, o pequeno deus livrou-se das faixas e viajou até a Tessália. Ali, roubou parte do rebanho do seu irmão Apolo e, para apagar as pegadas, amarrou um punhado de ramos na cauda dos animais. Sacrificou duas reses aos deuses e, após esconder o rebanho, retornou a Cilene, onde encontrou uma tartaruga. Matando-a, fez de sua casca e das tripas das reses sacrificadas a primeira lira. Apolo, o deus que tudo vê, descobriu o ladrão, e o acusou perante a mãe, que não admitiu que o filho tivesse realizado tal façanha. Apolo foi, então, contar sua descoberta ao pai. Júpiter interrogou o filho, que negou o roubo. O pai insistiu e Mercúrio confessou a verdade, sendo obrigado a prometer que jamais mentiria novamente. O filho faz a promessa com uma ressalva: o pai não poderia fazê-lo prometer dizer a verdade por inteiro. Apolo, encantado com o som da lira, propõe a Mercúrio trocá-la pelo rebanho roubado. Foi o prodigioso menino que inventou a "flauta de Pã", que Apolo também desejou. Trocou-a, então, pelo seu cajado de ouro — o caduceu — e mais algumas aulas de adivinhação exigidas por Mercúrio no negócio. Mercúrio se tornou o mensageiro dos deuses e, em particular, de Júpiter, sendo chamado pelos gregos de Hermes. É uma divindade que tem inúmeras atribuições; era intérprete e servia a Júpiter com zelo incansável, mesmo em casos pouco honestos. Participava de todos os negócios do Olimpo e, por ter furtado o rebanho de Apolo, tornou-se símbolo das trapaças, da astúcia, protetor dos comerciantes e dos ladrões. Era também ele quem conduzia a alma dos mortos aos Infernos (reino de Plutão) com o seu caduceu e a trazia de volta à Terra quando necessário. Contam que uma pessoa somente morria quando Mercúrio cortava totalmente os vínculos que unem a alma ao corpo. É também o protetor dos viajantes, guardião das estradas. Devido às suas sandálias divinas, andava com uma rapidez extraordinária e não se perdia no escuro, pois conhecia todos os caminhos. Transitava nos "três níveis": nas trevas do Inferno, na Terra e no Céu. Era o deus da eloquência, da arte do bem falar, conhecedor profundo de magia, o intérprete da vontade dos deuses. Mercúrio jamais se casou, mas teve muitos amores e inúmeros filhos. Com Vênus teve Hermafrodito, nome resultante da combinação de Hermes e Afrodite. O dia da semana a ele consagrado é quarta-feira (*Mercurii dies*).

Mercúrio — O andrógino

Mercúrio, o planeta mais próximo do Sol e regente dos signos de Gêmeos e Virgem, é conhecido por representar os domínios da dualidade. Nele, a unidade simbolizada pelo Sol transforma-se em energia múltipla: o nascimento e a morte, o dia e a noite, a luz e as trevas. É nesse estado de invariável dualismo que vive esse andrógino, variável, mutável e até mesmo pouco confiável na tradição popular antiga, assemelhando-o aos ladrões e trapaceiros. Similar ao elemento químico, Mercúrio tanto liga quanto separa, aproxima e afasta, esclarece e gera dúvida. Ele representa o anjo e o demônio que sopram desejos opostos em cada ouvido. Alquímico, traz à luz a compreensão. Esperto, não revela a verdade por inteiro. Vivendo em constante contraste, nos faz entender que os opostos se afastam, mas, ainda assim, se complementam: é a dualidade e a complementaridade. O que tem em um lado falta no outro, e por isso formam um todo, devolvendo-nos à unidade. Essa é a mais importante função representada por esse planeta rápido na sua órbita, ágil na esfera simbólica. A posição de Mercúrio revela o modo como cada um aprende a lidar com suas divisões, variações de opiniões e com a própria dualidade. É na área onde ele se encontra e através dos planetas que com ele estiverem relacionados que ansiamos por respostas às dúvidas. Na casa em que Mercúrio está, vivemos um número enorme de experiências paradoxais que colaboram imensamente para a descoberta da riqueza que é a multiplicidade interior. Ali brotam as sementes do raciocínio e do pensamento. Pode-se associar Mercúrio a um arquivo no qual estão registradas as informações assimiladas ao longo da existência. É evidente que essa "biblioteca" quase nunca está organizada, assim como o próprio pensamento, disperso e desordenado. Por isso, sua função também é discriminativa e catalogadora, razão pela qual é igualmente o regente do signo de Virgem. O trabalho de criação e classificação de imagens, símbolos e palavras é feito por ele. É a partir daí que as coisas passam a fazer sentido. A simples observação dos fatos e da realidade que nos cerca representa muito pouco para esse universo que opera como uma rede de informações. As mensagens são transmitidas para essa "central", que as armazena e, então, as relações começam a ser feitas até produzir um significado. É impressionante imaginarmos que, desde a Antiguidade, Mercúrio era associado ao sistema nervoso. A transmissão dos impulsos elétricos nas células nervosas gera movimento e linguagem, os dois elementos mais significativos relacionados à simbologia astrológica desse planeta. As propriedades de excitabilidade e condutibilidade dos neurônios são as mesmas propriedades atribuídas a Mercúrio. Podemos, portanto, imaginá-lo como sendo o "sistema nervoso do mapa natal".

Já que uma das suas maiores atribuições é a de fazer entender, é evidente sua associação à linguagem e aos meios de comunicação. Na mitologia greco-romana, Mercúrio (ou Hermes) é o mensageiro dos deuses, aquele que leva e traz os recados, estabelecendo o contato entre homens e deuses. Sua grande tarefa consistia em traduzir a vontade dos deuses. No mapa astrológico, ele está associado às aptidões intelectuais, ao modo como raciocinamos e ao aprendizado. Sua natureza é dual e inconstante. É o portador do bem e do mal, do masculino e do feminino, do mortal e do imortal.

Mercúrio simboliza as trocas, as negociações e o entendimento com as outras pessoas. É através desse planeta que expressamos nossas ideias, e entendemos quem são e o que pensam os demais. O signo de Mercúrio indica o modo como construímos os pensamentos e como funciona nossa mente. Ele é rápido e inquieto; curioso e estratégico. Também é nesse símbolo que podemos identificar se nos adaptamos ou não com facilidade ao ambiente que nos circunda. É ele que nos molda e que nos torna flexíveis. Mercúrio nos ensina a nos movimentarmos com habilidade e a reconhecermos os diferentes caminhos que nos levam ao que queremos. Ele também é capaz de mentir, de enganar os outros e se deixar envolver pelas artimanhas e cair em armadilhas.

Mercúrio é símbolo da troca, e, a partir dela, o indivíduo aprende a se relacionar com os outros e com o que está à sua volta, adquirindo conhecimento do mundo em que vive. É através desse planeta que um homem expressa suas ideias e seus pensamentos aos demais, ao mesmo tempo que procura entender quem são e o que pensam as outras pessoas. O signo em que Mercúrio está indica o modo particular que cada um tem de construir uma ideia de maneira clara e objetiva. Ele está intimamente associado à comunicação e à circulação de ideias. As características desse signo são despertadas nos momentos em que uma pessoa se encontra num estado de dúvida e divisão; essas características também são fortemente expressas quando ele se vê envolvido em situações que põem à prova suas capacidades intelectuais ou seu conhecimento. Quando a função desse planeta se realiza, ele aprende a arte de se comunicar com os demais, e a fazer da palavra o instrumento de entendimento com as pessoas.

Vênus e Marte ♀ ♂ — Os amantes

Na medida em que dirigimos a afetividade para fora do núcleo familiar, algo mais começa a se formar além da base emocional construída à luz da relação com o pai e a mãe, representados pelo Sol e pela Lua. Tudo começa no momento em que as crianças estabelecem uma dinâmica de relacionamento na qual meninos e meninas não se misturam, e esses núcleos diferenciados costumam ser bem rígidos nessa fase. É nessa etapa do desenvolvimento pessoal que se inicia uma árdua jornada em busca da identidade sexual e emocional e nos disponibilizamos para conhecer os pormenores da natureza do nosso próprio sexo. A negação do sexo oposto faz parte desse processo, pois torna possível que façamos contato exclusivamente com o que nos é semelhante e, por isso, não corremos o risco de nos contaminarmos com as angústias, os desejos e as características próprias de um universo diferente do nosso. Se ainda não sabemos quase nada acerca de quem somos, é sinal de que não estamos preparados para percorrer terras tão distantes e desconhecidas para nós. Apesar de se manifestar de modo mais velado, isso ainda continua a se repetir mais tarde. Existem momentos em que queremos estar junto àqueles que não fazem velhas críticas do tipo: "Vocês só sabem falar disso!" Entretanto, se a diferenciação vivida na infância não for transformada em admiração pelas qualidades do sexo oposto, quando adultos repetiremos esse mesmo modelo e, portanto, não é de se admirar quando nas festas os homens ficam na sala e as mulheres, na cozinha. De forma mais sutil, também separaremos as duas forças, inviabilizando a mescla e o consequente equilíbrio. Sem a integração de ambos modelos, masculino e feminino, nos momentos de envolvimento emocional, a razão e a objetividade são deixadas de lado e perdemos o bom senso, a clareza e o equilíbrio. Da mesma maneira, em situações em que prevalece o princípio masculino da lógica, a sensibilidade é bloqueada, e o resultado, muitas vezes, é nos arrependermos por não termos seguido nossa intuição. Talvez o que contribua fortemente para essa tendência seja exatamente o largo período de experiência de distinção entre os dois sexos numa idade de formação primordial e, logo a seguir, uma brusca mudança de foco em direção ao mundo insondável do sexo oposto. O instante do término dessa etapa no período de formação parece acontecer quase por mágica. Subitamente, o sexo oposto começa a se tornar interessante e, aí, a atração dos polos opostos desencadeia a mais variada série de sentimentos e inseguranças. Afinal, esse universo se encontra totalmente desconhecido e misterioso e é, exatamente esse mistério, associado ao desejo sexual, o criador desse magnetismo vital para nossas existências.

Vênus e Marte — Afrodite e Ares na mitologia grega — representam essa outra expressão da polaridade masculino-feminino, diferenciando-a da dualidade Sol e Lua. Esses dois símbolos remetem à questão da sexualidade, do amor, do relacionamento e do casamento. Vênus, como símbolo feminino, está associada ao desejo de amar e ser amado, e Marte, como símbolo masculino, a chamar a atenção sobre si e a nos sentirmos fortes, provocando a difícil batalha entre intimidade e individualidade, dependência e independência. Nossa vida emocional polariza-se por essas duas propensões ou forças. Nos relacionamentos experimentamos o constante oscilar dessas tendências.

No sexo biológico, os autores da grande obra que é a vida são as sementes masculina e feminina, o espermatozoide e o óvulo. A corrida de milhões de espermatozoides em direção a um único óvulo representa o espírito competitivo e vencedor do princípio masculino. A passividade do óvulo na espera da recepção da célula sexual masculina vencedora já expressa, desde o começo, a receptividade e integração femininas. No homem, os espermatozoides são gerados ao longo de toda sua vida, enquanto a mulher já nasce com todos os óvulos que, sendo fecundados ou eliminados a cada menstruação, jamais se renovam. Ainda aqui, a renovação e a preservação são os dois polos que se unem para a realização do ato criador. No encontro erótico, os autores são o próprio homem e a própria mulher num desejo de comunhão, fundindo suas almas pelo amor.

O mito de Vênus ♀ — A deusa do amor

Na mitologia greco-romana, encontramos duas origens para a deusa do amor. Uma, descrita por Homero na *Ilíada;* outra, mais antiga, por Hesíodo na *Teogonia.* Segundo Homero, a deusa aparece como filha de Dione e Júpiter. Para Hesíodo, Vênus nasce da mutilação de Urano por seu filho Saturno. Ela é denominada "a que surge das ondas do mar". É o sêmen do pai germinado nas águas primordiais. Tão logo nasceu, a deusa foi levada pelo vento Zéfiro, e, ao caminhar pela areia, brotavam flores de suas pegadas. Essa dupla origem da deusa determina a existência de duas Vênus: a Vênus Pandêmia e a Vênus Urânia. A Pandêmia tem estreita relação com os amores comuns e carnais, enquanto a Urânia desliga-se da beleza do corpo e inspira um amor superior e imaterial e, ao contrário da outra, relaciona-se com a beleza da alma.

Ao nascer, a deusa do amor foi entregue às Horas, que se encarregaram de sua educação. A seguir foi levada para o Olimpo onde, encantados com sua beleza e seus encantos, todos os deuses desejaram seu amor. Até mesmo Júpiter quis tomá-la como amante. Não conseguindo conquistar seu coração, vinga-se da deusa dando-a em casamento a Vulcano, o deus ferreiro: aleijado e tido como o deus mais feio do Olimpo.

Com muita frequência, Vênus faltou à fidelidade conjugal. Deitou-se nos leitos de quase todos os deuses, semideuses e mortais. O mais célebre dos seus amantes foi Marte. Nas prolongadas ausências do marido, Marte compartilhava de seu leito, e o faziam tranquilamente, pois a deusa deixava um vigia à porta de seus aposentos que lhe avisava o momento da aurora, em que o Sol estava prestes a nascer. Um belo dia, o cansado vigia dormiu além da hora, e o Sol que tudo ilumina surpreendeu-os entrelaçados e avisou Vulcano. Enfurecido e corroído de ciúmes, o deus da forja teceu uma rede invisível e aprisionou o casal de amantes. Somente Netuno amoleceu o esposo traído, pedindo para que retirasse o casal de tal rede. O vigia é, então, punido pela deusa, sendo transformado num galo que é obrigado a cantar toda madrugada antes do nascimento do Sol. Do amor de Vênus e Marte nasceram Fobos (o medo), Deimos (o terror) e Harmonia.

Vênus é a deusa do amor, da beleza e da arte. É o símbolo da versatilidade e instabilidade femininas. É movida pela paixão e pela sexualidade, mas vive à procura do homem ideal. Quando, afinal, o encontra, deseja-o só para si. Ao perceber qualquer ameaça, parte para a vingança e destruição de suas rivais. Apesar de ser considerada por seus inúmeros filhos uma boa mãe, não é esse o seu papel predileto. Vênus simboliza o princípio feminino da fertilidade e da semente, e não do fruto em si, assunto pertencente ao simbolismo lunar. A ela está associado o desejo erótico e a procura de satisfação no mundo físico e material. O dia da semana consagrado a Vênus é sexta-feira (*Veneris dies*).

Vênus — A amante

Vênus, o planeta feminino, está associado à atração sexual, ao encontro do parceiro e à vinculação afetiva. A relação com Touro, por ser regente desse signo, aponta para a importância dos valores materiais e para o prazer. É a chamada Vênus carnal, a que valoriza o bem-estar físico, a sensualidade, o desejo sexual e a estética associada ao conforto. A também regência do signo de Libra se refere à Vênus que prioriza a vinculação afetiva e a estética, principalmente quando relacionada aos valores éticos. Essa diferenciação dos significados simbólicos do planeta é importante para que possamos avaliar a extensão de sua influência na carta natal e também nas técnicas de previsão.

O signo em que Vênus se encontra representa tanto os atributos que nos tornam atraentes como o que nos atrai no outro. São quesitos necessários para a obtenção de um bom resultado nas conquistas amorosas e a química sexual. As qualidades simbolizadas pelo signo da Vênus afloram quando há paixão e desejo. São forças postas à disposição do amor, aumentando a potência do encontro. A casa em que Vênus está localizada aponta para o tipo de experiência que será favorecida pelo desejo e pelas experiências amorosas. Também é um território fértil para o desenvolvimento da sensualidade e para o amadurecimento afetivo. Essa casa costuma ser tomada pela paixão e sofre as naturais tendências apontadas pelo planeta do amor e do signo em que se encontra. As configurações astrológicas envolvendo Vênus tratam das facilidades ou dificuldades relacionadas ao campo amoroso, à entrega sexual e à realização dos bons ou maus encontros ao longo da vida. Vênus sinaliza os caminhos que oferecem soluções para os conflitos afetivos e o modo como devem ser aproveitadas as oportunidades de relacionamento e de realização amorosa.

Um outro ângulo a ser observado na interpretação de Vênus é sua associação com os valores materiais e o bem-estar por eles produzidos. A posição do planeta feminino no mapa natal indica quais áreas e capacidades são férteis e que, se bem-exploradas, facilitam a obtenção de estabilidade financeira e material. Indica o modo como o indivíduo lida com seus gastos e economias, como ele gera recursos e o que é necessário para se sentir realizado e seguro materialmente.

Vênus, símbolo da sexualidade feminina, está intimamente relacionado aos órgãos reprodutores da mulher. Internos, são a imagem da subjetividade, mistério e profundidade. É complexa a ordenação e difícil o acesso ao universo feminino, assim como o hímen deve ser rompido para que a profundidade física da mulher possa ser atingida. Em vários mitos são encontrados a taça ou os chifres do touro como símbolos do aparelho reprodutor feminino, receptor sagrado do sêmen que dá origem à vida.

Vênus Lúcifer e Vênus Hésperus — As duas amantes

Conhecer o universo feminino é obter a dádiva de penetrar nas mais obscuras regiões do nosso ser. A mulher é portadora de uma natureza física determinada pelo seu ciclo menstrual. É como se seu corpo fosse um calendário. Marcador do tempo, é ele, também, a manifestação física das mudanças produzidas pelo sistema endócrino, responsável pela liberação dos hormônios sexuais. Ela tem seu período fértil, quando ocorre a fecundação, e o período da limpeza, onde a mulher deixa sair o óvulo não fecundado. Sobre a menstruação criou-se ao longo dos tempos inúmeros mitos, a maioria tenebrosos, associando esse período a uma fase impura da mulher. Muitas mulheres, a maioria talvez, acabaram acreditando nisso e tratam essa fase como um tabu. A gravidez, pelo contrário, a coloca na posição sublime e sagrada. Sua pureza é reconquistada e naquela fase discriminada obtém sua redenção. A dualidade é uma constante; a mesma dicotomia associada ao ciclo feminino e ao mito de Vênus, que considera duas deusas do amor, está presente na astrologia tradicional na referência a dois tipos de Vênus desempenhando alternadamente dois papéis: um como astro da tarde, e outro da manhã. A estrela matutina, Vênus Lúcifer é vista no Leste, na aurora do dia. No mapa astrológico, ela antecede a posição do Sol. A estrela vespertina, Vênus Hésperus, é vista no Oeste, no crepúsculo, e vem após a posição do Sol.

Vênus Lúcifer — A amante movida pela paixão

Vênus Lúcifer representa quem vive constantemente uma expectativa inquieta da paixão, como se sua vida dependesse dos resultados do encontro amoroso. Quem nasceu com Vênus Lúcifer quase sempre é extrovertido no amor e orienta sua vida com base nas paixões. Para essa pessoa, o amor está à frente da própria individualidade (a Vênus matutina surge no Céu antes do nascer do Sol — símbolo da identidade). Sendo Vênus símbolo do desejo, e o Sol, da ação e consciência, o fato de ela surgir à frente do astro luminoso sugere um comportamento emocional irrefletido. A tomada de consciência do que se passou ao longo das experiências emocionais surge bem depois. Também nesse sentido temos o sujeito para o qual o julgamento estético é anterior ao julgamento moral. A beleza do parceiro associada aos mitos sexuais é a detonadora das paixões. Não obstante, se suas esperanças de viver um amor ideal forem abaladas pela falta de conteúdo interior do outro, a paixão é transformada numa sensação de profunda desilusão, e ele pode, então, se recolher e parecer externamente indiferente. Esta é uma atitude que apenas disfarça sua frustração e serve como meio de proteção à sua fragilidade.

Vênus Hésperus — A amante movida pela razão

Vênus Hésperus revela o sujeito de maturidade emocional, predominando o bom senso no lidar com os sentimentos e as paixões. A Vênus que surge após o Sol revela o predomínio da razão sobre a emoção. As pessoas associadas a essa Vênus, mesmo sendo sensíveis e emocionais, não demonstram suas emoções de forma espontânea e direta. Sempre dão voltas e mais voltas para conseguir dizer finalmente o que estão sentindo — isso quando conseguem. Muitas vezes chegam a reprimir seus verdadeiros sentimentos, com medo de que eles possam "tirá-las do sério", como se sério fosse sinônimo de estabilidade e segurança. Elas esperam que o outro tome a iniciativa no que diz respeito à área emocional da sua vida, apesar de negarem ardentemente a possibilidade de se submeterem às vontades dele.

Ao contrário de Vênus Lúcifer, Hésperus considera os valores morais e espirituais à frente das paixões. A beleza física não é o fator predominante das escolhas, apesar de, quando a pessoa se depara com momentos de crise no relacionamento, isso começar a pesar, e o desejo de um parceiro belo pode surgir de forma avassaladora. Nessa ocasião, as pessoas associadas a Vênus Hésperus tendem a se sentir envergonhadas de seus desejos carnais e terrenos.

O mito de Marte ♂ — O deus da guerra

O caráter do deus da guerra era bastante distinto na mitologia grega e na romana. Para os gregos, o deus era violento e odioso, enquanto que, para os romanos, era corajoso e protetor. Portanto, é necessário se fazer a distinção do mito nas duas culturas.

Tanto Homero quanto Hesíodo concordam com a origem de Ares — Marte na mitologia romana — como fruto da união legal e legítima de Hera e Zeus — Juno e Júpiter para os romanos. Ares era dotado de uma coragem cega e brutal, tornando-se o deus da guerra cruel e sangrenta, aquele que encarna o espírito da batalha. Dizem que seus gritos eram mais estridentes que os de 10 mil homens. Sua estatura era descomunal; vestia uma pesada armadura de bronze e um capacete, sempre armado com lança e escudo. Devido a seu gênio e seu espírito sanguinário, era um deus temido e odiado. Não encontrou simpatia nem nas próprias divindades. Apenas Afrodite o admirava. Seu espírito guerreiro não estava impregnado de alguma causa justa. Ele obtinha prazer na luta pela luta.

Ares teve várias amantes, mas, de todas, Afrodite, esposa de Hefesto, era sua grande paixão. Como já foi descrito no mito de Afrodite, em certa ocasião os dois foram surpreendidos pelo esposo da deusa, que os prendeu em sua rede invisível.

Na mitologia romana, Marte chegou a se tornar o deus nacional, tal era a predileção e veneração dos romanos pelo deus guerreiro. O ruído gerado pelo choque dos escudos tinha por finalidade afastar os maus espíritos da cidade, do povo e dos rebanhos. Era um deus guerreiro, sim, mas também protetor. Não era quem ocasionava a guerra, mas sim quem defendia o povo romano contra os inimigos e agressores. O dia da semana consagrado a Marte é terça-feira (*Martis dies*).

Marte — O amante

O Sol, símbolo da figura paterna, da consciência, da lei e da autoridade, encontra em Marte — regente do combativo signo de Áries e do intenso e destemido signo de Escorpião — o herói viril e juvenil que luta pela autonomia. Marte, com suas armas e seu escudo, está associado à sexualidade masculina, e simboliza virilidade, força e coragem. Culturalmente sabemos o quanto o universo masculino é marcado por provas e desafios. É o caminho trilhado pelo herói, a imagem do homem forte, destemido e vencedor. Nesse sentido, o desenvolvimento de sua individualidade pode ser extremamente complexo, pois falhar é algo temido, impregnando seu imaginário de intranquilidade. Aliás, na sua biologia, tudo é evidente, é projetado para fora, nada é misterioso. Falhou, falhou. Não há como fingir, e a derrota tem sabor de morte.

A mulher se desfaz do sangue inútil de seu organismo por meios naturais. O guerreiro desfere lanças sobre o inimigo, fazendo jorrar o sangue até a morte. Por outro lado, o sêmen ejaculado atinge seu objetivo depois de uma árdua luta entre os espermatozoides para finalmente atingir o óvulo e gerar vida. Desde a criação do sistema patriarcal, o falo se tornou símbolo de potência, de vida e de elevação às esferas espirituais, e, na astrologia, é Marte quem assume a tarefa de representar tais forças. Assim, ele se relaciona com a competição e a liderança. É força projetada e transformada em ação. Representa o momento das decisões. Apesar da simbologia de Marte estar associada aos homens, as mulheres também agem conforme a posição de Marte nas situações de desafio, de competição e de perigo, devendo provar que são vencedoras e duras na queda.

Na astrologia, Marte simboliza atividade, disposição e coragem. É a potência impulsionadora das realizações e, principalmente, da afirmação de si mesmo no mundo hostil. Simboliza de onde retiramos força para ir adiante, enfrentando com bravura as limitações e os desafios. O signo em que Marte se encontra indica que tipo de energia somos capazes de extrair de nós mesmos nos momentos difíceis e, principalmente, quando nos vemos envolvidos em conflitos e competições. As qualidades desse signo desabrocham com grande intensidade ao sermos provocados ou ameaçados pelo perigo. São também as forças relacionadas a esse signo que extrapolam os limites e podem surgir no seu viés mais destrutivo. A casa na qual Marte está localizado é o território de combate, o lugar onde enfrentamos os adversários, sejam eles objetivos ou subjetivos. Essa casa aponta para a região da experiência que nos impulsiona, por um lado, e nos leva à exaustão causada pelos conflitos, por outro. Os aspectos envolvendo Marte indicam o que favorece ou desfavorece a pessoa quando se encontra irritada, reativa às provocações e em situações de disputa ou conflito.

Marte está associado à força física e à imunidade. A prática de esportes e exercícios são atividades absolutamente necessárias para a obtenção de bons resultados nas posições em que Marte está envolvido na carta natal.

Assim como há dois guerreiros mitológicos, o sanguinário deus grego e o protetor deus romano, Marte pode ser violento ou estrategista. Há, portanto, dois modos de agir quando Marte é acionado. Podemos simplesmente provocar conflitos pelo puro desejo de brigar ou, estrategicamente, mantermo-nos alertas para saber evitar o conflito e defendermo-nos dos agressores.

Marte conquistador — O amante apaixonado

Quando damos vasão ao aspecto impulsivo e agressivo de Marte, deixamos surgir o espírito conquistador. Tendemos a ser fortes e destemidos, agimos impulsionados pelas paixões, o sangue é quente e desejamos competir e vencer. O Marte grego dificilmente aceita consolo e oferece ajuda, pois isso é sinal de fraqueza. É o Marte combativo que pode ser comparado com a luta dos carneiros: vence o que tiver a cabeça mais dura. Ele é impetuoso, expansivo, e sua necessidade é a de chamar a atenção sobre si mesmo para sentir-se forte e poderoso. É um Marte afoito, apaixonado, rebelde e irreverente.

Marte estrategista — O amante racional

Quando acionamos o aspecto estrategista de Marte, vencemos pelo uso da razão. A força está na atenção e na persistência. Em vez de reagir, resistimos. Em vez de atiçar o conflito, tentamos encontrar saídas e aliviar as tensões. É o Marte tático, insistente e apaziguador.

Apesar de cada indivíduo se identificar mais com um dos dois guerreiros, seguramente alternamos a maneira de enfrentar os perigos e as ameaças. Os aspectos conflitantes ou tensos com Marte tendem a gerar ações impensadas e precipitadas, enquanto os favoráveis acionarão mais facilmente o aspecto tático do planeta da guerra.

O mito de Júpiter ♃ — Pai dos homens e dos deuses

Júpiter, o mais poderoso dos deuses, era filho de Reia e Saturno, que engolia os filhos à medida que iam nascendo. Reia, que sofria por vê-los devorados pelo marido, ao ver-se grávida novamente, refugiou-se em Creta, na caverna de Dicte, onde deu à luz Júpiter. Para enganar o marido, deu-lhe no lugar do filho uma pedra embrulhada em panos de linho, que Saturno vorazmente engoliu. Reia entregou Júpiter às Melissas, que se encarregaram de alimentá-lo com o leite da cabra Amalteia e o mel do monte Ida. Adulto, aconselha-se com Métis, a prudência, que prepara uma poção mágica para que Saturno vomite os filhos devorados. Para se apossar do trono, Júpiter se alia aos irmãos e trava uma terrível batalha contra seu pai e seus tios, os Titãs. A luta durou dez anos. Quando Júpiter finalmente sai vitorioso, expulsa Saturno e os Titãs do Céu. O pai se refugiou na Itália, no Lácio, e os tios foram precipitados no Tártaro, sob a guarda dos Gigantes. Aconselhado por Geia (a Terra), Júpiter libertou os Ciclopes e os Hecatonquiros, que haviam sido lançados no Tártaro por seu pai. Em gratidão, os Ciclopes presenteiam Júpiter com o raio e o trovão; Netuno, com o tridente; e Plutão, com um capacete mágico que tornava invisível quem o usasse. Depois da vitória, os três irmãos dividiram o mundo entre si: a Júpiter, coube o Céu; a Netuno, o mar; e a Plutão, o inferno. Mas Geia, profundamente irritada por ver seus filhos, os Titãs, no Tártaro, incitou os Gigantes contra os três deuses. Eles tinham estatura e força monstruosas; seus pés tinham forma de serpente; alguns tinham cem braços e cinquenta cabeças. Júpiter estava muito preocupado, porque um oráculo anunciara que os Gigantes seriam invencíveis, a menos que os deuses pedissem ajuda a um mortal. Seguindo o conselho de Minerva, Júpiter convocou Hércules, que o auxiliou a exterminar os poderosos inimigos, principalmente o temível gigante Tífon, que lhe deu mais trabalho que todos os outros juntos. Segundo Hesíodo, Júpiter se casou sete vezes: com Métis, Têmis, Eurínome, Ceres, Mneumósine, Leto e Juno, sua irmã, que foi sua última esposa. Do casamento com Métis nasceu Minerva; com Têmis, as Horas e as Moiras; com Eurínome, as Cárites; com Ceres, Prosérpina; com Mnemósine, as Musas; com Leto, Apolo e Diana; com Juno, sua "legítima" esposa, gerou Hebe, Marte, Itília e Vulcano. Júpiter também se apaixonou por várias mortais, e se metamorfoseou em muitas formas para satisfazer seus desejos amorosos. Teve um número enorme de filhos, que foram colocados entre os deuses e os semideuses. Júpiter era o mais adorado entre os deuses. É o pai dos homens e das divindades. Como deus do relâmpago, representa a inteligência e a verdade. Como deus do raio, está associado à justiça divina. O dia da semana que lhe é consagrado é a quinta-feira (*Jovis dies*).

Júpiter — O benfeitor

Júpiter, o maior planeta do sistema solar, ocupa na simbologia astrológica a função de expansão. A ele é dado o atributo de grandioso e foi chamado de "grande benéfico" na astrologia tradicional. Aliás, quando Júpiter é visível no Céu noturno, aparece como o astro mais brilhante, destacando-se inegavelmente entre as estrelas. Júpiter é como um foco de luz, apontando o caminho a seguir. Este é um dos papéis por ele representado, e sua posição no mapa de nascimento assinala saídas, principalmente quando nos sentimos impedidos de caminhar. O signo ou a casa associados a Júpiter indicam o que é capaz de motivar e gerar esperança. O planeta simboliza confiança e certeza, invariavelmente associadas ao bom senso. Sua posição no mapa de nascimento indica em quais situações a pessoa é capaz de ver mais longe, onde se sente segura para levar adiante seus sonhos e o que a leva a acreditar no sucesso de um determinado empreendimento. Não é por acaso, portanto, que essas áreas da vida tendem ao progresso, já que não é comum haver desistência e tampouco desânimo.

A maioria dos estudiosos de astrologia atribui a Júpiter proteção e sorte, apontando para o fato de ele favorecer sobremaneira a casa e os planetas envolvidos. Como também há excesso onde Júpiter estiver, muita energia pode ser jogada fora e, assim, reduzir sensivelmente sua atuação favorável. Outra consequência do exagero é a insatisfação tão comumente sentida na casa em que Júpiter se encontra ou na casa por ele regida. Enquanto há busca, há estímulo. Quando se dá a conquista, momentaneamente, há alegria, mas em seguida ocorre perda de entusiasmo e sensação de vazio. Portanto, se por um lado Júpiter se associa à abundância, por outro, ele caminha lado a lado com o descontentamento.

Júpiter, como regente do signo de Sagitário, simboliza a justiça e as leis, que amparam o indivíduo e legitimam os direitos de cada um. Por esse motivo, deve-se direcionar o olhar para Júpiter sempre que for necessário analisar questões envolvendo leis, regras, normas de conduta, ética e moral. Júpiter simboliza o sistema de crenças, os princípios e a filosofia de vida de cada um. É o pilar sobre o qual se apoia o direito de todos à liberdade. A posição de Júpiter na carta natal sinaliza o modo como cada um lida com os próprios direitos e os direitos do outro. Também revela a facilidade em reconhecer e fazer valer as leis, de organizar a vida de acordo com regras e de respeitar as normas sociais. Em contrapartida, também podemos fazer uma leitura da forma como o indivíduo é afetado pela moral social, ajudando grandemente na análise do mapa das pessoas que não se moldam ao formato estabelecido pela sociedade ou que dele desejam se libertar.

A associação de Júpiter com a abundância leva-nos a também interpretá-lo como símbolo de prosperidade, mas não devemos esquecer que o signo, as casas e os planetas a ele relacionados mostram quais áreas da vida tendem a ser abençoadas com riqueza, que varia de acordo com tais posições, podendo significar, portanto, valores materiais, afetivos, intelectuais ou espirituais.

Além de reger Sagitário, na astrologia tradicional, Júpiter também rege o signo de Peixes, e seu simbolismo, seguramente, se aproxima dos valores da alma e dos caminhos por ela trilhados. Portanto, devemos relacionar o maior de todos os planetas com as buscas espirituais. Não é por acaso que Júpiter tem sido interpretado desde o começo da astrologia como "proteção que vem do alto".

O mito de Saturno ♄ — O deus do tempo

Saturno era um dos inúmeros filhos do Céu e da Terra (Urano e Geia). Provavelmente por temer ser destronado por um filho, Urano aprisionava-os no interior da mãe. Geia, frustrada por não usufruir de seus filhos, tramou uma vingança e pediu aos seus filhos que a executassem. De todos, o único a aceitá-la foi Saturno, o caçula. Geia mandou forjar uma foice para que fossem cortados os testículos de Urano, quando este a *cobrisse* à noite. Realizado o plano, Saturno tornou-se o senhor do mundo, reinando como um déspota pior do que o pai. Casou-se com sua irmã Reia e, como seus pais, que possuíam o dom de predizer o futuro, o alertaram que seria destronado por um de seus filhos, Saturno os devorava à medida que iam nascendo. Apenas um deles, Júpiter, escapou, como já se contou na seção destinada a esse planeta. Após ser destronado por Júpiter, Saturno se refugiou na Itália, no Lácio, onde se ocupou em civilizar os povos selvagens, dando-lhes leis e ensinando-lhes a cultivar a terra; governou com tanta justiça que o seu reino foi chamado de Idade de Ouro. Em grego, Saturno é designado pelo nome de Cronos, "o tempo". Essa analogia se relaciona diretamente com sua história: o tempo que tudo devora, que consome todos os anos que passam. Os gregos o representavam sob a forma de um velho com uma foice. O dia da semana a ele consagrado é o sábado (*Saturni dies*).

Saturno — O antagonista

Saturno é o último planeta visível a olho nu. Simboliza, por isso, os limites possíveis e, principalmente, o reconhecimento da realidade. A natureza de Saturno se mostra plena na maturidade, quando estamos mais preparados para lidar com restrições e quando a frustração gerada pelo confronto com a realidade é vivida com mais naturalidade.

Saturno trata da experiência adquirida com esforço e trabalho. Por isso, na infância e na adolescência, tudo o que está relacionado ao seu simbolismo é bem difícil, há muita reação e resistência. Nessa fase da vida é muito duro lidar com a realidade, e a função de Saturno é exercida, em geral, de fora para dentro, na figura que faz valer as leis e estabelece os limites. Isso nos faz entender porque ele tem sido associado à figura paterna, sendo chamado por muitos astrólogos de "o pai de carne o osso".

Quanto mais maduro é o indivíduo, mais tranquilo é o exercício do papel representado por Saturno. Ao aprender a lidar com restrições e superar limites, ele se sustenta sobre alicerces sólidos e assegura a realização do possível. Dessa maneira, dificilmente se tornará alguém ressentido e amargurado com a vida. Ele afirma seu desejo e suas escolhas confiando ser capaz de extrair satisfação da realidade. Em contrapartida, se as restrições impedirem o desenvolvimento sadio e livre da individualidade, encontraremos, no lugar do amadurecimento, dureza e paralisação. Por esse motivo, mesmo que Saturno represente o crescimento adquirido pelo esforço ou pela dor, os limites devem ser tratados com flexibilidade e jamais com rigidez castradora. A oportunidade oferecida por Saturno é a de obter satisfação sempre que esta estiver associada à experiência de superação.

O signo e a casa de Saturno nos oferecem a chave para o crescimento e a maturidade. Ali, aprendemos que as coisas não são exatamente como queremos, mas como podem ou devem ser. São as áreas nas quais experimentamos frustrações e, em contrapartida, havendo esforço para tentar superá-las, adquirimos confiança em nosso potencial. Onde Saturno está presente, há a exigência de constante trabalho. É possível que, seja por cansaço ou por medo, tendamos a responsabilizar as experiências associadas às posições de Saturno aos nossos fracassos. O melhor é que haja empenho e perseverança nessas áreas para não "enferrujá-las", deixando-as atualizadas e livres de ressentimentos passados.

A área de Saturno está sujeita constantemente ao enfrentamento das dificuldades. Podemos afirmar que uma das mais conhecidas funções de Saturno é a de testar, de colocar-nos à prova e cobrar resultados. Seguramente tais experiências são estruturadoras. Saturno ancora, fixa e solidifica.

Sua mensagem é: persistir respeitando limites e acolhendo a realidade. Um dos melhores recursos para lidar com sua natureza é a disciplina. Aliás, não devemos esquecer de associá-lo ao cumprimento dos deveres e ao senso de responsabilidade. Afinal, ele rege os signos de Capricórnio, conhecido por tais características, e de Aquário, relação que estreita a noção de responsabilidade com liberdade. As configurações astrológicas associadas a Saturno têm a ver com compromisso e cumprimento de deveres. Sua posição no mapa natal indica o que nos ajuda a aceitar os erros e achar os meios mais adequados para resolvê-los. A área de Saturno oscila entre repressão e prudência. Lá, aprendemos a transformar culpa em responsabilidade. Saturno existe nos nossos mapas para escolhermos o que tem relevância e descartarmos o desnecessário. Saturno organiza, estrutura, amadurece e constrói o que vai durar.

O mito de Urano ⛢ — O Céu

Urano era filho de Éter e do Dia. Segundo Hesíodo, era filho de Geia. Urano é o Céu estrelado que fecunda a Terra todas as noites, cobrindo-a com o seu amor. Como já visto anteriormente no mito referente à Saturno, cada filho que nascia, Urano o devolvia para o interior da mãe que, ressentida, tramou uma vingança contra ele e pediu aos seus filhos que a realizassem. Apenas Saturno, o filho caçula, aceitou, e, com a foice que Geia mandou forjar, castrou o pai no momento em que este se deitou com a mãe. Do sangue derramado na terra nasceram as Erínias, os Gigantes e as ninfas Mélias ou Melíades. O esperma jorrado no mar formou uma "espumarada", de onde nasceu Vênus (Afrodite). Separado de Geia e impotente, Urano se tornou um deus ocioso. Um de seus atributos era o da previsão; ele profetizou que Saturno seria destronado por um de seus filhos e advertiu Júpiter acerca do filho que teria de Métis. Por esse motivo, Júpiter engoliu a esposa grávida de Atená. Segundo outra versão, Urano foi o primeiro rei dos atlantes. Era um exímio astrônomo, calculou o primeiro calendário baseado nos movimentos dos astros e previa os acontecimentos que deveriam acontecer.

Urano — O agitador

Apesar de Urano ser visível a olho nu em boas condições atmosféricas, por causa de sua pequena luminosidade e da lentidão da sua órbita, ele não foi detectado pelos antigos, sendo descoberto apenas em 13 de maio de 1781, por William Herschel, com o auxílio de um telescópio. Uma característica singular do planeta é a inclinação de aproximadamente 98 graus do seu eixo de rotação, que o faz girar "deitado", como se fosse uma bola rolando sobre a superfície da sua órbita. Os demais planetas, diferentemente de Urano, giram com o eixo de rotação praticamente perpendicular ao plano de órbita, ou seja, deslizam pela órbita como se estivessem "em pé".

Urano, simbolicamente, representa o imprevisível, o que não se pode planejar. Andar na contramão do senso comum é a função atribuída a esse planeta responsável também pelas mudanças radicais, rupturas de padrão e pelo espírito libertário. O grande papel de Urano é criar singularidade, ajudando o sujeito a quebrar os moldes de comportamento impostos pela cultura. Se em Saturno cumprimos as regras para uma boa adequação social, em Urano lutamos pela criação de um sujeito livre. Urano, planeta que rege o signo de Aquário, tem a ver com originalidade, com as ideias revolucionárias, contemporâneas, as que olham para o futuro e nos libertam de valores ultrapassados.

Emma Costet de Mascheville dizia que Urano é como a tempestade que sacode as árvores, lança as sementes para longe e renova a vida. Sua natureza é rebelde, paradoxal, sem coerência. Onde quer que ele se encontre no mapa natal, aponta para experiências absolutamente singulares, incomparáveis e, consequentemente, com tensão e ansiedade. A instabilidade presente na casa onde está Urano certamente é necessária para evitar aprisionamento e acomodação. É uma área sujeita a alterações sem aviso prévio, ao sentimento de desconforto sempre que houver repetição. Lá, nos encontramos em constante estado de alerta, prontos para encarar e promover mudanças.

Urano faz uma revolução em torno do Sol em aproximadamente 84 anos. Portanto, leva em torno de sete anos para percorrer os 30 graus de cada signo. Desse modo, o signo onde Urano se encontra no mapa natal de cada um corresponde às questões de uma geração, apontando para as condições de liberdade daquele grupo. É evidente que as características desse signo auxiliam a pessoa a encontrar meios e estímulos para mudar. Entretanto, o mais importante é entender dentro de qual contexto cultural tal indivíduo foi criado, com que ideias sua geração se identifica, e que o libertam dos padrões sociais ultrapassados.

O "planeta rebelde" trata do reconhecimento e respeito à diferença. Para a natureza de Urano, ser diferente é normal. Por isso, onde temos Urano, experimentamos a sensação de estranheza. Para alguns, tal sentimento pode ser extremamente excitante, enquanto para outros é possível que gere insegurança. O melhor caminho a ser trilhado quando se trata de Urano é não exigir coerência, abrir o coração e a mente para o novo e libertar-se da ditadura do ego.

A casa e os planetas envolvidos em aspecto com Urano oferecem uma preciosa oportunidade de ruptura com modelos preestabelecidos e sujeitos à repetição. É na casa onde está Urano que encontramos as mais poderosas ferramentas de mudança e transformação. Ela marca a área da vida afetada pelas tempestades libertadoras de Urano. Por isso, é nessa esfera de experiência que devemos quebrar o ritmo, fazer algo diferente do habitual, rebelar-se contra o que nos aprisiona — enfim, sermos livres para reinventar a vida quando ela se tornar banal.

O mito de Netuno ♆ — O deus do mar

Netuno — em grego Poseidon — era filho de Saturno e Reia, irmão de Júpiter e Plutão. Na partilha que os irmãos fizeram do Universo, coube a Netuno os mares, a ilhas e as costas. O seu tridente — presente dado pelos Ciclopes ao final da batalha de Júpiter contra Saturno e os Titãs — encrespava as ondas do mar, dominava as águas, provocava as borrascas, fazia brotar as nascentes. Netuno governava o seu império com uma calma inabalável; do fundo dos oceanos percebia tudo o que acontecia na superfície; se havia tempestades ou naufrágios injustos, ele aparecia e, com sua serenidade, fazia voltar a calmaria. Casou-se com Anfitrite — filha de Dóris e de Nereu —, teve inúmeras amantes e, muitas vezes, para obter os favores que desejava, metamorfoseava-se em vários animais. Com Anfitrite gerou Tritão, divindade terrível que morava nas profundezas das águas marinhas junto à mãe e ao pai. Netuno andava sobre as ondas num carro em forma de concha, conduzido por cavalos-marinhos.

Netuno — O sonhador

Diferentemente dos outros planetas, descobertos por observação empírica, Netuno foi encontrado em 23 de setembro de 1846 com o auxílio de cálculos matemáticos. Tal singularidade já remete ao significado simbólico do astro. Netuno representa o abstrato e o misterioso, é o canal que conduz o indivíduo a fazer contato com o inexplicável, deixando-o suscetível às fantasias ou superstições. As experiências relacionadas a Netuno são ilógicas, transcendem o plano físico, mas, sem sombra de dúvida, são passíveis de serem sentidas. Para isso é preciso estar atento à sensibilidade e à intuição, pois são essas as portas abertas por Netuno. Semelhante aos oceanos, a ele são atribuídas a amplitude e a profundidade ao mesmo tempo. Regente do signo de Peixes, é o planeta ligado ao psiquismo, à produção de subjetividade e aos assuntos da alma. A ressalva a ser feita ao analisar Netuno é que somos produto de uma sociedade materialista, valor oposto aos do planeta. Por isso, talvez seja tão difícil decodificar as mensagens a ele relacionadas, pois é preciso estar com a intuição aguçada e acostumado a lidar com forças imateriais. Evidentemente, a cultura ocidental deflaciona tais valores, que normalmente ficam associados às religiões, ao misticismo ou às superstições. Na prática cotidiana, deixamos de lado a inspiração, a poesia e a sensibilidade e, quando elas se manifestam, costumam inundar-nos de angústia, ansiedade e ilusões. É por isso que Netuno também se associa às pressões psicológicas, aos jogos emocionais, aos enganos, às drogas, à nebulosidade e aos fantasmas que penam nas mais profundas regiões da alma.

A casa onde Netuno se encontra no mapa natal está sujeita a passar por experiências de natureza enigmática, podendo gerar abertura para a realidade sensível ou pavor de ser tomado por algo difícil de ser decifrado. Nesse caso, as fantasias são produzidas em larga escala, tornando a situação insuportável. Somente através de um trabalho subjetivo as ondas assustadoras desse mar revolto diminuem, até que volte a reinar uma confortável calmaria. Por isso, essa casa será a mais importante responsável pelo crescimento interior do indivíduo e por seu aprimoramento espiritual. Também há tendência a nebulosidade, escapismo e confusão nas casas e nos planetas que se relacionam com Netuno. Por outro lado, estes ajudarão o sujeito a sublimar conflitos e a compreender bem mais além do que os olhos possam enxergar.

Netuno faz uma revolução em torno do Sol em aproximadamente 160 anos. Portanto, leva em torno de 15 anos para percorrer os 30 graus de cada signo. Desse modo, o signo onde Netuno se encontra no mapa natal de cada um corresponde aos sonhos de uma geração, e não aos de cada indivíduo em particular. Na astrologia, costuma-se chamá-lo de planeta geracional, por indicar tendências de uma época que marcam as pessoas que crescem em tal período e com tais influências. O signo de Netuno para uma determinada geração aponta para o tipo de ideal com o qual ela se identifica, alimentando seus sonhos, gerando arte e abrindo caminhos espirituais.

Netuno trata das agitações vindas de dentro para fora, que provocam a revolta da superfície que, até certa altura, aparentava paz e tranquilidade. De fato, observa-se que o toque de Netuno traz à tona emoções contidas e submetidas às repressões. O resultado não poderia ser outro senão explosões emocionais seguidas de alívio psíquico.

O problema é a devastação causada pela inundação das angústias e dos medos, sentimentos simbolizados por Netuno. Portanto, nas áreas afetadas por ele, se faz necessário um profundo trabalho de organização psíquica, de modo a tranquilizar a alma e fortalecer o espírito.

O mito de Plutão ♇ — O deus da morte

Plutão — em grego, Hades — era filho de Saturno e Reia, irmão de Júpiter e Netuno. Como todos os seus irmãos, exceto Júpiter, foi engolido pelo pai. Foi devolvido à vida graças a uma poção mágica preparada por Métis, que obrigou Saturno a vomitar os filhos que havia devorado. Na partilha que os irmãos fizeram do Universo, coube a Plutão o reino das trevas, também denominado de inferno. Ganhou de presente dos Ciclopes, ao final da batalha de Júpiter contra Saturno e os Titãs, o capacete mágico que o tornava invisível. Seu nome raramente era proferido, por ser temido pelos súditos e odiado pelos mortais. O nome Plutão quer dizer "o rico", não somente pelas incontáveis almas que habitam seu reino, como pela própria riqueza extraída das entranhas da terra. Plutão reinava soberano em seu universo subterrâneo. De lá saiu apenas duas vezes. Uma para raptar Prosérpina — filha de Ceres e Júpiter —, num dia em que ela colhia flores na pradaria de Ena, na Sicília. Plutão fez dela sua esposa. Ceres, entristecida com a perda da filha, provoca a esterilidade da terra, que só volta a produzir depois de Plutão aceitar o pedido feito por Júpiter: ele permitiria a subida da esposa à superfície, ainda que por somente seis meses, para que ela pudesse estar com a mãe. A outra vez que Plutão deixou seu reino foi para se curar de um grave ferimento desferido por Hércules que, a mando de Eristeu, desceu aos infernos para capturar o cão Cérbero, guardião do império dos mortos.

Plutão — O redentor

Plutão é o regente do signo de Escorpião e representa a força criadora. Ele é o "vulcão" do mapa e é capaz de entrar em erupção quando menos se espera. Está relacionado com a regeneração e a cura. As transformações decorrentes das "mortes e renascimentos" ocorridas ao longo da vida também estão associadas a ele. É chamado de Fênix — a ave que não morre e que renasce das cinzas. Nele estão simbolizadas as forças contidas que, quando emergem, são capazes de causar grandes revoluções. A posição desse planeta no mapa de nascimento indica a área que deve passar constantemente por "faxinas", a causadora de nossas maiores transformações. Nela, aprendemos o desapego e descobrimos valores novos ao abrir mão daqueles que não mais nos servem. Entretanto, ele também trata de tudo que em nós é destrutivo, das nossas intolerâncias e do excessivo exercício de poder. Com ele devemos aprender a controlar nossos impulsos mais sombrios.

A palavra-chave de Plutão é entrega. É na casa onde ele está que ocorre a descoberta de forças que jamais imaginávamos possuir. Em situações emergenciais, elas são as responsáveis por atitudes e resoluções que, em situações normais, não seríamos capazes de tomar. Se, por um lado, Plutão age como uma força destruidora, por outro, sua ação é regeneradora. Pode-se dizer que sua natureza obriga-nos a desconstruir as estruturas enrijecidas para possibilitar a construção de uma nova realidade, atualizada, e com potencial criativo.

A casa onde Plutão está no mapa natal é onde escavamos as entranhas, onde reagimos quando não temos mais saída, onde somos obrigados a ser cirúrgicos. No desespero, é ele que vai apresentar os recursos necessários para suportarmos o pavor. Plutão é escuridão e, ao mesmo tempo, luz interior. É presença na falta, é afirmação na negação. Tudo o que se relacionar a Plutão está sujeito a transformações e purificação. Através dos planetas e casas envolvidos com ele, morremos para os velhos padrões de vida e renascemos totalmente modificados. Plutão desperta em nós a necessidade de eliminar o que é nocivo a nós mesmos ou aos demais e construir valores completamente modificados. O signo e a casa de Plutão funcionam como catalisadores que provocam o surgimento de forças para além do controle. Isto normalmente acontece quando se chega a situações-limite, decorrentes da inércia e da acomodação. É como um cirurgião intervindo e fazendo os cortes necessários para curar e regenerar, o que, evidentemente, provoca dor. Onde Plutão se encontra, remexemos e raspamos as partes mais profundas da alma, descobrindo, assim, a chave alquímica da redenção.

A natureza desse astro é a de despertar as forças latentes para uma total expressão das capacidades e dos talentos inerentes ao indivíduo. Plutão simboliza o processo de morte e renascimento vivido nas experiências transformadoras e as perdas decorrentes de todo e qualquer processo de mudança profunda. Podemos compará-lo à semente que morre enquanto semente, para dela nascer a vida por ela prometida.

Plutão é desapego de tudo aquilo que não é necessário para o desenvolvimento pessoal. É metamorfose, força radioativa que mata e cura, atração e repulsão incontroláveis. É onde temos Plutão que a vida assume um novo valor, após experiências de dor e sofrimento emocional. Plutão é o desabrochar da força criadora armazenada no interior do ser-semente.

CAPÍTULO 5
As casas astrológicas

Apresentação

À primeira vista, não é muito fácil para quem está dando os primeiros passos na astrologia reconhecer a posição do planeta Terra na mandala astrológica, já que, à exceção dela, todos os outros planetas aparecem representados graficamente no interior do círculo. Entretanto, aprofundando um pouco os estudos em mecânica celeste, é possível encontrá-la privilegiadamente representada por duas coordenadas: a linha do horizonte, demarcando o popular, mas pouco compreendido, signo Ascendente; e o meridiano, que aponta para o signo do Meio do Céu. Aliás, juntamente com a apreciação das posições do Sol e da Lua, a análise do Ascendente e do Meio do Céu são fundamentais para a constituição dos alicerces sobre os quais a interpretação de um mapa astrológico deve discorrer. A partir do posicionamento do Ascendente e do Meio do Céu, a abóboda celeste é subdividida em 12 partes, denominadas casas astrológicas. Primeiramente, essa divisão se dá em dois hemisférios, um acima da linha do horizonte — o Céu visível —, o outro, abaixo — o Céu não visível. O hemisfério visível representa as experiências nas quais o olhar do indivíduo se volta para o mundo exterior. No hemisfério oposto, ou seja, não visível, está marcada a trajetória do indivíduo na direção da sua estruturação e embasamento interiores, quer dizer, são as experiências responsáveis pela constituição de seus alicerces, tanto pessoais quanto sociais. A segunda divisão é proporcionada pelo Meridiano, que divide a esfera celeste também em dois outros hemisférios. O primeiro demarca a zona Leste da esfera celeste, e o segundo, a Oeste. No hemisfério Leste localizam-se as experiências com as quais o indivíduo se identifica e nelas se reconhece, enquanto no oposto, estão as de natureza diferenciadora, isto é, o sujeito se separa dele mesmo e volta o seu olhar para o outro. Como as duas coordenadas, horizonte e meridiano, se cruzam, ficam definidos, portanto, quatro quadrantes. O primeiro quadrante diz respeito às experiências de estruturação das bases sobre as quais é construída a individualidade. O segundo quadrante trata igualmente da formação de alicerces, mas, nesse caso, apenas daqueles que sustentam a construção da sociabilidade. O terceiro se refere às experiências nas quais o indivíduo se torna permeável ao outro e toma conhecimento da sua função social. O quarto e último quadrante está voltado à participação do indivíduo no mundo, consciente da parte que lhe toca.

Por fim, a título de curiosidade, o limite entre duas casas astrológicas pode tanto ser denominado de ponta como de cúspide da casa. Para um melhor entendimento das subdivisões, veja a figura a seguir:

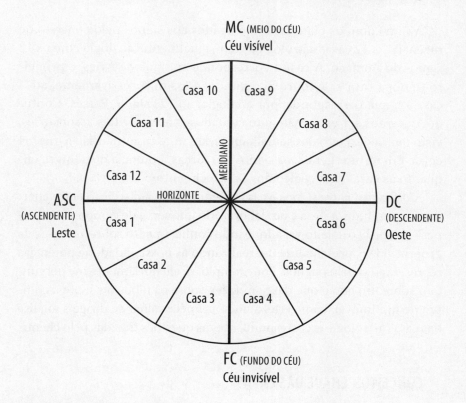

Sistemas de divisão das casas

Como visto anteriormente, o sistema de divisão das casas astrológicas, denominado *domificação,* é construído a partir de coordenadas terrestres. Há diversos sistemas de cálculo utilizados na astrologia para definir a posição das casas, entretanto, foge aos objetivos deste livro o mérito dessa discussão. Para efeito prático, as diferenças entre os sistemas em uso são mais significativas nas latitudes elevadas do que nas latitudes tropicais em que nos encontramos.[35] Por isso, deixaremos a questão da exatidão do cálculo das casas para outros fóruns. É suficiente saber que no Brasil os sistemas Placidus e Topocêntrico são os mais amplamente utilizados.

Diferença fundamental

Assim como os planetas estão ligados aos signos pelo conceito de regência, as 12 casas astrológicas têm, igualmente, analogia com os 12 signos do Zodíaco. A casa 1 corresponde ao signo de Áries, o primeiro signo; a casa 2, a Touro, o segundo; e assim sucessivamente, até a casa 12, que corresponde, por analogia, ao 12º signo, Peixes. Contudo, devemos ser extremamente cuidadosos ao fazer tais associações, visto que, a despeito das semelhanças, signos e casas não são a mesma coisa. Em termos gerais, os signos são forças, potência disponível, enquanto as casas são o palco dos acontecimentos.

A diferença entre signos e casas é equivalente à distinção entre energia e concretude. A casa é um laboratório que serve de campo para a experiência. Ali, o sujeito vai adquirindo conhecimento sobre as coisas da própria vida e, principalmente, realizando as possibilidades e potências representadas pelos signos. Por exemplo, se aleatoriamente me perguntam sobre um curso que desejam fazer, sobre os filhos ou sobre a compra de um imóvel, com certeza, meu primeiro olhar se dirige à análise das casas astrológicas correspondentes às questões trazidas pelo cliente.

CONCEITOS-CHAVE DAS CASAS

CASA 1
Signo associado — Áries
Planeta associado — Marte
Elemento associado — Fogo
Triplicidade associada — Cardinal

---

35 No Rio de Janeiro, quase todos os métodos apresentam resultados muito próximos, mas em latitudes de 40 graus a 50 graus, as diferenças são enormes.

Autoimagem, bem-estar físico, iniciativa, infância, criação de si mesmo, estilo.

CASA 2
Signo associado — Touro
Planeta associado — Vênus
Elemento associado — Terra
Triplicidade associada — Fixa

Recursos, dinheiro, talentos, valores, finanças, posses materiais.

CASA 3
Signo associado — Gêmeos
Planeta associado — Mercúrio
Elemento associado — Ar
Triplicidade associada — Mutável

Convívio social, escola, ensino, aprendizado, trocas, pequenas viagens.

CASA 4
Signo associado — Câncer
Planeta associado — Lua
Elemento associado — Água
Triplicidade associada — Cardinal

Família, ancestralidade, raízes, casa, vida íntima, passado.

CASA 5
Signo associado — Leão
Planeta associado — Sol
Elemento associado — Fogo
Triplicidade associada — Fixa

Amor, paixão, filhos, amantes, criatividade, autoestima, lazer.

CASA 6
Signo associado — Virgem
Planeta associado — Mercúrio
Elemento associado — Terra
Triplicidade associada — Mutável

Rotina, cotidiano, ambiente de trabalho, qualidade de vida, saúde, empregados.

CASA 7
Signo associado — Libra
Planeta associado — Vênus
Elemento associado — Ar
Triplicidade associada — Cardinal

Casamento, parcerias, associações.

CASA 8
Signo associado — Escorpião
Planetas associados — Plutão e Marte
Elemento associado — Água
Triplicidade associada — Fixa

Crises, emergências, transformações, tabus, morte, heranças, aposentadoria, separações.

CASA 9
Signo associado — Sagitário
Planeta associado — Júpiter
Elemento associado — Fogo
Triplicidade associada — Mutável

Estudos acadêmicos, viagens longas, filosofia, religião.

CASA 10
Signo associado — Capricórnio
Planeta associado — Saturno
Elemento associado — Terra
Triplicidade associada — Cardinal

Carreira, ambição, hierarquia, status, reconhecimento, realizações.

CASA 11
Signo associado — Aquário
Planetas associados — Urano e Saturno
Elemento associado — Ar
Triplicidade associada — Fixa

Amigos, ações sociais, participação, cooperação.

CASA 12
Signo associado — Peixes
Planetas associados — Netuno e Júpiter
Elemento associado — Água
Triplicidade associada — Mutável

Experiências místicas, solidão, espiritualidade, subjetividade, medos, sublimação.

Sobre as casas angulares

A cruz formada pela interseção da linha do horizonte com o meridiano determina as quatro casas denominadas angulares (casas 1, 4, 7 e 10), compondo as amarrações do mapa, ou pilares sustentadores da individualidade. Portanto, qualquer assunto relativo a essas casas aponta para questões estruturais da constituição do sujeito. Verdade seja dita, se tratarmos do bem-estar físico (casa 1 ou Ascendente), da família (casa 4 ou Fundo do Céu), do amor (casa 7 ou Descendente) ou da profissão (casa 10 ou Meio do Céu), abrangeremos praticamente tudo que, em geral, leva uma pessoa a fazer uma consulta oracular.

Mutatis mutandis é semelhante ao preenchimento de uma ficha cadastral na qual devemos informar nome (o Ascendente), sobrenome (o Fundo do Céu), estado civil (Descendente) e profissão (Meio do Céu). Da mesma forma, praticamente todas as consultas englobam esse quarteto: problemas de saúde ou identidade, amor e relacionamento, relação com os pais ou em casa ou profissão e carreira. Entendida a singular importância desses quatro alicerces, vejamos a seguir as 12 casas detalhadamente.

Casa 1 — O Ascendente

O estudo das casas começa no Ascendente, o ponto de partida para a demarcação das casas astrológicas e o início da casa 1. No mapa natal, o Ascendente simboliza o próprio nascimento e é, portanto, a mais pessoal de todas as marcas, visto que a primeira respiração[36] é o primeiro ato independente da criança. Por essa razão, a casa 1 adquire o significado de corte do cordão umbilical, de separação, de começo do processo de criação de um mundo próprio. Até tal momento, o indivíduo é dependente da mãe. Sem ela, não sobrevive. Somente ao abrir os pulmões — e termos o cordão umbilical cortado — passamos a viver por nós mesmos. A bem da verdade, repetimos essa atitude ao longo da vida inteira, uma vez que é recorrente o ato de cortar "cordões umbilicais", dando novos gritos de independência e reclamando autonomia. É uma sucessão de recomeços, pois há o dia em que comemos sozinhos pela primeira vez, o dia dos primeiros passos, ou o momento em que passamos a pagar nossas contas e nos tornamos independentes financeiramente. A autonomia é questão tratada na casa 1. Krishnamurti observa que:

A liberdade é absolutamente necessária exatamente no começo, e não quando se está chegando ao fim.[37]

---

36 Para a astrologia, a primeira respiração é a marca do momento em que o indivíduo partilha da troca natural com os demais. Podemos dizer que, ao respirar, o sujeito inspira o ar que, supostamente, já tocou o pulmão do restante da humanidade.

37 KRISHNAMURTI. *Viagem por um mar desconhecido.* São Paulo: Editora Três, 1973. p. 121.

A casa 1 tem relação com o signo de Áries, com o seu regente, Marte, e com o elemento Fogo. Sua função é que o indivíduo construa um estilo próprio de ser. A primeira infância e a pré-adolescência estão relacionadas às experiências dessa casa, visto que é a fase da vida em que há espontaneidade, quando ainda somos bastante moldáveis e começamos a forjar um modo singular de ser e de traduzir o mundo.

Para entendermos melhor o tom da casa 1, devemos imaginar uma pessoa afirmar com segurança ao se referir a ela mesma: "Sou assim e pronto." Cabe a essa casa assinalar os meios que dispomos para impor a vontade, conquistar independência e comandar a própria vida. Não obstante, é evidente que, a despeito de fazermos valer o nosso desejo, também é preciso ceder e compreender que nem tudo é como se quer. Entretanto, para tais situações, outras casas astrológicas entram em cena. Em todo caso, quando se trata da casa 1, quem está no comando é a própria pessoa. Esse é um setor associado à autoafirmação, pois, na medida em que interpretamos as coisas de um jeito próprio, adquirimos confiança em nós mesmos. A propósito, essa é a área do mapa astrológico associada às experiências autocentradas e ao narcisismo infantil. Quando digo narcisismo, o faço não somente no sentido de admiração da própria imagem, mas no de desejo de conhecer a si mesmo e ter consciência da sua individualidade. A casa 1 representa o que Jung[38] chamou de *processo de individuação*. Assim como cortar o cordão umbilical (respirar e nascer doem e deixam marcas), o processo de individuação também é uma experiência traumática. Estamos sempre renascendo na casa 1, seja o primeiro namorado ou namorada ou o primeiro emprego e a primeira remuneração. A primeira vez é sempre algo desconhecido, não experimentado, da ordem do inominável, e está representado pela casa 12, a que antecede a 1.

A primeira casa representa igualmente a forma como a energia emanada de nós imprime registros singulares no corpo. São as marcas de expressão, é aquele jeito de olhar, de gesticular, que conferem a cada um de nós um estilo próprio de ser no mundo. Nesse sentido, essa casa se ocupa da atenção dada ao corpo e ao bem-estar físico.

---

38 Ao leitor que se interessar, recomendo a leitura de JUNG, Carl Gustav. *O homem e seus símbolos*. 2ª ed. Rio de Janeiro: Nova Fronteira, 2008.

Via de regra, tem relação com a saúde. Todavia, ela não se refere somente às questões orgânicas e biológicas, mas sim o bem-estar físico como um todo. As perguntas pertinentes seriam: "Como você está se sentindo fisicamente?", "Está se sentindo forte, vigoroso e com energia?", ou ainda: "Como está se sentindo dentro do seu próprio corpo?" Uma experiência curiosa que exemplifica bem tal associação é a estranheza com a qual vemos nossa imagem ou escutamos nossa própria voz numa gravação. Isso é para dizer o quanto é difícil perceber como somos e quão grande é a distância que separa a fantasia da realidade. Olhar para a casa 1 é poder enxergar nossa imagem projetada e, dessa maneira, ter uma ideia de como os outros costumam nos ver. A propósito, a dica para lidar com as questões dessa casa é voltar-se para si mesmo, recorrendo às ferramentas apropriadas para a obtenção de um melhor conhecimento de si e a construção de um modo singular de ser e de viver no mundo, pois "(...) a subjetividade seria, ainda, o produto da *criação de si mesmo*, ou seja, algo como a autoconstituição de si".[39]

A casa 1 representa a via de autoexpressão, aquilo que, de fato, faz a pessoa ser deste ou daquele jeito. O signo que estiver no Ascendente aponta para a forma como a pessoa estrutura sua personalidade e como seu corpo tende a se comportar. Podemos encontrar misturas riquíssimas em função da posição dos regentes e dos planetas relacionados ao Ascendente. Portanto, temos que olhar, ao mesmo tempo, o signo, seu regente e ainda considerar os planetas que eventualmente estejam na casa 1. Resumindo, é preciso olhar o "pacote" inteiro.

Ademais, o que estiver na casa 1 relaciona-se a tudo que existe em nós desde muito cedo. Nessa casa habita o espírito da criança. Quando quisermos resgatar a criança dentro de nós, é só retornarmos à casa 1. Está tudo lá. É a partir dela que começamos a contar nossa própria história. Analisá-la é trazer à tona questões esquecidas com o tempo e que influenciaram sobremaneira o jeito de ser do indivíduo. Se entendermos ainda que, por intermédio dela, é possível chegar-se às origens das coisas, essa casa pode indicar, num determinado mapa,

---

[39] ROZENTHAL, Eduardo. "Cuidado de si e cuidado do outro: sobre Foucault e a psicanálise". In: MAIA, Marisa Schargel. *Por uma ética do cuidado*. Rio de Janeiro: Garamond, 2009.

que tudo começa com muita paixão, num outro, com dúvidas ou insegurança e, noutro caso ainda, com certeza absoluta.

Uma última questão em relação ao Ascendente é a conhecida interpretação de que as características do signo Ascendente ficam mais fortes do que as do signo solar depois dos 30 anos. Isso não é bem assim. Verdade seja dita, depois de uma certa idade, espera-se que o indivíduo já tenha vivido o bastante para se reconhecer. Ou seja, ele passa a ter muito mais domínio das questões referentes ao seu Ascendente, assim como do próprio corpo, e é capaz, portanto, de afirmar o seu estilo de ser. O fato é que, com a maturidade, a pessoa fica mais segura de si, o que não significa que o peso do Ascendente aumente com o tempo. Pode ser que ela se sinta mais à vontade com a própria identidade e com a forma de se expressar, mas isso tampouco quer dizer que viva mais intensamente o Ascendente. Até os 30 anos, podemos considerar que praticamente ninguém está maduro ainda. O retorno da Lua progredida, aos 27 anos de idade, e o retorno de Saturno em trânsito, aos 29 anos, são dois referenciais fundamentais na estabilização emocional, na afirmação de sua história, na maturidade e na criação da sua identidade. Esses dois ciclos fechados significam o ingresso nos tempos da maturidade.

Casa 2

Para quem vive numa sociedade materialista, é muito fácil entender o significado da casa 2, já que ela simboliza uma das mais básicas preocupações: o sustento. Ela tem associação com o signo de Touro, com o seu regente Vênus e com o elemento Terra, e se refere aos recursos, à administração das finanças e, portanto, ao entendimento de que viver tem custos. Comer, estudar, morar, tudo isto tem um custo. Enfim, muito do que precisamos na vida exige a posse de recursos materiais. Basicamente, essa área da experiência humana representa a capacidade de produzir e de ser remunerado pelo trabalho. A astróloga Maria Eugenia de Castro, ao proferir uma palestra sobre o significado das casas astrológicas, comentou sobre a estranheza de dizermos que "ganhamos dinheiro ou um salário". Pode-se ganhar mesada, pensão, presente, herança, mas o salário é produzido pelo nosso trabalho. O fato é que seria mais apropriado se falássemos como na língua inglesa, que usa a expressão *make money*, ou seja, "fazer dinheiro".

Abordando o significado da casa 2 sob outro ângulo, devemos relacioná-la com a escala de valores de cada um. Quando a vejo nesse sentido, não tenho dúvidas de que, mais importante do que termos recursos, é o que fazemos com os recursos que temos. A essa casa cabem as escolhas que envolvem evidentemente valores que, por sua vez, têm relação direta com o que somos capazes de produzir. Portanto, a casa 2 está associada ao valor das coisas quando representam trabalho, ou seja, esforço de produção.

Alguns autores associam a casa 2 à autoestima, ou seja, ao valor atribuído pela pessoa a si mesma. Para mim, se a autoestima estiver relacionada ao seu poder de produção ou à conta bancária, aí sim, podemos entender essa relação, pois a pessoa pode gostar de si mesma pelo que possui materialmente. Se, no entanto, o seu valor não estiver associado à materialidade das coisas, então, não devemos relacionar a autoestima a essa casa astrológica.

Na nossa cultura, com a excessiva valorização dos bens materiais, a casa 2 é um foco de enorme interesse em praticamente todas as consultas. O certo é que precisamos viver com dignidade material, e seria ótimo que os recursos que produzimos fossem o resultado da boa valorização dos nossos talentos. O valor dos nossos dons, a remuneração e a preocupação com o sustento são questões referidas na segunda casa astrológica.

Em geral, quando as pessoas estão preocupadas com aspectos financeiros, devemos tratá-los como assuntos dessa casa, ainda que os recursos sejam fruto não de um trabalho, mas de um rendimento, como aplicações no mercado financeiro, ou advindos de uma herança. Entretanto, nesse caso específico, a casa 8 também deve ser analisada. Aliás, pessoas com muito sucesso em investimentos na Bolsa de Valores possuem boas indicações relativas a essa casa. Além disso, se o foco em questão é a possível compra de um imóvel, a casa 4 entra em cena, pois ela se refere aos assuntos imobiliários. Feitas as ressalvas, a verdade é que, na casa 2, recurso é dinheiro na mão, nela não existe saldo negativo, ela não entende nada de juros nem dessa entidade abstrata chamada *mercado*.

Aproveitando o ensejo, cada vez mais nos aproximamos da Era de Aquário, que terá o signo de Peixes na casa 2. Isso nos revela o quanto os valores estão cada vez mais abstratos, que não há limites e que tudo está se tornando virtual. A universalização dos bens e valores, o que chamamos hoje de globalização, fica muito clara quando pensamos que é Peixes, o símbolo da síntese e da universalidade, o signo que irá ocupar nos próximos 2 mil anos a casa 2 do mapa dessa nova Era. Hoje, estabelecemos o valor das coisas em função de um mercado. Quem tem poder para fixar preço, ótimo, quem não o tem, segue o mercado. Um psicólogo jovem, por exemplo, na hora de estabelecer o preço da sua consulta, precisa investigar quanto estão cobrando no mercado. É o mercado de valores.

Sendo uma casa que se localiza no primeiro quadrante do mapa, aquele que trata das bases onde está fundada a construção do que somos, não podemos deixar de pensá-la sob o ponto de vista da criança. Para a criança, a casa 2 representa o que lhe é ofertado para o desenvolvimento do seu sistema de valores. Antes de tudo, é preciso conhecer o valor das suas habilidades. No futuro, isso certamente a ajudará a investir numa atividade que associe boa rentabilidade com prazer pessoal. É importante, ainda, que a criança saiba que parte dos seus desejos custa alguma coisa. Uma mesada, por exemplo, pode ser uma forma com a qual ela irá medir o valor das coisas. As crianças tendem a acreditar que os pais podem comprar tudo e, por isso, desde cedo é preciso ensiná-las a lidar com valores. Outro aspecto relativo às crianças e à casa 2 é a ideia de posse. Nessa fase, os pequenos acreditam que tudo é deles. Se a casa 1 simboliza, para a criança, que tudo gira em torno dela, na casa 2, tudo é dela. Depois nasce um irmão ou ela começa a frequentar a escola, descobrindo, assim, que é preciso dividir. É quando começam as trocas e ela aprende a negociar. Esses são, porém, assuntos relativos à casa subsequente.

O modo como cada um atribui valor às coisas depende do signo que está na ponta da casa 2, do seu regente, dos planetas que eventualmente se encontrarem dentro da casa e dos seus aspectos. Sendo assim, conforme forem tais posições, podemos entender que uma pessoa prefere investir seus recursos num projeto profissional, numa viagem, em estudos ou, quem sabe, num retiro espiritual. Também a atitude de alguém com relação ao dinheiro, às coisas compradas com recursos próprios ou, ainda, o que ela faz com o que possui depende das configurações da casa 2. O sistema de valores dessa casa indica, ainda, como usar ou gastar aquilo que dispomos na obtenção do que é valioso.

Um último e importante aspecto relativo a esse setor astrológico é a associação dos talentos com a remuneração. Essa interpretação é especialmente importante ao se tratar de assuntos ligados à escolha e ao exercício da profissão. É evidente que uma boa maneira de trabalhar é ser bem-pago em troca do bom desempenho das nossas capacidades. Portanto, a configuração astrológica da casa 2 aponta para o tipo de atividade que tende a ser lucrativa na vida de uma determinada pessoa. Concluindo, se investirmos nas qualidades associadas às posições astrológicas da casa 2, certamente serão elas as que nos trarão dignidade, conforto e felicidade materiais.

Casa 3

A casa 3 simboliza os meios de comunicação, o aprendizado e a troca entre as pessoas, experiências que facilitam a introdução do indivíduo no convívio social. Essas são experiências relacionadas ao elemento Ar, e essa casa astrológica corresponde a Gêmeos, um signo de Ar, e ao seu regente, Mercúrio. Devemos analisá-la levando em consideração o fato de ela estar no primeiro quadrante, ou seja, uma área que corresponde à formação das bases onde o indivíduo constrói o seu jeito próprio de ser. Portanto, estamos falando dos alicerces sociais do sujeito, da possibilidade de ele ouvir o outro e transformar, se necessário, seu ponto de vista. Segundo Nietzsche:

Uma vez tomada a decisão, fechar os ouvidos mesmo ao melhor argumento contrário: sinal do caráter forte. Portanto, uma ocasional vontade de estupidez.[40]

---

40 NIETZSCHE, Friedrich. *Além do bem e do mal*. São Paulo: Companhia das Letras, 2005. p. 66.

Via de regra, a criança começa a dilatar sua percepção de mundo quando se vê obrigada a dividir as coisas com os outros, especialmente na experiência do convívio com os irmãos ou com os colegas da escola. Esse é o motivo da associação dessa casa com as relações fraternas e o bom convívio com as diferenças. Com os irmãos e na escola, a criança aprende a esperar sua vez, reconhecendo o tempo do outro, tanto quanto o próprio. Quando a criança aprende a dividir e interagir, aprende também a negociar. Não é por acaso que a casa 3 representa, além de tantas outras coisas, o mundo das negociações. Pois, desde pequenos, precisamos entender que a mãe não é só nossa, que os brigadeiros devem ser repartidos com os colegas da festa e que, um dia, o nosso quarto, que era só nosso, passa a ser dividido com o irmão que chegou.

O signo, os planetas e os aspectos relacionados com a casa 3 apontam para o modo como o indivíduo viveu suas primeiras experiências de interação, comunicação e troca. De posse desse cenário, podemos ter um melhor entendimento da facilidade ou dificuldade de ele aceitar as diferenças entre si mesmo e as pessoas e estas entre si.

Uma boa análise da casa 3 é importante no que se refere à adaptação e ao desenvolvimento social do indivíduo. Problemas na escola e no relacionamento com os irmãos podem deixar sérias marcas e, por essa razão, essa área merece um olhar especial quando se trata da interpretação do mapa de uma criança. Uma questão frequente nesse tipo de consulta é a escolha de um colégio adequado às tendências e facilidades intelectuais e sociais do filho. Tradicional ou contemporâneo? Pequeno ou grande? Religioso, laico ou alternativo? Há uma variedade enorme de metodologias de ensino, de propostas pedagógicas, e muitos pais se sentem um pouco perdidos ao escolher uma escola para seus filhos estudarem. Pois bem, se temos na carta natal uma área especificamente destinada a tratar desse assunto, é nela que devemos focar a interpretação. Com isso, os pais podem ser orientados a procurar nas escolas as qualidades que melhor se ajustem à forma como os filhos assimilam a informação e se adaptam socialmente. Dependendo do planeta, dos signos ou dos aspectos, vamos encontrar modos diferentes de absorver a informação e de interagir com o entorno. Como tudo em astrologia, cada um é afetado por uma mesma experiência de uma maneira radicalmente singular.

Ampliando um pouco nosso horizonte de interpretação, passemos agora à questão da comunicação. Se a casa 3, por analogia ao signo de Gêmeos, tem a ver com informação, é natural que, quanto mais nos interessamos pelo que acontece à nossa volta e no mundo, mais chance teremos de nos comunicarmos bem. Aqui, não se trata do talento de quem fala, mas sim da quantidade e da qualidade de conhecimento que o indivíduo acumula ao longo da vida. Leitura, vida cultural, boa formação escolar e intelectual, viagens e o intercâmbio com as pessoas são algumas das experiências que facilitam o trânsito social e a boa comunicação. É evidente que há pessoas mais curiosas do que outras. Entretanto, o certo é que não há troca sem conhecimento, e não há conhecimento sem troca. A casa 3 de cada pessoa aponta para o seu jeito próprio de aprender e de se comunicar.

Já que estamos falando de movimento e aprendizado, a grande maioria das pessoas que têm ênfase na casa 3 viaja muito, mora em diferentes cidades, vive para cima e para baixo e costuma circular por ambientes sociais variados. Em contrapartida, costuma não ter tempo para nada, pois se interessa por centenas de coisas e não consegue ficar parada. Para aproveitar bem todo esse potencial, o ideal seria as que se dedicassem a atividades que lidem com troca, comunicação, agitação e gente.

Se a casa 3 representa adaptação a diferentes meios, é para ela que devemos olhar quando alguém tem dúvidas sobre a decisão de mudar para um novo bairro ou morar numa cidade diferente. Se a sua preocupação diz respeito à mudança de ambiente, à nova vizinhança e à cultura do lugar, aspectos favoráveis que envolvam a casa 3 indicam, então, sucesso. Entretanto, ao envolver mudança de residência, é imprescindível olharmos também a casa 4, planetas no signo de Câncer e as configurações da Lua. A associação das diferentes casas astrológicas na interpretação oferece recursos preciosos. Por exemplo, se a dúvida em relação à mudança põe em jogo a qualidade de vida, então interpretaremos tanto a casa 3 quanto as configurações da casa 6, já que esta lida com os assuntos relativos à vida cotidiana e à saúde.

Por fim, os negócios. A casa 3 é troca, negociação, portanto, comércio. Padaria, banca de jornal, curso de inglês, quiosque de coco na orla da praia, tudo é comércio. Se o sujeito vai abrir um negócio, olhamos primeiro a casa 2, porque, em geral, há objetivo de gerar dinheiro. Mas, se o pretendido for a montagem de um comércio, olharemos sob a perspectiva da casa 3 também.

Em suma, é na terceira casa que o sujeito aprende a se comunicar, se interessa pelos acontecimentos do mundo, sai do seu universo pessoal e se movimenta em direção a outros lugares, conhece novas pessoas e se desenvolve intelectualmente.

Casa 4 — O Fundo do Céu

A casa 4 está associada ao signo de Câncer, à Lua e ao elemento Água. Tem um peso determinante na interpretação da estrutura que sustenta o que somos e nas nossas referências pessoais. Por conta disso, indica onde apoiamos os pés e nos sentimos seguros. A pergunta que costumamos fazer e que tem ligação com o significado da casa 4 é: "De onde eu vim?" Essa casa representa, portanto, o lugar de onde as nossas raízes extraem o nutriente necessário para se desenvolver e fazer crescer uma individualidade saudável. A seiva que a alimenta depende, fundamentalmente, da qualidade do solo e das raízes, ou seja, da qualidade do afeto familiar e das histórias transmitidas verbal e afetivamente pelos nossos ancestrais. A casa 4 é o berço que acolhe a alma, possibilitando-nos trilhar caminhos com segurança e chegar nutridos ao nosso destino.

Quando estudamos a casa 4, podemos identificar traços no comportamento do indivíduo diretamente relacionados às experiências em família e à maneira como se deixou e ainda se deixa afetar por elas. Não se trata necessariamente de como foram ou se comportaram os pais ou familiares, mas as marcas impressas na alma causadas pela dinâmica de tais relacionamentos. É como nos diz o poeta:

> *(...) O retrato não me responde,*
> *ele me fita e se contempla*
> *nos meus olhos empoeirados.*
> *E no cristal se multiplicam*
> *os parentes mortos e vivos.*

Já não distingo os que se foram
Dos que restaram. Percebo apenas
A estranha ideia de família
Viajando através da carne.[41]

Carlos Drummond de Andrade

A casa 4 representa todo e qualquer alimento necessário para a obtenção de conforto e de bem-estar emocional. O que tem importância aqui é que, desde a infância até a maturidade, a pessoa se sinta protegida e amada, obtendo referências seguras para trilhar um caminho próprio e igualmente seguro. Herdamos as bases, mas devemos tecer nosso próprio destino. Na casa 4 é possível ter uma ideia do histórico da pessoa, o que foi ou não registrado emocionalmente e como ela plasmou na subjetividade as experiências vividas no passado e em família. A influência dos pais tem alto relevo no comportamento do sujeito adulto e, certamente, ele transformará o que absorveu no passado no decorrer do seu desenvolvimento pessoal. Entretanto, as marcas ficam e são referências importantes no que se refere às escolhas futuras e ao sujeito no qual ele se tornará.

Na casa 4 estão contempladas as relações com as quais podemos contar, tão fundamentais em nossas vidas e em quem depositamos confiança de nos amparar. Por isso, em alguns casos, podemos nos referir a pessoas que, mesmo sem filhos, assumem esse papel tão bem, ou melhor, do que aqueles que realmente os têm.

Analisar essa casa é também apontar para as situações capazes de gerar ou alterar o bom convívio familiar. Por exemplo, se uma pessoa enfrenta desavenças com um determinado filho e tais conflitos afetam a estrutura da casa, o assunto deve ser visto a partir tanto das posições da casa 5, por se referir especificamente à criação dos filhos, quanto, e talvez nesse caso principalmente, das indicações astrológicas relacionadas à casa 4. Nessas situações, o problema do filho é apenas a ponta do iceberg do dinamismo no qual o relacionamento familiar está atrelado. O assunto é um problema sistêmico e não referente a

---

41 ANDRADE, Carlos Drummond de. *Antologia poética*. Rio de Janeiro: Record, 1996. p. 60.

esse filho em particular. Em razão disso, deve-se entender igualmente a casa 4 como elemento representativo do papel exercido pela pessoa no seio familiar.

Além das raízes genealógicas, é importante pensar também nas raízes culturais que influenciaram nossa formação como indivíduo. Quem nasceu no Nordeste carrega o sotaque, as tradições, os regionalismos de lá, diferentemente de quem nasceu no Sul. A casa 4 revela o quanto podemos ter sido afetados pela nossa origem, o quanto tendemos a acolhê-la, negá-la, transformá-la e atualizá-la.

Na mesma medida em que a casa 4 simboliza a família, ela representa a casa onde moramos, o "lar doce lar". As configurações astrológicas que se referem a essa casa nos são bastante úteis quando precisamos responder a questionamentos referentes a moradia, compra de um imóvel, mudança de casa, reformas e construção. Há pessoas que preferem morar em locais arejados, espaçosos. Outras, em espaços limpos e sem muitos objetos. Há, ainda, aqueles que se sentem mais confortáveis em lugares fechados, quentinhos, cheios de objetos conhecidos e aconchegantes. Esse é o estilo da casa 4 de cada um. A propósito, quando uma pessoa está procurando um espaço para montar uma loja ou um consultório, mesmo sendo um negócio, quem pode dar uma boa resposta são as posições da casa 4, somadas às da casa 6, por estarem vinculadas ao conforto e aos hábitos cotidianos. Portanto, o fato de ser acolhido num determinado lugar deve ser analisado sob a perspectiva desse setor que simboliza, como no signo de Câncer, a casa que nos oferece hospitalidade e proteção.

E, para fechar a compreensão da casa 4, entendemos que a vida continua, que essa é uma casa recorrente, que estaremos sempre reescrevendo nossa história, e que, cada vez que ela for contada novamente, que esta seja, sim, a verdadeira história.

Casa 5

Por ser associada ao signo de Leão, ao Sol e ao elemento Fogo, a casa 5 se refere às coisas do coração. A casa 5 corresponde ao lugar onde cada um concentra potenciais criativos, desenvolve a capacidade de autoexpressão, na qual se gera e se cria um filho, uma obra ou paixão. Se na casa 1 forjamos uma individualidade, é na casa 5, igualmente uma casa de Fogo, que tal individualidade tatua sua marca.

Stephen Arroyo chama atenção para a incompreensão do significado da casa 5, quando este se reduz à relação com crianças, filhos, jogos, casos amorosos e outros prazeres. Arroyo afirma que, "embora as energias da casa 5 *se manifestem*, muitas vezes, em especulação, casos amorosos, prazeres sensuais e egocentrismo infantil, todas essas atividades radicam na urgência de correr riscos, a fim de permitir que um poder maior opere através da personalidade individual".[42]

A casa 5 simboliza a experiência de viver com prazer, de fazer o que amamos e amar o que fazemos. Ela se assemelha ao espírito das crianças, que preferem viver desse modo a serem forçadas a fazer o que não gostam. Sendo a casa 5 regida pelo Sol, podemos pensá-la como uma experiência luminosa, como emanação de energia e alegria de viver. Ainda tratando do seu natural regente, é fundamental relacionar a casa 5 com a noção de valor e amor-próprio. Nela reconhecemos e afirmamos quem somos, conscientes da nossa importância. Ela tem como função regular o ego, tornando-nos indivíduos seguros de si, mas cientes do seu verdadeiro tamanho. A casa 5 tradicionalmente tem relação com jogos, esporte e arte. Quando essas atividades não são de caráter profissional, mas sim fonte de prazer, se reforça a associação desta casa.

Da mesma maneira que o Sol tem relação com calor e intensidade, a casa 5 se associa facilmente às paixões. Tudo nesse lugar é ardente, excita e banha o coração de desejos. Quando nos apaixonamos, tudo fica mais intenso e ganha um valor especial. A vibração gerada pelo amor dá vazão às forças criativas e aos meios de autoexpressão. Impulsionados pelas chamas do desejo, queremos viver melhor e mais intensamente. Nesse sentido, apaixonar-se pode ser considerado uma bênção. É preciso deixar claro que não se trata do descontrole provocado por desejos obstinados, sem medida e que, ao contrário do significado dessa casa, tiram o indivíduo do seu centro de controle. Não podemos esquecer, mais uma vez, a relação da casa 5 com o Sol, astro central e organizador, em torno do qual giramos e giram tantos outros planetas.

---

42 ARROYO, Stephen. *Astrologia, karma e transformação*. Sintra: Publicações Europa-América, 1978. p. 309.

O medo de errar e de decepcionar o ser amado, sentimento natural de quem está apaixonado, pode servir como ferramenta para uma transformação pessoal cheia de poder e criatividade. Querer ser melhor, dar brilho ao que está desbotado na alma e no olhar, é um impulso de valor inestimável. Entretanto, é bom não esquecer que a casa 5 é uma casa de Fogo e, portanto, trata das relações do indivíduo com sua individualidade. Trilhando esse caminho, essas tendências têm qualidade construtiva sempre que estimularem o sujeito a se tornar mais ele mesmo e não a de se deixar moldar pelo desejo do outro. Hermann Hesse deixa claro que:

A vida só ganha sentido pelo amor. Isto é: quanto mais somos capazes de nos amarmos e de nos entregarmos, tanto mais sentido a nossa vida terá.[43]

O signo ou planeta que ocupa a casa 5 indica o modo como entra em cena o que em nós é criativo. Explorar a criatividade é o recurso que dispomos para tornar mais belo e atraente aquilo que já somos. E não é assim que, geralmente, nos sentimos quando geramos uma obra ou um filho? É por isso que a casa 5 é tradicionalmente chamada de "a casa dos filhos". Costumo dizer que *ter* filhos não é bem a questão tratada aqui, e sim *criá-los*. As informações disponíveis nessa casa são de extremo valor quando pensamos num modo singular de exercer o papel de mãe e de pai. Entender como os filhos afetam a vida do sujeito é, em parte, entender o que nasce dele, provocado por esse encontro. Paradoxalmente, os filhos nascem dos pais da mesma forma como os pais nascem da relação com os seus filhos.

Casa 6

A casa 6 fecha o ciclo das casas abaixo do horizonte, símbolos da vida individual, e representa a preparação do indivíduo para o ingresso na vida coletiva. Cabe a ela organizar a chegada de novos ciclos de vida, representados na casa subsequente, ou seja, no Descendente. Este pequeno poema de Matsuo Bashō exprime a natureza dessa casa:

---

43 HESSE, Hermann. *Minha fé*. Rio de Janeiro: Record, 1971. p. 103.

A pequena lagarta
vê passar o outono
sem pressa de se tronar borboleta[44]

A título de curiosidade, tanto a sexta quanto a 12ª casas são consideradas purificadoras. Todavia, como dois polos opostos, mas inseparáveis de um mesmo eixo, a sexta se refere à purificação do corpo, enquanto a 12ª tem relação com a limpeza do espírito. A sexta casa tem analogia com o signo de Virgem e o elemento Terra, e nela estão representadas as práticas e os costumes que visam o bom funcionamento do organismo. Associá-la à saúde ocorre, portanto, por estarem nela simbolizados os hábitos favoráveis à obtenção do bem-estar físico. Assim sendo, nela estão incluídas a higiene, a alimentação, as horas de sono, as práticas físicas e a qualidade da rotina. Uma pessoa sujeita a pressões diárias, que respira poluição, alimenta-se mal ou não se previne das doenças, certamente tende a adoecer mais do que a pessoa que mantém hábitos saudáveis. A casa 6 indica o modo particular de a pessoa se organizar e obter o melhor da sua vida cotidiana. A tendência a adoecer ou ter uma boa saúde não é determinada, ao meu ver, por este ou aquele planeta situado nessa casa. Essas configurações astrológicas assinalam, outrossim, uma maneira própria de a pessoa tratar a saúde e manter-se bem. Em alguns casos, elas podem apontar para alguém que, apesar de se sujeitar a um dia a dia louco, sem planejamento e estressado pelas pressões do tempo, deveria respeitar um ritmo mais lento e se despojar dos excessos inadequados ao seu bem-estar. Como a vida muitas vezes não oferece condições condizentes com as inclinações descritas no mapa, cabe ao sujeito, portanto, fazer sua escolha.

Sendo a casa 6 tradicionalmente associada tanto à saúde quanto ao trabalho, os assuntos dessa casa podem ser resumidos, então, na expressão "qualidade de vida". Se alguém trabalha estressado, não dorme ou come bem, bebe em excesso, não faz exercícios e tem colesterol alto, não há organismo que resista a tal quadro e, consequentemente, a saúde também é afetada. Toda vez que algo no mapa de uma

---

[44] BASHÔ, Matsuo. *O gosto solitário do orvalho*. Lisboa: Assírio e Alvim, 1986. p. 48.

pessoa se volta para a casa 6, o primeiro passo é perguntar sobre como ela vive e como cuida da saúde. É preciso saber a que horas levanta, se sua alimentação é boa, quantas vezes se exercita por semana, quantas horas trabalha por dia, se tem hora para entrar e sair do emprego, se come fora de casa com muita frequência, quando e como descansa e recupera suas energias e assim por diante. São as coisas comuns do dia a dia que estão representadas na casa 6, sejam elas limpar e organizar a casa, passar no supermercado, manter os exames de rotina em dia, levar e pegar as crianças na escola, enfrentar o trânsito de casa até o trabalho, chegar no serviço na hora, cortar o cabelo, fazer as unhas, não esquecer de passar o filtro solar, entre tantas outras.

A casa 6 expressa a maneira como organizamos a vida, por isso é análoga ao signo de Virgem, um signo de Terra, e a Mercúrio, o seu regente. Viver de maneira saudável implica em saber criticar e selecionar o que é melhor para si. Afinal, não conseguimos fazer tudo. Precisamos priorizar o que é indispensável para a realização eficaz dos nossos objetivos. Se tivermos uma vida regrada, a probabilidade de vivermos em condições saudáveis aumenta consideravelmente. Ao analisar os planetas, signos e aspectos envolvidos com a casa 6, temos noção de como é o jeito daquela pessoa organizar sua vida, como desempenha suas tarefas e como cumpre sua rotina. Uma observação importante ao analisar essa casa é o fato de ocuparmos a maior parte do dia com o trabalho. Se incluirmos os preparativos e o tempo de ida e volta ao escritório, não sobra quase tempo para outras coisas. Sem medo algum de errar, podemos associá-la, portanto, às atividades profissionais e aos funcionários que nos prestam serviços, seja no próprio trabalho, seja nas atividades que organizam nossa rotina. Podemos, através de sua análise, entender porque certas pessoas preferem não empregar ninguém para ajudá-las e outras, pelo contrário, não vivem sem colaboradores. Também compreenderemos se há ou não facilidade em lidar com eles, ajudando-a a encontrar meios de tornar eficiente essa relação.

A casa 6 é um laboratório de aperfeiçoamento da qualidade de produção, sem esquecer de associá-la ao bem-estar físico e à saúde. Quanto mais conhecemos o funcionamento do nosso organismo e quanto mais temos experiência em determinada atividade, mais somos capazes de nos manter saudáveis e mais eficazes serão nossos métodos de produção e trabalho. O certo é que renderemos mais, com menos desperdício de energia.

As casas 2, 6 e 10 fazem parte do trio de casas de Terra, ou seja, as casas relacionadas às ocupações, ao trabalho ou à profissão. Na casa 2 obtemos nossa fonte de renda, o que dispomos de recursos e os hábitos de consumo; a casa 10 trata das ambições, da carreira e do reconhecimento profissional; e, finalmente, a casa 6 simboliza uma produção eficiente, o gosto pelo trabalho e a vontade de se manter ocupado. É nessa casa que experimentamos o desejo de ser útil, de servir para alguma coisa. Observei algumas mulheres com ênfase nessa casa que, por dedicar toda a vida a cuidar dos filhos, entraram em crise profunda quando eles saíram de casa, resultando por se virem sem utilidade, sem ter o que fazer, sem saber como preencher o tempo disponível. Nesse momento, sentiram falta de um trabalho e iniciaram novas buscas, mudando seu estilo de viver.

Resumindo, as configurações astrológicas associadas à casa 6 indicam meios para o indivíduo organizar sua rotina melhor e de um modo próprio, tornando o dia a dia saudável e gostoso de viver. E quanto à saúde, os planetas na casa 6 podem sinalizar a origem e o caminho tomado pelo organismo que leva o sujeito a adoecer. Essa informação é valiosa, pois, se for trabalhado aquilo que o planeta simboliza, é possível baixar a probabilidade de doenças.

Casa 7 — O Descendente

Análoga ao signo de Libra, ao seu regente Vênus e ao elemento Ar, a casa 7 se refere à arte de relacionar-se, onde nos fundimos, nos encaixamos, nos completamos e formamos um par com o outro. Devemos igualmente pensar essa área do mapa como o outro lado do "eu". A propósito disso, se respeitamos a nós mesmos e honramos nossa individualidade, também devemos ser capazes de honrar e respeitar o jeito de ser do outro, pois esta é condição de possibilidade para a construção de um bom relacionamento. Observação à parte, os assuntos tratados na casa 7 estão basicamente associados às questões de relacionamento a dois, não abordando, via de regra, o relacionamento com os outros em geral.

Ela tem a função de despertar em nós um olhar dirigido para o outro e entender sua importância em nossas vidas. Verdade seja dita, nem tudo é possível ou mesmo preferível de ser feito sozinho. Há coisas melhores de serem feitas sozinho e há coisas que só conseguimos realizar se houver alguém que nos auxilie. A casa 7 pode também ser considerada como um espelho da casa 1, uma imagem projetada de nós mesmos. O outro nos faz ver em nós o que não somos capazes de perceber sozinhos. A função do outro é, entre outras, possibilitar o contato com o que em nós é tênue ou para nós desconhecido, descendente — daí a denominação para a ponta da sétima casa, o lugar onde os astros se põem. Por esse motivo, é importante termos consciência do quanto projetamos no outro coisas que, na verdade, são nossas.

Tudo a que a casa 7 se refere abrange não somente o sujeito do mapa, mas envolve sempre ele e um outro. As casas de Ar simbolizam a comunhão de forças e tudo que a nós é acrescentado, despertado ou modificado pelo encontro com o outro. Na tradição, a sétima casa simboliza o casamento, as sociedades e as parcerias. A meu ver, o casamento, tal como conhecemos na nossa cultura, é analisado melhor a partir dos valores da casa 4, tradicionalmente a casa da família, associando o matrimônio ao desejo de formação de um núcleo familiar. A casa 7 trata da arte de viver junto, de partilhar experiências com o outro, de acompanhá-lo ao longo da vida e, a partir de um encontro, modificar-se para se tornar cada vez mais "si mesmo". Portanto, a casa 7 simboliza as relações de parceria, independentemente das formalidades ou da cerimônia de casamento. Entretanto, se duas pessoas estiverem em processo de formalização de uma união, mas não houver intenção de criar um núcleo familiar, devemos olhar para a casa 7. Elas simplesmente decidiram ser parceiros, viver um com o outro e compartilhar as coisas em comum. Esse sentimento é muito diferente de: "Vamos casar e ter filhos e formar uma família!" Se esse for o caso, devemos analisar a casa 7 e também as configurações da casa 4.

Como o significado da casa 7 abrange parcerias e sociedades, se estivermos fazendo o mapa de uma empresa que esteja pensando em fundir-se com outra, a casa 7 de tal empresa deve ser analisada, porque, metaforicamente falando, elas vão se casar.

A qualidade de um relacionamento depende das disposições astrológicas encontradas nesse setor. Posso afirmar também que a sétima casa é o lugar no qual estão adormecidas as potencialidades que só ao outro cabe despertar. Nas relações, nós nos transformamos, descobrindo coisas que antes desconhecíamos em nós mesmos. Esse é fundamentalmente o papel-chave do outro no processo de construção de nossa individualidade.

Uma outra maneira de compreender o significado da sétima casa é como uma projeção de nós sobre o outro. Não é à toa que buscamos exatamente aquele indivíduo que será a tela perfeita para essa transferência. Esboçamos determinados atributos e o outro deve ter tais qualidades. A tendência é nos sentirmos atraídos por pessoas com adjetivos semelhantes ao signo ou aos planetas relacionados a essa casa. Assim, quando analisamos a casa 7 — o signo, os planetas, o regente, suas condições celestes e seus aspectos —, podemos geralmente "adivinhar" com que tipo de pessoa tenderemos a casar. Esse alguém já existe, em potência, dentro de nós mesmos, mas o acesso àquela parte adormecida da personalidade só é possível através do encontro com o outro. Ninguém precisaria necessariamente casar por causa disso, mas para o despertar de tais potências é preciso haver, no mínimo, a experiência de uma relação a dois.

A bem da verdade, os casamentos, como em geral são constituídos, são egoicos, os casais costumam ficar fechados neles mesmos, as relações alimentam o narcisismo e, consequentemente, as ações egoístas. A casa 7, no entanto, pouco tem a ver com esse tipo de relacionamento. Ao contrário, é um caminho para a sublimação, representado pela parte de cima do mapa, ou seja, aquela que está acima do horizonte, a parte visível da abóboda celeste. Em astrologia, isso significa que as pessoas, quando se unem, têm uma missão muito maior do que imaginam, porque sozinhas não seriam capazes de ir tão longe. Elas precisam uma da outra para chegar a um objetivo que se encontra muito além das suas vaidades pessoais. Estão juntas para ampliar as ações da coletividade.

A condição mais importante para se viver plenamente a potência dessa casa é sermos permeáveis ao outro, de maneira que ele consiga entrar em nossas vidas para acrescentar, sendo como uma injeção de força introduzida em nossas vidas. O desejo é encontrar alguém que acrescente, e não alguém que reforce nossas repetições ou que, pelo contrário, subtraia. Depois de uma certa experiência ou de um longo tempo de relacionamento, as pessoas já não querem só casar por casar. As experiências associadas a essa casa cultivam a virtude da generosidade.

A casa 7 é análoga a Libra que, entre outras coisas, simboliza o equilíbrio. É fundamental a consciência de que, quando casamos, não estamos exatamente dividindo, mas compartilhando. Os casais, as sociedades ou as parcerias que são mais verdadeiras e saudáveis conseguem ter vida própria e, ao mesmo tempo, ter vida a dois. São parceiros, permanecendo juntos quando necessário, porque têm vontade de estar ali, mas sem perder suas autonomias. Quando trabalham juntos, alguns casais costumam reclamar de que, por passarem o dia todo um com o outro, perdem espaço para uma vida própria. O mesmo ocorre quando os casais misturam suas vidas de tal maneira que passam a viver a vida do seu parceiro. A bem da verdade, a arte da casa 7 é saber quando partilhar e quando algo, de fato, não é da conta do outro. É bom discernir o que é de um do que é do outro e, ainda, do que é de ambos. Há coisas que são nossas e, seja por culpa ou por hábito, nos vemos na obrigação de dividir com o outro. Por outro lado, há tanta coisa que deveríamos dividir e, por onipotência, não pedimos ajuda. Certamente, há panos para manga quando debruçamos o olhar sobre as qualidades da casa 7 do mapa natal de uma pessoa.

Ainda por se tratar da arte de conviver com o outro, a casa 7 acolhe, além da relação conjugal, outras parcerias, como as de trabalho. Um bom exemplo da possibilidade de complementação simbolizada nessa casa é quando uma pessoa criativa sem os recursos necessários para desenvolver suas ideias se associa a alguém com capital financeiro. Outro exemplo é quando colegas de trabalho próximos — como um médico e um instrumentador — estabelecem uma relação típica de casa 7, como um casal inseparável. Se as pessoas criam uma relação íntima de trabalho, se o outro vira o braço direito dele e os dois formam uma dupla, então o assunto deve ser tratado como relativo à casa 7.

Outro ponto significativo a ser comentado é que a paixão nada tem a ver com essa casa. O fato de uma pessoa se apaixonar por outra não significa, necessariamente, que o relacionamento seja possível. Quantas vezes adoramos uma pessoa e não conseguimos conviver com ela? Aliás, em alguns casos, pode até mesmo ser insuportável viver sob o mesmo teto. Para os casos de paixão, temos a casa 5. Antigamente, quando os casamentos eram combinados e as pessoas não sentiam amor pelo seu parceiro, a única forma de viver uma paixão era de maneira extraconjugal. Na astrologia antiga sempre houve uma separação muito clara entre assuntos da quinta e da sétima casa. Para a atualidade, a casa 5 — o amor — é a condição de possibilidade da casa 7 — o relacionamento. O casamento deveria ser o coroamento do desejo de formar um núcleo de afetividade, representado pela casa 4, e da paixão, simbolizada na casa 5. Se esses valores se invertem, como no caso dos tempos em que não se escolhia o cônjuge, os amantes é que se ocupam da experiência de amar e ser amado.

Casa 8

Esta é uma casa de valores subjetivos, bem mais complexa do que a casa oposta, a que trata do dinheiro obtido com o trabalho, a casa 2. Sob a perspectiva de recursos materiais, a casa 8 se refere aos investimentos, às especulações financeiras e, enfim, ao *mercado*. Também está relacionada aos recursos gerados pela associação de pessoas e, assim, quando alguém fala da falta de dinheiro, mas quer saber da sua situação financeira levando em conta bens de família, do casal ou de uma sociedade de trabalho, devemos dirigir o olhar para casa 8. Nesse caso, a casa 2 pode não estar bem, mas se a casa 8 estiver, há meios para compensar a crise do momento. Ainda se tratando dessa espécie de recursos, não poderiam ficar fora de cena as heranças e a aposentadoria.

Fora isso, sendo essa casa relacionada ao signo de Escorpião, a Plutão e Marte, seus regentes, e ao elemento Água, seu significado mais importante é o da transitoriedade das coisas e da vida. Se as 12 casas astrológicas precisam dar conta das possíveis experiências humanas, certamente uma deve simbolizar a morte. Curiosamente, a morte na astrologia não se encontra representada na última casa. A bem da verdade, o que ela indica é como encaramos as perdas. Enfim, o que a casa 8 simboliza é que aprendemos que as coisas têm fim. Em virtude disso, as separações e seus desdobramentos também são tema dessa casa, por serem experiências de perda. Aliás, se ela representa os bens comuns, quando há uma separação, a divisão do patrimônio contabiliza mais uma perda.

No enfrentamento da dor de uma separação, é habitual plasmar os ressentimentos no plano material. É a briga pelo "devolva o Neruda que você me tomou e nunca leu".[45] Muitos brigam pelos bens de uma maneira irracional. Pela lei, o que deve ser dividido deve ser dividido, não tem choro. Mas alguns disputam desde um CD até a posse de um apartamento. Na verdade, os objetos são representações de questões mal resolvidas; o sujeito descarrega no CD todos os momentos incríveis ou as desgraças da vida. O que quero dizer é que a casa 8 lida com o conteúdo emocional sombrio, o lado oculto das coisas. O fato é que, ao despertarmos o que estava escondido, temos uma excelente oportunidade de nos transformar e de começar uma nova vida.

Além do mais, é importante termos em mente a polaridade do eixo casa 2 e casa 8, quer dizer, o apego, porque queremos possuir coisas, em confronto com o desapego, em que podemos ter menos, não sofrendo com perdas desnecessárias. A perspectiva de finitude lembra-nos da possibilidade de passar por tudo sem nos apegarmos. O mesmo ocorre com as energias acumuladas e que devem circular. Costumo associar a casa 8 a toda e qualquer faxina que precisamos fazer nas nossas vidas, mas principalmente as emocionais. Com as experiências relativas à casa 8, aprendemos a eliminar os excessos e, no melhor dos casos, a não acumular o desnecessário.

Análogo ao signo de Escorpião, essa arena da vida trata dos assuntos tabus e, entre eles, especialmente a morte e o sexo. Da morte já falamos. Devemos agora entender a relação da casa 8 com o sexo. O sexo é tabu quando desnuda o desejo, quando mergulhamos na profundidade obscura da experiência da entrega e nos permitimos morrer. Não é por acaso que, na língua francesa, o orgasmo é chamado de *la petite mort*, a pequena morte. A sexualidade associada à casa 8 não se refere à reprodução, não significa gerar filhos. Ela vai além, denotando transmutação de energia, o palco das grandes transformações. De qualquer outra forma que pensarmos o sexo, é na casa 5 que encontramos o significado da sua experiência. O prazer proporcionado pela experiência sexual, a geração dos filhos e a paixão despertada pelo desejo, tudo isso é assunto da outra casa astrológica.

---

45   Verso da música "Trocando em miúdos" de Chico Buarque e Francis Hime.

Entendendo, portanto, a casa 8 como uma região obscura, a sua configuração astrológica — signo, planetas, regentes e aspectos — indica o modo como cada um tende a lidar com tais experiências ao longo da vida. Nela estão igualmente representados sentimentos desconfortáveis, absolutamente humanos, quase sempre reprimidos, mas que nos envergonhamos de sentir. Eles criam armadilhas que na maioria dos casos pode causar um grande estrago se não forem elaborados e transformados. Certamente, esses sentimentos contêm um material muito reprimido, absolutamente humano, que, quando não abordado, fica recalcado porque não é transmutado. As disposições astrológicas da casa 8 oferecem ferramentas para o sujeito lidar com as pressões psicológicas e com o material psíquico reprimido. Olhando por esse ângulo, entendemos então porque certas pessoas reagem melhor a determinado tipo de terapia e outras, não.

Eu prefiro, *a priori,* pensar a casa 8 como desconstrução e transformação, em vez de tratá-la no seu viés destrutivo. É evidente que, por vezes, destruímos e não somos capazes de reparar. Portanto, quando leio as indicações da casa 8, transfiro o foco de minha atenção da perda para a capacidade do indivíduo de se recuperar. Assim também reflete Helena Blavatsky:

Que a tua Alma dê ouvidos a todo o grito de dor como a flor de lótus abre o seu seio para beber o sol matutino.[46]

É nessa área astrológica que vestimos nossos lutos, que choramos nossas perdas. Reconstruir-se é a primeira ação para, em seguida, tomarmos nas mãos a oportunidade de começar uma nova vida. Se o sujeito perde o emprego e não consegue mais trabalhar, podemos dizer, então, que ele morreu. Entretanto, se, ao perder, ele atentar para o fato de que a vida pode estar indicando que ele deve transformar e encarar aquela perda como uma oportunidade para fazer outra coisa, certamente as mágoas cicatrizarão. A propósito, a casa 8 simboliza as ações cirúrgicas e o poder de regeneração.

---

46 BLAVATSKY, Helena. *A voz do silêncio.* São Paulo: Ground, 2008. p. 47.

Casa 9

Se na casa 3 construímos alicerces intelectuais, na casa 9 a mente deseja ir mais longe, pois nessa fase do desenvolvimento pessoal já não nos satisfazemos com respostas prontas ou com informações somente. Agora é preciso aprender a pensar por nós mesmos, quer dizer, sermos capazes de gerar conhecimento. Esse é o motivo pelo qual a casa 9 simboliza, além de outras coisas, a experiência acadêmica, frequentar uma universidade ou se dedicar à pesquisa.

A casa 9 tem analogia com o signo de Sagitário, com Júpiter, com seu regente e com o elemento Fogo. Nesse sentido, as experiências relativas a ela vão muito além do que está ao alcance, exigindo preparação para trilhar um longo caminho e vontade de ampliar horizontes. Ela é o passaporte para ingressar em mundos distantes, que podem ser tanto uma viagem ao exterior, um curso profissional, uma filosofia de vida ou qualquer caminho que vise o crescimento do indivíduo no mundo. Ademais, ela acolhe mestres, professores, orientadores e gurus. Relacionando-a com as outras duas casas associadas ao Fogo, se na casa 1 afirmamos "Eu sou assim" e, na casa 5, "Adoro ser assim", na casa 9 dizemos: "Eu posso ser ainda melhor do que eu mesmo." Ela indica que temos mais chão pela frente. É quando, então, saímos em busca do novo e de alguém que nos sirva como guia. São aqueles que reconhecidamente foram além deles mesmos e inspiraram gerações. Na casa 9 podemos pensar tanto na escolha de um mestre como no caminho que levará o sujeito a se tornar um deles. O saber representado nela está bem ilustrado nas palavras de Epicuro:

Que ninguém hesite em se dedicar à filosofia enquanto jovem, nem se canse de fazê-lo depois de velho, porque ninguém jamais é demasiado jovem ou demasiado velho para alcançar a saúde do espírito. [...] Pratica e cultiva então aqueles ensinamentos que sempre te transmiti, na certeza de que eles constituem os elementos fundamentais para uma vida feliz.[47]

---

47 EPICURO. *Carta sobre a felicidade (a Meneceu)*. São Paulo: Editora UNESP, 2002. pp. 21 e 23.

Acreditar na existência de coisas ainda por conhecer e desejar alcançá-las exige dedicação. Não é o caso de estudar apenas para passar de ano. Também já não respondemos somente às perguntas formuladas pelos professores, mas aprendemos a contestar, questionar e construir um olhar crítico sobre o conhecimento. Cada pessoa dispõe dos instrumentos que facilitam esse percurso tais como o signo, os planetas e os aspectos relacionados a essa casa.

Passemos agora às viagens, pois esse é, tradicionalmente, outro assunto tratado na casa 9. Até pouco tempo falava-se que o sujeito era uma *pessoa viajada* para dizer que era uma pessoa culta, que sabia das coisas. As mudanças na cultura transformam o olhar do astrólogo, e este deve adequar suas interpretações à realidade do mundo em que vive. Com a facilidade de viajar e com o advento da internet e das redes sociais, a casa 9 ganhou novos significados. Já não dizemos que ela é *viajada* e, sim, *conectada*. Afora isto, viajar é, além de arejar a mente, ficar distante da rotina, daquilo que fazemos todos os dias e que, muitas vezes, banaliza o espírito. Olhar as coisas triviais com distanciamento ajuda a vê-las com grandeza e é possível, em contrapartida, minimizar o peso de hábitos que, a bem da verdade, não são de grande utilidade. Voltamos de uma longa viagem com o espírito revigorado e com uma nova perspectiva para nossas vidas. As posições planetárias e o signo em que está na casa 9 apontam para o modo como as viagens afetam a visão que o indivíduo tem do mundo, e a forma como ele encara a experiência de conhecer outro país ou viver em terras distantes.

Por fim, devemos compreender o conteúdo mais profundo da casa 9: o de encontrar e dar significado às experiências e à vida. Este setor se refere à necessidade de as coisas fazerem sentido, principalmente as distantes da nossa compreensão. É por esse motivo que ela se relaciona e se relacionou desde a Antiguidade com a religião e a filosofia. As posições astrológicas referentes à casa 9 mostram como cada pessoa encara a religiosidade ou com que campo da filosofia ela mais se identifica.

O que podemos extrair, afinal, do significado dessa casa é que, após o mergulho nas profundezas escuras da dor e das crises vividas na casa antecedente, podemos confiar que mais adiante os horizontes se alargam e apontam para o encontro com um eu transformado e dilatado em sua autenticidade.

Casa 10 — O Meio do Céu

A casa 10, o ponto mais alto do Céu, corresponde ao signo de Capricórnio, a Saturno e ao elemento Terra. Ela tem a ver com o processo de amadurecimento que transforma o indivíduo num ser responsável pelas suas ações no mundo e consciente do papel social que lhe compete. Pelas experiências da casa 10 nos defrontamos com o mundo tal qual ele é e que exige de nós a realização da parte que nos cabe. Assim, nos tornamos personagem participante na construção da história do mundo e da humanidade. Para chegar no Meio do Céu é preciso subir a montanha, enfrentar as adversidades da escalada e ter persistência para não desistir. O poema de Lao-Tzu ilustra:

> *Uma árvore larga demais para ser abraçada*
>   *Nasce de uma muda esbelta.*
> *Uma torre de nove andares*
>   *Ergue-se a partir de um monte de terra.*
> *Uma viagem de mil milhas*
>   *Começa com um único passo.*[48]

O Meio do Céu e a casa 10 representam a escolha de um caminho, entre tantos que a vida oferece, capaz de nos levar à plena realização da vocação. Com as informações disponibilizadas nessa casa, vislumbram-se meios que facilitam nossa chegada, no mundo externo, à realização do destino que queremos dar à vida ou os objetivos que almejamos alcançar. O Meio do Céu representa o apelo da alma para o cumprimento do papel especialmente destinado a cada um de nós.

É importante ficar bem claro que o significado da casa 10 não se restringe exclusivamente ao exercício de uma profissão. Não há dúvidas de que, atualmente, esta é a atividade mais próxima do significado da casa. Entretanto, quando o indivíduo não tem uma carreira, ou por algum motivo não trabalha, tem, ainda assim, condições de realizar o seu Meio do Céu de outras maneiras. O importante para fazer jus ao conteúdo simbólico da casa 10 é sentir-se pertencente e participante

---

48   LAO-TZU. *Tao Te Ching.* São Paulo: Martins Fontes, 2002. p. 64.

da vida pública. Este é o caso, por exemplo, de pessoas que, desobrigadas da remuneração de um emprego, fazem de uma outra atividade sua fonte de realização e de reconhecimento social. Há ainda que se levar em consideração as influências culturais e sociais impingidas ao significado dessa casa, a exemplo das mulheres que, até bem pouco tempo, não exerciam uma profissão mesmo se desejassem, porque não seriam bem-vistas pela sociedade patriarcal. No lugar da carreira, a posição profissional e social do marido ou do pai ocupava o espaço relativo ao simbolismo da casa 10.

A bem da verdade, quando o assunto é profissional, não há dúvida de que a casa 10 é a nossa protagonista. No entanto, para uma análise mais completa da relação de uma pessoa com o trabalho, é preciso olhar atentamente para as três casas de Terra. A casa 2 lida com as chances de um empreendimento ser próspero, a possibilidade de sustentar-se do trabalho, e indica quais são os melhores meios para concretizar esses projetos. Na casa 6, faremos a análise inclinar-se sobre a qualidade de produção, eficiência ao trabalhar e sentimento de intimidade com a rotina do trabalho. Por fim, na casa 10, o indivíduo deve se sentir realizado, reconhecido, prestigiado e motivado a seguir em frente. Durante uma aula, me perguntaram se era comum encontrar pessoas cujos mapas não têm nada a ver com a profissão escolhida. Sim, e é mais frequente do que imaginamos. A primeira medida a tomar é verificar o horário de nascimento. Como este costuma ser aproximado, um erro no signo do Meio do Céu pode modificar suas indicações e, consequentemente, a interpretação. Feitas as correções necessárias, aí sim, partimos para a análise propriamente dia. Creio que o mapa mostra as sementes que, por sua vez, devem ser germinadas e cultivadas pelo indivíduo. As escolhas que ele faz e de onde extrai seu alimento, condiciona a germinação e a qualidade do seu desenvolvimento. Quando a vida do sujeito foi ou é afetada por pressões externas que limitam a expressão e a realização de suas potências naturais, o resultado é, entre outros sintomas, frustração, estresse e insatisfação. A insatisfação profissional observada no mundo contemporâneo é, entre tantas outras coisas, produto de uma sociedade materialista na qual o status está especialmente e diretamente associado aos bens materiais. É evidente que, no caso de profissões muito mal remuneradas, é difícil um indivíduo marcado pelo desejo da cultura atender à sua vocação.

Quando falamos de profissão, é impossível dissociá-la do signo de Capricórnio e de Saturno. O Saturno é o passo a passo, e a confiança de que um dia se chega lá. Capricórnio, por sua vez, representado pela cabra montanhesa, é o andar firme em direção ao alto da montanha. Esses dois simbolismos se aproximam muito do significado astrológico atribuído à casa 10 que, além do que já foi descrito, também inclui a relação do sujeito com hierarquia, promoções, cargos de responsabilidade e confiança e, o mais frequente, desejo de poder.

Espiritualmente, o Meio do Céu tem relação com tudo que vem do alto, que nos chega como uma bênção, uma oportunidade de crescimento e amadurecimento. As indicações da casa 10 nos mostram a conexão com as forças que nos apontam o caminho a seguir. Portanto, se estivermos conectados com a energia disponível na casa 10, encontraremos mais facilmente o caminho correspondente à realização da nossa vocação, ao mesmo tempo que daremos a mão às energias que iluminam o lugar ao qual socialmente fomos destinados.

Casa 11

Se, na casa 10, o sujeito ocupa seu devido lugar no mundo, na casa seguinte são despertados os impulsos de participar, partilhar e retribuir. Para tanto, é necessário deslocar as atenções de si e direcioná-las para a coletividade. Eis um registro dos ensinamentos de Confúcio que ilustra bem o significado dessa casa:

Não se entristeça com o fato de os outros não reconhecerem você. Preocupe-se, sim, em não poder reconhecer as outras pessoas.[49]

A função da casa 11 é pensar no plural, na comunidade em que se vive, na sociedade, enfim, na humanidade inteira. É subtrair a força do ego e fazer parte ativamente da tarefa de construir um mundo melhor e mais justo para todos. Na casa 11, análoga ao signo de Aquá-

---

49   CONFÚCIO. *Os analectos*. São Paulo: Editora Unesp, 2012. p. 25.

rio, aos seus regentes Urano e Saturno e ao elemento Ar, aprendemos a trabalhar com objetivos sociais, acolhendo e respeitando as diferenças, mas entendendo que:

> *A multidão não é nem encontro da identidade, nem pura exaltação das diferenças, mas é o reconhecimento de que, por trás de identidades e diferenças, pode existir "algo comum".*[50]
>
> Antonio Negri

Da militância política, passando por trabalhos voluntários, até a coordenação de uma turma na escola, todas são experiências a ela associadas.

Esse setor do mapa astrológico simboliza o que desejamos para as futuras gerações. A propósito, uma das mais importantes funções da casa 11 é a manutenção de um tecido social saudável, tratando-o sempre que adoecer. Para tanto, é fundamental a contribuição de cada um em particular e da sociedade como um todo. Se respondêssemos positivamente a esse chamado, certamente viveríamos num mundo e numa sociedade mais equilibrada e justa.

A casa 11 é portadora de uma dimensão social libertária e sem fronteiras. No entanto, é importante não esquecer que a amplitude representada pela complexa dinâmica dos sistemas sociais está bem distante do alcance do sujeito contemporâneo, já que há uma enorme dificuldade de se dirigir o olhar em direção ao outro. Portanto, a casa 11 tende a se apresentar por intermédio das relações com amigos ou das redes sociais. Estas últimas, ainda que altamente favoráveis aos encontros outrora impossíveis de ocorrer, dilatam o impulso do ser contemporâneo de se relacionar de maneira absurdamente impessoal.

As configurações astrológicas dessa casa indicam o tipo de questão social com a qual desejaríamos nos envolver. Alguns se deixam tocar, por exemplo, pela ecologia, outros se engajam num sindicato e militam pelas causas relativas à sua profissão. Encontrei uma boa quantidade de pessoas formadoras de opinião com ênfase nessa casa, pois elas têm sensibilidade para captar os anseios da alma coletiva, tocam o sonho de muitos e são capazes de influenciar gerações e gerações.

---

50 NEGRI, Antonio. *5 lições sobre o império*. Rio de Janeiro: DP&A, 2003. p. 148.

Nas interpretações clássicas, a casa 11 representa, igualmente, as aspirações e os planos de vida. Entretanto, contrariando em parte essa análise, os sonhos e as aspirações pessoais me parecem muito mais adequados quando associados à casa 9, uma casa de Fogo, enquanto as aspirações sociais, estas sim, devem ser relacionadas com a casa 11.

Finalmente, precisamos falar mais detalhadamente da amizade, já que fazer e ter amigos é o presente que a casa 11 nos oferece. É a parte mais íntima e delicada de uma casa tão vasta e universal, posto que a experiência da amizade dilata o poder do coração de amar. A relação da amizade representada na casa 11 é muito clara quando associada ao signo de Aquário. A liberdade e a atitude desprendida que costumamos ter com os amigos dificilmente se repete em relações íntimas e familiares. Com eles tendemos a cobrar menos, a dividi-los com outras pessoas, a desejar que morem longe de nós só porque é melhor para eles. As posições astrológicas da casa 11 indicam o que nos atrai numa amizade e quais são os nossos melhores recursos para construir relações dessa natureza.

Para finalizar, a casa 11 simboliza o despojamento da alma capaz de reconhecer na multidão sem rosto a presença e a força do amor.

Casa 12

À semelhança da casa 6, a 12 é uma casa de fronteira, fechando o ciclo das casas acima do horizonte, símbolos da vida coletiva, preparando o indivíduo para o reencontro consigo mesmo na casa 1. Ela é o local físico onde o dia tem suas primeiras horas. É uma casa preparatória, de organização para o novo ciclo, que tem início na ponta da primeira casa, ou seja, no Ascendente. A casa 12 é análoga ao signo de Peixes, aos seus regentes Netuno e Júpiter e ao elemento Água. Simboliza o que está além da compreensão e, por isso, as práticas capazes de organizar a alma e nos conceder paz de espírito. Ao nos referirmos à casa 12, não podemos deixar de pensar em tudo que produzimos e que se manifesta sob a forma de sentimentos, mas sentimentos aos quais não sabemos dar nome, não entendemos o que são, qual sua origem e para onde são capazes de nos levar. Produzimos muita força psíquica, de sensações irreconhecíveis, e, portanto, forças incontroláveis, em muitos casos, assustadoras. Numa sociedade calcada em valores materialistas, os assuntos referentes à casa 12 ficam mais distantes do nosso alcance do que já foi no passado, tornando-a ainda mais enigmática. É certo que há sempre meios pelos quais os humanos tentaram e tentam desvendar seus mistérios. É o caso das religiões, das práticas espirituais e, contemporaneamente, das psicoterapias.

Se nas casas 3 e 9 perguntamos o *porquê* das coisas, nas casas 6 e 12 queremos saber *para que* elas servem. Na casa 6, queremos entender *para que* comer bem? A resposta seria *para* ter saúde e boa disposição. Já na casa 12, perguntaríamos *para que* nascemos? Veem como é difícil responder? Como é subjetivo o que simboliza a casa 12. A primeira resposta talvez seria: acesso negado! E lá vamos nós tentar descobrir a senha. Uma outra maneira de perguntar o *para que* na casa 12 seria: como tudo começou? Precisamos da dedicação de milhares e milhares de anos de estudiosos e cientistas para nos dizerem: é provável que..., até o momento podemos dizer que..., pelas últimas pesquisas e experiências imaginamos que... Em contrapartida, muitos já foram penalizados por ousar trazer à luz o que não podia ser revelado. É por esse motivo que, desde a Antiguidade, a casa 12 foi relacionada com o inconfessável, coisas que precisam permanecer ocultas, mesmo que por algum tempo, segredos guardados que de lá não devem sair, pelo menos em determinadas circunstâncias. Entendo assim também a sua associação clássica com os *inimigos ocultos.* Há circunstâncias que, por estarem além do nosso poder de decisão e com restrição da liberdade, se tornam tão ameaçadoras que é melhor mantermos bem-guardadas certas informações. É o caso de ditaduras que usam a tortura para militantes delatarem seus parceiros. Alguns morrem sem revelar o que sabem. Entretanto, o principal assunto relacionado à casa 12 são os nossos próprios inimigos ocultos, nossos medos, nossas assombrações, nossos fantasmas, que arrastam correntes nos corredores da alma e invadem nossos sonhos ou nos tiram noites e noites de sono. São *coisas do além,* e assim se mantêm até que cessem nossas angústias, que a ansiedade se transmute em ações criativas. Para isso, convenhamos, é necessário trilhar um árduo caminho que nos conduz à obtenção da tão almejada paz espiritual.

O homem já descobriu que matéria é energia, que o tempo é relativo, que a velocidade da luz não é constante, que o tempo e o espaço são curvos. A luz é partícula ou onda? As duas coisas. Tudo depende do observador. Além disso, há a mente humana, algo maravilhosamente misterioso. Basta olharmos para o interior de nós mesmos e encontraremos lá um cosmos ou um caos: intuições, premonições, poderes misteriosos, sonhos, sincronicidade... É por esse motivo que essa casa tem dado tanto trabalho a gerações e gerações de estudiosos da astrologia.

Para acessar e lidar com tal universo, há práticas que ajudam, como psicoterapias, meditação, yoga e até mesmo experiências com drogas realizadas, por exemplo, por Timothy Leary, psicólogo e neurocientista, líder de um grupo de professores de Harvard que foi buscar, nas alterações de consciência provocadas pela meditação e por experiências com LSD, benefícios terapêuticos e espirituais.

Por estar associada às experiências interiores, é evidente que também haveria relação com a solidão, e se não acolhemos e transmutamos nossas aflições, angústias, medos e ansiedades, certamente não suportaremos ficar sós. Entretanto, não há outra saída senão purificar nosso espírito através de práticas subjetivas para que possamos receber a nós mesmos com o que temos de melhor.

Resumindo, a última das casas simboliza o sagrado desejando se manifestar. É o caminho que nos leva a vivências que, depois, não sabemos nem conseguimos relatar. A casa 12 é o canto do desabafo, é o pranto que quer se manifestar, é a saudade do paraíso perdido. Enfim, a casa 12 não é para ser entendida, mas sim experimentada, como se evidencia nos versos de Fernando Pessoa:

(...) A ciência! Como é pobre e nada!
Rico é o que alma dá e tem.[51]

---

51   PESSOA, Fernando. *Obra poética*. Rio de Janeiro: Nova Aguilar, 1984. p. 455.

CAPÍTULO 6

Signos nas pontas de casas e signos interceptados

APRESENTAÇÃO

O signo que se encontra, tanto na ponta de uma casa astrológica, ou seja, exatamente aonde ela começa, como o que está contido por completo dentro dela aponta para as qualidades que determinarão o modo como a pessoa vivencia cada um dos doze setores de experiência da vida.

Além disso, é preciso esclarecer que, quando um signo está totalmente contido dentro de uma casa e que leva a denominação de signo interceptado, sua potência é desenvolvida, vivida e aproveitada exclusimente nesse setor. Então, não há motivo para interpretar bloqueios no fluxo de sua energia. Em locais em que a latitude é muito alta, quase todas as Cartas Astrológicas têm a presença de signos interceptados, o que, na minha visão, não quer dizer que todas essas pessoas bloqueiem a experiência relacionada à potência desses signos. No caso de um ou mais planetas no signo seguinte à ponta da Casa, mas ainda dentro da mesma, podemos dizer que essa casa recebe, tanto a influência do signo que está na ponta como do signo seguinte, devido à força da presença do planeta na casa.

A seguir, a interpretação de cada uma dessas combinações será feita de forma esquemática, para servir como base de compreensão da influência de cada signo no modo como a pessoa experimenta as 12 casas de sua Carta Natal. Entretanto, para uma análise mais abrangente, há que se observar também as indicações do planeta que rege o signo que está na ponta ou totalmente dentro da casa em questão.

SIGNOS NA PONTA DA CASA 1 OU INTERCEPTADOS NA CASA 1

ÁRIES NA PONTA DA CASA 1 OU INTERCEPTADO NA CASA 1
— Identificação com desafios e estímulos externos
— Ação impulsiva e criativa
— Estilo intuitivo e espontâneo de ser na vida
— Traços marcantes de competitividade, intensidade, vigor e energia
— Cativa pela sinceridade e iniciativa
— Inquietação e impaciência diante do tempo e da espera
— Por meio da temperança saberá agir com o pulso firme sem perder a cabeça

- A autoafirmação se dá através da conquista da autonomia e independência

TOURO NA PONTA DA CASA 1 OU INTERCEPTADO NA CASA 1
- Identificação com a estética e o conforto
- Ação paciente e persistente
- Estilo firme e produtivo de ser na vida
- Traços marcantes de apego, obstinação, doçura e afetividade
- Cativa por seu jeito sedutor de se relacionar
- Passividade diante de zonas de conforto
- Através do desapego saberá aproveitar com plenitude aquilo que tem e que produz
- A autoafirmação se dá pela conquista da estabilidade material e afetiva

GÊMEOS NA PONTA DA CASA 1 OU INTERCEPTADO NA CASA 1
- Identificação com a inteligência, o movimento e a troca
- Ação ágil e rápida
- Estilo maleável e curioso de ser na vida
- Traços marcantes de dualidade, dúvidas e racionalidade
- Instabilidade e incerteza diante de múltiplos interesses
- Cativa por seu jeito comunicativo e adaptável
- Através de construção de metas evitará a dispersão
- A autoafirmação se dá através do aprendizado e do encontro com os outros

CÂNCER NA PONTA DA CASA 1 OU INTERCEPTADO NA CASA 1
- Identificação com os sentimentos e as experiências passadas
- Ação intuitiva e afetiva
- Estilo compassivo, afetuoso e acolhedor de ser na vida
- Traços marcantes de introspeção e de sensibilidade
- Ressentimento e mágoa diante de emoções não atualizadas
- Cativa por seu modo terno de cuidar
- Por meio da razão saberá impor limites para si e para os outros
- A autoafirmação se dá pela construção de laços afetivos sólidos e da estabilidade emocional

LEÃO NA PONTA DA CASA 1 OU INTERCEPTADO NA CASA 1
- Identificação com o poder e o comando
- Ação vigorosa e firme
- Estilo altivo, autocentrado e alegre de ser na vida
- Traços marcantes de força e confiança em si mesmo
- Vaidade e orgulho diante daquilo que atinge seu ego
- Cativa por seu jeito generoso e seguro de estar no mundo
- Por meio da humildade conquistará o amor dos que o rodeiam
- A autoafirmação se dá através do desenvolvimento da autoestima e do autoconhecimento

VIRGEM NA PONTA DA CASA 1 OU INTERCEPTADO NA CASA 1
- Identificação com a natureza e a organização
- Ação cuidadosa e prática
- Estilo simples e observador de ser na vida
- Traços marcantes de autocrítica e produtividade
- Aflição diante da possibilidade de falhar
- Cativa pela transparência e por seu jeito cuidadoso de lidar com o que faz
- Através da sensibilidade poderá acalmar a agitação e ansiedade
- A autoafirmação se dá através da superação dos erros e dos resultados de um trabalho bem feito

LIBRA NA PONTA DA CASA 1 OU INTERCEPTADO NA CASA 1
- Identificação com a estética e com o outro
- Ação ponderada e harmônica
- Estilo justo e ponderado de ser na vida
- Traços marcantes de equilíbrio e racionalidade
- Insegurança diante dos conflitos
- Cativa pela capacidade mediadora e por sua dedicação aos outros
- Por meio da autoconfiança poderá atingir o equilíbrio tão desejado
- A autoafirmação se dá através do encontro com o outro

ESCORPIÃO NA PONTA DA CASA 1 OU INTERCEPTADO NA CASA 1
- Identificação com as profundezas e o desconhecido
- Ação cirúrgica e intuitiva

- Estilo introspectivo e misterioso de ser na vida
- Traços marcantes de densidade emocional
- Perda de controle diante de situações que não dependem de si
- Cativa pelo silêncio e pela força do olhar
- Por meio da doçura e da valorização da matéria evitará perdas desnecessárias
- A autoafirmação se dá pelo que é capaz de transformar em si mesmo

SAGITÁRIO NA PONTA DA CASA 1 OU INTERCEPTADO NA CASA 1
- Identificação com os ideais e metas de vida
- Ação determinada e objetiva
- Estilo expansivo e confiante de ser na vida
- Traços marcantes de obstinação e de interesse em conhecer
- Agressividade diante do que contraria sua vontade ou suas ideias
- Cativa pelo humor e pela inteligência
- Por meio da flexibilidade chegará mais perto da satisfação
- A autoafirmação se dá pela superação de seus limites, sejam eles físicos ou intelectuais

CAPRICÓRNIO NA PONTA DA CASA 1 OU INTERCEPTADO NA CASA 1
- Identificação com a responsabilidade e disciplina
- Ação pragmática e calculada
- Estilo sóbrio e racional de ser na vida
- Traços marcantes de rigor e perseverança
- Intolerância diante da falta de compromisso
- Cativa pela confiança e pela determinação
- Por meio da sensibilidade e intuição tornará mais doce seu caminho
- A autoafirmação se dá pelo trabalho e pelo cumprimento dos deveres

AQUÁRIO NA PONTA DA CASA 1 OU INTERCEPTADO NA CASA 1
- Identificação com o coletivo e com a liberdade
- Ação racional e rápida
- Estilo livre e solidário de ser na vida
- Traços marcantes de inquietude e inteligência intuitiva
- Cativa por seu modo solidário de agir no mundo

- Por meio da confiança em si mesmo acalmará seu espírito irrequieto
- A autoafirmação se dá pela ação solidária e por agir em prol do bem comum

PEIXES NA PONTA DA CASA 1 OU INTERCEPTADO NA CASA 1
- Identificação com o misterioso e com a fantasia
- Ação intuitiva e fluida
- Estilo impressionável e sensível de ser na vida
- Traços marcantes de compaixão e de silêncios profundos
- Cativa por seu enigmático magnetismo
- Por meio da autocrítica e da produtividade colocará os pés no chão da realidade
- A autoafirmação se dá pelo desenvolvimento da espiritualidade e canalização de sua sensibilidade

SIGNOS NA PONTA DA CASA 2 OU INTERCEPTADOS NA CASA 2

ÁRIES NA PONTA DA CASA 2 OU INTERCEPTADO NA CASA 2
- Valorização da autonomia e da independência
- Habilidades associadas à liderança, ação, decisões e objetividade
- Investir na autoconfiança agrega valor ao trabalho e aumenta as chances de bons resultados materiais
- Impulsividade ao lidar com recursos
- Estilo ousado na administração das finanças
- Ligação intuitiva com os objetos
- Consome recursos em atividades que promovam vigor ou que exijam superação de desafios

TOURO NA PONTA DA CASA 2 OU INTERCEPTADO NA CASA 2
- Valorização do conforto e da estabilidade material
- Habilidades associadas à estética, à organização e à paciência
- Investir na experiência e perseverança agrega valor ao trabalho e aumenta as chances de bons resultados materiais
- Cautela ao lidar com recursos
- Estilo acumulativo na administração das finanças

- Ligação afetiva com objetos
- Consome recursos em conforto e prazeres da matéria

GÊMEOS NA PONTA DA CASA 2 OU INTERCEPTADO NA CASA 2
- Valorização da informação, das trocas e do movimento
- Habilidades associadas à comunicação, flexibilidade e inteligência
- Investir na informação e estudos agrega valor ao trabalho e aumenta as chances de bons resultados materiais
- Maleabilidade ao lidar com recursos
- Estilo variável na administração das finanças
- Ligação intelectual com objetos
- Consome recursos em assuntos associados ao aprendizado, a viagens e ao encontro com as pessoas

CÂNCER NA PONTA DA CASA 2 OU INTERCEPTADO NA CASA 2
- Valorização dos laços afetivos, da imaginação e dos assuntos do passado
- Habilidades associadas ao cuidar, à sensibilidade e à imaginação
- Investir na inteligência emocional agrega valor ao trabalho e aumenta as chances de bons resultados materiais
- Intuição ao lidar com recursos
- Estilo conservador na administração das finanças
- Ligação emocional com objetos
- Consome recursos em assuntos associados a imóveis, bens familiares e bem-estar emocional

LEÃO NA PONTA DA CASA 2 OU INTERCEPTADO NA CASA 2
- Valorização da autonomia e de um estilo próprio de ser no mundo
- Habilidades associadas ao comando e à criatividade
- Investir na autoestima e criatividade agrega valor ao trabalho e aumenta as chances de bons resultados materiais
- Confiança em si mesmo ao lidar com recursos
- Estilo centralizador na administração das finanças
- Ligação generosa com objetos
- Consome recursos em assuntos associados ao desejo de aproveitar a vida e de viver bem

VIRGEM NA PONTA DA CASA 2 OU INTERCEPTADO NA CASA 2
- Valorização da simplicidade e da transparência
- Habilidades associadas à crítica, observação e organização
- Investir na experiência e aperfeiçoamento agrega valor ao trabalho e aumenta as chances de bons resultados materiais
- Praticidade ao lidar com recursos
- Estilo sistemático e disciplinado na administração das finanças
- Ligação pragmática com objetos
- Consome recursos no bem-estar cotidiano e da saúde

LIBRA NA PONTA DA CASA 2 OU INTERCEPTADO NA CASA 2
- Valorização da justiça, da estética e da harmonia nas relações
- Habilidades diplomáticas e racionais
- Investir na boa relação com as pessoas agrega valor ao trabalho e aumenta as chances de bons resultados materiais
- Ponderação ao lidar com recursos
- Estilo equilibrado na administração das finanças
- Ligação afetiva e estética com objetos
- Consome recursos no bem-estar afetivo, na estética e na harmonia

ESCORPIÃO NA PONTA DA CASA 2 OU INTERCEPTADO NA CASA 2
- Valorização dos riscos, desafios e das mudanças
- Habilidades associadas ao planejamento, à investigação e à transformação
- Investir na intuição agrega valor ao trabalho e aumenta as chances de bons resultados materiais
- Intuição ao lidar com recursos
- Estilo ousado e desapegado na administração das finanças
- Ligação transitória com objetos
- Consome recursos em assuntos associados ao psiquismo, mistérios e a aplicações financeiras

SAGITÁRIO NA PONTA DA CASA 2 OU INTERCEPTADO NA CASA 2
- Valorização dos ideais, do conhecimento e da liberdade de ir e vir
- Habilidades associadas ao saber, ao ensino e às pesquisas
- Investir em conhecimento agrega valor ao trabalho e aumenta as chances de bons resultados materiais

- Confiança ao lidar com recursos
- Estilo idealista e otimista na administração das finanças
- Ligação ética com objetos
- Consome recursos em assuntos associados a viagens, cursos e desenvolvimento pessoal

CAPRICÓRNIO NA PONTA DA CASA 2 OU INTERCEPTADO NA CASA 2
- Valorização da disciplina e da responsabilidade
- Habilidades associadas à organização e ao planejamento
- Investir em experiência agrega valor ao trabalho e aumenta as chances de bons resultados materiais
- Racionalidade ao lidar com recursos
- Estilo pragmático e cauteloso na administração das finanças
- Ligação objetiva e prática com objetos
- Consome recursos em assuntos associados ao crescimento profissional e à segurança

AQUÁRIO NA PONTA DA CASA 2 OU INTERCEPTADO NA CASA 2
- Valorização da liberdade e do bem-estar social
- Habilidades associadas à agilidade mental e ao trato com pessoas
- Investir em tecnologia, atualização e interação social agrega valor ao trabalho e aumenta as chances de bons resultados materiais
- Racionalidade ao lidar com recursos
- Estilo inovador na administração das finanças
- Ligação comunitária com objetos
- Consome recursos em assuntos associados à coletividade, tecnologia, inovação e informação

PEIXES NA PONTA DA CASA 2 OU INTERCEPTADO NA CASA 2
- Valorização da qualidade psíquica e espiritual
- Habilidades associadas à imaginação e sensibilidade
- Investir em atividades criativas e intuitivas agrega valor ao trabalho e aumenta as chances de bons resultados materiais
- Sensibilidade ao lidar com recursos
- Estilo intuitivo na administração das finanças
- Ligação mágica com objetos

- Consome recursos em assuntos associados à fantasia e ao bem-estar espiritual

SIGNOS NA PONTA DA CASA 3 OU INTERCEPTADOS NA CASA 3

ÁRIES NA PONTA DA CASA 3 OU INTERCEPTADO NA CASA 3
- A autonomia e segurança em si mesmo facilita o convívio social e a aceitação de diferentes opiniões
- É autodidata, criativo e impaciente quanto ao aprendizado e aos estudos
- Exerce liderança no ambiente social, entre os irmãos e colegas de escola e trabalho
- Impulsivo ao se expressar, ao falar o que pensa e ao emitir suas opiniões
- Inquieto em relação aos estímulos intelectuais

TOURO NA PONTA DA CASA 3 OU INTERCEPTADO NA CASA 3
- A segurança material e de trabalho facilita o convívio social e aceitação de diferentes opiniões
- É paciente e perseverante quanto ao aprendizado e aos estudos
- Transmite segurança, solidez e afetividade ao ambiente social, entre irmãos e colegas de escola e de trabalho
- Doçura e firmeza ao se expressar, ao falar o que pensa e ao emitir suas opiniões
- Pragmatismo em relação aos estímulos intelectuais

GÊMEOS NA PONTA DA CASA 3 OU INTERCEPTADO NA CASA 3
- A flexibilidade e adaptação facilita o convívio social e a aceitação de diferentes opiniões
- É interessado, curioso e múltiplo quanto ao aprendizado e aos estudos
- É participativo no ambiente social, entre os irmãos e colegas de escola e de trabalho
- Inteligência ao se expressar, ao falar o que pensa e ao emitir suas opiniões
- É aberto e receptivo aos estímulos intelectuais

CÂNCER NA PONTA DA CASA 3 OU INTERCEPTADO NA CASA 3
- A sensibilidade facilita o convívio social e a aceitação de diferentes opiniões
- É intuitivo e envolvido afetivamente nos assuntos relativos ao aprendizado e aos estudos
- É cuidadoso e emocionalmente dedicado no ambiente social, entre os irmãos e colegas de escola e de trabalho
- Emoção e sensibilidade ao se expressar, ao falar o que pensa e ao emitir suas opiniões
- Os estímulos intelectuais ocorrem na proporção de seu envolvimento afetivo

LEÃO NA PONTA DA CASA 3 OU INTERCEPTADO NA CASA 3
- A autoestima e confiança em si facilita o convívio social e a aceitação de diferentes opiniões
- É criativo quanto ao aprendizado e aos estudos
- É centralizador no ambiente social, entre os irmãos e colegas de escola e de trabalho
- Força e magnetismo ao se expressar, ao falar o que pensa e ao emitir suas opiniões
- Os estímulos intelectuais ocorrem por identificação com seus interesses pessoais

VIRGEM NA PONTA DA CASA 3 OU INTERCEPTADO NA CASA 3
- A autocrítica facilita o convívio social e a aceitação de diferentes opiniões
- É analítico e experimental quanto ao aprendizado e aos estudos
- É observador e crítico no que diz respeito ao ambiente social, aos irmãos e aos colegas de escola e de trabalho
- Clareza e praticidade ao se expressar, ao falar o que pensa e ao emitir suas opiniões
- Os estímulos intelectuais ocorrem quando puderem ser aplicados às questões objetivas da vida

LIBRA NA PONTA DA CASA 3 OU INTERCEPTADO NA CASA 3
- A diplomacia e senso de justiça facilitam o convívio social e a aceitação de diferentes opiniões

- É interessado no aprendizado e nos estudos principalmente pela oportunidade de conviver com as pessoas
- É pacífico e habilidoso no ambiente social, entre os irmãos e colegas de escola e de trabalho
- Equilíbrio e estética ao se expressar, ao falar o que pensa e ao emitir suas opiniões
- Os estímulos intelectuais ocorrem quando há troca de opinião com as outras pessoas

ESCORPIÃO NA PONTA DA CASA 3 OU INTERCEPTADO NA CASA 3
- O desejo de desvendar os mistérios das relações facilita o convívio social e a aceitação de diferentes opiniões
- É profundo e denso quanto ao aprendizado e aos estudos
- É transformador e instigador no ambiente social, entre os irmãos e colegas de escola e de trabalho
- Mistério, profundidade e magnetismo ao se expressar, ao falar o que pensa e ao emitir suas opiniões
- Os estímulos intelectuais ocorrem se forem capazes de trazer à tona o desconhecido e despertar as forças adormecidas no interior

SAGITÁRIO NA PONTA DA CASA 3 OU INTERCEPTADO NA CASA 3
- O investimento em conhecimento abre os caminhos para o convívio social e para a aceitação de diferentes opiniões
- É interessado quanto ao aprendizado e aos estudos caso apontem um objetivo a ser atingido
- É influenciador de opinião no ambiente social, entre os irmãos e colegas de escola e de trabalho
- Há embasamento intelectual ao se expressar, ao falar o que pensa e ao emitir suas opiniões
- Sua mente é estimulada quando há no horizonte espaço para seu desenvolvimento pessoal e intelectual

CAPRICÓRNIO NA PONTA DA CASA 3 OU INTERCEPTADO NA CASA 3
- O senso de responsabilidade facilita o convívio social e a aceitação de diferentes opiniões

- É disciplinado e perseverante quanto ao aprendizado e aos estudos
- É organizador e produtivo no ambiente social, entre os irmãos e colegas de escola e de trabalho
- Há firmeza e racionalidade ao se expressar, ao falar o que pensa e ao emitir opiniões
- Os estímulos intelectuais ocorrem se puderem ser aproveitados de forma objetiva e prática

AQUÁRIO NA PONTA DA CASA 3 OU INTERCEPTADO NA CASA 3

- O senso cooperativo facilita o convívio social e a aceitação de diferentes opiniões
- É rápido e genuíno quanto ao aprendizado e aos estudos
- É solidário no ambiente social, entre os irmãos e colegas de escola e de trabalho
- Há inteligência intuitiva ao se expressar, ao falar o que pensa e ao expor suas ideias
- Os estímulos intelectuais ocorrem quando houver participação das pessoas nas discussões e trocas

PEIXES NA PONTA DA CASA 3 OU INTERCEPTADO NA CASA 3

- A sensibilidade facilita o convívio social e a aceitação de diferentes opiniões
- É intuitivo e criativo quanto ao aprendizado e aos estudos
- É agregador no ambiente social, entre os irmãos e colegas de escola e de trabalho
- Poético e imaginário ao se expressar, ao falar o que pensa e ao expor suas opiniões
- Os estímulos intelectuais ocorrem se forem capazes de tocar os interesses de sua alma

SIGNOS NA PONTA DA CASA 4 OU INTERCEPTADOS NA CASA 4

ÁRIES NA PONTA DA CASA 4 OU INTERCEPTADO NA CASA 4

- A independência é a condição do bom relacionamento familiar
- A competição e o enfrentamento dos conflitos têm origem nas experiências vividas no passado

- O envolvimento com a família provoca o desejo de conquistar a individualidade e autonomia nas decisões
- A impulsividade está presente nas atitudes relativas aos assuntos emocionais e afetivos
- A casa é administrada com vigor e pulso firme

TOURO NA PONTA DA CASA 4 OU INTERCEPTADO NA CASA 4
- A estabilidade material e segurança afetiva são as condições do bom relacionamento familiar
- O apego e o apreço ao trabalho têm origem nas experiências vividas no passado
- O envolvimento com a família provoca a vontade de produzir e perseverar na realização dos desejos associados ao prazer
- A paciência e a obstinação estão presentes nas atitudes relativas aos assuntos emocionais e afetivos
- A casa deve ser um espaço de prazer estético, de conforto material e de acolhimento afetivo

GÊMEOS NA PONTA DA CASA 4 OU INTERCEPTADO NA CASA 4
- A comunicação e a troca são as condições do bom relacionamento familiar
- A flexibilidade e a capacidade de adaptação têm origem nas experiências vividas no passado
- O envolvimento com a família provoca o desejo de aprimorar-se intelectualmente, de conhecer pessoas e lugares novos
- A maleabilidade está presente nas atitudes relativas aos assuntos emocionais e afetivos
- A casa deve ser um espaço de discussão, movimento e circulação de pessoas e ideias

CÂNCER NA PONTA DA CASA 4 OU INTERCEPTADO NA CASA 4
- O envolvimento emocional e a sensibilidade são as condições do bom relacionamento familiar
- O saber cuidar e a imaginação têm origem nas experiências vividas no passado
- O envolvimento com a família provoca o desejo de estreitar os laços afetivos e manter os vínculos com o passado

- A emoção e referências antigas estão presente nas atitudes relativas aos assuntos emocionais e afetivos
- A casa deve ser um espaço de acolhimento, descanso e armazenamento da memória

LEÃO NA PONTA DA CASA 4 OU INTERCEPTADO NA CASA 4
- A autoconfiança e a autonomia são as condições do bom relacionamento familiar
- O poder de comando e o controle têm origem nas experiências vividas no passado
- O envolvimento com a família provoca o desejo de tornar-se titular de seu desejo
- A generosidade e o pulso firme estão presentes nas atitudes relativas aos assuntos emocionais e afetivos
- A casa deve ser um espaço de luminosidade e alegria

VIRGEM NA PONTA DA CASA 4 OU INTERCEPTADO NA CASA 4
- A transparência é a condição do bom relacionamento familiar
- Os sensos crítico e analítico têm origem nas marcas do passado
- O envolvimento com a família provoca o desejo de aprimorar-se, de corrigir as falhas decorrentes de experiências vividas no passado
- A praticidade e a capacidade de organização do cotidiano estão presentes nas atitudes relativas aos assuntos emocionais e afetivos
- A casa deve ser um espaço orgânico e funcional

LIBRA NA PONTA DA CASA 4 OU INTERCEPTADO NA CASA 4
- A solução dos conflitos são as condições do bom relacionamento familiar
- A capacidade de se relacionar e de olhar o outro têm origem nas experiências vividas no passado
- O envolvimento com a família incita o desejo de encontrar pares, de exercer a justiça e de dar um toque de beleza às experiências da vida
- A imparcialidade e o espírito mediador está presente nas atitudes relativas aos assuntos emocionais e afetivos

– A casa deve ser um espaço estético, de harmonia e encontro com o outro

ESCORPIÃO NA PONTA DA CASA 4 OU INTERCEPTADO NA CASA 4
– A profundidade em lidar com emoções e sentimentos são as condições do bom relacionamento familiar
– A capacidade de transformação e a consciência da impermanência da vida têm origem nas experiências vividas no passado
– O envolvimento com a família provoca o despertar de forças adormecidas nas profundezas da alma e o desejo de mudança
– As ações transformadoras e reveladoras do que está oculto estão presentes nas atitudes relativas aos assuntos emocionais e afetivos
– A casa deve ser um espaço de purificação, intensificação das experiências emocionais e constantes mudanças

SAGITÁRIO NA PONTA DA CASA 4 OU INTERCEPTADO NA CASA 4
– A ética e a liberdade de opinião são as condições do bom relacionamento familiar
– A capacidade de se expandir, de estabelecer metas e de promover a evolução pessoal têm origem nas experiências vividas no passado
– O envolvimento com a família provoca o desejo de descobrir caminhos que o levem a conhecer novos lugares, encontrar novos pensamentos e o amor aos estudos e às viagens
– A sabedoria e suas crenças estão presentes nas atitudes relativas aos assuntos emocionais e afetivos
– A casa deve ser um espaço com amplitude, de discussão e liberdade de sair e voltar

CAPRICÓRNIO NA PONTA DA CASA 4 OU INTERCEPTADO NA CASA 4
– O exercício da responsabilidade e o respeito às regras são as condições do bom relacionamento familiar
– A praticidade e o amadurecimento têm origem nas experiências vividas no passado
– O envolvimento com a família provoca o desejo de realização dos projetos para a vida e a construção de uma carreira sólida e bem-sucedida

- O rigor está presente nas ações ligadas à área emocional e afetiva
- A casa deve ser um espaço organizado, esteticamente limpo e de fertilização dos projetos do futuro

AQUÁRIO NA PONTA DA CASA 4 OU INTERCEPTADO NA CASA 4
- A liberdade e a solidariedade são as condições de um bom relacionamento familiar
- O respeito às diferenças tem origem nas experiências vividas no passado
- O envolvimento com a família provoca o desejo de investir na sua singularidade, de acolher o que está na contramão do senso comum
- O espírito fraterno está presente nas atitudes relativas aos assuntos emocionais e afetivos
- A casa deve ser um espaço arejado e acolhedor

PEIXES NA PONTA DA CASA 4 OU INTERCEPTADO NA CASA 4
- A compaixão e a compreensão são as condições de um bom relacionamento familiar
- A organização psíquica tem origem nas experiências vividas no passado
- O envolvimento com a família provoca o desejo de investir nos sonhos e no desenvolvimento espiritual
- A sensibilidade e a intuição estão presentes nas atitudes relativas aos assuntos emocionais e afetivos
- A casa deve ser um espaço de silêncio e recolhimento para reflexão

SIGNOS NA PONTA DA CASA 5 OU INTERCEPTADOS NA CASA 5

ÁRIES NA PONTA DA CASA 5 OU INTERCEPTADO NA CASA 5
- A autoestima está diretamente vinculada ao exercício da autonomia
- O enfrentamento corajoso de desafios e medos fortalece a consciência do próprio valor
- A criatividade é um ato espontâneo e resulta da impulsividade
- A educação dos filhos ou a relação com os objetos da criação é vigorosa, instigante e instintiva

- As paixões são experimentadas de forma calorosa, intensa e provocam atitudes impulsivas

TOURO NA PONTA DA CASA 5 OU INTERCEPTADO NA CASA 5
- A autoestima está diretamente vinculada tanto à segurança amorosa quanto à material
- A realização de seus desejos fortalece a consciência do próprio valor
- A criatividade é um ato de persistência, paciência e expressão estética
- A educação dos filhos ou a relação com os objetos da criação é firme, porém doce
- As paixões são experimentadas de forma cuidadosa e vinculadas aos prazeres físicos e da materialidade

GÊMEOS NA PONTA DA CASA 5 OU INTERCEPTADO NA CASA 5
- A autoestima está diretamente vinculada à inteligência e ao fato de ser uma pessoa bem informada
- A flexibilidade e a capacidade de achar saídas estratégicas fortalece a consciência do próprio valor
- A criatividade é resultado de reflexões, estudos e troca com as pessoas
- A educação dos filhos ou a relação com os objetos da criação é maleável e baseada na comunicação
- As paixões são experimentadas de forma variável, sempre na busca de experiências diversas e novas

CÂNCER NA PONTA DA CASA 5 OU INTERCEPTADO NA CASA 5
- A autoestima está diretamente vinculada à forma como são vividos os sentimentos e as emoções
- As experiências passadas e que servem como referências do presente fortalecem a autoestima
- A criatividade é um ato intuitivo e de vinculação afetiva
- A educação dos filhos ou a relação com os objetos da criação é cuidadosa, acolhedora e sensível
- As paixões estão associadas ao sentimento de intimidade e são mais intensas sempre que estiverem vinculadas à segurança emocional

LEÃO NA PONTA DA CASA 5 OU INTERCEPTADO NA CASA 5
- A autoestima está diretamente vinculada a viver a vida com prazer e a fazer o que ama
- A consciência da potência de sua singularidade fortalece o valor que dá a si mesmo
- A criatividade é um ato espontâneo e resulta do amor à vida
- A educação dos filhos ou a relação com os objetos da criação é um espelho que reflete a própria imagem ajudando a conhecer melhor a si mesmo
- As paixões são autorreferenciadas e se intensificam se houver liberdade para amar e também o sentimento de ser alguém especial

VIRGEM NA PONTA DA CASA 5 OU INTERCEPTADO NA CASA 5
- A autoestima está diretamente vinculada aos bons resultados de tudo aquilo que escolhe fazer
- Corrigir as falhas e se aperfeiçoar fortalecem a consciência do próprio valor
- A criatividade é resultado da experimentação e de um olhar crítico e analítico
- A educação dos filhos ou a relação com os objetos da criação é crítica, exigente e cuidadosa nos mínimos detalhes
- As paixões são experimentadas de forma transparente e se estruturam melhor com o convívio cotidiano

LIBRA NA PONTA DA CASA 5 OU INTERCEPTADO NA CASA 5
- A autoestima está diretamente vinculada à qualidade dos encontros
- Manter-se em equilíbrio em relação ao outro fortalece a consciência do próprio valor
- A criatividade é um ato estético e reflexo do desejo do outro
- A educação dos filhos ou a relação com os objetos da criação é ponderada, amorosa e racional
- As paixões são provocadas pelo olhar do outro e são vividas melhor se houver temperança e harmonia

ESCORPIÃO NA PONTA DA CASA 5 OU INTERCEPTADO NA CASA 5
- A autoestima está diretamente vinculada ao não apego ao ego e às transformações decorrentes dessa atitude em relação a si mesmo

- Viver profundamente as emoções e os sentimentos fortalece a consciência do próprio valor
- A criatividade é um ato convulsivo de transmutação emocional
- A educação dos filhos ou a relação com os objetos da criação é densa e altamente transformadora
- As paixões são provocadas pelo misterioso, pelos desafios do desconhecido, e são um ato de entrega profunda

SAGITÁRIO NA PONTA DA CASA 5 OU INTERCEPTADO NA CASA 5
- A autoestima está diretamente vinculada a querer ser melhor intelectualmente e expandir o universo pessoal
- Atingir metas que estabelece para si como desafio de superação fortalece a consciência do próprio valor
- A criatividade é estimulada pelo desejo de ir mais longe, pelas pesquisas e pelos estudos
- A educação dos filhos ou a relação com os objetos da criação é baseada em seus princípios e valores éticos
- As paixões são vividas melhor sempre que estão baseadas na liberdade e na possibilidade de evolução pessoal

CAPRICÓRNIO NA PONTA DA CASA 5 OU INTERCEPTADO NA CASA 5
- A autoestima está diretamente vinculada aos resultados obtidos pelos esforços feitos nos empreendimentos que escolheu para si
- O reconhecimento profissional, ou da realização dos projetos de vida, fortalece a consciência do próprio valor
- A criatividade é um ato baseado na experiência, no tempo e na maturidade
- A educação dos filhos ou a relação com os objetos da criação é baseada na responsabilidade e na superação dos limites
- As paixões são vividas melhor com a experiência de vida e com a maturação emocional

AQUÁRIO NA PONTA DA CASA 5 OU INTERCEPTADO NA CASA 5
- A autoestima está diretamente vinculada à aceitação de sua diferença em relação aos demais

- Sentir que pode ajudar os outros fortalece a consciência do próprio valor
- A criatividade é um ato de rebeldia e de renovação da vida
- A educação dos filhos ou a relação com os objetos da criação é libertária e costuma andar na contramão do senso comum
- As paixões são vividas melhor se houver liberdade, se surpreender e se for capaz de quebrar os padrões conhecidos

PEIXES NA PONTA DA CASA 5 OU INTERCEPTADO NA CASA 5
- A autoestima está diretamente vinculada à organização psíquica e espiritual
- Acreditar na intuição e realizar os sonhos fortalecem a consciência do próprio valor
- A criatividade é um ato de inspiração e de expressão das fantasias
- A educação dos filhos ou a relação com os objetos da criação é baseada na sensibilidade e na compreensão
- As paixões são provocadas pelo misterioso e são vividas melhor sempre que houver uma atmosfera mágica e encantadora

SIGNOS NA PONTA DA CASA 6 OU INTERCEPTADOS NA CASA 6

ÁRIES NA PONTA DA CASA 6 OU INTERCEPTADO NA CASA 6
- A qualidade de vida depende da capacidade de tomar decisões por si mesmo e de saber o que é melhor para si
- O exercício da autonomia é fundamental para a obtenção de bons resultados na produção de trabalho
- Hábitos que incluam atividades vigorosas colaboram para a manutenção da saúde física
- Atividades que contemplem habilidades como liderança, vigor, pulso firme e capacidade de tomar decisões são bem-vindas no dia a dia profissional e pessoal
- Os rituais cotidianos são construídos de modo que favoreçam a independência

TOURO NA PONTA DA CASA 6 OU INTERCEPTADO NA CASA 6
- A qualidade de vida depende do conforto material e da estabilidade afetiva

- A perseverança e o investimento na estética são fundamentais para a obtenção de bons resultados na produção de trabalho
- Hábitos que incluam os cuidados com a beleza e com o bem-estar do corpo colaboram para a manutenção da saúde física
- Atividades que contemplem habilidades como organização, paciência e um olhar direcionado para o belo são bem-vindas no dia a dia profissional e pessoal
- Os rituais cotidianos são construídos de modo que favoreçam a estabilidade e o conforto materiais

GÊMEOS NA PONTA DA CASA 6 OU INTERCEPTADO NA CASA 6
- A qualidade de vida depende da liberdade de movimentos, da troca com as pessoas e de um bom nutriente intelectual
- A capacidade de adaptação é fundamental para a obtenção de bons resultados na produção de trabalho
- Hábitos que incluam múltiplas atividades e flexibilidade na organização cotidiana colaboram para a manutenção da saúde física
- Atividades que contemplem encontros com as pessoas e exercícios que estimulem a inteligência são bem-vindas no dia a dia profissional e pessoal
- Os rituais cotidianos são construídos de modo que favoreçam a comunicação e o movimento

CÂNCER NA PONTA DA CASA 6 OU INTERCEPTADO NA CASA 6
- A qualidade de vida depende do bem-estar emocional e afetivo
- O envolvimento com as pessoas é fundamental para a obtenção de bons resultados na produção de trabalho
- Hábitos que respeitem a estabilidade emocional e os cuidados com a vida pessoal colaboram para a manutenção da saúde física
- Atividades associadas à intuição, à sensibilidade e ao cuidar são bem-vindas no dia a dia profissional e pessoal
- Os rituais cotidianos são construídos de modo que favoreçam a boa relação afetiva com as pessoas do convívio diário

LEÃO NA PONTA DA CASA 6 OU INTERCEPTADO NA CASA 6
- A qualidade de vida depende do respeito a si mesmo e da autoestima
- O exercício da autonomia e do poder de comando são fundamentais para a obtenção de bons resultados na produção de trabalho

- Hábitos que respeitem a alegria de viver e que tenham relação com o autoconhecimento colaboram para a manutenção da saúde física
- Atividades associadas à direção e à criatividade são bem-vindas no dia a dia profissional e pessoal
- Os rituais cotidianos são construídos de modo que a pessoa possa realizar suas tarefas do seu jeito

VIRGEM NA PONTA DA CASA 6 OU INTERCEPTADO NA CASA 6
- A qualidade de vida depende de um modo simples de organizar seu dia a dia
- A autocrítica e a experimentação são fundamentais para a obtenção de bons resultados na produção de trabalho
- Hábitos que respeitam os sinais de estresse do corpo e da estrutura emocional colaboram para a manutenção da saúde física
- Atividades associadas à organização e aos cuidados com a qualidade de produção são bem-vindas no dia a dia profissional e pessoal
- Os rituais cotidianos são construídos de modo que a pessoa possa simplificar a realização das tarefas habituais

LIBRA NA PONTA DA CASA 6 OU INTERCEPTADO NA CASA 6
- A qualidade de vida depende da harmonia produzida nas relações cotidianas
- A qualidade dos relacionamentos é fundamental para a obtenção de bons resultados na produção de trabalho
- Hábitos que respeitam o equilíbrio, sem excessos nem restrições exageradas, colaboram para a manutenção da saúde física
- Atividades associadas à estética ou à arte de se relacionar com as pessoas são bem-vindas no dia a dia profissional e pessoal
- Os rituais cotidianos são construídos de modo que a pessoa possa respeitar o equilíbrio na realização das tarefas habituais

ESCORPIÃO NA PONTA DA CASA 6 OU INTERCEPTADO NA CASA 6
- A qualidade de vida depende do exercício do desapego
- A capacidade de se transformar é fundamental para a obtenção de bons resultados na produção de trabalho

- Hábitos que respeitem o bem-estar emocional colaboram para a manutenção da saúde física
- Atividades associadas à cura, ao poder de reparação e de planejamento são bem-vindas no dia a dia profissional e pessoal
- Os rituais cotidianos são construídos de modo que a pessoa possa ter a liberdade de mudar quando for preciso

SAGITÁRIO NA PONTA DA CASA 6 OU INTERCEPTADO NA CASA 6
- A qualidade de vida depende da liberdade de ir e vir e da possibilidade de ampliar os horizontes do conhecimento
- Estudar e estabelecer metas são ações fundamentais para a obtenção de bons resultados na produção de trabalho
- Hábitos que respeitem a intuição corporal e que incluam exercícios vigorosos colaboram para a manutenção da saúde física
- Atividades associadas ao saber e à possibilidade de viajar são bem-vindas no dia a dia profissional e pessoal
- Os rituais cotidianos são construídos de modo que a pessoa possa ter a possibilidade de se desenvolver e de mudar de direção quando lhe convier

CAPRICÓRNIO NA PONTA DA CASA 6 OU INTERCEPTADO NA CASA 6
- A qualidade de vida depende da disciplina e da organização das tarefas habituais
- Planejar-se e não se sobrecarregar de deveres são ações fundamentais para a obtenção de bons resultados na produção de trabalho
- Hábitos que respeitem o tempo, que não exerçam pressão e não exijam pressa colaboram para a manutenção da saúde física
- Atividades associadas à racionalidade e à organização são bem-vindas no dia a dia pessoal e de trabalho
- Os rituais cotidianos são construídos de modo que a pessoa possa ter tempo para viver em equilíbrio

AQUÁRIO NA PONTA DA CASA 6 OU INTERCEPTADO NA CASA 6
- A qualidade de vida depende da liberdade e do bom convívio com as pessoas em geral

- Ser solidário e respeitar seu jeito diferente de ser são ações fundamentais para a obtenção de bons resultados na produção de trabalho
- Hábitos que não o aprisionem em funções desnecessárias colaboram para a manutenção da saúde física
- Atividades associadas ao exercício do bem comum e que tratam de atualidades são bem-vindas no dia a dia profissional e pessoal
- Os rituais cotidianos são construídos de modo que a pessoa possa ter tempo para viver sua liberdade

PEIXES NA PONTA DA CASA 6 OU INTERCEPTADO NA CASA 6
- A qualidade de vida depende do bem-estar psíquico e espiritual
- Confiar na intuição e abrir espaço para a fantasia são ações fundamentais para a obtenção de bons resultados na produção de trabalho
- Hábitos contemplativos, psicoterapias e práticas espirituais colaboram para a manutenção da saúde física
- Atividades associadas à sensibilidade, intuição e compaixão são bem-vindas no dia a dia profissional e pessoal
- Os rituais cotidianos são construídos de modo que a pessoa possa se sentir bem internamente e usufruir da paz de espírito

SIGNOS NA PONTA DA CASA 7 OU INTERCEPTADOS NA CASA 7

ÁRIES NA PONTA DA CASA 7 OU INTERCEPTADO NA CASA 7
- O encontro com o outro desperta a vontade de exercer autonomia e de tomar decisões por conta própria
- Ser um "nós" significa ganhar força para enfrentar os desafios e riscos que a vida apresenta
- A parceria é fortalecida na medida em que há respeito pelas atitudes e pelos impulsos de cada um
- Há atração por pessoas decididas, firmes em seus propósitos e que tenham uma vida própria, independente do relacionamento
- Manter vivo um relacionamento exige dos parceiros estímulos constantes, uma vida que inclua os riscos e que respeite a independência de cada um

TOURO NA PONTA DA CASA 7 OU INTERCEPTADO NA CASA 7
- O encontro com o outro desperta valores a serem preservados e a vontade de manutenção de um relacionamento seguro
- Ser um "nós" significa perseverar no desejo de compartilhar os prazeres da vida comum e na vontade de trabalhar
- A parceria é fortalecida na medida em que há mútua confiança e investimento na estabilidade do relacionamento
- Há atração por pessoas firmes, produtivas e com senso estético apurado
- Manter vivo um relacionamento exige dos parceiros perseverança, paciência, firmeza e doçura

GÊMEOS NA PONTA DA CASA 7 OU INTERCEPTADO NA CASA 7
- O encontro com o outro desperta a curiosidade por assuntos diversos e desenvolvimento intelectual
- Ser um "nós" significa dialogar, caminhar juntos apontando caminhos diferentes que modifiquem os hábitos do relacionamento
- A parceria é fortalecida na medida em que há diálogo e flexibilidade ao lidar com distintas visões de mundo
- Há atração por pessoas flexíveis, adaptáveis e comunicativas
- Manter vivo um relacionamento exige dos parceiros variação de interesses, comunicação ativa, movimento e liberdade de ir e vir

CÂNCER NA PONTA DA CASA 7 OU INTERCEPTADO NA CASA 7
- O encontro com o outro desperta sensibilidade, intuição e a habilidade de cuidar do outro
- Ser um "nós" significa investir na intimidade, abrir-se emocionalmente e promover estabilidade afetiva
- A parceria é fortalecida na medida em que há uma boa expressão dos sentimentos, a criação de uma história comum e acolhimento
- Há atração por pessoas sensíveis, intuitivas e emocionalmente envolventes
- Manter vivo um relacionamento exige dos parceiros respeito à intimidade, sonhos comuns e manutenção dos laços de afetividade

LEÃO NA PONTA DA CASA 7 OU INTERCEPTADO NA CASA 7
- O encontro com o outro desperta a autoestima e a consciência do próprio valor
- Ser um "nós" significa partilhar a alegria de viver e valorizar as emoções que dão um colorido à vida
- A parceria é fortalecida na medida em que há respeito à individualidade e autonomia de cada um
- Há atração por pessoas sedutoras, fortes, cheias de vida e intensas emocionalmente
- Manter vivo um relacionamento exige dos parceiros o cultivo da dignidade diante de suas diferenças e do respeito pelo espaço de ambos

VIRGEM NA PONTA DA CASA 7 OU INTERCEPTADO NA CASA 7
- O encontro com o outro desperta o olhar crítico e a observação cuidadosa das falhas que possam enfraquecer um relacionamento
- Ser um "nós" significa partilhar o convívio cotidiano e os rituais a ele associados
- A parceria é fortalecida na medida em que há reconhecimento dos erros e o empenho em resolvê-los
- Há atração por pessoas práticas, produtivas e organizadoras
- Manter vivo um relacionamento exige dos parceiros cultivar a simplicidade e o aprimoramento constante dos hábitos adquiridos para que não se tornem demasiadamente repetitivos

LIBRA NA PONTA DA CASA 7 OU INTERCEPTADO NA CASA 7
- O encontro com o outro desperta a capacidade de olhar o outro como alguém diferente de si mesmo
- Ser um "nós" significa caminhar juntos, harmonizar os conflitos e exercer a diplomacia
- A parceria é fortalecida na medida em que há ponderação e equilíbrio nas decisões em conjunto
- Há atração por pessoas ponderadas e com um senso estético apurado

- Manter vivo um relacionamento exige dos parceiros o cultivo da harmonia e do mútuo respeito

ESCORPIÃO NA PONTA DA CASA 7 OU INTERCEPTADO NA CASA 7
- O encontro com o outro desperta a consciência da finitude e a capacidade de fazer transformações profundas em si mesmo
- Ser um "nós" significa mergulhar na profundeza das emoções e emergir completamente transmutado em um novo ser
- A parceria é fortalecida na medida em que há desapego e respeito à intimidade de cada um
- Há atração por pessoas intensas, fortes e profundas
- Manter vivo um relacionamento exige dos parceiros o cultivo da renovação constante dos pactos que regem o encontro

SAGITÁRIO NA PONTA DA CASA 7 OU INTERCEPTADO NA CASA 7
- O encontro com o outro desperta o desejo de ir mais fundo, de conhecer outros horizontes e de se desenvolver intelectualmente
- Ser um "nós" significa evoluir, progredir na vida e alçar voos para além das fronteiras que demarcam a vida cotidiana
- A parceria é fortalecida na medida em que há humor e metas comuns
- Há atração por pessoas cultas, inteligentes e com vontade de expandir seus limites
- Manter vivo um relacionamento exige dos parceiros o respeito à liberdade de ir e vir e independência nas opiniões e crenças

CAPRICÓRNIO NA PONTA DA CASA 7 OU INTERCEPTADO NA CASA 7
- O encontro com o outro desperta o senso de dever e estimula o desenvolvimento da disciplina
- Ser um "nós" significa amadurecer juntos e construir bases sólidas para um relacionamento duradouro
- A parceria é fortalecida na medida em que há responsabilidade compartilhada e maturidade para aceitar as limitações de cada um
- Há atração por pessoas perseverantes, estáveis, pragmáticas e responsáveis

- Manter vivo um relacionamento exige dos parceiros habilidade para lidar com os problemas objetivos da vida e racionalidade para resolvê-los prontamente

AQUÁRIO NA PONTA DA CASA 7 OU INTERCEPTADO NA CASA 7
- O encontro com o outro desperta a habilidade de promover liberdade sem perder a segurança e estabilidade do relacionamento
- Ser um "nós" significa ser solidário e partilhar ideais comuns
- A parceria é fortalecida na medida em que as mudanças ocorrem e que possam trazer novos ares e perspectivas para o encontro
- Há atração por pessoas diferentes do senso comum e que sejam livres em seu jeito de ser no mundo
- Manter vivo um relacionamento exige dos parceiros habilidade para lidar com os imprevistos e segurança para mudar o curso da história da relação

PEIXES NA PONTA DA CASA 7 OU INTERCEPTADO NA CASA 7
- O encontro com o outro desperta a sensibilidade para lidar com o indizível, o inefável e o misterioso
- Ser um "nós" significa descer nas profundezas e visitar regiões obscurecidas pelas angústias e intensificadas pela imaginação
- A parceria é fortalecida na medida em que há compaixão e respeito pela intimidade e pelos mistérios de cada um
- Há atração por pessoas sensíveis, intensas, profundas e compassivas
- Manter vivo um relacionamento exige dos parceiros habilidade para lidar com momentos de silêncio e de perceber o que não pode ser dito objetivamente

SIGNOS NA PONTA DA CASA 8 OU INTERCEPTADOS NA CASA 8

ÁRIES NA PONTA DA CASA 8 OU INTERCEPTADO NA CASA 8
- Remexer as profundezas da alma é um ato de coragem e se dá impulsivamente, quase um ultimato da vida
- As transformações profundas são estimuladas pela necessidade de autonomia e liberdade

- O enfrentamento da dor da perda e a tomada de consciência da impermanência da vida é enfrentada como um desafio a ser vencido, mais uma batalha no meio de tantas outras
- A renovação das energias acumuladas evita explosões desmedidas, agressividade e raiva
- Os tabus devem ser vencidos como uma luta pessoal, superando por si mesmos as restrições por eles causadas
- A experiência sexual é um estímulo para a renovação energética, o aumento de vigor e de confiança em si mesmo

TOURO NA PONTA DA CASA 8 OU INTERCEPTADO NA CASA 8
- Remexer as profundezas da alma exige paciência, perseverança e o enfrentamento de todo tipo de apego
- As transformações profundas são estimuladas pela necessidade de segurança afetiva e material
- O enfrentamento da dor da perda e a tomada de consciência da impermanência da vida são enfrentados como um ganho, uma fertilização do solo estéril
- A renovação das energias acumuladas evita explosões de ciúme e desperdício material
- Os tabus devem ser vencidos com um trabalho de paciência e como ganho de prazer
- A experiência sexual é um estímulo para usufruir o prazer oferecido pela materialidade dos corpos e da afetividade

GÊMEOS NA PONTA DA CASA 8 OU INTERCEPTADO NA CASA 8
- Remexer as profundezas da alma exige habilidade mental e leveza na travessia
- As transformações profundas são estimuladas pela curiosidade em relação ao oculto ou proibido
- O enfrentamento da dor da perda e a tomada de consciência da impermanência da vida são vividos como um aprendizado e um caminho para a descoberta de novos interesses
- A renovação das energias acumuladas evita irritação, dispersão e ansiedade
- Os tabus devem ser vencidos com racionalidade e flexibilidade de opinião

- A experiência sexual é um estímulo para a mente, para o aprendizado e para a comunicação com o parceiro

CÂNCER NA PONTA DA CASA 8 OU INTERCEPTADO NA CASA 8
- Remexer as profundezas da alma exige sensibilidade e doçura
- As transformações profundas são estimuladas pela necessidade de mexer no passado e vencer os ressentimentos acumulados
- O enfrentamento da dor da perda e a tomada de consciência da impermanência da vida são vividos como um ganho emocional
- A renovação das energias acumuladas evita apatia e o mal-estar causado pelas mágoas
- Os tabus devem ser vencidos como um trabalho de reciclagem das repetições do passado e das opiniões familiares
- A experiência sexual é um estímulo para a construção de um ambiente acolhedor e afetivo nos relacionamentos

LEÃO NA PONTA DA CASA 8 OU INTERCEPTADO NA CASA 8
- Remexer as profundezas da alma exige autoconfiança e autoestima
- As transformações profundas são estimuladas pela necessidade de lidar com as questões relativas ao ego
- O enfrentamento da dor da perda e a tomada de consciência da impermanência da vida são vividos como uma renovação do desejo de viver plenamente
- A renovação das energias acumuladas evita a onipotência de achar que tem controle de tudo
- Os tabus devem ser vencidos como um desafio pessoal
- A experiência sexual é um estímulo para a construção de um ego saudável e da criatividade

VIRGEM NA PONTA DA CASA 8 OU INTERCEPTADO NA CASA 8
- Remexer as profundezas da alma exige um olhar analítico diante do desconhecido
- As transformações profundas são estimuladas pela necessidade de corrigir os erros e se aperfeiçoar
- O enfrentamento da dor da perda e a tomada de consciência da impermanência da vida são vividos como uma experiência de purificação

- A renovação das energias acumuladas evita a ansiedade, a obstinação pela ordem e pela limpeza
- Os tabus devem ser vencidos com a delicadeza de um trabalho artesanal
- A experiência sexual é um estímulo para ter uma vida saudável e melhorar a produtividade

LIBRA NA PONTA DA CASA 8 OU INTERCEPTADO NA CASA 8
- Remexer as profundezas da alma exige ponderação e racionalidade
- As transformações profundas são estimuladas pela necessidade de melhorar a qualidade dos relacionamentos e alcançar um equilíbrio interior
- O enfrentamento da dor da perda e a tomada de consciência da impermanência da vida são vividos como uma experiência que desloca a pessoa para o lugar do outro
- A renovação das energias acumuladas evita instabilidade, incerteza e indecisão
- Os tabus devem ser vencidos com ponderação e reflexão ética
- A experiência sexual é um estímulo para viver o prazer de partilhar a vida com o outro e ali encontrar a harmonia

ESCORPIÃO NA PONTA DA CASA 8 OU INTERCEPTADO NA CASA 8
- Remexer as profundezas da alma exige frieza e desprendimento
- As transformações profundas são estimuladas pela necessidade de eliminar o velho para dar espaço ao novo
- O enfrentamento da dor da perda e a tomada de consciência da impermanência da vida são vividos como uma experiência de limpeza e transmutação
- A renovação das energias acumuladas evita agressividade, explosões e angústias
- Os tabus devem ser vencidos sem as barreiras da moralidade
- A experiência sexual é um estímulo para a renovação das energias emocionais profundas e é vivida como um ato de entrega profunda

SAGITÁRIO NA PONTA DA CASA 8 OU INTERCEPTADO NA CASA 8
- Remexer as profundezas da alma exige sabedoria e vontade de evoluir

- As transformações profundas são estimuladas pela necessidade de encontrar caminhos novos para ampliar seu desenvolvimento pessoal e de conhecimento
- O enfrentamento da dor da perda e a tomada de consciência da impermanência da vida são vividos como uma experiência de crescimento da fé
- A renovação das energias acumuladas evita a intransigência nas opiniões e a onipotência
- Os tabus devem ser vencidos como um objetivo de tornar-se aberto às novas experiências de vida
- A experiência sexual é um estímulo para o encontro de seu caminho de vida e do prazer de ser livre

CAPRICÓRNIO NA PONTA DA CASA 8 OU INTERCEPTADO NA CASA 8
- Remexer as profundezas da alma exige disciplina e perseverança
- As transformações profundas são estimuladas pela necessidade de se organizar e aumentar a produtividade
- O enfrentamento da dor da perda e a tomada de consciência da impermanência da vida são vividos como uma experiência de amadurecimento e estruturação
- A renovação das energias acumuladas evita dureza, frieza e inflexibilidade
- Os tabus devem ser vencidos como um objetivo de tornar-se maduro e seguro das próprias ambições
- A experiência sexual é um estímulo para sua organização e confiança pessoais

AQUÁRIO NA PONTA DA CASA 8 OU INTERCEPTADO NA CASA 8
- Remexer as profundezas da alma exige liberdade de espírito
- As transformações profundas são estimuladas pela necessidade de ajudar as pessoas e a abrir a mente para novas experiências
- O enfrentamento da dor da perda e a tomada de consciência da impermanência da vida são vividos como uma experiência de abertura para novos encontros e novos ideais de vida
- A renovação das energias acumuladas evita irritação e intolerância

- Os tabus devem ser vencidos como um objetivo de tornar-se apto a entender as diferenças entre as pessoas
- A experiência sexual é um estímulo para sua liberdade e desenvolvimento do espírito fraterno

PEIXES NA PONTA DA CASA 8 OU INTERCEPTADO NA CASA 8
- Remexer as profundezas da alma exige sensibilidade e uso da intuição
- As transformações profundas são estimuladas pela necessidade de organizar-se psíquica e espiritualmente
- O enfrentamento da dor da perda e a tomada de consciência da impermanência da vida são vividos como uma experiência espiritual, indizível e profunda
- A renovação das energias acumuladas evita instabilidade de humor e explosões emocionais
- Os tabus devem ser vencidos como um objetivo de tornar-se apto a dilatar suas possibilidades psíquicas e emocionais
- A experiência sexual é um estímulo para sonhar, dilatar a sensibilidade e ampliar o bem-estar espiritual

SIGNOS NA PONTA DA CASA 9 OU INTERCEPTADOS NA CASA 9

ÁRIES NA PONTA DA CASA 9 OU INTERCEPTADO NA CASA 9
- A possibilidade de alcançar autonomia é a condição fundamental para a escolha do caminho que vai orientar a pessoa na direção de seu desenvolvimento intelectual e espiritual
- As viagens, sejam geográficas, mentais ou espirituais, são resultado da impulsividade e do desejo de satisfazer a própria vontade
- Há profunda identificação com os professores e mestres que deverão ser fortes e decididos
- Para que as metas sejam atingidas é preciso estar cheio de energia e ter a liberdade de percorrer os caminhos que escolheu para realizá-las
- O significado da vida deve contemplar a coragem de enfrentar os desafios e a capacidade de se reerguer nas derrotas

TOURO NA PONTA DA CASA 9 OU INTERCEPTADO NA CASA 9
- A possibilidade de obter estabilidade afetiva e material são condições fundamentais para a escolha do caminho que vai orientar a pessoa na direção de seu desenvolvimento intelectual e espiritual
- As viagens, sejam geográficas, mentais ou espirituais, são resultado dos investimentos materiais e afetivos feitos na vida
- Há profunda dedicação a professores e mestres que deverão ser ao mesmo tempo firmes e doces
- Para que as metas sejam atingidas é preciso ser perseverante e seguro ao percorrer os caminhos que escolheu para realizá-las
- O significado da vida deve contemplar a valorização do trabalho e do amor

GÊMEOS NA PONTA DA CASA 9 OU INTERCEPTADO NA CASA 9
- A possibilidade de abrir novos interesses é condição fundamental para a escolha do caminho que vai orientar a pessoa na direção de seu desenvolvimento intelectual e espiritual
- As viagens, sejam geográficas, mentais ou espirituais são resultado da curiosidade e da vontade de diversificar suas experiências
- Há um constante diálogo com professores e mestres que deverão ser flexíveis e parceiros no desejo de aprender
- Para que as metas sejam atingidas é preciso ser adaptável aos diferentes caminhos que escolheu para realizá-las
- O significado da vida deve contemplar a valorização do intelecto e da troca entre as pessoas

CÂNCER NA PONTA DA CASA 9 OU INTERCEPTADO NA CASA 9
- A possibilidade de recobrar o passado e contemplar sua sensibilidade são condições fundamentais para a escolha do caminho que vai orientar a pessoa na direção de seu desenvolvimento intelectual e espiritual
- As viagens, sejam geográficas, mentais ou espirituais são resultado do desejo de reavivar experiências emocionais significativas e fruto da necessidade de realizar fantasias
- Há profunda intimidade com o universo dos professores e mestres, que deverão ser afetivos e acolhedores

- Para que as metas sejam atingidas é preciso estar familiarizado com os caminhos que escolheu para realizá-las
- O significado da vida deve contemplar a valorização da esfera emocional, dos encontros afetivos e da busca de suas raízes

LEÃO NA PONTA DA CASA 9 OU INTERCEPTADO NA CASA 9
- A possibilidade de afirmar a confiança em si mesmo é a condição fundamental para a escolha do caminho que vai orientar a pessoa na direção de seu desenvolvimento intelectual e espiritual
- As viagens, sejam geográficas, mentais ou espirituais são resultado do desejo de aproveitar a vida em toda sua magnanimidade
- Há profunda identificação com o universo dos professores e mestres, que deverão ser atrativos, brilhantes e seguros de si
- Para que as metas sejam atingidas é preciso estar seguro de si ao longo dos caminhos que escolheu para realizá-las
- O significado da vida deve contemplar a valorização da singularidade e da criatividade

VIRGEM NA PONTA DA CASA 9 OU INTERCEPTADO NA CASA 9
- A possibilidade de aperfeiçoamento é a condição fundamental para a escolha do caminho que vai orientar a pessoa na direção de seu desenvolvimento intelectual e espiritual
- As viagens, sejam geográficas, mentais ou espirituais são resultado de um olhar analítico e crítico diante das possibilidades por elas ofertadas
- Há seletividade na escolha de professores e mestres, que deverão apontar a praticidade de seus ensinamentos
- Para que as metas sejam atingidas é preciso se organizar e conhecer cada detalhe dos caminhos que o levam a alcançá-las
- O significado da vida deve contemplar a valorização da produtividade e do aprimoramento como ser

LIBRA NA PONTA DA CASA 9 OU INTERCEPTADO NA CASA 9
- A possibilidade de harmonia na solução dos conflitos é a condição fundamental para a escolha do caminho que vai orien-

tar a pessoa na direção de seu desenvolvimento intelectual e espiritual
- As viagens, sejam geográficas, mentais ou espirituais são estimuladas pelos encontros e pela possibilidade de partilhar tais experiências com o outro
- Há parceria com professores e mestres, que deverão ser justos e ponderados ao ensinar
- Para que as metas sejam atingidas é preciso pesar na balança qual o caminho que lhe dá mais chances de alcançá-las
- O significado da vida deve contemplar a justiça e a paz

ESCORPIÃO NA PONTA DA CASA 9 OU INTERCEPTADO NA CASA 9
- A possibilidade de transformações profundas e de revelação do oculto é a condição essencial para a escolha do caminho que vai orientar a pessoa na direção de seu desenvolvimento intelectual e espiritual
- As viagens, sejam geográficas, mentais ou espirituais são estimuladas pelas mudanças ocorridas na vida
- Há profundo envolvimento emocional com professores e mestres, que deverão ser densos e estimular o espírito investigativo
- Para que as metas sejam atingidas é preciso não se apegar a elas e viver o aqui e agora ao longo do caminho
- O significado da vida deve contemplar a prática do desapego e da consciência da finitude

SAGITÁRIO NA PONTA DA CASA 9 OU INTERCEPTADO NA CASA 9
- A possibilidade de evolução é a condição essencial para a escolha do caminho que vai orientar a pessoa na direção de seu desenvolvimento intelectual e espiritual
- As viagens, sejam geográficas, mentais ou espirituais são estimuladas pela vontade de ir mais longe, de experimentar o novo e de ampliar os horizontes do conhecimento
- Há profunda admiração pelo saber dos professores e mestres, que deverão instigar seu desejo de conhecimento
- Para que as metas sejam atingidas é preciso acreditar ser capaz de perseverar na direção do caminho escolhido
- O significado da vida deve contemplar a ética, a justiça e o saber

CAPRICÓRNIO NA PONTA DA CASA 9 OU INTERCEPTADO NA CASA 9

- A possibilidade de amadurecimento e realização de seus projetos de vida são as condições essenciais para a escolha do caminho que vai orientar a pessoa na direção de seu desenvolvimento intelectual e espiritual
- As viagens, sejam geográficas, mentais ou espirituais são estimuladas pelas chances de adquirir experiência, que lhe servirá como bases sólidas para realizações futuras
- Há respeito profundo pela sabedoria dos professores e mestres, que deverão ser exemplos da aplicação prática de seu conhecimento teórico
- Para que as metas sejam atingidas é preciso dar cada passo de uma vez, sem pressa, ao longo do caminho que escolheu para realizá-las
- O significado da vida deve contemplar perseverança, seriedade e responsabilidade

AQUÁRIO NA PONTA DA CASA 9 OU INTERCEPTADO NA CASA 9

- A possibilidade de ser livre é a condição essencial para a escolha do caminho que vai orientá-lo na direção de seu desenvolvimento intelectual e espiritual
- As viagens, sejam geográficas, mentais ou espirituais são estimuladas pelas chances de conhecer pessoas diferentes de si e, assim, desenvolver o espírito de solidariedade
- Há respeito profundo pela liberdade de pensamento dos professores e mestres, que deverão ser exemplos da capacidade de ajudar os outros
- Para que as metas sejam atingidas é preciso saber lidar com imprevistos ao longo do caminho que escolheu para realizá-las
- O significado da vida deve contemplar o espírito solidário e a fraternidade

PEIXES NA PONTA DA CASA 9 OU INTERCEPTADO NA CASA 9

- A possibilidade de alcançar uma comunhão com o inefável, indizível e inexplicável são condições essenciais para a escolha do caminho que vai orientá-lo na direção de seu desenvolvimento intelectual e espiritual

- As viagens, sejam geográficas, mentais ou espirituais são estimuladas pelas fantasias e escolhidas com o auxílio da intuição
- Há respeito profundo pela sensibilidade dos professores e mestres, que deverão ser exemplos de compaixão e de fé na realização de seus sonhos
- Para que as metas sejam atingidas é preciso deixar-se fluir pelo caminho que escolheu para realizá-las
- O significado da vida deve contemplar o bem-estar espiritual e os valores imateriais

SIGNOS NA PONTA DA CASA 10 OU INTERCEPTADOS NA CASA 10

ÁRIES NA PONTA DA CASA 10 OU INTERCEPTADO NA CASA 10
- Carreiras associadas à liderança, ao exercício da autonomia e ao espírito guerreiro favorecem o reconhecimento e realização profissionais
- Um dos grandes objetivos a ser alcançado tem a ver com a conquista da independência e o desenvolvimento da coragem para enfrentar desafios e reveses da vida
- Com a chegada da maturidade, a autoconfiança estará a serviço da estabilidade profissional e trará resultados significativos nos empreendimentos
- Para que as metas sejam atingidas é preciso deixar-se fluir pelo caminho que o conduz a realizá-las
- Escolher as lutas que valem a pena ser disputadas ajudará a construir um caminho sólido de realização

TOURO NA PONTA DA CASA 10 OU INTERCEPTADO NA CASA 10
- Carreiras associadas ao senso estético, à valorização do mundo material e que envolvem afetividade favorecem o reconhecimento e realização profissionais
- Um dos grandes objetivos a ser alcançado tem a ver com a conquista da estabilidade financeira, ter recursos para prover desejos e necessidades, além de obter segurança na esfera afetiva
- Com a chegada da maturidade, os recursos produzidos estarão a serviço da estabilidade profissional e trarão resultados significativos nos empreendimentos

- Para que as metas sejam atingidas é preciso perseverar ao longo do caminho que o conduz a realizá-las
- O exercício da paciência e a perseverança nos seus objetivos ajudarão a construir um caminho sólido de realização

GÊMEOS NA PONTA DA CASA 10 OU INTERCEPTADO NA CASA 10
- Carreiras associadas à informação, negociação e intermediação favorecem o reconhecimento e realização profissionais
- Um dos grandes objetivos a ser alcançado tem a ver com acesso à informação, interações enriquecedoras e espaço para usar sua curiosidade como ferramenta produtiva
- Com a chegada da maturidade, a cultura adquirida estará a serviço da estabilidade profissional e trará resultados significativos nos empreendimentos
- Para que as metas sejam atingidas é preciso abrir-se para as novidades do caminho que o conduz a realizá-las
- O emprego da fala e da flexibilidade ajudarão a construir um caminho sólido de realização

CÂNCER NA PONTA DA CASA 10 OU INTERCEPTADO NA CASA 10
- Carreiras associadas a lidar com as emoções, ao cuidar e que envolvem afetividade favorecem o reconhecimento e realização profissionais
- Um dos grandes objetivos a ser alcançado tem a ver com a conquista da estabilidade emocional, com prover seus familiares e a proteger quem está fragilizado
- Com a chegada da maturidade, a tranquilidade emocional estará a serviço da estabilidade profissional e trará resultados significativos nos empreendimentos
- Para que as metas sejam atingidas é preciso acolher as sensações vividas ao longo do caminho que o conduz a realizá-las
- O cultivo da sensibilidade e da intuição ajudará a construir um caminho sólido de realização

LEÃO NA PONTA DA CASA 10 OU INTERCEPTADO NA CASA 10
- Carreiras associadas ao exercício do comando, que exijam exposição e segurança em si mesmo favorecem o reconhecimento e realização profissionais
- Um dos grandes objetivos a serem alcançados tem a ver com a conquista da autoestima e da possibilidade de ser reconhecido como alguém que faz a diferença no mundo
- Com a chegada da maturidade, o bom manejo do ego estará a serviço da estabilidade profissional e trará resultados significativos nos empreendimentos
- Para que as metas sejam atingidas é preciso orgulhar-se do caminho que escolheu para realizá-las
- O investimento em autoconhecimento ajudará a construir um caminho sólido de realização

VIRGEM NA PONTA DA CASA 10 OU INTERCEPTADO NA CASA 10
- Carreiras associadas à organização, que exijam um olhar crítico e analítico, favorecem o reconhecimento e realização profissionais
- Um dos grandes objetivos a serem alcançados tem a ver com o aperfeiçoamento e o aprendizado baseado na experiência
- Com a chegada da maturidade, saber selecionar o que serve do que não vale a pena, promoverá estabilidade profissional e trará resultados significativos nos empreendimentos
- Para que as metas sejam atingidas é preciso avaliar os processos do caminho que escolheu para realizá-las
- A simplicidade e a organização das tarefas do dia a dia ajudarão a construir um caminho sólido de realização

LIBRA NA PONTA DA CASA 10 OU INTERCEPTADO NA CASA 10
- Carreiras associadas ao espírito diplomático, que exijam um olhar equilibrado e justo, favorecem o reconhecimento e realização profissionais
- Um dos grandes objetivos a serem alcançados tem a ver com o equilíbrio e a harmonia nos relacionamentos
- Com a chegada da maturidade, saber agir com inteligência emocional promoverá estabilidade profissional e trará resultados significativos nos empreendimentos

- Para que as metas sejam atingidas é preciso refletir sobre as possibilidades do caminho que escolheu para realizá-las
- A capacidade de ponderar as ações ajudará a construir um caminho sólido de realização

ESCORPIÃO NA PONTA DA CASA 10 OU INTERCEPTADO NA CASA 10

- Carreiras associadas à cura, ao poder e à investigação favorecem reconhecimento e realização profissionais
- Um dos grandes objetivos a serem alcançados tem a ver com a transformação e a restauração da realidade que vive
- Com a chegada da maturidade, utilizar o controle emocional promoverá estabilidade profissional e trará resultados significativos nos empreendimentos
- Para que as metas sejam atingidas é preciso se aprofundar no caminho que o conduz a realizá-las
- A possibilidade de desapegar daquilo que não favorece o próprio desenvolvimento ajudará a construir um caminho sólido de realização

SAGITÁRIO NA PONTA DA CASA 10 OU INTERCEPTADO NA CASA 10

- Carreiras associadas à ética e aos estudos favorecem reconhecimento e realização profissionais
- Um dos grandes objetivos a serem alcançados tem a ver com a evolução pessoal e o aprimoramento intelectual
- Com a chegada da maturidade, o intelecto conquistado promoverá estabilidade profissional e trará resultados significativos nos empreendimentos
- Para que as metas sejam atingidas é preciso ter fé na própria sabedoria
- A determinação em conhecer a fundo aquilo que interessa ajudará a construir um caminho sólido de realização

CAPRICÓRNIO NA PONTA DA CASA 10 OU INTERCEPTADO NA CASA 10

- Carreiras associadas à disciplina e ao uso da razão favorecem reconhecimento e realização profissionais

- Um dos grandes objetivos a ser alcançado tem a ver com a concretização e realização dos próprios projetos
- Com a chegada da maturidade, a persistência cultivada promoverá estabilidade profissional e trará resultados significativos nos empreendimentos
- Para que as metas sejam atingidas é preciso manter-se firme no propósito
- O esforço empregado no trabalho ajudará a construir um caminho sólido de realização

AQUÁRIO NA PONTA DA CASA 10 OU INTERCEPTADO NA CASA 10
- Carreiras associadas ao convívio social e ao compartilhamento de ideias favorecem reconhecimento e realização profissionais
- Um dos grandes objetivos a ser alcançado tem a ver com as melhorias que podem ser levadas às minorias
- Com a chegada da maturidade, cultivar uma boa rede de relacionamentos produzirá a estabilidade profissional e trará resultados significativos nos empreendimentos
- Para que as metas sejam atingidas é preciso que a intuição esteja presente
- A liberdade para se manifestar e compartilhar o que pensa ajudará a construir um caminho sólido de realização

PEIXES NA PONTA DA CASA 10 OU INTERCEPTADO NA CASA 10
- Carreiras associadas à arte e ao uso da percepção sutil favorecem reconhecimento e realização profissionais
- Um dos grandes objetivos a ser alcançado tem a ver com a possibilidade de levar calmaria à mente e à alma humana
- Com a chegada da maturidade, a consciência da própria espiritualidade promoverá estabilidade profissional e trará resultados significativos nos empreendimentos
- Para que as metas sejam atingidas é preciso haver envolvimento emocional
- Investir nos próprios sonhos ajudará a construir um caminho sólido de realização

SIGNOS NA PONTA DA CASA 11 OU INTERCEPTADOS NA CASA 11

ÁRIES NA PONTA DA CASA 11 OU INTERCEPTADO NA CASA 11
- O convívio social é estimulado pela vontade de superar desafios e conflitos gerados nos relacionamentos
- Engajar-se em causas sociais ampliará o espírito guerreiro e ajudará a conquistar a autonomia nas decisões
- A impulsividade é o modo de agir diante da vida social e das relações fraternas
- Entre amigos, é preciso haver independência e contar com a força impulsionadora como parte essencial do espírito fraterno

TOURO NA PONTA DA CASA 11 OU INTERCEPTADO NA CASA 11
- O convívio social é estimulado pela vontade de manter os laços de afetividade seguros e de partilhar o amor
- Engajar-se em causas sociais ampliará a potência de produção material e ajudará a desenvolver maior estabilidade afetiva
- A firmeza e doçura são modos de agir diante da vida social e das relações fraternas
- Entre amigos, é preciso haver confiança e estabilidade, mas também é importante poder contar com a ajuda material como parte essencial do espírito fraterno

GÊMEOS NA PONTA CASA 11 OU INTERCEPTADO NA CASA 11
- O convívio social é estimulado pela vontade de se comunicar e de trocar experiências com diferentes modos de ser no mundo
- Engajar-se em causas sociais ampliará a força da comunicação e ajudará a desenvolver uma melhor adaptação no mundo
- A flexibilidade e o diálogo são modos de agir diante da vida social e das relações fraternas
- Entre amigos, é preciso haver maleabilidade, mas também é importante contar com as palavras aconselhadoras como parte essencial do espírito fraterno

CÂNCER NA PONTA DA CASA 11 OU INTERCEPTADO NA CASA 11

- O convívio social é estimulado pela vontade de se envolver intimamente com as pessoas e alimentar-se emocionalmente nos encontros
- Engajar-se em causas sociais ampliará a sensibilidade e ajudará a desenvolver uma melhor capacidade de cuidar das pessoas em geral
- A intuição e a afetividade são modos de agir diante da vida social e das relações fraternas
- Entre amigos, é preciso haver emoção e intimidade, mas também é importante poder contar com a proteção como parte essencial do espírito fraterno

LEÃO NA PONTA DA CASA 11 OU INTERCEPTADO NA CASA 11

- O convívio social é estimulado pela vontade de comandar
- Engajar-se em causas sociais ampliará a autoestima e ajudará a desenvolver uma melhor capacidade de cuidar de si mesmo
- A alegria e o vigor são modos de agir diante da vida social e das relações fraternas
- Entre amigos, é preciso haver mútua confiança, mas também é importante poder contar com a generosidade como parte essencial do espírito fraterno

VIRGEM NA PONTA DA CASA 11 OU INTERCEPTADO NA CASA 11

- O convívio social é estimulado pela vontade de melhorar a qualidade dos relacionamentos em geral
- Engajar-se em causas sociais ampliará a autocrítica e ajudará a desenvolver uma melhor capacidade de corrigir as próprias falhas
- O olhar crítico e analítico são modos de agir diante da vida social e das relações fraternas
- Entre amigos, é preciso haver transparência, mas também é importante poder contar com a ajuda prática como parte essencial do espírito fraterno

LIBRA NA PONTA DA CASA 11 OU INTERCEPTADO NA CASA 11

- O convívio social é estimulado pela vontade de estabelecer relações de cooperação e de parceria

- Engajar-se em causas sociais ampliará o bem-estar daqueles que carecem de afeto
- A gentileza e o respeito são modos de agir diante da vida social e das relações fraternas
- Entre amigos, é preciso haver cordialidade, mas também é importante poder contar com a tolerância como parte essencial do espírito fraterno

ESCORPIÃO NA PONTA DA CASA 11 OU INTERCEPTADO NA CASA 11
- O convívio social é estimulado pela vontade de estabelecer relações profundas que transformem seu jeito de ser
- Engajar-se em causas sociais ampliará a proximidade com o sofrimento dos outros, apontando o caminho para superá-lo
- A intensidade e o comando são modos de agir diante da vida social e das relações fraternas
- Entre amigos, é preciso haver espaço para conversas instigantes, mas também é importante poder contar com a impermanência como parte essencial do espírito fraterno

SAGITÁRIO NA PONTA DA CASA 11 OU INTERCEPTADO NA CASA 11
- O convívio social é estimulado pela vontade de promover a ética entre os homens
- Engajar-se em causas sociais ampliará a união de pessoas diferentes em prol de um objetivo comum
- O entusiasmo e o bom humor são modos de agir diante da vida social e das relações fraternas
- Entre amigos, é preciso haver respeito pelas convicções, mas também é importante poder contar com a positividade como parte essencial do espírito fraterno

CAPRICÓRNIO NA PONTA DA CASA 11 OU INTERCEPTADO NA CASA 11
- O convívio social é estimulado pela vontade de realizar projetos unindo forças
- Engajar-se em causas sociais ampliará a construção de melhores realidades para aqueles que precisam de ajuda
- O realismo e a maturidade são modos de agir diante da vida social e das relações fraternas

– Entre amigos, é preciso haver confiança, mas também é importante poder contar com a disciplina como parte essencial do espírito fraterno

AQUÁRIO NA PONTA DA CASA 11 OU INTERCEPTADO NA CASA 11
– O convívio social é estimulado pela vontade de se aproximar das questões humanas
– Engajar-se em causas sociais ampliará o próprio potencial revolucionário, levando benefícios àqueles que precisam de amparo
– A rebeldia e a solidariedade são modos de agir diante da vida social e das relações fraternas
– Entre amigos, é preciso haver espaço para novidades, mas também é importante poder contar com a sociabilidade como parte essencial do espírito fraterno

PEIXES NA PONTA DA CASA 11 OU INTERCEPTADO NA CASA 11
– O convívio social é estimulado pela vontade de reunir as pessoas, tornando-se um só
– Engajar-se em causas sociais permitirá utilizar o amor universal, sentimento que não tem fronteiras nem limites
– O acolhimento e a integração são modos de agir diante da vida social e das relações fraternas
– Entre amigos, é preciso haver afetividade, mas também é importante poder contar com a fantasia como parte essencial do espírito fraterno

SIGNOS NA PONTA DA CASA 12 OU INTERCEPTADOS NA CASA 12

ÁRIES NA PONTA DA CASA 12 OU INTERCEPTADO NA CASA 12
– Ficar a sós facilita a conquista da independência e da autoconfiança
– O enfrentamento dos fantasmas e anseios interiores é feito com garra, espírito guerreiro e com a coragem de lidar com o que está fora de seu controle
– Seus maiores adversários interiores são a agressividade, a raiva e a impaciência

- O mergulho para dentro de si mesmo na busca de uma organização psíquica ou espiritual é vivido como um desafio a ser vencido, estimulado pelos conflitos interiores e pelo desejo de confiar nas próprias decisões

TOURO NA PONTA DA CASA 12 OU INTERCEPTADO NA CASA 12
- Ficar a sós facilita o desenvolvimento da paciência e da doçura
- O enfrentamento dos fantasmas e anseios interiores é feito com cuidado e com a determinação de que é capaz de lidar com o que está fora de seu controle
- Seus maiores adversários interiores são o apego, o controle e a passividade
- O mergulho para dentro de si mesmo na busca de uma organização psíquica ou espiritual é vivido como um trabalho, estimulado pelo desejo de superar problemas de ordem material ou afetiva

GÊMEOS NA PONTA DA CASA 12 OU INTERCEPTADO NA CASA 12
- Ficar a sós facilita a concentração e a organização mental
- O enfrentamento dos fantasmas e anseios interiores é feito com questionamentos e com leveza ao lidar com o que está fora de seu controle
- Seus maiores adversários interiores são a indecisão, as divisões e a dispersão
- O recolhimento para dentro de si mesmo na busca de uma organização psíquica ou espiritual é vivido como um aprendizado, estimulado pelo desejo de superar problemas de ordem intelectual ou de comunicação

CÂNCER NA PONTA DA CASA 12 OU INTERCEPTADO NA CASA 12
- Ficar a sós facilita o desenvolvimento da segurança emocional e o fortalecimento dos laços afetivos
- O enfrentamento dos fantasmas e anseios interiores é feito com sensibilidade e com cuidado ao lidar com o que está fora de seu controle
- Seus maiores adversários interiores são ressentimentos, mágoas e padrões repetitivos que não evoluem em crescimento

- O recolhimento para dentro de si mesmo na busca de uma organização psíquica ou espiritual é vivido como um mergulho na sua interioridade, estimulado pelo desejo de superar os problemas de ordem familiar e afetiva, além daqueles que tenham a ver com experiências vividas no passado

LEÃO NA PONTA DA CASA 12 OU INTERCEPTADO NA CASA 12
- Ficar a sós facilita o desenvolvimento da autoestima e da alegria de viver
- O enfrentamento dos fantasmas e anseios interiores é feito com confiança e com vigor ao lidar com o que está fora de seu controle
- Seus maiores adversários interiores são a submissão à força do ego e a agressividade
- O mergulho para dentro de si mesmo na busca de uma organização psíquica ou espiritual é vivido como um modo de dominar a si mesmo, estimulado pelo desejo de superar problemas gerados pela vaidade e pela onipotência

VIRGEM NA PONTA DA CASA 12 OU INTERCEPTADO NA CASA 12
- Ficar a sós facilita o desenvolvimento da autocrítica e a reparação de erros
- O enfrentamento dos fantasmas e anseios interiores é feito com espírito investigativo e com praticidade ao lidar com o que está para além de seu controle
- Seus maiores adversários interiores são a ansiedade e a mania de perfeição
- O recolhimento para dentro de si mesmo na busca de uma organização psíquica ou espiritual é vivido como um trabalho de aperfeiçoamento, estimulado pelo desejo de superar problemas gerados pela desorganização da vida prática

LIBRA NA PONTA DA CASA 12 OU INTERCEPTADO NA CASA 12
- Ficar a sós facilita as próprias reflexões e entendimentos
- O enfrentamento dos fantasmas e anseios interiores é feito com equilíbrio e com ponderação ao lidar com o que está fora de seu controle

- Seus maiores adversários interiores são a indecisão e a dependência
- O mergulho para dentro de si mesmo na busca de uma organização psíquica ou espiritual é vivido como forma de encontrar respostas para as perguntas que a mente faz, e que a razão não é capaz de responder

ESCORPIÃO NA PONTA DA CASA 12 OU INTERCEPTADO NA CASA 12
- Ficar a sós facilita a conexão com as próprias sombras
- O enfrentamento dos fantasmas e anseios interiores é feito com efervescência e com envolvimento ao lidar com o que está fora de seu controle
- Seus maiores adversários interiores são a obsessão e a dominação
- O mergulho para dentro de si mesmo na busca de uma organização psíquica ou espiritual é vivido como forma de transformar-se acessando aquilo que habita nas camadas mais densas e profundas da alma

SAGITÁRIO NA PONTA DA CASA 12 OU INTERCEPTADO NA CASA 12
- Ficar a sós facilita viajar para dentro de si mesmo
- O enfrentamento dos fantasmas e anseios interiores é feito com ânimo e com positividade ao lidar com o que está para além de seu controle
- Seus maiores adversários interiores são a insatisfação e o dogmatismo
- O mergulho para dentro de si mesmo na busca de uma organização psíquica ou espiritual é vivido como forma de evoluir mente e alma, indo em busca da superação dos próprios conflitos e frustrações

CAPRICÓRNIO NA PONTA DA CASA 12 OU INTERCEPTADO NA CASA 12
- Ficar a sós facilita levar razão às emoções
- O enfrentamento dos fantasmas e anseios interiores é feito com maturidade e com prudência ao lidar com o que está fora de seu controle
- Seus maiores adversários interiores são a rigidez e a cobrança por resultados

- O mergulho para dentro de si mesmo na busca de uma organização psíquica ou espiritual é vivido como forma de buscar resoluções para questões emocionais, construindo um ambiente interno seguro e bem estruturado

AQUÁRIO NA PONTA DA CASA 12 OU INTERCEPTADO NA CASA 12
- Ficar a sós facilita encontrar informações sobre as próprias questões
- O enfrentamento dos fantasmas e anseios interiores é feito com liberdade e inventividade ao lidar com o que está fora de seu controle
- Seus maiores adversários interiores são a irritabilidade e a falta de autoconfiança
- O mergulho para dentro de si mesmo na busca de uma organização psíquica ou espiritual é vivido como forma de atualizar os próprios sentimentos, cultivando sempre um novo olhar para aquilo que é vivido internamente

PEIXES NA PONTA DA CASA 12 OU INTERCEPTADO NA CASA 12
- Ficar a sós facilita o contato com a imaginação
- O enfrentamento dos fantasmas e anseios interiores é feito com intuição e com receptividade ao lidar com o que está fora de seu controle
- Seus maiores adversários interiores são a nebulosidade e a confusão emocional
- O mergulho para dentro de si mesmo na busca de uma organização psíquica ou espiritual é vivido como forma de honrar a própria sensibilidade, fortalecendo os sonhos e possibilitando a tão desejada calma na alma

CAPÍTULO 7
Aspectos

Apresentação

Os aspectos astrológicos são distâncias que separam os astros, medidas na eclíptica, em graus, minutos e segundos, estabelecendo, desse modo, uma interação dinâmica entre eles. São esses ângulos que determinam a natureza de suas relações. Desde a Antiguidade os aspectos são utilizados na interpretação astrológica, e existem os chamados aspectos menores e maiores, sendo estes últimos mais significativos e amplamente utilizados pelos estudiosos e praticantes da astrologia. Estudaremos a seguir os mais importantes:

♂ Conjunção — distância angular de 0°

✶ Sextil — distância angular de 60°

☐ Quadratura — distância angular de 90°

△ Trígono — distância angular de 120°

☍ Oposição — distância angular de 180°

Os aspectos podem ser, ainda, favoráveis ou conflitantes. São considerados favoráveis ou harmônicos os trígonos, os sextis e as conjunções. Os conflitantes, ou desfavoráveis, são as quadraturas, as oposições e também as conjunções. O que geralmente determina a qualidade de uma conjunção é a natureza dos planetas e dos outros aspectos envolvidos.

Os aspectos, ao se relacionarem com harmonia, indicam que a interação das forças envolvidas flui com facilidade. São considerados pontos de apoio, possibilidades de se encontrar soluções sem muito esforço. As funções representadas pelos planetas que formam esses aspectos são suavizadas, sem muitas arestas, e a combinação entre eles favorece sua realização. Entretanto, é comum haver acomodação e pouca noção do seu valor. A conscientização dessas potencialidades é fundamental para que seu efeito seja sentido com maior evidência.

Quando interagem com desarmonia, os desafios surgem, resultando em desgaste e estresse. É mais difícil combinar as funções envolvidas nesse aspecto. É considerada uma zona de conflito, geradora de crises, angústias, questionamentos e tensões. É como se houvesse uma disputa por espaço, muitas vezes provocando a anulação daquilo que o planeta representa. Por outro lado, esses aspectos são extremamente criativos quando bem-canalizados. O fato de ser necessário superar as dificuldades e frustrações desenvolve um senso crítico mais apurado e um rico aprendizado.

Os conceitos de "positivo" e "negativo", tão comuns nas interpretações dos aspectos, devem ser reformulados, pois, assim como uma dificuldade pode ser utilizada de forma positiva, uma facilidade também é capaz de desenvolver características negativas. Não se deve julgar o comportamento de um indivíduo de forma categórica, imutável ou preconceituosa. O livre-arbítrio, a criatividade e, principalmente, a consciência da sua potencialidade são aspectos inerentes à natureza humana que devem ser, sobretudo, respeitados nas interpretações astrológicas.

Orbe

Quando a distância angular de um determinado aspecto formado entre dois planetas é exata, ele é denominado de aspecto partil. Porém, há uma tolerância medida em arco de grau para a constituição de um aspecto entre dois astros. Essa distância é chamada orbe — entretanto, há divergências em relação a essa quantificação. Como referência, utilizaremos as orbes a seguir:

CONCEITOS-CHAVE DOS ASPECTOS

CONJUNÇÃO ☌
Natureza — Favorável ou conflitante
Distância angular — 0°, via de regra entre planetas no mesmo signo
Orbe — do Sol a Marte e entre si, 10° a 12°
        de Júpiter a Plutão e entre si, 6° a 8°

Liberação de energia, intensidade, tensão, impulsividade, potencialização de energia.

SEXTIL ✶
Natureza — Favorável
Distância angular — 60°, via de regra entre planetas em signos de elementos opostos
Orbe — do Sol a Marte e entre si, 4° a 6°
  de Júpiter a Plutão e entre si, 2° a 4°

Negociação, interação, flexibilidade, movimento, inteligência, troca, compensação.

QUADRATURA □
Natureza — Conflitante
Distância angular — 90°, via de regra entre planetas em signos da mesma triplicidade
Orbe — do Sol a Marte e entre si, 8° a 10°
  de Júpiter a Plutão e entre si, 4° a 6°

Tensão, conflito, obstrução, obstáculos, limite, estresse, desordem energética.

TRÍGONO △
Natureza — Favorável
Distância angular — 120°, via de regra entre planetas em signos do mesmo elemento
Orbe — do Sol a Marte e entre si, 8° a 10°
  de Júpiter a Plutão e entre si, 4° a 6°

Criatividade, fluidez, oportunidade, sorte, facilidades, amplitude.

OPOSIÇÃO ☍
Natureza — Conflitante
Distância angular — 180°, via de regra entre planetas em signos opostos
Orbe — do Sol a Marte e entre si, 10° a 12°
  de Júpiter a Plutão e entre si, 6° a 8°

Tensão, confrontação, complementação, compensação, instabilidade, indecisão.

Conjunção

Ângulo de 0°. É quando dois ou mais planetas se encontram na mesma longitude, estando juntos. É o mais forte de todos os aspectos, pois suas características se potencializam. Dessa combinação resulta uma intensa liberação de energia. A conjunção pode ser interpretada como uma força que dificilmente consegue ser detida. Os elementos astrológicos envolvidos interagem com impulsividade, impaciência e, muitas vezes, intolerância. Por outro lado, é possível notar uma expressão franca das suas necessidades, um forte desejo de agir de forma independente, sem a interferência dos outros ou de fatores externos.

Dependendo de quais são os planetas envolvidos, a conjunção pode ser favorável ou não. Os planetas de características mais suaves interagem de forma fluente, facilitando sua expressão. É o caso do Sol, da Lua, de Mercúrio, Vênus e Júpiter. Quando estão envolvidos aqueles com qualidades intensas e desafiadoras, a conjunção opera especialmente de maneira tensa. Marte, Saturno, Urano, Netuno e Plutão são os que se expressam dessa forma. Entretanto, ao se mesclarem planetas de diferentes características, a conjunção costuma ser sentida tanto como um aspecto favorável quanto conflitante. Também se houver outros aspectos a envolvendo, sua qualidade é diferenciada. Uma conjunção desfavorável que forma um aspecto harmonioso com um ou mais planetas, por exemplo, opera de forma fluente, diferente daquela que forma aspectos tensos e que se expressa de maneira conflituosa. De outro modo, quando a conjunção é favorável, mas está envolvida em outros aspectos conflitantes, ela se expressa de forma desfavorável. De qualquer maneira, todo tipo de aspecto deve ser interpretado como um conjunto de relações existentes com os demais elementos do mapa natal. É uma espécie de equação que envolve diferentes operações.

Sextil

Ângulo de 60°. É considerado um aspecto favorável. Na maioria dos casos, os planetas que formam um sextil estão em elementos opostos: Fogo e Ar, Terra e Água. Esses planetas interagem a partir de forças complementares, o que significa que, ao se relacionarem, tendem a promover um equilíbrio dinâmico e inteligente. A força resultante dessa combinação auxilia o desenvolvimento da habilidade de raciocínio e de estabelecer relações. Em geral, nota-se uma enorme flexibilidade e facilidade de movimento. É um aspecto que tem como característica renovar as energias, fazer circular tudo que estiver estagnado. Também é utilizado como um ponto indicador de saídas e soluções de problemas. Funciona como uma porta de emergência para outras posições, que contêm tensões e conflitos maiores. Apesar de sua atuação ser mais suave que a do trígono — considerado o aspecto harmonioso mais forte —, sua sutileza desempenha papel fundamental na interpretação do mapa como um todo. O sextil é um complemento que organiza nossa estrutura para torná-la flexível, possibilitando a constante reorganização de nossas experiências e potencialidades. Há também a característica de auxiliar no aprendizado. As capacidades representadas pelos planetas, pelos signos e pelas casas envolvidas nesse aspecto se tornam cada vez mais ativas e intensas na medida em que aprendemos a lidar com elas. Há troca e inevitável absorção de informações. É evidente que o seu aproveitamento depende do esforço empreendido em direção ao aprendizado. Entretanto, nas áreas envolvidas por esse aspecto, tendemos a ser mais abertos às diferentes opiniões e muito mais curiosos em relação ao que ocorre ao nosso redor.

Quadratura

Ângulo de 90°. É considerado o mais difícil dos aspectos. A quadratura simboliza um conflito existente entre desejos que se chocam, que costumam ser incompatíveis. Nela constatamos inseguranças e medos. Há uma tendência das forças envolvidas a se anularem e, em consequência, uma grande perda de energia. Esse aspecto está associado a ansiedade, estresse, desequilíbrio e desordem energética. Entretanto, o desafio representado pela quadratura é capaz de gerar potencialidades muitas vezes inacreditáveis em áreas que tendem a ser menos exploradas. É o caso de inúmeras pessoas que se sobressaem exatamente nos campos envolvidos na quadratura. Se o conflito é com a linguagem, é possível que a pessoa desenvolva um modo extremamente criativo de se comunicar, a exemplo de escritores, poetas, pesquisadores e professores. Como esse aspecto representa algo difícil de se administrar, muitas vezes se manifesta de forma inconsciente ou até mesmo defensiva. Se houver uma indicação de baixa autoestima, por exemplo, é possível que a pessoa apresente traços de arrogância e tente impor sua vontade a todo custo. Aparentemente, ela se mostra muito segura de si, o que, na verdade, esconde sua própria fragilidade. É preciso que se tenha bastante cuidado ao interpretar esse aspecto, pois nem sempre a pessoa tem contato com o que verdadeiramente ocorre com ela. É frequente, também, que fatos ocorridos no passado tenham deixado marcas que bloqueiem a expressão da pessoa ou que a impeçam de lidar naturalmente com isso. Em geral, os planetas que formam uma quadratura estão em signos da mesma triplicidade: Áries, Câncer, Libra e Capricórnio; Touro, Leão, Escorpião e Aquário; Gêmeos, Virgem, Sagitário e Peixes.

Trígono

Ângulo de 120°. O mais harmonioso dos aspectos. Em geral, os planetas que formam um trígono estão em signos do mesmo elemento: Áries, Leão e Sagitário; Touro, Virgem e Capricórnio; Gêmeos, Libra e Aquário; Câncer, Escorpião e Peixes. Eles interagem de maneira a intensificar-se mutuamente. Mesmo que os planetas envolvidos sejam de natureza divergente, os signos que atuam no aspecto apresentam características semelhantes. O trígono pode ser comparado a uma parceria que resulta em empreendimentos bem-sucedidos. É uma espécie de bênção que nos ajuda a remover as dificuldades. O trígono deve ser interpretado como uma oportunidade que a vida nos concede e devemos estar atentos para poder aproveitá-la. É certo que iremos também encontrar as dificuldades naturais representadas pelos símbolos (planetas, signos e casas) envolvidos no aspecto. Entretanto, temos uma sabedoria especial em lidar com essas dificuldades, o que certamente ajuda a descobrir suas soluções. Podemos traduzi-lo, também, como uma indicação de determinados talentos especiais. Quanto mais conscientes estivermos de sua existência, maior a possibilidade de realização. No trígono as energias fluem sem desgaste.

Quando utilizadas, são facilmente repostas. Isso significa que é uma área com pouquíssima ou nenhuma tensão ou estresse. O problema que podemos encontrar é a existência de certa tendência à acomodação, na medida em que há ausência de desafios. É comum encontrarmos pessoas que pouco aproveitam a potencialidade e as facilidades indicadas nesses aspectos. Nesses casos, deve-se estimular a criatividade e a coragem de correr determinados riscos. Isto certamente pode desencadear um movimento que torna possível a realização de capacidades pouco exploradas.

Oposição

Ângulo de 180°. É quando um planeta se encontra diametralmente oposto a outro. Em geral, estão em signos opostos: Áries e Libra; Touro e Escorpião; Gêmeos e Sagitário; Câncer e Capricórnio; Leão e Aquário; Virgem e Peixes. Eles se opõem e sua força pode ser interpretada como tensão ou como dois princípios que tendem a se complementar. Eles se encontram frente a frente um com o outro. Muitas vezes, há uma espécie de duelo entre eles, no qual um fica constantemente testando a força do outro. É evidente que, com o tempo, a "corda" tende a arrebentar no lado mais fraco. As oposições, em geral, são aspectos que envolvem fatores externos: estimulam o aprendizado e a compreensão de si e do próximo. Há algo do outro lado que faz refrear sua ação e impulsividade. É possível, também, que a pessoa projete suas necessidades e tendências no outro ou, então, que viva numa constante dependência de aprovação externa. É um símbolo de ponderação e busca de equilíbrio. Entretanto, os pratos da balança estão em constante movimento de subir e descer, dimensionando pesos e valores. Dependendo do modo como é usada, pode gerar paralisação ou efeito dinâmico causado pelo desafio de tentar harmonizar duas forças contrárias mas que, na realidade, se completam. É um aspecto que pode revelar divisão e dificuldade de tomar decisões. O certo é que, ao atingir um relativo equilíbrio, esse conflito deixa de existir e a pessoa age por intermédio da razão e do bom senso. É considerado um aspecto difícil, mas, pode ser vivido com muito menos estresse ao se optar por esse caminho.

Grande quadratura

Diz respeito a quando quatro planetas se encontram equidistantes, a 90 graus. Forma-se, então, um quadrado, constituindo uma das configurações astrológicas mais tensas, pois os planetas envolvidos sofrem enorme pressão — é como se estivessem "atados" por forças resistentes que impedem sua expressão. Essa configuração fechada opera de modo a dificultar a liberação das energias envolvidas (planetas, signos e casas), podendo gerar comportamentos repetitivos que, em geral, causam algum tipo de sofrimento e estresse. Esse aspecto deve ser duramente trabalhado para que sua manifestação ocorra de maneira criativa e construtiva, aliviando, assim, os pontos de tensão.

Em geral, os signos envolvidos pertencem a uma mesma triplicidade, qualificando a origem dos conflitos. Se forem signos cardinais, o problema envolve individualidade e relacionamento. A questão é conquistar uma identidade própria e mantê-la, mas sem sacrificar a qualidade dos relacionamentos. Por outro lado, ao se relacionar, é preciso saber o que e como ceder para não comprometer a manutenção do modo singular do sujeito ser e viver. O caminho trilhado na conquista de um lugar próprio no mundo deve compreender as relações íntimas e pessoais, não permitindo que nem um nem outro se anulem. É possível que, nesse aspecto, a individualidade seja muito sacrificada em função de alguma dependência emocional, ou, de modo inverso, que as relações sejam problemáticas em função de um alto grau de individualismo.

Se os signos envolvidos forem do tipo fixo, a problemática envolve o exercício do poder e o sentimento de posse. A manutenção excessiva do controle impede a entrega, e há possibilidade de ficar refém do próprio desejo de dominação. Entretanto, a possessividade também pode impedir o domínio de algumas situações. Há dificuldade de se impor a vontade, deixando-se dominar pelos sentimentos. É preciso aprender a perder e restaurar as forças, a se entregar, mantendo o eixo no lugar. Acostumar-se a resolver tudo sozinho pode levar a um enorme desgaste, ao não aproveitamento do que é possível controlar e, finalmente, à perda total do domínio sobre si mesmo.

E, finalmente, quando os signos forem mutáveis, a origem do problema é a dificuldade de negociar teoria e prática. Pode-se conhecer muito acerca de algo, mas não conseguir aplicá-lo na vida cotidiana. O inverso também é verdadeiro. Ao ganhar experiência, compreende-se que faltam informações para que ela possa ser transmitida aos outros, perdendo-se, assim, uma rica fonte de conhecimento. Muitas vezes, torna-se quase impossível aplicar na prática aquilo que se acredita ser verdadeiro, invalidando determinadas ideias. Outro conflito frequente é a angústia de querer compreender o significado das experiências de vida, mergulhando num universo profundo de sombras e incompreensão. Para essa posição, se faz necessário harmonizar vivência e conceito, impedindo que ambos deixem de ter o seu valor.

Grande trígono

Diz respeito a quando três planetas se encontram equidistantes, a 120°. Forma-se, então, um triângulo equilátero composto por trígonos. Essa é uma das formações mais harmônicas e que costuma chamar atenção ao se estudar um mapa astrológico. Ela é considerada, com muita frequência, uma bênção concedida. Os planetas envolvidos interagem com harmonia, facilitando sua expressão e realização. Há um talento especial a ser explorado que, pelo fato de estar numa posição privilegiada, pode gerar grande acomodação. É dever do astrólogo anunciar essa potencialidade, para que a pessoa se conscientize das suas possibilidades. Cada planeta pertencente ao grande trígono intensifica a ação do outro, sustentando-o, dando-lhe apoio e criando uma força extra para sua realização. A energia que circula nessa configuração é facilmente recuperada quando utilizada, por isso, verifica-se pouquíssimo desgaste.

Em geral, os signos envolvidos nesse aspecto são do mesmo elemento. Por isso, sua qualidade está associada às potencialidades representadas nele. Quando formado pelo elemento Fogo, a criatividade está enaltecida. Também é possível que sejam exploradas as capacidades de liderança e gerenciamento. A pessoa se impõe com naturalidade e há, em geral, ânimo para querer seguir adiante. É uma espécie de fagulha de vida que gera disposição e alegria. Em contrapartida, pode ser difícil para a pessoa compartilhar o seu "palco" com os demais. É necessário ficar atento à tendência de centrar-se demais em si mesmo, esquecendo de considerar a vontade de quem está à volta.

Se o elemento envolvido for Terra, as capacidades produtivas ganham um enorme espaço no seu universo empreendedor. A grande qualidade desse aspecto é estar em constante contato com a realidade palpável, definindo parâmetros objetivos para melhor compreensão do mundo. O trabalho pode ocupar um espaço considerável na vida do indivíduo, sendo necessário sentir-se ocupado e útil. Em geral, esse indivíduo tende a organizar aquilo que carece de ordem, podendo se tornar demasiado rígido e deixar um pouco de lado a sensibilidade e as emoções. Dependendo da disposição do mapa como um todo, é necessário contatar seus sentimentos com mais profundidade e aprender a se relacionar com o que dificilmente pode ser definido.

O triângulo formado pelo elemento Ar enobrece a capacidade de se relacionar e de interagir socialmente. Há consciência da força conjunta, das necessidades coletivas, que, se desenvolvida, pode ser empregada em benefício dos outros. A racionalidade também ganha espaço, servindo como elemento fundamental para a compreensão da realidade. As capacidades mentais estão ampliadas, o poder de raciocínio ajuda a resolver as situações de conflito. É preciso prestar atenção à falta de espontaneidade, caso não haja outro elemento relevante no seu mapa de nascimento. A ideia do conjunto pode comprometer razoavelmente sua própria vontade no momento em que é necessário se impor.

O elemento Água, ao participar desse tipo de aspecto, se expressa por intermédio de uma verdadeira fonte de inspiração e sensibilidade. O universo das emoções circunda sua realidade, deixando-o em sintonia com o imensurável. As emoções têm um espaço especial no seu universo pessoal, engrandecendo a capacidade de lidar com as energias sutis do comportamento humano. É preciso apenas tentar estabelecer maior contato com a realidade palpável para não se distanciar demasiadamente dela. Pode haver falta de limites e dificuldade de lidar com eles se o mapa não apresentar algum aspecto que equilibre essa tendência.

PARTE III
Interpretação

CAPÍTULO 8
Planetas nos signos

O SOL NOS SIGNOS

O signo solar é o signo que conhecemos pelos horóscopos dos jornais e das revistas e que é responsável pela manutenção da vitalidade, do vigor e da boa saúde. Também a ele são atribuídos o modo como a pessoa exerce sua vontade, organiza sua individualidade e se mantém imune às influências externas. A realização das qualidades desse signo auxilia na construção de um ego saudável e de uma boa relação com a realidade. Investir no signo solar significa aumentar as chances de ser reconhecido e bem-sucedido.

Sol no signo de Áries ☉ ♈

Quando o Sol se encontra no primeiro signo do Zodíaco, a potencialidade de ambos fica dilatada, pois, cada um ao seu modo, lida com energias semelhantes. Tanto o Sol rege um signo do elemento Fogo — Leão — quanto Áries é do mesmo elemento. Visto que suas qualidades são parecidas, o espírito de liderança, o amor à liberdade e a impulsividade ficam acentuadas. Ser do signo de Áries é, portanto, querer caminhar sozinho, ser senhor da sua vontade e assumir o comando do seu destino. O ariano entende que a vida pode ser vivida de um jeito singular, sem interferência das pressões externas e, quando for impossível evitá-las, deve saber enfrentá-las com dignidade. Outrossim, ser de Áries é lidar com os oponentes com bravura e mostrar com franqueza sua personalidade combativa. A matéria-prima para forjar tal personalidade é desejar ser independente e, por isso mesmo, não permitir que ninguém lute no seu lugar pela conquista de um espaço ao Sol. Via de regra, suas decisões são impulsivas, pois esse signo é intuitivo e, muitas vezes, precipitado. Também costuma ser competitivo e é facilmente motivado quando se vê diante de desafios, pois se sente bem ao encarar situações nas quais a coragem lhe é exigida, a despeito de suas inseguranças e temores. A vida de um ariano traduz de forma exemplar o mito do herói, posto que é sempre uma aventura criar e enfrentar os perigos da sua jornada pessoal em direção à construção de um modo próprio de ser no mundo. Como primeiro signo do Zodíaco, Áries simboliza todo e qualquer processo de criação, a inquietude frente à estagnação, o espírito jovem. Por ser assim, quando explode, nada fica onde estava, e seus rompantes resultam da impaciência gerada tanto pelas pressões externas quanto pelas pressões internas, que precisam ser liberadas. Nessas situações, algumas atitudes são invariavelmente agressivas, quando não violentas. A propósito, o anseio de resolver tudo prontamente impede, em muitos casos, a ação dos outros, e pode gerar desarmonia. Guerreiro, mantém-se constantemente em estado de alerta. Dispõe de um potencial rico de energia vital e encara os desafios com vigor, ousadia e coragem.

A luz do Sol que ilumina o signo de Áries projeta sombra no seu oposto, Libra. As qualidades desse signo — ponderação e equilíbrio — devem ser desenvolvidas para se encontrar harmonia, seja consigo mesmo, seja nas relações. Deve aprender a ceder, dar lugar à vontade dos outros e ser manso para não ferir os demais. Sendo ponderado, é possível alcançar melhores resultados em seus empreendimentos, e suas atitudes certamente atingirão com mais facilidade o alvo da sua vontade.

Sol no signo de Touro ☉ ♉

Como um signo do elemento Terra, Touro representa o universo das certezas, do aspecto palpável das coisas, daquilo que pode ser medido e pesado. Pode-se afirmar que a realidade para esse elemento é descrita a partir das sensações físicas, pois, na sua forma de compreender o mundo, o corpo fala, sente e percebe. Esse signo está associado à praticidade, sendo a pessoa de Touro realista, firme e determinada. É como a ponte que possibilita, aproxima ou torna mais fácil o acesso entre realidades distantes. Sendo Vênus, símbolo do amor e do prazer, o seu planeta regente, os taurinos avaliam a qualidade de um produto por meio de sua sensibilidade e experiência. Aliás, quem é deste signo aprecia os prazeres da vida, especialmente se tiverem relação com o conforto e com as sensações físicas. Esse signo é denso e receptivo na maneira de encarar as experiências e igualmente prático, racional e construtivo no que diz respeito às possibilidades de escolha. Outra qualidade é a perseverança, pois seu desejo é ferrenho, e o taurino raramente abre mão dele, salvo se for ameaçado de perdas, pois, nesse caso, deve ponderar a relação custo-benefício para então decidir se deve ou não persistir na mesma direção. Por ser um signo associado à fecundidade da Terra, Touro também acolhe, na sua simbologia, as realizações produzidas pelo trabalho. Ter o Sol nesse signo significa, portanto, ter potencial para pôr a mão na massa e não recusar as tarefas que requerem esforço, inclusive físico. O instinto de preservação acompanha suas escolhas, sejam elas de trabalho ou afetivas, pois Touro representa as definições e os valores estáveis, afirmando ainda mais as já referidas tendências à persistência, à estabilidade e ao conforto. O acúmulo de recursos faz parte da sua estratégia para promover a segurança tão desejada, já que a realidade mutável e impermanente da vida lhe é ameaçadora. O fantasma da perda costuma assolar sua alma e pode levá-lo a agir contra a sua vontade. Daí a frequente sensação de estar sendo traído pelo próprio desejo. Se souber dominar tal medo, o taurino é capaz de evitar danos em muitas áreas da vida, especialmente na profissional e afetiva. O importante é — à semelhança do signo oposto, Escorpião — desenvolver o desapego e compreender que um dia tudo acaba. Ciente disso, saberá preservar o que é seu sem ser escravo dos seus temores.

Sol no signo de Gêmeos ☉ ♊

Sendo Gêmeos um signo de Ar, ele invariavelmente carrega no seu simbolismo a habilidade de transitar no universo dos relacionamentos e, igualmente, no da linguagem. Particularmente a Gêmeos é acrescentada a natureza dual e, portanto, plural. A compreensão da vida e da morte, amor e ódio, alegria e tristeza, bem e mal, ilustra o modo de pensar e viver de um geminiano. Pois, para ele, viver é experimentar a alternância dos dias e das noites, da luz e da sombra, da alegria e da dor. Este signo simboliza o movimento, a formação do intelecto e a capacidade de absorção de informações. Como ser de Gêmeos é também ansiar por encontrar respostas aos seus questionamentos, o diálogo é indispensável. Com o geminiano há circulação das ideias, os interesses se multiplicam, sendo saciada sua sede de conhecimento. A comunicação é matéria-prima para a construção do seu jeito singular de ser e de compreender o mundo. Outrossim, a adaptação é um dos seus mais valiosos dons, gerando movimento. Um geminiano sempre muda, se transforma e tem elasticidade para lidar com toda sorte de situações. Ser de Gêmeos é ser múltiplo e aprender com os movimentos da vida, tendo também urgência em conhecer outras pessoas, já que lhe agradam as diferenças. Por isso, é possível se perder na diversidade dos seus interesses e se tornar uma pessoa dispersiva. A falta de um objetivo pode gerar angústia — é viver dividido e cheio de dúvidas. A multiplicidade cria a sensação de busca por uma saída num labirinto complexo, de se encontrar perdido num universo vasto de possibilidades e de tão difícil escolha. Este signo volátil, adaptável e múltiplo aponta sempre para diferentes direções e, por isso, é capaz de perder o foco com frequência. Sua força se concentra na mente e no poder da comunicação, mas a luz do Sol no signo de Gêmeos projeta sombra no seu oposto, Sagitário. As qualidades deste signo devem ser desenvolvidas para alcançar equilíbrio. A flecha do centauro — meio animal, meio homem —, apontada para o alto, indica a necessidade de se estabelecer metas e se esforçar ao máximo para atingi-las e, ao fixar os pensamentos para um alvo, evita-se seguramente a dispersão e o desperdício de energia.

Sol no signo de Câncer ☉ ♋

O signo de Câncer, regido pela Lua, está relacionado com a sensibilidade, a intimidade, as emoções e o passado, tudo isso magistralmente representado pelo caranguejo com seus passos para a frente e para trás. Ter o Sol nesse signo, símbolo da consciência e portador da luz, é ser o guardião da memória, abastecer o celeiro das recordações e atualizá-las. Ser de Câncer é se sujeitar e aproveitar bem os ciclos que se repetem. O caráter mutante da Lua, com suas fases crescente e minguante, representa o aspecto ora objetivo, ora subjetivo do temperamento emocional de um canceriano. São os humores variáveis, a facilidade de ser afetado e afetar as pessoas, a sensibilidade às atmosferas e aos climas. O canceriano é receptivo, absorve os acontecimentos da vida e espelha a imagem do exterior. Envolto em sua própria casca, carrega dentro de si o registro dessas impressões. Outrossim, o Sol em Câncer está associado à integridade e à estabilidade emocional, que normalmente têm suas raízes nas relações de afetividade, no histórico familiar e nos condicionamentos do passado. Ser deste signo é possuir um forte instinto de proteção, especialmente quando diante de alguém atingido pelo sofrimento do desamparo. Sua sensibilidade é imensa e sua imaginação, também. Câncer é "a visão do amanhã e a conservação emocional do ontem",[52] com dificuldade de lidar com o presente. A luz do Sol neste signo cria sombra no seu oposto, Capricórnio. As qualidades de Câncer devem ser desenvolvidas para que haja equilíbrio, quais sejam, a razão, a confiança e a praticidade. Suas realizações ficam comprometidas se não forem dados os passos necessários para que seus sonhos se realizem. As tensões emocionais criam uma forte turbulência interior, deixando turvo o olhar dirigido à realidade. Facilmente envolvido por questões afetivas e emocionais, o canceriano perde os referenciais de ordem e estabilidade. Por isso, é preciso buscar um caminho seguro que torne possíveis suas realizações — caminhos iluminados pelo presente e que o conduzam com segurança do passado em direção ao futuro.

Sol no signo de Leão ☉ ♌

Essa combinação é marcada pela intensidade, já que o signo de Leão tem como regente natural o próprio Sol. Em virtude disso, ser de Leão é ser portador de um tipo de força comparável à da atração exercida pelo Sol sobre seus planetas, súditos fiéis e obedientes ao seu comando. Via de regra, de posse do seu magnetismo pessoal, os leoninos atuam como um Sol brilhante que atrai para si pessoas ansiosas por vida e luz. A propósito, suas atitudes refletem seu potencial luminoso, criativo, de domínio e de força. Sendo um signo de Fogo, Leão está intimamente relacionado à consciência do poder. Ser leonino significa impor sua vontade, não deixando dúvidas sobre seus desejos. Seu reino é o reino das emoções, dos sentimentos dramáticos e das coisas do coração. Com tal intensidade, não é raro um leonino se tornar o personagem central dos acontecimentos que atravessam a sua vida. Em compensação, por conta de um coração generoso, mesmo

---

[52] MASHEVILLE, Emma Costet de. *Luz e sombra*. Brasília: Editora Teosófica, 1997. p. 51.

com toda a sua força pessoal, amolece com muita facilidade desde que lhe prestem as devidas homenagens, tendência que o torna ainda mais fascinante. Entretanto, a luz do Sol neste signo gera sombra no seu oposto, Aquário, e suas qualidades devem ser desenvolvidas para que haja equilíbrio, quais sejam, a humildade, o altruísmo e a fraternidade. Para tal, é preciso descer do seu próprio trono, servir a seu povo e dar a liberdade na medida justa. A natureza dominadora deste signo revela a dificuldade de se relacionar com as tempestades decorrentes da própria força. No entanto, elas atuam como libertadoras e criadoras dos novos padrões, rompendo com a ditadura de controle à qual o leonino está sujeito. A autoexigência excessiva e o medo de falhar impedem a entrega ao desconhecido e sombrio. Num símbolo diretamente associado ao luminoso, o obscuro é sinônimo de temor. Reconhecer o que está por detrás dos refletores complementa uma personalidade forte na sua autoexpressão, intensa nos seus gestos e generosa de espírito.

Sol no signo de Virgem ☉ ♍

Sendo a função do Sol iluminar, tê-lo no signo de Virgem é como colocar diante dos holofotes os valores associados à terra e à natureza, ou seja, a fertilidade na produção do trabalho e a arte de viver com organização e simplicidade. Virgem simboliza a variação da forma, a vida manifestada na matéria; representa a realidade palpável e tudo que pode ser medido e comprovado. Ser de Virgem é, por conseguinte, ser uma pessoa funcional, prática e construtiva, fazendo da organização a matéria-prima com a qual constrói sua individualidade. No cerne da sua mitologia, o signo de Virgem simboliza o cultivo da terra, o respeito às leis da natureza e da utilização sustentável do solo. Regido por Mercúrio, símbolo das potencialidades mentais, Virgem também representa o discernimento, a capacidade de separar, averiguar e avaliar. Quem é desse signo costuma empreender um exame minucioso de todos os acontecimentos, pois nada escapa ao seu olhar atento e curioso. Observa com perspicácia as mínimas falhas e busca a perfeição. Crítico, o virginiano é capaz de separar o joio do trigo, limpando as impurezas. Sua mente analítica e pragmática "filtra" a realidade para enxergá-la com clareza e simplicidade, de maneira que seu espírito observador faz o aprendizado ocorrer de acordo com o que pode ser visto e comprovado. Por ser extremamente crítico, essa faceta do seu temperamento também se aplica à avaliação do próprio desempenho e, quando enfrenta suas falhas, tornando-o apto às mudanças capazes de aprimorá-lo. A exigência em relação ao trabalho é outra consequência desse modo de ser e de compreender a vida. No fim das contas, seu desejo é aperfeiçoar seu desempenho — seja físico, mental ou emocional. Em contrapartida, a luz do Sol no signo de Virgem gera sombra no signo oposto, Peixes. É necessário desenvolver suas qualidades — sensibilidade, imaginação e capacidade de perdoar os erros — para obter mais equilíbrio. Muitas vezes, suas angústias são decorrentes da inabilidade em compreender e aceitar as falhas. É um ansioso reformador, mas só consegue obter êxito com a calma. Embora seja essencialmente construtivo, a ansiedade lhe tira a tranquilidade. Com o desenvolvimento das qualidades de Peixes, a vida do virginiano transcorrerá mais fluida e, consequentemente, a paz lhe pode ser concedida.

Sol no signo de Libra ☉ ♎

Nascer com o Sol no signo de Libra é combinar duas qualidades opostas, já que o Sol representa a individualidade, e Libra, como compete a todo signo do elemento Ar, a pluralidade. A balança simboliza o equilíbrio e a boa negociação entre duas partes. Como já se pontuou, trata-se do único signo no Zodíaco representado por um objeto, mas este não é um objeto qualquer. A balança é um instrumento de pesos e medidas, atrelado à ponderação e à justiça. Libra representa a transformação do individualismo em cooperação e, portanto, quem nasceu com o Sol neste signo é hábil na arte de se relacionar, de promover o encontro entre as pessoas e aproximar lados desunidos. Via de regra, seu comportamento é reflexivo e tende a acolher o desejo do outro antes de olhar para os seus próprios. O libriano também dá preferência ao pensar e à ponderação, deixando a ação para depois de obtidas as conclusões. Sendo regido por Vênus, seu olhar é voltado para o amor e para a beleza. Libra é o princípio do magnetismo e da atração e representa bem a arte de dar e receber amor. A propósito, é uma alegria para o libriano participar do universo do outro e compartilhar o que é seu com os demais. Da mesma maneira, é capaz de levar paz e tranquilidade aos lugares em que há discórdia, despertando, assim, harmonia e espírito de cooperação. Ser de Libra é ser colaborador, é meditar e ponderar, é andar de mãos dadas, refletindo o universo da beleza e do companheirismo.

Em resumo, nascer com o Sol no signo da Balança é considerar o outro lado do "eu", o "tu". Embora tais qualidades o tornem atraente, a luz do Sol neste signo gera sombra no seu oposto, Áries. Suas qualidades devem ser desenvolvidas para que haja equilíbrio, quais sejam, iniciativa, força e coragem. A falta de consciência de si mesmo desequilibra, pois não há energia e ação. Ao ceder facilmente, aniquila sua própria vontade e espera que o outro a reconheça. Saber lutar e impor complementa esse temperamento que exalta o belo e tenta manter a harmonia na vida.

Sol no signo de Escorpião ☉ ♏

Essa posição é essencialmente paradoxal, pois, enquanto o Sol simboliza a vida, Escorpião trata da transitoriedade e da impermanência das coisas. Ser do signo de Escorpião é trazer consigo o dom de fazer brotar das profundezas as forças adormecidas, transformando o árido e sem vida em solo fértil e viçoso. À semelhança da semente, morre para crescer, efetuando a metamorfose que o deixa irreconhecível. O Escorpião é atraído pelo oculto, pelo desejo de libertar o espírito da matéria. Por se tratar de um signo transformador, intenso e contestador, seu temperamento é temido, o que é resultado de uma cultura que se distanciou da naturalidade da finitude da vida e, portanto, apegada e preconceituosa com as qualidades associadas a esse signo. Ora, Escorpião é a força de transformação que opera na natureza, pois tudo que é criado, um dia morre. Ser deste signo implica em lidar, inevitavelmente, com tal realidade, mesmo havendo temor ou recusa em enfrentá-la.

Acrescentando o fato de ser do elemento Água, este signo trata dos sentimentos e das emoções, especialmente das turbulências e dos conflitos gerados na alma. Ser Escorpião é mergulhar nas profundezas, reconhecer os sentimentos escondidos e dissimulados, até emergir completamente renovado ao fim da jornada. Além disso, o escorpiano raramente aceita algo imposto, pois seu temperamento tende a dominar. Suas tormentas emocionais são sempre transformadoras — quebra os velhos valores e abandona os já deteriorados ou obsoletos. Na sua constante metamorfose, está sempre se tornando uma pessoa nova, renascida das cinzas, nas quais suas tormentas se transformaram. Embora seja denso e turbulento, regenera-se com extrema facilidade. Esse poder também se destina a ajudar os outros e, como um cirurgião, ele corta com a finalidade de curar. Regido por Plutão, senhor das profundezas, seu lar são as sombras e os tabus. Portanto, Escorpião está associado aos assuntos tratados no simbolismo desse planeta: a sexualidade, os segredos, a atração pelo poder, o desconhecido, o subterrâneo. Ao remexer o que se oculta nas esferas inferiores, purifica e reorganiza a realidade. No entanto, a luz do Sol neste signo gera sombra no signo oposto, Touro. Suas qualidades devem ser desenvolvidas para que haja equilíbrio, quais sejam, a brandura e a mansidão. Elas precisam ser cultivadas para se obter êxito naquilo que se deseja reformar. O escorpiano só alcançará o poder legítimo pela dedicação e tenacidade. Dominado por seus sentimentos sombrios, é necessário não sufocar o amor que habita nas profundezas da sua vasta e riquíssima interioridade.

Sol no signo de Sagitário ☉ ♐

Um ponto comum aos simbolismos do Sol e de Sagitário é o fato de o Sol reger Leão, um signo de Fogo, e Sagitário também ser deste elemento. Esse encontro potencializa o desejo de liberdade, a liderança e a afirmação da individualidade, tendências típicas de quem é de Fogo. Representado pelo centauro — metade animal e metade homem —, Sagitário simboliza o pensamento fixo no alto e os instintos animais transformados no ser evoluído, pois é o humano à procura do divino. Quem nasceu sob o signo de Sagitário é atraído pelos horizontes livres, sem limites, já que este signo contém no cerne do seu simbolismo o amor ao conhecimento. O sagitariano tem a necessidade de encontrar algo maior, um sentido para existência e, impulsionado por este desejo, sua mente é capaz de ir longe, de viajar para regiões inexploradas, desconhecidas, favorecendo ainda mais o desenvolvimento de seus potenciais intelectuais e a ampliação cultural. Segundo o simbolismo do centauro sagitariano, é preciso dominar os seus instintos e desenvolver a mente, para, então, se expandir no saber. Mesmo com temperamento forte e imperativo, o sagitariano tem senso de humor, boa disposição para encarar novas experiências e ousadia para correr riscos. Outrossim, seu comportamento é impulsivo, dinâmico e voluntarioso, porquanto é motivado pelas tensões, pelos perigos e desafios. Desse modo, a independência e a liberdade são condições imprescindíveis para seu pleno desenvolvimento. A saber, Sagitário é regido por Júpiter, deus dos deuses e dos homens, simbolizando o desnível existente entre esses dois mundos. É um universo regido pelo gigantismo, pelo exagero, pelo superlativo. É o princípio da expansão e da gratificação por participar do processo evolutivo que visa alcançar algo superior. Ademais, há confiança para ultrapassar os grandes obstáculos e empenho para transpor as fronteiras do seu pequeno universo pessoal. Em contrapartida, a luz do Sol nesse signo gera sombra no seu oposto, Gêmeos. As suas qualidades devem ser desenvolvidas para que haja equilíbrio, quais sejam, flexibilidade e adaptação. A flecha apontada para o alto só atingirá o alvo se o arqueiro tiver habilidade nos movimentos. É necessário aprender com as mudanças, adaptando seus objetivos de acordo com as circunstâncias à volta. O entusiasta defensor da verdade deve aceitar opiniões diferentes das suas, transformando-se de acordo com sua própria evolução.

Sol no signo de Capricórnio ☉ ♑

Capricórnio, a cabra montanhesa, simboliza o passo firme da subida triunfante em direção ao alto, à razão e à prudência. As atitudes do capricorniano são pensadas, medidas e calculadas, pois há preocupação com a solidez e a estabilidade. Ele tem uma determinação infatigável e, à semelhança do poder centralizador do Sol, sua vida gira em torno do dever e da responsabilidade, qualidades igualmente comuns ao signo de Capricórnio. Quem nasceu sob esse signo se esforça exaustivamente para superar as próprias limitações, pois, para ele, não existe mau tempo. Seu elemento é a Terra, o solo onde as raízes se firmam, o universo das certezas, da estabilidade e da segurança.

Seu comportamento é racional e prático e, análogo à montanha — a imagem da duração —, a solidez de sua estrutura resiste à passagem do tempo. A propósito, Capricórnio é regido por Saturno (Cronos), deus do tempo, e por isso sujeito à cristalização, à durabilidade e ao confronto maduro com a realidade, ou seja, o reconhecimento dos limites por ela fixados. Age com rigor e austeridade, dá valor ao cumprimento do dever, à sabedoria adquirida pelas experiências vividas e pelas frustrações superadas. É capaz de sacrificar o desnecessário para promover qualidade e prefere o durável ao transitório. Por outro lado, a luz do Sol neste signo encobre o seu oposto, Câncer. Para que haja equilíbrio é preciso que desenvolva sensibilidade e doçura, qualidades que estão na sombra. O caminho da razão pode ser amenizado pela suavidade emocional. Deve aprender a lidar com os sentimentos, interiorizando-se. Os passos para trás e para a frente, simbolizados pelo Caranguejo, significam a conservação emocional do passado e a visão do amanhã, aspectos que devem vir à luz nessa personalidade muitas vezes sobrecarregada pelo dever e preocupada demais com as realizações do presente. Será capaz de entender, então, que passado, presente e futuro não podem ser separados.

Sol no signo de Aquário ☉ ♒

A combinação desses dois simbolismos se depara com o paradoxo de apresentarem qualidades opostas. O Sol rege o signo de Leão, oposto a Aquário, resultando num encontro no mínimo estranho aos olhos de quem se baseia na coerência para compreender a realidade. Por um lado, a função do Sol é a de constituir a individualidade e, por outro, o signo de Aquário, representado pelo aguadeiro, simboliza aquele que serve à humanidade, o que rega para fazer crescer. Seu símbolo gráfico — duas ondas sincronizadas — representa a vibração conjunta entre o indivíduo e a coletividade. É também a eletricidade cósmica, os raios, as tempestades capazes de sacudir a natureza e libertar as sementes. É o visionário — pioneiro e profeta —, que aponta para as novas direções. Ser aquariano é compreender que individualidade e cooperação são indissociáveis. Além disso, é ter vontade de progredir, e suas atitudes tempestuosas são capazes de provocar grandes e significativas revoluções. A bem da verdade, Aquário é regido por Urano, o Céu estrelado na mitologia, a percepção do infinito, daquilo que está em cima. Ele simboliza a liberdade e, semelhante à natureza do planeta, o aquariano precisa se sentir livre, precisa de espaço e não aceita imposições. Também tem urgência de mudar, conferindo-lhe um temperamento impaciente, irritadiço e, em algumas situações, bastante intolerante com o senso comum. Na maioria das vezes, se recusa a ficar parado, e quando isso chega a acontecer, suas tensões se elevam e perde seu brilho pessoal. Ainda assim, está sempre à frente, semelhante ao irmão mais velho que abre o caminho para os mais novos. É provável que venha a ser o primeiro a antever o futuro, transpondo para o presente o que, em tempos vindouros, se tornará comum para todos. Sente que veio ao mundo para ajudar, preocupando-se invariavelmente com os outros e desdobrando-se para promover o seu bem-estar. Para resumir, ser Aquário é ser solidário, fraterno e pensar mais nos outros do que em si mesmo. Entretanto, a luz que ilumina este signo encobre as qualidades do seu oposto, Leão. Embora o aquariano seja pioneiro, tenha sua originalidade e esteja pronto para dar, faltam-lhe confiança em si mesmo, alegria de viver e disciplina, qualidades que estão na sombra. Elas devem ser desenvolvidas para que obtenha equilíbrio, pois, ao acreditar no seu próprio poder, evita as incertezas, o pessimismo e a introversão.

Sol no signo de Peixes ☉ ♓

Há algo de misterioso quando dois simbolismos tão distintos estão associados. Enquanto o Sol tem como função iluminar, o signo de Peixes anda no sentido oposto, ou seja, simboliza a introversão, o obscurantismo das profundezas e as experiências solitárias, obviamente distantes dos holofotes tão caros da posição solar. Podemos compreender, então, que as luzes do Sol de quem nasceu em Peixes estão direcionadas para iluminar as cavernas mais profundas da psique e do mar espiritual que conferem uma perspectiva transcendente à existência. O signo de Peixes, último do Zodíaco, é representado por dois peixes nadando em direções opostas, unidos por um cordão, simbolizando o fim de um ciclo e a preparação para um novo. É a totalidade e a síntese, a sensibilidade e o amor universal. Quem nasceu com o Sol neste signo é conduzido pela intuição, capta o invisível, compreende o indizível e, como uma esponja, absorve as atmosferas que o envolvem. Para um pisciano, não é difícil se submeter ao sentimento de compaixão, pois invariavelmente fica identificado com as questões alheias, especialmente quando as pessoas não estão bem. Sua capacidade de compreender é grande, pois sua sensibilidade é imensa. Ser do signo de Peixes é ser capaz de sonhar, é ser um eterno romântico e viver para o amor, seja ele dirigido a alguém em especial, a uma atividade ou até mesmo a uma causa universal. Por ter uma mente fértil, capaz de alçar grandes voos, é provável que viva bastante tempo fora da realidade, navegando nas águas da sua imaginação. O difícil é aterrissar ou prestar atenção nos detalhes mais simples do dia a dia. Algumas vezes, é capaz de esquecer-se de si mesmo por se envolver demais com tudo e com todos e, em geral, a tendência a se misturar chega ao ponto de não saber mais o que é seu e o que é do outro. O pisciano sente que nasceu para servir, e não é raro vê-lo se sacrificar para atender os outros. Entretanto, não se deve subestimar sua força nem acreditar que se trata de alguém passivo. Quando acredita em algo, esforça-se ao máximo para realizá-lo, persegue seus sonhos, mesmo sendo desacreditado por todos. Por outro lado, a luz que ilumina o signo de Peixes encobre o seu oposto, Virgem. Faltam-lhe organização e objetividade, qualidades que estão na sombra. O pisciano precisa aprender a filtrar o que absorve, a observar com cuidado a realidade e aceitá-la com seus erros e suas falhas. Ao se organizar, perde menos tempo; sendo mais realista, evita as desilusões.

LUA NOS SIGNOS

O signo da Lua é responsável pela estruturação das bases emocionais sobre as quais a pessoa desenvolve a afetividade. Suas características têm a ver com o modo como a pessoa expressa o que sente e o que lhe afeta emocionalmente. A realização das qualidades desse signo garantem estabilidade afetiva e habilidade para se relacionar com a família.

Lua no signo de Áries ☾ ♈

O fato de Áries não ser um signo simbolicamente semelhante às qualidades lunares traz à tona a estranheza dessa combinação. Áries tem a impulsividade direcionada para fora, ao passo que a Lua promove instinto de proteção e, portanto, produz recolhimento e introspecção. O resultado dessa combinação são atitudes enérgicas e incontidas quando a pessoa se sente ameaçada emocionalmente. Tais atitudes, portanto, são reações de defesa, mais do que simplesmente traços agressivos inerentes à personalidade. Contudo, os sentimentos são intensos e raramente há acomodação nos assuntos afetivos. Aliás, essa acomodação lhe provoca irritabilidade a ponto de criar algum tipo de pressão, apenas para fazer circular novas energias. Ademais, o signo de Áries simboliza força, coragem e liderança que, associados ao astro responsável simbolicamente pela segurança e estabilidade emocionais, produz impulsividade ao lidar com as relações de afeto, desejo de fazer valer a sua vontade para saciar sua tendência à competição e o interesse por relacionamentos intensos e desafiadores. Ao se envolver com algo ou com alguém, não sente interesse (ou tem interesse passageiro) quando não precisar lutar ou quando o objeto do seu desejo estiver muito perto do seu alcance. Num relacionamento, o que mais lhe interessa é a conquista. Além disso, precisa se sentir livre para o seu conforto emocional e, invariavelmente, reage mal quando depende de alguém para alguma coisa. Suas decisões costumam prevalecer sobre a dos demais, e a tendência é fazer tudo ao seu modo. Há pouca paciência para lidar com o tempo dos outros e, por essa razão, toma a frente nas decisões, especialmente quando percebe as incertezas de alguém. Devido ao caráter intenso deste signo de Fogo, prefere mergulhar de cabeça num relacionamento a viver mornamente suas emoções apenas para garantir alguma estabilidade emocional. Especialmente quando se envolve afetivamente com alguém, sente-se melhor ao usufruir suas emoções até esgotá-las. Outro traço característico dessa posição é ter urgência em tudo, raramente conseguindo esperar amadurecer os desejos. Aliás, num momento de desequilíbrio emocional, é capaz de explodir e reagir com agressividade. Também pode agir do mesmo modo se sua demanda emocional não for atendida prontamente. Por ser dessa maneira, pode descuidar das necessidades das outras pessoas, tornando seus relacionamentos um verdadeiro campo de batalha, no qual o outro precisa gritar mais alto para também conseguir ser atendido. Por isso, é importante aprender a impor com a mão mansa, com ternura e suavidade.

Lua no signo de Touro ☾ ♉

Eis uma combinação fértil. Sendo Touro o símbolo da fecundidade da terra, e a Lua o astro que, desde a Antiguidade, teve seu simbolismo associado ao feminino, o resultado não poderia ser outro. Em vista disso, nascer com a Lua em Touro é ter o privilégio de possuir na matriz emocional a tendência à estabilidade. Quando a matéria em questão diz respeito à afetividade, é capaz de associar mansidão e paciência com firmeza e determinação. É hábil para construir vínculos duráveis, proporcionando-lhe segurança para se entregar num relacionamento. Prefere preservar os relacionamentos e manter perto de si as pessoas que ama a se arriscar em aventuras ousadas e sem compromisso. Sente-se fortemente ligado a essas pessoas e sabe se dedicar ao máximo para manter um relacionamento em clima de conforto e intimidade. Especialmente quando as relações são de amor, a intimidade física é a matéria-prima com a qual a pessoa molda a construção de um encontro agradável, sensual e seguro, já que a relação do signo de Touro com a materialidade das coisas é inerente ao seu simbolismo. Além do mais, há consistência ao demonstrar sentimentos, preferindo se relacionar com pessoas que saibam expressar afeto de forma palpável. Aliás, quando existe algum tipo de conteúdo implícito nas demonstrações afetivas, sente desconforto, e a tendência é reagir endurecendo, pois, apesar de doce, Touro também é duro e teimoso quando não se sente à vontade. Ademais, é um signo regido por Vênus, símbolo da beleza e do amor. Pois então, ter a Lua neste signo significa valorizar as formas e a beleza. Seu senso estético é apurado, tanto no que diz respeito às pessoas quanto às coisas, e sabe tornar um ambiente agradável, acolhedor e confortável. Na maioria das vezes, não tem dificuldade em cativar alguém, pois suas qualidades emocionais são envolventes e sedutoras, e suas atitudes são cuidadosas, pacientes e afetuosas. Em contrapartida, se apega facilmente e, por conta disto, há sempre uma boa dose de possessividade e ciúmes. Porquanto, a pessoa com Lua em Touro pode sofrer demasiadamente com as separações e com a ausência de indivíduos queridos. As mudanças costumam ser sentidas como ameaça, porque mexem com os sentimentos, e isso não é muito fácil para quem tem a Lua num signo relacionado à estabilidade e segurança. Portanto, é raro vê-lo propondo algum tipo de modificação, especialmente as muito profundas e sujeitas a perdas. Por consequência, acaba acumulando muita coisa, o que, mais tarde, pode se transformar em problemas de larga grandeza. Acomodar-se emocionalmente é um dos grandes riscos de quem nasceu com a Lua nesta posição. É preciso, então, aprender a se desapegar e a aceitar as transformações da vida como algo natural e renovador.

Lua no signo de Gêmeos ☾ ♊

A oscilação é uma tendência comum tanto do signo de Gêmeos quanto da Lua. A diferença se encontra na origem, e, consequentemente, no produto de tal variação. Em Gêmeos — signo regido por Mercúrio, planeta da dualidade e do movimento —, essa oscilação é resultante da curiosidade. Na Lua — astro das múltiplas faces —, é consequência das "marés" emocionais. Então, nascer com a Lua em Gêmeos é estar sujeito às mudanças rápidas de humor e variar constantemente os sentimentos, acompanhando o natural movimento das coisas da vida. De posse deste perfil, a pessoa é afetivamente adaptável, e a flexibilidade é uma de suas qualidades mais marcantes. Quem tem a Lua em Gêmeos prefere a mudança à acomodação emocional, já que a curiosidade, o amor à informação e as trocas são condições imprescindíveis para se relacionar bem e manter alguma estabilidade nos seus relacionamentos. Aliás, conhecer novas pessoas, circular em ambientes diferentes e experimentar emoções inexploradas, tudo isto é primordial para a história de sua vida sentimental. Atento a todos os acontecimentos, percebe com muita facilidade o que as outras pessoas pensam, quais são seus sentimentos e suas necessidades afetivas. A capacidade de apreender informação faz parte do celeiro de dons adquirido ao longo de sua trajetória pessoal. Ademais, sendo Gêmeos um signo de Ar, a racionalidade também está presente no modo como lida com sentimentos e na maneira de se relacionar. É a mente que comanda as emoções e, portanto, ao analisar um sentimento, as dúvidas surgem e, ora sente de um jeito, ora sente o contrário. Via de regra, a divisão e a ambiguidade são responsáveis pela instabilidade emocional, sendo importante cultivar objetivos para não dispersar os sentimentos nem torná-los superficiais. Ainda em relação à regência de Mercúrio, o deus conhecido como o mensageiro, ter a Lua em Gêmeos é dar à comunicação um lugar nobre na classificação das importâncias emocionais. Relacionar-se é discutir interesses e, na ausência de troca, é quase impossível estabelecer vínculos com alguém. A propósito, também tem como qualidade inerente à sua dinâmica emocional servir como intermediário nos desentendimentos e ser competente ao lidar com discussões e acordos. A associação da Lua com o signo de Gêmeos lhe concede uma sensibilidade afetiva genuína para compreender e conciliar opiniões diferentes, inclusive as diferentes das suas.

Lua no signo de Câncer ☾ ♋

A Lua — astro feminino e de diferentes fases — rege Câncer, signo dos sentimentos e das emoções, símbolo da casa e da família. Nesse caso, trata-se de somar características invariavelmente estreitas, produzindo a dilatação das suas tendências. Essa combinação produz sensibilidade em abundância, especialmente quando for dirigida aos encontros mais íntimos, pois neles tal qualidade encontra terra fértil para crescer e se desenvolver. Aliás, os relacionamentos em família são os que mais lhe afetam, sendo o contrário também verdadeiro. Quem nasce com a Lua em Câncer é intuitivo para saber como deixar marcas da sua passagem na vida de quem ama, tem habilidade para encontrar abrigo e talento para cuidar. Esses atributos têm valor inestimável e são responsáveis pelas suas escolhas afetivas. Além do mais, evita encontros nos quais a sombra do desamparo possa assolar a alma. Tem por costume se envolver com tudo e com todos, de modo que facilmente é influenciado pelo clima e pela atmosfera produzida nos encontros. Ainda assim, exceto quando é tomado por ressentimentos e mágoas, tem habilidade para fazer com que as pessoas se sintam seguras e amparadas ao seu lado, pois a ternura, ao lado da sensibilidade, cativa o afeto das pessoas em geral.

Em contraposição, sua vulnerabilidade traz à tona as adversidades de um temperamento sensível, sendo a carência um dos males mais evidentes em situações de estresse emocional. Quaisquer que sejam as condições às quais seus relacionamentos estejam sujeitos, sentir-se seguro e ter sua demanda afetiva atendida é quase sempre a primeira condição para se evitar o mal-estar. A segurança afetiva é imprescindível para seu pleno desenvolvimento pessoal e, caso isso não ocorra, é fundamental encontrar soluções para os problemas emocionais.

A família é um dos maiores focos de suas preocupações, e qualquer tipo de sofrimento familiar atinge o cerne da alma. Pelos mesmos motivos, é natural que assuma um papel importante na manutenção do bem-estar da casa e dos parentes. Acrescente que, pelo fato de as recordações preencherem sua alma e a acompanharem aonde quer que vá, vive muito mais no passado do que no presente, podendo, sobretudo, repetir os padrões da matriz onde foi criado.

Assim como a Lua está associada ao mundo dos sonhos, quem nasceu com essa configuração também é um sonhador. Essa qualidade o auxilia na realização de atividades criativas e, se for o caso, na educação dos filhos. Contudo, a sensibilidade pode deixá-lo frágil e, por isso, é preciso aprender a dar limites e aceitar a realidade tal como ela é. Com os pés no chão do presente, de posse dos registros do passado e sendo capaz de antever o futuro, certamente achará um caminho seguro para encontrar o bem-estar emocional.

Lua no signo de Leão ☽ ♌

A Lua e o Sol, respectivamente associados ao feminino e ao masculino, desde a Antiguidade habitaram o imaginário dos humanos. Cada astro ao seu modo ocupa um papel preponderante na organização da vida pessoal e da sociedade como um todo. Por isso, associar a Lua ao signo regido pelo Sol é casar duas qualidades feitas uma para a outra. Enquanto a função da Lua é sustentar a organização psíquica e afetiva, o Sol tem como atributo promover a singularidade. Quem nasceu com essa configuração dispõe do privilégio de irradiar luminosidade, colocando-a à disposição da construção dos seus relacionamentos, além de sentir orgulho da pessoa que escolheu para viver a seu lado.

Sendo Leão um signo de Fogo, as emoções são invariavelmente intensas, à semelhança do elemento. Aliás, tem imensa disposição para se apaixonar, seja por alguém ou por algum empreendimento no qual queira se envolver, abrindo o coração quando afetado por um encontro e pelo amor. O signo de Leão representa o calor, a confiança, a disciplina, a força e o poder. Do mesmo modo, uma pessoa com a Lua em Leão tem por hábito se deixar tocar pelas emoções, apesar de não abrir mão do controle. Por essa razão, muito raramente deixa de usar seu brilho e magnetismo para impor sua vontade. Tais qualidades são um tesouro na mão de quem sabe seduzir e atrair a atenção das pessoas sobre si. Tem, ainda, grande poder de expressão, pois dá vida aos sentimentos, dramatiza as emoções e domina muito bem o "palco" dos relacionamentos.

Raramente deixa transparecer traços de timidez. Sua imagem é a de alguém forte, que mantém o comando dos sentimentos nas mãos. Ao se relacionar intimamente, exerce forte domínio sobre os outros e raramente aceita algo imposto, pois dificilmente cede ou reconhece quando está errado e tem dificuldade de dominar seu orgulho. É possível aparentar ser uma fortaleza quando, na verdade, tenta esconder suas fragilidades. O certo é que tem um coração generoso e facilmente amolece frente às pessoas queridas, sendo capaz de protegê-las ao máximo, assim como uma leoa protege sua cria.

Lua no signo de Virgem ☾ ♍

Ainda que, à primeira vista, a tradicional praticidade e tendência à crítica do signo de Virgem pareçam estranhas à afetividade e delicadeza lunares, a verdade é que tanto Virgem quanto a Lua se referem aos valores femininos e, contrariando tal impressão, os dois têm muito em comum e se potencializam quando se encontram. Para começar, Virgem é o único signo do Zodíaco representado por uma mulher, sendo, portanto, suas características extremamente bem-vindas quando quem as recebe é o astro que carrega no seu simbolismo a fecundidade física e amorosa. Nesse caso, Virgem se hospeda num astro familiar, e os dons artesanais deste signo cabem como uma luva quando o assunto é tecer a boa qualidade de relacionamentos e de afetos.

Quem nasceu com essa configuração cuida minuciosamente, detalhe por detalhe, do ambiente familiar, da casa e das pessoas instaladas no seu coração. Sobretudo no que diz respeito ao modo como manifesta os sentimentos, Virgem lhe assegura a transparência e a habilidade de separar emoções em compartimentos, facilitando o exercício de um dom igualmente potente desta posição, o da crítica. Ao analisar os pormenores da sua dinâmica psíquica e emocional, compreendendo-a e classificando os sentimentos, quem nasceu com a Lua em Virgem se sente seguro, ao contrário de quando se depara com sentimentos incompreensíveis e inomináveis. Aliás, a objetividade e o senso prático são tendências visíveis ao lidar com as relações afetivas. Visto que a segurança emocional tem relação direta com a funcionalidade, é evidente que se atraia por pessoas organizadas, previsíveis e pragmáticas. Somado a tudo isso, pode-se incluir o talento de encontrar saídas razoáveis para os problemas, especialmente quando estes derivam do mau funcionamento dos relacionamentos e da maneira como as emoções são conduzidas.

Assim como costuma ser crítico consigo, também é com os outros. Aponta-lhes as falhas e os abatimentos sem ressalvas e reconhece as responsabilidades pela repetição dos conflitos das relações.

Quem nasce com a Lua em Virgem também tende a ficar atento às questões da saúde e do bem-estar, principalmente aos hábitos, pois grande parte da qualidade de vida depende fundamentalmente deles. Além disso, com o intuito de proporcionar o bem-estar no cotidiano, gosta de partilhar as tarefas, atendendo também aos desejos dos outros. Em contrapartida, sua ansiedade emocional pode não deixá-lo em paz, pois tudo deve estar perfeito, os relacionamentos devem estar em ordem e raramente aceita errar com as pessoas. É preciso aprender a ter calma, a perdoar as falhas, as suas e a dos outros, e a se estressar menos com a rotina dos afazeres cotidianos. Assim, o aperfeiçoamento pode ser alcançado de maneira harmoniosa, com base na compreensão e na sensibilidade.

Lua no signo de Libra ☾ ♎

Se, por um lado, a Lua tem sido desde os tempos remotos associada ao feminino, Libra, por sua vez, abriga os mesmos valores, pois Vênus, planeta da beleza e do amor, é o seu regente. Graças a essa semelhança, tal combinação tem a vantagem de oferecer um cenário magistral para a encenação dos encontros afetivos. A partir da compreensão de que Libra tem no cerne do seu simbolismo o dom conciliatório, pode-se interpretar essa configuração como a tendência de agir em conformidade com a demanda afetiva do outro, produzindo uma espécie de fusão emocional entre duas partes. É assim que a pessoa nascida com a Lua em Libra se vê às voltas com o desejo de viver relacionamentos pautados no equilíbrio e, especialmente, na harmonia. Além do mais, estando a Lua num signo de Ar, a pessoa tende a pesar e medir os sentimentos de acordo com a razão. Em virtude disso, tudo que lhe afeta emocionalmente é propenso a ser avaliado e analisado com objetividade, tanto sob seu ponto de vista, como particularmente sob o ponto de vista do outro. Sendo assim, as oscilações emocionais não são raras, pois, enquanto averigua e pondera, os pratos da balança variam para cima e para baixo, até se estabilizarem e a pessoa compreender a razão dos seus sentimentos e alcançar segurança para definir uma posição, tomando decisões apenas quando domina suas emoções. Aliás, só age por impulso excepcionalmente e, por isso, tem como costume levar um bom tempo para encontrar uma resolução quando a equação envolve sua relação com as pessoas e com a afetividade. A propósito, a indecisão pode ser fruto desse excesso de cuidado, sendo necessário aprender a ter pulso firme em certas situações para evitar o constrangimento de precisar que alguém aja no seu lugar.

O fato já mencionado de Libra ser regido por Vênus, deusa do amor e da beleza, também aponta para a importância da estética na construção do cenário afetivo no qual seus relacionamentos ganham vida. A pessoa nascida com esta posição tem senso estético apurado e, em geral, é sensível às manifestações artísticas. Não é por acaso, portanto, que se sinta atraída por pessoas gentis, amantes da arte e, principalmente, diplomáticas. Além do mais, para manter a estabilidade nas suas relações, prefere ceder a enfrentar situações de conflito. Seu impulso natural é se dedicar ao parceiro e à família com todos os cuidados que essas relações exigem, tendo inclusive o hábito de colocá-los em primeiro lugar, esquecendo-se de si mesmo muitas vezes. Para obter o sonhado equilíbrio, é preciso saber também impor suas vontades, confrontando-as com os desejos dos outros.

Lua no signo de Escorpião ☾ ♏

Ainda que Escorpião tenha em comum com a Lua — regente do signo de Câncer — o fato de estarem relacionados com o elemento Água, os dois hospedam no âmago do seu simbolismo sentimentos profundamente distintos, quando não antagônicos e paradoxais. Enquanto a Lua, astro feminino, simboliza segurança, amparo e conforto emocionais, Escorpião mergulha nas profundezas da alma, remexe o lodo psíquico e, como um cirurgião, corta na ferida para curar. Nascer com a Lua neste signo é estar sujeito às mudanças produzidas pela superação da dor dos momentos difíceis da vida, especialmente aqueles em que existe algum tipo de perda envolvida, seja material ou afetiva. A estreita relação entre as sombras de Escorpião e o conforto lunar ganha sentido quando as perspectivas de um recomeço alimentam a alma de quem tem fome de novas emoções e, nutrida no mais profundo do seu ser, a pessoa faz renascer a estabilidade perdida.

Outra tendência desta combinação é mergulhar de cabeça nas relações, particularmente naquelas capazes de lhe tocar as profundezas e de trazer à tona as sementes emocionais adormecidas pela acomodação naturalmente produzida pelas repetições do dia a dia. Aliás, tudo é sentido de forma extremamente intensa quando envolve alguém ou qualquer outro objeto da sua paixão. Além do mais, é muito raro dominar as emoções, de modo a conhecer seus extremos, tanto os destrutivos quanto os de potencial criativo. Este é, inclusive, um de seus mais poderosos dons, pois o signo de Escorpião está associado simbolicamente às forças da criatividade.

Ainda por conta da relação deste signo com as profundezas, os mistérios fascinam e motivam a entrega emocional, enquanto o conhecido é deixado de lado e raramente desperta interesse. É provável que pouco valorize o que está ao seu alcance, deixando de viver experiências emocionais que certamente o ajudariam a crescer. Há também o desejo de sondar os mistérios do sexo e do amor e de quebrar os seus tabus. Caso isso não aconteça, deixa de viver uma parte essencial de sua natureza emocional.

O Escorpião possui o ferrão para se defender e, do mesmo modo, quem nasceu com a Lua neste signo usa os seus "venenos" nos momentos de profunda insegurança emocional. É bem possível que também se fira quando seus dardos são lançados para pessoas muito queridas. Por isso, é preciso aprender a se relacionar com doçura para preservar as pessoas junto a si. Em contrapartida, tem imensa capacidade de regeneração e também é capaz de ajudar a curar as dores dos outros, sendo sensível ao sofrimento alheio e, se necessário, mobilizando todas as suas forças para ajudá-los.

Lua no signo de Sagitário ☾ ♐

Esta combinação põe lado a lado um astro e um signo portadores de interesses bastante distintos, já que a Lua tem relação com o lar e a família, e Sagitário é conhecido como o signo das viagens. O resultado da equação de quem tem a Lua neste signo é atender ambos, trazendo mundos distantes para perto de si e transformando qualquer lugar do mundo em sua casa e seu lar. Assim também funciona sua dinâmica emocional, ou seja, pode se sentir um nômade em sua terra natal, e ser capaz de fixar raízes longe do seu lugar de origem.

Sagitário representa a busca de conhecimento e, semelhante ao centauro — metade animal e metade humano —, simboliza a transformação dos impulsos instintivos em intelecto evoluído. Desse modo, nascer com a Lua neste signo é ter invariavelmente como alvo a evolução emocional. A propósito, os sentimentos chegam de maneira instintiva para, em seguida, rumar em direção à razão. A transformação é possível e bem mais fácil de ser atingida quando a pessoa entender seus sentimentos. Eles são intensos e quem nasce com a Lua em Sagitário raramente se sente satisfeito num relacionamento que não o estimule a se expandir. Os constantes desafios encontrados na sua trajetória emocional fazem parte dessa motivação. Logo, ao pressentir a provável chegada de uma acomodação, encontra uma maneira de mudar, seja provocando um desentendimento ou mesmo direcionando suas setas para um novo objetivo.

Assim como Sagitário aponta sua flecha para o alto, a pessoa aponta seus interesses para alvos distantes. Aliás, suas emoções são capazes de ir longe, mas, por outro lado, podem ultrapassar os limites do controle da razão. Quando se envolve, não se envolve pouco, visto que tudo é sentido de forma amplificada, podendo chegar até mesmo a extremos. Além da sua paixão pelo conhecimento, tende a idealizar os outros e a ficar extremamente entusiasmado com alguém enquanto tudo é novidade. Passado, portanto, o primeiro momento depois de conhecer de fato essa pessoa, não é raro se decepcionar com a inexorável realidade de que ela é diferente do que imaginara. Ainda assim, quando deseja algo, é capaz de não pensar em mais nada antes de atingir seu objetivo, sendo provável que fique obstinado nessa busca e, ao alcançar suas metas, sinta-se esvaziado e insatisfeito mais uma vez. Por isso, é preciso aprender a ser mais flexível emocionalmente, a reconhecer que, sob certas condições, pode não ser possível atingir seus alvos, aproveitando, assim, melhor o que está mais perto do seu alcance. Desse modo, pode se sentir mais preenchido nos seus sentimentos e continuar evoluindo como deseja.

Lua no signo de Capricórnio ☽ ♑

Aqui estão associados dois símbolos de conteúdos opostos, já que a Lua, o planeta feminino e regente do signo de Câncer, recebe o signo oposto, Capricórnio. Na contramão das qualidades afetivas representadas pelo nosso satélite, o signo de Capricórnio simboliza razão, prudência e solidez. Em face disso, a pessoa nascida com a Lua neste signo tem como hábito racionalizar os sentimentos, mesmo quando se envolve emocionalmente, sendo necessário ter um mínimo de garantias para lidar com as emoções. Por isso, calcula os passos a serem dados e os pés precisam sentir o chão. Em contrapartida, a solidez emocional e a confiança transmitida ao se relacionar são algumas de suas melhores qualidades, ainda que muitos possam achá-lo duro ou até mesmo insensível quando o foco em questão é a afetividade. Entretanto, na maioria das vezes, tais comportamentos podem, de fato, acontecer se a pessoa estiver insegura ou os envolvidos não lhe suscitarem confiabilidade. É provável, também, que seja extremamente exigente com quem se relaciona, o que não significa, necessariamente, falta de sensibilidade. Aliás, por ser o planeta regente de Capricórnio, Saturno é responsável pelas suas escolhas e pelos compromissos assumidos com as pessoas.

Fora isso, é capaz de fazer sacrifícios para atender à demanda emocional familiar ou de pessoas do trabalho quando estas o envolvem sentimentalmente. Outra tendência referente ao fato de este signo ser do elemento Terra é ser prático ao lidar com relações de afeto e, por isso, preferir agir a falar sobre sentimentos. Assim, quando expressa as emoções, normalmente é com poucas palavras.

Caminhando em outra direção, pode-se também interpretar a Lua em Capricórnio como uma posição favorável para os assuntos da carreira, já que, emocionalmente, a pessoa se afirma pelas conquistas do trabalho e domina bem o território dos sentimentos ao lidar com as exigências e pressões presentes invariavelmente na construção de uma carreira.

Saturno, na mitologia, tem associação com o tempo e, semelhante às características do planeta, se sente mais seguro quando atinge certa maturidade — seja na vida, num relacionamento e, principalmente, com a família —, e sua sensibilidade aflora mais facilmente após obter alguma experiência emocional. Embora seja bastante prudente ao se relacionar, precisa aprender a demonstrar suas emoções para os outros se sentirem seguros dos seus sentimentos. O dever e a responsabilidade ganham uma nova expressão se forem vividos com doçura e suavidade.

Lua no signo de Aquário ☾ ♒

Do mesmo modo que a Lua hospeda no seu simbolismo os valores associados aos cuidados e à afetividade, Aquário segue o mesmo caminho, só que os cuidados a que ele se refere são mais amplos, pois dizem respeito à coletividade. Tendo isso em mente, os valores humanistas guiam o modo como a pessoa forja suas bases emocionais, pois, para se sentir segura em relação às suas ligações afetivas, precisa antes ter se nutrido das amizades, do convívio social, quando muito, de uma participação ativa em ações humanitárias. Esta potência simbólica é responsável pela pouca habilidade em lidar com sentimentalismos, já que, ao dirigir seu olhar e afetividade para o mundo, os dramas pessoais têm seu valor reduzido. Apesar de ser uma pessoa com visão ampla quanto aos sentimentos, isso não significa necessariamente que seja imune às questões pessoais. O fato é que se sente atingida quando os acontecimentos envolvem os outros mais do que quando o atingem.

Outros valores importantes associados a Aquário são a liberdade, a visão do futuro e as inovações. Graças a isso, quem nasce com a Lua nesse signo costuma se ver às voltas com mudanças emocionais intensas, podendo chegar a extremos. Suas emoções se renovam a cada experiência que, por sua vez, raramente são previsíveis. Em geral, os sentimentos saltam de um extremo ao outro, provocando transformações nas pessoas com as quais se relaciona. Para quem tem tal posição no mapa de nascimento, novas relações são sempre bem-vindas, pois despertam desejos adormecidos nas profundidades da alma sedenta por renovação. A propósito, o bem-estar emocional é mais facilmente alcançado quando as pessoas que entram na sua vida lhe trazem novidades. É provável, ainda, que não se prenda por muito tempo a um sentimento, o que não significa, necessariamente, se recusar a construir relacionamentos sólidos. A condição fundamental para a estabilidade é, mais uma vez, a liberdade. Quanto mais ela for respeitada, tanto de sua parte como dos outros, mais provavelmente se ligará às pessoas. Em contrapartida, nem sempre se sente seguro nessa condição, pois a falta de confiança em si mesmo e o fato de se sentir diferente dos demais podem ser alguns dos motivos de suas inseguranças. Portanto, é preciso aprender a valorizar o que sente e compreender a diferença como um sinal da sua originalidade. O signo de Aquário é representado pelo aguadeiro — aquele que rega para fazer crescer —, de maneira que sente necessidade de servir e ajudar os outros, preocupando-se com seu bem-estar e sabendo indicar-lhes novos caminhos. Assim, quanto mais envolvido estiver emocionalmente, mais visão tem das necessidades alheias. Por isso, muitas amizades são formadas ao longo de sua vida, sendo capaz de deixar em cada uma delas a semente fértil de seus sentimentos e emoções.

Lua no signo de Peixes ☾ ♓

Neste encontro, o signo de Peixes com toda a sua sensibilidade característica, se aloja num astro de qualidades semelhantes, ainda que a sensibilidade lunar se dirija às questões especialmente pessoais e a de Peixes, às universais. O mundo de Peixes se refere à profundidade e à impenetrabilidade das emoções irrepresentáveis e, por essa razão, a pessoa tende a ser afetada intimamente por praticamente tudo, mesmo por coisas consideradas pequenas. O fato é que para ela nada é pequeno, e para cada acontecimento, uma emoção está envolvida. Graças a esse temperamento, seu coração é movido pela típica intuição encontrada sempre que o signo de Peixes está envolvido. Como a Lua trata da afetividade, salvo raras exceções, a pessoa não consegue ficar indiferente aos sentimentos e, especialmente, às atmosferas imanadas pelas pessoas às quais está vinculada.

Uma outra qualidade do signo de Peixes é o poder de imaginação e, sendo assim, costuma viver com os pés longe do chão, pois é das alturas que vem sua inspiração. Aliás, tem o dom de usar a imaginação como poucos, pois sonhar é um modo de se sentir bem e sinônimo de conforto emocional. Inclusive os seus relacionamentos são nutridos com sonhos para o futuro, porque, sem eles, nenhum encontro afetivo tem potência para seguir adiante e se tornar uma relação sólida.

Por estar constantemente em contato com esse universo tão amplo de criatividade, é difícil que suas emoções sejam constantes. Na medida em que também varia de acordo com o que absorve de tudo e de todos, é inevitável que seus desejos tomem novos rumos. Semelhante ao símbolo dos peixes que se unem por um cordão, a pessoa com a Lua em Peixes se envolve integralmente com aqueles que entram na sua vida, pois se sente ligada a todos, de alguma maneira.

Salvo quando se recolhe às profundezas de sua alma — algo bastante frequente na dinâmica emocional de quem nasceu com a Lua em Peixes —, outra grande habilidade que tem é a doação. A propósito, ao se dedicar a alguma pessoa, o faz totalmente. Em contrapartida, costuma idealizar as pessoas de tal modo que raramente elas são capazes de corresponder às suas expectativas. Por isso, está sempre suscetível a sofrer decepções, até aprender a fazer uma crítica mais realista dos outros. É preciso também organizar melhor seus sentimentos para conseguir separar o que é seu daquilo que é do outro. Assim, sua sensibilidade pode se expressar com mais clareza e, certamente, se sentirá mais em paz com os seus próprios sentimentos.

MERCÚRIO NOS SIGNOS

Mercúrio diz respeito ao modo como a pessoa raciocina e como se desenvolve intelectualmente. Suas características se manifestam na comunicação e no convívio social. Investir nesse signo significa ampliar as chances de ser bem-sucedido nas atividades intelectuais e facilitar a troca com as pessoas.

Mercúrio no signo de Áries ☿ ♈

A combinação entre o planeta da comunicação com o signo simbolicamente associado à impulsividade e ao vigor produz a tendência a ser franco ao falar e, portanto, dizer o que lhe vem à cabeça. Todavia, faz-lhe bem tomar todos os cuidados do mundo para não ser rude ou hostil, visto que isso é bastante frequente. Corroborando a qualidade impulsiva do signo de Áries, esta é uma das características do seu modo de se comunicar, ou seja, além de não pensar muito antes de falar, tem o hábito de tomar a frente nas discussões. Tal temperamento lhe confere traços de liderança, mas também lhe custa alguns desafetos. Por não ser fácil ceder nas suas opiniões, os outros podem se sentir derrotados e, com muita frequência, irritados por não serem escutados.

Além disso, dotado de criatividade mental, usualmente tem urgência de transmitir suas conclusões aos outros e raramente as guarda para si. Sendo assim, pode se tornar o líder num debate, já que se sente bem quando luta por suas ideias. Em contrapartida, é raro aceitar prontamente uma opinião sem discuti-la exaustivamente. A propósito, um simples comentário pode se transformar num verdadeiro campo de batalha. Tende a lutar para suas opiniões serem acolhidas e respeitadas pelos demais. Para quem tem Mercúrio em Áries, conversar é como disputar um campeonato, quer dizer, vence o melhor, o mais forte, o mais bem-treinado. Aliás, o difícil mesmo é convencê-lo de que nem sempre está com a razão e, por isso, deve aprender a ceder e a aceitar as derrotas. Fora isso, sua inteligência é criativa e tende a ser autodidata. Nos estudos ou nas atividades que exijam concentração, é capaz de enfrentar com coragem os desafios intelectuais, embora fique impaciente quando não ultrapassa rapidamente uma dificuldade. Alguns, simplesmente, jogam tudo para o alto, enquanto outros insistem até o fim, impulsionados pela irritação. Para facilitar o aprendizado, precisa de autonomia para estudar e, quando enfastiado, algum tipo de pressão para recuperar a motivação.

Mercúrio no signo de Touro ☿ ♉

Mercúrio simboliza o intelecto, e quando se encontra com Touro — um signo de Terra, realista e persistente —, não poderia gerar senão uma inteligência pragmática. Em face disso, a pessoa investe suas faculdades mentais em realizações concretas, como as associadas ao trabalho ou a investimentos materiais. Além do mais, é muito raro ver alguém com tal configuração simplesmente "pensando por pensar", pois, para quem tem um raciocínio lógico, tal possibilidade pode ser encarada como perda de tempo. Aliás, sua habilidade é saber aplicar com maestria o conceito na prática, visto que somente dessa maneira os assuntos de seu interesse fazem sentido.

Atendendo ainda à demanda de aprendizado à qual Mercúrio está associado, a exemplo de estudos e atividades que exijam concentração mental, a prática é seguramente seu melhor mestre. Outrossim, raramente tende à dispersão, e quando se interessa por algum assunto, costuma ser perseverante, chegando à obsessão. À semelhança de Touro, tende a manter a atividade mental relativamente estável e, por isso, é raro mudar de opinião, exceto quando há provas contundentes de que esteja errado.

Em contrapartida, seu modo de se comunicar costuma ser atravessado pela docilidade, habilidade necessária para evitar discussões inflamadas, que não fazem parte das melhores qualidades de um signo marcado pela regência de Vênus, deusa do amor e da beleza. Também por esse motivo, suas palavras são afetuosas, ainda que consistentes e seguras, tendências igualmente simbolizadas no signo de Touro. Entretanto, se estiver inseguro em relação ao afeto das pessoas, pode abrir mão das suas certezas e engolir suas opiniões para não ser desaprovado. Aliás, após algumas "dores de garganta", aprende a concordar com os outros quando achar que estão certos e a se manter firme quando sentir que tem razão.

Mercúrio no signo de Gêmeos ☿ ♊

Sendo Mercúrio o planeta regente de Gêmeos e, graças a isso, terem qualidades semelhantes, os dons a eles associados se intensificam, como a agilidade mental, a boa comunicação e a capacidade de adaptação. Via de regra, a pessoa nascida com Mercúrio no signo de Gêmeos tem um intelecto ágil e uma atividade mental intensa, a ponto de nada lhe escapar à atenção, sendo capaz de assimilar rápida e simultaneamente cada detalhe das informações absorvidas. Sua mente é uma fábrica de pensamentos produzidos pela enorme quantidade de conexões que é capaz de fazer com destreza e surpreendente velocidade.

Em virtude de sua curiosidade e do fato de ter múltiplos interesses, seu horizonte intelectual é amplo e praticamente não existem fronteiras demarcando o território ao qual cada um pertence. Tais interesses facilmente se intercambiam, produzindo um tecido de ideias instigante e inteligente.

Além de representar a inteligência, o signo de Gêmeos se associa ao conceito de dualidade, a exemplo dos dias e das noites, do claro e do escuro, ou do ativo e do passivo. Dessa maneira, ter Mercúrio neste signo significa ter a maestria de se adaptar bem às mais diversas situações, ir de um lado para outro com uma facilidade surpreendente e se movimentar com habilidade pelos diferentes interesses. A propósito, quem tem Mercúrio em Gêmeos apresenta urgência em aprender, em conhecer sempre algo novo, sem, entretanto, se deter muito tempo num determinado assunto. Assim, suprida sua curiosidade imediata, perde o encanto, e aquilo que tanto o motivou anteriormente deixa de ser o foco de suas atenções. Não é por acaso, portanto, que porta na memória um sem-número de conhecimentos, mesmo a custo de alguma superficialidade. De posse de tantas informações e se não houver outro aspecto de sua personalidade que o intimide, pode se transformar num mestre na arte de se comunicar. Todos esses traços simbolizados pelo encontro fértil entre Gêmeos e o seu regente produzem um indivíduo adaptável e flexível ao se relacionar e, ao se deparar com opiniões divergentes, desempenha muito bem o papel de mediador.

Mercúrio no signo de Câncer ☿ ♋

Neste encontro, o signo de Câncer, com toda a sensibilidade característica, se associa ao planeta da inteligência, produzindo uma mente intuitiva e suscetível às variações de humor. Como este signo também está atrelado às emoções, a pessoa associa raciocínio e sentimento, sendo este o melhor nutriente para o seu desenvolvimento intelectual. Isso significa que seus interesses aumentam na razão direta do seu estado emocional, a exemplo da pessoa que conclui uma empreitada intelectual estimulada pelo apoio da família ou de algum ente querido. O fato é que, ao interpretar a realidade, ela o faz por intermédio da intuição. Aliás, raramente o filtro usado para compreender as coisas é a razão ou a praticidade. As informações coletadas por sua inteligência emocional são registradas num arquivo afetivo e ali ficam cuidadosamente guardadas por muito tempo. Ao menor estímulo capaz de lhe tocar a alma, tais informações emergem e são sentidas com as mesmas impressões emocionais vividas no passado.

Além disso, sendo Câncer um signo que simbolicamente hospeda as experiências afetivas, e Mercúrio o planeta da comunicação, somente quando os relacionamentos são íntimos se deve falar tudo. Ficam assim evidentes tanto seu talento para se comunicar na intimidade quanto a tendência de permanecer calado quando não houver um envolvimento afetivo com seus interlocutores. Tal combinação astrológica é responsável pela tendência de ser suscetível a comentários, sejam eles elogios ou críticas. Desse modo, a couraça do caranguejo o protege quando se resguarda das pessoas com as quais se relaciona sem afetividade.

Ainda por haver a associação entre curiosidade e sensibilidade, quando se interessa por algum assunto, tende a se envolver emocionalmente de tal maneira que a conhecida passividade canceriana se transforma em completa dedicação. Em contrapartida, quando não há o toque de afetividade necessário para despertar sua curiosidade, é capaz de ficar indiferente por completo, recolhendo-se no interior da sua casca protetora. E, por fim, a sensibilidade de Câncer afeta a linguagem e, por conseguinte, as pessoas que o escutam são tocadas pela sua fala, pois sua comunicação é rica de imagens produzidas pela habilidade de lidar com a fantasia.

Mercúrio no signo de Leão ☿ ♌

O temperamento curioso de Mercúrio quando associado às qualidades de força e poder simbolizadas no signo de Leão produz um intelecto criativo, um brilho todo especial no modo de construir o pensamento e a capacidade de atrair as atenções dos demais com seu modo genuíno de raciocinar. Aliás, os assuntos especialmente interessantes para si, geralmente contagiam os outros, que passam também a considerá-los especiais.

Essa posição beneficia pesquisas criativas e atividades intelectuais que exijam coragem para se expor ou expor suas ideias; as palavras chegam como um feixe luminoso, como um fluxo ininterrupto de energia que urge ser expresso. A criatividade, portanto, serve como cenário para o seu desenvolvimento intelectual e para o aprimoramento da linguagem.

Tendo em vista as atribuições do signo de Leão, Mercúrio lhe confere a habilidade de se expressar de forma convincente, raramente deixando dúvidas sobre suas opiniões. Aliás, a associação entre o magnetismo e a inteligência só reforça o que foi dito anteriormente, porquanto as palavras vêm acompanhadas de uma majestosa força e facilmente se impõem.

Por conta da vaidade, quem tem Mercúrio em Leão dificilmente aceita opiniões distintas das suas, exceto quando está apaixonado. Sob os holofotes da paixão, seu ego infla, exibindo inteligência, e o objeto do seu amor adquire um valor fora do comum. Em outras situações, é bom que ouça as críticas apontadas pelos outros e saiba ceder quando compreender que não tem razão. Resumindo, é fácil perceber quando alguém com essa configuração se interessa por algum assunto, pois seu entusiasmo é contagiante, sua inteligência adquire força e suas palavras assumem a voz de comando. O potencial de destreza de Mercúrio se alia ao poder centralizador de Leão e constrói o palco ideal para a pessoa encenar a personagem central do espetáculo especialmente escrita para ela.

Mercúrio no signo de Virgem ☿ ♍

Além de reger Gêmeos, Mercúrio rege Virgem, sendo essa correspondência decorrente da qualidade analítica presente nos dois simbolismos. Virgem representa, além do já referido poder de análise, o olhar pragmático. Está vinculado com o ver para crer tão conhecido das pessoas céticas e afeiçoadas à lógica. Associar Virgem com o seu regente significa ter suas qualidades amplificadas e, portanto, um senso crítico aguçado, bem como um criterioso poder de observação. Por ser portador de raciocínio prático e de uma forma objetiva de pensar, os seus interesses estão relacionados à realidade palpável, às ideias comprováveis e, especialmente, aos assuntos de natureza funcional. Com seu olhar crítico, raramente lhe escapa um erro, e quando o encontra, trata de corrigi-lo sem abatimentos. Além do mais, tem múltipla percepção e uma abordagem aguda da realidade.

A capacidade analítica se adapta bem às pesquisas e rendem bons frutos em áreas que envolvam organização e metodologia. Um aspecto curioso dessa posição é o ritmo frenético do seu funcionamento mental, a despeito de todas as qualidades anteriormente citadas e que, resumidamente, espelham a imagem contrária, ou seja, de uma mente ordenada. A questão é que tanto uma característica quanto a outra caminham juntas, pois quem tem Mercúrio em Virgem é capaz de ficar ligado a várias coisas simultaneamente, sem perder o senso de organização. Inclusive, os assuntos do seu interesse costumam ser esmiuçados com rapidez, e o resultado transparece no seu primoroso e implacável poder de argumentação. A propósito, quase nunca afirma algo que não conheça minuciosamente.

Como Virgem é um signo de Terra, seu melhor mestre é a experiência; a pessoa aprende mais rapidamente e com mais facilidade na prática do que exclusivamente na teoria. O fato de um conhecimento ser útil desperta seu interesse e produz melhores resultados na esfera intelectual. Em relação à comunicação — afinal, Mercúrio é o mensageiro dos deuses na mitologia —, tende a falar de forma clara, com objetividade, e tem o hábito de explicar em detalhes seus argumentos, de modo a ser compreendido por completo.

Mercúrio no signo de Libra ☿ ♎

O encontro entre Mercúrio — um planeta de natureza curiosa e agitada — com o signo tradicionalmente associado ao equilíbrio é, quando muito, provocador. A flexibilidade e a visão multifacetada de Mercúrio quando está em Libra se debruçam sobre os interesses do outro, exigindo paciência em detrimento de conclusões rápidas. Semelhante aos pratos da balança, a mente oscila até encontrar a medida certa entre suas opiniões e o ponto de vista das outras pessoas. Em consideração a elas e ao que pensam, tende a ouvi-las primeiro para, só depois de compreendido o seu lado, emitir seu parecer. É evidente, então, preferir as conversas diplomáticas a impor-se numa discussão, sendo possível, também, que deixe de lado sua opinião para não se indispor com alguém. Dessa maneira, o melhor meio de que dispõe para manter o bem-estar nos seus relacionamentos é insistir no diálogo franco, incitando trocas gratificantes tanto para si quanto para o outro. De toda maneira, quem nasceu com Mercúrio em Libra explora bem a arte de provocar a curiosidade nas pessoas, movimentando suas vidas e apontando-lhes as novidades.

Sendo Libra um signo de Ar e, portanto, mental, a inteligência associada a Mercúrio encontra nessa combinação um cenário favorável para o desenvolvimento de um raciocínio logico. Por isso, raramente fala por impulso ou movido pelas paixões, ainda que, intelectualmente, produza melhor quando impulsionado pelos encontros. A racionalidade pode ser considerada um resultado da sua preferência pela harmonia em prejuízo das ações. Ceder é bem mais confortável do que enfrentar disputas numa discussão, e quando isso acontece, diplomaticamente, encontra um jeito primoroso de contemporizar.

Como o signo de Libra é regido por Vênus, deusa do amor e da beleza, é mais do que natural seu interesse pelas manifestações artísticas e pelo dom de se expressar com delicadeza. Toda e qualquer experiência de troca para essa pessoa é uma poderosa ferramenta para conhecer os artifícios da linguagem e os jogos de comunicação.

Mercúrio no signo de Escorpião ☿ ♏

Eis aqui a união entre um planeta mutável e um signo igualmente cambiante, ainda que as mudanças às quais o primeiro se refere sejam superficiais quando comparadas às transformações profundas e radicais representadas no signo de Escorpião. Para a pessoa nascida sob sua influência, esse encontro simbólico abriga infinitas possibilidades de vasculhar os porões da mente e, como um garimpeiro psíquico, é capaz de abrir fissuras e trazer à superfície o produto da sua incansável natureza investigadora. Tal produto oferece revelações desconcertantes a quem deseja penetrar nas brumas dos assuntos inconfessáveis. Com essa pessoa, as discussões de relevo moral ou relacionadas às dores da alma ganham abordagens instigantes e definitivamente transformadoras. A naturalidade com a qual transita nas regiões sombrias da psique impulsiona a necessidade de falar sobre os fantasmas, tanto os seus quanto os da alma humana, libertando-se e reciclando a energia emocional. Fica claro, evidentemente, que tanto a mente quanto a fala de quem nasceu com esse aspecto tem a agudeza de um obstinado inquiridor, implacável na forma de abordar a realidade. Essa qualidade pode servir-lhe como o bisturi que corta a ferida para curá-la, mas também para conquistar alguns desafetos ao longo da vida.

Semelhante aos atributos de Escorpião, como o gênio transformador, o raciocínio de Mercúrio nesse signo é intuitivo e a pessoa prefere sondar os poderes criativos da mente a aceitar conceitos preconcebidos. Seus pensamentos se espalham meticulosamente pelo território das emoções, penetram nas brechas e de lá extraem toda a sua força, sua dramaticidade e sua interessante inteligência. Além do mais, raramente se satisfaz com explicações superficiais, simples e até mesmo diretas, visto que, para quem é portador de uma mente intuitiva, sempre há algo além das palavras ditas.

A renovação é vital para a manutenção da boa qualidade das suas atividades intelectuais, estimulando invariavelmente o interesse por novos assuntos. Ademais, sua mente está constantemente remexendo o lodo emocional ao qual estamos todos atrelados — ao seu, quando pensa, e ao dos outros, quando fala. Em geral, aponta na direção de algo que o outro não via ou não queria ver. Como costuma tocar num lugar sensível, é preciso ser manso ao denunciar o que não consegue calar.

Mercúrio no signo de Sagitário ☿ ♐

Mercúrio, o mensageiro, rege Gêmeos, signo diametralmente oposto a Sagitário. Visto por outro ângulo, as características deste lhe são complementares, produzindo, por conseguinte, um resultado paradoxal sujeito a tensões e, ao mesmo tempo, a sabedoria de manter os extremos em harmonia. Enquanto Mercúrio assume no mapa natal as funções intelectuais, Sagitário aponta suas setas para mundos distantes, de que nunca se ouviu falar, instigando a pessoa a fixar a mente nas alturas em detrimento dos interesses imediatos. Para quem nasceu com Mercúrio em Sagitário, pensar não significa apenas traduzir as coisas e compreendê-las. É, antes de tudo, atravessar os marcos de fronteira que separam diferentes culturas e diferentes modos de abordar a realidade, numa busca incessante e obstinada por conhecimento. Fica evidente a importância atribuída aos desafios intelectuais, já que estes são capazes de despertar o interesse de uma mente inquieta, frenética e capaz de manter em movimento o fluxo de informações que alimenta a cultura e o saber. Aliás, há pouca motivação intelectual quando se vê às voltas com assuntos de pouco relevo, quando comparados à amplitude dos que lhe despertam a imaginação. Contraditoriamente — porém, com muito menos frequência, pois não há paciência suficiente para tal — é capaz de espremer uma informação trivial até que esta lhe ofereça algo a acrescentar intelectualmente.

Pela associação de Mercúrio com a habilidade de se comunicar, prefere ser direto ao falar a dar muitas explicações, especialmente quando se trata de suas próprias opiniões. A exceção é quando o assunto representa um grande desafio intelectual ou seu interlocutor o incita a competir. Quando este é o caso, seu raciocínio atinge os mais altos níveis de desempenho e pode ser brilhante ao falar. Como nem sempre consegue escutar os outros e raramente acolhe as opiniões alheias prontamente, perde informações importantes para seu aprendizado. É preciso considerar o que as outras pessoas pensam como algo que nem sempre vai contra seus interesses, e, sim, que complementa as suas ideias.

Mercúrio no signo de Capricórnio ☿ ♑

Quando Mercúrio hospeda um signo de Terra — caso de Capricórnio —, qualidades como a praticidade, a organização e o senso de realidade se fazem presentes no modo de raciocinar — e isso afeta diretamente a maneira como a pessoa se comunica. Tais qualidades acompanham quem apresenta essa configuração sempre que precisar fazer uso da inteligência, nas suas atividades e tarefas intelectuais, nas discussões e articulações diplomáticas. Os assuntos do seu interesse devem ser capazes de lhe conduzir para o encontro de soluções práticas, pois discussões que visem exclusivamente a compreensão teórica não preenchem as lacunas da sua curiosidade com o mesmo entusiasmo que as de caráter objetivo.

Além disso, Capricórnio, à semelhança de Saturno, deus do tempo, e seu regente, representa a prudência e, por conseguinte, segurança e solidez. É nesta medida que seu raciocínio é cauteloso e as conexões mentais se apoiam na experiência adquirida, referências capazes de gerar um cenário confortável para o seu bom desempenho intelectual. Aliás, sua inteligência aumenta se a matéria do seu interesse tiver relação com o trabalho, já que uma das boas vantagens de ter nascido com Mercúrio em Capricórnio é a de ser perspicaz para negociar interesses quando há algum tipo de empreendimento ambicioso envolvido numa mesa de discussões. Tão prudente quanto perseverante, essas são as suas mais fiéis qualidades quando o assunto é criar estratégias para manter o foco numa empreitada de longo prazo ou para subir algum degrau na hierarquia profissional. Nessa hora, a habitual prática de manter a mente organizada abre o caminho para produzir melhor e mais rapidamente as ferramentas necessárias para atingir seus mais altos objetivos. Além disso, pelo fato de Mercúrio ser associado ao poder da comunicação, a pessoa fala de maneira sucinta e direta, fazendo jus à objetividade característica do signo de Capricórnio. Prefere ser assim a perder tempo demais com explicações desnecessárias. No entanto, embora suas palavras possam ser duras, raramente passa dos limites e sabe respeitar a realidade de cada um. Aliás, esse temperamento frio e racional, quando o foco está direcionado às discussões, oferece-lhe o dom de ser preciso e não deixar dúvidas das suas impressões e opiniões. Sendo assim, na maioria dos casos, inspira confiança suficiente nos outros para que estes reflitam duas vezes antes de contestá-lo.

Mercúrio no signo de Aquário ☿ ♒

Mercúrio, o planeta de visão caleidoscópica, quando encontra a força agitada e contestadora de Aquário, não poderia gerar outra coisa senão um frenético movimento mental. Quem nasceu com essa configuração não obedece à lógica e está longe de ter um pensamento organizado, previsível e pragmático. Muito pelo contrário, a inspiração é um de seus dons magistrais. Por pensar na contramão do senso comum, é hábil em lidar com a pluralidade e tende a ser atraído intelectualmente pelas diferenças, estejam elas relacionadas a uma pessoa em particular ou à coletividade. A última se destaca no palco de interesses dessa mente ansiosa por mudanças nos tecidos sociais corrompidos, visto que Aquário é o signo associado às ideias libertárias e à solidariedade. Além disso, ter Mercúrio nesse signo caracteriza alguém com a mente direcionada para o futuro ou, no mínimo, para a contemporaneidade. A pessoa tende a construir ideias e conceitos renovadores que, invariavelmente, serão contestados. Aliás, a contestação é comum na vida de quem observa o mundo com inquietação, indignação e, eventualmente, revolta. Como resultado disso, luta contra os preconceitos ou conceitos ultrapassados e, com sua inteligência tempestuosa, abre a todo custo caminho para a produção de novos conhecimentos.

No interior dessa mente ansiosa, os pensamentos saltam de um extremo ao outro, na tentativa de libertá-los da acomodação aprisionadora. Com a liberdade de pensamento conquistada, é capaz de efetuar conexões entre conceitos completamente paradoxais. A mente opera numa velocidade tal que nem sempre é possível acompanhar seu raciocínio. Aliás, muitas vezes nem a própria pessoa consegue tal façanha. Por isso, a tolerância não é sua melhor virtude, não tendo muita paciência com o tempo que as pessoas levam para entender algo ou mesmo para concluir seu raciocínio quando falam. Em contrapartida, quando o ritmo das discussões é frenético, o fluxo de informações é intenso e os conceitos são diversos, sua fala ganha potência, impulsionada pela magistral capacidade de argumentação e de surpreender os outros com as guinadas efetuadas no percurso de tais discussões.

Mercúrio no signo de Peixes ☿ ♓

Para um signo de Água, Mercúrio é sempre uma morada estranha, às vezes desconfortável, mas invariavelmente instigante. Porém, quando se trata de Peixes, essa sensação pode ser multiplicada à enésima potência, já que Mercúrio transita no universo das comunicações e Peixes navega nos mares da sensibilidade, do indizível e do irrepresentável. O mínimo que se pode esperar dessa combinação é um desencontro entre a palavra e o silêncio, mas também há uma potência criativa, gerada pela relação paradoxal existente entre os dois. Um bom exemplo é quando, em vez de perceber a linguagem como um instrumento confeccionado pela lógica, a pessoa imagina-a tecida pelo pensamento mágico. Como a sensibilidade é uma qualidade abrigada na simbologia de Peixes, o indivíduo é portador de uma inteligência intuitiva e se vê às voltas com as inspirações praticamente o tempo todo. É por esse motivo que sua mente capta informações normalmente subjetivas que, aos olhos da razão, são absolutamente infundadas e inexplicáveis. É um intelecto capaz de alçar voos e produzir um material vastíssimo de imagens que, se encontrar um cenário favorável para sua manifestação, refletirá o patrimônio extraído das profundezas da sua psique. Além disso, o fato de haver intimidade para conversar com os habitantes das regiões sombrias e de conhecer as brumas que envolvem o aparato mental aumenta consideravelmente suas chances de compreender e traduzir com maestria os desejos guardados a sete chaves e inconfessáveis. Em contrapartida, quando é preciso se comunicar de forma direta, quando os assuntos são meras questões cotidianas ou mesmo quando uma conversa é ocasional e sem maiores significados, as palavras podem lhe fugir e confundir mais do que esclarecer. Isso decorre do fato de sua ferramenta intelectual ser inadequada para essas situações, por ter sido forjada para lidar com o indizível e o misterioso. Por isso, se acostuma ao fato de que as palavras raramente são capazes de traduzir com exatidão as imagens mentais, à exceção das pessoas que desenvolvem um talento poético. Aliás, por essa razão, é preciso encontrar um ponto de ligação entre o imaginário e a realidade palpável, ajudando-a na organização mental e da realidade objetiva.

VÊNUS NOS SIGNOS

O signo de Vênus é responsável pelo modo como a pessoa lida com o amor e se relaciona afetivamente. Suas características se manifestam na sexualidade, na estética ou nos assuntos financeiros. A boa relação com as qualidades desse signo ampliam as chances de a pessoa ser bem-sucedida na esfera amorosa e financeira.

Vênus no signo de Áries ♀ ♈

A combinação entre Vênus — o planeta do amor — e Marte — o guerreiro — produz um resultado atraente, por serem simbolicamente complementares. Vênus rege tanto o signo de Touro quanto Libra, enquanto Marte está associado aos signos opostos, ou seja, Escorpião e Áries. Por isso, a afetividade de Vênus fica sujeita aos impulsos e à intensidade de Áries, um signo de Fogo, quente e ativo. Para a pessoa nascida sob essa configuração, o amor é vivido ao extremo e sem medidas. A suavidade de Vênus e a agressividade de Áries, quando se encontram, geram charme e um forte poder de sedução, pois envolvem tanto qualidades femininas, quanto masculinas. A receptividade do planeta da beleza é modificada pela energia frenética desse signo gerando intensidade quando o relacionamento apresenta sinais de acomodação, ocasião em que cria algum tipo de pressão para movimentar as energias.

Além disso, a liderança — qualidade típica de Áries —, se mostra fortemente presente nas conquistas amorosas. A iniciativa é uma marca importante, dando-lhe um toque especial, principalmente no caso das mulheres, já que culturalmente não é esta a tendência habitual. Também no que diz respeito à forma como se dá a dinâmica dos relacionamentos afetivos, manter o comando da relação é uma posição de extremo conforto para quem tem Vênus em Áries, e o costume de fazer valer sua vontade é decorrente do espírito competitivo quando o assunto em questão é o amor.

Quanto ao que o atrai, desafios e tensões fazem parte das condições que tornam possível o amor, especialmente para manter acesa a chama da paixão e do desejo sexual. O amor é alimentado pelo ardor dos encontros, e somente alguém capaz de promover esse ardor atrai a pessoa nascida sob essa configuração. Aos primeiros sinais de acomodação, ou o relacionamento muda e encontra novas motivações, ou o interesse acaba e, com ele, a própria relação.

Outra importante condição para o desenvolvimento saudável do convívio com o outro é que sua liberdade não seja tolhida. A autonomia é uma exigência de Áries e, ao estar atrelado ao planeta do amor, as relações devem ser calcadas na existência de uma vida própria para ambos. Se cada um tiver espaço para exercer sua vontade e ainda sentir o desejo de compartilhar a vida, o amor ganha um brilho todo especial.

Quando o assunto é financeiro, a autonomia também é condição capital para poder progredir materialmente. Ademais, se bem-explorados, os dons de liderança, assertividade, intuição e criatividade podem ser revertidos em ganhos, pois tais talentos são muito valorizados em quem tem Vênus em Áries.

Vênus no signo de Touro ♀ ♉

Do encontro entre Vênus — astro associado ao feminino — e Touro — signo simbolicamente ligado à feminilidade — o resultado não poderia ser outro senão uma combinação fecunda. Graças a isso, a pessoa nascida sob essa configuração tem o benefício de dispor de um desejo ferrenho, a ponto de só desistir quando todas as possibilidades estiverem esgotadas. Essa perseverança é uma qualidade inerente a este signo de Terra, obstinado, determinado e desejoso de prazer. Conforto e firmeza são características que andam lado a lado quando este signo encontra o seu regente, potencializando o que neles é semelhante. Além disso, é irresistivelmente sedutor por associar doçura e solidez no seu jeito de expressar a afetividade. Tal combinação aponta para a intensificação da importância do sexo, experiência que, se acrescida de afetividade, adquire uma potência genuína.

O forte desejo de amar e ser amado é uma tendência exacerbada nesta configuração, e quando isso não ocorre, sua frustração é bem maior do que a da maioria das outras pessoas. Uma das tendências habituais de Vênus em Touro é a necessidade de amar com segurança, levando a pessoa nascida sob essa configuração a ser atraída por parceiros emocionalmente estáveis. Tende a preferir um relacionamento sem grandes turbulências a se relacionar com alguém que mude invariavelmente. Aliás, caso haja algum outro traço no seu mapa natal que aponte para a necessidade de liberdade, se depara com o conflito produzido por estas duas tendências, ora com estabilidade, ora com desejo de mudança. Entretanto, muitas garantias costumam engessar os relacionamentos, e o apego produz inabilidade em lidar com transformações. Por isso, jogos obscuros, ameaças e, sobretudo, separações são especialmente dolorosas para quem nasceu com Vênus em Touro. Além da confiança, o que o atrai é o senso estético. O parceiro deve ser alguém sensível ao belo, amante das artes e apreciador do conforto.

Quanto às finanças, esta configuração é tida como favorável, pois Touro é um símbolo de fertilidade, prosperidade e segurança, e Vênus compartilha as mesmas tendências. Entretanto, é possível que o conflito gerado entre dois desejos — segurança e posse daquilo que gosta — seja um dos grandes desafios de quem nasceu com esse aspecto no seu mapa de nascimento.

Vênus no signo de Gêmeos ♀ ♊

Tanto Vênus quanto Gêmeos, cada um a seu modo, simbolizam o universo dos relacionamentos. O planeta representa o amor, e o signo, o intercâmbio, a curiosidade, as trocas e a comunicação. Essa combinação favorece as relações fraternas e o convívio social. A multiplicidade de interesses abre espaço para que a pessoa se sinta à vontade diante do jeito diferente de ser dos outros, experimentando novas experiências. Uma qualidade capital é ser tolerante quanto às opiniões alheias, capacitando-o a compreender o desejo do outro e a comunicar-se bem com as pessoas com as quais se envolve afetivamente. No que diz respeito à comunicação, não dá para imaginar alguém com Vênus em Gêmeos num relacionamento sem troca, sem diálogo ou mesmo sem interesse em frequentar teatros, assistir a bons filmes ou viajar para respirar novos ares e renovar as energias que mantêm acesa a chama da paixão. Quem quiser conviver por um bom tempo com alguém nascido sob essa configuração deve ser animado, ter disposição para mudar a rotina com frequência e ser, no mínimo, bem-informado.

Além disso, quem nasce sob essa configuração tende a se envolver sem muitas complicações e a perder o interesse sem justificativas razoáveis. Tudo isso é decorrente do fato de Gêmeos ser um signo volátil, de haver leveza no modo de se relacionar com as pessoas e com o mundo e de saber que tudo é transitório e muda a todo instante. Essa é a origem da sua capacidade de ser um bom negociador nas questões amorosas.

É quase impossível driblar quem tem essa posição no seu horóscopo, pois sua inteligência lógica, acrescida a um largo saber emocional, lhe confere um talento genuíno para conduzir bem os jogos do amor. Via de regra, é um bom mediador, sabe evitar os conflitos e tem sabedoria para lidar com situações de desentendimento. No entanto, quando as crises chegam e precisam ser enfrentadas sem meio-termo, é possível que escape de forma escorregadia. Contudo, se conseguir compreender que é preciso olhá-las de frente, seu poder de negociação pode conduzi-lo inteligentemente a um desenlace positivo.

Sendo Vênus um planeta associado à materialidade das coisas, essa posição seguramente favorece quem lida com negócios, quem ganha a vida com comunicação, com cultura e ensino. Para essa pessoa, o dinheiro é volátil, deve circular, deve servir como meio de troca. Inclusive, o seu interesse pelas coisas é circunstancial, adaptando-se às suas mudanças e às da própria vida.

Vênus no signo de Câncer ♀ ♋

Tanto Câncer quanto Vênus estão associados às qualidades femininas e, portanto, o encontro entre os dois amplifica a potência representada por esses simbolismos. A pessoa nascida com essa posição astrológica dispõe de sensibilidade, intuição e forte tendência à imaginação quando o assunto se refere ao amor e às paixões. O signo de Câncer abriga no seu significado as experiências relacionadas à casa e à família, e Vênus é o planeta que se ocupa do amor, das paixões e da arte. Não é difícil, portanto, compreender o modo como quem nasce sob essa configuração vivencia seus relacionamentos amorosos. Em termos gerais, a paixão é experimentada com intimidade, ainda que de forma intensa e fantasiosa. O sentimento de familiaridade é o que melhor traduz o modo como se entende o amor, revestindo-o de uma atmosfera segura. Da mesma maneira que o caranguejo carrega a sua própria casa, também é preciso estar num ambiente acolhedor para se entregar ao parceiro. Aliás, a pessoa com Vênus em Câncer costuma proteger-se das pressões externas se recolhendo — em casa ou dentro de si — e procura ficar próxima daqueles que amparam.

Sendo o signo de Câncer associado à função materna, quem nasceu com Vênus neste signo tem o hábito de cuidar e proteger as pessoas que ama e se preocupa em suprir suas necessidades e seus desejos. Da mesma forma que lhe é imprescindível ter intimidade num relacionamento, é provável que suas escolhas tenham o olhar voltado para pessoas sensíveis, emotivas e desejosas por estabelecer vínculos seguros. Ademais, sua intimidade sexual é, em geral, preservada e está estreitamente vinculada à afetividade. Observe-se que os aspectos e a casa em que Vênus se encontra devem ser levados em consideração para confirmar essas tendências.

No que diz respeito à sexualidade, ainda é necessário observar também as posições de Marte, pois estas são indispensáveis para se realizar uma análise mais completa.

Os assuntos familiares costumam ser os que mais afetam a dinâmica das suas vivências afetivas e, da mesma maneira, ela é capaz de influenciar o jeito como se relacionam as pessoas da sua família. De outro modo, as inseguranças emocionais são fantasmas que assolam a alma e, por essa razão, quem tem Vênus em Câncer tende a evitar experiências extravagantes, ameaçadoras, sombrias e, até mesmo, instigadoras. À exceção de quando está refém de mágoas, é dócil ao se relacionar e tem o hábito de produzir atmosferas acolhedoras, de maneira que as pessoas se sintam seguras na sua companhia.

Quando o assunto são as finanças, sua tendência é conservadora, apesar de ser sensível e intuitivo ao lidar com dinheiro e aquisição de bens que costumam ser duráveis, a exemplo dos imóveis. Os talentos que melhor lhe asseguram uma boa remuneração estão associados à educação, às profissões de natureza feminina e às que utilizam a imaginação.

Vênus no signo de Leão ♀ ♌

Esta configuração associa um astro simbolicamente feminino e um signo masculino. A função destinada a Vênus é agenciar os relacionamentos, ser cupido, e a função de Leão é promover e manter a individualidade. O efeito produzido por esse encontro gera na pessoa um charme especial e um magnetismo genuíno, sendo capaz de encantar até mesmo os mais defensivos. Ademais, Leão é um signo de Fogo e, à semelhança do elemento, a experiência amorosa costuma ser intensa, vibrante e calorosa. A luminosidade irradiada do seu jeito singular de viver o amor ilumina seus parceiros, pois, como aprecia estar ao lado de pessoas admiráveis, enaltece-as, conferindo-lhes um quê a mais de poder. Todavia, se por um motivo qualquer o brilho do parceiro ofuscar o seu, tenta recuperar o lugar de protagonista na relação.

Ainda que o signo de Leão simbolize confiança no próprio poder, isso não significa que a pessoa seja de fato segura no amor. A necessidade de aprovação e a aversão às críticas deixa muito claro o quanto é vulnerável, principalmente quando há admiração exagerada pelo outro. Feitas as ressalvas, sua disposição para amar e se apaixonar é consideravelmente grande e, quando apaixonado, entrega-se de corpo e alma à experiência amorosa. Todavia, mesmo quando tocado pela paixão, não abre mão do controle, pois Leão é o signo simbolicamente associado ao exercício de poder. É nesta medida que faz uso do seu magnetismo para manter o parceiro com as atenções voltadas para si e para fazer valer suas vontades. Aparentemente, é uma pessoa que se deixa seduzir facilmente, mas isso é apenas um alimento para seu ego. A bem da verdade, seu coração é extremamente exigente e raramente faz concessões ou sofre abatimentos. Um aspecto importante a ser mencionado é que a tão comum interpretação de que Leão fica completamente à vontade no palco nem sempre é verdadeira. No caso de Vênus neste signo, devem ser levadas em consideração as posições da Lua, de Marte e do Ascendente, visto que indicam também outros recursos de autoexpressão e mecanismos de sedução. Contudo, mesmo no caso de haver tendência à introspecção ou mesmo à timidez, é raro que deixe transparecer esses traços da sua personalidade, pois gosta de ser apreciado pela sua força e de ser reconhecido por saber manter as emoções sob controle. Essa tendência também permeia sua intimidade sexual; tem prazer em estar no controle e ser o centro das atenções, apreciando receber mais do que se doar para o parceiro. Embora precise se sentir no comando, acredita que o amante deva, de antemão, saber de todos os seus desejos. Em contrapartida, enaltece o outro para que este se sinta potente e se dedique a atender suas fantasias. O aspecto criativo também se faz presente na performance sexual, juntamente com a teatralização.

Quanto às finanças, Vênus em Leão não é amante dos riscos, mas do status que o dinheiro pode lhe proporcionar. Via de regra, controla bem seus gastos, salvo quando o desejo de poder supera o de segurança. Os talentos associados à criatividade, ao comando e às gestões, quando bem-explorados, acrescentam valor à carreira, possibilitando uma melhor remuneração.

Vênus no signo de Virgem ♀ ♍

Ainda que o traço pragmático e crítico do signo de Virgem envolva a experiência amorosa numa atmosfera um tanto quanto funcional, o fato é que tanto Vênus quanto Virgem têm relação simbólica com o feminino. Essa situação oferece boas vantagens para uma posição tida, desde a Antiguidade, como pouco favorável ao amor. Se levarmos em consideração a associação de Virgem com a agricultura, a fertilidade do solo e a seleção de bons grãos, podemos dizer que ter Vênus neste signo também favorece a qualidade das escolhas, já que as pessoas que lhe interessam passam por uma avaliação criteriosa antes de serem eleitas. Nesse sentido, há a probabilidade de não ser tão simples assim se entregar a qualquer paixão, visto que cada detalhe e cada gesto minucioso do outro é observado com cuidado, computado e selecionado para aprovação ou não de um provável relacionamento. As qualidades artesanais do signo de Virgem colaboram para que a pessoa teça com esmero o encontro com o parceiro, reparando as falhas e evitando, portanto, tudo o que comprometa a boa condução de uma história de amor.

Dito isso, ainda nos falta a interpretação da transparência virginiana associada às manifestações afetivas. A tendência é colocar tudo na mesa, pois, principalmente quando o clima se torna nebuloso, nada é melhor do que uma boa conversa para esclarecer a situação. Para quem nasceu com esse aspecto astrológico, os desejos amorosos costumam não ser confundidos, já que a habilidade do signo de Virgem é separar e compartimentar. Aliás, ao tomar pé de cada detalhe do que se passa entre o casal, se sente confortável para se entregar à paixão e ao amor. Graças à sua maneira objetiva de lidar com os desejos, é natural que se sinta atraído por pessoas previsíveis, sistemáticas e organizadas. Ademais, os comportamentos crônicos que maculam o bom andamento de uma relação são bombardeados com críticas e com a insistência de resolvê-los e, finalmente, poder eliminá-los definitivamente do padrão ao qual tal relacionamento foi submetido. Da mesma forma que é crítico em relação ao outro, também o é consigo, de maneira que a experiência amorosa é mais excitante quando se sente seguro de que pode oferecer para o outro o melhor de si.

Embora a intimidade sexual seja vista de maneira objetiva — ela existe ou não —, ganha segurança à medida que conhece melhor seu companheiro. Em contrapartida, a rotina tira de cena a criatividade sexual. Aliás, a sexualidade deve servir para se aperfeiçoar, e não para gerar acomodação.

No que diz respeito às finanças, quem nasce com Vênus em Virgem tem o hábito de ser organizado, previsível e prudente com seus gastos e com o modo como administra o seu dinheiro. As qualidades de bom administrador, organizador e artesão, se bem-exploradas, tornarão seu trabalho mais valorizado e, por consequência, com grandes chances de ser bem-remunerado.

Vênus no signo de Libra ♀ ♎

Eis mais um encontro astrológico no qual o planeta se encontra no signo que rege, significando um aumento da potência de ambos que, nesse caso, tem a ver com as coisas do amor e das relações. Pois quem nasce sob essa configuração tem o privilégio de associar o desejo ardente de Vênus com a temperança do signo de Libra, conferindo-lhe habilidade em lidar com as questões da paixão e do amor. Por conseguinte, seu interesse é dirigido para as coisas do outro, tendo o dom da conciliação e sabendo ceder quando algo lhe interessa em particular. Estas são, sem dúvida, atitudes de alguém sábio emocionalmente, ainda que em algumas situações deixe a desejar quanto aos seus próprios desejos. Entretanto, se souber acolhê-los e respeitá-los, o resultado é uma agradável fusão das demandas de ambas as partes. Ademais, sendo Libra um signo de Ar, o nascido com tal configuração tende a refletir sobre seus sentimentos, tornando-se um tanto quanto racional nos assuntos do amor. Tende a viver com objetividade tanto as situações de alegria quanto as de grande tensão, analisando-as a partir do seu ponto de vista e do ponto de vista do outro. Os pratos da balança oscilam entre as suas opiniões e as opiniões do parceiro até se estabilizarem num ponto de equilíbrio. A propósito, a harmonia é uma das referências básicas no que diz respeito à esfera dos relacionamentos. Qualquer conflito, estresse ou desafio um pouco maior do que os habituais pode deixá-lo inseguro e comprometer a estabilidade de um relacionamento. As decisões são tomadas depois de avaliar exaustivamente a situação à qual se vê submetido, ou ainda pela influência do outro, já que sua opinião pesa consideravelmente na hora de agir. Aliás, suas indecisões costumam ser decorrentes de uma excessiva vontade de agradar seus parceiros e, quando esse é o caso, é importante reconhecer mais intimamente seus desejos para que a frustração de não vê-los realizados não ponha em risco a durabilidade e a saúde de um relacionamento.

Ainda no que se refere à relação simbólica de Vênus com a beleza e com a arte, essa posição indica a importância que estas ocupam no cenário amoroso. Em face disso, quem nasce com Vênus em Libra é facilmente atraído por pessoas que valorizem as artes, que saibam apreciar o belo e que sejam diplomáticas e gentis. O melhor cenário para amar e se entregar ao amor é um relacionamento que tem como base a parceria e não é submetido com frequência a conflitos, brigas e discussões.

Da mesma forma, a intimidade sexual é vivida de acordo com a harmonia que reina no relacionamento, e o sexo pode se tornar um meio para obtê-la. Mesmo que seja impulsivo em outras situações, geralmente prefere que o parceiro tome a iniciativa a ter que agir por si mesmo. Em contrapartida, é capaz de conhecer bem os desejos do outro, se adaptar e atender às suas fantasias sexuais.

No que diz respeito às finanças, tende a ser equilibrado tanto com os gastos, quanto com as economias. É excelente orientador financeiro e consegue perceber o que é bom e rentável para as outras pessoas. Ademais, os dons associados à estética, ao bom gosto e à diplomacia podem e devem ser explorados para que seu trabalho ganhe mais valor e, com isto, possa ser bem-sucedido financeiramente.

Vênus no signo de Escorpião ♀ ♏

As relações entre opostos podem ser vivenciadas como uma corda esticada, gerando tensão e desgaste, ou como forças complementares, proporcionando conforto e equilíbrio. Devemos ter isso em mente ao pensarmos sobre esta configuração, pois Vênus rege o signo de Touro, oposto a Escorpião. Por isso, o encontro do planeta do amor com o signo da metamorfose pode produzir, por um lado, um estranhamento, e, por outro, uma instigante provocação. Escorpião é um signo que trata das perdas, das faltas e, em contrapartida, da regeneração. É evidente que, quando o assunto diz respeito ao amor, essas qualidades não são bem-acolhidas nem são confortáveis para quem ama. Vênus, astro feminino, tem como qualidade promover os encontros, provocar o desejo sexual e despertar a pessoa para o amor. Na outra direção, a função do signo de Escorpião é jogar a pessoa nas profundezas obscuras da alma, para que de lá extraia as forças capazes de transformá-la e de reparar os danos causados pelas perdas. É evidente que esses dois vieses se entreolham com um quê de desconfiança. Vênus deseja permanência, enquanto Escorpião denuncia a transitoriedade das coisas e da vida. O planeta do amor ampara, o signo corta na ferida para curar. Feitas as ressalvas, o fato é que nascer com Vênus no signo de Escorpião é ter o privilégio de ser sedutor ao extremo, de lidar intensamente com o amor e a paixão e de não passar impune aos encontros que a vida lhe oferta. Além disso, os relacionamentos o conduzem invariavelmente a transformações que lhe marcam a alma, sendo o contrário também verdadeiro, pois quem com ele se relaciona se modifica a ponto de não mais se reconhecer. A propósito, toda perda amorosa e cada recomeço são experiências através das quais reinventa a si próprio. Os momentos difíceis vividos a dois e, especialmente, os decorrentes das separações, tecem as curas, fortalecem o espírito e o preparam para viver um amor maduro. Quem nasce sob essa configuração mergulha no universo das paixões quase cegamente, pois a entrega é sentida como parte essencial da experiência amorosa. Além do mais, é muito raro dominar as emoções, de modo a conhecer seus extremos, tanto os destrutivos quanto os portadores de potencial criativo. Este é, inclusive, um dos seus mais poderosos dons, pois o signo de Escorpião está associado simbolicamente às forças da criatividade. Ainda por conta da relação do signo com as profundezas, os mistérios fascinam, enquanto o conhecido é deixado de lado e raramente desperta interesse. É provável que pouco valorize o que está ao seu alcance, deixando, assim, de viver experiências emocionais que, certamente, o ajudariam a crescer. Para quem tem Vênus em Escorpião, não existem fronteiras, barreiras ou mesmo tabus. Isso é válido especialmente quando se trata da sexualidade. Dificilmente se sente feliz quando há algum impedimento psíquico ou moral para tal, e suas experiências afetivas e sexuais podem deixar marcas traumáticas na sua trajetória emocional.

Nas questões financeiras, a tendência é ser ousado, de gostar dos riscos e usar de estratégias inteligentes para administrar seus recursos. O uso da criatividade, da intuição, da capacidade planejadora e do dom de restaurar o que está destruído acrescem valor ao trabalho, ajudando-o a se organizar e estabilizar financeiramente.

Vênus no signo de Sagitário ♀ ♐

As combinações entre simbolismos de conteúdos antagônicos é sempre um desafio para quem interpreta uma posição astrológica dessa natureza. O planeta do amor, salvo exceções, conduz o amante ao apego, enquanto Sagitário, com sua seta apontada para o alto, o incita a cavalgar rumo a mundos distantes. É nesse embate que se estrutura a dinâmica das suas experiências amorosas. O resultado não poderia ser outro senão um entusiasta da liberdade, desde que ela traga junto o amante desejado. Este, evidentemente, deve partilhar do desejo de ser livre e, ainda assim, ser capaz de se despojar do seu universo pessoal e trilhar o caminho traçado por quem tem o galope de um centauro desejoso de conhecer o mundo como aliado da Vênus. É o amante nômade, e a chama de suas paixões arde sempre que atravessa a divisa de um mundo distante. Aliás, essa divisa não precisa ser necessariamente geográfica, mas cultural, étnica, intelectual e até mesmo emocional. Por essa razão, o que o atrai é a mente e a cultura do outro, o que ele tem a lhe oferecer e como pode ampliar seus horizontes intelectuais. Portanto, é provável que prefira alguém que deseje sempre mais da vida a pessoas que se sintam saciadas com o que têm. Acrescente que, quando o parceiro não lhe oferece mais novidades, das duas, uma: ou a relação se embrenha por novos caminhos trazendo algo novo, ou o relacionamento perde a potência e é interrompido. Esta é uma das razões que o leva a gostar de pessoas inteligentes, estudiosas, que apreciam viagens e tenham algo a lhe ensinar. Todavia, na medida em que seus desejos se concentram em alvos distantes, é natural que idealize o parceiro e, por fim, o próprio amor. Desse modo, quando o objeto do seu desejo não corresponde às suas projeções, a desilusão conduz o nascido com Vênus em Sagitário a se desinteressar e deixar de investir no relacionamento amoroso. No entanto, se o que idealizou para si e para o outro for trilhado sobre o solo da realidade, os sonhos alimentarão o amor e preservarão os amantes unidos. Outro traço comumente relacionado a Vênus em Sagitário é somente conceber o amor se este estiver comprometido com a liberdade. Por isso, parceiros que venham a tolher sua autonomia, a querer tê-lo sob as rédeas do seu comando, certamente acabarão frustrados.

Na sexualidade, a liberdade se faz presente mais uma vez. O sexo deve ser um território desconhecido através do qual Vênus em Sagitário cavalga e explora. A libido é estimulada tanto pelo contato físico intenso, marca da metade animal, quanto pelo intelectual, sinalizado pela metade humana do símbolo astrológico. Todavia, a flecha sagitariana aponta para a espiritualidade do sexo, transmutação relativa à trindade representada no signo zodiacal.

Em relação aos valores materiais, estes estão associados a tudo que lhe proporcionar desenvolvimento mental, cultural ou espiritual. A pessoa nascida sob essa configuração aceita desafios financeiros, gasta com viagens e especialmente com estudos e com atividades culturais. A propósito, investir em bons cursos, desenvolver o intelecto, falar várias línguas e associar tudo isso com criatividade é um excelente meio para valorizar seu trabalho e ser bem-remunerado pelo que produz.

Vênus no signo de Capricórnio ♀ ♑

Eis mais uma daquelas combinações que carregam um estigma injusto. Capricórnio representa razão, prudência e solidez. Sua associação com Vênus, o planeta do amor, confere à pessoa nascida com esse aspecto seriedade e maturidade ao lidar com a paixão e com as relações amorosas. Essa postura seguramente é a que dá origem à fama de alguém seco, duro e insensível no amor. A questão é que, culturalmente, quando o assunto é dessa natureza, as referências são justamente as opostas, ou seja, doçura, delicadeza e sensibilidade. O que muda é a maneira como a pessoa expressa seus sentimentos e desejos, e não a falta destes. Tomar providências objetivas que ajudem o parceiro a resolver seus problemas ou mesmo realizar seus desejos é falta de amor? Certamente, não. Todavia, não se pode esperar que uma pessoa nascida com Vênus em Capricórnio produza lágrimas pelos mesmos motivos da maioria das pessoas, que demonstrem sua fragilidade para qualquer um ou que expressem seu amor especialmente com palavras. As questões relativas à esfera amorosa são encaradas de forma prática e racional. Em vez de docilidade, há prudência; no lugar da imaginação, existe realidade.

Verdade seja dita, é preciso haver um mínimo de garantias para valer a pena investir num relacionamento, e por esse motivo, quem nasce sob essa configuração calcula cada passo dado, certificando-se de que é prudente seguir adiante. O outro lado da moeda é ter o dom de deixar o outro seguro, desde que o relacionamento já tenha atingido certo grau de estabilidade e não ofereça mais grandes riscos. Além disso, é exigente com seus parceiros, assim como o é consigo mesmo. Tal comportamento é decorrente de um bom senso de dever e responsabilidade, especialmente exercido com as pessoas com quem mantém relacionamentos com alguma dose de afetividade. Não obstante, sabe se despojar de alguns dos seus desejos para atender a tempo e hora uma necessidade considerável do seu parceiro.

Na maior parte dos casos há preferência por manter a intimidade sexual preservada, ainda que possam existir outras combinações astrológicas que apontem na direção contrária. Sempre que a análise for direcionada para esse assunto, é preciso também interpretar invariavelmente a posição de Marte, pois somente assim a abordagem se completa. Ademais, a sexualidade cresce com a maturidade, a pessoa fica mais atraente com o passar do tempo e nessa altura da vida pode sentir-se mais satisfeito com a sua sexualidade.

Em relação às finanças, a prudência é sua diretriz. Raramente é atraído por riscos, mas tem desejo de poder. É possível construir um patrimônio sólido ao longo dos anos, mas dificilmente tem ascensão financeira vertiginosa. Quando isso ocorre, é preciso saber parar de crescer por algum tempo para pôr em ordem seus recursos e assegurar um futuro estável. Para que seu trabalho seja mais valorizado e, consequentemente, bem-remunerado, é bom investir nos dons da organização e da capacidade administrativa, além de ter uma boa dose de ambição.

Vênus no signo de Aquário ♀ ≈

Tanto Libra, signo regido por Vênus, quanto Aquário pertencem ao elemento Ar e, portanto, estão associados ao universo das relações. A diferença entre os dois reside no fato de Vênus se referir aos encontros amorosos, românticos e eróticos, enquanto Aquário diz respeito à coletividade. Logo, o resultado produzido por essa configuração é, no mínimo, paradoxal, já que o amor é vivido como algo que diz respeito ao mundo e, na direção contrária, as coisas do mundo interferem no modo como a pessoa entende e vive o amor. Em face dessa tendência, é bem provável que o nascido com Vênus em Aquário sinta atração por alguém que acolha seus valores humanitários, que invista nas amizades, que compartilhe seus sonhos e que tenha a mente aberta para reconhecer e respeitar as diferenças sociais. Relacionar-se com alguém com tais inclinações significa injetar potência no encontro amoroso e aumentar consideravelmente as chances de ser bem-sucedido no amor. Pode-se ainda dizer que o sentimento de amizade e fraternidade são como que guias balizando a trajetória de sua realização afetiva e pelo mesmo motivo não se sente à vontade com pequenos sentimentalismos, sejam os próprios ou os do seu parceiro. O fato de ser atraído pelas questões sociais não significa que não tenha sensibilidade para perceber e lidar com seus próprios desejos, sendo bastante comum haver uma concentração sobre-humana de exigências em relação ao que é capaz de dar para um parceiro e de expectativas do que espera receber dele. A razão de tal inclinação é deslocar o olhar coletivo para uma relação pessoal, o que, evidentemente, não funciona bem.

A liberdade é condição de possibilidade de estabelecer um bom relacionamento a dois. Sem ela, as tensões se tornam insuportáveis, a pessoa se torna tremendamente irritadiça e difícil de conviver. Em contrapartida, suas inseguranças são capazes de afastá-lo da experiência amorosa. A instabilidade produzida por esse signo rebelde, inquieto e agitado cria um charme genuíno, mas também difícil de conviver. As tempestades afetivas são intensas e capazes de gerar rupturas prematuras e complicadas para reparar posteriormente. A manutenção de um relacionamento exige que haja espaço para mudanças frequentes e algumas radicais. Para tanto é preciso conviver com alguém que seja amante do novo, que lide bem com imprevisibilidades e que goste de ser surpreendido com atitudes inesperadas.

Na intimidade sexual, também não é muito diferente: sente necessidade de quebrar os tabus convencionais do amor e do sexo, anseia por se sentir livre e não gosta de seguir as fórmulas ditadas pela maioria. Aparentemente, isso é bastante desejado pelas pessoas em geral, mas os símbolos eróticos, as fantasias comuns à cultura, não fazem parte do imaginário sexual da pessoa que nasceu com Vênus num signo regido por Urano, um planeta rebelde e libertário.

Quanto à sua relação com o dinheiro e bens materiais, a liberdade entra novamente em cena, pois ter é sinônimo de independência e, por conseguinte, da possibilidade de ser livre. O modo como administra suas finanças não é atravessado pela disciplina e organização comum à maioria das pessoas. Entretanto, é preciso olhar com muito critério as posições relativas à casa 2, pois ela indica mais precisamente as tendências do universo financeiro. Ademais, a criatividade mental, sua capacidade de lidar com gente e a mente inovadora são qualidades importantes a serem desenvolvidas, pois assim seu trabalho será valorizado e terá melhores condições de remuneração.

Vênus no signo de Peixes ♀ ♓

Este encontro é enaltecido nos manuais de astrologia e, verdade seja dita, existem razões de sobra para isso. O fato é que o signo de Peixes, com todo o seu romantismo e sensibilidade, está sob os domínios do planeta do amor, que, evidentemente, o recebe de coração aberto. Toda a imensidão e densidade relacionada ao último signo encontra em Vênus seu mais adequado cenário. As fantasias povoam a alma apaixonada e tanto anjos, quanto demônios, emergem das profundezas, produzindo sonhos e pesadelos, muitas vezes fantásticos, outras vezes, insustentáveis. Nada que se refere ao amor é pequeno e, em vista de tal dimensão, ele deve ser compreendido, entre outras coisas, como uma ferramenta de libertação psíquica e espiritual. O universo amoroso é propício para que a pessoa seja mais facilmente afetada pelo clima emanado dos encontros, atmosfera difícil de ser apreendida objetivamente, pois é inominável, não tem forma nem dimensões definidas. É possível que seja atraído por alguém sensível, que possa se adaptar ao seu modo de se relacionar e que partilhe os seus anseios espirituais. Esta é, evidentemente, a escolha que melhor preenche suas necessidades emocionais. Entretanto, nem sempre acontece assim. Como tende a idealizar o outro, é provável que primeiramente se desiluda com suas escolhas. Em alguns casos, a fantasia é tão grande que ninguém o satisfaz. Quando os seus pés começam a tocar mais o chão, compreende que o amor deve ser construído no dia a dia e que somente assim chegará a ficar próximo ao que idealizou. Outro aspecto importante a ser analisado nessa configuração é a sensibilidade disponível para reconhecer os jogos do amor. Em contrapartida, sendo sua imaginação fértil, intuição e fantasia podem ser facilmente confundidas, gerando percepções distorcidas e perigosas para quem quer manter um relacionamento relativamente saudável e duradouro. O melhor jeito de se relacionar com essa tendência é construir sonhos com o parceiro, pois se sentirá mais vinculado e, por conseguinte, mais seguro e menos temeroso dos seus fantasmas. Também presente nessa configuração está a instabilidade à qual seus sentimentos e desejos estão sujeitos. É bom lembrar que o signo de Peixes é representado por dois peixes nadando em direções opostas, unidos por um cordão preso às suas bocas. Afora isto, a associação do amor com as profundezas oceânicas sugere uma tendência à introspecção e à necessidade de recolhimento, quando não, de solidão. Sob essas condições a pessoa recicla as energias e se prepara para viver melhor o encontro amoroso.

Quanto à sexualidade, a fantasia é um de seus melhores ingredientes, indicando evidentemente um posicionamento altamente favorável para um bom desempenho sexual. A intimidade no sexo é tratada como algo sagrado, uma experiência que envolve prazer e sensibilidade. Entretanto, é sempre bom lembrar que a análise das posições de Marte são imprescindíveis para uma boa interpretação quando o assunto em pauta é a sexualidade.

Nas finanças, pode-se afirmar que a intuição é o seu mais poderoso recurso e que, sem ela, a estabilidade financeira pode ficar bastante comprometida. Em contrapartida, por ser uma pessoa sensível e fantasiosa, pode tornar-se bastante caótica e descontrolar-se financeiramente. Para ter seu trabalho mais valorizado, os dons que envolvem a sensibilidade, o amor às artes e a capacidade de ler a alma das pessoas podem e devem ser desenvolvidos e bem-explorados, aumentando a tendência a ser bem-remunerado. Uma observação importante é que deve-se interpretar especialmente as posições relacionadas à casa 2, pois ela é a melhor indicadora dos assuntos relacionados ao dinheiro e ao bem-estar material.

MARTE NOS SIGNOS

A função do signo de Marte é dar energia para a pessoa ganhar sua independência e lutar por aquilo que quer. Desenvolver suas características aumenta as chances de a pessoa ser bem-sucedida em competições, disputas e empreendimentos profissionais. Também a ele são atribuídos o modo como lida com os impulsos sexuais, o vigor e a vitalidade.

Marte no signo de Áries ♂ ♈

Áries é regido por Marte, o planeta guerreiro, responsável pelo esforço empregado na disputa por espaço. Pode-se dizer, portanto, que tal associação torna esse encontro fecundo. A potência associada a Marte se intensifica com as qualidades de liderança, força de comando e espírito independente simbolizadas no signo de Áries. Nascer com essa configuração é ter a prerrogativa de dispor de energia e impulsividade suficientes para tomar decisões rápidas, assertivas e vigorosas. Em tese, as matérias-primas com as quais a pessoa constitui sua independência são o amor à liberdade e o desejo ferrenho de sair vitorioso quando desafiado. A propósito, quem nasce com Marte em Áries está sempre pronto para o combate e não há barreiras que o impeçam de seguir adiante, sendo capaz até de provocar algum tipo de situação desafiadora para escapar de uma provável zona de conforto. Por ser competitivo, raramente dá permissão para uma outra pessoa assumir o comando no seu lugar e tende a impor sua vontade a todo custo, ainda que isto lhe custe alguns desentendimentos. Cabe aqui comentar que as posições relativas à casa 1 devem ser confrontadas com essas tendências, pois indicam o modo como a pessoa se impõe e conquista a independência. Feitas as ressalvas, a intolerância à estagnação é uma excelente ferramenta na mão de alguém que precisa se sentir dono do seu destino e de desenhar com as próprias mãos os caminhos que facilitam a realização dos seus desejos. Ainda que existam outros aspectos na sua personalidade que apontem para um temperamento calmo e ponderado, raramente recua quando sente o seu território ser ameaçado, visto que o instinto o impede. A pessoa nascida sob essa configuração pode sentir necessidade de manter uma vida harmoniosa e, ainda assim, ser competitiva. O resultado dessas tendências divergentes pode ser um conflito interno, no qual vence a que melhor se adequar à situação do momento.

Marte é o planeta associado ao vigor físico e, nessa posição, é raro haver falta de energia se a pessoa cultivar uma rotina saudável. A tendência do organismo é manter as defesas em alta e agir prontamente quando ameaçado.

Quanto à sexualidade, a impulsividade é a atitude que marca seu jeito genuíno de conquistar quem o atrai. A pessoa tende a tomar a frente e se sente mais à vontade sexualmente quando tem o comando nas mãos. O sexo também deve ser vigoroso e, semelhante às características de Áries, competitivo. Todavia, as características dos signos de Vênus e Lilith devem ser acrescidas à interpretação, pois somente através dessas duas posições é possível ter uma ideia melhor acerca da sua relação com a paixão e com a sexualidade.

Marte no signo de Touro ♂ ♉

Marte, quando se encontra num signo de Terra, determinado e amante do conforto, produz um guerreiro obstinado, de vontade férrea, disposto a lutar pela obtenção dos objetos do seu desejo. Como no dito popular, é alguém que costuma arregaçar as mangas e botar a mão na massa. Touro representa a matéria, a fecundidade e o trabalho. A pessoa que nasceu com Marte neste signo se afirma através do que produz e, a propósito, é destemido com o trabalho e raramente se nega a realizar uma tarefa que a vida lhe impõe. Além disso, dispõe de elevada dose de disposição e energia para lutar por sua independência econômica e para produzir um patrimônio que lhe garanta conforto e segurança no decorrer da vida. Aliás, as necessidades materiais e o desejo de estabilidade econômica servem como motivação para ir à luta e enfrentar os desafios e desequilíbrios financeiros que, eventualmente, tiver que enfrentar. A tendência competitiva de Marte, quando aliada à paciência de Touro, proporciona garra para o trabalho, resistência e capacidade de acumular forças para gerir sua independência material. Ainda em relação à autonomia financeira, depender materialmente de alguém só é admissível em casos extremamente extraordinários. Em contrapartida, o gosto pelo conforto e especialmente o amor ao belo podem gerar gastos impulsivos, pois tende a não saber conter seus desejos e querer vê-los atendidos prontamente, característica impressa por Marte num signo de Terra. Este é o paradoxo desta posição. Na mesma medida em que a impulsividade do planeta guerreiro atua sobre os desejos materiais de Touro, a necessidade de segurança habitualmente associada a este signo sugere à pessoa prudência para construir um lastro material que lhe garanta tranquilidade no futuro. Dessa forma, negocia as duas tendências e, se souber manter o equilíbrio, pode gastar quanto quiser, sem prejudicar seu patrimônio.

A pessoa nascida com Marte em Touro se impõe pela doçura, que jamais se dissocia da firmeza, duas qualidades inerentes à simbologia taurina. Também é capaz de vencer pela resistência, mantendo-se impassível diante dos conflitos, levando os outros a desistirem de brigar por total exaustão. Todavia, por ser paciente para obter o que quer, sua agressividade é normalmente acumulada. Portanto, quando explode, é capaz de não ver o que tem à frente, assim como o touro quando é provocado. Em geral, costuma demorar a tomar iniciativa, pois só o fará quando estiver seguro de que deve avançar. É bom lembrar que as indicações relativas às casas 1 e 2 são fundamentais para produzir uma interpretação correta quando o assunto em pauta é a independência do sujeito e sua relação com a materialidade.

O vigor associado a Marte se apresenta principalmente no trabalho. Entretanto, o excesso de atividades pode ser prejudicial à saúde, baixando a resistência e comprometendo a imunidade. Em geral, custa a enfraquecer, mas é possível que também demore a se recuperar de um desequilíbrio físico, já que este é produto da exaustão à qual costuma se submeter.

No que diz respeito à sexualidade, essa posição remete à sabedoria de se deixar seduzir pelo desejo do outro e, ao mesmo tempo, à firmeza do toque, à importância da dimensão física do prazer e à pouca importância das fantasias e imaterialidades sexuais. No entanto, os signos de Vênus e Lilith são os que compõem a totalidade da interpretação relativa às experiências sexuais e, por isso, é necessário acrescentá-los às tendências referidas.

Marte no signo de Gêmeos ♂ ♊

Inspirado na natureza de Gêmeos, quem nasceu com o planeta guerreiro neste signo faz da inteligência uma ferramenta para conquistar seu lugar no mundo e aprende tanto a vencer quanto a sair derrotado de uma disputa. Afirma-se por intermédio das habilidades mentais, não medindo esforços quando o assunto em pauta é a curiosidade. Seja nos estudos, seja em atividades que exijam atitudes inteligentes, tende a ter uma boa carga de disposição para enfrentar as dificuldades neles existentes. Ainda que compute perdas e derrotas, a vantagem é estar sempre pronto para se reerguer e insistir novamente, até conseguir sair vitorioso. Os enfrentamentos intelectuais o incitam a querer saber mais, e de posse de informações de bom conteúdo, dispõe de instrumentos potentes para se sair bem nas discussões. Sendo assim, quanto mais divergências de opinião encontrar, mais sua capacidade de argumentação é testada e se sente mais motivado a investir no seu desenvolvimento intelectual. Todavia, é bom não desconsiderar a impaciência associada ao planeta guerreiro, pois esta se faz presente justamente nas discussões, no aprendizado e nas situações que exijam habilidade mental. Portanto, ao se deparar com pessoas lentas, de difícil comunicação, que não conseguem se expressar com agilidade, pode perder o controle, abandonando seu interlocutor ou tornando-se agressivo ao falar. O fato de também ser intelectualmente competitivo lhe confere um modo franco de dizer o que pensa, gerando a confiança das pessoas nas suas opiniões e, também, hostilidades. Normalmente os desentendimentos ocorrem por querer impor o que pensa e não ter paciência para ouvir a opinião alheia.

No que diz respeito às decisões, a dúvida pode ser sua aliada mais fiel e, ao mesmo tempo, uma adversária cruel. Quando a dúvida age mostrando-lhe alternativas que evitam ações precipitadas, os resultados podem ser positivos. Todavia, se a multiplicidade de opções lhe deixar paralisado, sem saber para qual lado ir, o que lhe resta é munir-se de outras opiniões para sanar suas incertezas, ou jogar os dados e deixar que a sorte tome a decisão. Entretanto, é importante analisar as posições relativas às casas 1 e 3, e a posição de Mercúrio, pois essas informações compõem melhor o cenário de experimentação tanto das qualidades associadas a Marte quanto das associadas ao signo de Gêmeos.

O dinamismo intelectual tem estreita relação com o vigor e a disposição física, ou seja, estes poderão estar disponíveis em quantidade e qualidade dependendo do modo como a pessoa administra a atividade mental. Se esta for levada à exaustão, o corpo também sofrerá e dará os sinais necessários para que a pessoa possa descansar e recuperar as energias exauridas.

Na sexualidade, o que excita os nascidos sob essa configuração é a inteligência e a versatilidade do parceiro, acrescidas de uma boa dose de comunicação. O sexo deve ser variado, podendo perder o interesse caso caia na rotina. Entretanto, os signos de Vênus e Lilith devem ser conjuntamente interpretados para poder avaliar melhor sua relação com o sexo e a paixão.

Marte no signo de Câncer ♂ ♋

Esta é mais uma daquelas disposições astrológicas que não recebe grandes homenagens desde a Antiguidade. Isso porque Câncer é um signo sensível, enquanto Marte, ao contrário, é o guerreiro destemido. Tal combinação deve ser interpretada não como uma posição fraca, mas como algo diferente do senso comum. Para quem nasceu com Marte em Câncer, a coragem não vem desacompanhada da intuição, da sensibilidade e dos estímulos emocionais. Para essa pessoa, tal virtude não é a dos heróis, mas a dos doces de espírito. O combate se dá especialmente em relação aos seus conflitos internos, aos atritos que envolvem seus familiares ou pessoas a quem é afetivamente vinculado. Feitas tais considerações, pode-se dizer que se sente inseguro quando ameaçado afetivamente. Aliás, quando isso ocorre, tende a reagir com agressividade, e o alvo de sua irritação costuma ser quem está próximo, ou seja, as pessoas que lhe oferecem segurança afetiva e, portanto, as que têm menos possibilidade de se tornarem suas inimigas. No entanto, o resultado de tal procedimento é o ressentimento e a culpa advindos desses momentos de explosão. Em compensação, o enfrentamento das perturbações emocionais incitam-no a lutar por seu espaço, a clamar por independência e a provar para si mesmo o quanto é capaz de suportar tais pressões. Seus maiores adversários são suas próprias fantasias e ameaças emocionais. Por outro lado, a força combativa do planeta guerreiro se dispõe a ajudá-lo a encarar seus fantasmas com coragem e a não recuar quando se encontra diante deles. As tensões emocionais geram grandes tempestades internas, impedindo-o de ser objetivo nas suas decisões. Ademais, não costuma pensar antes de agir, sendo guiado pelas intuições, que geralmente estão corretas. Outro aspecto que não pode ser deixado de lado é o fato de a competição estar associada aos relacionamentos de fórum íntimo. Por mais que se sinta ameaçado na sua estabilidade afetiva, é essa mesma ameaça que o faz querer ser melhor do que as pessoas às quais está vinculado. O convívio deve ser amenizado com grandes espaços de trégua para garantir o bem-estar dos seus relacionamentos.

Na medida em que Marte está associado ao vigor, é evidente que a qualidade das experiências emocionais interfere diretamente na sua disposição física. Porquanto, todo e qualquer estresse de natureza psíquica causa efeitos significativos no funcionamento das defesas do organismo com mais intensidade do que normalmente ocorre com a maioria das pessoas.

A intimidade sexual tende a ser preservada e, quando se sente atraído por alguém, há algum tipo de afetividade envolvida. Além disso, apresenta melhor desempenho quando já existe um convívio frequente com o parceiro. Observe-se a necessidade de analisar os signos de Vênus e Lilith para uma melhor avaliação do assunto.

Marte no signo de Leão ♂ ♌

Para começar, Marte rege Áries que, tal qual Leão, está relacionado ao elemento Fogo. Isso quer dizer que suas características se amplificam. Tanto o espírito guerreiro do planeta quanto a necessidade de estar no comando do signo de Leão são encontrados em quem nasceu com essa configuração, seja em quantidade, seja especialmente em qualidade. Para afirmar sua individualidade, tem como recursos o seu forte magnetismo, o poder centralizador e a voz de comando. Por isso, quando está em território de combate, além de impor sua vontade com pulso firme e esperar que esta seja atendida sem contestações, exige que as atenções se voltem para si. Ainda que haja características de flexibilidade devido a outras posições da sua carta natal, em situações de conflito ou quando há competitividade, sua força é usada para tentar convencer os outros de que está com a razão. É difícil fazê-lo ceder depois de tomar uma determinada posição, sendo este um dos maiores motivos de brigas e discussões. Aliás, precisa parecer forte perante os outros, e se precisar desistir de alguma luta, o fará completamente contra a sua vontade e em condições extraordinárias. Ter o comando das decisões nas mãos é questão de honra, e o nascido com Marte em Leão usa todos os recursos disponíveis para conseguir agir sem precisar do auxílio das outras pessoas. Um de seus mais fortes recursos nas competições é a criatividade que, se associada à paixão, produz uma força imbatível. Seu maior adversário é o orgulho e, se souber combatê-lo, já terá dado os primeiros passos para sair vitorioso de suas batalhas. A bem da verdade, a vaidade pode ser a expressão externa de uma fragilidade escondida.

O vigor físico simbolizado em Marte é potencializado ou reduzido de acordo com a qualidade de sua autoestima. Sempre que se sentir seguro e puder ter o controle das suas decisões, o organismo responde com energia, recuperando-se bem em situações de doença.

A tendência de Marte em Leão quanto à sexualidade é se colocar na posição de dominador, fazendo bom uso do seu magnetismo e brilho para manter as atenções do amante totalmente voltadas para a realização dos seus desejos. Mas, como os signos de Vênus e de Lilith são outros importantes indicadores da sexualidade, também devem ser interpretados para uma boa avaliação do tema em questão.

Marte no signo de Virgem ♂ ♍

Da mesma maneira que Virgem está associado à organização e à produção, a pessoa nascida com Marte nesse signo se sente mais segura quando sua rotina estiver organizada e seu trabalho alcançar boa qualidade. Tais condições servem como anteparo em conflitos e, também como instrumento de luta pela independência e pelo exercício da autonomia. Em tese, não há medo de trabalhar, e a vida fica muito mais animada quando há algo para fazer. Ser prestativo o revigora, e quando o assunto em pauta é resolver um problema objetivo, os talentos associados a essa configuração se mostram excepcionalmente favoráveis para o exercício de tal função. A possibilidade de ficar parado basta para gerar um alto grau de ansiedade e uma consequente irritabilidade. Apresenta sempre muita disposição para o trabalho e capacidade de gerar tarefas quando pressente a chegada de um cotidiano medíocre. Costuma necessitar de autonomia para gerenciar suas atividades, evitando contar com os outros para a organização das tarefas do dia a dia, ou mesmo para a produção de um empreendimento profissional. Por, em geral, não conseguir ser totalmente livre para decidir o que e quando fazer as coisas, precisa saber escolher a dedo as pessoas que irão ajudá-lo. Caso essas pessoas dependam demais do nascido com Marte em Virgem, ou queiram tomar a frente nas decisões, o resultado seguramente será desastroso. A falta de iniciativa para tomar providências objetivas nos problemas cotidianos pode tirá-lo do sério e fazê-lo perder o controle. As explosões surgem sob a forma de críticas, muitas vezes agressivas e cruéis. O fato é que facilmente se irrita com falhas, sejam as próprias ou as dos outros, e costuma não perdoá-las. Aliás, a tendência à crítica pode ser tanto sua grande aliada quanto sua mais temível adversária. É evidente que se a pessoa se sente mais segura com a perfeição, deve aceitar as faltas para que possa se aprimorar. Entretanto, nem sempre é assim que acontece. É muito difícil encarar seus próprios erros, e sua agressividade pode ser dirigida àqueles que os apontam. O certo é que, apesar disso, se esforça ao máximo para corrigir suas falhas e só sossega quando alcança esse objetivo. Ademais, quando precisa tomar decisões, tem o hábito de analisar com apuro todas as possibilidades que tem em mãos para não errar. Suas atitudes costumam ser, ao mesmo tempo, racionais e práticas, e raramente age impulsionado pelas emoções.

Para manter sua disposição física, deve procurar alimentar-se de forma equilibrada e, de preferência, o mais naturalmente possível, condições estabelecidas no significado simbólico do signo de Virgem. Também é importante manter um ritmo constante de atividades físicas, integrando-as ao cotidiano de sua vida.

No que diz respeito à sexualidade, o signo de Virgem exige um compromisso com a realidade, transformando fantasia em desejo possível. Também há um criterioso cuidado na escolha dos parceiros sexuais, já que esse signo prefere qualidade à quantidade. Todavia, a análise dos signos de Vênus e Lilith é fundamental para uma abordagem fiel ao assunto em questão.

Marte no signo de Libra ♂ ♎

Eis aqui um daqueles encontros astrológicos que reúnem qualidades opostas e complementares. Não é sem sentido, portanto, que desde a Antiguidade tal posição tenha sido considerada frágil, algo certamente questionável nos tempos atuais. Ser guerreiro sempre pressupôs capacidade de enfrentamento; raramente se esperava de um herói atitudes diplomáticas e resistência pacífica diante dos conflitos. Esta posição trata justamente dessas possibilidades, contraditando o senso comum de que, para ser forte, é preciso ser impositivo, quando não até mesmo agressivo. Quem nasceu com Marte em Libra é capaz de afirmar sua individualidade por intermédio da capacidade de se relacionar com harmonia, de ser diplomático e de compreender, antes de tudo, o ponto de vista do outro. A pessoa não mede esforços para colaborar com o bem-estar de terceiros, principalmente quando o seu próprio está em jogo. O seu desafio é associar com inteligência a energia do destemido Marte e a sensatez representada no signo da balança. Em compensação, ao tentar contemplar o desejo do outro, pode ceder mais do que deveria e comprometer a realização dos seus próprios desejos. Por essa razão, o receio de ferir as pessoas às quais se sente vinculado afetivamente pode se tornar tanto um fiel aliado, como seu mais temível adversário. Ademais, nascer com Marte em Libra é fazer de um relacionamento o cenário ideal para enfrentar as bravatas da vida. Contradizendo, portanto, a tendência conciliadora dessa configuração, um conflito sempre é necessário para testar sua resistência às situações tensas, às brigas e às desavenças naturais de todo e qualquer encontro com o outro. É assim que o paradoxo dessa combinação astrológica costuma se apresentar na vida de quem nasceu sob sua influência; luta por justiça e harmonia, mas é capaz de provocar a ira do outro para encontrar o caminho da pacificação. Portanto, ao enfrentar situações de atrito, deve saber dosar sua força para obter um resultado que agrade tanto a si quanto ao seu companheiro. Em compensação, quando deseja ardentemente algo, usa todos os artifícios disponíveis no seu arsenal de qualidades diplomáticas para convencer o outro de fazer valer sua vontade. A propósito, quando precisa tomar decisões, o faz pesando e medindo todas as possíveis consequências do seu ato. É possível, também, que haja alguma dificuldade em agir se não houver um mínimo de aprovação dos outros, fazendo-o recuar e desistindo de levar adiante um desejo seu. Sendo assim, é importante que encare sua vontade de frente, sem camuflagens e sem escondê-la do outro.

Seu vigor físico e vitalidade estão estreitamente relacionados ao seu equilíbrio afetivo e à estabilidade das suas relações. Os conflitos e o estresse emocional podem provocar desgaste e queda da resistência física, comprometendo seu bem-estar corporal. É preciso, no entanto, acrescentar a essa análise as posições referentes ao Ascendente e à primeira casa, pois são importantes indicadores do assunto em questão.

Quanto à sexualidade, o prazer é obtido atendendo ao desejo do parceiro e através de um encontro em que haja um pacto harmonioso e favorável tanto para si quanto para o outro. É bom sempre lembrar que os signos de Vênus e Lilith são fundamentais para completar a análise referente ao modo como uma pessoa lida com o sexo e com a paixão.

Marte no signo de Escorpião ♂ ♏

Até a descoberta de Plutão, no século XX, Marte reinou absoluto sobre o signo de Escorpião, conferindo-lhe uma posição de destaque mesmo nos dias atuais. O planeta guerreiro não podia deixar de ter uma relação direta com o signo que simboliza a morte, a regeneração e a cura, já que aquele tem uma forte associação simbólica com os ferimentos causados nos campos de batalha. Quem nasceu com Marte no signo de Escorpião tem energia e vigor para lidar com a implacável realidade de que tudo é transitório, sendo capaz, portanto, de atravessar momentos de perdas com uma força irreconhecível. Inclusive, em casos emergenciais, não terá o menor pudor de cortar a ferida, seja ela a sua própria, seja a dos outros, para tentar curá-la. Feitas as considerações mais duras desse posicionamento, é possível dizer que o planeta guerreiro, inspirado nas características do signo de Escorpião, fornece ao seu portador a força necessária para efetuar as transformações que abrirão o caminho para a conquista de autonomia e consequente afirmação da sua individualidade no mundo. A pessoa que nasceu com essa combinação astrológica não mede esforços quando é preciso mergulhar na escuridão da alma e, de lá, extrair energias para o enfrentamento dos conflitos e desafios comuns ao próprio ato de viver. Seu maior poder desabrocha quando faz as descobertas oriundas desse processo, sendo tal experiência libertadora de potências adormecidas que se mantinham ocultas e que, vindas à consciência, ganham um lugar de destaque na atuação destemida do planeta guerreiro. Em compensação, a mesma força regeneradora representada nessa combinação astrológica pode se transformar num instrumento altamente destrutivo quando a pessoa é atingida no âmago dos seus mais inconfessáveis desejos e sentimentos. Sua defesa passa a ser, portanto, o ataque. O veneno que guarda a sete chaves para alquimicamente se transformar em elemento de cura é usado, nesse caso, para ferir e destruir. Só reconhece os limites do seu poder quando toma consciência do sofrimento causado por suas atitudes reativas. Nesse momento, toma posse da descomunal força da qual é provido e, a partir de então, é capaz de assumir o controle das suas ações destrutivas e, simultaneamente, transformadoras. Ademais, ao tomar decisões, é bom deixar baixar a temperatura dos seus impulsos emocionais, pois, com a frieza construtiva do signo de Escorpião, consegue agir com mais precisão.

O seu vigor físico tem relação direta com suas condições psíquicas. Estas, estando sob pressão, roubam-lhe energia, comprometendo as defesas do organismo. No entanto, as configurações relativas às casas 1 e 6 devem ser levadas em conta para se fazer uma avaliação mais completa do assunto em questão.

Quanto à sexualidade, essa é uma posição típica dos que exploram em profundidade as fantasias eróticas, submetendo-se especialmente a elas e, portanto, registrando grandes faltas quando a realidade é confrontada ou seus desejos não são atendidos. A boa negociação entre ambas, imaginação e concretude, pode produzir um bom resultado na obtenção do prazer sexual. Embora seja muito intensa a influência dessa configuração na análise da sexualidade, não se pode deixar de interpretar os signos de Vênus e Lilith, também responsáveis pelas indicações quando às paixões e à vida sexual do sujeito.

Marte no signo de Sagitário ♂ ♐

Sendo Sagitário um signo de Fogo, e Áries, regido por Marte, do mesmo elemento, as caraterísticas de impulsividade, assertividade e paixão se dilatam nesse encontro astrológico. A pessoa que nasceu com tal configuração não mede esforços para alcançar as metas traçadas que, por sinal, não são raras nem tampouco pequenas. O campo de batalha do destemido planeta são as ideias produzidas por uma mente criativa e suscetível aos confrontos intelectuais. Os assuntos relativos aos estudos ou que tratem de viagens para lugares distantes fazem vibrar o guerreiro disposto a enfrentar os possíveis desafios e dificuldades dessas jornadas grandiosas. Inspirado na relação de Sagitário com o conhecimento, a pessoa faz do saber o instrumento de afirmação de si mesma e, portanto, quanto mais dominar determinado assunto, mais segura e vigorosa se sente. Graças a isso, luta com unhas e dentes para transpor os limites que a separam de um universo distante ou que dificultem o avanço das suas conquistas. Devido à sua ferrenha determinação, persegue seus objetivos até atingi-los, e raramente algo desvia sua atenção da meta traçada. Ademais, quando acredita estar com a razão, dificilmente alguém consegue convencê-la do contrário, salvo quando mostre que está sendo injusta. Em compensação, quando o nascido sob Marte em Sagitário se entusiasma com uma ideia, seu impulso é transmiti-la aos demais, e, ao fazê-lo, os auxilia a encontrar novos rumos e dar novo significado à existência. Afora seu entusiasmo e otimismo, a obstinação pode tornar-se uma poderosa aliada e, ao mesmo tempo, uma adversária cruel. Em razão dessa tendência, precisa aprender a contemplar outros conceitos para alcançar pleno desenvolvimento mental e amenizar a vaidade intelectual. Sendo Marte o planeta simbolicamente responsável pelas decisões do sujeito, essa configuração o inclina a decidir quando há um objetivo definido, evitando decisões aleatórias e superficiais. É evidente que, mesmo quando tem uma meta traçada, suas ações podem ser impulsivas por não levar em conta alternativas. De todo modo, as decisões mais importantes da vida são sempre conduzidas por sonhos, jamais por desejos circunstanciais e de satisfação imediata. Aliás, depois de dar um passo à frente, é raro voltar atrás.

O vigor e disposição físicas estão diretamente associados ao entusiasmo, à confiança no futuro e à existência de sonhos. Na falta de interesse e motivação para ir mais longe, as defesas baixam e comprometem a saúde. No entanto, para se avaliar melhor o assunto, as casas 1 e 6 não podem deixar de ser interpretadas.

A sexualidade pode ser experimentada no seu viés mais instintivo e, simultaneamente, na forma mental, à semelhança do exótico animal que simboliza o signo de Sagitário. Mas, para melhor analisar essa questão, é preciso levar em conta também os signos de Vênus e Lilith, responsáveis junto a Marte pelas interpretações relativas à experiência sexual.

Marte no signo de Capricórnio ♂ ♑

A combinação de Marte, planeta guerreiro, com Capricórnio, um signo pragmático, produz um resultado bastante interessante quando o assunto em pauta diz respeito ao enfrentamento dos conflitos, à coragem e à iniciativa. Os recursos de que a pessoa dispõe para brigar pelo seu espaço no mundo são nada mais, nada menos, do que a perseverança e a disciplina para manter o passo firme até obter o resultado desejado. Desde que não transforme determinação em obstinação cega, o caminho trilhado para alcançar a autonomia é traçado estrategicamente com cálculos precisos e com uma segurança inabalável. Ademais, quando é preciso fazer prevalecer sua vontade, prefere ser firme e direto a ter que dar voltas para convencer os outros das suas intenções. Ao tomar decisões, costuma ter disciplina, ser rigoroso e, sobretudo, fazer uma avaliação crítica do cenário para agir com margem de segurança, pois, caso contrário, espera amadurecer a ideia até ter certeza de que está fazendo o melhor. Nessa posição, a prudência, qualidade de Capricórnio, caminha lado a lado com a coragem, virtude simbolizada pelo planeta Marte. Ao ser comparado com outras pessoas, pode-se considerar que demora um pouco mais para tomar decisões. Além disso, assegura sua independência e afirma sua individualidade por intermédio do trabalho, sendo capaz de empregar todas as suas energias para materializar sua ambição. Em vez de o assustarem, os empreendimentos são vistos como desafios que o motivam a levar adiante os desejos até que possam ser saciados. A ambição de Capricórnio, quando associada ao planeta guerreiro, torna-se anteparo e ferramenta de enfrentamento diante das adversidades da vida. Quem nasceu com essa configuração é incansável quando deseja algo, e mesmo que leve muito tempo para realizar esse desejo, raramente desiste ou se perde no meio do caminho. Ademais, não mede esforços para superar suas próprias limitações, pois são justamente elas que o incitam a brigar pelo que é seu.

Como suas energias e seu vigor se direcionam para o trabalho, este tem um papel importante na manutenção do seu bem-estar físico. O estresse provocado por problemas profissionais, o excesso de trabalho e a falta de pausas para descanso seguramente são as causas mais importantes para a queda de resistência e, consequentemente, para o enfraquecimento do organismo. Entretanto, para a avaliação correta desse assunto, é preciso levar em consideração as posições relativas às casas 1 e 6 do seu horóscopo.

Na sexualidade, semelhante à posição de Marte nos outros dois signos de Terra, a materialidade e a realidade são os melhores ingredientes para um bom desempenho sexual. Em tese, prefere experimentar objetivamente o que o parceiro tem a lhe oferecer a se deixar levar pelas fantasias eróticas e desejos idealizados. Entretanto, quando o assunto em pauta é sexo e paixões, as posições de Vênus e Lilith têm relevo incontestável e não devem ser desconsideradas.

Marte no signo de Aquário ♂ ♒

Esta combinação reúne o planeta responsável pela independência e um signo que abriga valores humanitários. O paradoxo fica claro quando as ações que visam benefícios pessoais só produzem os resultados desejados se a vontade dos outros for também levada em consideração. No sentido contrário, os conflitos sociais despertam a consciência de que é preciso não só lutar pelo bem de terceiros, mas também pelos seus próprios. Aquário representa, entre outras coisas, a liberdade, as inovações e a amizade; portanto, quem nasceu com Marte neste signo assegura sua autonomia sendo respeitado pelos outros, adquirindo amigos e sentindo-se à vontade em ser diferente dos demais. Em compensação, como Marte carrega invariavelmente consigo o traço competitivo, mesmo com amigos de longa data há disputas. Aquário também acolhe no seu simbolismo o espírito contestador do senso comum. Portanto, é motivado pelas revoluções, tem urgência de mudar, raramente consegue ficar parado por muito tempo e a paciência não é uma das suas maiores virtudes. É destemido em relação ao desconhecido e concentra todos os seus esforços para atacar de frente os desafios das novas empreitadas. À semelhança do signo de Aquário, há algo de incoerente na forma de tomar suas decisões, pois, em tese, pergunta o que deve fazer às outras pessoas, mas seguramente acaba fazendo exatamente aquilo que quer. Embora se sinta inseguro para agir por conta própria, não aceita nada que lhe é imposto. Outro aspecto paradoxal desta posição é o fato de a pessoa ser capaz de lutar pelo bem comum, mas ter dificuldade de lidar com opiniões que contrariam o seu modo de ser e de ver a vida.

Por ser impaciente e viver sob tensão e estresse mental, seu bem-estar físico e as defesas do organismo podem ficar comprometidas. Entretanto, para melhor avaliação do assunto, é preciso olhar as posições relativas às casas 1 e 6 do horóscopo do indivíduo.

Na sexualidade, não costuma seguir as tendências vigentes, se recusa a repetições e tem apreço pela liberdade, tanto a sua quanto a do parceiro. Todavia, é fundamental fazer uma boa análise dos signos de Vênus e Lilith para completar essa interpretação.

Marte no signo de Peixes ♂ ♓

Essa combinação pode parecer estranha aos olhos dos mais desavisados, pois, enquanto Marte simboliza agressividade e espírito de luta, Peixes está associado à sensibilidade e às fantasias. Aprofundando melhor a análise, pode-se afirmar que as maiores disputas de quem nasceu com Marte em Peixes ocorrem nas profundezas obscuras da alma. Seus inimigos são os fantasmas oriundos dos cantos inexplorados do seu psiquismo e as tormentas emocionais se assemelham muito aos maiores campos de batalha. Evidentemente, percebe-se a intensidade dessa posição. Entretanto, quando os conflitos dizem respeito ao mundo externo, duas reações podem surgir, o que remete à natureza dual do signo de Peixes: uma é a tendência à fuga e à omissão; a outra diz respeito a explosões emocionais que inundam tudo que encontrar pela frente. Feitas tais considerações, Peixes simboliza a intuição e, portanto, com Marte nessa posição, seu vigor é extraído das inspirações, da sensibilidade e da capacidade de usar sua imaginação. A pessoa luta com todas as forças para deixar livre seus sentimentos, pois só assim consegue conquistar sua independência e assegurar seu lugar no mundo. Seu grande desafio é reunir a energia do destemido Marte com a sensibilidade representada nos peixes entrelaçados. Por essa razão, por mais que tenda a ferir sem perceber, quem nasce com Marte em Peixes se sente fatalmente atingido quando o reconhece. Em alguns casos, o resultado de tal tendência é o de preferir não agir a causar mágoas nas pessoas que o tocam intimamente. Na maioria das vezes, no entanto, o rancor pode se voltar contra si, não conseguindo se perdoar por ter feito algo contra a sua vontade. Ademais, como suas decisões são tomadas seguindo a intuição, o que não pode ser mensurado nem compreendido racionalmente, muitas vezes não sabe ao certo como nem porque age de determinada maneira. Simplesmente reconhece que, inexplicavelmente, toma a iniciativa certa.

Por estar sob constante pressão emocional, seu bem-estar físico e seu organismo apresentam baixa resistência. É preciso, portanto, liberar sua produção psíquica por vias criativas para garantir uma boa disposição. Contudo, as configurações astrológicas relativas às casas 1 e 6 devem ser também consideradas, pois dizem respeito especialmente ao assunto em questão.

Na sexualidade, as fantasias são a matéria-prima da produção de prazer. A realidade física do encontro pouco importa se não houver inspiração, sensibilidade e atmosfera incitadoras do imaginário do sexo e das paixões. Entretanto, é necessário acrescentar a essa análise os signos de Vênus e Lilith, pois somente com essa informação é possível fazer uma interpretação mais justa sobre o assunto.

JÚPITER NOS SIGNOS

As características do signo de Júpiter se manifestam no modo como a pessoa lida com normas e princípios. Elas a orientam a manter seus propósitos firmes. Investir nas qualidades desse signo auxilia o progresso e as chances de sucesso na vida.

Júpiter no signo de Áries ♃ ♈

O resultado obtido pela combinação entre Júpiter, regente de Sagitário, um signo de Fogo, e Áries, também do mesmo elemento, é a potencialização de ambos. Cada um à sua maneira lida com significados semelhantes e, portanto, têm relação, entre outras coisas, com liderança, vigor e impulsividade. Quem nasceu com Júpiter em Áries é gratificado com boa dose de espírito guerreiro e com o desejo de ser independente. Sua autonomia lhe serve como guia e o orienta no seu desenvolvimento ético e espiritual. Também são valorizadas a garra, a coragem e a capacidade de enfrentamento dos revezes da vida.

Júpiter também representa simbolicamente os méritos. Sendo assim, se a pessoa desenvolver a liderança, a determinação e o espírito guerreiro, ela colherá os bons frutos do que semeou, ou seja, vencer disputas, jogos e a luta por sua independência.

Quem nasceu com essa configuração, quando crê em algo costuma entrar de cabeça e impulsivamente. Em geral, nada o detém. Tal entusiasmo colabora imensamente para que seus passos sejam largos e que possa avançar, crescer e se desenvolver espiritualmente. Em compensação, precisa dar contornos ao ego, pois há excesso de autoconfiança, adotando, muitas vezes, posturas prepotentes.

Júpiter no signo de Touro ♃ ♉

O que há em comum entre Júpiter e Touro é a associação de ambos com a prosperidade, o que significa que aqui há um encontro fecundo. Tal qualidade está, por sua vez, estreitamente relacionada à materialidade das coisas, proporcionando à pessoa nascida sob essa influência o privilégio de ser agraciada com benefícios dessa natureza. Júpiter lhe concede a bênção de dispor de alta potência de trabalho, de perseverança e paciência. Essas qualidades lhe servem como referências capitais para desenvolver um sentimento ético e evoluir espiritualmente. Em vista disso, pode-se afirmar que seus princípios são construídos com base nas condutas quanto ao dinheiro e ao trabalho. Também são valorizadas a estética e a sexualidade, que passam a compor, junto às questões abordadas anteriormente, as áreas da vida submetidas às regras, sejam elas pessoais ou, principalmente, sociais.

Estando Júpiter vinculado simbolicamente aos méritos, tudo o que plantar no campo da materialidade e do trabalho tende a lhe render bons frutos. A sorte de encontrar territórios férteis para semear sua intensa capacidade produtiva também é uma atribuição desse encontro astrológico.

Suas crenças são concretas, acredita na perseverança e na realidade palpável e raramente se deixa conduzir por sonhos ou ideias abstratas demais. Só considera verdadeiro o que é passível de ser realizado, ainda que isso o impeça de sonhar um pouco mais alto. Todavia, se o seu horóscopo apontar para sensibilidade em outras áreas da vida, tal tendência pode ajudá-lo a negociar imaginação com a concretude das suas crenças.

Ademais, a tendência a confiar excessivamente na sua capacidade produtiva pode levá-lo a gastos excessivos ou a não estabelecer limites quando trabalha. No fim das contas, pode pagar um preço alto demais pela prepotência de acreditar que nada que se refira aos recursos obtidos pelo seu esforço possa falhar.

Júpiter no signo de Gêmeos ♃ ♊

Júpiter, regente do signo de Sagitário, simboliza as regras, as crenças e o merecimento, ao passo que Gêmeos, seu oposto, está associado à adaptação, à informação e à troca. Esse encontro gera, portanto, um resultado paradoxal, já que quem nasceu sob essa configuração deve fazer da flexibilidade o recurso capital para o bom entendimento das leis. Deve-se considerar que, além de abrigar conflitos, a pessoa tem a bênção de não ser rígida quanto a crenças, ética e moral, adaptando-as às circunstâncias e mudando conforme a evolução dos tempos e da sociedade. Ela é agraciada por Júpiter com a curiosidade e o poder de comunicação para que estes lhes sirvam como referências fundamentais quando se trata do seu desenvolvimento espiritual. Graças a esses privilégios, pode-se concluir que seus ideais estão pautados no diálogo, no respeito às diferenças de opinião e no direito à informação. Também são valorizados os encontros, as viagens, os estudos e as negociações, já que esses são assuntos simbolizados no signo de Gêmeos. Tais assuntos estarão submetidos a determinadas regras, sejam elas as criadas pela própria pessoa, sejam as que socialmente tocam seu coração.

Seus méritos são o produto dos seus esforços intelectuais, da capacidade de servir como interlocutor em negociações e de ter flexibilidade para se relacionar com outras pessoas. Eventualmente tem a sorte de fazer bons negócios, de conhecer gente interessante e de ter a oportunidade de estar na hora e no local certos quando precisa.

Suas crenças são flexíveis, acredita no diálogo e na liberdade de questionar as informações. Também sabe que o uso da inteligência é o melhor meio para atingir seus objetivos. Raramente aceita conceitos rígidos e fechados. Tudo deve ser debatido, pensado e repensado, e, sempre que possível, extrair um bom ensinamento das situações mais triviais da vida.

Em compensação, é importante saber regular a vaidade intelectual, pois o excesso de confiança pode levá-lo a se expor demais quando fala e a se tornar arrogante quanto às informações que tem em seu poder.

Júpiter no signo de Câncer ♃ ♋

Há grandes diferenças entre a simbologia de Júpiter, planeta associado à amplitude, e Câncer, signo simbolicamente relacionado com a profundidade. Tais diferenças conferem ao encontro dos dois a singularidade de ter sido, na astrologia clássica, uma posição benéfica, pois as questões éticas e morais representadas por Júpiter ganhavam a força do conservadorismo do signo de Câncer. É evidente que, ainda hoje, podemos tratá-lo assim, mas, a meu ver, o melhor é compreender o paradoxo inicialmente referido. A posição de Júpiter em Câncer reúne a dimensão do pensar com as emoções produzidas na intimidade das relações. São dois universos distintos dispostos a dialogar. Como resultado, os sentimentos estarão abrigados pela força do pensamento, orientando a pessoa numa direção segura. Pois a estrutura emocional, normalmente tão sensível às influências externas, costuma ser conduzida com sabedoria e na base do bom senso. Esta é a bênção que Júpiter tem a lhe oferecer, além de lhe proporcionar o privilégio de extrair da experiência em família um imensurável aprendizado.

Os méritos de quem nasceu sob essa influência são resultado de seus investimentos afetivos, de sua capacidade de cuidar das pessoas e de se dedicar à família. Os frutos colhidos do que semeou emocionalmente são recebidos como dádivas representadas pelo amor que as pessoas lhe retribuem.

Seus valores éticos e morais estão relacionados à dinâmica das relações pessoais e são fundamentados no respeito e no direito de ter preservada sua intimidade. Suas crenças sofrem a influência das pessoas às quais está afetivamente vinculado, aproximando-os ainda mais do seu universo pessoal. Via de regra, confia na intuição, que raramente o deixa na mão.

Entretanto, é preciso evitar excessos na esfera afetiva, a exemplo da superproteção ou de uma exigência exagerada de atenção, visando suprir suas carências emocionais.

Júpiter no signo de Leão ♃ ♌

Leão é um signo de Fogo e Júpiter é regente de Sagitário, também do mesmo elemento. Nessa posição, as qualidades comuns, tais como entusiasmo e espírito de liderança, ficam dilatadas. Além disso, visto que Júpiter é o planeta que concede as bênçãos, a pessoa é agraciada com o magnetismo, o brilho e a capacidade de comando, características específicas do signo de Leão. Também outros atributos, como a lealdade e a generosidade, lhe servem como referências capitais para a constituição dos seus valores éticos e morais, já que Júpiter tem associação com a justiça e com as leis. Em virtude dessa tendência, pode-se concluir que seus ideais passam pela nobreza de espírito, dignidade e magnificência. Também são valorizados o poder e as posições de comando, ainda que devam estar submetidas às leis e regras pessoais e, principalmente, sociais.

Entre seus méritos mais importantes está o de ser reconhecido. Este é, seguramente, o produto de muito investimento nos seus talentos e na confiança em si mesmo. A boa colheita que lhe oferece como fruto maduro os aplausos ao fim do espetáculo é o coroamento dos esforços empregados e, eventualmente, da sorte de atrair para si pessoas importantes que se interessam pelos seus sonhos e a ajudam a realizá-los.

Suas crenças estão pautadas na força de vontade e na confiança de fazer as coisas por si mesmo, sendo esses seus melhores recursos para alcançar seus objetivos. Confia na sinceridade, no bom senso e na alegria de viver.

Apesar de todas essas benesses, deve ter cuidado com a vaidade, pois o excesso de confiança em si mesmo pode conferir-lhe arrogância, orgulho pernóstico e prepotência. Em função dessa tendência, sempre é bom manter as margens do ego sob controle.

Júpiter no signo de Virgem ♃ ♍

O antigo regente de Peixes era Júpiter e até os dias atuais ainda se deve reconhecer tal correspondência. Dito isso, essa posição reúne valores simbólicos opostos, já que Virgem é oposto ao signo de Peixes, produzindo, portanto, forças contraditórias, e, ao mesmo tempo, complementares. Júpiter representa as crenças, o dinamismo intelectual e o merecimento, enquanto Virgem está simbolicamente vinculado ao pragmatismo, à crítica e ao senso de realidade. Como visto, o planeta historicamente relacionado com a fé se vê às voltas com um signo que não perdoa as falhas e que só crê no que é palpável. Ademais, a pessoa é beneficiada com o dom da observação e de reconhecer erros que comprometem a qualidade do que produz. Por esse motivo, a sorte o contempla com bons trabalhos e com o reconhecimento dos resultados. Aliás, quem nasce sob essa configuração cresce com os erros e, por intermédio das soluções encontradas, desenvolve uma espécie de manual de sobrevivência útil para toda e qualquer situação de emergência que lhe serve como um guardião, sempre pronto para protegê-lo. As virtudes da simplicidade e da praticidade são linhas mestras para desenhar o mapa dos seus valores éticos e morais. Seus ideais se apoiam sobre os alicerces do trabalho e não valoriza nada que não seja produto do esforço e da experiência empírica. De nada adiantam teorias e mais teorias se a prática não é levada em consideração.

Os méritos de quem nasceu com Júpiter em Virgem são o resultado de muito tempo de trabalho e de uma minuciosa organização do seu dia a dia, que lhe possibilita qualificar o que produz. O fruto, portanto, de quem semeou dedicação às atividades produtivas é o bom funcionamento da rotina.

Suas crenças, obviamente, não são exatamente crenças, mas, sim, constatações. O olhar pragmático e crítico de Júpiter em Virgem o impede de lançar mão de sonhos distantes, difíceis de serem realizados. Entretanto, outras posições do seu horóscopo podem indicar sensibilidade suficiente para que se sinta à vontade para projetar seu futuro, ainda que para isso precise sentir que seus pés estejam bem fincados no chão.

O fato de Júpiter tender aos excessos faz com que precise ficar atento à necessidade obstinada de organização e, por esse motivo, se torne uma pessoa de difícil convivência, inoportuna e intolerante com as falhas dos outros.

Júpiter no signo de Libra ♃ ♎

Ainda que Júpiter seja regente de Sagitário, um signo de Fogo, e Libra pertença ao elemento Ar, portanto, oposto, esse encontro tem muitos pontos em comum, pois ambos acolhem em seu simbolismo as questões referentes à justiça, aos direitos humanos e à lei. Quem nasceu sob essa configuração deve fazer do respeito ao outro a base sobre a qual se sustentam seus princípios. Deve-se levar em consideração que, não excluindo o amor ao belo, a pessoa tem o privilégio de ser flexível em relação aos seus ideais, pois tem por hábito levar em consideração a liberdade de escolha do outro. Ela é abençoada por Júpiter com os dons da diplomacia, do bom gosto e da tolerância, para que esses balizem seu crescimento espiritual. Em virtude dessas prerrogativas, deduz-se que seus ideais sejam alicerçados no bom senso, na ponderação e na estética. Quem nasce com Júpiter em Libra valoriza o encontro com o outro, suas parcerias e o relacionamento enquanto casal, já que esses assuntos estão relacionados com o signo de Libra. Todavia, suas relações, as escolhas fundamentadas na beleza e a própria avaliação do que é ou não justo numa dada circunstância estão invariavelmente submetidas às regras, sejam as que ela própria criou, sejam as geradas pela cultura e pela sociedade como um todo.

Os méritos de quem nasceu com Júpiter em Libra são o resultado de seu senso de justiça, de seus investimentos sociais e das escolhas das pessoas que decidiu ter ao seu lado. Provavelmente, terá sorte de encontrar as pessoas certas para os fins que desejar, de conhecer as artes e de ser protegido pela justiça.

Suas crenças são flexíveis, adaptáveis ao jeito de ser do outro, e devem contemplar a arte e o bem-estar social. Em compensação, deve ter cuidado com a excessiva exigência de harmonia, pois não há realidade sem conflito.

Júpiter no signo de Escorpião ♃ ♏

Pode-se imaginar que existe um abismo entre as simbologias de Júpiter, planeta das amplitudes e dos princípios, e Escorpião, o signo das profundezas sombrias, da morte e do renascimento. Enquanto o primeiro age no universo luminoso, o outro penetra nas cavernas obscuras da natureza humana, extraindo de lá anjos e demônios adormecidos e verdadeiramente desconhecidos do sujeito. Essas diferenças marcam a pessoa com o diálogo, nem sempre confortável, mas invariavelmente profícuo, entre as questões éticas e os desejos inconfessáveis, compreendendo que só é possível construir um sistema de valores livres de hipocrisia e tabus quando se acolhe o que não é agradável ser visto. Saber tocar a ferida com a intenção de curá-la protege a pessoa da dimensão destrutiva da vida e lhe concede a bênção da regeneração — seja física, mental ou espiritual — das perdas e do sofrimento causado por situações que envolvam dor. Além desses privilégios, uma das maiores bênçãos concedidas por Júpiter a essa pessoa é saber conduzir com sabedoria e bom senso situações que para a maioria das pessoas seria insuportável. A frieza construtiva do signo de Escorpião lhe confere um senso de justiça e um compromisso ético difíceis de serem mantidos em momentos de tensão e de dor.

Quem nasceu com Júpiter em Escorpião tem por merecimento ganhos advindos de ações descomprometidas de valores materiais. A pessoa colhe frutos maduros do que semeou no território da transformação das forças destrutivas da vida e, por essa difícil tarefa, Júpiter a presenteia com o poder de regeneração.

No entanto, a pessoa deve ser consciente do poder dos sentimentos destrutivos, pois, quando estes não respeitarem as fronteiras dos seus princípios, pode cair nas garras dos seus mais cruéis adversários.

Júpiter no signo de Sagitário ♃ ♐

Quando um planeta se encontra no signo que ele rege, suas qualidades são potencializadas. Nesse caso, estamos tratando do dinamismo intelectual, da valorização dos princípios e do desejo de conhecer mundos distantes, pois quem nasceu sob essa influência não se constrange quando lhe são apresentados limites, mas, ao contrário, sente-se mais atraído para ultrapassá-los por ter sido desafiado. Basta-lhe supor que é impossível alcançar algo para que isso passe a ser o seu mais importante objetivo a partir de então. Quando uma meta é estabelecida, deve ser perseguida até o final, e não se deve desistir no meio do caminho. Se seus esforços estiverem voltados para uma dada direção, dificilmente se interessa por outras, cumprindo, desse modo, aquilo que se determinou.

Seus princípios estão calcados num saber discutido e rediscutido pelos que representam a coletividade. Aí está a relação de Júpiter e Sagitário com a filosofia, a justiça e as leis. O bom senso, os pactos sociais e o respeito à virtude da justiça protegem-no nos momentos difíceis e são, igualmente, seus guias no caminho de desenvolvimento espiritual. O pensamento elevado lhe confere o compromisso com a ética e o exercício da liberdade.

Os méritos de quem nasceu com Júpiter em Sagitário são especialmente a expansão da mente e o êxito nas empreitadas intelectuais, merecimentos oriundos da sua dedicação ao campo do saber, seja ele de natureza mental ou espiritual. Júpiter pode lhe conceder sorte nas grandes viagens, nos estudos, em julgamentos e, algumas vezes, na aquisição de bens materiais.

No entanto, devido aos excessos simbolizados tanto no planeta quanto no signo, é preciso dosar principalmente a vaidade relativa ao conhecimento, pois essa configuração também aponta para a tendência de a pessoa achar que é a única que detém o saber das coisas, tornando-se, evidentemente, arrogante diante do conhecimento das outras pessoas.

Júpiter no signo de Capricórnio ♃ ♑

Num primeiro olhar, essa combinação pode parecer estranha, já que Júpiter trata da abundância e Capricórnio, ao contrário, do suficiente; Júpiter é expansão, Capricórnio, contração. Aprofundando um pouco mais a análise, verifica-se que esse encontro é capaz de gerar solidez para o que deve crescer, evitando-se a desordem indesejada quando o objetivo é progredir e, principalmente, obter bons resultados. A pessoa nascida sob essa influência recebe de Júpiter as bênçãos da disciplina e da organização, recursos fundamentais para a elaboração dos seus princípios. A ética e a moral são construídas sobre os pilares do bom senso, da responsabilidade e do pacto com a realidade. A propósito, estes a protegerão sempre que for preciso e lhe servirão como guias para o seu desenvolvimento espiritual. Seus mais elevados anseios são atravessados pela virtude da prudência e pela consciência de dever. Além disso, valoriza a determinação, a paciência e a objetividade. Aliás, não se pode deixar de lado a importância capital das realizações profissionais, da escalada em direção ao alto e, portanto, das suas ambições. No entanto, tudo isso deve ser submetido ao comando da ética e dos valores espirituais.

Pelo trabalho árido de andar passo a passo, pela sua determinação e disciplina, a pessoa será merecidamente recompensada com êxitos na carreira, com posições de comando e com estabilidade material. Júpiter pode, ainda, lhe conceder sorte nos momentos difíceis, apontando-lhe saídas.

Em compensação, pela tendência de Júpiter aos excessos, o exercício desmedido do poder e a ambição exacerbada podem lhe custar caro, conferindo-lhe a arrogância dos que estão acima dos outros e a prepotência de se achar insubstituível.

Júpiter no signo de Aquário ♃ ♒

Júpiter é o planeta representante da expansão, das leis e da justiça, enquanto Aquário atua no cenário das relações humanas, das ações em conjunto e da amizade. Nascer, portanto, sob a influência desse encontro astrológico é apoiar a ética sobre os alicerces da solidariedade e do espírito fraterno. Com essas bases a pessoa tem a prerrogativa de compreender e acolher as diferenças e, mais ainda, saber da existência de que há algo comum na multidão. Ademais, dois de seus mais apreciados valores são a liberdade de pensamento e o direito de ir e vir. Em compensação, Júpiter lhe abençoa com os dons da inteligência criativa, da capacidade de fazer amigos e de colaborar com o bem comum.

Por dar valor às ideias visionárias e por ser avesso às posições reacionárias, sempre lhe é destinado um lugar de honra nos agradecimentos de quem revoluciona a sociedade e o mundo. Esse é mais um dos presentes ofertados por Júpiter por sua colaboração. Também lhe é concedida sorte com os amigos e sucesso nas invenções.

Entretanto, devido aos exageros simbolizados no planeta gigante, é preciso ter cuidado com a vaidade quando ela se refere aos favores prestados, pois se pode cair na armadilha de achar, prepotentemente, que sem sua interferência os outros não são capazes de mudar.

Júpiter no signo de Peixes ♃ ♓

Antes da descoberta de Netuno, no século XIX, quem regia Peixes era Júpiter, e ainda que Netuno tenha assumido o comando, essa correspondência também pode ser considerada válida nos dias atuais. Portanto, há que existir algo em comum entre Júpiter, o planeta das leis, e Peixes, o signo tradicionalmente vinculado ao amor universal. Júpiter é grandioso; os sentimentos associados a Peixes, também. Júpiter tem relação com as crenças, o que também está relacionado ao signo de Peixes. Eis, portanto, a razão da regência. Esse aspecto confere a quem nasceu sob tal influência sensibilidade em abundância para não precisar de provas da existência do que não é possível ser visto, daquilo que é da ordem do inominável e que prescinde de materialidade. Feitas as primeiras considerações, seus princípios são edificados sobre as bases das virtudes da compaixão e do perdão. Da mesma maneira, seus ideais são estreitamente vinculados às questões da alma, do psiquismo, da espiritualidade. Com base nesses valores, Júpiter lhe concede o dom da abnegação e dos sonhos proféticos.

Por conta de sua devoção, do exercício de compreensão da dor alheia e da capacidade de traduzir o que poucos conseguem compreender, a pessoa é recompensada com a confiança e o amor de quase todos os que atravessam o seu caminho. Também tem sorte nos trabalhos terapêuticos, nas artes e nas sociedades espirituais.

No entanto, a força do encontro de dois simbolismos dados aos excessos pode submeter quem nasce com essa configuração às desmesuras, sejam elas físicas, químicas ou emocionais. Também é preciso dar margens ao ego que, nessa posição, pode torná-lo prepotente ao ponto de acreditar que está acima do bem e do mal.

SATURNO NOS SIGNOS

As características do signo de Saturno se manifestam no modo como a pessoa se organiza, lida com a realidade e se relaciona com os limites. A boa relação com as qualidades desse signo aumentam as chances de ser bem-sucedido na maturidade e sofrer menos com limitações quando jovem.

Saturno no signo de Áries ♄ ♈

Saturno reina no universo das certezas, da prudência, das normas e da realidade, enquanto o signo de Áries é impulsivo, guerreiro, destemido e preza a independência. Eis uma combinação instigante, pois a realidade estabelece limites à energia frenética de um corajoso guerreiro que deve se sujeitar à disciplina e às leis. O produto desse encontro impõe o controle sobre os ímpetos e as imponderações. A função de Saturno sempre é cortar para estruturar e, nesse caso, castra-se a agressividade de Áries transformando-a em força assertiva e coragem para enfrentar os momentos difíceis. A garra de Áries fica submetida ao comando maduro de Saturno, o que também sugere que o amadurecimento da pessoa é forjado pelo ardente desejo ariano de independência. Porém, como dita a lei desse planeta, sua conquista tem preço e, via de regra, a luta entre a impaciência de Áries contra as amarras de Saturno provoca um demorado processo de crescimento e maturação. A conquista da autonomia requer grandes esforços e somente com o passar do tempo haverá segurança para ser de fato o titular de suas ações. A pessoa é submetida a frequentes testes para aprender a confiar em si mesma e a afirmar suas vontades, principalmente se tiver o hábito de reprimi-las. É um trabalho árduo livrar-se das repressões que possivelmente aprisionaram os seus impulsos. Todavia, se criar uma aliança entre a coragem e a prudência, o saldo será efetivamente positivo. De qualquer modo, quando suas atitudes forem desmedidas, é importante assumir a responsabilidade por seus atos, pesando as consequências. Afinal, consegue se estruturar quando confia nas próprias iniciativas, conquista autonomia para gerir seu destino, e tem forças para superar as frustrações produzidas nos tempos difíceis.

Saturno no signo de Touro ♄ ♉

Tanto Saturno quanto o signo de Touro reinam no mundo das certezas e da praticidade. Logo, a combinação entre os dois favorece a confiança na realidade palpável. Ademais, a maturidade — qualidade de Saturno — estabelece fronteiras definidas para a pessoa assegurar seu sustento, já que Touro é o signo dos recursos obtidos pelo trabalho. Essa posição também significa dar limites às atividades que dispendem energia, poupando-as e empregando-as com disciplina e sabedoria. O papel de Saturno é podar para fortalecer, e quando é Touro o signo envolvido, a pessoa nascida sob essa configuração consegue manter a situação sob controle, lapidando-a com o intuito de transformá-la em força criativa de produção, sendo capaz de suportar os tempos difíceis de trabalho e, sobremodo, os momentos em que há falta de dinheiro. No entanto, amadurecer é, entre outras coisas, saber lidar com frustrações que, nesse caso, tem a ver com o trabalho e o sustento. Atravessar as tormentas com confiança e reconhecer as limitações impostas pela realidade são atitudes de sabedoria alcançadas com a maturidade. Em vista do simbolismo de Saturno, a pessoa se vê submetida a provações para que, com o passar do tempo, dê valor ao que adquiriu, principalmente se o fez por intermédio do trabalho. Com mais forte motivo, pode-se afirmar que o fato de Saturno apontar para repressões dos anseios materiais leva a pessoa a um duro trabalho de liberação das contenções que a impedem de obter o que deseja sem culpa.

Considerando que Touro também é desejo sexual, a mesma interpretação deve ser a ele aplicada, ou seja, a maturidade lhe dará lastro para entregar-se com confiança ao sexo e, caso seus desejos tenham sido reprimidos, os esforços empregados para superar tais limites lhe são recompensados com o passar dos anos, tornando a experiência sexual um território de segurança e prazer.

Saturno no signo de Gêmeos ♄ ♊

Enquanto Saturno governa a estabilidade e a prudência, Gêmeos, ao contrário, reina no universo do movimento, das dúvidas e da flexibilidade, o que configura uma enorme distância entre os dois. Visto que a maturidade de Saturno impõe limites claros à frenética curiosidade e energia geminianas, a pessoa nascida sob essa influência é obrigada a poupar suas energias mentais, organizando-as e capacitando-se para usá-las com sabedoria. A incumbência de Saturno é apresentar a realidade, definindo seus limites e preservando as forças produtivas, que no caso de Gêmeos dizem respeito à comunicação, à flexibilidade, à tolerância e à sociabilidade. Esse processo de maturação prepara a pessoa para enfrentar momentos difíceis nos estudos, na produção intelectual e até mesmo quando é mais complexo se adaptar a uma nova realidade. Atendendo às exigências de Saturno nesse signo, sua tarefa é aprender a lidar com as frustrações tanto intelectuais quanto sociais, enfrentando as provas que a vida lhe impõe. Assim, com o passar do tempo, dá valor às informações e à cultura que adquiriu por intermédio do seu esforço pessoal. Ainda que haja bons indicativos no seu horóscopo para se comunicar e se relacionar socialmente, a tendência de quem nasce sob essa configuração é que a linguagem tenha sido reprimida em algum nível, obrigando-o a trabalhar duramente para transformar as palavras abafadas em liberdade de expressão, sem culpa, mas com responsabilidade.

Saturno no signo de Câncer ♄ ♋

Os domínios de Saturno, regente de Capricórnio, são o universo das certezas e das responsabilidades. Câncer, oposto a Capricórnio, governa a intimidade das relações, os sentimentos, a família e a imaginação. Em vista dessa oposição de valores simbólicos, o signo de Câncer, seguramente, não está muito à vontade sob o comando da dura disciplina saturnina. Pois, ainda que existam outros recursos que favoreçam a expressão emocional, quem nasceu com essa influência precisa fazer um enorme esforço para expressar os sentimentos, já que a natureza de Saturno exige prudência. No caso de haver indicações de que a pessoa é especialmente sensível e emotiva, ela se cobrará quando não conseguir dominar um sentimento. Ademais, o receio de não ser afetivamente acolhida pode impedi-la de expor sua fragilidade, reprimindo ainda mais os sentimentos já contidos. Para dar fim à roda vida de recorrências que envolvem o medo, a repressão e a culpa, é necessário muito esforço para transformar emoção refreada em imaginação criativa. A função de Saturno é podar para fortalecer e, pelo fato de esse planeta estar em Câncer, a impressionabilidade e os ressentimentos tão característicos desse signo são castrados para serem transformados em sensibilidade produtiva. Além disso, a marca típica de Saturno é a maturidade e, por se tratar de Câncer o signo envolvido, quem nasce com essa configuração deve amadurecer para atravessar com firmeza as crises emocionais e familiares. Considerando que a maturidade vem acompanhada de sabedoria e de resistência às frustrações, pode-se afirmar que, com o passar do tempo, estará mais bem-preparado para lidar com a dinâmica das relações em família, com os próprios sentimentos e com mais confiança em relação às fantasias.

Saturno no signo de Leão ♄ ♌

É possível que o indomável signo de Leão se sinta enjaulado quando é Saturno que o acolhe. Há, evidentemente, uma briga de forças, ou seja, o confronto entre a imposição de limites de Saturno e o poder de comando de Leão. Em contrapartida, também é possível ver um resultado positivo nesse encontro, já que para reinar é preciso saber até onde o poder pode e deve chegar. Entretanto, sempre que Saturno está envolvido não há como evitar o impacto causado pela realidade dos fatos. Nesse caso, a fantasia de um reinado simplesmente brilhante cai por terra. Outro ponto a ser abordado diz respeito à maturidade pela qual Saturno é responsável. A confiança em si mesmo e o dom da liderança, qualidades tipicamente leoninas, são constantemente postos à prova, e com o passar do tempo e a maturidade, a pessoa passa a se sentir mais à vontade para liderar sem excessos e exercer o poder com responsabilidade. O rigoroso Saturno atua nessa posição como um moderador da autoestima, testando-a nas suas também capacidades criativas e exigindo que se reconheça seu real valor. Não havendo outras indicações contrárias, é provável que seja extremamente rigoroso consigo mesmo e, por receio de ser criticado, tenha dificuldades para se impor, abafando seu desejo de mandar. O temor de não ser reconhecido também pode provocar timidez e, caso não consiga superá-la, é possível que venha a ter dificuldades de projeção. Mais uma vez, é a maturidade que entra em cena para organizar e transformar ambição reprimida em liderança criativa. Desse modo, a disciplina que se impõe e a exigência que tem consigo mesmo pode gerar frutos muito positivos. Em última análise, reconhecer seus limites e aceitar suas falhas são provas de seu amadurecimento.

Saturno no signo de Virgem ♄ ♍

Quando as qualidades de Virgem — organizar, sistematizar e criticar — se associam às de Saturno, tudo fica bem amplificado. Isso porque Saturno simboliza o rigor, a disciplina e a responsabilidade, atributos semelhantes ao do signo. Deduz-se, portanto, que a pessoa nascida sob esta influência precise de uma organização rígida e seja uma crítica austera. Verdade seja dita, essas tendências são, normalmente, o produto de alguém que não se organiza com naturalidade e, vendo-se diante de Saturno, se sente obrigado a pôr a vida em ordem. Ou seja, nesse caso Saturno é a condição necessária para a organização e o amadurecimento. Sem tais condições, ninguém se torna titular de seu destino.

Vale insistir que uma das mais importantes atribuições de Saturno tem a ver com o amadurecimento. Para quem tem o signo de Virgem, amadurecer significa se esforçar para manter a rotina organizada, e seu grande desafio é realizar as tarefas cotidianas sem se estafar. Em tese, costuma se sobrecarregar, correndo invariavelmente o risco de se ver completamente atrapalhado; por isso, é bom que selecione as atividades e estabeleça prioridades. Em função do temperamento crítico de Virgem, o receio de falhar e de estragar tudo o que tão duramente organizou pode ser um obstáculo para o relaxamento. Ademais, tende a ficar preso aos detalhes e perde a noção do todo. O seu mais implacável fantasma é o de sempre cometer os mesmos erros, provavelmente em função de uma confiança reprimida e das críticas que atingiram sua alma em cheio. Em virtude da dor, precisa fazer grandes esforços para se desvencilhar de um modelo rígido de perfeição sem perder o senso de responsabilidade e de dever.

Saturno no signo de Libra ♄ ♎

Saturno rege os domínios da realidade, das certezas, da maturidade, da responsabilidade e do dever, enquanto Libra reina no universo do amor, das relações, das artes e da diplomacia. Visto assim, pode-se dizer que a pessoa nascida com Saturno em Libra é rigorosa quanto à qualidade dos relacionamentos, crítica do outro e exigente no amor. Entretanto, como as qualidades do signo de Saturno são mais bem-aproveitadas na maturidade, até lá a pessoa percorre um longo caminho. Enquanto não chega ao destino, o grande desafio é compreender que o jeito de ser do outro é, inevitavelmente, diferente do seu. Nos tempos de imaturidade, a tendência é projetar-se no outro e, por conta disto, esperar que lhe corresponda a totalidade dos seus desejos. Evidentemente, se frustrará. As relações precoces são as que mais duramente sentem a implacável exigência de Saturno, mas, em contrapartida, são as que lhe dão lastro para no futuro acolher com sabedoria não o parceiro ideal, mas o parceiro possível. Somente o tempo, acrescido do aprendizado advindo das frustrações, pode lhe dar condições para negociar com equilíbrio o desejo do outro com o seu próprio desejo.

É provável também que, por ser extremamente exigente com os outros, venha a ter problemas nos seus relacionamentos. Em primeiro lugar, porque não é qualquer pessoa capaz de preencher suas exigências que, por sinal, não são poucas nem pequenas. Segundo, como o outro se sente pressionado ao extremo a corresponder às suas expectativas e a satisfazer seus desejos, o natural e leve desenvolvimento de uma relação é prejudicado. Mais uma vez a maturidade lhe cairá bem para as questões relativas ao amor e aos relacionamentos. De posse do sentimento de responsabilidade, se esforça para obter equilíbrio e harmonia com o outro, evitando a recorrência de conflitos e frustrações.

Saturno no signo de Escorpião ♄ ♏

O universo de Escorpião — a morte, a regeneração, as regiões profundas e sombrias da alma, as transformações e o sexo —, quando está relacionado a Saturno, é afetado pela rigidez, pela prudência, pelo senso de responsabilidade, pela maturidade e pela disciplina. Dessa maneira, quem nasceu sob essa configuração deve encarar a realidade da morte de frente, ou seja, entender objetivamente que nada dura para sempre e, por isso, o bom é não se apegar a nada, nem a ninguém. A sexualidade também deve ser conduzida de acordo com o que lhe é possível e não por intermédio de fantasias que só provocarão frustrações. Por isso, poderíamos considerar que essa pessoa talvez não habitasse o nosso planeta, pois tanto a morte quanto o sexo são tabus e quase nunca são tratados com o realismo necessário. Entretanto, como as qualidades do signo de Saturno se expressam melhor na maturidade, até que isso ocorra, a realidade é bem diferente. Quando ainda jovem, se vê às voltas com as dificuldades decorrentes das mudanças, pois ainda não compreendeu que não há transformação sem perda e não há perda que não gere um novo ciclo. Saturno atua nessa posição como uma rigorosa prova de desprendimento, testando-o, provocando-o e, pouco a pouco, amadurecendo-o e preparando-o para a vida.

Suas resistências quanto às perdas ou mesmo quanto à sexualidade podem ser decorrentes de repressões causadas por fatores passados. Em decorrência disso, é provável que se boicote ou que se entregue às tendências destrutivas e jogue tudo para o alto sem compromisso com a realidade e, especialmente, sem responsabilidade. Além disso, o receio de enfrentar o desconhecido precisa ser superado para dar sossego à alma, mesmo que isso lhe custe alguns sacrifícios. Suas resistências emocionais podem impedi-lo de correr riscos ou, ao contrário, provar a todo custo o quanto é capaz de viver sem medidas os seus sentimentos mais profundos. Nem uma coisa nem outra a ajuda a se entregar na intimidade. Entretanto, com o passar do tempo e com o acúmulo das experiências vividas, passa a confiar nos benefícios advindos das transformações.

Saturno no signo de Sagitário ♄ ♐

Sagitário é o signo dos voos da mente, do mundo sem fronteiras, das viagens e dos estudos, enquanto Saturno rege o universo das certezas, da estabilidade, da realidade dura e crua, da responsabilidade e do dever. Feitas as explicações fundamentais, Saturno nesta posição tem como atribuição a dura tarefa de cortar as asas da mente, de dar-lhe a noção de realidade e, por conseguinte, a possibilidade de ser seu voo bem-sucedido. Para quem nasceu sob essa influência, sonhar com mundos distantes, sejam eles geográficos, intelectuais ou espirituais, é ficar submetido a restrições, sendo necessário aprender a superá-las para chegar ao destino traçado com maturidade. É natural que se sinta incapaz de atingir bons níveis de desempenho intelectual quando jovem, que não tenha paciência suficiente para perseverar nos seus objetivos e que seja travado quando a vida lhe exige passos largos.

Uma outra face de Saturno é referente às exigências, já que ele rege, como já mencionado, o sentido de dever e de realidade. A rigidez desse planeta lhe confere excessivas cobranças quanto à qualidade do seu desempenho nos estudos ou em atividades que lhe exijam a inteligência. O rigor desmedido pode ser o causador de bloqueios que, se acompanhado de repressões associadas à boa atuação intelectual, pode gerar problemas e frustrações capitais no assunto em questão.

Em última análise, o certo é que com o passar do tempo e a chegada da maturidade, superadas as dificuldades, o nascido sob essa configuração consegue direcionar seus sonhos com responsabilidade e de acordo com a realidade possível. Seguro de que é capaz de realizá-los, pode ser bem-sucedido nessa altura da vida nos assuntos relativos ao saber, às viagens e ao desenvolvimento espiritual.

Saturno no signo de Capricórnio ♄ ♑

Saturno, regente do signo de Capricórnio, simboliza a estabilidade, a realidade dura e nua, o mundo das certezas, a prudência, o dever e a responsabilidade. Estando no signo que rege, suas qualidades, tanto positivas quanto negativas, ficam intensificadas. Por ficar mais rígido do que naturalmente é, quem nasceu com essa influência deve compreender que a responsabilidade é fruto do amadurecimento e que este se alcança com choque de realidade, com frustrações e experiência de vida. Também fazem parte de tal processo as provas às quais se vê submetido. Os resultados obtidos ao longo da sua trajetória pessoal são computados e lhe servem de lastro para sua estruturação e estabilidade futuras. O mais duro teste parece ser aquele relacionado às ambições, assunto que envolve o signo de Capricórnio. Em compensação, a mais importante conquista deve ser a ascensão social e profissional. É nessa área que efetivamente põe à prova seus limites e suas limitações, e a capacidade de superá-los, aprendendo a agir com rigor e disciplina. Todavia, o excesso de autocrítica, de exigência e ambição, quando agravado pela imaturidade, pode restringir seu desempenho, fazendo demorar mais tempo do que o necessário para alcançar as posições desejadas.

As prováveis dificuldades relativas à carreira também podem ser oriundas de desejos castrados no passado e consequente receio de não ser bem-sucedido no trabalho. Entretanto, não há melhor posição astrológica do que esta para superar os temores, encarar de frente a realidade tal qual ela é e ter persistência para, passo a passo, subir a montanha desenhada pelo seu desejo.

Saturno no signo de Aquário ♄ ♒

O universo de Aquário — amizade, solidariedade, amor à liberdade, inovações, invenções, valores humanitários —, quando está relacionado com Saturno, fica condicionado às exigências desse planeta, quer dizer, à dura relação com a realidade, ao senso de dever e responsabilidade, à maturidade, ao rigor e à disciplina. Dadas as explicações básicas, pode-se deduzir que a atribuição de Saturno nesse signo é organizar as ações sociais e desenvolver o senso de responsabilidade nas amizades e no exercício da liberdade. Tal papel produz o cenário favorável para a pessoa realizar suas ambições sociais, conservar suas amizades e garantir a liberdade, a despeito das restrições. Levando-se em consideração que Saturno rege os tempos maduros, tais características se aprimoram e atingem sua realização plena quando a pessoa já deixou de ser jovem. Até então, o mais provável é que esteja submetida às dificuldades de fazer amigos, de encontrar o lugar ideal para realizar seus anseios sociais e que sinta sua liberdade cerceada. É bom deixar claro que se existirem outras posições no seu horóscopo que indiquem tendências contrárias a essas, elas devem ser computadas e mescladas às interpretações referidas. Feita a ressalva, o rigoroso Saturno, quando está em Aquário, atua como uma prova de resistência, testando sua capacidade de criar alternativas diferentes quando a vida está estagnada ou quando sua liberdade está comprometida. Inclusive, a confiança no futuro pode demorar para ser conquistada, pois só após passar por transformações que lhe renderam bons resultados a pessoa nascida sob essa configuração se sentirá segura das perspectivas que tem à frente.

Sendo Saturno o planeta das exigências e cobranças, tende a ser rigorosa com seus amigos e também com o conjunto social, causando-lhe eventuais problemas de relacionamento. Essa tendência é agravada quando os outros não preenchem suas expectativas. Em todo caso, o sentimento de responsabilidade em relação às questões sociais faz dela uma pessoa capacitada a atuar no seio da sociedade cumprindo a parte que lhe toca, colaborando para o bem comum.

Saturno no signo de Peixes ♄ ♓

No universo de Peixes encontra-se sensibilidade, fantasia e imponderabilidade. Já Saturno reina no mundo das certezas, da realidade dura e crua, da disciplina e do rigor. Nesse caso, as emoções sentidas na profundidade estão sob o controle do rigoroso planeta, exigindo disciplina interior e reconhecimento das dificuldades psíquicas e emocionais. Em virtude de tais condições, grandes esforços são feitos para que aflorem sentimentos íntimos e inconfessáveis. A título de rigor na análise, caso existam outras configurações no horóscopo que indiquem o contrário, essas tendências devem entrar em cena na interpretação e serem mescladas às informações referidas. Feita a ressalva, Saturno em Peixes indica repressão à fantasia, seja em razão de traumas passados, seja por haver receio de não vê-las realizadas. Essas duas possibilidades estão atreladas e o medo de não concretização dos sonhos pode ser decorrente de castrações outrora ocorridas. O fantasma da rejeição também pode impedir a exposição dos desejos. Ademais, quando insegura, a pessoa se recolhe, evitando intimidades. Em compensação, esse comportamento pode ser positivo se servir para que se organize internamente. Entretanto, se sua fragilidade ficar exposta quando não desejar, pode se sentir vítima da inconveniência das pessoas, vindo-lhe a causar mais problemas.

Por fim, sob os domínios de Saturno, a maturidade psíquica se expressa como confiança no imponderável, domínio dos fantasmas diante do que foge ao entendimento e, passo a passo, alcance da plena realização espiritual.

URANO, NETUNO E PLUTÃO NOS SIGNOS

Devido à lentidão com que os planetas exteriores a Saturno se deslocam na órbita de revolução, sua posição no signo marca a tendência de uma geração. A casa onde se encontram ou as casas por eles regidas indicam sua influência na vida do indivíduo em particular. Portanto, para situar a pessoa no contexto sociocultural em que nasceu, serão listados alguns momentos e fatos históricos significativos e que têm relação com essas posições.

URANO NOS SIGNOS

Urano no signo de Áries ♅ ♈

1927/1928 a 1934/1935
2010/2011 a 2018/2019

1927 — Lindenberg realiza a primeira travessia aérea do Atlântico
1927 — Stálin assume o poder na União Soviética
1929 — Quebra da Bolsa em Nova York
1930 — Revolução de 1930 marca o início da Era Vargas
1933 — Hitler torna-se o primeiro-ministro alemão
2010/2012 — Primavera Árabe

Urano no signo de Touro ♅ ♉

1934/1935 a 1941/1942

1936 — Guerra Civil espanhola
1937 — Picasso pinta "Guernica"

1937 — Instalação do Estado Novo no Brasil
1939 — Hitler invade a Polônia: início da Segunda Guerra Mundial

Urano no signo de Gêmeos ♅ ♊

1941/1942 a 1948/1949

1942 — Energia nuclear: primeira reação em cadeia supervisionada pelo físico italiano Enrico Fermi
1945 — Fundação da Organização das Nações Unidas (ONU)
1945 — Fim da Segunda Guerra Mundial

Urano no signo de Câncer ♅ ♋

1948/1949 a 1955/1956

1951 — Pílula anticoncepcional é inventada (Luis E. Miramontes)
1951 — Primeiro computador comercial, UNIVAC I, é lançado nos Estados Unidos
1953 — Estrutura do DNA (James Watson e Francis Crick)

Urano no signo de Leão ♅ ♌

1955/1956 a 1961/1962

1957 — Primeiro satélite artificial, Sputnik, entra em órbita
1958 — Criação da Comunidade Econômica Europeia (CEE), formada por seis países, que deu origem à atual União Europeia (UE)
1959 — Fidel Castro lidera a Revolução Cubana
1960 — Kubitschek inaugura Brasília
1962 — Primeira exposição de arte pop

Urano no signo de Virgem ♅ ♍

1961/1962 a 1968/1969

1961 — Primeiro homem a sair da atmosfera (Yuri Gagarin)
1961 — Construção do Muro de Berlim

1967 — Primeiro transplante de coração (Christiaan Barnard)
1967 — Começa a Guerra dos Seis Dias
1967 — Criação da Fundação Nacional do Índio (Funai)

Urano no signo de Libra ⛢ ♎

1968/1969 a 1974/1975

1968 — Assassinato de Martin Luther King Jr., ativista pelos direitos civis
1968 — Protestos estudantis em vários países
1969 — Homem pisa na Lua
1969 — Criação da ArpaNet, o embrião da internet, em abril

Urano no signo de Escorpião ⛢ ♏

1974/1975 a 1981

1981 — Foram notificados os primeiros casos da doença que causava imunodeficiência severa e afetava especialmente homens gays

Urano no signo de Sagitário ⛢ ♐

1981 a 1988

1983 — Foi estabelecido o TCP/IP (Transmission Control Protocol/Internet Protocol), até hoje o protocolo de comunicação usado por todos os computadores conectados à rede

Urano no signo de Capricórnio ⛢ ♑

1988 a 1995/1996

1989 — Queda do Muro de Berlim
1990/1991 — Guerra do Golfo
1991 — Fim da União Soviética
1994 — Fim do apartheid na África do Sul

Urano no signo de Aquário ⛢ ♒

1995/1996 a 2003

Popularização da internet no mundo
1996 — Cientistas escoceses produzem clone de uma ovelha
1998 — Entra em órbita a estação espacial internacional

Urano no signo de Peixes ⛢ ♓

2003 a 2010/2011

A década de 2000 é marcada pela consolidação da internet como veículo de comunicação em massa
2008/2009 — Crise econômica

NETUNO NOS SIGNOS

Netuno no signo de Áries ♆ ♈

1861/1862 a 1874/1875

1861 — Começa a Guerra da Secessão nos Estados Unidos, constituindo a luta entre o Sul latifundiário e escravagista, contra o Norte industrializado
1861 — Unificação da Itália
1863 — Abraham Lincoln liberta os escravizados
1864 — Paraguai declara guerra ao Brasil
1865 — Lincoln é assassinado
1867 — Karl Marx publica *O capital*
1869 — É aberto o Canal de Suez
1871 — Unificação da Alemanha

Netuno no signo de Touro ♆ ♉

1874/1875 a 1887/1889

Colonialismo
1876 — Graham Bell transmite mensagem utilizando o telefone
1878 — Karl Benz inventa o primeiro automóvel movido a gasolina
1888 — Abolição da escravatura no Brasil

Netuno no signo de Gêmeos ♆ ♊

1887/1889 a 1901/1902

1889 — Proclamação da República no Brasil
1891 — Promulgada a Constituição dos Estados Unidos do Brasil
1895 — Invenção do cinema (Auguste e Louis Jean Lumière) e descoberta do raio X (Wilhelm Conrad Röntgen)
1896 — Descoberta da radioatividade (Antoine Henri Becquerel)
1898 — Marie Curie identifica substâncias radioativas

Netuno no signo de Câncer ♆ ♋

1901/1902 a 1914/1916

1905 — Albert Einstein publica a Teoria da Relatividade
1908 — Picasso e Braque fundam o movimento cubista
1909 — Marinetti publica o Manifesto Futurista
1914/1918 — Primeira Guerra Mundial

Netuno no signo de Leão ♆ ♌

1914/1916 a 1928/1929

1918 — Gripe espanhola
1919 — Revolução Russa
1921 — Constituição da União Soviética
1928 — Descoberta da penicilina (Alexander Fleming)
1929 — Quebra da Bolsa em Nova York

Netuno no signo de Virgem ♆ ♍

1928/1929 a 1942/1943

1928 — Descoberta da penicilina (Alexander Fleming)
1929/1930 — A grande depressão

Netuno no signo de Libra ♆ ♎

1942/1943 a 1956/1957

1945 — Fundação da Organização das Nações Unidas (ONU)
1948 — Assassinato de Mahatma Gandhi, líder indiano
1951 — Organização Internacional do Trabalho aprova a igualdade salarial entre o trabalho feminino e masculino para a mesma função
1951 — Pílula anticoncepcional é inventada (Luis E. Miramontes)

Netuno no signo de Escorpião ♆ ♏

1956/1957 a 1970

1959/1975 — Guerra do Vietnã
1960 — Criação da Organização dos Países Exportadores de Petróleo (OPEP)
1963 — Assassinato de John F. Kennedy
1964 — João Goulart é deposto do poder pelos militares
1964 — Início do regime militar no Brasil
1966 — Começa a Revolução Cultural na China
1967 — Primeiro transplante de coração (Christiaan Barnard)
1968 — Protestos estudantis em vários países
1968 — Primeiros homens a pisar o solo da Lua, Apollo 11

Netuno no signo de Sagitário ♆ ♐

1970 a 1984

1983 — Cientistas isolam o vírus HIV, causador da aids

1983 — Foi estabelecido o TCP/IP (Transmission Control Protocol/Internet Protocol), até hoje o protocolo de comunicação usado por todos os computadores conectados à rede

Netuno no signo de Capricórnio ♆ ♑

1984 a 1998

1990/1991 — Guerra do Golfo
1994 — Fim do apartheid na África do Sul

Netuno no signo de Aquário ♆ ♒

1998 a 2011/2012

Avanço das redes de telecomunicações e redes sociais.
1998 — Entra em órbita a Estação Espacial Internacional
2010/2012 — Primavera Árabe

Netuno no signo de Peixes ♆ ♓

2011/2012 a 2025/2026

2010/2012 — Primavera Árabe

PLUTÃO NOS SIGNOS

Plutão no signo de Áries ♇ ♈

1822/1823 a 1851/1952

1830 — Eclodem as revoluções nacionalistas na Europa
1837 — Invenção do telégrafo
1842 — A China cede Hong Kong à Inglaterra
1848 — *Manifesto comunista* de Marx e Engels

Plutão no signo de Touro ♀ ♉

1852/1853 a 1883/1884

1857 — Em Nova York, no dia 8 de março, 129 operárias morreram queimadas numa ação policial porque reivindicavam a redução da jornada de trabalho de 14 para dez horas diárias e o direito à licença-maternidade. Mais tarde, o dia 8 de março foi instituído como Dia Internacional da Mulher
1859 — Publicação de *A origem das espécies*, de Charles Darwin
1861 — Início da Guerra da Secessão nos Estados Unidos
1864 — Primeira Internacional Operária
1865 — Mendel divulga as leis básicas da hereditariedade
1879 — Invenção da lâmpada (Thomas Edison)

Plutão no signo de Gêmeos ♀ ♊

1883/1884 a 1912/1914

1895 — Invenção do cinema (Auguste e Louis Jean Lumière) e descoberta do raio X (Wilhelm Conrad Röntgen)
1896 — Descoberta da radioatividade (Antoine Henri Becquerel)
1896 — Primeiros Jogos Olímpicos modernos em Atenas
1896 — Marconi inventa o primeiro sistema de telegrafia sem fios
1898 — Marie Curie identifica substâncias radioativas
1899 — Machado de Assis escreve sua obra-prima, *Dom Casmurro*
1906 — Primeiro voo do 14 Bis de Santos Dumont
1913 — Linha de montagem para a fabricação de carro (Henry Ford)

Plutão no signo de Câncer ♀ ♋

1912/1914 a 1937/1939

1914/1918 — Primeira Guerra Mundial
1919 — Assinatura do Tratado de Versalhes
1920 — Mulheres votam nos Estados Unidos
1922 — Mussolini chega ao poder na Itália

1926 — Hirohito torna-se imperador do Japão
1929/1930 — A grande depressão
1932 — Getúlio Vargas garante o direito de voto às mulheres brasileiras

Plutão no signo de Leão ♇ ♌

1937/1939 a 1956/1958

1939/1945 — Segunda Guerra Mundial
1942 — Energia nuclear: primeira reação em cadeia supervisionada pelo físico italiano Enrico Fermi
1945 — Começo da Guerra Fria
1953 — Estrutura do DNA (James Watson e Francis Crick)
1957 — Primeiro satélite artificial, Sputnik, entrou em órbita

Plutão no signo de Virgem ♇ ♍

1956/1958 a 1971/1972

1961 — Primeiro homem a sair da atmosfera (Yuri Gagarin)
1967 — Primeiro transplante de coração (Christiaan Barnard)

Plutão no signo de Libra ♇ ♎

1971/1972 a 1983/1984

1973 — Guerra do Yom Kipur
1975 — Fim da Guerra do Vietnã
1979/1989 — Ocupação soviética do Afeganistão
1980/1988 — Guerra Irã-Iraque
1982 — Guerra das Malvinas

Plutão no signo de Escorpião ♇ ♏

1983/1984 a 1995

Disseminação da aids

1989 — Queda do Muro de Berlim
1990 — Reunificação da Alemanha
1991 — Fim da Guerra Fria. Extinção da União Soviética

Plutão no signo de Sagitário ♇ ♐

1995 a 2008

Popularização da internet
1996 — Cientistas escoceses produzem clone de uma ovelha
2001 — Atentado às Torres Gêmeas em Nova York

Plutão no signo de Capricórnio ♇ ♑

2008 a 2023/2024

2008/2009 — Crise econômica

Plutão no signo de Aquário ♇ ♒

1777/1778 a 1797/1798

1789 — Declaração dos Direitos do Homem e do Cidadão
1790 — Mary Wollstonecraft lança as bases de uma das correntes do feminismo moderno com a publicação de *Reivindicação dos direitos da mulher*
1792 — Rouget de L'Isle apresenta a canção que ficaria conhecida como "A Marselhesa", adotada como hino da França revolucionária e música mais cantada nas lutas dos trabalhadores até o surgimento da Internacional em 1888

Plutão no signo de Peixes ♇ ♓

1797/1798 a 1822/1823

1799 a 1814 — Era napoleônica
1810 — Impressão (Frederick Koenig)
1814 — Uso das máquinas a vapor nas ferrovias. Disseminação da Revolução Industrial
1821 — Motor elétrico (Michael Faraday)

CAPÍTULO 9
Ascendente e Meio do Céu nos signos

ASCENDENTE NOS SIGNOS

O Ascendente simboliza o próprio nascimento, a mais pessoal das marcas. Ao Ascendente é atribuída a tarefa de conceder ferramentas para a pessoa constituir uma individualidade. Além disso, é a forma como ela se expressa, seu estilo. Cabe, ainda, a ele mostrar os meios para que seja independente. E, por último, é ele que se encarrega da infância. O signo do Ascendente aponta para a maneira como a pessoa estrutura sua personalidade, por quais vias alcança autonomia e o que nela aflorou desde cedo.

Entretanto, não se pode deixar de lado a interpretação de outros signos e posições importantes do horóscopo para uma avaliação mais completa da influência do signo do Ascendente.

Ascendente no signo de Áries   ASC ♈

O Ascendente está estreitamente associado ao signo de Áries, símbolo da impulsividade, da luta pela independência e da construção da individualidade. Portanto, nascer com o Ascendente em Áries é ter o signo próprio para o bom exercício das suas funções, ou seja, promover o desenvolvimento da individualidade e dar-lhe um estilo genuíno de ser e de agir no mundo. Ademais, a pessoa tende a ser impulsiva, a não medir nem ponderar suas decisões, preferindo impor sua vontade a ouvir a opinião dos outros. Em compensação, costuma atacar de frente os conflitos e os desafios fazem parte das suas predileções. É provável que queira ser independente desde cedo, recusando a ajuda dos demais. Ainda que isso lhe custe alguns ferimentos, prefere fazer tudo sozinha a esperar que os outros o façam.

Não lhe falta vigor e, devido a tal tendência, necessita de atividades vigorosas para dar vazão à sua energia. O impulso de competir, característica do signo de Áries, se manifesta tanto em relação a outras pessoas quanto a si mesma. Nesse caso, a intenção é atingir sempre novos níveis de desempenho.

Assumir a posição de comando faz parte do seu modo singular de agir, o que, dependendo do modo como o faz, pode lhe computar alguns desentendimentos, quando não, desafetos. Ainda que possa apresentar traços de introversão devido a outras posições na sua carta natal, o Ascendente em Áries lhe confere o dom da liderança, se recusando a ficar atrás dos outros. Verdade seja dita, sua vontade costuma ser imperativa e, por esse motivo, é bom que pondere nas suas escolhas o desejo do outro, pois, dessa maneira, pode agir com o pulso firme como lhe convém, mas com a mão mansa que harmoniza o seu encontro com os demais.

Ascendente no signo de Touro   ASC ♉

O Ascendente, símbolo da independência e da singularidade, encontra no signo de Touro um persistente aliado, pronto para arregaçar as mangas e colocar a mão na massa. Nascer com o Ascendente neste signo significa desenvolver-se devagar, com firmeza e constantemente. Semelhante às características de Touro, a pessoa é prática, se identifica com o conforto e é amante do prazer. Em contrapartida, tende ao acúmulo e ao apego, qualidades ora positivas, ora negativas. Por apreciar o conforto proporcionado pelas coisas materiais, torna-se um amante ou um escravo do trabalho.

Entre suas qualidades sombrias estão a teimosia, a obsessão, a inércia, a inflexibilidade e o ciúme. Evidentemente, elas são o resultado das suas inseguranças, que são receio de perder e dificuldade de lidar com mudanças.

Quem tem Touro como Ascendente só se sente independente se produzir os seus próprios recursos. Por isso, sua individualidade está diretamente associada ao trabalho e ao que é capaz de adquirir.

Também não lhe falta força de vontade para, pacientemente, impor suas vontades. Com toda doçura e firmeza que Touro lhe confere, como quem não quer nada, vai conseguindo pouco a pouco que cada um dos seus desejos sejam atendidos.

Não lhe caem bem posições de comando, salvo quando outras indicações no seu horóscopo o favoreçam nesse sentido. Um taurino de Ascendente prefere que lhe digam o que fazer a ter que se desdobrar inteiro para criar algo por conta própria. Esse traço da sua personalidade justifica, inclusive, a também tendência à acomodação, sobretudo se estiver em condições de conforto. É certo que não deve recusar as benesses do prazer e da estabilidade, mas quando essas comprometem seu crescimento e o levam à estagnação, nada é melhor do que uma mexida, mesmo que esta venha de fora, para restaurar as forças e seguir persistindo num caminho novo e mais criativo.

Ascendente no signo de Gêmeos   ASC ♊

O Ascendente está associado à individualidade e à conquista de independência. Pois quando é Gêmeos, a agilidade desse signo, sua inteligência e poder de comunicação marcam o seu estilo de ser. Isso significa também que desde cedo a pessoa se desenvolve com rapidez e flexibilidade, já que essas também são características deste signo de Ar. Além do mais, é curioso, oscila entre diversos interesses e prefere conversar a ficar somente com a sua opinião. Embora considere o que pensam as outras pessoas e aprecie ouvi-las, sabe argumentar a favor de algo que lhe interesse em particular.

Para um geminiano de Ascendente, a independência é intelectual e necessita de liberdade para ir e vir. Sua individualidade tem a marca da sua inteligência, mas também da dispersão, superficialidade, inconstância, dissimulação e indiscrição. Esse aspecto sombrio de Gêmeos pode lhe custar caro, tanto nos momentos de escolha quanto naqueles em que precisa da confiança das pessoas.

Além do mais, não lhe falta maleabilidade para ajustar seu desejo à realidade. O jeito de impor suas vontades é flexível e sempre encontra brechas que facilitam sua realização.

Ser leve é uma de suas características mais delicadas. Mesmo havendo traços de estabilidade ou perseverança devido a outras configurações do seu horóscopo, dificilmente perde a curiosidade de explorar novos territórios, de se relacionar com muita gente e variar de acordo com o que lhe convém.

Ascendente no signo de Câncer   ASC ♋

O signo de Câncer atua nos domínios da afetividade, rege o universo dos sentimentos, da família e do passado. Nascer com esse signo no Ascendente é crescer dentro de uma concha, assim como o caranguejo, cercado de proteção, envolto num clima acolhedor e desejoso de afetividade. Além disso, é sensível, amável, intuitivo e prefere se relacionar intimamente a estabelecer relações circunstanciais. É apegado à família e à casa, mesmo que esta não seja a sua própria, nem aquela consanguínea. O que importa são as atmosferas aconchegantes e que simpatize com as pessoas. Todas essas tendências marcam seu modo singular de ser e de se expressar no mundo. Cada uma dessas qualidades é uma marca genuína que ora se mescla com as dos outros signos do seu horóscopo, ora se apresenta tal qual como foi descrito.

Em compensação, o preço da sua sensibilidade é a carência, a passividade, a melancolia, o conservadorismo e a instabilidade de humores. Por tal suscetibilidade, transforma-se numa pessoa que sabe cuidar bem dos outros e, ao mesmo tempo, numa esponja que absorve tudo o que vem de fora.

Sendo o Ascendente responsável pela autonomia, ter Câncer nessa posição significa que constituir laços afetivos, ter cuidado nas suas relações familiares e sentir-se alimentado emocionalmente são condições imperativas para que se sinta seguro de si e, portanto, dono da sua vontade. Quando lhe falta alguma dessas condições, as forças diminuem e perde a vontade de lutar por si.

Sua individualidade é afirmada pelas suas conquistas afetivas ou pela formação de uma família, deixando a sua marca genuína nos seus descendentes, sendo marcado também pela sua história familiar.

Ascendente no signo de Leão   ASC ♌

A criatividade, a confiança em si e o magnetismo pessoal fazem parte do estilo de ser de quem nasceu com o Ascendente Leão. Além disso, desde cedo chama a atenção para si e se acostuma a mandar e ser atendido. Torna-se uma pessoa criativa, titular da sua vontade, amante do comando, generosa de espírito e disciplinada. O que lhe importa vem mais do coração e menos da matéria. Todavia, outras posições fundamentais do seu horóscopo devem ser mescladas a essas interpretações.

Considerando os aspectos sombrios, o egocentrismo, o despotismo, a arrogância, a vaidade e o orgulho são também características que marcam eventualmente sua personalidade. Essas tendências que, a bem da verdade, refletem mais insegurança do que poder, o prejudicam a exercer a liberdade e a ser respeitado. Apesar de parecer forte perante o mundo, internamente necessita de constante aprovação, não costuma lidar bem com a crítica e tem dificuldade de dividir o palco com outras pessoas.

Por fim, costuma ter facilidade de exercer a autonomia, pois as características de Leão colaboram. Assim, seguro de si e da sua força, seu coração também é capaz de amolecer, o que faz com que seu brilho se torne ainda mais intenso.

Ascendente no signo de Virgem   ASC ♍

Quando o Ascendente é Virgem, a agilidade deste signo, sua inteligência, seu poder de organização e seu dom crítico são características do seu estilo de ser. Desde cedo aprende tudo muito rápido e observa minuciosamente cada detalhe do que o circunda. É crítico, organiza cada passo a ser dado, é amante da perfeição e do trabalho e é ágil em resolver problemas objetivos. O que lhe importa são as possibilidades palpáveis, e não está interessado nas especulações.

Levando em conta as tendências sombrias de Virgem, também estão presentes no seu modo de agir o nervosismo, a ansiedade, a intolerância, a crítica destrutiva e a obstinação por perfeição. Essas características, sem dúvida, advêm de algumas inseguranças, como o medo de errar, a culpa por ter deixado passar uma falha, receio de ser criticado e inabilidade com o imponderável.

Para conquistar um espaço no mundo e se tornar independente, seu maior recurso é o trabalho, já que Virgem se relaciona à produtividade e esse Ascendente não aprecia depender dos outros para realizar suas tarefas. Verdade seja dita, quanto mais qualidade tiver o que produz, mais seguro de si se sente, podendo, assim, apresentar a face mais doce do seu jeito singular de ser no mundo.

Ascendente no signo de Libra   ASC ♎

O estilo de ser de quem tem Libra como Ascendente se caracteriza pelo dom de respeitar o outro, pela delicadeza nas relações e pelo amor ao belo. Pois desde muito cedo presta atenção às pessoas, mostra-se sensível às artes, pensa mais do que age e atende à demanda dos outros. Ademais, são características suas racionalizar as decisões, não se deixar levar pelos primeiros impulsos, depreciar os conflitos e amar a beleza. O que lhe importa é mais o social e menos o pessoal.

Em relação às tendências sombrias de Libra, a indecisão, a indefinição, a dependência e a dissimulação também marcam sua forma de ser e de agir no mundo. Tais tendências, evidentemente, o prejudicam, mas o certo é que advêm da falta de atenção que dá a si mesmo.

Para finalizar, a questão da independência deve ser tratada, entre outros elementos de um horóscopo, como atribuição do Ascendente. Libra como Ascendente é um caso particular, pois o seu simbolismo se opõe à ideia de autonomia. Mesmo assim, o respeito ao jeito de ser do outro, seu caráter justo e o amor à arte lhe dão recursos para descobrir seu próprio caminho que, diga-se de passagem, nunca deixa de lado o desejo de levar alguém consigo.

Ascendente no signo de Escorpião   ASC ♏

Quando o Ascendente é Escorpião, o magnetismo deste signo, seu poder de transformação e sua inteligência investigativa são marcas do estilo de ser. Também significa que desde cedo a pessoa se interessa por segredos, especula silenciosamente os acontecimentos, experimenta suas forças destrutivas e sabe concertar o que quebrou. Além disso, é intensa, controladora, obstinada, tem gosto pelo oculto e desejo de poder. As mudanças lhe interessam mais do que o conforto. Cada um desses traços da sua personalidade deixa vestígios de sua passagem, não havendo dúvidas de que foi ela que ali esteve.

As qualidades sombrias de Escorpião são, entre outras, o sangue-frio, quando não destinado às situações emergenciais, tendências destrutivas, agressividade, espírito vingativo e obstinação. Resultado das suas inseguranças, tais qualidades o prejudicam e interferem na boa qualidade dos seus relacionamentos, na sua saúde e na manutenção do seu bem-estar psíquico e espiritual.

Quanto à independência, é alguém persistente e dificilmente cede à acomodação. Não suporta depender de alguém e até mesmo de alguma situação que não controle. Por isso, sua estabilidade emocional é a mais poderosa ferramenta para garantir tal conquista.

Ascendente no signo de Sagitário ASC ♐

O estilo de ser do Ascendente Sagitário é marcado pelo amor às viagens, uma mente criativa, vontade de progredir e espírito livre. Desde a infância, mostra interesse por conhecer lugares distantes, e não aceita que lhe imponham barreiras. Além disso, se desenvolve por intermédio do que lê, do acúmulo de cultura e, no caso da pessoa que investe na metade animal do símbolo, com práticas esportivas, disciplina com o corpo e espírito competitivo. Nos dois casos, mais do que se manter em zona de conforto, o que importa é a possibilidade de superar os limites. Todos esses atributos lhe acompanham durante a vida e deixam rastros de sua passagem no mundo. Embora a pessoa se expresse por intermédio das características do seu Ascendente, é imprescindível acrescentar à interpretação as qualidades dos outros signos básicos do seu horóscopo para uma análise mais fiel do seu jeito de ser.

Em consideração às inclinações sombrias do signo, atribui-se a esse Ascendente exageros, arrogância intelectual, inflexibilidade, especialmente no campo das ideias, agressividade, impaciência, soberba e insatisfação. Sem dúvida, as qualidades negativas produzem danos no seu desenvolvimento, mas também, sendo o resultado das suas inseguranças, servem para seu aprimoramento pessoal.

Quanto à independência, são indispensáveis a liberdade de pensamento e a autonomia para ir e vir. Portanto, quanto mais a pessoa que tem Sagitário como Ascendente ampliar seus horizontes intelectuais, falar diferentes línguas e construir um lastro cultural, mais rapidamente conquista seu voo livre.

Ascendente no signo de Capricórnio ASC ♑

As marcas pessoais de quem tem Capricórnio como Ascendente são a organização, a seriedade, a responsabilidade e a capacidade de produção. Precocemente apresenta traços de maturidade, apesar de fazer tudo a seu tempo. Além disso, se torna uma pessoa objetiva, paciente, racional e empreendedora. O que a interessa é a realidade objetiva, mais do que hipóteses e probabilidades. Com os pés fincados no chão, o capricorniano por Ascendente vai deixando essas marcas nas suas realizações e na vida das pessoas com as quais se relaciona.

As qualidades negativas de Capricórnio são rigidez, frieza, cobiça, intolerância, manipulação e indiferença. Essas propensões podem produzir sérios danos ao seu desenvolvimento, no entanto, compreendendo que são resultantes de suas inseguranças, tais como o medo de errar e sentimento de culpa por não conseguir atingir seus objetivos, elas atuam como motivadoras de suas transformações e do seu aprimoramento pessoal.

Por fim, em relação à autonomia, a pessoa nascida com este Ascendente considera imprescindível ter condições de escalar por conta própria a montanha das suas ambições, especialmente a profissional. Por essa razão, é importante que crie projetos para o futuro, seja prudente a cada passo dado e não tenha pressa para atingir o topo. Atendidas essas condições, consegue encontrar um caminho adequado para a conquista da sua independência.

Ascendente no signo de Aquário   ASC ≈

O estilo de ser de quem tem Aquário como Ascendente é marcado pelo espírito libertário, por inquietude, mente aberta e inteligência intuitiva. Ele cresce rápido, indisciplinado, cheio de ideias, avesso a ordens e na contramão do senso comum. As mudanças o interessam mais do que o conforto, pois a estagnação é uma ideia insuportável para ele. Andando no sentido contrário do que dita a maioria, marca suas experiências com as características do seu Ascendente, mais particularmente o da solidariedade.

Os traços sombrios de Aquário são intolerância, irritabilidade, nervosismo, ansiedade, desprezo e extravagancia. Estes, sendo fruto das suas inseguranças, dentre as quais está a baixa autoestima, podem produzir estragos, especialmente nas suas relações. Em compensação, tais aspectos da sua personalidade assumem importante papel nas suas transformações pessoais, colaborando para o seu desenvolvimento.

O paradoxo de Aquário se manifesta na forma como exerce a liberdade, pois se, por um lado, ela é condição primeira para existir no mundo, suas inseguranças fazem com que, antes de decidir por si, precise perguntar aos outros suas opiniões. No entanto, no fim das contas, age exatamente como quer.

Ascendente no signo de Peixes   ASC ♓

A pessoa nascida com o Ascendente em Peixes tem como recursos para se tornar ela mesma os dons da intuição, da compaixão, da delicadeza e um enigmático magnetismo. Ela cresce e se desenvolve já num clima de mistérios e silêncios, envolta com as suas fantasias, impressionável e suscetível, a absorver as atmosferas que a envolvem. Além disso, tem como características a introspecção, a quietude e a intuição. A propósito, a imaginação interessa muito mais do que a realidade. Todas essas tendências deixam um rastro de sua passagem onde quer que tenha estado.

As tendências sombrias de Peixes são melancolia, depressão, intoxicação, confusão mental, ilusão, impressionabilidade e indolência. É evidente que essas qualidades podem ser altamente prejudiciais ao seu desenvolvimento, ainda que lhe sirvam, igualmente, às transformações, que a levam também a tornar-se uma individualidade.

Por fim, a conquista da independência está diretamente relacionada ao ato de sonhar, pois, sem projetos à frente, sem fantasias, uma pessoa nascida com o Ascendente em Peixes jamais consegue a liberdade.

MEIO DO CÉU NOS SIGNOS

O Meio do Céu é o ponto mais alto do horóscopo. A ele é atribuída a tarefa de fornecer recursos para que a pessoa atinja seus objetivos na vida. Ele simboliza a carreira bem-sucedida, o reconhecimento e a projeção social. O signo do Meio do Céu mostra quais as ferramentas estão disponíveis para chegar ao topo, cabendo a cada um usá-las com sabedoria e temperança.

Meio do Céu no signo de Áries   MC ♈

Uma das mais importantes atribuições do signo de Áries quando se posiciona no Meio do Céu é dar estímulo à pessoa para que conquiste sua independência e tenha forças para alcançá-la. Considerando o fato de que o Meio do Céu se refere, fundamentalmente, à carreira, nascer sob essa influência significa que o caminho profissional é desbravado com esforço próprio, sem esperar que ninguém o faça em seu lugar, pois essas são características típicas de Áries. A propósito, quando resolve se dedicar a um empreendimento, seja de trabalho, seja pessoal, entra de cabeça, usando toda a sua criatividade. Ademais, raramente aceita ordens, exigindo autonomia no que faz. Por fim, sua vocação deve estar relacionada a atividades que lhe imponham desafios, estimulem a competição, exijam alguns dos dons relativos à liderança, ao pioneirismo e à pronta decisão. É por intermédio desses talentos que suas chances aumentam de ser reconhecido e bem-sucedido na carreira.

Meio do Céu no signo de Touro   MC ♉

Uma das mais importantes funções de Touro quando se encontra no Meio do Céu é a de conceder condições para que a pessoa se realize materialmente, que acumule recursos e alcance estabilidade quando madura. De posse do entendimento de que o Meio do Céu personifica fundamentalmente os assuntos referentes à carreira, pode-se deduzir que ela alcança os objetivos profissionais por intermédio de paciência, perseverança, dedicação e capacidade produtiva. Isso porque todas essas atribuições dizem respeito ao signo de Touro. Ademais, é capaz de arregaçar as mangas e pôr a mão na massa quando resolve começar um empreendimento, e, com raras exceções, desiste antes de ver seu trabalho concluído. É boa executora, trabalha com paciência e exige segurança e garantias de que nada irá lhe faltar. Em última análise, sua profissão deve ser escolhida com base em alguns dos dons que contemplem a praticidade, a organização, a tenacidade e o amor ao belo, pois eles auxiliam na conquista do reconhecimento e na possibilidade de ser bem-sucedida na carreira.

Meio do Céu no signo de Gêmeos   MC ♊

Quando Gêmeos está localizado no Meio do Céu do horóscopo de uma pessoa, uma das mais importantes funções desse signo é a de lhe conferir meios para tornar-se bem-informada, para que possa se comunicar com qualidade, e um cenário que lhe ofereça diversos interesses. Como o Meio do Céu é responsável pelas questões relacionadas à carreira, quem tem Gêmeos no Meio do Céu chega aos seus objetivos profissionais usando a inteligência, a cultura adquirida, a rede de relações que foi tecendo ao longo da vida e sua habilidade em negociar. Além do mais, quando uma alternativa de trabalho fracassa, dispõe de mais uma gama de outras possibilidades, o que lhe permite variar profissionalmente com frequência. É um bom articulador e tem flexibilidade para circular por diversos caminhos, ainda que isso lhe custe dúvidas em relação à vocação. Enfim, sua profissão deve acolher alguns dos dons que envolvam lógica, comunicação, facilidade de promover intercâmbio cultural, flexibilidade e intermediação. Esses talentos concedem brilho à sua carreira e facilitam seu reconhecimento.

Meio do Céu no signo de Câncer   MC ♋

Ter Câncer no Meio do Céu significa, antes de tudo, desejar sucesso nos empreendimentos afetivos. De outro modo, sabendo-se de antemão que o Meio do Céu simboliza os assuntos relativos à carreira, quem tem Câncer no Meio do Céu atinge suas metas profissionais usando sensibilidade, imaginação, referências familiares e instinto de cuidar e educar, pois essas são qualidades referentes a este signo. Aliás, pela mesma razão, quando há instabilidade emocional, é provável que sua produtividade diminua ou não fique disponível. À exceção desses momentos, envolve-se com tudo e com todos, comprometendo-se a ampará-los. Por esse motivo, é alguém muito querido no ambiente de trabalho, apesar do seu humor variar com certa frequência. Em síntese, a escolha profissional deve contemplar alguns dos talentos que envolvam sensibilidade, imaginação fértil, assuntos relativos à educação, ligações com a família, crianças, adolescentes, patrimônio histórico ou memória cultural. Atendidas essas condições, é mais fácil alcançar o reconhecimento e o sucesso profissional.

Meio do Céu no signo de Leão   MC ♌

Quando Leão se encontra no Meio do Céu do horóscopo de uma pessoa, a responsabilidade deste signo é fornecer-lhe condições para realizar seu desejo de poder e alcançar sucesso nas suas realizações. Considerando que o Meio do Céu rege a carreira, quem nasce com Leão nessa posição alcança seus objetivos profissionais usando a criatividade, a capacidade de comando e seu magnetismo e brilho pessoais, pois esses são atributos típicos do signo em questão. A propósito, embora tenda a trabalhar centrado demais nos seus próprios interesses, paradoxalmente, a generosidade é uma virtude presente nas suas relações de trabalho. É um excelente líder e exerce o poder com pulso firme. Por isso, as pessoas lhe rendem homenagens e o têm como exemplo a ser seguido. Para finalizar, a escolha da profissão deve levar em consideração alguns dos dons que envolvam exposição, direção, inventividade, comando ou posições de destaque, pois esses talentos são imprescindíveis para alcançar seus objetivos, reconhecimento e sucesso profissionais.

Meio do Céu no signo de Virgem   MC ♍

A mais básica das atribuições do signo de Virgem quando ele se posiciona no Meio do Céu é pôr à disposição da pessoa forças para que atinja o máximo de perfeição em seus empreendimentos, que produza com qualidade e que, acima de tudo, seja útil para a sociedade. Sabendo-se *a priori* que o Meio do Céu se refere fundamentalmente aos assuntos da carreira, a pessoa nascida sob essa configuração atinge suas metas profissionais usando o discernimento, a discrição, a simplicidade, o senso de observação e selecionando interesses, pois essas são atribuições típicas do signo em questão. Além do mais, embora haja tendência a ser ansiosa e intolerante no trabalho, costuma tratá-lo com devoção. É uma pessoa especialmente dedicada ao que faz, prima pelo perfeccionismo e encara a rotina com disciplina e determinação. Aliás, só começa a trabalhar depois que tudo estiver em ordem no seu entorno. Sua profissão deve ser escolhida com base em alguns dos dons relacionados a senso crítico, poder de análise, organização, atividades administrativas, de repetição, que envolvam o contato com a natureza, saúde ou nutrição. Esses talentos facilitam as chances de conquistar reconhecimento, sucesso e realização profissionais.

Meio do Céu no signo de Libra   MC ♎

Ao se posicionar no Meio do Céu do mapa de uma pessoa, o signo de Libra recebe a incumbência de disponibilizar forças para ela construir bons relacionamentos ao longo da vida e realizar seus sonhos afetivos com harmonia, sejam eles de natureza romântica ou de caráter profissional. Considerando que o Meio do Céu personifica os assuntos relacionados à carreira, a pessoa nascida sob essa configuração realiza suas ambições de trabalho fazendo uso de diplomacia, boas parcerias e ponderação, atribuições típicas do signo de Libra. A propósito, ainda que seu jeito de trabalhar possa ser racional e, por conseguinte, frio, tenta manter o equilíbrio nas suas decisões profissionais, sempre visando favorecer os interesses das pessoas envolvidas. Tem temperança para produzir e evita desmesuras nas ações profissionais. No fim das contas, a profissão deve ser escolhida com base em alguns dos talentos que contemplem diplomacia, amor ao belo, artes, direito, justiça, bem comum e refinamento. Esses dons são responsáveis pelo bom êxito na carreira, no reconhecimento e no sentimento de plenitude profissional.

Meio do Céu no signo de Escorpião   MC ♏

Quando Escorpião está no Meio do Céu do horóscopo de uma pessoa, tal posição atribui a este signo, entre outras funções, a de ceder-lhe energia para que realize sua vontade de poder e para que seja capaz de regenerar o que possa ser atingido pelas destruições, sejam elas pessoais ou não. Atentando para o fato de que o Meio do Céu simboliza a carreira, a pessoa tem como recursos para atingir seus objetivos profissionalmente a tenacidade, o sangue-frio, as ações estratégicas e a paixão, atributos do signo em questão. Aliás, quem nasce com Escorpião no Meio do Céu é admirado pela capacidade de usar o poder de forma criativa, sendo agente de mudança por onde passa. Embora em certas situações possa perder o que construiu, recupera as forças e começa um novo ciclo, revigorado. Por fim, a profissão deve ser escolhida com o apoio de alguns dos dons que contemplem capacidade de planejamento, faro para as descobertas, espírito investigativo, apreço a mudanças e engenhosidade. Esses talentos o ajudam a alcançar reconhecimento, realização e sucesso profissionais.

Meio do Céu no signo de Sagitário   MC ♐

A mais importante das funções do signo de Sagitário no Meio do Céu é proporcionar condições para que a pessoa realize os voos planejados na sua mente, acumule cultura e possa conhecer terras distantes. Ciente da condição de que o Meio do Céu também incorpora, nas suas atribuições, questões relativas à carreira, quem nasceu sob essa influência alcança suas metas profissionais usando o conhecimento adquirido, estudando, viajando, falando outras línguas e tendo uma ampla visão dos assuntos de trabalho. Isso se justifica pelo fato de que tais qualidades são inerentes à personalidade do signo aqui abordado. A propósito, não aceita estagnação e, sempre que ela der sinais de proximidade, costuma partir para novas empreitadas profissionais. É provável que, por ser assim, passe por muitas insatisfações até encontrar seu verdadeiro caminho. É uma pessoa desbravadora e acredita no que faz. Enfim, sua profissão deve acolher alguns dos dons que contemplem atividades envolvidas com o campo do saber, com a justiça e as leis, com esportes, viagens ou magistério. Esses talentos atuam como aliados fiéis na conquista do sucesso e do reconhecimento profissionais.

Meio do Céu no signo de Capricórnio   MC ♑

Quando Capricórnio está no Meio do Céu, tal posição atribui a este signo, entre outras funções, a de ceder energia para que a pessoa realize suas ambições materiais, a vontade de poder e a construção de uma carreira sólida. Considerando que o Meio do Céu personifica as questões que envolvem a profissão, a pessoa nascida sob tal configuração realiza suas ambições usando perseverança e senso de dever, assumindo as responsabilidades que lhe cabem. Passo a passo realiza o que se determinou, e é provável que passe certo tempo para atingir uma posição profissional que o satisfaça plenamente. O rigor com que trata o trabalho o impede de fazê-lo de qualquer jeito, mesmo que isso lhe custe alguns sacrifícios. Ainda que possa ser impaciente, deve testar cada passo para se sentir seguro de um bom resultado no futuro. A disciplina também deve estar presente para organizar suas realizações. Sua vocação está relacionada às atividades que exijam o uso da razão e da capacidade de organização.

Meio do Céu no signo de Aquário   MC ≈

A mais básica das atribuições do signo de Aquário quando ele se posiciona no Meio do Céu é pôr à disposição da pessoa energias adequadas para poder realizar seus objetivos humanitários, para alcançar liberdade de espírito e autonomia para ir e vir. A pessoa nascida sob essa conformação astrológica atinge seus objetivos profissionais usando a criatividade intelectual, as redes de relacionamento, a relação com os amigos e a originalidade, atributos do signo aqui tratado. Além disso, é possível que, enquanto a maioria das pessoas siga numa direção, a sua seja justamente a contrária. As atividades que fogem do habitual a fascinam ou, pelo menos, o modo de realizá-las deve ser genuíno. Raramente aceita trabalhar sob pressão, pois prefere ouvir sua intuição e seguir seu próprio caminho a fazer o que os outros acham melhor para si. Concluindo, sua profissão deve estar pautada em alguns dos dons que contemplem o convívio com as pessoas, a inventividade, o espírito visionário, a propagação de ideias, a ciência e a criatividade intelectual. Esses talentos lhe conferem maior facilidade de ser bem-sucedida e reconhecida na sua carreira.

Meio do Céu no signo de Peixes   MC ♓

O fato de Peixes se posicionar no Meio do Céu do horóscopo de uma pessoa significa que suas ambições estão direcionadas aos sonhos românticos e a alcançar suas metas espirituais. Como o Meio do Céu personifica os assuntos relacionados à carreira, a pessoa nascida sob essa configuração tem mais chances de ser profissionalmente bem-sucedida usando a intuição, a mente imaginativa e um enigmático poder de sedução. De outro modo, ainda que seus sonhos profissionais estejam longe de onde pisam seus pés, o mundo concreto não a fascina; no mínimo, a inspira. Sabe quando deve sacrificar seus desejos pessoais em prol de ideais elevados. Em última análise, a escolha profissional deve contemplar alguns dos dons que se relacionem com intuição, compaixão, amor universal, artes em geral e atividades terapêuticas, talentos que a ajudam a atingir sucesso na carreira e o reconhecimento desejado.

CAPÍTULO 10
Planetas nas casas

SOL NAS CASAS

A casa em que se encontra o Sol é vivida com alegria, disposição e vigor. Nela há organização e vontade de realizá-la. A vida da pessoa gira em torno dos assuntos a ela relacionados, dando-lhe importância capital. É nesse setor que há chances de ela brilhar, ser única e obter sucesso.

Sol ☉ na casa 1

A tendência gerada pelo encontro entre o Sol e a casa 1 é amplificar a potência de ambos, pois, cada um à sua maneira, trata da individualidade e da criação de um estilo próprio de ser e de viver. Quem nasceu sob esse aspecto conquista com muita naturalidade a autonomia e desde muito cedo desenvolve uma personalidade forte e capaz de suportar as pressões da vida com dignidade. A matéria-prima usada para forjar tal comportamento é o desejo obstinado de ser alguém independente, dono de sua vontade e das decisões que irão desenhar seu destino. Assim como a Terra e os planetas giram em torno do Sol, o anseio de quem nasceu com essa posição é que tudo e todos girem em torno de si próprio. A propósito, costuma ser a personagem central das suas histórias e traduz o mundo de acordo com o seu próprio olhar. Sabe atrair as atenções para si e arrancar aplausos da plateia, atenta ao seu espetáculo.

Na contramão, devido à vaidade e ao narcisismo, quem nasce sob essa configuração precisa ser aceito e aprovado pelos outros e, portanto, sente-se inseguro quando criticado. Ainda assim, costuma reagir conduzido pelo orgulho, procurando ferrenhamente não expor tal fragilidade. Por não conseguir se sujeitar ao que contradita o seu desejo, costuma assumir de antemão as decisões, deixando claro a todos que sua liberdade vem em primeiro lugar. Por ser a casa 1, a área do mapa que trata da criação de um jeito próprio de ser, o Sol nessa posição concede confiança para afirmar sua singularidade, fazendo com que desde a infância o nascido com o Sol nessa posição confie mais em si do que nos outros e seja seguro do que quer para si. É só chegar para todos o notarem, tamanha é a luz emanada por essa figura imponente, forte e radiante. Não há dúvida, portanto, que esse tipo de personalidade colabora para que se torne imune às influências externas e às pressões familiares.

Mesmo sendo autocentrado, ou melhor, talvez por isso mesmo, uma outra tendência forte é a de ser altamente exigente consigo mesmo. Costuma não se perdoar quando falha, tendo dificuldade em admitir seus erros diante dos outros. É importante, no entanto, que preste atenção às necessidades alheias e às observações por elas apontadas. Para não ser tragado pela força da vaidade e do ego, é fundamental saber partilhar o palco com os outros, pois eles merecem espaço no seu universo luminoso. Quem nasceu com essa posição é como um "luzeiro" que, por onde passa, deixa um rastro de luz.

Sol ⊙ na casa 2

Nascer com o Sol na casa 2 significa ter a força e a luminosidade solares à disposição da produtividade, apresentando grandes chances de se sustentar e adquirir estabilidade econômica com seu próprio trabalho. O que está em jogo é prestigiar os talentos e, com confiança, cultivá-los para a obtenção de independência financeira. Dessa maneira, raramente lhe falta segurança em si para gerar seus próprios recursos, visto que o Sol é o astro que melhor representa o poder de afirmação e assertividade. Outra grande qualidade de quem nasce sob essa configuração é ter disciplina para organizar-se financeiramente. Ainda que aprecie consumir e viver bem, a consciência do valor das coisas aumenta o desejo de garantir reservas para os eventuais contratempos da vida profissional e econômica. Semelhante aos valores solares, o importante não é ter, mas saber usar com qualidade e conforto o que tem. Quando tem consciência do porquê dos seus gastos e para o que economiza, se sente bem mais confortável, se comparado às atitudes impulsivas ou desmedidas. Também é bastante exigente quanto à qualidade da produção de trabalho. Sabendo da importância do trabalho na obtenção de estabilidade material, é capaz de grandes esforços para fazer valer financeiramente seus dons e aproveitar bem as boas oportunidades.

Por ser a segunda casa astrológica símbolo da fecundidade física e dos valores estáveis, é possível que a pessoa nascida sob essa configuração apresente possessividade. No entanto, esse aspecto da personalidade dificilmente é exposto pelo fato de a pessoa não querer mostrar a fragilidade decorrente do apego, do ciúme e de desejar mais para si. O domínio de tais sentimentos pode evitar sérios danos em muitas áreas de sua vida. É preciso identificá-los e tentar administrá-los, para poder dar o real valor àquilo que tem sem precisar sofrer com a ameaça de perder o que tanto estima.

Sol ☉ na casa 3

O Sol na casa 3 produz criatividade intelectual, fluidez no aprendizado e confiança adquirida pela instrução. Quanto mais a pessoa tiver acesso ao conhecimento, mais se sente segura de si e, por essa razão, mantém os olhos e os ouvidos bem abertos para toda sorte de informações, tanto do seu interesse, quanto de interesse público. Qualquer comentário, uma conversa jogada fora ou um evento aparentemente trivial pode se transformar numa descoberta interessante, pois o potencial criativo extrai de tais situações muitas ideias e um aprendizado muito valioso. Isso tudo porque o Sol é um doador de vida, e nessa posição sua função se destina à comunicação e ao conhecimento. Há criatividade no modo de pensar e habilidade para se comunicar bem. Por isso, é natural que atraia as atenções para si quando expõe suas ideias ou quando deixa claro que domina uma variedade enorme de assuntos.

Na maioria dos casos, suas opiniões têm forte impacto à sua volta, e poucas vezes aceita críticas. Aliás, o orgulho e a vaidade, qualidades associadas ao simbolismo solar, aparecem exatamente nas competências intelectuais. O medo da crítica pode ocultar o poder de escuta e a capacidade de negociação, talentos de inestimável valor para quem gosta de lidar com os meios de comunicação. Quando tomado por insegurança, quem nasce sob essa configuração pode reagir impondo suas opiniões, acreditando que sejam melhores do que as dos outros. Ademais, o que verdadeiramente importa é o significado das coisas, o que dá margem a constante criação intelectual.

Outra característica dessa posição é a importância da liberdade de expressão e da autonomia de ir e vir. As ideias devem ser expressas a qualquer custo, mesmo que em certas situações seja difícil. Também é importante acrescentar o fato de a sua curiosidade mantê-lo em constante busca de informação e torná-lo um eterno aprendiz. Por isso, há multiplicidade, diversidade de interesses e, pelos movimentos da vida, é levado a mudar invariavelmente seus objetivos. Não há paradeiro, não há lugar onde fixe suas raízes. Tudo pode ser interessante a qualquer momento, em qualquer situação, pois seu poder de adaptação permite.

Sol ⊙ na casa 4

Regida pela Lua, a casa 4 está associada às emoções, ao passado e à família, e o Sol dá vida, organiza e faz a pessoa se sentir confiante. Portanto, o papel do Sol nesta casa é manter viva a memória, organizar as lembranças e gerar segurança na pessoa, levando em conta as marcas deixadas pela influência da família no seu modo de ser e de ver o mundo. No seu íntimo são guardadas impressões que aprecia partilhar com pessoas do seu círculo de relações próximas. Visto que a sensibilidade é abundante e as relações afetivas são as que trazem sentido à vida, são elas as responsáveis por iluminar sua jornada pessoal, servindo como refúgio nos momentos difíceis, aquecendo sua alma sensível. Por ser suscetível e se deixar afetar pelo impacto dos encontros, as pressões emocionais são frequentes. Os sentimentos, conservados cautelosamente em local livre de perigo, podem emergir quando houver mal-estar nos seus relacionamentos, quando o clima fica pesado e sempre que se sentir desamparado. O bom resultado disso é manter contato frequente com tais sentimentos, ter consciência da potência dos seus humores e se transformar num excelente crítico dos seus padrões de comportamento emocional.

As referências trazidas da relação com o núcleo familiar costumam ser o eixo em torno do qual sua individualidade é construída. Vínculos profundos costumam ser criados, ainda que possa ter havido dificuldades, conflitos e até mesmo desamparo no seu histórico familiar. A necessidade, portanto, de estar vinculado a relações de afetividade é condição da possibilidade de ser feliz. Entretanto, para isso ser viável é preciso encontrar no íntimo de si mesmo um modelo próprio de dinâmica relacional, a despeito de ter sido criado em ambiente tranquilo ou tumultuado. Entretanto, se o nascido sob essa configuração tiver crescido inseguro no seio familiar, mais do que nunca precisa desenvolver uma trajetória pessoal e singular. Só assim será capaz de obter estabilidade para construir um cenário saudável que lhe sirva como terra fértil para cultivar com segurança suas sementes afetivas. A tentativa de corresponder às expectativas dos pais pode ser um fator determinante de inibição da criatividade e da consequente obtenção de uma personalidade singular. No entanto, é necessário estar ciente de que negar todos os exemplos e tentar fazer exatamente o contrário também prejudica esse processo. Quando se sentir seguro para usufruir suas referências afetivas com tranquilidade, será capaz de construir elos afetivos que saudavelmente nutrem sua alma.

Sol ☉ na casa 5

A estrela em torno da qual giramos é o astro regente dessa casa, abrigo do amor e das paixões. Neste aspecto a marca mais evidente é a de proporcionar criatividade, não necessariamente artística, mas, invariavelmente, na manifestação dos talentos. Quem nasceu com tal posição tem um forte desejo de se sentir único e, para tanto, precisa acreditar em si e estar seguro da sua diferença. Essas condições lhe servem como desafio, pois sua exigência é tanta que eventualmente interfere na autocrítica a ponto de se sentir incapaz de realizar o que lhe seria absolutamente natural. O outro lado da moeda é transformar a vaidade num perigoso adversário. Aliada ao inimigo, a autoestima deixa de ser razoável e a pessoa perde a autocrítica. Entretanto, se a vaidade for posta a serviço da criatividade, a pessoa com o Sol na casa 5 pode produzir com qualidade e deixar as marcas da sua singularidade.

Com o Sol nessa casa, tudo é vivido com enorme intensidade e, apesar de se carregar o ônus de tal vigor, é preciso se sentir vivo e participar ativamente da sua própria jornada pessoal.

Como a casa 5 também trata do amor e das paixões, invariavelmente, as relações amorosas e a experiência a elas relacionadas desenham o caminho que conduz quem nasceu sob essa configuração a tomar consciência de si mesmo. Por um lado, o amor pode ser vivido como uma bênção, ou, por outro, como uma experiência dolorosa, quando há excesso e perda de controle sobre si. Não obstante, todo esse manancial de experiências o leva a uma maior reflexão da vida afetiva e ao entendimento de que o amor pode tanto trazer tormenta emocional quanto felicidade. Tal perspectiva o ajuda a canalizar os sentimentos, de modo a aliviar as angústias geradas por um temperamento intenso e demasiadamente apaixonado.

Sol ☉ na casa 6

Sendo o Sol o eixo em torno do qual a Terra gira, nascer com ele na casa astrológica que trata do trabalho é fazer a vida girar em torno da produtividade, ocupando-se sempre com algo útil para conferir um significado digno à existência. Por isso, a tendência de quem nasce sob essa configuração é entregar-se de corpo e alma ao trabalho, desde as atividades mais simples do cotidiano até os empreendimentos mais elaborados que qualificam a carreira. Excetuando-se poucos casos, a pessoa é extremamente crítica em relação à qualidade de sua produção, comportamento visível no jeito como lida com seus erros, que são tratados com irritação e intolerância, apesar de, imediatamente, se tomar providências para corrigi-los.

A cadência repetitiva do cotidiano é bem-vinda para sentir-se organizado e produzir com mais eficiência e qualidade. Entretanto, a acomodação não faz parte do seu perfil, motivo pelo qual tende a escolher atividades que desafiem a sua criatividade. A casa que acolhe o Sol também recepciona o calor e a vitalidade a ele associados. Portanto, trabalhar é, para essa pessoa, uma atividade vital, intensa e responsável pelo desenvolvimento da sua individualidade. No entanto, quando o trabalho passa a ser o único foco de suas atenções e o estresse do dia a dia se torna excessivo, a saúde pode ficar abalada, obrigando-a a encontrar um novo modo de organizar suas atividades e devolver-lhe o bem-estar. Pois, então, é fundamental que respeite os limites físicos e que procure viver de modo agradável. A pessoa deve manter uma qualidade de vida compatível com seu trabalho e afazeres diários, o que, em muitos casos, só é feito quando está enfraquecida ou com a saúde prejudicada.

Por ser rigorosa quando o assunto é disciplina, é preferível ter autonomia profissional a se sujeitar a ordens superiores e pressões externas. No caso das pessoas que devem se reportar aos superiores, a saída é ocupar posições em que suas decisões sejam bem-acolhidas e respeitadas. A propósito, quem nasce com o Sol na casa 6 costuma criar um estilo de vida baseado na sua experiência pessoal, nos erros e acertos cometidos e nas soluções bem-sucedidas, não se submetendo à interferência das críticas alheias. A confiança que o Sol confere a tudo que a pessoa faz colabora imensamente para a expressão da sua criatividade no trabalho. Inclusive, nos momentos mais difíceis, quando os problemas parecem insolúveis, algo surge e, sem ajuda, encontra o caminho que a conduz às soluções.

Sol ☉ na casa 7

Enquanto o Sol representa a individualidade, a sétima casa simboliza as parcerias e a experiência conjugal. Por essa razão, o resultado produzido por essa posição é, no mínimo, diferente do convencional, quando não paradoxal. Se a individualidade entra em cena, os relacionamentos ficam nos bastidores, à espera da sua vez de atuar, e quando ocupam o palco, é a vez de a vida pessoal ceder lugar e sair do foco das atenções. Esse movimento pendular de atenções é capaz de produzir no fim do espetáculo um produto de excelente qualidade, devido à boa atuação de ambos, ou seja, a vontade própria é respeitada do mesmo modo que é acolhido o desejo do outro. É evidente que criar essa dinâmica no que diz respeito às relações, principalmente a dois, não é fácil para ninguém. Sendo o Sol o astro central do nosso sistema planetário, a tendência é que a vida gire em torno das suas relações, e o outro pode se transformar exclusivamente no foco dos seus interesses. Apesar de conferir ao nascido com o Sol na casa 7 uma habilidade ímpar para lidar com o jeito de ser e de viver dos outros, uma atitude como essa pode prejudicar suas decisões quando entende que agradá-los é a única forma de manter o bem-estar de um relacionamento. Não obstante, considera o relacionamento uma experiência vital para fazer jus à existência. Dessa maneira, tais experiências inevitavelmente lhe concedem um melhor conhecimento de si mesmo, e se souber aproveitar bem essa tendência, pode evitar dependências desnecessárias.

Além de todos os benefícios que pode extrair da experiência amorosa ou de associações, seus parceiros também são favorecidos. Quem nasce sob essa configuração costuma ter disponibilidade para ajudar e melhorar a vida dos seus companheiros, sejam amorosos, sejam profissionais. Entretanto, muitos dos que possuem tais aspectos no seu mapa de nascimento, quando inseguros, procuram pessoas fortes e dominadoras para se relacionar, reafirmando a tendência anteriormente referida de dependência emocional. Tal dinâmica amplia as chances de aprender como se impor diante do outro e como ser respeitado, pois somente assim consegue manter um relacionamento saudável e bom para os dois.

Sol ☉ na casa 8

Essa posição carrega uma contradição, já que o Sol é símbolo da vida, enquanto a casa 8 representa a finitude das coisas. Nascer com essa posição astrológica é estar submetido a transformações de toda ordem, principalmente as que agem nas profundezas, onde se escondem os medos decorrentes da consciência inexorável do fim de tudo. Tais transformações demandam uma enorme quantidade de energia, sejam mudanças provenientes do seu próprio desejo, sejam devido a circunstâncias alheias à sua vontade.

Tal modo de viver resulta em alguém capaz de se desapegar do que não serve à individualidade e de se transformar, depois do impacto das perdas, em alguém irreconhecível, renovado e pronto para uma nova forma de ser e de olhar a vida.

Todavia, ao atravessar os maus momentos, quem está sujeito a sofrimento e dor pode presenciar a erupção de coisas inconfessáveis ou reprimidas. É evidente que a expulsão provoca alívio e espaço para a criação de recursos atualizados e em consonância com o desejo de se constituir um *eu*. Ainda assim, sempre é necessário algum tempo para repor as energias perdidas no processo e fazer nascer das cinzas o novo ser.

As potencialidades psíquicas são frequentemente acionadas e a pessoa deixa sair todo o calor interno, tanto aquele que apazigua, quanto o que atormenta sua alma. O Sol nessa casa ilumina a escuridão, transformando a consciência, mudando os valores, como um cirurgião, que corta para salvar. O difícil é conviver com as pressões internas, pois os sentimentos são intensos e as angústias, às vezes, insuportáveis, apesar de serem os responsáveis pelas mudanças mais profundas da vida.

A acomodação decorrente do medo de se confrontar com o que urge ser mudado pode resultar numa existência carente de significado interior. Quando isso chega a acontecer, há negação de si mesmo, podendo ser autodestrutivo. A perspectiva de uma nova vida é capaz de alimentar invariavelmente o desejo de mudança e a consequente construção de um ser em estado de constante transformação.

Sol ☉ na casa 9

O Sol é regente de Leão, um signo de Fogo, e a casa 9 está associada a Sagitário, também do mesmo elemento. Essa combinação potencializa, portanto, as funções de ambos, como a liberdade, a autonomia e a afirmação da individualidade. Como a casa 9 abriga especificamente as experiências envolvidas com o conhecimento, este é o seu mais poderoso recurso para o desenvolvimento de um jeito singular de ser e de ver o mundo. Já que o foco central da vida está intimamente relacionado com o saber, como viajar ou estudar, quem nasce sob essa configuração é estimulado a buscar luz em territórios desconhecidos. Por conta disso, os horizontes se abrem, ampliando a visão e levando-o para bem distante das coisas que estão ao alcance de suas mãos. Para tal pessoa não existem linhas divisórias impossíveis de serem ultrapassadas, sejam geográficas, intelectuais ou espirituais. A vontade de descobrir mundos distantes a incentiva a derrubar as barreiras que a separam das pessoas e de culturas diferentes da sua. Via de regra, é bem-recebida e se adapta facilmente quando está distante de suas raízes e referências familiares. Também costuma ter bom desempenho nos estudos, aproveitando bem as pesquisas e mantendo vivos seus interesses intelectuais, mesmo sob condições desfavoráveis.

Em compensação, o fato de sonhar alto lhe custa o desconforto do desencantamento ao atingir suas metas, quando sua vontade de renovação é acionada, deflacionando a conquista e deixando, portanto, de usufruir seus benefícios. Invariavelmente, os passos à frente são mais interessantes do que as etapas a cumprir do presente. Uma boa tática para alcançar seus objetivos com mais tranquilidade é subdividir uma grande meta em pequenos alvos, evitando a ansiedade. A insatisfação faz com que nada esteja tão bom quanto gostaria, produzindo incansável procura pelo ideal. O resultado não poderia ser outro senão a frustração quando posta diante da realidade.

Com essa posição sempre é bom investir nos estudos, pois estes lhe servem como poderoso passaporte para alcançar seus objetivos. A propósito, não só os estudos, mas também as viagens abrem seus horizontes, pois toda e qualquer experiência na vida deve ter amplitude, seja geográfica, cultural, mental ou espiritual. Algumas pessoas com o Sol na casa 9 são como viajantes sem paradeiro, outras, como filósofos que encontram prazer simplesmente no ato de pensar.

Sol ☉ na casa 10

Esta posição indica que, na hora do nascimento, o Sol estava próximo ao meridiano, acima da cabeça, exercendo ao máximo seu poder de iluminação. Desse modo, os que possuem esta configuração astrológica tentam exercer seus potenciais ao extremo e procuram brilhar através da sua criatividade, imprimindo em tudo que fazem a marca da sua singularidade. Essa combinação é responsável pela influência das características solares na vida da pessoa, como a confiança em si mesma, o reconhecimento da sua presença onde quer que esteja e poder agir de acordo com o que crê ser melhor para si.

A inevitável associação com a posição central do Sol implica em trazer para a interpretação também o fato de se tornar facilmente o centro das atenções, principalmente se o foco estiver direcionado para o seu desempenho profissional. Quem nasce sob essa configuração é agraciado com algumas facilidades que, sem sombra de dúvida, colaboram para ser bem-sucedido na sua escalada profissional. Todavia, aproveitar essa bênção é a parte que lhe cabe, sendo esta a condição de possibilidade para obter um bom resultado. Ainda assim, não há coincidências quando se trata das escolhas feitas, que tendem a conter potencial suficiente para que seja bem-sucedido nos seus empreendimentos.

Outro aspecto desse posicionamento astrológico é preferir gerenciar seu destino com as próprias mãos, particularmente quando se relaciona aos assuntos da carreira. Ainda assim, submeter-se a ordens é experiência difícil de ser administrada e, por isso, é melhor assumir cargos nos quais possa assumir posições de comando ou escolher profissões isentas de hierarquias. Essa é a melhor maneira para produzir com qualidade, com redução de conflitos e maiores chances de ser bem-sucedido.

O foco em torno do qual gira seus interesses tem relação com a carreira, assunto tratado nas interpretações relativas à casa 10. Todavia, o grau de exigência em relação à qualidade do seu trabalho pode chegar a extremos tais que o desencoraje a se expor. Evidentemente, se for esse o caso, as oportunidades são perdidas e as chances dadas pela vida não chegam a ser aproveitadas.

Essa casa também está relacionada ao simbolismo do signo de Capricórnio e de seu regente, Saturno, que representam as realizações palpáveis, frutos da infatigável determinação, do senso de dever e de responsabilidade. É o esforço daqueles que tentam exaustivamente superar a si mesmos e suas limitações. Subir a montanha da vida, resistir às intempéries, ultrapassar todas as barreiras, esta é a função determinada para aqueles que nasceram com o Sol nessa posição.

Sol ☉ na casa 11

Semelhante ao signo de Aquário, a casa 11 está relacionada com a coletividade, com a amizade e com os ideais sociais. O Sol rege o signo oposto, Leão, responsável pela constituição da individualidade e pelo reconhecimento de que somos únicos. O resultado da associação entre o Sol e a casa 11 resulta, portanto, num olhar fora do comum, tanto no que tange às experiências gregárias, quanto ao processo de criação de um jeito singular de ser. Explicando melhor, constituir-se um *eu* é produto de experiências sociais e tornar-se um ser social implica em reconhecer o valor de sua singularidade. Todavia, destacam-se nessa configuração a sensibilidade da pessoa às questões alheias e o fato de a vida dela girar em torno do encontro com as pessoas, das amizades e da participação na coletividade (assim como ocorre com o Sol e os planetas), ainda que isto seja feito por intermédio de pequenas ações.

O sentido de individualidade se dilui nos grupos e as experiências adquiridas através do relacionamento com as pessoas são a condição para o encontro consigo mesmo e a construção de um jeito próprio de ser no mundo. Ademais, a vida adquire valor quando é o porta-voz dos anseios coletivos. Aliás, suas realizações pessoais tendem a ser uma fonte de luz para quem vive na obscuridade e vê o nascido com o Sol na casa 11 como um exemplo de vida a ser seguido. A humilhação e as injustiças decorrentes de situações sociais desfavorecidas devem tocá-lo de forma pessoal, muitas vezes tomando as causas dos outros como suas.

Além desses valores, também está associada a essa posição a capacidade de visualizar as possibilidades futuras, pois são como holofotes que iluminam o percurso a ser percorrido. Da mesma maneira, seu desenvolvimento pessoal está diretamente relacionado ao contato feito com as pessoas, com o sair de casa e vivenciar os fatos da atualidade, pois, só assim, consegue seguir adiante com a missão de colaborar para a construção de um mundo melhor para se viver.

Sol ☉ na casa 12

O Sol na casa 12 produz vontade de se recolher, já que uma das funções do Sol nessa casa é dirigir seus holofotes para as sombras que habitam as profundezas da alma. Assim, para tornar tal coisa possível, a pessoa precisa mergulhar dentro de si mesma e, ainda que assustada, deve garimpar até a exaustão os sentimentos guardados a sete chaves, sentimentos muitas vezes inconfessáveis, mas altamente potentes para alertar sobre a sua profundidade. Tais descobertas são responsáveis pela criação de uma individualidade segura, o que, sem tal busca, raramente poderia acontecer. A pessoa com o Sol em tal posição nasceu próximo da aurora, quando a noite se despediu e o dia amanheceu. Essa configuração astronômica pode ser comparada à figura do eremita quando os raios de Sol iluminam a caverna escura da qual fez sua morada. À semelhança da posição central do Sol, sua vida gira em torno da sua interioridade. A vida é regida pelo interesse no misterioso e pelos segredos, tanto os que ela produz quanto os que lhe despertam a curiosidade e dizem respeito a outras pessoas.

Sua sensibilidade é suficiente para perceber quando algo ocorre nos bastidores, mesmo quando tentam lhe ocultar. Esse modo de ser confere ao nascido sob essa configuração grandes amigos, mas também muitos desafetos. Evidentemente, é preciso "pedir licença" para vasculhar os porões e sótãos alheios. Se for hábil, será capaz de inspirar confiança nas pessoas, de maneira que desabafem com ele. Em contrapartida, como um sobrevivente numa ilha deserta, deve contar exclusivamente consigo mesmo, extraindo forças de dentro de si. As experiências místicas, metafísicas ou as associadas à inspiração revelam o seu próprio valor, tornando-o dono de sua própria vontade.

Ter o Sol na casa 12 sugere uma vida mergulhada no mundo da imaginação e a possibilidade de lidar com o imponderável. Muitas vezes, a pessoa se sentirá tragada por seus fantasmas, perdendo seus referenciais pessoais. Nesse caso, a reorganização interna se faz extremamente necessária e a concentração nas atividades simples do cotidiano pode ajudá-la imensamente a encontrar de novo a si mesma e a resgatar seu bem-estar espiritual.

LUA NAS CASAS

A casa na qual se encontra a Lua é o lugar em que a pessoa experimenta sua afetividade, está sujeita às influências familiares e constrói as bases para sua estabilidade emocional futura. A realização dos assuntos nela tratados garante bem-estar, conforto e bom relacionamento íntimo com as pessoas.

Lua ☾ na casa 1

Essa posição tem considerável relevo afetivo, já que tanto a Lua quanto a casa 1 têm em comum as experiências vividas na infância e dizem respeito à formação da base afetiva que sustenta a pessoa na maturidade. Enquanto a casa 1 se relaciona com a construção da individualidade, a Lua é responsável pelo lastro emocional formado pela relação com a família. Portanto, tê-la nessa casa significa ser marcado desde pequeno pela necessidade de proteção e pelo impacto das experiências de afetividade sobre sua forma de ser e de ver o mundo.

Aliás, a importância que o nascido sob essa configuração dá à afetividade confere-lhe empatia, charme e sensibilidade. Da mesma forma, deixa-se afetar em alto grau pelas rejeições e, à semelhança do comportamento lunar com seus ciclos crescentes e minguantes, está sujeito às oscilações emocionais. Sendo sensível e facilmente excitável, seu comportamento varia conforme o humor e, como um espelho, reflete a realidade exterior, de maneira que costuma ser influenciado pelas relações de afeto que deixam referências fundamentais na construção da sua individualidade.

Sendo a casa 1 a área da vida em que habitam as vaidades, a Lua as intensifica, deflagrando, muitas vezes, comportamentos narcísicos e até mesmo infantis. De outro modo, desde muito cedo se vê às voltas com sua sensibilidade e com um profundo desejo de ser reconhecido, acolhido e amado. Via de regra, essas tendências deflagram a habilidade de cuidar dos outros, de acolhê-los e amá-los.

Devido ainda à sua sensibilidade, quem nasce com a Lua na casa 1 pode ser comparado a um arquivo de registros emocionais e à memória de muita gente próxima. Se alguém quiser relembrar fatos do passado é só perguntar para quem nasceu sob essa configuração, e um novelo de histórias é desfiado, tecendo novamente a realidade vivida em outros tempos.

A suscetibilidade às rejeições também produz um exílio, já que se sente mais protegido e corre menos riscos de sofrer. Aprender a cuidar de si é um caminho de enorme potência no que se refere à obtenção de estabilidade e confiança em si mesmo. Em vez de ficar exclusivamente fechado na couraça que construiu, obtém segurança emocional. Desse modo, a intimidade dos relacionamentos adquire forma e vem à tona o ser sensível às emoções e capaz de se relacionar com profundidade sem perder-se de si mesmo.

Lua ☾ na casa 2

O encontro entre a Lua — astro associado ao feminino — e a casa 2 — posses e recursos materiais — é uma combinação fértil. Em vista disso, nascer com tal configuração é ser dotado de sensibilidade para lidar com investimentos e oportunidades financeiras. Esse aspecto indica também o bom aproveitamento das referências do passado, principalmente o exemplo extraído do modo como a família se relacionou com o dinheiro e os valores a ele associados. A Lua nessa posição produz a necessidade de sentir-se seguro materialmente, apesar de ficar sujeito a problemas financeiros quando as atribulações emocionais afetam a administração dos recursos e a produtividade no trabalho. Assim como a forma da Lua varia em suas fases, a área material de quem nasceu com tal posição também oscila entre os momentos crescentes e minguantes. A instabilidade pode ser resultado do pêndulo emocional, ora conseguindo guardar, ora gastando além dos limites.

Os desequilíbrios emocionais podem vir à tona sob forma de compulsões, excesso de gastos ou insatisfação material, gerando culpa. O certo é que o consumo em si não supre seus verdadeiros desejos de afetividade.

Nessa área, a sensibilidade lunar deixa bem distante a objetividade, através da qual se constrói uma boa organização financeira, levando a pessoa a substituir a praticidade pela intuição. Mas tal talento também está condicionado, como anteriormente referido, à estabilidade emocional. Quando afetado por situações estressantes, principalmente as de caráter pessoal, sua sensibilidade fica comprometida. A propósito, uma boa maneira de lidar com os talentos simbolicamente associados à Lua, como imaginação, intuição, memória e inteligência emocional, é investir numa profissão que os valorize. Quando explora profissionalmente essas aptidões, é capaz de produzir um trabalho rentável.

Além disso, o importante não é apenas produzir dinheiro para si, mas, principalmente, poder sustentar ou presentear as pessoas com as quais está intimamente envolvido. Se elas estiverem seguras financeiramente, seu bem-estar também está assegurado.

Lua ☾ na casa 3

A terceira casa está associada ao desenvolvimento da inteligência e ao interesse pelos estudos e pelas viagens, enquanto a Lua trata das "marés" emocionais. Essa posição indica que o aprendizado se dá na razão direta do envolvimento afetivo. Semelhante à variação das fases lunares, a curiosidade oscila sob o comando do pêndulo emocional. Tanto a Lua quanto a casa 3 têm natureza mutável, por conseguinte, os interesses mudam, os sentimentos se adaptam, são moldáveis e instáveis. Não obstante, a pessoa tende a se envolver emocionalmente com encontros circunstanciais ou com acontecimentos corriqueiros, afirmando sua flexibilidade e poder de adaptação. Qualquer tipo de informação, todo e qualquer encontro, tem algo a acrescentar. O importante é aproximar-se das pessoas, circular e trocar, pois essas experiências são nutritivas e alimentam a alma de quem tem sede de informação. Quanto à habilidade de se comunicar, a Lua proporciona nesta casa uma sensibilidade afetiva ímpar para conduzir discussões e compreender o modo de pensar dos outros, já que é nos encontros que se expressa melhor, mostrando a importância da relação entre a linguagem e os sentimentos. Portanto, mesmo tendo contato com as mais diferentes pessoas, quem nasce com a Lua na casa 3 se sente mais envolvido com aquelas que são comunicativas, curiosas e inteligentes.

Além disso, é questionador, curioso, acolhe bem opiniões diversas das suas e costuma ouvir quando os outros falam. Essa maneira de estabelecer relações desenvolve a habilidade de aproximar as pessoas umas das outras, de ensinar e ter amor pelo conhecimento. Apesar disso, a multiplicidade à qual está sujeito gera dispersão, desorganização ou falta de objetividade. No entanto, nas atividades intelectuais pode ter atenção, desde que haja algum tipo de envolvimento emocional com o assunto em foco. Quanto mais se sentir seguro afetivamente, melhor desempenho alcança nos estudos e mais facilmente se adapta ao ambiente que o cerca. Mas isso não costuma durar muito tempo, pois suas atenções logo mudam de direção, sendo atraído por novos lugares ou campos do saber.

Lua ☾ na casa 4

A quarta casa astrológica é naturalmente regida pela Lua, astro feminino, ligado aos sentimentos e às emoções. Por estarem intimamente relacionadas, qualidades como intuição, introspeção e toda sorte de sensações envolvidas nas relações familiares são intensificadas. Assim como a Lua reflete a luz solar, quem nasceu com esse aspecto experimenta tudo com enorme sensibilidade e é facilmente afetado pelos acontecimentos familiares, além de ser capaz de criar um clima acolhedor em situações de pouca intimidade quando a intenção é relacionar-se mais profundamente. Por ser introspectivo e resguardado, pode construir um mundo à parte, no qual só ingressa quem conquistar sua confiança.

Com a necessidade de viver em ambiente acolhedor, a tendência é preferir estar mais em casa a ter uma vida social ativa. Quando esta o atrai, o mais confortável é abrir as portas de casa para os amigos mais próximos e recebê-los como membros da própria família.

Tanto a casa 4 quanto a Lua estão simbolicamente associadas às raízes, transformando essa combinação num cenário extremamente favorável para a construção de um celeiro de memórias do passado. Tanto as riquezas quanto os problemas emocionais extraem desse depósito de provisões subjetivas a matéria-prima da qual são constituídos. As experiências passadas são, portanto, decisivas para a construção de relacionamentos sólidos ou conflitivos. É evidente que essa tendência é comum à maioria das pessoas, mas para quem nasceu com essa configuração o mundo externo pouco influencia a atualização do já transcorrido, ficando a cargo exclusivamente do desejo de cortar os cordões umbilicais que o impedem de crescer. Para aproveitar essa tendência, os referenciais disponíveis devem ser transformados para se adequarem ao presente, evitando a repetição dos modelos outrora engessados. Assim, se sente capaz de criar sua própria matriz emocional, aquecendo sua casa e sua família com a afetividade e a dedicação que lhe são inerentes.

Lua ☾ na casa 5

A quinta casa astrológica está associada à afetividade e às paixões. Simboliza o entusiasmo, a vontade de viver e de ser feliz. A Lua nessa posição ilumina suavemente com sua luz indireta as emoções representadas por essa casa. O amor é embalado pela fantasia e as experiências amorosas são marcadas pela intensidade com que a pessoa se entrega emocionalmente. Sempre que o coração é afetado, uma fantasia é criada, e, a cada frustração afetiva, um sonho morre. Desse modo, viver com tal posição é ser profundamente afetado pelas coisas do amor; ou seja, a pessoa se envolve facilmente, mesmo que o objeto do desejo não seja alguém e sim outra paixão qualquer.

A criatividade, também associada à casa 5, revela-se abundante quanto mais a pessoa é segura da sua singularidade. Reconhecer seu genuíno valor também pode despertar o ser criativo adormecido nos braços do passado. A Lua na casa 5 acentua a sensibilidade poética, o desejo pelo palco e a necessidade de atrair as atenções para si. Há mais segurança numa atmosfera criativa, em que há alegria ou na qual reina a paixão.

Visto que a Lua se associa às lembranças e marcas do passado, a autoestima e o amor estão condicionados à forma como as experiências emocionais e a relação com a família foram vividas. Tais referências devem servir como matéria-prima para a construção de um modo próprio de amar e querer ser amado. Assim, a própria criação dos filhos tem como base as experiências passadas, mas remodeladas para o seu jeito atualizado de ser e de olhar o mundo.

A estabilidade emocional e a confiança no seu potencial amoroso fornecem poderosos recursos para conquistar um espaço próprio, no qual pode encenar o que emana da alma sem constrangimentos ou aflições emocionais. Sentir-se apto para amar é sinal de que foi, primeiro, capaz de cuidar de si, de acolher seus mais íntimos desejos, afirmando sua sensibilidade. De posse dos seus sentimentos, torna-se profundamente atraente, pois é portador de uma irresistível e delicada luminosidade.

Lua ☾ na casa 6

Ter a Lua, astro feminino e sensível, na casa 6, em que o assunto é trabalho e qualidade de vida, é estar sujeito a se envolver profundamente com as mais corriqueiras tarefas do dia a dia e ao estresse das pressões cotidianas. Para a pessoa nascida sob essa configuração é fundamental haver intimidade no ambiente de trabalho ou mesmo com as pessoas que trabalham para ela. Diga-se de passagem, deve organizar seus afazeres de forma confortável, se possível sem tensões e conflitos emocionais. Como uma pessoa sensível não consegue evitar tais transtornos, a saída é trabalhar em um local em que se sinta à vontade emocionalmente e possa se relacionar com o mínimo de intimidade com as pessoas, sem prejudicar o profissionalismo, seja o seu, seja o dos outros.

Com a presença de um astro sensível numa área reconhecidamente regrada, dificilmente pode-se exigir uma disciplina rigorosa nem uma organização radical. A rotina com seu aspecto duro da realidade recebe com ressalvas esse astro tradicionalmente avesso a horários e regras rígidas. Em contrapartida, se tiver à volta gente querida e uma atmosfera de intimidade, adapta-se surpreendentemente às repetições naturais da rotina. Onde a Lua se encontra há um espírito familiar, um clima de afetividade e, na direção oposta, muita carência. Portanto, se o ambiente de trabalho for um ambiente hostil, perde facilmente o interesse e pode mergulhar nas águas profundas do sentimento de desamparo. Como a casa 6 também trata da saúde, tal condição psíquica pode deixar a pessoa fisicamente doente. Isso nos leva a compreender que essa posição diz respeito à estreita relação existente entre o estado emocional da pessoa e o seu bem-estar físico. Também é comum que as indisposições afetivas produzam somatização, o que serve como alerta para melhorar a qualidade dos seus relacionamentos.

Além disso, quem nasceu com tal configuração trabalha bem quando explora suas qualidades sensíveis, sua capacidade de cuidar dos outros ou aproveitando o dom da imaginação, já que a Lua tem a ver com tais talentos. Profissões que valorizem essas características são bem-vindas e servem como terra fértil para o cultivo de suas melhores sementes.

Lua ☾ na casa 7

O astro relacionado ao feminino, combinado com a casa que simboliza o casamento e associações, resulta num laboratório de experiências emocionais de imensurável riqueza. Do mesmo modo como a Lua muda de forma no transcorrer do ciclo mensal, relacionar-se também é sujeitar-se às oscilações emocionais geradas a partir dos encontros. O fato é que a pessoa tende a ser altamente suscetível ao estado de humor do parceiro. Uma das consequências complicadas dessa sensibilidade é misturar sentimentos, não sendo capaz de distinguir o que é seu do que é do outro. A propósito, quem nasce sob essa configuração tende a agir em consonância com a demanda emocional do outro, fundindo-se com as emoções dele. A contrapartida é ter habilidade ao se relacionar com o desejo do parceiro, acolhendo-o e, na grande maioria das vezes, protegendo-o. Por dispor de tal habilidade, quando o outro também é sensível, ambos aprendem a cuidar um do outro, sendo capazes de construir e manter uma parceria sólida e profunda.

A pessoa nascida com esse aspecto necessita de um relacionamento calcado na intimidade, no afeto e na confiança. Desse modo, a tendência é ser atraído por pessoas afetuosas e que valorizem a segurança. Em alguns casos, também se vê a atração por um parceiro frágil e carente de afetividade, terreno fértil para quem gosta de cuidar. O caso é que, quando há essa tendência, provavelmente, a pessoa também é insegura emocionalmente e, ao se relacionar com um parceiro carente, sua força, aparentemente, se potencializa. Entretanto, se ainda for frágil, mas tiver ao seu lado alguém estável e maduro, precisará ser protegida. A grande qualidade desta posição astrológica é a constituição de relações baseadas no cuidado, estando presente sempre que um necessitar da assistência do outro.

Outra característica é projetar as fantasias no relacionamento. Por isso, as expectativas em relação ao companheiro nem sempre são correspondidas, sendo as frustrações, portanto, fruto da idealização do amor. Entretanto, se as relações forem construídas sobre os alicerces da confiança e protegidas por uma atmosfera na qual o nascido sob essa configuração se sinta acolhido, a pessoa poderá suportar a realidade e transformá-la em bem-estar. Havendo sensibilidade e deixando de projetar seus problemas emocionais no companheiro, a força do relacionamento se potencializa.

Como a Lua também se relaciona com as experiências passadas e familiares, estas ocupam um lugar de honra na sua história amorosa.

Tais referenciais servem como matéria-prima para a confecção de relacionamentos cuja intimidade é mais facilmente alcançada. Entretanto, é preciso atualizar tais registros para evitar repetições desgastantes e dificuldade de imprimir sua singularidade na vida a dois.

Lua ☾ na casa 8

A Lua está relacionada ao signo de Câncer e a casa 8 ao de Escorpião, ambos signos do elemento Água. Essa combinação associa, portanto, qualidades semelhantes, como a sensibilidade, a intuição e a intensidade emocional. Para quem nasceu com essa configuração, nada é sentido de forma leve, há densidade nos sentimentos e, portanto, dificilmente se escapa do contato com suas urgências emocionais, mesmo quando são motivo de sofrimento ou dor. A delicada luz lunar penetra nas camadas mais profundas e desconhecidas da alma e, por isso, as transformações são inevitáveis. Quem nasce sob essa configuração vive um constante morrer e renascer, descontruir para reconstruir, quando o assunto envolve sentimento e afetividade. Para seu conforto psicológico, precisa ter motivações para começar tudo de novo sempre que um relacionamento se desgastar.

Uma das funções da Lua é fertilizar a área em que se encontra, e a casa 8 trata das mudanças profundas, da capacidade de superação dos traumas, principalmente quando relacionados às perdas. Em vista disso, tê-la nesta posição é trazer consigo um território emocional favorável para lidar com ditas experiências, ainda que esteja sujeito a sofrer e se envolver profundamente ao longo de todo o processo de transformação gerado por essas experiências. Em compensação, há um quê de contradição entre os significados associados aos dois simbolismos. Enquanto a Lua trata do conforto e do bem-estar emocional, essa casa diz respeito à transitoriedade das coisas, realidade bastante difícil para quem nasceu numa cultura materialista e que não lida bem com experiências de perda. Por isso, essa combinação produz sentimentos paradoxais, já que a pessoa tem necessidade de viver emoções novas, é intolerante com as repetições e com a acomodação, tanto quanto é frequentemente assombrada pelo fantasma da perda. O conflito interno é rico, excitante e ameaçador. Saber aproveitá-lo criativamente é um talento que, se explorado, pode render experiências que a poucos é dada a bênção de viver.

A Lua nessa posição acolhe o impacto causado pelas mudanças, principalmente as que consomem grande quantidade de energia, mas são capazes de transformar a pessoa a partir de dentro. Ainda que padeça com tais mudanças, quando atravessa esses momentos difíceis, prepara-se para ressurgir irreconhecível e capaz de lidar melhor com seus sentimentos e relações de intimidade. A despeito de tudo, a necessidade de viver livre dos padrões passados, inclusive dos registros e das referências familiares, dá força à pessoa para abrir mão do conforto associado ao conhecido. Aliviada do excesso de bagagem, o impulso de viver o novo brota como uma semente que abandona a casca e se desenvolve em direção à luz.

Lua ☾ na casa 9

Nascer com a Lua, planeta associado à fertilidade, na casa das viagens e dos estudos, é alimentar-se de tais experiências, da expansão das fronteiras geográficas, intelectuais ou espirituais promovida por elas. Em decorrência disso, a pessoa se adapta a diferentes ambientes, inclusive os não familiares, digerindo e assimilando bem o conhecimento de outras culturas. Aliás, quanto mais distante estiver de suas raízes, mais se sente em casa, ainda que essa interpretação se refira não só à geografia dos lugares, mas também a referências anteriores. Ela é capaz de compreender melhor o passado longe do lugar onde nasceu ou cresceu, seja morando em outro país, seja acolhendo um estilo de vida diferente do vivido pelos seus ancestrais.

As crenças às quais a família está identificada podem influenciar diretamente o seu desenvolvimento emocional, embora sinta o quanto é preciso encontrar os seus próprios valores e premissas. O que impressiona nessa posição é a capacidade de atualizar os antigos referenciais e, ao mesmo tempo, incluí-los no seu modo de pensar a vida.

A Lua com sua feminilidade fecunda os campos do saber, refina a curiosidade e abre espaço para a gestação de novos horizontes. Para alguns, os estudos saciam a fome emocional e, por estar a afetividade diretamente associada aos valores intelectuais, é difícil que alguém nascido com a Lua na casa 9 seja atraído por uma pessoa que não o faça refletir, questionar ou não mostre algo ainda por descobrir. Os encontros com gente sedenta de saber e que aguça sua própria curiosidade são fundamentais para um alicerce emocional sólido. Portanto, não é coincidência seu interesse por pessoas estudiosas, viajadas e detentoras de conhecimentos distintos dos seus. Quem nasce sob tal configuração tende ser mais afetado emocionalmente quando seus relacionamentos oferecem espaço para sonhar, pois, para ele, é sempre possível ir mais longe e, se for apoiado pelas pessoas queridas, com certeza consegue chegar com muito menos trabalho onde deseja.

Outra face dessa configuração astrológica é a tendência a idealizar as relações, deixando-o vulnerável para viver frustrações quando sentir que seus desejos não foram atendidos. Suas insatisfações são abundantes e costumam comprometer a estabilidade emocional. A saída pode ser a compreensão de que não encontrará pronto o que deseja e, portanto, o esforço empregado para saciar sua fome afetiva pode conduzi-lo a resolver o conflito negociando os sonhos com os limites definidos pela realidade, transformando o desejo sonhado em desejo possível.

Lua ☾ na casa 10

A Lua, regente do sensível signo de Câncer, se encontra na casa astrológica correspondente ao signo oposto e, portanto, pragmático, Capricórnio. A casa 10 simboliza os valores concretos, o esforço empregado nos empreendimentos profissionais e o status social alcançado por força de suas ambições pessoais. À semelhança da natureza cambiante da Lua, a perseverança aplicada para atingir seus objetivos oscila ao sabor do pêndulo emocional e da variação dos estados de humor. Isso significa que subir a montanha profissional e social pode ser uma experiência excitante e exaustiva. Apesar de conferir a essa casa uma boa dose de ambição, a Lua, em função de sua natureza sensível, dificulta a superação das hostilidades encontradas ao longo da escalada. Inclusive, com essa posição, os sentimentos ficam expostos e, com a sensibilidade à flor da pele, a pessoa abre espaço para as pressões externas interferirem diretamente em sua estabilidade emocional. No entanto, essa mesma sensibilidade é responsável pela obtenção de bons resultados e o consequente reconhecimento profissional. Embora possa ser vulnerável por se envolver emocionalmente nos assuntos da carreira, a pessoa é prestigiada exatamente por estar atenta às necessidades íntimas dos outros. Aliás, as qualidades simbolizadas pela Lua devem ser levadas em conta na hora de escolher uma profissão. As atividades relacionadas à intuição, à sensibilidade e à delicada capacidade de cuidar bem dos outros são bem-exercidas e podem lhe conferir o prestígio almejado. Algumas pessoas com essa configuração alcançam muita popularidade, seja esta de grande amplitude ou dentro de um círculo mais fechado de relações. Uma condição importante para se sentir bem profissionalmente é conseguir se relacionar bem com as pessoas que ocupem posições hierarquicamente distintas da sua, sobretudo quando estão acima dela. Caso não haja possibilidade de estabelecer relacionamentos amenos, seu desempenho fica comprometido. Fora da esfera profissional, quem nasceu com essa posição se orienta na vida segundo a baliza da afetividade. Os relacionamentos íntimos, inclusive e especialmente os familiares, deixam marcas importantes no desenho de sua história pessoal, influenciando positiva e negativamente seu destino.

Lua ☾ na casa 11

Enquanto a Lua carrega em seu simbolismo a capacidade de acolher e cuidar, a casa 11 está associada aos valores humanitários, às ações em conjunto e à amizade. Em face disso, o olhar de quem nasceu com essa combinação é afetuoso quando o objeto de sua atenção é o coletivo. De fato, é sensível às necessidades alheias, preocupa-se com o bem-estar social e, mais uma vez em decorrência das qualidades lunares, é capaz de nutrir a sociedade com sua sensibilidade. Invariavelmente, se envolve com os problemas e as necessidades dos outros, sobretudo quando estes o tocam intimamente, e, em decorrência disso, constrói uma rede de relacionamento e de amizades riquíssima. Outro importante dom é o de juntar as pessoas e promover bem-estar onde há alguma forma de conflito ou carência de amor.

Por estar relacionada aos relacionamentos familiares, a Lua nesta posição sugere a construção de um núcleo afetivo bem mais extenso quando comparado à família tradicional, constituída exclusivamente por laços consanguíneos. Em tese, seu caráter humanista é resultante das referências e das marcas deixadas pela educação e pelo exemplo recebido dos pais. Ainda que não tenham sido pessoas abertas no convívio social, a própria falta deles é responsável pelo desenvolvimento de um espírito colaborativo e solidário.

Sobretudo por estar a Lua associada à segurança emocional, a pessoa é hábil em criar espaços aconchegantes, sejam físicos ou capazes de promover prazer. A indiferença típica no modo como as pessoas tratam umas as outras é completamente divergente de como o nascido com a Lua na casa 11 concebe a dinâmica das relações sociais. Aliás, quando se vê diante de tais situações, o desconforto toma conta da alma, instiga o ato conciliador e, ao final das contas, todos saem ganhando.

Na contramão, pode ser bem difícil filtrar o que é seu do que é dos outros. A tendência a se envolver com tudo que diz respeito às demais pessoas promove a confusão já mencionada e, como saída, é só manter certo grau de privacidade, tanto a sua quanto a dos outros, para evitar conflitos desnecessários. Ademais, o romantismo lunar o inclina a acreditar num ideal social, a envolver-se em causas coletivas e a, no mínimo, formar um círculo de amizades responsável por nutri-lo emocionalmente.

Lua ☾ na casa 12

A Lua, com seu caráter sensível e mutante, aloja-se numa casa de valores semelhantes, porém bem mais profundos e, via de regra, impenetráveis. Nascer com esta posição, à semelhança da ostra, significa tratar-se de alguém que oculta nas profundezas da alma um universo de sentimentos inconfessáveis, afeiçoado aos mistérios e segredos e, por conseguinte, dado a guardar para si os sentimentos, deixando aparente o exterior endurecido. A casa 12 corresponde às experiências que visam o bem-estar psíquico e espiritual e, em se tratando da Lua, ao cuidar e acolher os fantasmas gerados nas regiões obscuras da alma, transformando-os em aliados para o crescimento emocional maduro.

Ademais, a Lua simboliza as marcas do passado, a memória afetiva e os registros impressos pela relação familiar. Pois, quanto mais profundamente a pessoa garimpar — a exemplo de uma boa terapia — o solo no qual estão condicionadas as experiências emocionais, mais saberá lidar com as angústias das noites de insônia e dos momentos de solidão. A primeira barreira a ser rompida nessa busca é o mito de que não se é feliz sozinho. Independentemente de ser bom ter uma família e um lar, é preciso saber cuidar de si. Quando adquirir a segurança de tal capacidade, aí, sim, a pessoa nascida com a Lua na casa 12 estará pronta para construir um núcleo de relacionamento genuíno, sem dependências, nem projeções. Isto porque, quando se envolve emocionalmente com os outros, é possível que se deixe conduzir por emoções desconhecidas despertadas no encontro, deixando de ter controle sobre suas reações. Já quando está ciente dos seus mecanismos emocionais, o afloramento de sentimentos estranhos à alma, em vez de descontrolá-la, despertam o desejo de se entregar profundamente à nova realidade.

Na medida em que a afetividade está relacionada diretamente ao irrepresentável, a pessoa é também sensível a penetrar nos mistérios da alma alheia, conferindo-lhe o dom de ler e traduzir o seu inconsciente. É sentir junto e acolher o que nem mesmo o outro se autoriza saber. É comum ser atraído por pessoas de estrutura emocional complexa, difíceis de se relacionar, mas essa atração sempre está associada à falta de um cuidar de si, de uma terapia ou uma prática espiritual que lhe dê estabilidade e discernimento para fazer escolhas menos sofridas. Afinal, a sutil luminosidade das suas emoções deve ser dirigida ao esclarecimento dos seus mistérios interiores e à conquista de segurança para conviver em paz com as demais pessoas.

MERCÚRIO NAS CASAS

A casa na qual se encontra Mercúrio é onde a pessoa desenvolve a inteligência, a comunicação e aprende a se adaptar às mudanças. É um setor sujeito à instabilidade e, ao mesmo tempo, a um rico aprendizado. Com a realização dos assuntos relacionados a essa casa, a pessoa garante um bom desempenho intelectual e um bom convívio social.

Mercúrio ☿ na casa 1

Mercúrio na casa 1 produz uma individualidade adaptável e sujeita a incessantes mudanças. Isso porque a casa 1 é o estilo de ser de cada um e Mercúrio está associado à curiosidade e ao movimento. Nascer com essa posição é ficar sujeito a agir de um modo singular em cada situação e com cada pessoa em particular. Para se tornar aquilo que realmente é, a pessoa depende das trocas vividas e do manancial apreendido, matérias-primas utilizadas nesse processo. Ela tende a se identificar com a natureza curiosa de Mercúrio, natureza instável, inteligente e comunicativa. Principalmente quando se sente acomodada, a inquietude toma conta da alma e a impulsiona a procurar novas experiências para fazer circular melhor sua energia. Dificilmente se aquieta, tendo como consequência a dispersão e o esgotamento mental e físico. Quando jovem, a pressa e a ansiedade, determinadas pela abundante curiosidade que a acompanha desde os primeiros momentos de vida, marcam seu jeito de ser. Por isso, é bom usá-la como meio de obter informação, investindo essas características no aprendizado, em cursos e em viagens. É alguém que não deixa escapar nada aos seus olhos curiosos. Todavia, esse tipo de temperamento também lhe confere considerável dificuldade de concentração quando há necessidade de focar numa determinada direção. Sua habilidade é gerenciar múltiplos interesses e não se deter num assunto em particular.

É bem provável ter vivido mudanças ao longo da infância, tendo se habituado a diferentes ambientes e ampliado sua capacidade de adaptar-se facilmente a eles. Apesar de seu jeito de ser, de carregar uma inteligência admirável, também pode se tornar alguém instável e ter dificuldade de concluir o que começou.

Em relação ao modo como conduzirá o destino que quer dar à vida, a negociação é seu melhor dom. Sempre há um caminho alternativo capaz de conduzi-lo a seus objetivos.

Também é fundamental que possa se expressar, sendo a comunicação e o diálogo absolutamente necessários para adquirir informações que lhe sirvam como referências na tomada de decisões. Estando a casa 1 associada à autonomia, Mercúrio nessa posição indica o desejo de ser livre para ir e vir e para exprimir o que pensa. Ainda que procure respostas às suas dúvidas e aprecie ouvir outras opiniões, costuma fazer prevalecer suas ideias, convencendo os outros de que tem razão.

Mercúrio ☿ na casa 2

Mercúrio na casa 2 produz forte poder de adaptação às diferentes fases da vida financeira. Se, por um lado, a instabilidade de Mercúrio põe em xeque a manutenção da sua organização, a inteligência associada a esse astro é hábil suficiente para driblar todo e qualquer desafio ou problemas relativos a essa área. O jogo de cintura é responsável pelos êxitos na geração de recursos próprios. A perspicácia de Mercúrio aliada à necessidade de sustentar-se gera um encontro criativo entre os dois, conferindo disponibilidade para aproveitar bem as oportunidades de trabalho. A propósito, produzir seus próprios recursos é uma experiência enriquecedora do ponto de vista do aprendizado.

Além disso, quem nasceu com essa configuração dispõe de variadas fontes de renda ou explora múltiplos talentos para obter estabilidade financeira. Essas tendências o auxiliam a encontrar saídas inteligentes quando alguma porta se fecha e ameaça sua segurança. Tal forma de lidar com essa área da vida lhe dá a habilidade de tomar decisões rápidas e inteligentes, principalmente diante de algum tipo de problema. Não obstante, o desejo de obter resultados imediatos pode dispersá-lo e, contrariando sua tendência natural, acabar por negociar mal um trabalho ou um empreendimento profissional. As frequentes mudanças de valores, algo comum para quem nasceu com tal configuração, resolvem bem tais situações e ajudam a reverter o quadro a seu favor na maioria das vezes. Após algumas experiências dessa natureza, sabe usar as aptidões de Mercúrio com habilidade magistral, apurando sua inteligência e obtendo bons resultados materiais.

De outro modo, tal inteligência é um patrimônio de valor inestimável e, por isso, é preciso explorá-la como força produtiva. O conhecimento adquire um valor especial quando percebe que nada é realizado bem sem ele. É por isso que investir em estudos e pesquisas pode ser uma forma de obter melhores condições materiais e de salário posteriormente.

E, para finalizar, uma pessoa com tal perfil pode surpreender por trocar facilmente de interesse em relação ao trabalho, deixando de lado um emprego seguro para simplesmente experimentar outro que aguce sua curiosidade. Embora não viva sobre os alicerces da estabilidade, o que não falta em sua vida é uma experiência ágil no lidar com o trabalho e com a organização das suas finanças.

Mercúrio ☿ na casa 3

Mercúrio é o mensageiro, o que leva e traz notícias. Esta é a sua casa, pois nela habita o desenvolvimento da inteligência, o interesse pelos estudos e pelas viagens. Portanto, para a pessoa nascida sob esse aspecto, o aprendizado transcorre sem muitos percalços e é facilitado quando se sente livre para raciocinar. Uma grande qualidade sua é se adaptar bem a situações e lugares diferentes dos já conhecidos, aumentando consideravelmente suas chances de adquirir um belo manancial de informações e conhecimento. Por causa de tal habilidade, é sempre bom diversificar os interesses e as atividades, ampliando suas experiências e produções intelectuais. Aliás, ela funciona muito bem como ponte de ligação entre pessoas de opiniões diferentes ou mesmo divergentes. Quando discute, tem sempre bons argumentos e encontra saídas inteligentes que favorecem tanto seu interlocutor quanto ela própria. Por ser adaptável, é capaz de entender o ponto de vista dos outros sem se perder do seu, gerando um campo favorável para trocas, discussões e bons papos. Se souber aproveitar bem tal qualidade, com certeza, levará consigo um celeiro riquíssimo de informações e conhecimento para a vida toda.

Sua mente é inquieta e curiosa, sendo capaz de prestar atenção em várias coisas simultaneamente. Na contramão, também pode se dispersar bastante, principalmente se precisar focar numa única direção. Aliás, tal dispersão pode prejudicar uma de suas melhores qualidades, a de se comunicar com clareza, inteligência e precisão.

Mercúrio nesta posição favorece mudanças, tanto geográficas, quanto culturais e sociais. Portanto, conhecer novas pessoas, viajar sempre, dedicar-se à leitura e aos estudos é um excelente estímulo para saciar sua curiosidade e aproveitar sua inteligência. Além disso, quem nasce sob essa configuração é inquieto ao se relacionar, principalmente se não tiver contato com pessoas que pensam e vivem de modo diferente do seu. Essa tendência tanto pode incitar os outros a se mexer e mudar quanto favorecer a pouca durabilidade das suas relações. Este é mais um motivo para investir em novidades e escolher um cenário cultural rico para estar e viver.

Mercúrio ☿ na casa 4

A casa 4, por representar as relações íntimas, recebe o comunicativo Mercúrio com portas abertas. Essa posição indica que as bases de sustentação da afetividade são o diálogo e a informação. Caso haja problemas dessa ordem, como falta de comunicação com os pais ou com a família, sua segurança emocional pode ficar seriamente comprometida. Quando os relacionamentos são íntimos, tudo ou quase tudo deve ser falado, pois pode ser difícil aceitar quando alguém oculta um sentimento ou omite alguma informação. Até mesmo se alguém mais próximo duvidar de quem nasceu sob essa configuração, suas reações podem ser desagradáveis. No entanto, ele pode ficar dividido emocionalmente, já que, devido à natureza mutável de Mercúrio, os sentimentos variam, alternando seus estados emocionais. Dessa maneira, o que parece ser verdadeiro num dado momento, deixa de ser num outro muito próximo.

O outro lado da moeda é se adaptar facilmente a diferentes condições de afetividade, tendo facilidade para encontrar saídas ao enfrentar dificuldades nos seus relacionamentos. Por isso, quanto mais puder acolher o modo diferente de ser e de pensar das outras pessoas, mais será capaz de aceitar a própria dualidade emocional. Quanto à relação com a família, cresce desejando ser compreendido e apreciando a boa comunicação. No caso de haver falhas nesse sentido, os desentendimentos deixam marcas importantes, tanto como lembrança da importância do diálogo como meio de construção de bons relacionamentos, quanto às prováveis dificuldades de comunicação que o acompanham na maturidade. Ainda assim, muitas pessoas conseguem transformar tais dificuldades em exercício de desenvolvimento da linguagem e do seu potencial intelectual. É evidente que, se a pessoa nascida com Mercúrio na casa 4 tiver recebido uma boa base de informação e aprendizado, se sente mais capacitada para obter êxito nas áreas da vida que exigem conhecimento. As experiências familiares são capazes de despertar suas capacidades intelectuais, compreendendo melhor seus conflitos e preparando-a para se relacionar com inteligência na fase adulta. A intimidade dos relacionamentos pode ser vivida, portanto, com flexibilidade e com trocas potencialmente criativas. A propósito, os relacionamentos em família despertam sua curiosidade, levando-a a descobertas de acontecimentos adormecidos na memória familiar. A pessoa carrega consigo, ao longo de toda vida, a lembrança dos comentários, dos sussurros, das discussões, tornando-se aquela que, além de despertar o interesse dos outros por assuntos diferentes e novos, é responsável pela revelação de fatos importantes para a montagem do quebra-cabeça da história familiar.

Mercúrio ☿ na casa 5

A casa 5 representa as paixões, a vontade de viver e de ser feliz. O adaptável Mercúrio nessa casa areja as emoções e cria uma atmosfera favorável para a existência de uma variedade infindável de sentimentos, que oscilam de acordo com os diferentes momentos e circunstâncias, produzindo instabilidade e movimento.

O temperamento curioso desse astro beneficia as pesquisas criativas, abrindo horizontes para que a pessoa nascida com essa influência possa expressar-se de maneira genuína, vivendo e expressando os impulsos emocionais de forma inteligente, conferindo-lhes significados e traduzindo-os em linguagem.

Normalmente, ela questiona os sentimentos, procurando razões para melhor entender o que percebe, principalmente por variar muito seu jeito de lidar com o amor e as paixões. Se num dado momento é capaz de sentir de uma determinada maneira, num outro, a forma muda e revela novas percepções. Por esse motivo, pode deixar as pessoas confusas quanto à autenticidade dos seus sentimentos. Quem nasce sob essa configuração sente o amor como um fluxo de energias e emoções em constante movimento. Seu coração é movido a mudanças e novidades, e quando um relacionamento não é capaz de promover o que deseja, perde o interesse e sai à busca de novas emoções. Quando há chances de arejar um relacionamento estagnado, encontra um solo fértil para cultivar na própria relação o desejo por mudanças.

Não obstante, sabe negociar muito bem momentos de tensão e conflitos emocionais. Portanto, uma frustração amorosa pode lhe servir como laboratório para conhecer melhor sua habilidade de agenciar bem um relacionamento. No entanto, é preciso saber lidar com sua instabilidade para inspirar segurança nas pessoas com quem se relaciona amorosamente. Seu comportamento variável pode dificultar a manutenção do bem-estar amoroso, mesmo que seu desejo seja construir um relacionamento estável e maduro.

A criatividade serve como cenário para a descoberta das suas múltiplas aptidões. A força adaptável de Mercúrio provoca movimento no fluxo das energias criativas e a capacidade de iniciar novos conhecimentos. Aliás, com seus filhos, caso os tiver, sua atitude é semelhante, adaptando-se ao jeito deles de ser e negociando os seus desejos com os deles. O diálogo e a racionalidade também podem influenciar a educação dos filhos, assunto tratado na casa 5. A atualidade das ideias de Mercúrio auxilia a pessoa a lidar com as novas gerações, com gente jovem, tendendo a compreendê-las como se tivesse a mesma idade. A forma como educa os filhos se baseia no diálogo e na aceitação das diferentes maneiras de ser e de pensar de cada um.

Mercúrio ☿ na casa 6

Além de reger o signo de Gêmeos, Mercúrio também rege Virgem, signo cujas qualidades se assemelham às da casa 6. Esta casa, eixo em torno do qual se organizam as tarefas cotidianas, recebe Mercúrio de braços abertos, já que este astro manifesta o espírito investigativo e organizador. Nessa área regrada da vida humana, a inteligência de Mercúrio costuma capacitar a pessoa a exercer acentuada autocrítica, a aprender com os erros e adaptar-se à realidade. Por haver flexibilidade ao programar-se, não é difícil encontrar saídas diante dos problemas do dia a dia, favorecendo um fluxo saudável de energia produtiva. Aliás, quem nasce sob esse desenho astrológico enfrenta os afazeres cotidianos com dinamismo e curiosidade, aproveitando as mínimas oportunidades que os acontecimentos do dia a dia possam oferecer.

Acomodação não existe, somente movimento. Qualquer atividade repetitiva é extremamente mal recebida, e tal problema é resolvido com a inclusão de práticas paralelas, trabalhos ou tarefas alternativas que arejam a mente e aliviam a angústia sentida sob tais condições. Outra boa maneira de lidar com essa área da vida tão sujeita a repetições e trivialidades é escolher um trabalho que, por sua própria natureza, varie de maneira que um dia nunca é igual ao outro, mesmo depois de passado muito tempo exercendo tal atividade. Por esse motivo, é mestre em associar organização e construção de uma rotina ausente de monotonia, o que, diga-se de passagem, é uma qualidade rara. Se puder respirar novos ares, tiver contato com pessoas e ideias interessantes, consegue trabalhar com disposição e até mesmo encarar melhor a fatalidade das repetições cotidianas.

Outra tendência desse aspecto astrológico é ser rápido e inquieto quando produz, pois, como se interessa pelas possibilidades que lhe aparecem, precisa concluir uma atividade para ter espaço para outra. Porém, é mais frequente ainda encontrar pessoas nascidas sob esta configuração fazendo um sem-número de tarefas ao mesmo tempo, e para a surpresa de muitos, ser muito bom na maioria delas ou mesmo em todas.

Em contrapartida, essa mesma qualidade pode se manifestar como dispersão quando sua habilidade de organização é escassa. Por isso, concentrar-se no presente, filtrando prioridades, é o modo mais eficiente para não se perder na multiplicidade ou mesmo nos pequenos detalhes. Além disso, a escolha por profissões que exijam as qualidades atribuídas a Mercúrio, ou seja, inteligência, conhecimento, flexibilidade e habilidade em se relacionar com pessoas de pensamentos distintos, auxilia imensamente na produção de um trabalho de boa qualidade. Quando essa equação está bem-resolvida, também é capaz de promover o bem-estar físico e auxiliar na manutenção de uma vida saudável.

Mercúrio ☿ na casa 7

A combinação de um planeta com tendência a variações com uma casa astrológica simbolicamente associada às parcerias, sejam afetivas ou de trabalho, produz um resultado, no mínimo, instigante. A maleabilidade de Mercúrio nesta casa facilita o bom entendimento do ponto de vista do outro, enquanto, em contrapartida, pode dispersar o interesse e instabilizar os relacionamentos. Um bom modo de manter a potência dos encontros ativa é compreender que diálogo e relação devem caminhar de mãos dadas, produzindo uma parceria de trocas interessantes, capazes de nutrir tanto os interesses do parceiro quanto os seus próprios. Caso a comunicação seja falha ou mesmo inexistente, quem nasce sob essa configuração dificilmente encontra algum tipo de clima que favoreça o desejo de partilhar, de fazer planos e mesmo de se relacionar. Tal tipo de relação está fadado, portanto, a perder a força rapidamente. Sempre que a pessoa ou seu parceiro se sentirem carentes de troca, de movimento e de atividades culturais, o relacionamento também gera inevitáveis frustações.

De todo modo, a pessoa com Mercúrio na casa 7 é capaz de movimentar a vida daqueles com quem está envolvida, de crescer intelectualmente ao seu lado e apontar novos caminhos com o objetivo de atualizar seus relacionamentos. Por conta desse perfil, o mais provável é sentir-se atraída por pessoas falantes, com facilidade de se comunicar, inteligentes, bem-informadas, mas também instáveis. Esses encontros criam uma atmosfera bastante favorável para a construção de relacionamentos abertos a novidades e mudanças.

Também uma boa qualidade sua é provocar a curiosidade do outro e a mudança de olhar. Na direção oposta, a instabilidade inevitável encontrada nessa forma de se relacionar a obriga a viver em constante estado de alerta, pois dificilmente se sente segura dos seus desejos e dos anseios do outro. Curiosamente, ainda que se frustre afetivamente, sabe adaptar-se a novas condições e aos novos encontros. Verdade seja dita, a experiência adquirida com a vida a dois a transforma em boa conhecedora dos jogos de relacionamento e das artimanhas do amor.

Mercúrio ☿ na casa 8

Como Mercúrio representa tudo que é maleável e a casa 8 tem a ver com transformações, o encontro entre os dois é capaz de produzir um resultado, no mínimo, criativo. Essa posição inclina a pessoa a vasculhar os porões da alma onde estão armazenados os sentimentos adormecidos, garimpar o tesouro encontrado e, de posse de tão valioso material, investir nas mudanças que transformam seu olhar. Seu espírito investigador e curioso a instiga a descer nas regiões obscuras da alma, revelando os segredos lá guardados. Como quem nasce sob essa configuração está constantemente em contato com pressões emocionais, falar sobre esses sentimentos pode ajudá-lo a limpar, reciclar e transformar material psíquico estagnado.

Os fantasmas que assombram a alma despertam sua curiosidade, interessando-se por sua força e por seu poder. Em contrapartida, quando não os compreende ou não os conhece bem, essa curiosidade pode ser substituída por fantasias sombrias, dilatando os medos e, em geral, engessando a comunicação. Uma boa prática para o nascido com esse aspecto é fazer algum tipo de terapia, que pode ajudá-lo a conduzir melhor esse fantástico diálogo.

Também quando confessa seus sentimentos mais profundos, basta o outro lhe revelar algo que não havia pensado para produzir mudanças significativas no modo de encará-lo. Também consegue superar a dor gerada por experiências difíceis, como perdas, separações e desamparo, após refletir e analisar a origem do sofrimento e compreender as possibilidades que tem pela frente. Nessas situações, seus sentimentos são triturados até conseguir transformá-los em novos desejos, encontrando, a partir daí, forças para se reerguer. Ao tomar consciência dos seus anseios mais profundos, sabe usá-los com criatividade como poucos, principalmente se for sob a forma de linguagem. A propósito, os padrões emocionais repetitivos são desconstruídos quando é capaz de entender a razão e a origem de tais condicionamentos, assegurando-lhe a construção de uma nova dinâmica psíquica, mais rica e, certamente, mais potente.

Por ser a casa 8 também associada à sexualidade, esta ou qualquer outro tipo de tabu ao qual se sinta engessado pode ser transformado quando tais assuntos saem das cavernas obscuras da alma e passam a ser conversados, libertando-o também da tormenta desses fantasmas. De toda maneira, os temores motivam a busca de novos interesses, mesmo que o custo seja alto. Um novo sentido para a vida sempre é bem-vindo para alguém curioso e ávido por novas informações.

Mercúrio ☿ na casa 9

Mercúrio é o regente do signo de Gêmeos, enquanto a nona casa apresenta características similares ao seu signo oposto, Sagitário. A nona casa trata das viagens longas, do saber, dos ideais e das crenças. Oposto a tudo isso está o superficial Mercúrio, procurando adaptar-se às mais variadas ideias, alheio a qualquer tipo de radicalismo. Esse encontro é, portanto, capaz de produzir um equilíbrio entre o raciocínio lógico e o abstrato. Isto significa que, quando os assuntos de seu interesse começam a exigir maior profundidade e dedicação, o foco tende a mudar para outras direções, diversificando, ampliando e arejando a mente com outros saberes. Na direção oposta, se o que interessa ao nascido com esse desenho astrológico não for aprofundado, também deixa de ser atraente, levando-o a pesquisar mais fundo o assunto ou abandoná-lo para buscar um conhecimento que lhe acrescente mais. É como uma balança em que os pesos nos dois pratos precisam ser equivalentes para promover o equilíbrio.

A propósito, o desejo de explorar mundos desconhecidos, sejam geográficos, intelectuais ou espirituais, é sempre múltiplo, pois todos os caminhos lhe interessam, todos os lugares são atraentes e em cada assunto novo tem algo a aprender. Também é importante que haja flexibilidade quanto aos estudos, que são mais bem-aproveitados quando se pode relacionar uma área do conhecimento com outras. Por isso, é preferível escolher cursos ou instituições que recebam com agrado o intercâmbio entre diferentes áreas do saber, a estudar em locais que focam exclusivamente um determinado interesse ou campo de pesquisa.

Já que suas metas intelectuais podem mudar com muita frequência, a pessoa com Mercúrio na casa 9 também desenvolve um extremo poder de adaptação, pendendo seus interesses para o caminho que, num dado momento, optou por trilhar. O avesso ocorre quando um assunto lhe interessa em especial, sendo este o caso de estudá-lo nos mínimos detalhes e compreendê-lo por diferentes ângulos. De todo modo, sua trajetória intelectual é marcada pela multiplicidade e pela variação. Quanto às viagens, assunto diretamente tratado nesta casa astrológica, o poder de adaptação também se faz presente. Quem nasceu sob essa configuração se assemelha aos nômades, não se fixa a lugar algum e faz do mundo sua moradia.

Mercúrio ☿ na casa 10

Quando um planeta se encontra na casa 10, esta posição é indicadora da importância de suas características na vida dessa pessoa, nesse caso, a comunicação, a flexibilidade e a inteligência. Essas são qualidades que acompanham o nascido sob essa configuração nos eventos mais importantes, nos momentos marcantes e nas situações-limite. Para ele o mundo é visto como um caleidoscópio, com constantes movimentações e mudanças. Basta a vida dar sinais de estagnação para mudar seus interesses e, com uma agilidade magistral, adaptar-se à nova direção. Com o passar do tempo, depois de frequentes remexidas, passa a confiar no bom resultado das mudanças. Por entender o mundo dessa maneira, suas escolhas costumam ter caráter transitório, pois, num eventual desinteresse, se sente livre para mudar e seguir novos caminhos.

Outra tendência dessa posição é pensar no destino como um jogo de dados. Decisões importantes em relação ao futuro têm como ponto de partida a dúvida e, por ter sempre em mente diferentes opções, pode ser bastante desgastante decidir por alguma em especial. É nesse momento de incertezas que os "dados" entram em ação, podendo ser um sinal que chega para ajudar, uma conversa esclarecedora ou simplesmente a escolha da opção mais próxima do seu alcance, já que todas têm benefícios e inconvenientes.

Uma boa vantagem dessa configuração é a capacidade de negociar interesses quando há ambição, hierarquias e jogos de poder envolvidos em tais negociações. Diferentemente de tantas outras pessoas que têm dificuldade de lidar com ordens e imposições, quem nasceu com Mercúrio na casa 9 tem uma excelente maleabilidade para dobrar a força dos que gostam de mandar. No entanto, esse dom não sugere uma personalidade fraca, mas sim magistralmente inteligente para não entrar em rota de colisão com quem não convém. Sem se deixar seduzir pelos jogos de poder, quem nasce com Mercúrio na casa 10 é capaz de transitar bem pelos diferentes patamares da hierarquia social e profissional. A propósito, os diferentes interesses e habilidades profissionais lhe dão grandes chances de se adaptar às condições do mercado de trabalho e ter diversas oportunidades de emprego à sua disposição.

Em contrapartida, sua dificuldade pode ser fazer uma escolha quando as opções são demasiadamente variadas ou mesmo numerosas. Para algumas pessoas, a saída é se envolverem em atividades paralelas, desde que uma não inviabilize a boa execução da outra. Também é importante organizar bem seus projetos para haver um bom rendimento de trabalho. O reconhecimento profissional é alcançado através do seu obstinado desejo de aperfeiçoar seu potencial produtivo, pelas suas capacidades intelectuais e pelo seu talento nas áreas de comunicação. Portanto, as profissões que acolhem essas características são as que melhor lhe servem e aproveitam ao máximo os seus mais valiosos potenciais.

Mercúrio ☿ na casa 11

O encontro entre Mercúrio, um planeta adaptável, com uma casa associada aos valores humanitários e à amizade, produz habilidade no convívio social. Há um bom entendimento da dinâmica dos relacionamentos, facilitando sua participação em ações coletivas. Na medida em que Mercúrio simboliza a comunicação, a pessoa é capaz de traduzir de forma exemplar os interesses de um grupo, abrindo espaço para discussões, agilizando negociações e agindo no momento em que é preciso mediação. Além de ser atento e curioso quanto às questões sociais, quem nasce sob essa configuração tem apreço pela movimentação das pessoas, pelo burburinho de suas conversas e pelo simples encontro ocasional com conhecidos. Quando pressente sinais de passividade nas relações sociais, rapidamente encontra meios para fazer circular novos interesses. Aliás, sua maestria é reconhecer oportunidades quando as pessoas estão confusas, dispersas e desatentas.

Outra tendência de quem tem Mercúrio nessa posição é ter facilidade de lidar com as diferenças, preferindo se envolver com grupos abertos à pluralidade. Em contrapartida, por se interessar por uma variedade grande de pessoas, o preço a pagar é a dispersão, havendo, portanto, dificuldade de aprofundar relacionamentos. Se souber filtrar os melhores amigos, cultivando a qualidade dessas relações e ainda dispor de espaço para os encontros eventuais, tal dispersão pode ser amenizada. Afinal, todas as trocas são importantes e, por isso, saber determinar o lugar que cada pessoa ocupa no seu palco de interesses o ajuda a aproveitar melhor o que cada relação pode lhe oferecer.

É sempre importante conversar com as pessoas e saber o que acontece na vida de cada uma, sendo impossível cruzar os braços diante dos problemas alheios. A pessoa com esse desenho astrológico sempre tem algo a dizer, um caminho para apontar ou enxerga alguma alternativa que o outro ainda não vislumbrou. Embora seja adaptável socialmente, também questiona o mundo em que vive. Vê e avalia a sociedade de maneira racional e, assim, critica o que vê. Pode se tornar o intermediário que suaviza as desavenças e colabora para que as pessoas vivam numa sociedade melhor. Mesmo que sua colaboração seja pequena, tenta, pelo menos, fazer a parte que lhe cabe.

Mercúrio ☿ na casa 12

Quando a introspectiva casa 12 acolhe o curioso e falante Mercúrio, o resultado deste encontro produz, no mínimo, estranheza. Isso porque o planeta da fala está sujeito a lidar com o indizível e o misterioso, provocando, então, uma espécie de paradoxo às vezes difícil de conviver. Pode-se entender essa posição como uma tendência a manter uma "conversa" frequente com os fantasmas, que são os interlocutores que mais despertam seu interesse. Não há dúvida de que esse modo de lidar com o conteúdo psíquico produz imensas chances de compreender os habitantes das regiões sombrias. Caso tente fugir desses encontros, a curiosidade o encorajará a flertar com seus medos e, por fim, poderá desvendar os mistérios guardados a sete chaves nas profundezas da alma. O interesse pelo inconfessável é resultado de uma mente investigativa, qualidade encontrada em pessoas dedicadas às pesquisas ou a áreas do saber que tratem da subjetividade, das questões psicológicas ou espirituais. Em decorrência dessa qualidade, sempre que precisar mergulhar num assunto, precisa de isolamento para reflexão e dedicação à investigação. Aliás, a introspecção pode ser decorrente de uma certa dose de timidez em alguns casos. A pessoa se sente insegura para se expor e dizer o que sente — afinal, esse é o território do inconfessável — e torna-se um pouco mais reclusa do que gostaria. A natureza inquieta e inteligente de Mercúrio é então engessada nas profundezas da alma. A propósito, todo e qualquer investimento em terapias e práticas espirituais costuma produzir resultados surpreendentes, pois as tendências anteriormente descritas encontram abrigo seguro para se transformarem em produção criativa.

Nessa área de tantos segredos, o ágil e comunicativo Mercúrio é capaz de fazer emergir e transparecer uma indescritível sensibilidade. A pessoa costuma ser muito mais desassossegada do que aparenta, mas a mente não para um só minuto. Há um eterno diálogo interno produzido pelas tensões emocionais e uma imensa curiosidade pelo oculto. Além do mais, costuma ser sensível a comentários, confidências e até mesmo ao que não é dito. Entretanto, devido à profunda sensibilidade, pode se descontrolar com mais facilidade numa discussão. Perde-se num labirinto de justificativas, ouve pouco o que os outros têm a lhe dizer e, finalmente, esgota sua energia mental. É bom lembrar, nesses momentos, o quanto é capaz de entender os outros, trazendo à tona significados de um valor imensurável, pois aquele que tem Mercúrio nesta casa é o mensageiro do indizível.

VÊNUS NAS CASAS

A casa em que se encontra Vênus é onde a pessoa experimenta o amor, as paixões e constrói um lastro importante para garantir sua estabilidade afetiva. É um setor sujeito aos caprichos e investimentos materiais, no qual a pessoa tem chance de ser bem-sucedida financeiramente e também nas relações de afeto.

Vênus ♀ na casa 1

Por mais que Vênus não esteja diretamente relacionada com os valores da casa 1, esta é uma combinação interessante, pois ambos, cada um do seu jeito, têm relação com a vaidade. Enquanto a casa 1 trata das experiências que levam uma pessoa à construção de quem realmente é, Vênus se relaciona à beleza e ao amor. Portanto, quem nasceu com esta posição tem necessidade de ser amado ao extremo, sendo também capaz de atrair as atenções sobre si pelo seu charme e beleza.

O outro lado da moeda é se deixar afetar profundamente pelas rejeições, pois a não aceitação ou acolhimento dos seus desejos significam não ser amado. Por esse temperamento, é capaz de ser bastante influenciado pelas relações de amor, sendo importante computar o peso de tais relações na construção do seu jeito particular de ser e de viver.

Por ser a casa 1 o palco no qual atuam as vaidades, Vênus nesta casa inclina a pessoa a cuidar bem de si e de sua aparência, olhando para si, desde muito cedo, preocupada se irá ou não agradar os outros, ainda que tal desejo esteja mais voltado para uma atitude narcísica do que altruísta. O certo é que essas tendências o impulsionam a desenvolver senso estético e capacidade de apreciar o amor. Dificilmente resiste ao desejo de tornar-se mais atraente e de despertar nos outros o interesse sobre si. Logo ao chegar mostra claramente seus encantos e aciona seu poder de sedução. A delicadeza faz parte do seu modo de ser, tornando-o ainda mais irresistível e encantador.

Entretanto, todas essas qualidades têm seu preço. Semelhante à natureza de Vênus, a excessiva possessividade pode ser prejudicial aos seus relacionamentos e fazer mal a si mesmo. Tal tendência pode estar ampliada em decorrência de alguma carência afetiva na infância, interferindo dramaticamente no seu desenvolvimento futuro.

As perdas podem ser causadoras de demasiado sofrimento, sejam elas materiais ou afetivas. Entretanto, ao cuidar de si, valorizando o que há de melhor e mais harmonioso no seu jeito de ser, essas dificuldades podem ser superadas. Aparentemente seguro, pode surpreender a todos num momento de fragilidade emocional. É bom lembrar que os outros não giram exclusivamente em torno de si, e que isto não indica desatenção da parte deles. Basta assegurar-se das suas habilidades afetivas para recuperar rapidamente a autoestima e superar tal tendência.

Vênus ♀ na casa 2

Essa configuração aponta para um encontro próspero, já que Vênus é regente de Touro, signo ao qual a casa 2 está relacionada, e ambos se referem ao conforto e segurança materiais. Portanto, nascer com tal posição é ser abençoado nas questões relativas às posses. Compreendendo a casa 2 como a área da vida responsável pela obtenção do sustento, Vênus nesta posição confere à pessoa a apreciação do belo e do conforto, garantindo a vontade de dedicar-se a um trabalho rentável e próspero, tendo apreço pelas coisas materiais, dando ainda mais valor àquilo que adquiriu graças ao trabalho. Aliás, é importante amar o que faz para poder valorizar suas capacidades profissionais e, deste modo, progredir materialmente. Em contrapartida, o fato de apreciar o conforto pode levar quem nasce sob essa configuração a gastar em excesso ou mesmo, no caso de pessoas inseguras com seu futuro financeiro, acumular bem mais do que precisariam para obter a segurança desejada. Ao se habituar à organização das finanças, é capaz de deter o impulso de gastar indiscriminadamente, acumular o necessário para sua estabilidade futura e ainda aproveitar bem os recursos produzidos com o seu próprio esforço.

Quanto às capacidades potencialmente lucrativas, o bom é investir em profissões envolvidas com o senso estético e com a habilidade social. Essas aptidões, se bem-exploradas, podem produzir um trabalho reconhecido e valorizado. Ainda em relação às qualidades associadas a Vênus, o importante não é somente obter dinheiro, mas poder adquiri-lo de acordo com as regras de boa convivência social, do respeito aos outros e da preservação das afetividades. Se assim o fizer, será mais feliz no seu trabalho e poderá prosperar com dignidade.

Como Vênus simboliza o amor, há farta generosidade com as pessoas queridas. Se for possível, atende ao desejo de presenteá-las a todo momento. Entretanto, pode haver possessividade em relação a elas. É bom lembrar que ter todas as garantias de segurança afetiva e emocional não só é impossível, como também seria aprisionador. É importante que desenvolva o desapego e compreenda que, se não for capaz de manter um relacionamento desejado, sempre é tempo de começar tudo de novo.

Vênus ♀ na casa 3

Tanto a casa 3 quanto Vênus simbolizam a arte de se relacionar. Portanto, pode-se afirmar que essa posição favorece e amplifica as possibilidades geradas nos encontros. Vênus na casa da comunicação estimula o desenvolvimento de uma qualidade ímpar na área das relações, a tolerância. Essa associação é capaz de beneficiar tanto a esfera das experiências amorosas quanto a compreensão das outras pessoas. Quem nasceu com Vênus na casa 3 é capaz de se sentir envolvido afetivamente com situações simples, com acontecimentos triviais ou mesmo com relacionamentos de pouca duração. Isso porque Vênus atua como um ímã, atraindo para si tudo o que acontece à sua volta, encontrando prazer e beleza até mesmo no que carece de profundidade. Qualquer informação tem importância na medida em que possibilita a aproximação com as pessoas.

O desejo é ser agradável e habilidoso ao se relacionar. Numa situação de discórdia ou hostilidade, tenta harmonizar, e se tiver que optar entre ser suave ou impositivo com as pessoas, tende a optar pela primeira. Com desenvoltura, adapta-se ao modo de ser do outro, semelhante aos bailarinos que se encaixam ao dançar. Entretanto, ao se deixar conduzir sem manter nas mãos as rédeas do seu desejo, perde sua naturalidade. É evidente que isto está longe de ser harmonioso, contrariando, assim, aquilo que rege o seu modo de se relacionar. A solução é, portanto, manter a firmeza dos seus propósitos, negociando-os para atender também aos desejos de quem ama.

Quanto à habilidade de se comunicar, assunto da casa 3, Vênus propicia a desenvoltura para falar com delicadeza, ouvir o outro e respeitar as diferenças de opinião. É importante manter um clima de harmonia para propiciar o bom entendimento e a troca com as outras pessoas. Esta forma de se relacionar coopera infinitamente para que seja admirado por suas opiniões e por sua habilidade de negociar diferentes interesses.

De posse de tudo que aprendeu com as trocas, tende a ser bem-sucedido em atividades intelectuais. Entretanto, seu maior talento diz respeito à inteligência emocional, superando o raciocínio lógico e prático. No âmbito do amor, a parceria funciona melhor quando é pautada pelo sentimento fraterno.

A importância dos relacionamentos amorosos é amplificada quando há afinidade intelectual e se as trocas forem intensas. Os encontros nos quais os assuntos não se renovam, nos quais as atitudes são repetitivas e o silêncio predomina sobre o diálogo não têm muita chance de ir adiante.

Vênus ♀ na casa 4

Tanto a Lua — regente da casa 4 — quanto Vênus estão associadas ao feminino. Enquanto a primeira trata da sensibilidade e das emoções, a segunda lida com o amor e o belo. Portanto, a afinidade entre esses dois símbolos é estreita, e quem nasceu com esse aspecto é capaz de criar naturalmente uma atmosfera acolhedora, produzindo segurança emocional a quem com ela se envolver. Sensível, tende a se proteger das hostilidades do mundo exterior abrigando-se nos braços de quem ama. Como um caranguejo, aninha-se dentro de sua própria casa, recolhendo-se ao menor sinal de ameaça. Entretanto, é capaz de levar ao lar a harmonia, principalmente quando ele se encontra desequilibrado.

Quem tem Vênus na casa 4 tende a ser introspectivo no amor, preferindo a intimidade à vida social. Por necessitar viver num ambiente afável, tende a escolher pessoas que produzam estabilidade e segurança. Quando essa qualidade está presente, facilmente cria raízes e nutre seus relacionamentos com cuidado e dedicação. Na falta de um relacionamento sólido, fica perdido, e a carência protagoniza as histórias de amor desses momentos.

A quarta casa também está estreitamente relacionada ao passado e ao histórico familiar. O alimento que irá nutri-lo psicologicamente é extraído do exemplo de amor dado pelos pais ainda no período de sua formação. Sua estabilidade emocional está diretamente relacionada aos modelos vividos no passado. Se for apegado demais a eles, necessitará desenvolver ao longo de sua jornada pessoal um modo próprio de se relacionar, podendo, assim, dedicar-se à sua família e à sua casa com toda afetividade que é capaz de extrair de dentro de si mesmo.

Vênus ♀ na casa 5

A quinta casa astrológica está associada à afetividade e às paixões, da mesma maneira que Vênus carrega no seu simbolismo a analogia com o amor. Quando esses dois símbolos se encontram associados, forma-se uma aliança potente, intensificando a experiência amorosa e elevando drasticamente a temperatura quando a paixão está presente. Quem nasceu com tal posição é facilmente motivado a envolver-se afetivamente, seja com alguém ou com alguma atividade criativa. Aliás, a criatividade comparece com desenvoltura quando é capaz de reconhecer seu real valor, ou seja, quando a autoestima colabora para que se sinta seguro do seu jeito singular de ser. Com a conquista desse espaço de estabilidade pessoal, os relacionamentos amorosos podem adquirir solidez, sem deixar de lado a paixão. Apaixonado e ao mesmo tempo seguro de si, quem nasce com Vênus na casa 5 sabe conduzir com maturidade seus relacionamentos, e os desentendimentos amorosos podem ser desembaraçados com paciência e doçura.

Sendo a quinta casa o símbolo da criação, ela trata também do relacionamento com os filhos. Quem tem esse desenho astrológico acolhe os filhos com carinho e leva a eles o exemplo de um relacionamento pautado no amor, na paixão e no bem-estar emocional. Entretanto, quando estiver muito inseguro de seus sentimentos, pode projetar nos filhos seus desequilíbrios emocionais, apegar-se demais e desenvolver uma possessividade exagerada. Ao recuperar a autoestima e a segurança em si mesmo, torna-se capaz de amar seus filhos com liberdade e protegê-los nos momentos difíceis.

Vênus ♀ na casa 6

Nascer com Vênus na casa astrológica que trata do trabalho e da saúde indica que é preciso amar o que faz, desde as mais triviais tarefas cotidianas até as produções relacionadas à vida profissional. É preciso extrair prazer do trabalho, algo fácil de se alcançar quando há amor envolvido nas suas atividades. Aliás, quem nasce com esse aspecto organiza suas tarefas diárias considerando seu bem-estar, promovendo, dessa maneira, um ambiente propício à boa qualidade de produção. O hábito comum nas pessoas de fazer as coisas de qualquer jeito é, para quem tem Vênus na casa 6, de um desconforto tal que dificilmente se acostuma a conviver com quem trabalha assim. É importante manter uma atmosfera acolhedora nas relações de trabalho para conseguir um bom desempenho profissional.

Onde Vênus se encontra há uma exigência estética, e se o ambiente de trabalho é hostil, o nascido sob essa configuração perde o interesse e tende a se acomodar. Apesar de apreciar o belo e a boa qualidade dos relacionamentos de trabalho, pode ser muito difícil obter a harmonia desejada sob a pressão natural dos afazeres cotidianos. Por isso, é preferível escolher profissões com baixos teores de pressão e que facilitem o bom trânsito nas relações. Trabalha bem quando há colaboração ou quando encontra um bom parceiro para dividir as atividades diárias.

Sua capacidade produtiva também é mais bem-aproveitada quando explorados os talentos artísticos e sensíveis, já que Vênus tem a ver com a beleza e a arte. É bem comum também, sempre que houver dificuldades afetivas, que seu bem-estar físico e sua saúde sejam afetados. Os problemas amorosos muitas vezes são responsáveis por tal desarmonia, e sinalizam para que preste atenção à qualidade dos seus encontros. Em se tratando do amor, a pessoa deve submeter seus relacionamentos à rotina, pois esta é a maneira de se sentir seguro em relação à capacidade de superação das dificuldades fatalmente encontradas nas repetições do dia a dia. Sua grande tarefa é aprimorar diariamente seu relacionamento e encontrar no convívio a fonte de harmonia e de prazer proporcionados pela experiência com o amor.

Vênus ♀ na casa 7

Vênus trata do amor e a casa 7, da vida conjugal e das associações. Como se vê, esses dois símbolos são semelhantes, e é nessa casa que ela atua de maneira mais intensa. Quem possui esse desenho astrológico deseja, antes de tudo, uma relação harmoniosa e, na maioria dos casos, a escolha de um companheiro estável preenche melhor as expectativas de um relacionamento ausente de tormentas e atritos. Normalmente, acolhe o parceiro com carinho, é preocupado com o seu bem-estar e gosta de atender às necessidades de quem ama. Costuma ser generoso na afetividade e no olhar para o outro, sendo um bom conciliador. Entretanto, quando precisa enfrentar uma situação amorosa crítica, sua fragilidade se torna mais evidente, tendo dificuldades em afirmar sua vontade diante do outro. É evidente que uma relação não se mantém estável o tempo todo e, para que possa preservá-la, é preciso também saber lidar com momentos desarmoniosos. Se o seu temperamento for mais do tipo tempestuoso, provavelmente se relacionará melhor quando a outra pessoa for compreensiva e conciliadora, realizando a tendência de construir relacionamentos com pouca margem de conflito. Ainda assim, em qualquer caso, se passar por algum tipo de ansiedade ou desagrado emocional, pode projetar seus problemas no outro, exigindo uma atenção que nem sempre o outro é capaz de dar. É bom lembrar que, se souber compartilhar seus sentimentos com quem ama, mesmo que estes não sejam confortáveis, terá sempre uma grande margem de compreensão e mútuo entendimento.

Vênus ♀ na casa 8

Vênus é o regente de Touro, símbolo da matéria e daquilo que é palpável, enquanto a oitava casa está associada à natureza do signo oposto, Escorpião, que trata da transitoriedade das coisas e das experiências profundas e transformadoras. Os dois simbolismos se complementam, gerando a possibilidade de promover equilíbrio quando houver algum tipo de excesso, seja em relação ao acúmulo material, seja em relação às situações de natureza destrutiva. Quem nasceu com essa posição possui uma necessidade vital de se relacionar intimamente, desconstruindo suas inibições afetivas e sexuais, colaborando para que o parceiro também perca seus medos e restrições emocionais. Há, também, um insaciável desejo de alimento afetivo, levando-o, muitas vezes, a consumir todas as suas reservas emocionais. Amar é explorar a fundo os sentimentos e esgotar tudo o que está contido neles.

Dificilmente se sente satisfeito se não houver mudanças nos relacionamentos, pois transformar é o único meio de manter uma relação interessante e atraente. Em contrapartida, com as mudanças vêm as perdas. Entretanto, há sempre um saldo positivo para quem tem

Vênus associada a essa casa astrológica; com as perdas, há espaço para novas emoções, e a pessoa costuma sair fortalecida dessa situação para começar tudo de novo.

Devido às inseguranças naturais de qualquer relacionamento amoroso, a pessoa que tem esse desenho astrológico pode ficar insatisfeita com o que recebe do parceiro, pois o amor e os sentimentos são tão intensos que é natural haver sensibilidade à falta. É necessário, nesse caso, aprender a se entregar mais ao companheiro em vez de tentar consumir compulsivamente seu amor e suas emoções. Dessa maneira, consegue estabelecer uma forma saudável de dar e receber atenção e afeto.

Vênus ♀ na casa 9

Nascer com o planeta do amor na casa das viagens e dos estudos é desejar ardentemente expandir fronteiras, sejam geográficas, intelectuais ou espirituais. Quanto mais se dedicar aos estudos e às pesquisas, mais reconhece o seu valor, ampliando sua autoestima e facilitando as conquistas amorosas. Pode-se dizer que o conhecimento é o passaporte para o amor. Aliás, o nascido com Vênus na casa 9 é atraído pelo conteúdo intelectual do outro, sua cultura, o que conhece e o quanto tem a aprender com ele. Por isso, dificilmente se sente satisfeito quando não houver muito mais a saber sobre a pessoa com quem se relaciona. Enquanto ela ainda for um território a ser explorado, tudo é encantador. Não é por acaso que normalmente se interessa por pessoas estudiosas, que querem conhecer o mundo, que gostam de viajar e com conhecimentos diferentes dos seus. Seus sentimentos são estimulados pela possibilidade que o parceiro lhe oferece de ir mais longe, de acrescentar algo à vida e de crescer em parceria.

Em contrapartida, como costuma desejar alto, pode idealizar um relacionamento, e, quando a realidade não corresponder ao que sonhou, se decepciona e se desinteressa, o que, sem dúvida, pode dificultar a realização amorosa. Se o modelo idealizado servir-lhe como um referencial a ser atingido, se souber que não irá encontrar o que deseja pronto e se esforçar para construí-lo a dois, pode ser capaz de transformar seus sonhos em amor possível.

Outro aspecto interessante desta posição é a necessidade de sentir-se livre para manter o bem-estar dos seus relacionamentos. O sentimento de posse, tanto o seu quanto o do companheiro, pode ser tratado como algo sufocador, de maneira que impeça seu progresso e comprometa a manutenção de uma relação. Um modo de reagir a essa situação é distanciar-se do parceiro como se estivesse morando num país distante. Uma boa forma de manter vivos o desejo e a atração por alguém é sentir que há sempre algo a conquistar, criando uma distância saudável entre os dois.

Vênus ♀ na casa 10

Ter esta posição no horóscopo indica que Vênus se encontrava praticamente acima da cabeça no momento do nascimento. Por ser um planeta que está no alto, a estética e o amor são valores que balizam sua vida, características simbolizadas pela Vênus. Quem nasce com Vênus na casa 10 se orienta segundo suas experiências amorosas, que deixam marcas importantes em sua história e trajetória pessoais. Além disso, não passa despercebido pela vida daqueles com que se relaciona. Assim como o maestro de uma orquestra, é o amor que rege sua vida.

O belo está acima de tudo, e a habilidade em lidar com as pessoas é um dom que atrai e aproxima. A delicadeza, o charme e a diplomacia são os responsáveis pela sua projeção e reconhecimento social ou profissional. Como a casa 10 trata da construção da carreira, ter a Vênus nessa casa significa ter habilidade em lidar com as relações no trabalho. Aliás, ser um bom intermediador em situações de conflito é um dos dons que pode ser decisivo na escolha de sua carreira. O amor ao belo exige um cuidado especial em tudo o que faz, principalmente quando se trata de algum tipo de responsabilidade profissional. Por esse motivo, seus trabalhos costumam ser apresentados de forma equilibrada e agradam às pessoas pelo capricho. Uma condição importante para se sentir realizado profissionalmente é ser apaixonado pelo que faz. Se, por algum motivo, não se sentir assim, o desafio será transformar seu trabalho em alguma forma de prazer.

No amor, a satisfação ocorre através de relacionamentos sólidos, construídos ao longo do tempo e capazes de superar os obstáculos impostos pela vida. A realização amorosa é proporcional à sua maturidade, pois, quando ainda muito novo, se apaixona facilmente, e dificilmente se satisfaz. Com o passar do tempo, tende a mudar e procura se estabilizar. Quando isso ocorre, a tendência é valorizar seu relacionamento e investir na sua durabilidade.

Vênus ♀ na casa 11

Enquanto a casa 11 está associada à amizade, Vênus simboliza o amor, a beleza e o prazer. O fruto desse encontro é um olhar afetuoso para o ser humano, de maneira que tem prazer em participar de ações que agenciem o encontro entre as pessoas. Um dos grandes talentos de quem nasceu com esse desenho astrológico é unir pessoas e promover harmonia quando há algum tipo de discórdia. É sensível às questões sociais e capaz de proporcionar bem-estar a quem carece de afetividade.

Outra habilidade sua é partilhar seus recursos com os demais, principalmente com quem é afetado pela escassez econômica e pela truculência social. Envolve-se facilmente com as questões alheias, que produzem a escala de importância que lhe servirá como referência para a organização dos seus próprios valores.

Sendo ainda Vênus associado à estética, quem nasce com esse planeta na casa 11 também é habilidoso quando se trata de tornar as relações mais harmoniosas. Essa tendência fica evidente quando aponta soluções para os conflitos em que as diferenças são pouco ou nada respeitadas. A brutalidade à qual os relacionamentos sociais estão geralmente sujeitos se opõe diametralmente ao seu modo de pensar a dinâmica desses encontros. Quando se depara com tais situações, deixa emergir seu espírito conciliador, presenteando as pessoas com atitudes amorosas e calcadas no respeito às diferenças. Em contrapartida, pode ser difícil aceitar e reconhecer o território dos desentendimentos, completamente naturais em qualquer tipo de relacionamento. Tal dificuldade pode ser responsável pela construção de idealizações, obviamente acompanhadas por frustrações. Portanto, é necessário acertar as arestas, pois, mais do que ninguém, o nascido sob essa configuração é capaz de lapidá-las e transformar desentendimento em boa qualidade de compreensão. Com esse tipo de temperamento, seguramente colherá frutos quando o assunto se referir às amizades. Querido pelos amigos, dificilmente sofre perdas significativas, e quando essas acontecem, recebe o carinho de muitos.

A vida amorosa está diretamente relacionada ao espírito fraternal, pois antes de qualquer outro sentimento, a amizade sela todo tipo de relacionamento. Vê o parceiro como um amigo e um aliado. Em contrapartida, o fato de habituar-se a colocar a vida social acima da pessoal geralmente cria problemas nos relacionamentos íntimos, pois podem ser deixadas de lado questões de interesse dos dois. Por isso, é preciso distinguir quando o clima está para sair e encontrar as pessoas ou de quando o momento requer um pouco de recolhimento e intimidade. De qualquer maneira, um relacionamento só se sustenta se houver espaço para outras relações, pois são elas as responsáveis pela criação do seu bem-estar.

Vênus ♀ na casa 12

A casa 12 simboliza as experiências que visam o bem-estar interior. Sendo Vênus o planeta representante do amor, nascer com esta posição requer, antes de mais nada, o reconhecimento do quão importante é sentir-se bem sozinho. A primeira barreira a ser rompida, portanto, é a de que só se é feliz com alguém. Em nossa cultura, somos criados para encontrar um parceiro e somos pouco preparados para nos sentirmos bem sozinhos. Já que essa casa diz respeito à solidão, é preciso haver certo isolamento para que a pessoa possa preparar-se efetivamente para o encontro amoroso. O amor acontece mais facilmente se forem rompidas as barreiras que resguardam os sentimentos contidos e o enfrentamento dos fantasmas que atormentam a alma. Isso porque, quando o nascido com Vênus na casa 12 se apaixona, é possível que seja tomado por emoções efetivamente desconhecidas e, muitas vezes, não tem o mínimo controle sobre a situação. Por esse motivo, o amor pode ser compreendido como um poderoso recurso de libertação psíquica e espiritual, na medida em que é responsável pelo acesso às regiões sombrias, amedrontadoras e, ao mesmo tempo, potencialmente enriquecedoras.

Já que a afetividade está diretamente relacionada aos temores e sentimentos profundos, a pessoa costuma ser sensível ao sofrimento alheio, sendo natural que cuide de quem se encontra aflito. Em contrapartida, quando é ele quem sofre, dificilmente pede ajuda, isolando-se e tentando resolver os seus problemas sozinho. É bom lembrar que aqueles que receberam ajuda podem lhe ser gratos e talvez queiram, também, ajudá-lo.

Ainda em relação ao amor, a tendência é se deixar conduzir pelas fantasias. Por isso, é possível que sonhe com um parceiro ideal, um amante a quem possa se entregar sem medo, alguém que o complete totalmente; e é claro que essa expectativa quase sempre gera frustração. Pode se sentir atraído por alguém impossível de se aproximar, que não corresponda aos seus sentimentos ou que esteja impedido de se relacionar. Entretanto, esse mesmo aspecto pode ser vivido de maneira bem mais harmoniosa: encontrar alguém com quem tenha uma afinidade espiritual, uma parceria baseada na compreensão, e que ambos sejam capazes de reconhecer e aceitar os defeitos um do outro.

MARTE NAS CASAS

A casa em que Marte se encontra está sujeita às experiências competitivas e servem como estímulo para a pessoa não se acomodar. É nela que ela experimenta sua impulsividade e agressividade. Com a realização dos assuntos relacionados a essa casa, há mais garantias de vitórias e força para se reerguer das derrotas.

Marte ♂ na casa 1

A casa 1 é naturalmente associada ao planeta Marte, símbolo do esforço empregado na conquista de independência. Ter Marte nessa casa é, antes de tudo, ficar sujeito à impulsividade, à urgência de agir primeiro e à vontade de sair vencedor quando desafiado. Quem nasce com Marte na casa 1 tende a se identificar com a natureza guerreira do planeta, disposto a enfrentar os conflitos, afirmando-se por suas conquistas. Até mesmo quando a vida dá uma trégua, o confiante portador dessa configuração astrológica dá um jeito de provocar alguma situação que o afaste da zona de conforto. Cheio de energia, precisa canalizar sua excitação para atividades vigorosas com o objetivo de aliviar a pressão à qual normalmente está sujeito, sendo uma boa opção a realização de práticas físicas que dão vazão não só às suas energias, como também ao seu espírito competitivo. Sendo os dois simbolismos associados à independência, raramente consegue deter a vontade de ser dono do seu próprio destino, lutando com todas as suas forças para traçar seu caminho de acordo com o seu desejo. Não suporta depender de alguém, o que costuma resultar em algumas derrotas desnecessárias.

Parte desse comportamento se deve à enorme necessidade de se afirmar perante o mundo, de desejar parecer forte e de imaginar que, ao perder uma batalha, seu valor deixa de existir. Em contrapartida, toda vez que é vencido, sabe se reerguer e se apresenta totalmente renovado para um novo desafio.

Outra característica dessa posição é olhar sempre para a frente, deixando no passado as experiências vividas, sejam elas positivas ou não. Apesar de a independência ser imprescindível, andar com as próprias pernas às vezes pode lhe custar alguns tropeços devido à impulsividade. No entanto, não é isso que intimida o nascido com Marte na casa 1. Nessas situações, encontra energia para superar as falhas e, mais uma vez, acreditar em sua força pessoal e na capacidade de afirmar com coragem o seu jeito forte de ser no mundo.

Marte ♂ na casa 2

Quem nasceu com Marte, o planeta guerreiro, na casa dos ganhos materiais dispõe de enorme energia para lutar por sua independência econômica e para obter bons resultados na esfera material. A força competitiva se alia à vontade de se sustentar por conta própria, originando uma poderosa aliança entre a garra para o trabalho e a capacidade de superar dificuldades financeiras. Além do mais, gerar seu próprio dinheiro é uma aventura estimulante. Depender de alguém para pagar suas contas é uma realidade distante de quem encara a autonomia material como forma de se afirmar no mundo. Entretanto, é esse mesmo espírito empreendedor que produz impulsividade com os gastos e investimentos materiais. A urgência de querer resultados imediatos pode precipitar as decisões, e o desejo de obter prontamente algo não o ajuda a ponderar as consequências dos seus atos. Por isso, algumas experiências no campo financeiro podem custar mais caro do que imaginava e exaurir suas forças ao tentar consertar um mau resultado. Após algumas quedas, o nascido sob essa configuração passa a usar essa força positivamente e aprende a esperar o momento certo para ir adiante.

Os desafios no campo material são encarados como estímulos para o trabalho, valorizando cada vez mais suas qualidades profissionais. Aliás, uma dessas qualidades é a capacidade de vencer obstáculos quando o assunto diz respeito a recursos materiais. Esse é, portanto, um talento que deve ser explorado para obter bons resultados na vida profissional. A realização financeira é um meio de autoafirmação e, portanto, se consegue o que deseja, sente-se seguro e sua força aumenta. Isso pode lhe custar algumas batalhas e grande dispêndio de energia. No entanto, recupera-se com facilidade, desde que não tenha ultrapassado seus limites físicos. Embora sua luta seja árdua, a melhor vitória que pode obter é ser independente financeiramente e ter autonomia no trabalho.

Marte ♂ na casa 3

Marte na casa 3 é indicador da pessoa que faz do desenvolvimento intelectual um desafio, exigindo força e disposição para enfrentar as dificuldades encontradas nos estudos ou em atividades que exijam ações inteligentes. Estes são, por sinal, os territórios em que ocorrem as disputas, pois a competição intelectual é acentuada. Quando há divergência de opiniões, a pessoa que tem em seu mapa esse desenho astrológico aproveita tal cenário para tentar fazer prevalecer as suas ideias. Talvez por ser competitivo intelectualmente, costuma fazer questão de ser franco e direto ao dizer o que pensa. Tal postura tende a gerar tensão, criando um campo favorável para discussões. É evidente que há diversos modos de vivenciar tal situação sem haver agressividade. Entretanto, se por algum motivo guardar por muito tempo o que está pensando ou sentindo, o resultado pode ser uma enorme explosão. Aí, sim, as palavras poderão ferir, ser desmedidas, e criar situações de grande hostilidade.

Normalmente, quem nasce com Marte na casa 3 é inquieto ao se relacionar e é capaz de criar, sem querer, um tumulto tentando impor sua vontade às pessoas próximas. A paciência em relação ao ritmo de vida dos outros em geral não é sua maior virtude. Em contrapartida, é líder e toma o comando com muita facilidade quando ninguém sabe qual decisão tomar ou qual caminho seguir em situações de risco. É quem impulsiona os outros a agir e que lhes dá coragem para ir adiante.

Sua mente é criativa e há sempre urgência de expor suas ideias aos outros, afirmando-se pelo que pensa e pelo impacto que provoca na vida das pessoas. No entanto, é sempre bom ficar atento ao que pensam os outros para evitar conflitos desnecessários. Embora a autoafirmação esteja diretamente associada ao desempenho intelectual, nem sempre tem paciência suficiente para concentrar-se nos estudos ou num simples bate-papo. Para que despertem o seu interesse, os estudos e as conversas jamais podem ser monótonos, devendo se assemelhar a um jogo no qual o adversário deve ser vencido a qualquer custo. Assim, consegue sair vitorioso no campo intelectual e ver seus interesses despertarem toda vez que a vida lhe apresentar a chance de uma boa discussão.

Marte ♂ na casa 4

Sendo a casa 4 a área da vida que trata das relações familiares, o vigoroso Marte nesta posição provoca constantes desafios à pessoa nascida sob essa configuração no que diz respeito à dinâmica de tais relacionamentos. O cenário em família normalmente é propício a disputas e sensível às afrontas. Desse modo, quem tem Marte nessa casa cresce tentando criar e demarcar um território próprio dentro de casa. Quando obtém êxito nesse empreendimento, a experiência familiar colabora imensamente para que se torne alguém independente, dono da sua vida e senhor do seu destino. Caso contrário, os conflitos familiares podem deixá-lo tão envolvido com os problemas por eles gerados que se desgasta e não consegue gerir bem sua vida afetiva quando adulto. Em contrapartida, muitas pessoas com essa configuração transformam os atritos familiares num poderoso instrumento de crescimento e amadurecimento pessoal. Das experiências íntimas extrai força para ir adiante, enfrentando com destemor as limitações afetivas. Nos momentos difíceis, é capaz de extrair dos conflitos emocionais a força necessária para superar dificuldades e se sair bem de tais situações.

Seus relacionamentos podem ser encarados como um território de combate, lugar onde enfrenta seus adversários, ou como algo que o fortalece para enfrentar o mundo externo com garra e ousadia. É possível, assim, que seus familiares sejam objeto de competição, situação que pode ser vivida de forma criativa ou destrutiva, dependendo do modo como ocorrem as disputas.

Ainda se tratando da relação entre o planeta guerreiro e uma casa astrológica ligada às emoções, os sentimentos guardados e ainda não exteriorizados vêm à tona em situações de tensão com tal força que a pessoa não consegue detê-los. Eles são trazidos à superfície obedecendo à urgência que ela tem de livrar-se deles para que as pressões sejam aliviadas. Entretanto, o modo como são expulsos do seu íntimo pode surpreender não só a si, como a todos que estão próximos. É essa a hora certa de analisá-los e não de combatê-los. A compreensão do que se passa no seu interior impulsiona seu crescimento e, assim, pode conseguir lidar melhor com seus sentimentos e com a sensibilidade alheia, podendo impulsionar quem se encontra acomodado, principalmente se for alguém da família.

A quarta casa, por tratar de relações de grande afetividade, fica um pouco desconfortável com a presença desse guerreiro destemido. O alimento que nutre o crescimento psicológico de quem nasceu com Marte na casa 4 é extraído do exemplo de força e coragem dado pelos pais. Se o exemplo dado foi de brigas e hostilidades, esse modelo pode se repetir em outros relacionamentos e dificultar a resolução de seus desafios emocionais. Em contrapartida, o exemplo positivo pode ajudá-lo a desenvolver sua independência e autonomia na idade madura.

Marte ♂ na casa 5

Por ser a casa 5 um setor do mapa astrológico que trata da criatividade e da paixão, Marte nesta posição confere uma dose extra de energia para que a pessoa se sinta encorajada a expressar o que dela emana, tornando-a destemida quando atravessada por sentimentos intensos e situações em que precise se expor. Os impulsos emocionais costumam ser vividos com intensidade e liberados sem que consiga detê-los. Nessas situações, o que ocorre é uma explosão de sentimentos, tornando a experiência amorosa uma aventura, obrigando ao enfrentamento dos perigos, a lutar para que esses não o derrubem e para conseguir vencê-los. É evidente que viver dessa forma pode ser uma experiência exaustiva. Mesmo assim, é preciso alimentar o fogo das paixões sempre que houver acomodação. Quando o amor se encontra ameaçado, luta com unhas e dentes para salvá-lo. Uma derrota nessa área pode ser extremamente frustrante, mas, também, uma lição a ser aprendida. É possível, ainda, que crie situações de conflito na esfera amorosa, por recear perder o interesse no objeto de sua paixão. Esse comportamento compromete o bem-estar de um relacionamento, frustrando-o quanto ao objetivo de mantê-lo vivo.

A criatividade pode ser encarada como um território a ser conquistado, e quem nasce sob essa configuração tende a ver sua obra como resultado do esforço para se expressar. Dessa maneira, a força desse planeta destemido provoca a liberação de sua potencialidade criativa sempre que se sentir pressionado a mostrar o que é capaz de gerar por si mesmo. Ainda se tratando de uma área criativa, age com os filhos como um guerreiro e os encoraja a enfrentar os riscos e os perigos da vida. Pode ser também que facilmente entre em conflito com eles, principalmente quando se deixar levar pela competição. Como a tendência de Marte é impor a vontade, é sempre bom lembrar que o faça com a mão mansa, sem deixar a ternura de lado, atitude fundamental para o bom convívio com as pessoas que ama.

Marte ♂ na casa 6

Quem nasceu com Marte na casa que simboliza o trabalho, encara toda e qualquer atividade produtiva com vigor e facilmente arregaça as mangas e mete a mão na massa. Ficar parado é profundamente desconfortável, pois gera ansiedade e mau humor. É do tipo de pessoa que, ao levantar, está disposta a trabalhar, sendo capaz de inventar tarefas só para começar bem o dia. Entretanto, toda essa disposição está a serviço da autonomia de fazer o que quer na hora que bem desejar. Se a pessoa com Marte na casa 6 for pressionada pelos outros, sua força pode se manifestar como reação ao trabalho e criar conflitos na hora de executar uma atividade. O melhor é que tenha nas mãos as decisões da agenda de compromissos cotidianos, pois funciona bem quando essa regra é respeitada. Como nem sempre é possível trabalhar assim, o importante é escolher um cenário de trabalho em que lhe seja concedida liberdade de decisões ou que assuma cargos de liderança. Aliás, ser um líder no dia a dia de trabalho é o que melhor a impulsiona a crescer e a se desenvolver profissionalmente.

Por outro lado, o fato de querer resolver tudo prontamente a torna excessivamente impaciente com as atividades cotidianas, podendo romper o bom convívio com as pessoas relacionadas ao trabalho, sejam as comandadas, sejam aquelas a quem deve se reportar. De qualquer modo, quem nasce sob essa configuração prefere fazer as coisas sozinho a depender dos outros para realizá-las. Por isso, sobrecarrega-se e irrita-se facilmente com os outros por sua falta de iniciativa.

Não é raro que viva sob constante pressão, pois quer sempre dar o melhor de si e fazer a qualquer custo tudo o que considerar desafio. Outro aspecto importante dessa posição é ser duro consigo e com os outros quando uma falha é cometida. O trabalho, portanto, pode virar um campo de batalha e, em contrapartida, cada tarefa bem-cumprida é uma vitória. Com toda essa disposição, é capaz de impulsionar a vida profissional de muitos outros e de liderar tarefas que exijam o comando de um líder determinado.

As pressões de trabalho e também sua irritação podem agredir seu corpo. Raivas acumuladas, atitudes refreadas pelo medo ou mesmo a falta de coragem de agir em certas situações também são fatores que podem estar diretamente relacionados com algum desequilíbrio físico. Guerreiro, Marte precisa exercitar seu corpo e gastar parte de sua energia em atividades físicas vigorosas para manter seu bem-estar e saúde.

Marte ♂ na casa 7

Marte é o planeta que rege o signo de Áries, enquanto a sétima casa está associada a Libra, o signo oposto. Essa configuração gera, portanto, experiências paradoxais, tanto no que diz respeito à capacidade da pessoa brigar pelo que é seu, quanto ao impulso de construir um relacionamento estável. Quem nasceu com essa posição vê na relação a dois o cenário ideal para enfrentar desafios, não sendo poucos os conflitos lá encontrados ou mesmo por ele gerados. Um relacionamento morno não o atrai e não tem potência para ser levado adiante. A questão é o que entende por morno, pois, para o outro, transitar numa zona de conforto pode ser uma experiência agradável e não necessariamente um sinal de acomodação. É por isso que geralmente escolhe parceiros fortes, decididos e, principalmente, competitivos, para não correr o risco de deixar morrer o entusiasmo que costuma aquecer seus relacionamentos. O grande prazer se dá em provocar o outro e ser por ele provocado. É evidente que tal situação pode gerar relacionamentos construídos na base da disputa criativa ou na conhecida briga em que duas pessoas precisam derrubar uma a outra para se sentirem potentes. Se for o último caso, a tendência é de rupturas ou de conviver na base de conflitos e mágoas, experiências desgastantes e que consomem enorme quantidade de energia.

Por outro lado, é capaz de lutar contra tudo e todos para conquistar a pessoa desejada, agregando enorme valor ao relacionamento quando sai vitorioso. Ainda que perca uma batalha, está sempre pronto para enfrentar a próxima.

Sendo Marte o planeta que simboliza o processo de autoafirmação, é na experiência conjugal ou de parceria que ganha confiança em si mesmo. Só se sente efetivamente seguro se for capaz de encarar os riscos de um relacionamento. Como Marte também está associado à impulsividade, é provável que, ao se apaixonar, queira se unir imediatamente ao outro, desejando viver o resto da vida ao seu lado. Evidentemente, há muito o que ser vivido para gerar condições para a construção de um relacionamento sólido e maduro. A mais importante delas é que a pessoa saiba contornar os momentos de crise com vigor, mas também com paciência. O problema ocorre quando, após algum tempo de convivência, o relacionamento deixa de ser o alvo de suas conquistas. O certo é que aprende de fato a se relacionar depois de alguns tombos. Como uma criança, passa a cair menos quando adquire firmeza nas próprias pernas.

Ainda tomando como referência a potência do planeta guerreiro, sua força pode ser empregada positivamente para evitar a acomodação de um namoro, um casamento ou uma sociedade, sendo também capaz de defender os outros com unhas e dentes quando forem alvo de injustiças.

Marte ♂ na casa 8

Marte é o planeta que, além de reger Áries, rege também o signo de Escorpião, tendo relação com o significado da casa 8 e, por isso, essa combinação intensifica as experiências associadas a essa casa. Quem nasceu sob esse aspecto tem urgência em mudar e se sente motivado quando vislumbra alguma nova experiência surgir. Assim, torna-se o guerreiro, pronto a enfrentar os riscos de um novo empreendimento. É quando mergulha de cabeça, sem medir as consequências, e extraindo forças da profundidade do seu ser. Nessa hora ninguém é capaz de detê-lo e, quem o fizer, pode se deparar com reações explosivas e capazes de ferir. Essa experiência liberta potências adormecidas que, caso se mantivessem ocultas, emergem e conhecem a luz, constituindo-se como um evento transformador e, sem ele, pode perder suas forças e até mesmo desistir de lutar pela realização dos seus desejos.

Uma tendência presente nessa posição é a facilidade de acionar forças destrutivas, algo que geralmente acontece na falta de renovação e consequente acomodação na vida. Contrariamente a essa tendência, quem nasce com Marte na casa 8 é capaz de prontamente repor as energias gastas, desde que não ultrapasse demasiadamente seus limites físicos ou psíquicos. Quando isso acontece, costuma ficar arrasado, confirmando o hábito de agir sem medidas quando desafiado a encarar um perigo. Nesse caso, é preciso um bom período de repouso para recuperar o vigor e sentir-se disposto novamente.

O reconhecimento dos seus limites emocionais ocorre quando souber avaliar o sofrimento decorrente de ações reativas, seja o seu próprio, seja o provocado nos outros. Tal maturidade possibilita a utilização de sua agressividade de forma construtiva, de modo a colocá-la à disposição de suas transformações interiores, libertando-se dos padrões emocionais destrutivos.

Uma questão bastante presente nessa configuração é a importância da sexualidade. Para que se sinta seguro é preciso explorar suas potencialidades sexuais ao máximo e romper com os tabus relacionados ao sexo e à paixão. Assim, sua impulsividade inicial nesses campos deve ser transformada em ações seguras e focadas em desejos possíveis.

Marte ♂ na casa 9

Quem nasceu com Marte nesse setor não sossega enquanto não ultrapassa os limites que impossibilitam seu progresso. Não existem fronteiras que não possam ser atravessadas, e o desejo de ir mais longe o motiva a enfrentar toda e qualquer dificuldade quando decide explorar e conhecer mundos diferentes.

Se para algumas pessoas estudar é um ato de dedicação e paciência, para quem tem Marte na casa 9 tal experiência é atribulada e seu interesse aumenta quando há disputa intelectual ou quando está livre para decidir se deve ou não estudar este ou aquele assunto. Por isso, o cenário criado pelas escolas, com regras e hierarquias, pode se transformar num local de conflitos. Não é por acaso, portanto, que muitas pessoas com essa posição preferem estudar por conta própria, decidindo quando, onde e com quem aprender, sendo determinadas quando se trata de alargar seus conhecimentos.

Pode-se dizer que o nascido sob essa configuração é um caçador de ideias, apontando sua lança para o alvo que pretende atingir. Entusiasmado, é capaz de insistir naquela direção, mesmo que seja advertido de que ali não há nada de especial a ser explorado. Sendo este o caso, o destemido Marte encara o aviso como um desafio e impulsiona a pessoa a lutar até o fim para atingir seu objetivo. No entanto, a pessoa sob essa influência nem sempre sai vencedora. Depois de computar algumas derrotas no território intelectual, acerta o passo, investe sua energia na direção correta, aprende a agir com mais precisão e a controlar sua impulsividade. O certo é que quando se apaixona por uma ideia ou por algum campo do saber, nada mais parece lhe interessar. Mesmo que perca o entusiasmo com o passar do tempo, enquanto tiver envolvida, nada irá detê-la e todas as suas forças estarão voltadas para essa direção. Aliás, é desse modo que descobre a potência responsável pelas vitórias que exigem um bom desempenho intelectual.

Assim como investir no conhecimento é o passaporte para resultados positivos, viajar também é um excelente meio de vencer limitações e sentir-se revigorado. Fora dos limites conhecidos, pode descobrir o quanto é capaz de encarar a vida de frente, com energia e coragem. Os desafios que deve enfrentar — por exemplo, não falar a língua e desconhecer os hábitos de uma cultura — fortalecem e estimulam quem tem Marte na casa 9 a querer aprender mais. Porém, essas fronteiras não precisam ser necessariamente geográficas; podem ser culturais, filosóficas ou espirituais.

Marte ♂ na casa 10

Marte na casa 10 significa que ele estava próximo ao lugar mais alto do Céu visível no momento do nascimento. Tal posição é responsável pela força com que suas características se manifestam na vida da pessoa, ou seja, a presença do espírito combativo e a luta pela conquista e manutenção de sua independência. Esses são traços que irão acompanhá-la por toda a vida e marcarão o modo como se coloca diante do mundo. A realidade externa é traduzida como obstáculos a serem transpostos e, em casos extremos, como um perigoso adversário a ser vencido. Não é por acaso, portanto, que é atraído por situações desafiadoras e que exigem disposição e coragem para enfrentá-las.

Quem nasce sob influência dessa posição tem a necessidade vital de gerir a vida do modo como deseja e de recusar o que lhe é imposto. Nas ocasiões em que é pressionado a agir contra a sua vontade pode reagir de maneira drástica, não havendo paciência para explicar quais são os seus desejos. Muitas vezes, bastaria agir com calma que, seguramente, o resultado seria positivo e mais facilmente atingido.

Indiferente aos riscos, quando sua autonomia está ameaçada, luta por ela, mesmo que precise reunir todas as suas forças exclusivamente nessa direção. Só estará seguro quando se sentir dono do seu próprio destino e, como isso nem sempre é possível, aprende com as derrotas que nem tudo na vida depende de si e que nem sempre as coisas saem como o desejado. Apesar de se sentir tremendamente frustrado nessas situações, o que importa para seguir adiante é avançar sempre, ter energia para alcançar os próximos objetivos e se afirmar novamente diante do mundo externo.

Determinação e objetividade são outros atributos de quem nasceu com Marte na casa 9, principalmente quando o assunto diz respeito à vida profissional. Essa configuração astrológica é indicadora de grandes ambições, caracterizando quem nasce sob sua influência como aquele que precisa ser considerado alguém forte, capaz de enfrentar todo e qualquer desafio que encontrar no trabalho. Por isso, é provável que escolha uma carreira que realce as qualidades de liderança, ousadia e destemor diante do perigo. A atividade profissional é o cenário em que disputa espaço, mede forças e exercita a firmeza e a objetividade. Evidentemente, é melhor que o trabalho jamais seja monótono, pois não tem inclinação alguma para se tornar um profissional acomodado. A passividade o irrita profundamente, e é possível que seu temperamento forte seja o responsável por alguns desafetos, precisando ter bastante cuidado para não deixar que o pulso firme se transforme em ações impulsivas e autoritárias. Em contrapartida, o que não lhe falta é energia para levantar os ânimos quando estes estão ausentes, força para tocar um projeto, principalmente quando este é de difícil realização, e coragem para enfrentar situações-limite.

Marte ♂ na casa 11

Vemos aqui a junção entre um planeta associado à impulsividade e uma casa representativa de valores humanitários. Um dos resultados dessa ligação é a habilidade de estimular ações coletivas ou tomar decisões quando as pessoas de um grupo com interesses comuns não são capazes de ter iniciativa. Quem tem Marte na casa 11 se empenha em atender às urgências alheias, que compõem um cenário propício para dar vazão às forças agressivas e ao espírito combativo. Além de não ficar passivo diante dos problemas da sociedade, tende a se incomodar profundamente ao ver alguém desanimado, pois sua impulsividade não permite e sua impaciência o impede de ficar alheio a qualquer tipo de monotonia social. Ao menor sinal de acomodação de um amigo, de um grupo ou até mesmo de uma equipe de trabalho, é capaz de criar um desafio qualquer para recuperar os ânimos e agitar quem desistiu de lutar. Nessas situações, exercita a liderança provocando os outros a seguir adiante em suas vidas e a não desistir de seus projetos e sonhos.

Embora, às vezes, seja um tanto desajeitado, ou mesmo um caçador de brigas, faz o possível para ajudar os amigos. E se por algum motivo eles forem injustiçados, usa todos os seus recursos para defendê-los. Assim se dá a tendência paradoxal da união de um planeta de simbolismo agressivo com uma casa que se caracteriza pela solidariedade. Se, por um lado, suas ações podem agredir uma pessoa ou ser muito invasivas, por outro, não se recusa a ficar ao lado de alguém quando ele precisa de estímulo ou ajuda. O mais importante dessa posição é fazer da atuação social o meio de afirmar-se no mundo e adquirir segurança em si mesmo.

Entretanto, quando suas atitudes são impensadas ou desmedidas, é possível que a experiência de se relacionar se torne um campo de batalha onde alguém acaba ferido. A tendência de fazer valer sua vontade diante dos outros e de querer dirigir exageradamente a vida dos seus amigos também pode torná-lo um provocador de conflitos quando isso é absolutamente desnecessário. Por esse motivo, é preciso respeitar e aceitar o modo de ser dos outros, dando atenção àquilo de que realmente necessitam, suavizando seu modo intenso de comandar e se relacionar com as pessoas.

Marte ♂ na casa 12

Marte, quando está nesta casa de tendência introspectiva, pode tanto abafar a agressividade quanto gerar forças para o enfrentamento dos temores. Tal combinação significa que os seus mais cruéis adversários estão ocultos nas sombras criadas pelo seu psiquismo. Ao mesmo tempo, são os próprios fantasmas os responsáveis pelo surgimento do guerreiro pronto a enfrentar as pressões internas e os desejos reprimidos. Por isso, normalmente precisa se recolher para angariar forças no enfrentamento de situações difíceis, pois qualquer demanda externa o dispersa e enfraquece. Entretanto, em alguns casos, essa atitude também pode ser resultante de fuga se houver recusa a lidar com um determinado problema.

É comum a casa 12 se manifestar como um território ameaçador por ser desconhecido e, assim, a pessoa nascida sob essa configuração se sente impossibilitada de atacar de frente uma desordem de natureza subjetiva. O impulsivo e agressivo planeta faz com que a pessoa se veja aprisionada nas profundezas da alma, acumulando energias e forças para o momento de sua liberação. As pressões geradas por tal acúmulo podem resultar em atitudes explosivas e falta de controle quando precisa agir com firmeza diante de conflitos. A pessoa que aparenta ser calma pode se transformar em alguém extremamente agressivo, sem que se dê conta da intensidade com a qual reage às situações de tensão. Portanto, toda e qualquer prática que vise à organização interior e ao bem-estar espiritual é extremamente bem-vinda. Dessa maneira, a pessoa se utiliza da força guerreira para encarar seus sofrimentos psíquicos de frente, e o resultado é sempre acalentador.

Outro aspecto dessa combinação astrológica é ser sensível ao sofrimento dos outros, levando-a a lutar com vigor para ajudar a aliviar a dor de quem sofre. É capaz de deixar tudo de lado para atender alguém necessitado. Assim como o cirurgião, corta tecidos da alma para curar as feridas.

Embora esteja sempre pronto para ajudar os outros, quando chega o momento de lidar com o seu próprio sofrimento, quem nasce com Marte na casa 12 dificilmente pede ajuda, tentando resolver seus problemas sozinho, longe da influência e da opinião dos outros. É evidente que, nem sempre, encontra energia suficiente para aliviar a própria dor e, diante de tal impotência, se vê obrigado a recorrer às práticas anteriormente referidas. Esse caminho é um dos maiores desafios de sua vida e, se as dificuldades forem vencidas, sai fortalecido e mais bem-preparado para lidar com outros momentos de sofrimento e dor.

Também tende a agir somente em situações de urgência, deixando de lado problemas cotidianos, para os quais tem pouca paciência, podendo se atrapalhar com a desordem gerada pela falta de ação diante das dificuldades rotineiras. Apesar de outros poderem considerar que essa atitude revela passividade, a pessoa nascida sob a configuração em questão considera que não dar vazão à agressividade a qualquer preço é viver em zona de conforto.

JÚPITER NAS CASAS

A casa na qual se encontra Júpiter está sujeita à sorte e ao progresso. É nela que a pessoa colhe os bons frutos do que plantou. Também é uma área dada aos excessos, portanto, ao desperdício de energia. O investimento nos assuntos relacionados a essa casa garantem abundância e sucesso.

Júpiter ♃ na casa 1

A tendência da combinação entre Júpiter e a casa 1 é amplificar a potência de ambos, pois, cada um ao seu modo, lida com ações impulsionadas pela autoconfiança. Quem nasceu com Júpiter nessa posição dá o máximo de si quando estabelece um objetivo, extraindo suas forças até o esgotamento. A origem de tal comportamento é a necessidade extrema de ser independente, capaz de gerir seu próprio destino e de tomar decisões de acordo com sua vontade, na hora que lhe convier e da forma como desejar. O outro lado da moeda é raramente saber avaliar bem os seus limites, pois tende a acreditar que sempre alcançará o desejado. Por tudo isso, é capaz de se doar demais, se expor exageradamente e não controlar seus impulsos, ou seja, pecar pelo excesso.

Sendo a casa 1 o cenário no qual a pessoa cria um jeito singular de ser, Júpiter nessa posição confere confiança no decorrer de tal processo criativo, resultando num desejo constante de investir no seu desenvolvimento pessoal. O fato é que, desde cedo, quem nasce sob essa influência confia mais em si do que nos outros, mostra-se seguro dos seus objetivos e aceita prontamente os desafios propostos. Não há dúvida de que tudo isso o impulsiona a querer mais e mais e a arriscar novos desejos de conquista para si, alargando seus horizontes pessoais.

Dificilmente pede licença para ser e expor o que é. Quando chega, já mostra claramente sua força, causando impacto e atingindo quem estiver presente. Por isso, é quase impossível não perceber sua presença, independentemente da situação em que se encontre. Aliás, tende a se apresentar para o mundo pelo humor e pela expansividade. Raramente demonstra desânimo ou sofrimento por causa de um possível fracasso. A ideia é que passe por tudo de cabeça erguida, pronto para se levantar após as quedas.

Entretanto, quando a vida transcorre sem percalços, tenta ser verdadeiro ao extremo e, normalmente, age de acordo com aquilo que crê ser a verdade. Nesse sentido, também pode pecar pelo excesso de franqueza, sem medir muito as consequências das suas avaliações e atitudes. Sua maior exigência é consigo mesmo, não admitindo falhar nem obter resultados medianos nos empreendimentos que dependam das suas decisões. Quando estabelece uma meta, segue-a à risca e faz o possível para atingi-la.

Às vezes, obstinado, deixa de viver pequenas experiências valiosas para o seu próprio progresso e pode ficar desatento às oportunidades surgidas ao longo da travessia que o levou à conquista de seus ideais. Ainda assim, quando se sentir confiante da sua criatividade, é capaz de ter ideias magníficas e grandes inspirações. Porém, o entusiasmo por elas pode durar pouco, certamente por não ter sido preciso fazer um esforço descomunal para criá-las. Mesmo assim, é bom que compreenda o seu valor, pois, sendo grande também sua generosidade, ao disponibilizar suas ideias para o mundo, muitos poderão usufruir das suas criações.

Júpiter ♃ na casa 2

Vemos aí um encontro próspero, já que tanto Júpiter quanto a casa 2 tratam de conforto e abundância material. Portanto, nascer com esta posição é ser agraciado com algumas bênçãos no que se refere à construção de uma infraestrutura financeira estável e generosa. Significa, antes de tudo, acreditar que seus talentos, se bem-explorados, podem lhe conceder independência material. Nascer com Júpiter nesta posição é acreditar que sempre há meios para gerar recursos, já que esse planeta está simbolicamente relacionado à confiança e ao otimismo. Aliás, nos momentos difíceis a vida costuma presenteá-lo de alguma maneira, seja oferecendo uma oportunidade de trabalho, seja com um bom resultado em um empreendimento financeiro ou mesmo com a simples ajuda de alguém que o considera merecedor de tal benefício. Tudo isso é fruto do que plantou com sua generosidade e, por isso, é recompensado com algo que resolve imediatamente o seu problema.

Outro aspecto interessante é ser tão fortemente motivado a realizar-se financeiramente que, em geral, é bem-sucedido. Em contrapartida ao fato de obter facilidades materiais, quanto mais é capaz de ganhar, mais tende a gastar, o que justifica por que algumas pessoas com essa configuração têm dificuldade de acumular e, consequentemente, adquirir bens duráveis ou de custo elevado. Júpiter, além da generosidade, também representa a tendência aos excessos que, nesse caso, se dá em relação ao consumo e ao desejo de viver confortavelmente. No entanto, se houver organização e deter o impulso de gastar demais, pode alcançar razoável estabilidade financeira, deixando os gastos superficiais para depois de garantir seu futuro material.

Nessa posição, o importante não é só produzir dinheiro, mas poder obtê-lo respeitando seus princípios e valores éticos, sendo justo nas negociações e trabalhando de acordo com aquilo que crê ser a verdade. Quando assim faz, o nascido com Júpiter na casa 2 se sente realizado e capaz de prosperar com muito mais facilidade. Da mesma maneira que costuma levar em conta os princípios que regulam o modo de obter recursos materiais, também é extremamente exigente quanto aos bons resultados financeiros da produção de trabalho. Isso significa que é capaz de grandes esforços para imprimir valor ao que produz, aos seus talentos e às oportunidades profissionais. Cabe principalmente à própria pessoa ter consciência do quanto vale o seu trabalho e exigir que este seja reconhecido através de um justo reconhecimento material.

Júpiter ♃ na casa 3

Enquanto Júpiter rege o expansivo signo de Sagitário, a casa 3 está associada ao signo oposto, Gêmeos. Esta casa astrológica trata dos meios de comunicação, dos estudos, do meio ambiente próximo e das pessoas que nele atuam. Trata-se, portanto, de uma combinação geradora de experiências paradoxais, tanto no que tange à curiosidade em relação ao que o cerca, quanto ao impulso de olhar mais longe e desbravar horizontes desconhecidos. Quem nasce com essa posição é capaz de extrair grandes ensinamentos das mais simples situações, dos pequenos acontecimentos ou mesmo de um breve e despretensioso comentário, pois Júpiter atua como um amplificador de significados, tornando possível a descoberta de algo profundo onde aparentemente há apenas superficialidade. Qualquer informação pode servir como um passaporte para transpor a fronteira entre o mundo conhecido e o inexplorado.

Na contramão, sempre que se propõe a olhar adiante, encontra respostas simples, compreendendo que o que buscou em mundos distantes estava bem mais próximo do que imaginava. É como querer alcançar um objeto afastado e esbarrar com outro no caminho bem mais interessante e necessário para o seu crescimento pessoal. Nas duas situações, a pessoa é confrontada com experiências opostas e complementares, gerando tensão, mas também sentimento de completude.

Quanto à esfera da comunicação, ter Júpiter na casa 3 é preferir a franqueza a dar muitas voltas para ser entendido. Para a pessoa nascida com tal configuração, é fundamental dizer o que acredita ser a verdade, ainda que possa estar equivocada. Por achar que tem razão, não consegue escutar e acredita que suas ideias são melhores que as dos outros, o que dificulta uma relação harmoniosa com as pessoas. Em contrapartida, quando toma consciência do erro, avalia melhor suas ideias e busca um caminho para a direção certa. Essa atitude colabora imensamente para ser alguém admirado por suas opiniões e riqueza intelectual.

Motivado pelas incontáveis informações que consegue apreender, tende a ser bem-sucedido quando se dedica às pesquisas e aos estudos. As ideias transbordam da mente, tamanha sua capacidade de absorção do que acontece ao seu redor. Quando fala, seu entusiasmo é evidente e as palavras parecem ocupar todo o espaço que o circunda. Isto pode ter também um aspecto negativo se não der chance aos outros de se pronunciarem. Também é possível que não reconheça seus limites ao se comunicar, estendendo uma conversa além do necessário. Entretanto, um dos maiores dons é aconselhar, pois tem sempre a palavra certa, na hora certa e da maneira adequada para orientar quem precisa.

Júpiter ♃ na casa 4

No íntimo de quem nasceu com Júpiter na casa 4 há um armazém de recordações e sentimentos, qualidades dessa casa, e Júpiter funciona como um amplificador. Assim, sua sensibilidade é abundante e as pressões emocionais podem fazer transbordar os sentimentos tão cuidadosamente guardados em local seguro. Embora a casa 4 trate de assuntos íntimos e pessoais, a presença de Júpiter é indicativa da necessidade de trazer à superfície sua parte mais sensível, mesmo quando tenta se resguardar dos riscos apresentados pelo mundo. Ainda assim, tudo o que possa tocá-lo profundamente é sentido até o esgotamento, levando-o a ser um bom avaliador do que ocorre na intimidade de suas experiências emocionais. Por isso, geralmente se vê intensamente envolvido em relacionamentos familiares, consanguíneos ou não, o que, na maioria das vezes, o leva a se sentir bem vivido no campo emocional. É capaz de dar muito de si para manter seus vínculos afetivos e para proteger as pessoas queridas numa atmosfera emocional acolhedora.

Por outro lado, o nascido com Júpiter na casa 4 pode ser excessivamente exigente em relação à família e à organização da casa, sendo evidente que, com essa exigência emocional exagerada, haja insatisfação em relação aos resultados obtidos nessas relações. Primeiro, é importante reconhecer os limites, para não exigir demais de si e dos outros. Segundo, é preciso compreender que nem sempre os outros corresponderão às suas expectativas afetivas. Ter uma família perfeita e relacionamentos sem problemas não é condizente com a realidade. Entretanto, se houver compreensão das falhas, é capaz de fazer o possível para melhorar e, com certeza, consegue chegar bem mais perto do idealizado para si e para os outros à sua volta.

Outra tendência dessa posição é ocupar um espaço significativo dentro de casa, necessitando viver em ambientes amplos. Quando isso não é possível, quem apresenta esse desenho astrológico precisa sair, respirar novos ares e se abastecer de liberdade. Isso o ajuda a suportar a pressão de viver num lugar que o deixa sufocado e a se relacionar melhor com quem compartilha o mesmo teto. A casa 4 está também associada ao passado, indicando que os referenciais familiares têm um peso significativo na forma como lida com a afetividade e com a construção dos laços que o mantém unido às pessoas queridas. Quem nasceu com essa configuração costuma ter como referência familiar experiências, positivas ou negativas, que envolvam regras e proteção.

Júpiter ♃ na casa 5

Estando a casa 5 relacionada à paixão, quem nasce com esta posição necessita estar apaixonado para se sentir bem. É evidente que o vigor, assim como a ansiedade, estão também presentes em quem vive desse modo. Ainda que para a maioria das pessoas a realidade adquira um brilho especial quando estão encantadas por algo ou por alguém, para quem tem Júpiter nessa casa tudo é muito mais intenso quando o assunto em questão tem a ver com os sentimentos. Se afetado pelo amor, há ganho de confiança, é atraído a correr riscos e é capaz de se entregar por completo ao objeto da paixão.

Em contrapartida, sua expectativa em relação ao amor pode ir longe demais. Júpiter, além de exercer a função de expandir, atua também como idealizador, motivo de frequentes frustrações afetivas. Um fracasso na vida amorosa é uma experiência avassaladora. Ao se relacionar acolhendo os limites da realidade, tem força suficiente para melhorar a qualidade dos seus relacionamentos, aproximando o amor ideal do amor possível.

Outro aspecto interessante da casa 5 é a autoestima, e Júpiter colabora enormemente para que reconheça seus talentos e se orgulhe deles. Por isso, dificilmente deixa transparecer insegurança, e, frequentemente, aprecia ficar em evidência. O perigo é quando a autoestima deixa de ser razoável e se torna prejudicial à própria pessoa. Tomada pelas forças da vaidade, pode perder a crítica, expor-se demasiadamente e tornar-se prepotente.

Em contrapartida, a mesma intensidade concentrada na confiança em si, se exercida de forma criativa, inclina à generosidade emocional, levando-o a doar o que transborda do peito apaixonado. A produção intensa de emoções é transformada em benefício e a vaidade é posta à disposição da criatividade, pois esta é abundante e a pessoa deve explorar ao máximo suas potencialidades criativas, ampliando o território de realizações pessoais.

O que é gerado pelo nascido com Júpiter na casa 5 carrega uma marca própria, agregando valor ao que produz. Os filhos e a obra criativa são acolhidos como uma bênção. Em geral, tem motivos de sobra para se orgulhar deles. Tende a protegê-los no que for possível e deve prestar atenção para não fazê-lo em excesso. Deve ser para eles o exemplo da esperança e da confiança na vida.

Júpiter ♃ na casa 6

Nascer com Júpiter, o planeta que simboliza a expansão, na casa astrológica que trata do trabalho, é dar o máximo de si em tudo que produz, desde as tarefas mais simples do dia a dia até as realizações importantes que qualificam a vida profissional. Quem tem esse desenho astrológico é extremamente exigente em relação ao trabalho, o que pode ser observado pelo empenho com que se dedica às suas atividades produtivas.

A monotonia repetitiva do cotidiano tende a produzir desconforto e insatisfação, desencadeando frustração por um lado e, por outro, motivação para buscar uma atividade estimulante. Onde Júpiter se encontra há intensidade e necessidade de crescimento. Se não há espaço para um bom desenvolvimento pessoal, para alcançar novos patamares e para ampliar seu conhecimento, a pessoa perde o ânimo, e a solução é buscar novos horizontes de trabalho. Apesar de apreciar desafios, dificilmente se sente confortável quando os outros a pressionam e, por esse motivo, é preferível exercer atividades que lhe confiram autonomia ou posições de liderança.

Em contrapartida, sendo Júpiter o planeta das leis, quem nasce com essa posição trabalha bem quando há normas claras. Aliás, acatar as regras é parte fundamental da boa produção, seja da própria pessoa, seja de quem com ela ou para ela trabalha. Evidentemente, as outras pessoas podem se sentir exigidas demais e, neste sentido, é importante medir os limites, tanto os seus quanto os dos outros, cuidando para não ultrapassar exageradamente as fronteiras do conforto necessário para produzir bem.

É bem comum também que se sobrecarregue de trabalho, acumulando tarefas desnecessárias. Impulsionado pelo desejo de ser bem-sucedido em tudo o que faz, não resiste a mais uma atividade, mesmo quando já não há mais quase espaço para isso. É claro que essa tendência gera um bom alargamento do cenário profissional. Entretanto, a saúde e o bem-estar físico respondem prontamente a quem ultrapassa os limites saudáveis.

Enfim, a confiança que o nascido com Júpiter na casa 6 tem no que faz aumenta as chances de progresso profissional, promove benefícios para os que trabalham consigo e gera uma produção inacreditavelmente abundante. Tal confiança costuma ser produto da sorte que tem para encontrar uma atividade produtiva. Nos momentos mais difíceis, principalmente quando se vê às voltas com problemas no trabalho, algo acontece e o ajuda a sair dessa. Por isso, é capaz de acreditar que não lhe faltará lugar onde possa produzir e trabalhar bem.

Júpiter ♃ na casa 7

Júpiter é o planeta que rege o signo de Sagitário, um signo de Fogo. A sétima casa está associada a Libra, um signo de Ar, oposto àquele elemento. Por esse motivo, essa combinação resulta em sentimentos paradoxais, tanto no que diz respeito à capacidade da pessoa de ser fiel às suas metas, quanto ao impulso de construir um relacionamento bem-sucedido. Quem nasce sob essa configuração considera o relacionamento a dois um passaporte para o progresso, um meio de desenvolvimento pessoal. Dessa maneira, quanto mais exigir do parceiro, mais facilmente alcança tal desenvolvimento. Mantendo firme o propósito de ampliação de horizontes quando se encontra vinculado a alguém, o resultado também favorece o parceiro, que cresce junto e é levado a conquistas bem-sucedidas.

De outro modo, prefere escolher parceiros fortes, bem-relacionados ou, pelo menos, com bons indícios de desenvolvimento, pois tal escolha facilita que suas metas e as traçadas para um relacionamento sejam atingidas, evitando frustrações. Aliás, as frustrações são muito maldigeridas por quem espera o melhor de um companheiro, seja afetivo ou de trabalho. O maior prazer em se relacionar é ver o quanto o encontro é capaz de levar ambos a um desenvolvimento. Por esse motivo, quando a relação não está aquecida por sonhos, o nascido com Júpiter na casa 7 perde a força e, se não houver novos objetivos, dificilmente consegue levá-la adiante.

Por outro lado, a insatisfação decorrente das idealizações, sejam do parceiro ou da relação, compromete o bem-estar a dois e as pressões podem se tornar completamente desconfortáveis. Ainda assim, é capaz de dar tudo para promover um relacionamento bem-sucedido. Sabe apostar no potencial do parceiro e na sua própria capacidade de encontrar caminhos interessantes para a relação. O bom mesmo é encontrar alguém que comungue seus sonhos, que compre suas ideias e que ambos possam ter projetos que os estimulem a ficar juntos.

Sendo Júpiter o planeta relacionado às leis e à justiça, é na experiência conjugal que a pessoa aprende a confiar nos pactos de relacionamento, pois confia ou a vida a dois se torna insuportável. É evidente que não se trata de fé cega, mas sim de deixar clara a existência das regras do jogo e da importância de respeitá-las. Para que funcione bem, é preciso pôr na mesa de negociações os interesses de ambos, principalmente os divergentes. Assim, a criação da confiança acontece com consciência do que é importante para cada um e o que cada um é capaz de ceder.

Júpiter ♃ na casa 8

De certa maneira, há contradição entre os simbolismos de Júpiter e da casa 8. Enquanto o primeiro trata de méritos e ganhos, o segundo diz respeito à transitoriedade da vida, ou seja, toda e qualquer experiência em que haja perda. Essa combinação é responsável pela intensidade com que as transformações ocorrem na vida de quem nasceu com esta posição. Júpiter tem como função ampliar o impacto das mudanças, principalmente as profundas, que demandam enorme quantidade de energia e que são capazes de transformar a pessoa internamente. É certo que o resultado pode ser o surgimento de alguém muito mais vigoroso, confiante e promissor, passado o impacto das transformações. Entretanto, quando a pessoa atravessa os momentos difíceis, sujeita a dor e, às vezes, a muito sofrimento, tais experiências podem levá-la a ir além dos limites do controle, gerando a expulsão de muito do que estava comprimido na alma, sem conseguir conter o que vem à tona. Mesmo que se sinta aliviada, passada a catarse, a exaustão se faz presente e é necessário saber repor as energias perdidas antes de voltar à ação.

Quem nasce com essa posição sabe que toda e qualquer mudança dá lugar à confiança e ao surgimento de novas metas na vida. É por isso que, mesmo inconscientemente, está constantemente sujeito a mexer no que é preciso e fazer as mudanças que sente serem necessárias. Nesse momento, é capaz de ir com tudo e remexer o lodo decantado interior. Seus sonhos mais profundos são, então, despertados, e se sente seguro para ir mais adiante. Seu crescimento está condicionado ao desapego e às mudanças que é capaz de efetuar.

Outra tendência dessa combinação é a facilidade de fazer emergir forças destrutivas, mas que, se forem colocadas a serviço da criatividade, podem gerar resultados surpreendentes. Ainda nesse sentido, é capaz de repor energias perdidas com tal facilidade que chega a deixá-lo mal-acostumado. É preciso valorizar as forças empregadas para gerar uma mudança de modo a poder recorrer a elas apenas para as situações realmente necessárias.

Também no que diz respeito a correr riscos, essa posição facilita bastante o encorajamento perante o incerto. Normalmente a pessoa se dá bem quando aposta no improvável, recorrendo à intuição que, nesta posição, é abundante. É capaz de farejar o que pode dar errado, cercar-se de proteção e garantir êxito nas experiências arriscadas. Tal sensibilidade, quando posta à disposição dos empreendimentos que envolvem parcerias ou os recursos de terceiros, tende a favorecer os lucros de tais negócios. A força conjunta, nesse caso, é multiplicada, e também seus resultados. Resumindo, a vida costuma proteger quem nasce sob essa configuração nos momentos difíceis, sendo "salvo pelo gongo" muitas vezes. Com o tempo, aprende que quando perde alguma coisa, outra melhor vem no seu lugar.

Júpiter ♃ na casa 9

A casa 9 é naturalmente associada ao planeta Júpiter, símbolo da confiança e da força expansiva, o que significa que, nessa casa, sua atuação fica ressaltada. Estando essa casa também relacionada aos estudos e às viagens, quem nasce com essa posição não enxerga limites, pois, se tiver conhecimento, seja estudando ou viajando, nada é capaz de impedi-lo de progredir e ir mais adiante. Para essa pessoa não há marcos de fronteiras geográficas, intelectuais, religiosas, étnicas ou sociais. O desejo de explorar o que está para além do universo conhecido o motiva a enfrentar as barreiras que separam as pessoas, os países e as diferentes culturas. Normalmente, é alguém que logo abre espaço para si quando está fora do seu lugar, que descobre caminhos diferentes e que aproveita abundantemente o que estuda ou pesquisa. Entretanto, o preço de toda essa facilidade é a insatisfação quando atinge uma meta traçada. Assim que a alcança, é impulsionado a procurar outra, mais distante, mais interessante e, geralmente, mais difícil. Isso o impede de usufruir suas conquistas, gerando ansiedade e um vazio profundo quando se vê sem um objetivo maior na vida. É evidente que esses momentos ocorrem e que não costumam ser poucos na vida da maioria das pessoas. No entanto, quem nasce com tal configuração tenta evitar ao máximo ficar sem uma meta e, ao inventar alguma para preencher o espaço vazio, pode simplesmente gastar energia em algo que não o leva a nada tão importante quanto gostaria.

Sempre os passos que tem à frente são mais largos que os anteriores. Quando seus esforços estão concentrados em determinada direção, raramente olha para outras, deixando de viver uma parte importante da sua existência. Costuma ser persistente quanto aos ideais e objetivos de vida. Entusiasma-se ao sonhar e é capaz de perseverar numa determinada direção com o intuito de alcançar seus sonhos. Isso aumenta consideravelmente suas chances de ser bem-sucedido em viagens, tanto intelectuais quanto físicas. Apesar de não ser o sucesso o maior dos seus objetivos, ao alcançá-lo ganha força para encarar um novo caminho. São tão intensas suas buscas que é capaz de dar a volta ao mundo para, no fim de tudo, descobrir algo grandioso perto do seu alcance.

Júpiter ♃ na casa 10

Quando um planeta está na casa 10, significa que se encontrava próximo do lugar mais alto do Céu visível no momento do nascimento. Esta configuração é responsável pela manifestação das suas características na vida da pessoa. Sendo Júpiter, há a forte presença de confiança, sorte e prosperidade. Estes atributos sempre acompanharão a pessoa nascida nesse momento e serão responsáveis também pelo seu sucesso. Quem nasce com Júpiter na casa 10 encara a realidade com confiança, o que o favorece a superar os reveses da vida. Em geral, é abençoado com algumas facilitações que o ajudam a escalar a montanha dos seus desejos. Não é, portanto, coincidência estarem suas escolhas muito próximas de um cenário favorável e próspero. Por isso, considera-se protegido quando está perdido.

Outro traço é querer realizar seus empreendimentos seguindo o que crê ser a verdade. Dificilmente cede ao modo de pensar dos outros quando este diverge do seu. O que geralmente acaba acontecendo é convencê-los de que está certo e atraí-los para os seus objetivos e ideais.

Por ser obstinado e não olhar para os lados quando está correndo atrás dos seus sonhos, pode tornar-se intransigente, prejudicando o progresso da vida profissional. A casa 10 representa o status alcançado pelo sujeito por suas realizações e Júpiter, além de facilitar o sucesso e reconhecimento na profissão, também pode gerar excessiva exigência no trabalho, o que leva, muitas vezes, à produção desperdiçada.

Uma característica paradoxal dessa posição é a maneira como a pessoa lida com a ideia de destino. Se, por um lado, é capaz de deixar na mão deste a sua vida, por outro, muitas vezes se sente fortemente inclinada a traçar sua trajetória de vida por conta própria, de acordo com o conhecimento adquirido pela experiência. Essas duas faces da sua forma de conduzir a vida oscilam de acordo com o momento, pois quando se vê incapacitada de decidir sobre seu destino, é a hora em que mais confia no imponderável. Em contrapartida, quando não necessita de ajuda externa, toma as rédeas e constrói seu caminho com as próprias mãos.

A obstinação é outra característica. Se o assunto for profissional, isto se intensifica e não sossega enquanto não alcança a posição almejada, pois essa configuração indica grandes ambições. É alguém que precisa ser visto como um profissional bem-sucedido e que soube aproveitar as oportunidades que a vida lhe ofereceu. Assim, é provável que escolha uma carreira que valorize a confiança, o senso de justiça e ofereça espaço para crescer, prosperar e ser bem-reconhecido. Um trabalho que exija muito e enalteça seu conhecimento e cultura é o ideal. É claro que deve haver a promessa de crescimento e que se sinta seguro de que há mais o que explorar além daquilo que lhe é oferecido no momento.

É exigente ao extremo quando se trata da profissão. Quando se dedica, o faz como um sacerdócio, devendo tomar cuidado para não se deixar inundar pela vaidade, evitando ser visto como prepotente e sem limites. Em contrapartida, não lhe falta alegria e bom humor quando o assunto é a carreira, características que fazem do nascido com Júpiter na casa 10 uma pessoa querida e que sabe levantar o ânimo de quem precisa ser estimulado a trabalhar.

Júpiter ♃ na casa 11

A 11ª casa está relacionada aos valores humanos, às ações em conjunto e à amizade, enquanto Júpiter simboliza a expansão, a justiça e as leis. O resultado dessa associação é um olhar amplo em relação à sociedade, estimulando as ações coletivas e o talento de unir pessoas diferentes em torno de um objetivo comum. Quem nasce com Júpiter na casa 11 se envolve com as questões alheias, que formam um terreno fértil para desenvolver o seu desejo por justiça. Sendo ainda Júpiter um planeta relacionado ao bom humor, também é capaz de levantar o ânimo dos desestimulados e daqueles que, por um motivo ou outro, deixaram de crer na construção do bem comum. É exatamente nesses momentos que é capaz de pôr em ação o espírito de liderança e a capacidade de se tornar um formador de opiniões.

Mesmo que tenda a exigir e esperar demasiadamente dos outros, a confiança que deposita na força coletiva o faz acreditar que, através da união, todos sairão ganhando. É claro que, não raramente, se decepciona com as pessoas, tamanha é a expectativa que tem delas. É provável que não aceite as fraquezas humanas com naturalidade. Portanto, é necessário que compreenda que todos podem e devem melhorar, mas que cada um tem seu tempo e seu modo. Mesmo com os amigos, a tendência é idealizar e, caso a realidade não corresponda ao sonhado, as quedas podem deixar marcas significativas. Por outro lado, o espírito otimista de Júpiter leva o nascido sob essa configuração a superar as decepções, aumentando ainda mais a confiança nas amizades.

O que talvez mais toque sua alma são situações de injustiça social, levando-o a atitudes arrojadas e defensoras de quem necessita proteção. Por tal temperamento cooperativo, os frutos colhidos certamente são saudáveis. Costuma contar com a ajuda dos amigos ou das pessoas às quais está ligado por ideais. Ainda que exija muito dos outros, eles sabem reconhecer sua generosidade e certamente lhe retribuirão com a mesma moeda.

Outra característica dessa configuração astrológica é a necessidade que a pessoa tem de sair para o mundo, ver gente, participar do que está acontecendo socialmente. Só assim se sente alimentado culturalmente e consegue reciclar as energias. Seu crescimento pessoal e espiritual depende diretamente do seu contato com os outros, de interagir e participar socialmente e sentir o peso da sua contribuição na construção de uma sociedade melhor e mais justa.

Júpiter ♃ na casa 12

Nessa posição, tudo que habita as regiões psíquicas se intensifica, seja a sensibilidade ou os fantasmas que atormentam a alma. Essa intensificação é necessariamente libertadora. Entretanto, nunca é tarefa fácil deparar-se com o conteúdo enigmático das regiões sombrias da interioridade. Quando sentimentos contidos são postos sob pressão, podem emergir com tal força que frequentemente põem a pessoa fora de controle. Por esse motivo, precisa de momentos de profundo recolhimento e afastamento do burburinho do dia a dia. É assim que consegue angariar forças para lidar com as pressões internas e fazer destas um potencial de crescimento pessoal e, principalmente, espiritual. Essa atitude produz resultados muito positivos e o nascido sob essa configuração se sente muito mais fortalecido para organizar-se internamente. Desse modo, se sente seguro para enfrentar as demandas externas, o que pode ser extremamente desgastante se estiver confuso ou mesmo enfraquecido emocionalmente.

Em contrapartida, aquela pessoa aparentemente indefesa pode se mostrar um entusiasta quando fortalecido psiquicamente. É evidente que qualquer trabalho de natureza subjetiva é extremamente bem-vindo, pois facilmente reage aos benefícios de uma terapia ou de algum tipo de prática espiritual. Com os resultados de tal investimento, se transforma em alguém confiante e seguro de sua força interior.

Outra característica dessa posição astrológica é ser portador de grande sensibilidade. É capaz de notar o que para muitos passa completamente despercebido. Essa habilidade faz com que seja um sujeito sensível ao sofrimento e às questões íntimas dos outros, tornando-se, em geral, um excelente orientador. Semelhante a um mestre, aponta caminhos e indica soluções.

Embora se sinta à vontade em relação ao que sentem os outros, quando os problemas são os seus próprios, nem sempre demonstra tamanha habilidade. Muitas vezes, se perde na vastidão dos sentimentos e, por isso, é importante ter alguém para orientá-lo. Mais uma vez, um trabalho terapêutico ou espiritual é necessário para usufruir a plenitude de seu potencial sensível.

SATURNO NAS CASAS

A casa em que se encontra Saturno é onde a pessoa conhece seus limites e se confronta com a realidade. É um setor sujeito a restrições e estabilidade. A realização dos assuntos dessa casa depende da maturidade ou da capacidade de superar frustrações.

Saturno ♄ na casa 1

A junção desses dois simbolismos produz um resultado estranho, pois, enquanto na casa 1 estão representadas as experiências de natureza impulsiva, Saturno simboliza maturidade e contenção. Por isso, quem nasce com essa posição parece ter uma alma velha. Desde muito pequeno reconhece a existência de limites e cedo adquire noção de responsabilidade. Costuma exigir o máximo de si, é implacável na autocrítica e duro nas atitudes. A razão para agir de tal modo é uma enorme necessidade de ser alguém seguro, capaz de construir, passo a passo, o seu próprio destino, e de tomar decisões maduras.

Em contrapartida, dificilmente relaxa ou deixa as coisas fluírem. Seus limites são tão bem-definidos que raramente se sente à vontade para ultrapassá-los. Aliás, esta é uma característica que faz com que acredite muito mais no que conhece de si mesmo do que naquilo que escapa à sua compreensão objetiva. É bom lembrar que Saturno é o planeta que trata do corte para a realidade, da capacidade de lidar com os limites e de suportar frustrações. Este é o motivo pelo qual contém os impulsos, se expõe comedidamente e precisa se organizar antes de tomar qualquer decisão relevante.

Como a casa 1 se relaciona à individualidade, Saturno nesta posição indica precaução na sua construção, resultado de algumas experiências difíceis em relação à autoestima. O fato é que, desde muito cedo se sente demasiadamente exigido e, muitas vezes, refém do medo de errar.

A exposição pode lhe custar muito e, por causa disso, se desenvolve retraído e, algumas vezes, desconfortável consigo mesmo. Esse temperamento cauteloso, entretanto, se transforma numa individualidade densa, consistente e, na maioria das vezes, extremamente segura de si após o amadurecimento. É claro que, se ao longo do processo de crescimento, a pessoa tiver bloqueado sua potencialidade criativa, mais tarde, na maturidade, tem um árduo trabalho de desconstrução da rigidez para que esta se transforme em confiança e determinação.

O certo é que, quando assume algo, é para valer, e cumpre o que prometeu. É possível que sacrifique partes boas da vida por levá-la a sério demais. Para que tudo transcorra com mais facilidade, não deve se limitar tanto.

Sobrecarregar-se demais de responsabilidades com esse tipo de temperamento é cobrar demais de si e, principalmente, do seu corpo. Quando isso acontece, o corpo reclama e impõe os limites necessários para assumir aquilo de que realmente é capaz.

Outro aspecto relacionado a essa posição é se mostrar bastante sério diante da vida e, principalmente, das pressões de ordem pessoal. Geralmente, não é de brincadeiras e humor expansivo. Mesmo que pareça desanimado ou sofra por algum fracasso, após um período de reclusão faz uma revisão detalhada dos passos dados e dos erros cometidos. Feito isto, se organiza e se recupera no seu tempo, que não é imediato.

As coisas na vida do nascido com essa configuração astrológica costumam transcorrer um pouco mais demoradamente do que ocorrem na vida da maioria das outras pessoas. Por esse motivo, as crianças com essa posição não devem ser forçadas a se desenvolver rapidamente. É preciso respeitar o seu ritmo para que cresçam seguras de si e confiantes nos seus próprios passos. O mais provável para quem nasceu com Saturno na casa 1 é que a vida seja bem mais generosa nos anos de maturidade.

Saturno ♄ na casa 2

Temos aqui um encontro pouco confortável, principalmente para quem vive numa sociedade materialista, na qual o consumo é vangloriado. A casa 2 representa o conforto material, e Saturno, contrariamente a essa modalidade de experimentação, trata do corte para a realidade e, consequentemente, da capacidade de suportar e superar as frustrações. Portanto, nascer com essa posição é ser posto à prova quanto à capacidade de se estruturar materialmente e garantir a obtenção de recursos para que não venham a faltar num momento futuro. Significa confiar que, se os próprios talentos forem bem-explorados, serão suficientes para obter estabilidade financeira e para não o abandonarem em momento algum da vida, de modo a evitar transtornos relativos a situações imprevisíveis que envolvam dinheiro e bens materiais. Aliás, as dificuldades financeiras são atravessadas com maturidade, mas com uma carga de ansiedade muito alta, gerando desgaste psíquico e até mesmo físico.

Sabendo que a casa 2 é o cenário no qual atuam as capacidades de obtenção do sustento, nascer com Saturno nessa posição é levar um bom tempo até se sentir seguro de ter meios para gerar recursos, já que Saturno não é o mais otimista dos símbolos astrológicos. Há que passar por provas de superação de limites para confiar no seu potencial produtivo. Entretanto, quem se empenha desde cedo em gerar recursos e se dedica ao trabalho com maturidade, geralmente é bem-sucedido nessa área e garante um bom rendimento no presente e reservas para o futuro.

Outra característica dessa posição é que a pessoa dificilmente arrisca, a não ser que já tenha adquirido o suficiente para garantir seu sustento por muito tempo. A construção de uma vida financeira tranquila pode exigir grandes esforços e sacrifícios, o que a torna alguém responsável pelo gerenciamento dos seus bens e bastante realista quanto ao valor do que tem.

Entretanto, se preocupa demasiadamente em encontrar os melhores meios de garantir sua estabilidade financeira, precisando de bastante tempo para decidir dar os primeiros passos para a conquista de tal desejo. Independentemente de ter ou não um patrimônio seguro, é nessa área da vida que as provas lhe são impostas. Deve se esforçar ao máximo para vencer limites e medos, confiando na sua capacidade produtiva e desenvolvendo a habilidade de gerenciar com maturidade o que adquiriu com o trabalho. Provavelmente, se sente mais confiante com a maturidade, ficando bem mais fácil a sua relação com o trabalho quando estiver financeiramente estruturado e com o futuro material garantido.

Saturno ♄ na casa 3

Quem nasce sob essa configuração, em geral, é extremamente exigente quanto à informação e tende a transformar qualquer assunto de interesse imediato em experiência sólida. Saturno atua aí como um organizador do conhecimento, de modo a torná-lo útil e fácil de ser aproveitado quando necessário. A experiência com a linguagem é a mais poderosa ferramenta de amadurecimento pessoal, desde que não se exceda na exigência de se comunicar bem e claramente. Para quem exige precisão no que fala, calar sempre é preferível a emitir uma opinião incerta ou imatura. Dizer algo que ainda não tenha pensado e repensado inúmeras vezes pode ser sinal de irresponsabilidade. Geralmente se compromete com o que diz, cumprindo rigorosamente os acordos feitos. É evidente que pode falhar, porém dificilmente se perdoa nesse caso. É rigoroso com as palavras, que devem ser empregadas corretamente para não haver dúvidas do que significam. É possível que essa exigência o impeça de ser mais leve e espontâneo na comunicação. A responsabilidade não permite que fale aquilo que subitamente lhe vem à mente. Não há essa urgência, havendo até mesmo paciência. É possível que demore um bom tempo para emitir uma opinião, mas, ao emiti-la, não deixa dúvidas do que pensa. Suas ideias costumam ser rígidas, porém bem-fundamentadas.

Também pode sentir-se retraído num primeiro contato com as pessoas. Raramente se expõe antes de conhecer melhor quem está próximo. Muitas vezes, essa atitude pode ser interpretada de modo equivocado pelos outros, levando-os a julgá-lo distante ou mesmo desinteressado em conhecê-los. Entretanto, se houver de fato uma timidez excessiva, é importante se acostumar a sair mais, encontrar e conhecer mais pessoas para que, com o tempo, possa vencer essa timidez.

Visto por outro ângulo, comporta-se como alguém extremamente responsável nas suas relações cotidianas. Preocupa-se com os problemas dos outros e sabe tomar as providências devidas para ajudá-los a resolver o que é possível. Em contrapartida, se encontrar dificuldades em um determinado relacionamento e não souber superá-las, é capaz de manter um distanciamento que, com o tempo, só tende a aumentar. Nessas situações é importante saber ir diretamente ao assunto, recorrendo a uma das melhores qualidades dessa posição astrológica.

As atividades intelectuais — estudos, pesquisas, provas — são realizadas no seu próprio tempo, que não é necessariamente igual ao dos outros. É possível que, a princípio, sinta-se inseguro frente à maioria. Porém, o desejo de obter um conhecimento sólido o obriga a se concentrar cada vez mais nos assuntos de seu interesse.

Saturno ♄ na casa 4

Por ser a casa 4 o cenário das relações familiares, o rigoroso Saturno nesta posição impõe duras provas de amadurecimento afetivo, tornando a dinâmica de tais relacionamentos um território de experiências desafiadoras e, na mesma medida, altamente estruturadoras. A experiência familiar leva o nascido sob essa configuração a aprender como lidar com frustrações e como superá-las. Nesse sentido, cresce sobre os alicerces da maturidade e da responsabilidade. Quando se sente seguro do seu espaço no núcleo familiar, é capaz de confiar em suas habilidades de relacionamento e se sente mais à vontade diante de relações íntimas. Caso contrário, se lhe foram negadas as referências de estabilidade, é possível que enfrente dificuldades afetivas e precise fazer grandes esforços pessoais para superá-las. De tal empreendimento extrai potência para construir relacionamentos sólidos, encarando com maturidade as limitações afetivas. Nas situações familiares difíceis, quem tem Saturno na casa 4 é capaz de transformar os conflitos emocionais em organização psíquica, fortalecendo-se. Em função do que experimenta na intimidade, pode tornar os relacionamentos um campo de duras provas, ou conduzi-los com paciência, perseverança e confiança. Por isso, é possível que seus familiares provoquem sentimentos de restrição, experiência que pode ser vivida de forma positiva ou limitadora, dependendo das dificuldades às quais se sente submetido.

Ainda se tratando da combinação entre o duro Saturno e a casa astrológica associada às emoções, os sentimentos armazenados podem ficar sujeitos ao endurecimento com o tempo caso a pessoa não os faça circular e não os trabalhe profundamente. Pode-se reconhecer a tendência a guardar emoções como forma de se defender das pressões emocionais e a capacidade de organizar-se internamente de modo a construir bases seguras para o seu desenvolvimento emocional. A forma como se dá tal processo é constituída pelo reconhecimento da realidade à qual os relacionamentos estão sujeitos e pela capacidade de acolher os limites gerados pela intimidade das relações. Tal processo pode capacitar a pessoa a lidar melhor com seus sentimentos e com a sensibilidade daqueles com quem se relaciona, tornando-se a principal responsável pela organização da casa e da família.

Por se tratar de relações de profunda afetividade, a casa 4 fica pouco à vontade diante desse planeta rigoroso e rígido. O nutriente do seu desenvolvimento psicológico é retirado do exemplo de responsabilidade e disciplina oferecido pelos pais. Entretanto, se foi educado sob pressão, cobranças e com excesso de rigor, isso pode ser interpretado como falta afetiva. É possível que fiquem marcas de dureza e que isso prejudique seu desenvolvimento pessoal. Sua segurança fica comprometida e é provável que tenha dificuldades ao se relacionar, além de poder ficar ancorado no passado. Se conseguir superar os receios emocionais, se torna capaz de construir uma família bem-estruturada, sendo aquele que oferece segurança.

Saturno ♄ na casa 5

Saturno é o símbolo da prudência, do tempo e da maturidade. A casa 5 está associada ao amor, às paixões, à vontade de viver e de ser feliz. Portanto, o rigoroso Saturno atua nesta casa como um moderador das emoções, conferindo a quem nasce com essa posição uma atitude cautelosa em relação aos sentimentos. Isso não quer dizer que seja insensível ou que não se deixe comover. Aliás, é possível até que seja muito mais emotivo do que se possa imaginar. Entretanto, para conseguir expressar suas emoções com naturalidade, é preciso estar muito seguro de si. Como nem sempre isso é possível, esses momentos são mais raros, e a impressão que fica é de que as emoções pouco tocam o seu coração.

Para quem nasce com essa configuração astrológica, os impulsos emocionais são contidos, sentindo-se pouco à vontade quando precisa se expor. Se puder decidir, prefere aparecer pouco, e quando o faz, tende a ser bastante discreto. Nessas situações, tem uma preparação rigorosa do que pode ou não ser exposto. Se apaixonado, faz da experiência amorosa um campo de testes até se sentir seguro para se expor. Não há dúvida de que esse modo de lidar com a paixão é bastante custoso e pode levá-lo a perder algumas oportunidades interessantes na esfera do amor.

Ainda assim, costuma se nutrir amorosamente de relacionamentos que lhe deem alguma garantia de segurança. Evidentemente, como nem sempre isso é possível, pode demorar tempo demais para atingir o objeto do seu amor. Quando se sente ameaçado ou inseguro nesse território, a tendência é se retrair e, se houver maturidade, fazer um esforço louvável para superar suas próprias limitações emocionais. Por isso, raramente se entrega de maneira espontânea ao amor. Tende a querer garantias demais e ser exageradamente exigente quando apaixonado.

De todo modo, a experiência afetiva é uma das mais poderosas ferramentas da construção da maturidade e da capacidade de superar frustrações. Com a idade, seus sentimentos ficam bem mais estruturados e o tempo se torna seu maior aliado no amor.

A criatividade pode ser uma área da vida a ser desenvolvida com bastante esforço, produto de muito empenho e de reconhecimento dos seus próprios limites. Vê sua obra como objeto de superação pessoal, conferindo ao que produz um valor de suprema importância. Entretanto, pode não conseguir criar em decorrência de baixa autoestima, sentimento comum em quem nasceu com essa configuração. Assim, extrair de si algo criativo pode exigir um esforço maior que o habitual. Tudo que é gerado normalmente é fruto de um processo lento de maturação. Talvez o fato de se cobrar demais perfeição impeça a ousadia.

Ainda se tratando da criatividade, educar um filho é sinônimo de responsabilidade e tende a agir com eles com rigor ou, em certos casos, com medo de errar, o que pode atrapalhá-lo bastante no contato amoroso com os filhos. Também é capaz de sacrificar coisas importantes da sua vida para se dedicar a eles. Deve achar o equilíbrio entre o dever e o prazer, entre o limite e a permissão. Se assim o fizer, certamente seus resultados serão compensadores.

Saturno ♄ na casa 6

Saturno nesta posição assume o papel de administrador do trabalho. Quem nasce sob essa influência encara qualquer atividade com seriedade e facilmente se compromete com as tarefas cotidianas. Tende a organizar a rotina de maneira criteriosa, de modo a conseguir cumprir com responsabilidade os compromissos assumidos. O senso de dever impõe um natural cuidado na forma de ordenar a vida e executar atividades. Facilmente arranja algo para ocupar o tempo, transformando tudo o que faz em algo proveitoso, pois ficar parado é angustiante para ele. É o tipo de pessoa que começa o dia fazendo uma lista de tarefas e não descansa até executar todas elas. A organização tem extrema importância para conseguir realizar bem o que se propõe. Por isso, é extremamente rigoroso profissionalmente e exigente em relação à qualidade do que produz. Aliás, ser perfeccionista nos seus afazeres é um impulso para o amadurecimento e a estabilização, e para perseverar diante de uma tarefa difícil.

Essa mesma exigência pode ser vista nas suas relações de trabalho. Qualquer pessoa que trabalhe consigo ou para si passa pelo mesmo critério de avaliação. O resultado costuma ser um serviço excelente, mas, se for rigoroso em excesso, pode se estressar demais e gerar relações difíceis, impossibilitando a boa convivência. Como nem sempre é possível trabalhar com pessoas responsáveis e que correspondam às suas exigências, o melhor é evitar um cenário profissional ou cotidiano relacionado a improbabilidades e sujeito a constantes mudanças. Embora esse rigor lhe custe alguns sacrifícios, faz tudo que estiver ao seu alcance para obter o melhor resultado possível. Por isso, deve estabelecer prioridades e cortar o excesso de atividades.

Devido às suas preocupações com eficiência e resultados, costuma se sobrecarregar, e, quando isso acontece, corre o risco de ficar completamente atrapalhado. Nas situações em que os erros ocorrem, raramente se desculpa, pois, para sua austera autocrítica, falhar não é uma possibilidade. Com tamanha rigidez, o trabalho pode se tornar uma tortura, um peso difícil de carregar. Por isso, o nascido com Saturno na casa 6 deve estabelecer limites para não comprometer também sua saúde. Por estar preocupado demais em resolver os problemas cotidianos, pode adiar os cuidados que venham a lhe proporcionar o bem-estar físico. Se isso acontecer, os desequilíbrios aparecerão justamente em períodos de estresse, e poderão se tornar crônicos. Devido à natureza de Saturno, o equilíbrio entre o trabalho e a qualidade de vida ganha forma à medida que o tempo passa e a pessoa amadurece.

Saturno ♄ na casa 7

Essa casa trata de parcerias, associações e casamento, e o rigoroso Saturno exige muito de quem nasce com essa configuração astrológica. Normalmente, as pessoas começam a se relacionar muito cedo, e sonham em encontrar um parceiro ideal. Entretanto, para quem tem esse aspecto, essas tendências naturais podem se transformar em experiências muito frustrantes. Saturno é o símbolo da realidade dura, nua e crua. Por isso, quem tem Saturno na casa 7 dificilmente consegue manter esse romantismo por muito tempo. As relações precoces são as que mais sofrem com isso, pois é nessa época da vida que os sonhos estão à flor da pele. Entretanto, com o passar do tempo, a maturidade se torna sua maior aliada. Com mais experiência, se torna capaz de solidificar um relacionamento. Consegue compreender que um casamento é construído — não vem pronto. Assim, se torna alguém que se esforça ao extremo para manter uma relação estável. Dedica-se do melhor modo possível ao seu parceiro e passa a aceitá-lo como ele realmente é, e, se souber se relacionar dessa maneira, consegue realizar o desejo de viver a dois.

A melhor forma de conduzir com harmonia um relacionamento é permitir que a ação do tempo solidifique os sentimentos de modo que, juntos, possam usufruir a sabedoria adquirida com a maturidade. A relação a dois é vivida como o território ideal para superar limitações, não sendo poucos os desafios encontrados quando se relaciona. Em contrapartida, um relacionamento instável, sujeito a pressões emocionais, não tem muita força para se consolidar. A questão é saber diferenciar falta de comprometimento no relacionamento e dificuldades em partilhar a vida com outra pessoa. Se a instabilidade for produto de inseguranças naturais de uma relação ainda em construção, é importante saber insistir e trabalhar para obter confiança. Ao alcançar essa confiança, se sente fortalecido para enfrentar as restrições às quais se sente sujeito ao se relacionar. Por isso, tende a escolher parceiros maduros, mais velhos ou bastante experientes, para correr menos riscos na convivência a dois.

Uma das melhores sensações que pode experimentar é se sentir seguro em relação aos sentimentos do parceiro, pois detesta os jogos emocionais e as ameaças tão comuns no cenário amoroso. Quanto mais se sentir ameaçado pelo outro, mais recuado fica, e a distância pode chegar ao ponto de se tornar irreversível. É evidente que ninguém tem garantia de nada, por isso os pactos e as regras a dois são absolutamente sérios e rigorosos. Caso sejam quebrados, dificilmente volta atrás e não se sente seguro para investir no relacionamento. Mais uma vez, a maturidade é bem-vinda, pois o deixa mais flexível e tolerante, mesmo que ainda mantenha o seu natural rigor ao lidar com as relações. Ainda em referência ao planeta que simboliza firmeza, sua força pode ser empregada criativamente quando a pessoa se dispõe a crescer junto ao parceiro e a construir um relacionamento baseado na mútua confiança.

Saturno ♄ na casa 8

Num certo sentido, essa combinação abriga uma contradição, pois enquanto a casa 8 trata da transitoriedade da vida, das perdas e das transformações, Saturno é o planeta que representa segurança e estabilidade. Portanto, quem tem Saturno nessa casa costuma precisar de tempo para aceitar ou digerir mudanças. Essa posição é responsável pela resistência com que lida com as transformações, principalmente as profundas, que exigem reservas de energia. Mesmo que seja inquieto e anseie por mudança, precisa amadurecer emocionalmente até se sentir seguro o suficiente para encarar o processo de mudança que, evidentemente, traz instabilidade. Saturno tem como função a organização, mais facilmente alcançada se houver confiança ao atravessar as tempestades naturais de todo e qualquer processo que envolva transformação interior. Passado o sofrimento causado pelo impacto das mudanças, o mais provável é o surgimento de alguém estruturado, seguro de suas potencialidades e consciente dos seus próprios limites. No entanto, durante os momentos difíceis, quando está sujeito às pressões emocionais, pode optar pela reclusão e considerar-se incapaz de superá-los.

Evidentemente, nem todas as pessoas com essa posição agem assim, principalmente aquelas que já atingiram uma certa maturidade e estão calejadas pelas mudanças. Essas pessoas tendem a enfrentar tais dificuldades com firmeza e determinação, sendo pacientes durante o processo e sabendo exatamente quando ele irá acabar. Isso é resultado da confiança adquirida de que toda transformação é capaz de gerar estabilidade, garantindo, dessa maneira, suporte para as transformações futuras. Entretanto, deve mexer no lodo emocional a ser modificado com prudência e sem impulsividade. Por esse motivo, é bom preparar-se antecipadamente quando está consciente de que é preciso abrir mão do que tem para dar lugar ao novo. Assim, atravessa com mais tranquilidade esse território muitas vezes assustador.

Seu amadurecimento está associado ao desapego e à capacidade de quebrar tabus, evidentemente relacionados à morte e ao sexo em nossa sociedade. Enquanto não atingir a maturidade, é possível sentir dificuldade de enfrentar o desconhecido. Suas resistências emocionais podem impedi-lo de querer correr riscos. Um dos motivos pode ser o fato de os desejos terem se cristalizado em função de experiências de perda ainda não superadas. Por isso, pode sentir dificuldade de se entregar às mais profundas e ocultas fantasias. Essas inseguranças são mais evidentes no início da vida, quando ainda é inexperiente. Elas tendem a diminuir com o tempo e são bem menores na fase da maturidade. Quando o nascido com Saturno na casa 8 se sente seguro, as mudanças são tratadas de forma objetiva, sem rodeios e adiamentos, pois seus sentimentos estarão mais solidificados; sua sexualidade amadurecida e os tabus, superados, estando pronto para viver o que de mais profundo existe em si.

A maturidade, quando posta à disposição das iniciativas que envolvem parcerias ou recursos de terceiros, tende a favorecer os lucros. A união de forças em prol de um empreendimento material pode ser garantia de bons resultados quando feita com margem de segurança e evitando-se grandes riscos.

Saturno ♄ na casa 9

Sendo a casa 9 o setor astrológico associado aos estudos e viagens, para quem nasce com o mais rigoroso planeta nessa posição, sonhar com regiões distantes é um desafio que o move a ultrapassar as barreiras capazes de impedi-lo de progredir. Para essa pessoa as fronteiras são bem demarcadas e as experiências que possibilitam atravessá-las nem sempre são simples ou possíveis sem considerável esforço. Para que seu pensamento alce voo, deve estar minimamente seguro do que pode encontrar no alto. Ao estabelecer uma meta, é preciso ter a garantia de sucesso. É necessário estudar todas as possibilidades, verificar seus limites e ficar bem-embasado. Por isso, é possível que leve um bom tempo organizando seus objetivos e construindo seus sonhos.

Se para muitas pessoas estudar é algo estimulante, para quem nasce com Saturno na casa 9 tal experiência é marcada pela dedicação e paciência. Por isso, o cenário rigoroso das escolas, principalmente das universidades, é bem mais interessante quando já se atingiu certo grau de maturidade. É comum encontrarmos pessoas com tal posição astrológica que colhem bons resultados quando iniciam estudos com idade mais avançada ou quando já têm boa experiência de vida. Como os jovens tendem a ingressar muito cedo na faculdade, aqueles que nasceram com essa configuração podem sofrer bastante com as exigências do meio intelectual, ou mesmo com sua própria necessidade de não falhar nos estudos. Em contrapartida, as regras existentes nas instituições podem facilitar sua organização e ajudá-los a produzir bem intelectualmente. Geralmente, pessoa nascida com Saturno na casa 9 é disciplinada e perseverante quando se dedica a estudar ou pesquisar um assunto de seu interesse. Prudente, sabe esperar o tempo certo para se sentir madura na esfera do conhecimento.

Isso também é válido quando o assunto é viajar. Tal experiência contribui imensamente para sua estruturação psicológica e para a aquisição de confiança em si mesma. Ainda assim, prefere uma viagem planejada a enfrentar atribulações imprevistas. Uma derrota intelectual ou uma viagem que não saiu como desejava pode deixar a pessoa profundamente marcada pela frustração. Se esse for o caso, o importante é tentar novamente, insistir na superação e adquirir novamente confiança.

Quando Saturno está envolvido, sempre é bom não deixar que uma experiência malsucedida se cristalize na alma e a impeça de viver com liberdade. Nesse caso, o assunto é o saber, a capacidade de sonhar e o desejo de ir mais longe. O outro lado da moeda é o quanto pode usufruir os prazeres do conhecimento quando superado o medo de falhar. Canalizando seu rigor para uma realização criativa, viajar e estudar se transformam num meio espetacular de superar limitações e atingir ou usufruir a maturidade.

Saturno ♄ na casa 10

Sendo Saturno o planeta que estava no alto do Céu no momento que a pessoa nasceu, tal posição confere à sua vida as características de determinação, esforço para alcançar o que deseja e ambição para sustentá-la nos momentos difíceis. Essas qualidades a acompanham ao longo da vida e marcam o modo como se comporta diante do mundo. As realizações devem ser conduzidas com prudência, pois o preço a pagar adiante pela falta de cautela é muito alto. Aliás, não é raro sentir-se atraído por posições que lhe prometam projeção e reconhecimento, desejo que, se por um lado o impele a persistir na direção escolhida, também pode gerar profundas frustrações ao não atingir os objetivos traçados.

Outra qualidade dessa configuração astrológica é a necessidade de ascender socialmente por seu próprio esforço, ainda que isso lhe custe um preço bastante alto. Entretanto, nas situações em que há pressão externa, extrai de si uma de suas melhores atuações e é capaz de se sacrificar para ser bem-sucedido. Nesse momento, põe à prova a capacidade de superar limites e agir com controle.

Em contrapartida, ao se deixar conduzir pelo medo de falhar, pelo excesso de rigor e autocrítica, pode restringir consideravelmente seu campo de realização, principalmente quando se trata da sua vida profissional. Nesse caso, só está seguro quando atinge razoável maturidade e experiência no trabalho, responsáveis pela aquisição da confiança em suas capacidades e de não se deixar abater caso os empreendimentos sejam malsucedidos ou mesmo quando não houver reconhecimento profissional. Esse sofrimento deve servir como ferramenta para a construção de uma estrutura resistente às críticas e mesmo às suas próprias limitações.

Disciplina e organização são outras propriedades de quem tem Saturno na casa 10, principalmente quando se trata da construção de um plano de carreira, já que esta casa simboliza a trajetória profissional e os meios disponíveis para percorrê-la. Por isso, pode escolher uma carreira condizente com essas qualidades ou que ofereça estabilidade e facilite a ascensão. Vale ressaltar, ainda, que a ambição é bastante presente em quem nasceu com essa combinação astrológica, que se caracteriza como alguém que precisa ser reconhecido como um profissional bem-sucedido e sentir razoável segurança quanto à estabilidade da sua posição. A atividade profissional é o território em que experimenta o peso da escalada em direção ao topo, o que indica que o caminho escolhido, normalmente, é íngreme e árido. As facilidades não são muito valorizadas, e, quando há falta de desafios, apressa-se em criá-los.

Ainda em relação à natureza de Saturno, a construção de uma carreira sólida deve ser feita passo a passo. É importante calcular com segurança os alicerces que irão sustentá-la. É na maturidade que o prestígio e o status social devem ser alcançados. Entretanto, a ambição exacerbada pode atuar como fator contrário à realização dos planos traçados. No lugar de sustentar a posição sonhada, pode derrubá-lo ou mesmo frustrá-lo quando atingir sua meta.

Em contrapartida, o medo de não conseguir se tornar alguém no mundo pode criar barreiras quase intransponíveis, impedindo quem nasce com Saturno na casa 10 de se realizar profissionalmente. É possível que esse medo tenha origem no fato de ser demasiadamente exigente consigo mesmo e não suportar a ideia de ser reprovado socialmente.

Em alguns casos, pode até responsabilizar a sociedade por suas próprias frustrações, acreditando que as exigências impostas pelo mundo são pesadas demais. Novamente, a maturidade ajuda a vencer tais dificuldades, compreendendo que seus esforços são mais bem-empregados quando dirigidos para um trabalho possível de ser realizado.

Saturno ♄ na casa 11

A união entre um planeta associado à responsabilidade e uma casa de valores humanitários resulta na habilidade de reconhecer as necessidades coletivas e de agir com determinação quando é preciso organizar uma ação conjunta. Quem nasceu com Saturno na casa 11 encara com seriedade as urgências alheias, além de se comprometer com possíveis soluções e se empenhar no levantamento dos recursos necessários para sanar tais problemas. Com tal temperamento, não se sente mobilizado com as mazelas superficiais das pessoas, apesar de seu sentimento de dever social obrigá-lo a agir com responsabilidade diante das dificuldades alheias e, ao menor sinal de desorganização, partir para a ação. É bastante rígido e exigente com as pessoas, mas faz o que for preciso para atendê-las quando necessitarem.

Por ser severo, quem nasce com Saturno na casa 11 pode ser interpretado como alguém difícil de se relacionar, mas essa impressão tende a mudar com o tempo, passando a ser visto como alguém confiável e com quem se pode contar. Uma casa astrológica caracterizada pelo espírito de solidariedade recebe bastante bem esse sujeito compromissado e responsável com tais questões. Se, sob um aspecto, suas atitudes tendem a ser rígidas, por outro, não há porque não confiar nele. Quem nasce com essa posição astrológica sente ter um dever a cumprir na sociedade, e fazer algo pelas pessoas faz parte do seu processo de amadurecimento. Portanto, quando dedica parte do seu tempo aos outros, precisa se sentir útil e não completamente dispensável no seu círculo de relações. O mais importante dessa configuração é fazer da sua atuação social um instrumento de organização e crescimento pessoais.

Entretanto, essa posição astrológica indica que pode ser um pouco tímido ao primeiro contato, ser rigoroso demais com seus amigos e levar um bom tempo até se sentir seguro para se relacionar. Por isso, é preciso ser tolerante com os outros, principalmente com os conflitos cotidianos, suavizando seus relacionamentos. Entende que um relacionamento só se estabelece com confiança de ambas as partes, e isso só é possível depois de um longo tempo de convivência. É por isso que, às vezes, tende a se frustrar com os outros, pois espera ser correspondido com comprometimento e seriedade. Em contrapartida, suas amizades tendem a ser duradouras; as pessoas podem contar com ela quando precisarem.

Saturno ♄ na casa 12

Quando se encontra nesta casa introspectiva, Saturno pode dificultar o acesso à consciência de dever e responsabilidade, e aumentar as chances de tratar com objetividade e sem rodeios suas angústias e medos mais profundos. Tudo depende do quanto se dedica a investigar as profundas regiões do inconsciente. Quanto mais ciente estiver das sombras geradas pelo seu psiquismo, será capaz de suportar com mais facilidade as frustrações e assumir a responsabilidade por suas decisões.

Por outro lado, os fantasmas emocionais são responsáveis pelo desejo de comprometer-se com um trabalho de organização interior e com a construção de um ambiente espiritual e psíquico confortável. Por isso, sente constante necessidade de sair da cena cotidiana para encontrar um espaço propício para retomar suas forças e recompor o estresse emocional provocado pelas pressões que fogem ao seu controle. Em alguns casos, esse recolhimento pode significar um desejo de fuga às responsabilidades às quais o nascido com Saturno na casa 12 se sente sujeito e incapaz de suportar. Para esse planeta, ligado ao senso de organização e à disciplina, as questões relativas à casa 12 podem gerar forte ameaça à sua segurança emocional, já que essa casa se manifesta como um território ameaçador ao tratar do desconhecido, uma região de dinâmica subjetiva e, consequentemente, ausente de organização lógica. O intransigente Saturno se sente pouco à vontade nas profundezas da alma, restringindo sua atuação e dificultando a liberação de sentimentos contidos.

As pressões geradas pelo acúmulo de energia contida podem resultar em retraimento, demora em agir nos momentos emergenciais e, algumas vezes, desequilíbrio da saúde. A pessoa que é aparentemente calma pode se tornar bastante insegura, mesmo quando não se dá conta da sua fragilidade. Por isso, as práticas espirituais e uma boa terapia podem auxiliar quem nasce com essa configuração astrológica na organização interior. É dessa forma que a pessoa investe sua capacidade estruturadora de forma criativa, encarando o sofrimento emocional com responsabilidade e sabedoria.

Outra visão de Saturno nessa casa é a capacidade de ajudar os outros a enfrentar suas aflições e angústias psíquicas. Pacientemente, mostra-lhes o caminho que pode conduzi-los às soluções que lhes escapam à consciência. Em contrapartida, quando os problemas são os seus, sente o peso do tempo pesar sobre seus ombros, demorando bastante para encontrar as soluções desejadas. Com maturidade e experiência, certamente consegue encontrar o caminho com muito mais facilidade, pois este já terá sido trilhado algumas vezes, sabendo aproveitar o que aprendeu.

Os domínios da espiritualidade são encarados com seriedade e o desconhecido é visto como algo sujeito à averiguação. Por isso, todo e qualquer mistério deve receber um tratamento objetivo e racional. Aliás, é possível que seja difícil lidar com o que foge ao seu controle. O mesmo pode ocorrer em relação à própria sensibilidade. Para acreditar nas intuições, é preciso passar por experiências que comprovem sua eficácia. Em contrapartida, quando descobre o seu valor, passa a confiar nelas e a segui-las.

A tendência a reprimir suas emoções pode estar presente durante um longo período de sua vida, até que isso começa a impedir sua serenidade. Quando isso acontece, inicia-se a busca interior, quando é capaz de perceber que seus receios têm origem nos domínios do inconsciente e que seus sentimentos precisam ser expressos.

Outro aspecto importante dessa posição é o abandono do hábito de achar que a vida conspira contra si, culpando-a por suas frustrações e fracassos. Com a maturidade e o enfrentamento dos reveses da vida, quem nasce sob essa influência astrológica passa a assumir a responsabilidade pelos seus próprios limites e se esforça ao máximo para superá-los. Inicia-se, então, nesse momento, seu amadurecimento espiritual.

URANO NAS CASAS

A casa em que se encontra Urano está sujeita a mudanças bruscas, ao imprevisível e à instabilidade. É nela que a pessoa aprende a romper com os padrões ultrapassados e se renova. A realização dos assuntos relacionados a ela depende de sua capacidade de mudança e de abrir-se para o novo.

Urano ⛢ na casa 1

Urano na casa 1 produz uma individualidade bastante genuína. Tê-lo nessa casa é estar sujeito a atitudes imprevisíveis, tempestuosas e, na maioria das vezes, motivadas pela indignação. A pessoa tende a se identificar com a natureza libertária do planeta, atuando com sua força instável e rebelde. Mesmo quando o cenário parece calmo, a impaciência toma o lugar do conforto, provocando mudanças e renovação de energia. Por esse motivo, dificilmente sossega, podendo chegar ao ponto de esgotar completamente suas forças.

A ansiedade é uma das características marcantes de quem nasce sob essa configuração, principalmente quando jovem, sendo importante canalizar a excitação para atividades que aliviem suas tensões. Trata-se de alguém que anda na contramão do senso comum; quando todos vão numa direção, ele vai no sentido contrário. Mesmo que tente imitar os outros, não consegue nem de perto se parecer com eles.

É possível que sua infância seja marcada por mudanças, sendo este um dos motivos pelo qual não seguiu qualquer modelo em particular. Se, por um lado, essa personalidade tem um charme irresistível, por outro, a pessoa pode se mostrar insegura quando comparada aos outros. Sente-se muito diferente e é preciso coragem para afirmar esse jeito estranho de ser no mundo.

Estando tanto a casa 1 quanto Urano associados à liberdade, dificilmente quem nasce sob essa influência se submete a ordens impostas, o que pode atrapalhá-lo bastante na infância e na adolescência.

Deseja ser livre para traçar seu próprio destino, não permitindo que barreiras limitem suas decisões. Mesmo quando pergunta a alguém o que deve fazer, acaba decidindo ao seu modo, conseguindo encontrar o seu próprio caminho, mesmo que precise mudar ao longo do percurso. Como nem sempre é possível fazer tudo exatamente do jeito que quer, tende a sofrer muito ao enfrentar situações em que o seu desejo é contrariado.

Para ele é insuportável pensar na possibilidade de se tornar alguém dependente dos outros, obrigando-o a se afastar bastante das pessoas e ser considerado, mais uma vez, estranho e difícil de se relacionar. Boa parte desse comportamento advém do fato de ser difícil se sentir à parte e não saber o que fazer para ser aceito e amado. Na medida em que passa a reconhecer o valor da diferença, constrói uma individualidade rica, singular e criativa.

Outra característica dessa posição é o espírito visionário, tornando-o aquele que inspira o caminho dos outros. Muito do que deve fazer para afirmar-se na vida lhe custa muitas críticas e, em muitos casos, retraimento ou timidez. Seu modo de ser pode causar-lhe muito sofrimento, e o processo capaz de libertá-lo deve ser enfrentado para poder usufruir suas melhores qualidades, dentre elas, a intuição criativa.

Urano ♅ na casa 2

Urano na casa 2 produz um enorme desejo de independência financeira. Se, por um lado, a instabilidade de Urano pode ameaçar a manutenção da segurança nessa área, por outro, sua ousadia é responsável por êxitos em ações imprevisíveis e ganhos com atividades incomuns. A força criativa de Urano, aliada à necessidade de se sustentar por conta própria, gera um jeito muito próprio de lidar com o dinheiro. Aliás, gerar seus próprios recursos é um desafio gratificante para quem nasce sob essa configuração, que só admite depender materialmente dos outros em casos de extrema urgência, já que isso pode lhe custar a própria liberdade.

Em contrapartida, é esse temperamento libertário que o motiva a tomar decisões ágeis e ter excelente criatividade quanto à utilização dos seus recursos materiais. Ainda assim, o desejo de obter resultados rápidos pode precipitar suas decisões nessa área, obrigando-o a mudar seus planos.

Com as frequentes mudanças de valores, ora pode precisar ter muito, ora pode não precisar quase nada. E haja fôlego para aguentar a montanha-russa à qual estão sujeitos seus ganhos e a administração dos seus bens. Após algumas guinadas, consegue usar a força de Urano positivamente, apurando a intuição e obtendo bons resultados com suas iniciativas.

Os desafios no campo material são vividos como estímulo para mudanças profissionais, deixando-o pronto para desbravar novos caminhos. A realização financeira é um meio de obtenção de liberdade e, portanto, sua realização nessa área lhe dá chances de viver além do trabalho.

Nascer com Urano nessa posição é fazer da inventividade e da intuição as ferramentas para gerar recursos, já que esse planeta exalta o valor da diferença. Portanto, escolher uma profissão que não lhe aprisione e que valorize tal qualidade pode ser a chave para se obter estabilidade financeira.

Por se tratar de um planeta de natureza rebelde, raramente apega-se por muito tempo a algo. Tudo é interessante quando ainda é novidade, e, no momento que se torna repetitivo, surge o desencanto, e o impulso é partir para algo novo. Entretanto, se o nascido com Urano na casa 2 investir em atividades que possam se renovar frequentemente, pode se sentir estimulado a mantê-las. Quem nasce com essa posição pode surpreender e até mesmo chocar as pessoas ao deixar de lado um trabalho estável e partir para um caminho que não lhe dê qualquer garantia de estabilidade. O mais incrível é que, normalmente, é aí que se realiza plenamente, profissional ou financeiramente.

Embora viva de uma forma atribulada, recupera-se dos reveses materiais com rapidez e agilidade e o melhor resultado é ser livre para usar seus recursos como desejar, no momento que lhe convier.

Urano ♅ na casa 3

Urano na casa associada à informação é indicador de quem faz do desenvolvimento intelectual sua libertação, gerando curiosidade e facilidade para se abrir a assuntos que não interessam à maioria das pessoas. Seu aprendizado transcorre com mais facilidade quando está livre para raciocinar ao seu modo, o que pode lhe custar muitos sacrifícios se estiver vinculado a instituições de ensino que primem pela rigidez ou pelo conservadorismo pedagógico. Se este for o caso, é bom que tenha atividades paralelas, ampliando o campo de investigação e a experiência intelectual.

Os estudos e as atividades mentais são o cenário no qual consegue desenvolver a criatividade. Os assuntos diferentes do senso comum atraem o nascido sob essa configuração, e as divergências de opinião estimulam as discussões. Aliás, quando discute, o que enriquece sua fala é o uso da intuição e a facilidade para encontrar saídas inusitadas, surpreendendo o interlocutor. Essa é uma de suas maiores ferramentas intelectuais, que, se não exploradas, podem gerar alguém intransigente em relação às opiniões alheias e impaciente para ouvir o que pensam os outros.

Por ser libertário nas ideias, é comum que diga coisas polêmicas, criando um campo favorável para conflitos. Se souber aproveitar bem essas polêmicas e sua capacidade de transmitir com propriedade temas incomuns, o resultado pode ser a produção de excelente material de informação. Qualquer assunto pode servir como intermediário entre o mundo conhecido e o inexplorado. Na contramão do senso comum, sempre que olhar adiante, encontra, para o que procura, respostas bem mais interessantes do que as que estão ao seu alcance. A mente é inquieta e se rebela facilmente contra conceitos preestabelecidos. Ideias atuais despertam a curiosidade de seu intelecto turbulento e criativo, que opera numa velocidade tal que muitas vezes não é possível acompanhá-lo. Aliás, quem nasce com Urano na casa 3 pode ter dificuldade de expressar-se se não organizar minimamente seus pensamentos, que saltam de um lado para outro sem ordem alguma, ainda que tal tendência produza criatividade intelectual.

Sempre de maneira singular, consegue fazer ligações extremamente inteligentes entre uma ideia e outra, por mais que não haja nexo aparente entre elas. Urano nessa posição pode facilitar as mudanças de cenário cultural e social. Conhecer pessoas que pensam e vivem diferente de si é um estímulo à sua criatividade.

Normalmente, é uma pessoa inquieta ao se relacionar, principalmente quando não encontra mais nos outros assuntos que possam lhe interessar. Por isso, convive com gente aberta e disposta a alargar seus conhecimentos. Por tal temperamento, não é muito paciente em relação ao ritmo de vida repetitivo das pessoas, sendo capaz de estimulá-las às mudanças apontando novas direções a tomar. É quem chega com as novidades e lhes encoraja a correr os riscos da mudança.

Urano ⛢ na casa 4

Por ser a casa 4 o cenário das relações íntimas, o rebelde Urano nesta posição é provocador de constantes atribulações quando o assunto é a dinâmica familiar, que está sujeita à instabilidade e à ruptura, pois quem nasce com essa posição astrológica não suporta se sentir sufocado emocionalmente. Evidentemente, esse é o seu olhar, já que pode não reconhecer o fato de ter sido criado num ambiente realmente arejado. Em alguns casos, a situação pode ser oposta, sentindo-se excluído e rebelando-se quando há desinteresse por parte da família e falta de atenção às suas necessidades emocionais.

A pessoa cresce investindo na criação de um espaço no qual possa se sentir livre dentro de casa. Caso não consiga, os conflitos familiares tomam proporções significativas, podendo prejudicá-lo, inclusive, na obtenção de estabilidade emocional na fase adulta. Mesmo assim, muitos com essa configuração transformam esses problemas em instrumento de modificação e crescimento pessoais. Por intermédio das experiências íntimas a pessoa com Urano na casa 4 é capaz de se transformar, libertando-se de medos e inseguranças emocionais. Nos momentos mais difíceis da sua vida pessoal, faz surgir a criatividade adormecida no seu interior, gerando renovação e bem-estar.

A intimidade dos seus relacionamentos pode ser vivida como uma montanha-russa emocional ou como objeto de libertação, fortalecendo-se para se expor no mundo seguro da sua singularidade. A relação familiar pode ser objeto de tensão ou de transformação e até de ambas as sensações. A bem da verdade, a diferença é sempre o fator presente em tais relacionamentos. A pessoa carrega a marca da singularidade no seio familiar, tornando-se o agente libertário dos padrões repetitivos presentes nesse tipo de relacionamento.

É possível que seus sentimentos não sejam nada estáveis, podendo ir facilmente de um extremo a outro, ora se sentindo extremamente feliz, ora completamente arrasada. Ainda se tratando da relação entre o planeta libertário e a casa astrológica que representa as emoções, o que estiver armazenado e ainda não tiver emergido vem à tona em momentos de alta tensão de forma totalmente desordenada. A pessoa com tal configuração astrológica costuma ser surpreendida com sensações desconhecidas, sendo motivada a se transformar com tais descobertas. Portanto, a maneira como essas sensações são expressas pode surpreender os desavisados. Ainda assim, compreender o que guardava na profundidade do ser modifica sua estrutura emocional e a auxilia a desenvolver-se, passando a lidar melhor com seus sentimentos e com os dos outros. Desse modo, além de se libertar, liberta todos os envolvidos com ela, principalmente se forem da família.

Essa casa relacionada à delicadeza afetiva adquire muita tensão diante desse instável planeta. Se o que nutriu o nascido com Urano na casa 4 foram inseguranças, elas serão projetadas e repetidas nos seus relacionamentos. Entretanto, se foi educado com liberdade de expressão e acolhido na sua diferença, consegue crescer seguro para a construção da sua autonomia emocional e preparado para se relacionar bem na maturidade.

Urano ⛢ na casa 5

Estando a casa 5 relacionada à criatividade e à paixão, o renovador Urano remexe sentimentos e cria um cenário aberto para a pessoa lidar com emoções e desejos distantes do senso comum. O temperamento libertário desse planeta favorece a expressão criativa, de maneira que quem nasce sob essa configuração se sente livre para correr riscos ao se expor. Quem nasce com Urano na casa 5 vive e expressa os impulsos emocionais com intensidade e de forma totalmente imprevisível, sem conseguir detê-los ou dar-lhes um significado lógico. Nessas situações, ocorre uma oscilação emocional tamanha que a experiência amorosa torna-se palco de contradições e instabilidade. Como as emoções chegam como um turbilhão de sentimentos, sem vestígios de onde vieram ou para onde vão, a pessoa tende a ter pouco controle sobre elas. Em geral, aquilo que sente, por ser imprevisível, é expresso nos momentos menos esperados e de forma não convencional. Por esse motivo, pode surpreender os outros, deixando-os sem saber como agir diante dessa montanha-russa emocional.

Seu coração é motivado pelas mudanças, e quando há sinais de acomodação, costuma ficar angustiado. Também não se sente nada à vontade de ficar muito tempo ligado a um sentimento. Nesse caso, rapidamente renova seus desejos e busca novas emoções. É evidente que viver desse modo pode ser uma experiência excitante, mas também exaustiva. Ainda assim, a pessoa costuma alimentar tempestades emocionais sempre que seus relacionamentos amorosos mostrarem sinais de acomodação. No entanto, esse seu jeito diferente de lidar com a paixão também pode deixá-la insegura, dificultando as conquistas e interferindo no sentimento de autoestima. Ao se comparar aos outros, se sente fora de cena e precisa ter muita segurança para enfrentar tal diferença. Uma derrota na área amorosa também pode libertá-la de sentimentos repetitivos, incitando-a a criar uma nova dinâmica de relacionamento. Entretanto, como sua intolerância nessa área pode dificultar sobremaneira a manutenção da paixão e do amor, é preciso saber lidar com ela. Esse comportamento instável pode comprometer seu bem-estar emocional quando o objetivo é investir numa relação ou num trabalho criativo.

A criatividade também é palco de renovação, ajudando a pessoa nascida sob essa configuração a libertar-se dos padrões desgastados ou repetitivos. A força rebelde de Urano provoca a liberação de tudo que é contrário ao senso comum, intensificando o potencial de transformação criativa.

Em relação à educação dos filhos, a rebeldia de Urano auxilia a lidar com as novas gerações e, em geral, tende a dar liberdade e a respeitar as diferenças. Caso não consiga se libertar de antigos tabus ou conceitos, as dificuldades podem gerar rupturas e grandes tensões com os filhos. Como a natureza de Urano é renovadora, o importante é que as paixões, os filhos e a criatividade atuem como ferramentas de transformação pessoal, de maneira a abrir-se às novidades, quebrando paradigmas e criando novas formas de amar e de viver.

Urano ⛢ na casa 6

A casa 6, eixo em torno do qual se organizam as tarefas cotidianas, recebe com estranheza esse planeta responsável pela quebra das regras e transgressor da ordem. Nessa área tão regrada da vida humana, o irreverente Urano contraria o senso comum de que é preciso planejamento para se produzir bem e obter um trabalho de boa qualidade. Quem nasce com essa posição encara toda e qualquer atividade produtiva com dinamismo e espírito renovador. Ficar acomodado numa tarefa conhecida ou repetitiva é extremamente desconfortável, deixando-o irritado e intolerante na convivência cotidiana. O marasmo também pode estimular uma mudança criativa. Uma boa forma de lidar com essa configuração é escolher atividades em que um dia nunca é igual ao outro. Por isso, é preciso muita criatividade para que a rotina não seja monótona, que o trabalho não se torne maçante e para que uma simples tarefa diária não seja encarada como um cárcere. Se houver liberdade para mudar os planos na hora que desejar, pode trabalhar com mais tranquilidade e até mesmo aceitar a inevitável repetição dos afazeres comuns do dia a dia.

Outro aspecto interessante dessa configuração é o de ser inquieto ao produzir, pois gosta de executar o trabalho o mais rápido possível, levando quase à loucura as pessoas do convívio profissional. Estamos nos referindo aqui àquele que inventa uma novidade só para começar bem o dia, mas que, se for pressionado pelos outros, pode ter reação negativa ao trabalho e criar sérios problemas na hora de executar um serviço. O melhor a fazer é decidir sua agenda de compromissos sem interferências, pois a pessoa nascida com Urano na casa 6 funciona bem quando se sente livre para decidir o que, quando e de que maneira fazer. Como nem sempre é possível trabalhar dessa forma, é melhor escolher atividades que a mantenham sempre em dia com as novidades, que sejam dinâmicas e que não a façam se sentir aprisionada em ambientes fechados.

Aliás, uma de suas melhores qualidades profissionais é criar novos sistemas ou modelos de organização. Quando essas potencialidades são bem-aproveitadas, a pessoa é capaz de produzir um trabalho de excelente qualidade. Geralmente, trabalha sob tensão, apesar de não suportar pressões externas. Tal tensão pode ser produto da dinâmica criativa, fazendo com que perca o conforto de fazer o que já está acostumado. De qualquer maneira, não gosta de depender dos outros na realização dos seus afazeres, sobrecarregando-se e tornando-se refém do excesso de trabalho. Como também não suporta tal situação, é capaz de jogar tudo para o alto de uma hora para outra para alcançar a liberdade. Essa dinâmica é capaz de mudar radicalmente sua vida profissional e o modo de os outros também trabalharem, pois é indiferente ao que pensam do seu jeito estranho de trabalhar, deixando-os à vontade para fazer o que devem, do modo como lhes bem convier.

Com todo esse dinamismo, o bem-estar físico não pode ser deixado de lado. Suas tensões podem levá-la ao estresse. É importante programar, entre uma coisa e outra, alguma atividade para aliviar sua ansiedade e melhorar o seu humor.

Urano ♅ na casa 7

Com Urano na casa 7, liberdade e relacionamento devem caminhar de mãos dadas, um sem abrir mão do outro, formando uma parceria indissociável. Caso isso não aconteça, a dinâmica amorosa tende a ser tensa, sujeita a variações radicais e rupturas imprevistas. Sempre que alguém no casal se sentir sufocado pelo outro, o relacionamento enfraquece e não dispõe de energia suficiente para ser levado adiante. Quem nasce com Urano na casa 7 transforma um relacionamento num palco favorável para mudanças, sejam as suas próprias, sejam as do outro, havendo um enorme potencial de transformação gerado pelos encontros. Isso também significa que relacionamentos mornos não são tolerados, de maneira que a pessoa rapidamente cria algum tipo de tensão para serem gerados movimento e renovação quando isso ocorre. Ao mesmo tempo em que tal situação areja o modo de se relacionar, essas tensões provocam atritos suficientemente fortes para afastar o nascido com Urano na casa 7 do seu companheiro ou de manter um tipo de estresse que nenhum deles é capaz de sustentar.

Ainda assim, o provável é que se sinta atraído por pessoas instáveis, diferentes, libertárias ou avessas a compromissos. Esse tipo de temperamento cria um cenário altamente favorável para quem deseja relacionamentos intensos e sujeitos a novidades. Um dos grandes prazeres de quem nasceu com essa posição é provocar o outro a mudar seu modo de ser e de ver o mundo. Quem se relacionar com ele está sujeito a mudanças e a descobertas que talvez não tivesse oportunidade de viver se estivesse sozinho. É razoável pensar que tais situações podem gerar relacionamentos interessantes, tensos, ou até estressantes. Se forem instáveis demais, a tendência é de rupturas bruscas, ou conviver com inseguranças difíceis de lidar.

Em contrapartida, a pessoa nascida sob essa influência é capaz de mudar para conquistar alguém que deseja muito ou manter um relacionamento de valor. Ainda que se frustre afetivamente, consegue fazer as transformações necessárias para começar um novo relacionamento sem a marca dos vícios dos relacionamentos anteriores. Por ser Urano o planeta que simboliza a ruptura com padrões viciados de comportamento, a experiência adquirida na vida conjugal ou em parcerias de trabalho acabam sendo libertárias.

Como Urano é simbolicamente associado às situações emergenciais, é provável que ao se desejar muito construir um relacionamento com alguém, o queira com rapidez, acelerando suas atitudes e exigindo pressa dos seus parceiros. É claro que há muito a ser aprendido até que as condições de estabilidade se estabeleçam. Nesse sentido, é preciso desenvolver um pouco de paciência e tolerância em relação ao tempo do outro, que deve ser respeitado para o encontro se desenvolver com solidez e amorosidade. O certo é que aprenderá a se relacionar após efetuar mudanças em si e na sua expectativa em relação ao amor. Se a liberdade e a diferença existente entre si e os outros forem respeitadas, pode ser alguém capaz de criar e manter um relacionamento saudável e prazeroso.

Urano ⛢ na casa 8

Como Urano é um planeta simbolicamente relacionado às mudanças, sua combinação com a casa das profundas transformações é um prato cheio para uma boa aliança. A pessoa tem urgência de experimentar o novo e está sujeita a mergulhos radicais nas profundezas do seu psiquismo. Quando menos espera, se depara com algum fantasma que lhe assombra e rapidamente a faz emergir, libertando-a e transformando-a. Desse modo, a mente se abre e a pessoa se sente pronta para enfrentar os riscos dos novos empreendimentos. Normalmente, não tem medida quando se sente agoniada com a passividade da vida, extraindo forças transformadoras de regiões até então desconhecidas. Nessas situações, nada a detém, e, se alguém a impedir de mudar, pode encarar um temperamento intolerante ou explosivo.

Para aliviar suas tensões sem tempestades destruidoras, precisa que as forças reprimidas sejam liberadas com constância. Dessa maneira, as transformações libertárias são vividas com mais suavidade, ainda que não deixem de ser radicais. Mas o nascido com Urano na casa 8 costuma se ver inclinado a acionar forças destrutivas quando está desmotivado, sem perspectivas de mudanças.

No sentido oposto, se regenera rapidamente das perdas ou das grandes tensões emocionais. É capaz de se libertar logo de rancores, mágoas e toda sorte de sentimentos que corroem a alma e roubam energias do corpo. Quando não respeita seus limites psíquicos, também fica sujeito a logo perder as forças. Quando esse é o caso, é bom que repouse por algum tempo, para recuperar as energias perdidas. De todo modo, as pressões, os desafios e os perigos das jornadas tempestuosas o motivam a buscar novos caminhos, dando sentido para o que vem no futuro. Nessas experiências, suas emoções são trituradas e há urgência de libertar-se dos sofrimentos.

A tomada de consciência das suas mais profundas emoções é responsável pela transformação das tempestades em força criativa, de modo a deixá-lo seguro diante das possíveis perdas ao longo da vida. Os padrões de comportamento emocional condicionados às repetições e já desgastados são rompidos quando tal segurança for alcançada.

Ainda em relação a essa configuração, os assuntos relativos à sexualidade ou a qualquer outro tipo de tabu ao qual se sinta aprisionado são transformados por um desejo de liberdade que emerge incondicionalmente sempre que estiver diante de restrições ditadas pela cultura. Para se sentir seguro acerca desses assuntos, é preciso romper tais tabus, transformando a intransigência inicial em atitudes despojadas de apego.

Urano ⛢ na casa 9

Estando a casa 9 associada aos estudos, às pesquisas e às viagens, quem nasce com o irreverente e libertário Urano nesta posição não reconhece limites quando esses assuntos entram em cena. A pessoa não descansa enquanto não ultrapassa as fronteiras que separam o mundo conhecido daquele ainda por descobrir. Enquanto para muitos estudar é uma tarefa que exige paciência e dedicação, para quem tem Urano na casa 9 tal experiência vem carregada de tensão e pressa. Seus interesses são direcionados para assuntos incomuns e também é fundamental se sentir livre para decidir o que estudar, aonde ir ou um destino para dar à vida. Devido a tal temperamento, as regras das escolas são recebidas com restrições e, muitas vezes, o impedem de trilhar o caminho intelectual padrão. Por isso, é preferível escolher cursos e instituições baseadas em sistemas que hospedem ideias inovadoras a investir num cenário intelectualmente conservador. Algumas pessoas com tal configuração optam por traçar uma trajetória solitária quando se trata da área do saber, pois só assim se sentem efetivamente livres para flertar com seu potencial criativo, evitando conflitos desnecessários com pessoas que se recusam a acolher seu modo genuíno de pensar.

Entretanto, por andar na contramão do senso comum, pode estar sujeito a inseguranças e instabilidade, dificultando seu progresso ou até mesmo impedindo-o de correr riscos se o assunto for o conhecimento. Quando for esse o caso, deve buscar estímulos fora do seu círculo conhecido, viajar mais e para lugares bem diferentes da sua zona de conforto e ficar aberto às novidades. Ao se relacionar com outras culturas, ideias e pessoas, passa a não evitar mais as rupturas libertárias e, assim, alarga enormemente seus horizontes intelectuais e culturais. Caso se lance sem medidas no desconhecido, algumas experiências atribuladas podem servir como alerta para agir com alguma cautela nessas situações. Aprende a usar a inteligência intuitiva, uma de suas melhores habilidades, conferidas por essa combinação astrológica. O certo é que, quando se envolve com algum novo interesse, é capaz de deixar para trás muito do que já desenvolveu no campo do saber. Assim, sua trajetória é marcada por mudanças, quase sempre em momentos especiais e imprevisíveis. É através de tais transformações que o nascido com Urano na casa 9 abre caminho para as vitórias que exigem um bom desempenho intelectual. Da mesma maneira que abrir a mente para novos saberes faz dele alguém interessante, viajar também é um caminho libertador, pois fora dos limites confortáveis do universo conhecido, pode se surpreender com seu potencial criativo. Após ser incompreendido por se dedicar a assuntos polêmicos, tende a ser reverenciado por suas descobertas.

Urano ⛢ na casa 10

Urano na casa 10 indica que o planeta estava próximo do lugar mais alto do Céu no momento do nascimento da pessoa, sendo essa posição responsável pela intensidade com que sua natureza se manifesta, ou seja, irreverência, temperamento contestador e espírito libertário, características que acompanham a pessoa, marcando sua vida com mudanças, tensões e muita criatividade.

Para quem nasce com essa posição, o mundo é visto como um turbilhão de possibilidades, como realidade transitória, sempre sujeita a transformações imprevisíveis. De repente, num período de tranquilidade, a vida vira de cabeça para baixo e, da noite para o dia, é preciso começar tudo de novo. Com o passar do tempo, se acostuma a confiar que tais mudanças o levam para a frente. Esse modo de encarar a vida faz com que a pessoa escolha situações de risco, com a promessa de experiências inovadoras.

Ainda tem como característica a necessidade de decidir sobre seu destino com liberdade, sendo-lhe extremamente desconfortável lidar com imposições, ordens, autoridade e hierarquias. Quando se vê sujeito a agir contrariando sua vontade, suas reações são turbulentas, sendo capaz de romper toda e qualquer estabilidade em nome da sua liberdade. Entretanto, bastaria agir com rigor, porém com serenidade, para alcançar mais facilmente o que deseja, caso isso seja possível. Sem se deixar abalar com imprevistos e instabilidade, toma novas direções para preservar sua liberdade quando ela é posta em risco, pois só se sente à vontade quando há espaço para mudanças e autonomia para gerir seu próprio destino. Evidentemente, há ocasiões em que isso não é possível, e é exatamente nessas condições que aprende a se modificar em vez de querer que o mundo mude e se adeque ao seu desejo. Apesar de ficar bastante contrariado nessas situações, o mais importante é viver as transformações necessárias para encontrar seu caminho.

Irreverência e desprendimento são outras qualidades presentes em quem nasceu com essa configuração astrológica, principalmente quando se trata da construção da sua vida profissional. A casa 10 tem relação com a carreira e o status social, trazendo consigo as tendências desse planeta libertário. Essa combinação inclina a pessoa a não se apegar nem desejar demasiadamente uma posição de poder, já que esta costuma tolher a liberdade. Por isso, prefere profissões que fujam aos padrões convencionais, pois estão pouco sujeitas a regras preestabelecidas, favorecendo a criatividade e a renovação de objetivos. Fica claro, dessa maneira, que é mais adequado ter uma carreira diferente, mesmo que o preço sejam as críticas decorrentes da incompreensão do sistema, do que trabalhar em um ambiente monótono e num trabalho de futuro previsível. A constância profissional costuma ser evitada, e seu temperamento rebelde nutre alguns atritos e rompimentos com pessoas do seu trabalho, principalmente as que tentarem dominá-la. Na direção oposta a essa tendência, vemos uma pessoa capaz de apontar novos caminhos, abrir horizontes para quem acolher suas ideias e com coragem de seguir um destino diferente da maioria.

Urano ⛢ na casa 11

Esta combinação entre um planeta libertário e uma casa de valores humanitários produz resultados extremamente interessantes. Um destes é a grande habilidade de intuir os anseios coletivos, facilitando ações sociais libertadoras. A pessoa é capaz de atitudes inovadoras em relação a interesses comuns, agindo quando é preciso quebrar vícios sociais ou quando as pessoas não se sentem preparadas para algum tipo de modificação radical. Quem nasce com essa configuração é hábil em lidar com as emergências dos outros, o que lhe possibilita liberar a criatividade. Aliás, além de ser sensível às questões humanitárias, é intolerante com as repetições sociais, impedindo-o de ficar alheio às acomodações. Quando alguém dá sinais de passividade, é competente para motivar, mudando a dinâmica dos relacionamentos. São oportunidades de pôr em prática o espírito libertário, provocando nos outros o desejo de mudança.

Essa posição astrológica inclina quem nasce sob a sua influência a não discriminar as diferenças, ainda que seja difícil se sentir bem em grupos fechados, os ditos guetos. Entretanto, a intolerância em relação à superficialidade dos relacionamentos pode gerar atitudes socialmente hostis. É evidente que não é sempre que as pessoas estão ligadas à profundidade das suas angústias nem se sensibilizam com os conflitos humanos. Portanto, uma certa dose de docilidade é extremamente bem-vinda para a construção de bons relacionamentos. Afinal, o que importa é transformar a atuação social em libertação pessoal, modificando-se pelo encontro com as outras pessoas.

Entretanto, se suas atitudes forem calcadas na radicalidade e intolerância, outra tendência dessa configuração, suas amizades e seus relacionamentos sociais podem sofrer baixas significativas e se sujeitarem a turbulências desnecessárias. O costume de querer modificar as pessoas também pode transformar quem nasce com Urano na casa 11 em alguém invasivo, deixando marcas de sofrimento em tais relações. Por isso, é importante conter seus impulsos desmedidos, respeitando o tempo de cada um, tempo esse bem diferente do seu. Dessa maneira, pode conduzir bem melhor a dinâmica das relações sociais, empregando seu viés irreverente e indignado em transformações que beneficiam todos.

Urano ⛢ na casa 12

Urano na casa 12 é capaz de reprimir o desejo de mudança e de levar a pessoa a fazer de seus temores o passaporte para a libertação. Seu mais duro inimigo é o que lhe pega desprevenido, desde que não haja um trabalho profundo que o ajude a se acostumar à imprevisibilidade da vida e, principalmente, às suas reações inconscientes. Em compensação, as sombras que habitam a alma são responsáveis por todo e qualquer processo de mudança aos quais a pessoa se sente submetida. É o desejo de vencer os medos que faz dela uma pessoa diferente das demais e daquilo que se repete nela mesma, configurando um constante estado de mudança interna, criativa e libertária. Por essa razão, sempre que houver necessidade profunda de transformação e mudança, uma boa dose de isolamento e introspecção sempre é bem-vinda, por ser necessária para a reflexão e consequente conscientização de seu poder de modificação. No entanto, essa atitude também pode espelhar a dificuldade de enfrentamento das mudanças, gerando uma recusa a lidar com a diferença. A casa 12 costuma ser um cenário ameaçador à consciência, já que simboliza tudo o que foge à lógica e à compreensão objetiva.

A natureza libertária de Urano é, então, aprisionada nos porões da alma aflita e insegura do seu poder de transformação. Essa tendência gera acúmulo de tensão, e as pressões geradas por ela resultam em ações repentinas, impensadas e, geralmente, criadoras de conflitos. Ainda que por outras inclinações astrológicas a pessoa seja calma, pode se tornar inconstante e imprevisível, com atitudes agressivas e incontroláveis, de maneira que todo e qualquer investimento em práticas terapêuticas ou espirituais é de extremo valor, pois a pessoa explora seus mais altos níveis de tensão para gerar modificações interiores.

Outro aspecto dessa combinação astrológica é que, nessa área de tantos segredos, o irreverente Urano é capaz de trazer à tona uma imensurável sensibilidade, que pode ser muito mais inquieta internamente do que aparenta ser, e a sensação é de estar constantemente mergulhado em correntes que se chocam. Há um movimento intenso e, muitas vezes, dramático produzido pelas tensões no seu interior. Entretanto, quando elas emergem, o nascido com Urano na casa 12 se sente aliviado e seus mais profundos sentimentos são renovados.

Além disso, costuma ser sensível às diferenças, levando-o a atuar como aquele que rompe com os tabus reprimidos pela sociedade convencional. Outra tendência dessa posição é agir somente na emergência, não havendo paciência para lidar com problemas corriqueiros. Se estiver bem-estruturado psiquicamente, é capaz de saber exatamente o que fazer quando se depara com experiências paradoxais, desconhecidas e estranhas ao senso comum.

NETUNO NAS CASAS

A casa em que se encontra Netuno é onde a pessoa contata sua sensibilidade. É uma área da vida sujeita a fantasias e desilusões. Nela a pessoa constrói seus sonhos e, se os assuntos relacionados a ela forem bem-resolvidos, as chances de realizá-los aumentam.

Netuno ♆ na casa 1

Netuno na casa 1 constrói um eu sensível às influências externas e apto para lidar com o que possa atingi-lo. Uma das razões de tal tendência é a capacidade de ser alguém capaz de se deixar conduzir pelos ritmos que a vida põe à sua disposição, entregando-se à experiência de ser parte de um todo. A contrapartida é eximir-se de gerir o próprio destino e de tomar decisões fundadas em sua vontade pessoal. Quando tais desejos se fazem presentes, o que aparece é uma espécie de embaçamento da consciência e, por isso, o nascido sob essa configuração tem dificuldade de saber como agir diante deles.

Sendo a casa 1 o ambiente no qual a individualidade é forjada, Netuno nessa disposição atribui sensibilidade e intuição na condução de tal processo criativo. O que ocorre é que, desde cedo, a pessoa está sujeita à inspiração e a perceber os fluxos de energia, os climas, as atmosferas e tudo o que os demais costumam ser incapazes de reconhecer. O certo é que toda essa sensibilidade pode torná-lo tanto alguém com um estilo muito especial de ser, como bastante inseguro por se ver à margem da maioria. Entretanto, nos dois casos, seu magnetismo é facilmente reconhecido e seu poder de sedução, inegável. É uma espécie de mistério que o circunda, imantando todo o seu ser numa atmosfera mágica, incompreensível e, ao mesmo tempo, irresistível.

Outra habilidade surpreendente é a de facilmente passar despercebido quando lhe convém. A nebulosidade que o circunda favorece imensamente o uso de tal artifício, principalmente se estiver inseguro para se expor. Entretanto, dificilmente esconde seus sentimentos quando se sente emocionalmente afetado. As angústias e um certo sentimento nostálgico podem simplesmente inundar a alma, graças à sua extrema sensibilidade. Por isso, cuidar de si utilizando-se das práticas terapêuticas ou espirituais sempre é um caminho criativo para lidar com a suscetibilidade à qual se vê frequentemente sujeito.

Quem nasce com Netuno na casa 1 costuma se expressar no mundo por meio do campo de forças que emana de si e que nada tem a ver com a linguagem. Esta, à exceção da linguagem criativa, dificilmente é capaz de expressar o que ela é capaz de ser.

Quanto à capacidade de superar as próprias dificuldades, normalmente se ressente quando não corresponde ao que idealizou para si. Tal idealização é um poderoso adversário que o impede de aceitar a si mesmo com delicadeza e acolhimento. Ainda nesse sentido, pode absorver exageradamente o que lhe envolve, intoxicando-se com climas prejudiciais, sendo fundamental aprender a filtrá-los. É provável que, sendo mais refratário às influências externas, se sinta mais seguro. Apesar dessas dificuldades, sua sensibilidade o guia ao encontro consigo mesmo, aproveitando suas melhores qualidades, dentre elas a de possuir um olhar contemplativo e sonhador.

Netuno ♆ na casa 2

Esta combinação produz um resultado exótico, já que a casa que trata da materialidade se vê condicionada a um planeta que simboliza tudo o que não é palpável. Portanto, nascer com Netuno na casa 2 é lidar com a organização financeira de forma intuitiva, baseando-se na sensibilidade. Significa, antes de mais nada, deixar que as coisas fluam quando estas estão associadas aos benefícios materiais. Evidentemente, este não é o modo convencional de se agir nessa área da vida, já que a estabilidade e o planejamento financeiros são pré-requisitos para a obtenção de bons resultados. Sendo a sensibilidade uma das qualidades mais importantes para a realização material, entende-se que tal talento, se bem-explorado, é determinante para que o trabalho seja valorizado e que a pessoa seja, então, bem-remunerada. Essa configuração confere decisões intuitivas que garantem a estabilidade financeira.

Em contrapartida, a tendência à idealização, pode deixar quem nasce sob essa configuração astrológica inerte na espera de algum "milagre" que o salve nos momentos difíceis. Além disso, trata-se de alguém fortemente estimulado a fazer projetos que dependam de boas condições financeiras. Para que se realizem, portanto, é preciso o mínimo de organização e senso de realidade, coisas difíceis com tal posição. Se ficar ligado apenas aos sonhos, as frustrações podem ocorrer com mais frequência, distanciando-o cada vez mais da boa relação entre realidade e desejo. Netuno, além da intuição, também se manifesta como nebulosidade ao lidar com a dinâmica e organização financeira, levando-o a algumas extravagâncias materiais. Entretanto, se mantiver o olhar atento à realidade e souber organizar-se minimamente, os sonhos podem servir como passaporte para o aprimoramento do seu trabalho e para o bom aproveitamento das suas capacidades produtivas.

Aliás, os valores de Netuno nunca são objetivos e, portanto, para quem nasce com essa posição, o importante não é simplesmente produzir e acumular dinheiro, mas fazer do trabalho um instrumento para a realização de seus desejos mais elevados. Por isso, quando se sente financeiramente capaz de concretizar um sonho, trabalha melhor e produz com muito mais qualidade.

Netuno ♆ na casa 3

Enquanto Netuno rege o introspectivo e silencioso signo de Peixes, a casa 3 está associada aos meios de comunicação, aos estudos e ao desenvolvimento intelectual, o que constitui uma combinação estranha, tanto no que diz respeito à capacidade de codificar a realidade, quanto às experiências ditas imponderáveis, inexplicáveis ou mágicas. Enquanto Netuno tem a função de dar conta da intuição, a casa 3 trata das construções lógicas e das informações capazes de traduzir a realidade. Dessa junção, pode-se deduzir que a sensibilidade é a ferramenta responsável pelo aprendizado e pelo bom desempenho na esfera intelectual. Quem nasce com Netuno na casa 3 é capaz de fazer emergir ensinamentos profundos das experiências triviais ou mesmo de uma informação despretensiosa. Tal capacidade é decorrente da natureza desse planeta que simbolicamente se associa ao inexplicável e ao misterioso. Tal qualidade, misturada ao aprendizado, capacita a pessoa a compreender as entrelinhas da informação, amplificando sobremaneira seu significado. Nesse caso, a superficialidade geralmente associada à comunicação não é comum. Aliás, fabrica histórias muito bem, pois é portador de uma imaginação fértil e de uma sensibilidade que precisa ser expressa. É provável que use alguns artifícios para se comunicar, como analogias, exemplos ou associações com certas imagens.

Quem apresenta esse desenho astrológico em seu mapa prefere a sutileza à objetividade. Por isso, pode ter dificuldade de ser compreendido, de modo que o que é compreendido pelas pessoas não é bem o que estava de fato querendo dizer, atrapalhando um pouco sua comunicação. Nesse sentido, os artifícios de linguagem anteriormente referidos são fundamentais para uma boa comunicação.

Ainda que haja sensibilidade suficiente para captar o indizível, sua mente pode ser confusa, pela falta de ordem dos pensamentos. Isso é fruto de uma mente intuitiva, mais inspirada do que analítica. Por isso, o que vale é raciocínio abstrato e a facilidade de compreender o que toca seus sentimentos mais profundos. Os seus interesses se dirigem aos assuntos que estimulam a fantasia e os que tratam dos mistérios da alma. Quando criança, por exemplo, aprende mais facilmente uma matéria objetiva quando explicada de forma criativa, sendo necessário recorrer ao mundo da imaginação para se sentir motivado a estudar.

Netuno na terceira casa é também sinal de sensibilidade no convívio social. A pessoa tende a absorver demais o que ocorre à volta. Por isso, quando há muito tumulto, é provável que queira se isolar. Quando isso não é possível, abstrai-se de tudo, deixando a impressão de que não está ali. Embora esteja desatento aos detalhes, é capaz de absorver mais informações do que aqueles que falam sem parar.

Netuno Ψ na casa 4

Nas regiões mais profundas de quem nasceu com Netuno na casa 4, habita um oceano de sensibilidade, de sentimentos de grande densidade e emoções de natureza absolutamente paradoxais, pois essa casa se associa à estrutura sobre a qual são construídas as referências de afetividade, e Netuno é o planeta responsável pelas experiências ilógicas, ligado ao psiquismo e aos assuntos da alma. Desse modo, há um transbordamento de sensibilidade, e as pressões emocionais são intensas. A pessoa pode tanto não conter o que sente como criar o hábito de fugir dos sentimentos mais profundos sempre que estes derem sinais de sua presença. Entretanto, mesmo que tente fugir, tal fuga raramente é bem-sucedida. A fatura bate à porta no futuro, com um custo muito mais alto.

Sem dúvida, há uma intimidade na associação de Netuno com a casa 4, já que ambos têm relação com o cenário dos afetos. Por isso, as marcas de experiências passadas são bastante amplificadas, ficando, inclusive, sujeitas a distorções. Ora, tais distorções são absolutamente razoáveis quando se trata de um terreno subjetivo. Daí o fato de essa junção favorecer a fantasia, principalmente a associada à memória emocional. Estando a quarta casa associada às raízes, ter Netuno nesta posição significa que o passado se encontra envolto em mistérios. É difícil saber ao certo se as histórias familiares são reais ou frutos da imaginação. Sente também que tem sempre algo ainda não revelado. As lembranças são imagens diluídas pelo tempo e pouco nítidas.

Aliás, tudo o que lhe toca profundamente inunda a alma de sensações difíceis de serem decodificadas, que vão desde a angústia até o gozo. O preço de tal sensibilidade é não saber exatamente como lidar com a intimidade de seus relacionamentos afetivos. A dinâmica de tais relacionamentos pode ser confusa, apesar de conter uma dose imensa de sensibilidade, deixando-se tocar pelo encanto dos encontros.

Como a casa 4 trata basicamente das relações familiares, estas ficam sujeitas a tais dinâmicas de relacionamento. Por isso, a pessoa tende a se ver profundamente afetada e envolvida pela família, produzindo uma espécie de mistura sem crítica ou mesmo o desejo de criar uma família idealizada, gerando profundas frustrações emocionais. Portanto, para se relacionar melhor intimamente, a pessoa sob essa configuração precisa filtrar seus sentimentos, clareando-os e podendo, assim, absorver apenas o que favorece o bem-estar emocional, seja o seu, seja o dos outros. Em contrapartida, os sentimentos são profundamente reveladores. Ao tentar definir suas relações íntimas, o que vê é uma colcha de velhos retalhos construída de diferentes personalidades que se misturam, e isso pode deixá-la confusa, sendo incapaz de distinguir direito uma relação da outra, nem a sua com os demais. Para resolver esse problema, o melhor é se relacionar com cada um de uma forma particular. Como sua formação é plural, pode se sentir bem em lugares diferentes e acolhido em qualquer lugar do mundo.

Netuno ♆ na casa 5

Sendo a casa 5 a área astrológica que trata do amor, Netuno nesta casa gera um campo extremamente favorável ao romantismo e às fantasias amorosas, já que esse planeta simboliza o misterioso, o inexplicável e a imaginação. É evidente, portanto, que quem nasceu com Netuno na casa 5 facilmente se deixa conduzir pela paixão. Ainda que para a maioria das pessoas esse estado seja suscetível às fantasias, aqui a experiência acontece de forma extrema e radical. Tudo é denso e profundo quando se está envolvido pelo sentimento amoroso. Também é possível afirmar que essa profundidade é tanta que, em muitos casos, a pessoa é inundada pelas emoções de forma a escapar-lhe todo o resto da vida. É evidente que viver assim pode ser angustiante, e o recurso mais comum para sair desse desconforto é reconhecer o abismo entre a realidade propriamente dita e as fantasias criadas. Apesar de a frustração ser também bastante dolorosa, há uma espécie de alívio por não ser necessário sustentar mais o que, na verdade, não era capaz de realizar. Vestido o devido luto pela perda do objeto idealizado, quem nasce com Netuno na casa 5 pode tanto amadurecer e negociar bem fantasia e realidade, quanto enveredar num novo sonho romântico impossível de ser mantido no cenário do dia a dia. Apesar dos riscos que o imaginário impõe à vida amorosa, é através desta que lhe são revelados os segredos da alma, conduzindo-o a um encontro com o que há de mais profundo dentro dele.

Aliás, com a paixão a vida ganha um significado espiritual, apagando as fronteiras aprisionadoras do ego. Entretanto, as expectativas depositadas na experiência afetiva podem deflagrar frequentes decepções, sendo os fracassos nessa área da vida sentidos de forma devastadora. Em contrapartida, se puder ser atravessado pela paixão abrigando as restrições impostas pela realidade, pode conseguir chegar a um meio-termo benéfico entre o amor ideal e o amor possível.

Outra perspectiva da casa 5 diz respeito à autoestima. Netuno nesta posição aponta para uma diluição do seu próprio valor, podendo tanto sensibilizar a pessoa para sentir-se segura sem se sujeitar à ditadura do narcisismo, como dificultar a percepção de seus talentos. O risco é associar a autoestima às fantasias que tem sobre si, perdendo a autocrítica, distorcendo a realidade e frustrando-se no que diz respeito ao que é capaz de ser e de criar.

Em contrapartida, a criatividade ganha um lugar de destaque. A intensa produção de fantasias deve ser posta à disposição da força criativa, ampliando o cenário de realizações pessoais. Tanto os filhos quanto as obras geradas são reconhecidos como algo que transcende a compreensão objetiva, com um aspecto sagrado. Ainda que possa idealizá-los e decepcionar-se por não corresponderem ao que idealizou, é capaz de sacrificar-se para ampará-los quando preciso. Afinal, o amor é compreendido, sentido e vivido pela sensibilidade, qualidade presente em tudo que gera.

Netuno ♆ na casa 6

Enquanto Netuno rege o subjetivo signo de Peixes, a casa 6 está associada ao signo oposto, Virgem. Esta casa trata da organização cotidiana, da produtividade e dos hábitos determinantes da saúde e da qualidade de vida. Trata-se, portanto, de uma combinação paradoxal, tanto no que tange à sistemática do dia a dia, quanto à administração das forças psíquicas e das vivências espirituais. Já que Netuno tem relação com a sensibilidade e a abstração, a dinâmica cotidiana é marcada por um comportamento do tipo "deixa fluir" e vamos ver o que acontece. Tal tendência pode ser interpretada como uma bênção, já que a multiplicidade de tarefas às quais a pessoa se encontra sujeita costumam consumir uma quantidade enorme de energia. Por outro lado, a falta de objetividade pode dificultar bastante o cumprimento dos afazeres e a produção de uma rotina organizada.

Se, por um lado, há certa displicência com os detalhes comuns das atividades cotidianas, por outro, a pessoa pode idealizar a qualidade do que deve produzir, exigindo perfeição em relação ao trabalho, frustrando-se sempre que a realidade não corresponder ao idealizado.

Onde Netuno se encontra, a pessoa está sujeita a passar por experiências de caráter enigmático e, sendo a casa 6 uma área associada ao trabalho, tal posição pode gerar talentos para uma atividade sensível, e também provocar indefinições quanto ao que se deve escolher profissionalmente.

Ainda em relação ao trabalho, a monotonia cotidiana é sentida com profundo desconforto, gerando fuga de alguns compromissos maçantes e, em contrapartida, talento para construir uma rotina interessante quando se dispõe da intuição. Por esse motivo, o ambiente de trabalho deve favorecer a expressão da sensibilidade e da imaginação. Também é necessário haver uma atmosfera acolhedora, já que esta patrocina os talentos da alma, o que tem relação com a natureza de Netuno. Aliás, saber lidar com o imponderável é condição fundamental para se produzir com qualidade. Além disso, ao estar envolvido com pessoas sensíveis, o nascido com Netuno na casa 6 consegue se relacionar melhor profissionalmente. É evidente que nem todos são intuitivos ou compreendem o que está nas entrelinhas e, por isso, é importante saber explicar com clareza o que deseja conseguir para obter boa qualidade de produção.

Como costuma não ter muita medida nem saber estabelecer limites definidos, seus hábitos também não são muito regrados. Em contrapartida, a intuição percebe o que o organismo necessita para o bem-estar, sendo necessário aprender a confiar nela. Entretanto, devido à sensibilidade, a pessoa facilmente se contamina com as atmosferas do entorno, que podem ser boas ou não para a saúde. Sendo Netuno um planeta associado à subjetividade, fica claro também que o bem-estar físico tem relação direta com o seu estado psíquico. Nesse caso, mais do que para a maioria das outras pessoas, corpo e alma são absolutamente indissociáveis.

Netuno ♆ na casa 7

Netuno é o planeta que rege o signo de Peixes, um signo de Água, enquanto a casa 7 se associa a Libra, um signo de Ar. Esta é uma combinação marcada pelas diferenças, já que a Água representa o universo sensível, e o Ar simboliza o distanciamento racional responsável pela boa dinâmica dos relacionamentos. Quem nasce com Netuno na casa 7 é capaz de se envolver profundamente com o universo do outro, misturando-se de tal maneira que as fronteiras das individualidades se confundem. Se sob o ponto de vista da autonomia essa tendência pode ser considerada complexa ou negativa, por outro, tal fusão pode resultar num relacionamento marcado por emoções profundas e sensibilidade.

Esse tipo de encontro favorece a dilatação da espiritualidade, na medida em que viver a dois é estar sujeito ao imponderável. Quando se é sensível ao outro, este se sente compreendido, o que favorece o bem-estar da relação. Sendo Netuno o planeta que aponta para as experiências que transcendem o plano físico, quem nasce sob essa configuração astrológica facilmente se sente atraído por pessoas que emanam um lado misterioso, intuitivas ou que lidem com atividades de tais naturezas. Ao se relacionar com um parceiro romântico e sonhador, suas aspirações são mais facilmente realizáveis, pois há muito mais segurança para sonhar quando o outro as acolhe.

A tendência a idealizar o relacionamento e o parceiro é uma das características mais fortes desse posicionamento. É evidente que, quando os sonhos são protagonistas numa determinada esfera da vida, as decepções também tendem a ocorrer com frequência, inundando a alma do sujeito de tristeza e melancolia. Entretanto, projetos a dois podem aquecer o relacionamento, deixando menos espaço para ilusões, de modo a evitar sofrimento quando a convivência cotidiana retirar o véu das fantasias. É dessa maneira que a força do encontro engrandece e amplia os horizontes da realidade.

O relacionamento é o palco no qual atuam os sentimentos mais profundos, trazendo à tona o que há de mais sombrio e luminoso ao mesmo tempo. Tal experiência pode provocar pressões e medos, afastando-o do desejo de se relacionar. Não é raro encontrar pessoas com essa posição vivendo platonicamente um amor e sofrendo por não conseguir atingi-lo, apesar de muitos serem capazes de mover montanhas para alcançar o amor desejado. Os nascidos com Netuno na casa 7 são dotados de irresistível sensualidade e poder de sedução quando querem conquistar alguém, além de serem extremamente talentosos para descobrir no parceiro aquilo que ainda não aflorou, facilitando-lhe a abertura de novos horizontes. O melhor para essas pessoas é encontrar alguém que partilhe seus sonhos, para juntos se empenharem para realizá-los.

Netuno ♆ na casa 8

De certo modo, há boa afinidade entre os simbolismos de Netuno e da casa 8. Tanto um quanto o outro tratam do irrepresentável. Portanto, nascer com Netuno nesta casa significa estar bem-equipado para mergulhar nas profundezas da alma, facilitando o contato com desejos que, em geral, encontram-se adormecidos até um abalo despertá-los. Também é verdade que Netuno é dado à fuga, e quando os sentimentos guardados vêm à tona, podem inundar a pessoa de angústia. A função de Netuno nesta casa é intensificar o impacto das mudanças na vida dessa pessoa, principalmente aquelas que demandam grande quantidade de energia psíquica e capazes de transformá-la internamente. Quando tais transformações acontecem, a pessoa renasce mais confiante para lidar com as perdas decorrentes de todo e qualquer processo de mudança. Em contrapartida, ao passar por difíceis momentos de dor, tais experiências podem levá-la a perder as margens que lhe asseguram o controle, emergindo das profundezas forças que causam grandes tempestades no mundo externo. Ainda que sinta alívio pela liberação do que estava contido, pode ser tomada por um estado de exaustão e melancolia.

De outro modo, a pessoa com Netuno na casa 8 também sente que as transformações, por mais difíceis que sejam, dão lugar a um estado de plenitude que lhe possibilita confiar no fluxo da vida. Por isso, mesmo inconscientemente, acaba por mergulhar nas profundezas da alma para lá viver o que, na superfície, jamais seria capaz de experimentar. Nesse processo vêm à tona tanto as loucuras que lhe assombram quanto os desejos mais profundos. São nesses momentos sagrados que remexe o que está decantado. Os sonhos adormecidos despertam e se encoraja a mudar para conseguir realizá-los.

Sua organização psíquica e espiritual está condicionada ao desapego e às transformações que é capaz de efetuar ou que a vida simplesmente lhe impõe. No que diz respeito aos riscos, nascer com esse aspecto astrológico também ajuda muito a mergulhar e ver "aonde isso vai dar". Utilizando bem a intuição, a pessoa é bem-sucedida quando aposta no improvável, sendo capaz de perceber com exatidão o que pode dar errado e acertar quando a maioria apostou no contrário.

Tal capacidade pode colaborar para a obtenção de bons resultados em negócios que envolvam sociedades e parcerias. Entretanto, é preciso estar atenta à tendência a idealizar tais resultados. Quando se deixa levar pelas fantasias, as consequências não são favoráveis. Mesmo assim, quando acha que tudo está perdido, algo da ordem imponderável atua e, como mágica, a livra de tal situação. Trata-se, mais uma vez, da natureza desse misterioso planeta atuando no universo do inexplicável.

Netuno ♆ na casa 9

Na medida em que a casa 9 está relacionada aos estudos e viagens, o sensível Netuno atua dissolvendo limites e ampliando horizontes. Quem nasce com essa posição quer sempre saber mais, viajar mais e ganhar espaço para progredir, seja intelectual ou espiritualmente. Para essa pessoa não há fronteiras quando o assunto é o conhecimento ou quando estiver viajando. Aliás, tais fronteiras podem ser de ordem geográfica, intelectual, espiritual, étnicas ou social. O sonho de querer desbravar mundos desconhecidos a motiva a lidar com as barreiras que separam culturas e distanciam as pessoas. É o tipo de pessoa que, quando está longe de casa, descobre lugares e pessoas improváveis sob o ponto de vista do senso comum. Tudo o que lhe acontece em tais circunstâncias, analisando o aspecto positivo de Netuno, é da ordem do mágico ou, pelo viés sombrio, do que gera medo. Por isso, é importante saber filtrar o que lhe convém do que é destrutivo para si.

Quanto à idealização tipicamente associada a Netuno, é possível que sonhe com metas irrealizáveis ou, que ao atingir um objetivo, este perca o valor. Com o desencanto, foge em direção a novas fantasias, mais uma vez produto de suas insatisfações. De qualquer maneira, dificilmente se sente feliz sem uma meta, e, ao criá-la, simplesmente para preencher um espaço vazio, gasta energia em vão com alvos que não a levam a lugar algum. Em geral, é uma pessoa que pode se perder também dos seus objetivos, pois, ao encontrar algo que lhe encante, é possível que abandone um caminho já bastante trilhado, por ser induzida pelo encantamento de uma nova perspectiva.

Via de regra, é bastante aberta quanto aos ideais de vida e tende a se interessar por horizontes distantes, aumentando consideravelmente as chances de conhecer lugares, pessoas ou saberes exóticos.

Netuno ♆ na casa 10

Quando um planeta está na casa 10 significa que suas características marcam a vida do indivíduo. No caso de Netuno, a sensibilidade, a inspiração e o misterioso estão presentes em praticamente tudo que for importante para a pessoa. Sendo a casa 10 o setor do horóscopo que representa o *status quo*, tais qualidades a acompanham sempre, marcando principalmente o modo como será reconhecida na sociedade. Para quem nasce sob essa influência, acreditar nos próprios sonhos é condição imprescindível para conseguir ser reconhecido por seus empreendimentos, principalmente os profissionais. Geralmente, é agraciado com alguns acontecimentos inexplicáveis que o ajudam a alcançar o que tanto deseja. Tais acontecimentos ocorrem com alguma frequência e ocupam lugar de destaque na história de suas conquistas. Não é por acaso, portanto, a escolha por profissões que exijam sensibilidade, inspiração e habilidade de fabricar fantasias, qualidades que o aproximam do imponderável, que o deixam mais aberto ao milagroso, facilitando sua manifestação. Por isso, sente-se conduzido quando se encontra perdido. Em oposição, muitas vezes tem dificuldade de enxergar a trilha que conduz ao topo da montanha. A nebulosidade aparece com muita frequência durante o caminho, dificultando bastante a subida. Nesses momentos é preciso, mais do que nunca, usar a intuição, pois esta é a qualidade responsável pelas escolhas acertadas. Entretanto, o que ocorre, às vezes, é se deixar levar pelos fantasmas que assombram a alma perdida. Quando isso ocorre, é preciso um trabalho dedicado à organização emocional para tranquilizar-se e poder seguir adiante utilizando os seus mais preciosos recursos psíquicos e espirituais.

Ainda em relação à natureza de Netuno, o que não lhe falta é a capacidade de sonhar, sendo esta uma das suas mais potentes qualidades profissionais. As atividades que necessitam de pessoas com um olhar sensível, inspiradas e capazes de transitar bem no universo das emoções são as mais adequadas para quem nasce com esse perfil astrológico.

Netuno pode gerar expectativas exageradas quanto ao sucesso, levando a pessoa a colher muitas frustrações ao longo da carreira. Nesse caso, vale pensar na possibilidade de transformar idealização em produtividade criativa.

Outra característica dessa posição é a tendência a deixar o destino conduzir suas decisões, principalmente as que envolvem projetos e planos de carreira. Normalmente, confia na imponderabilidade da vida, o que é construtivo por um lado, mas potencialmente prejudicial quando precisar tomar decisões definidas que dependam exclusivamente das suas escolhas. Quem nasce com Netuno na casa 10 precisa ser reconhecido por seu idealismo, e sabe aproveitar bem o que a vida lhe reserva. O ideal é que escolha uma profissão que valorize sua capacidade de ser afetado pelas sutilezas, de mergulhar nas regiões profundas e misteriosas da psique humana e de reconhecer sua sensibilidade.

Netuno ♆ na casa 11

O significado da casa 11 acolhe a amizade e as ações em conjunto, enquanto Netuno representa o imponderável e o misterioso. O efeito dessa combinação é um olhar sensível em relação às relações humanas, conferindo à pessoa a habilidade de compreender as diferenças sociais e de reunir pessoas em torno de objetivos comuns. Ela costuma se envolver profundamente com os outros, o que lhe serve como território fértil para o plantio da sua imaginação.

Sendo Netuno um planeta associado à habilidade de sonhar, quem nasce sob tal configuração estimula os outros a acreditar nos seus sonhos e é capaz de lhes ajudar a realizá-los. A sensibilidade característica de Netuno está presente quando se envolve com problemas de ordem social, deixando-se afetar pelo sofrimento alheio e mobilizando-se para tentar resolver a origem do que causa dor no outro. Qualquer sinal de desamparo ou desesperança social o afeta de tal maneira que se sente impulsionado a acolher as pessoas e estimular-lhes sonhos que visem à construção do bem comum.

O outro lado da moeda é se deixar contaminar excessivamente pelos problemas dos outros e idealizar relações que a realidade é incapaz de produzir. É por esse motivo que, na maioria das vezes, se sente frustrado com o que vê à volta. É muito comum ocorrer críticas e reclamações constantes em relação ao modo como as pessoas interagem, o que o afasta dos amigos e do convívio social.

Quando não afetada pela compaixão, a pessoa com Netuno na casa 11 é intolerante com as fraquezas humanas. Por isso, precisa compreender que os outros não são simples projeções do seu desejo e que cada um tem seu jeito próprio de ser e de viver. Até mesmo com os amigos a tendência é idealizá-los, e, se não corresponderem às suas expectativas, também se decepciona com eles. Em contrapartida, o espírito solidário de Netuno a ajuda a superar tais desilusões, ampliando consideravelmente os limites do território no qual são construídas suas relações. Ainda que espere demasiadamente dos outros, estes costumam lhe ser gratos pela sua generosidade e sensibilidade às suas questões.

Netuno ♆ na casa 12

Sendo Netuno o regente natural da casa 12, essa combinação intensifica a sensibilidade, a intuição e a tendência à introspecção, principalmente quando a pessoa é afetada por problemas emocionais. Tudo que é produzido nas profundezas da alma é sentido com uma intensidade tal que, algumas vezes, transborda sob a forma de angústias, medos, aflições ou melancolia. O aspecto construtivo dessa tendência é ter sensibilidade para encontrar meios apropriados para lidar com seus temores. As práticas terapêuticas ou espirituais são muito bem-vindas nesse caso, pois quem nasce sob essa configuração é capaz de extrair o máximo que elas têm a lhe oferecer. Outra característica desta configuração é que a pessoa percebe facilmente quando algo não está bem, apesar de muitas vezes não saber decodificar os sentimentos que provocam o mal-estar. Mais do que em qualquer outra posição, Netuno dirige suas antenas para as profundezas, captando o que se encontra submerso nas regiões obscuras da alma, enriquecendo sua relação com as experiências subjetivas e espirituais.

Também é natural que deseje se recolher e fugir da agitação do dia a dia para alcançar um pouco de tranquilidade interior. Somente dessa forma é capaz de organizar-se psiquicamente e fazer do seu potencial sensível um instrumento de crescimento espiritual. Em geral, ao se distanciar do burburinho, a pessoa nascida com Netuno na casa 12 obtém excelentes resultados, podendo sair da casca sem absorver exageradamente as energias que não lhe fazem bem, de maneira que sai fortalecida e com melhores condições de lidar com as consequências de sua sensibilidade. É capaz de perceber o que a maioria nem sequer imagina existir, mantendo-se segura e não se deixando contaminar pelas energias pesadas. Também tem habilidade para lidar com o sofrimento dos outros, ocupando o lugar de quem acolhe e alivia a dor. Entretanto, raramente sabe como cuidar das suas próprias dores, sendo necessário olhar constantemente para si, cuidar das pequenas angústias que surgem timidamente, para não deixar que os sofrimentos cresçam demasiadamente.

PLUTÃO NAS CASAS

A casa em que se encontra Plutão está sujeita às mudanças profundas e ao imponderável. É nela que a pessoa desenvolve a capacidade de se regenerar das perdas e de superar a dor vivida nos momentos difíceis. A realização dos assuntos relacionados a esta casa depende do desapego.

Plutão ♇ na casa 1

Plutão simboliza a morte e a regeneração. Semelhante à natureza do planeta, tê-lo na casa 1 significa estar submetido a modificações constantes, e a pessoa que é de um jeito hoje não será a mesma amanhã. Quando esses dois simbolismos se associam, individualidade e transformação caminham lado a lado, resultando em um ser em constante estado mudança, sujeito à instabilidade e motivado pelo desejo de descobrir dentro de si o que está adormecido e ainda não desabrochou. A tendência de quem nasceu com esse aspecto é se identificar com o insondável e obscuro, agindo de acordo com tais características. Mesmo quando atravessa momentos de tranquilidade, dificilmente se acomoda, pois sua personalidade intensa está acostumada a agir melhor quando desafiada. Há um enorme prazer em ser um agente de mudanças, extraindo das profundezas energia para promovê-las. Às vezes, é capaz de chegar ao esgotamento físico e psíquico para conseguir agitar o que está estagnado e que tanto lhe incomoda.

Uma de suas forças mais poderosas é a intuição, sensibilidade difícil de ser traduzida. Outro aspecto dessa posição astrológica é a tendência à inquietude, à ansiedade e até mesmo a de ser tomado por grandes angústias, principalmente quando jovem. Desse modo, é fundamental saber canalizar sua intensidade emocional para atividades que liberem as pressões internas. Sendo a casa 1 responsável pela criação da individualidade, Plutão quando está nesse setor age como um vulcão, às vezes inativo e, muitas vezes, em franca atividade. Quanto este é o caso, as reações explosivas são comuns e a pessoa tende a perder o controle sobre si. Por isso, frequentemente se vê às voltas com relacionamentos turbulentos. Evidentemente, o mais turbulento de todos é o relacionamento consigo mesmo, o que produz enorme desejo de se reinventar.

Essa personalidade intempestiva não é suave, porém é sedutora. Aliás, quando as coisas não saem do jeito que gostaria ou se sua vontade é contrariada, suas reações podem ser agressivas, sendo preciso saber ceder e aceitar sua fragilidade diante de situações imponderáveis. Em contrapartida, quando a tempestade passa e as tensões são aliviadas, renasce transformada e irreconhecível.

É bem provável que sua infância tenha sido marcada por mudanças que, se por um lado são responsáveis por certa instabilidade emocional, por outro, ajudam o nascido sob essa configuração a promover o desapego. Na medida em que se modifica, adquire mais confiança para assumir suas diferenças e, por fim, aprende a transformar as tendências destrutivas em potencial criativo.

Plutão ♇ na casa 2

Enquanto Plutão rege o signo de Escorpião, símbolo da força transformadora, a casa 2 trata da estabilidade material e está relacionada ao signo oposto, Touro. Esta é, portanto, uma combinação que reúne valores antagônicos, fazendo com que desapego e segurança caminhem juntos. Quem nasce com Plutão na casa dos recursos materiais tem como seu melhor aliado a capacidade de se desfazer dos excessos, cedendo lugar à chegada de novos recursos. Essa constante renovação de valores, tanto pode gerar instabilidade quanto um jeito criativo de lidar com as finanças. O desapego, atributo associado a Plutão, aliado ao desejo de independência material, auxilia a pessoa a enfrentar as turbulências financeiras que, em geral, ocorrem com certa frequência. Isso porque flertar com os riscos materiais é sinônimo de prazer. Essa ousadia, quando somada à criatividade e ao empreendedorismo, é responsável pelos êxitos na esfera financeira.

A outra face de Plutão é a do território dos temores, já que esse planeta, simbolicamente, representa o obscuro. Assim, quando esse lado predomina, o que ocorre é a possibilidade de ficar refém do medo de perder e, obstinadamente, buscar poder pela aquisição de recursos materiais. Evidentemente, enfrenta perdas e superações que lhe servirão como referência para gerenciar com mais sabedoria seus talentos e recursos. Com frequentes mudanças de valores, ora pode ter muito, ora faltar. Tal realidade exige certo sangue-frio para administrar os gastos, garantindo reservas para os momentos difíceis. Tais momentos são ótimos estimulantes para mudanças profissionais, abrindo espaço para novas possibilidades de trabalho e descoberta de talentos adormecidos. O que há de mais paradoxal nessa posição astrológica é que a estabilidade material patrocina o desapego, e assim que é obtida, a pessoa tem chance de se dedicar a outras atividades, principalmente não rentáveis, além do próprio trabalho.

Outra interpretação da casa 2 é quanto às aptidões. Sendo Plutão o planeta que reina nas profundezas, esta posição propicia a exploração de talentos geralmente desconhecidos ou até mesmo desvalorizados pela maioria. Onde ninguém vê possibilidade de ganhos, a pessoa faz disso o seu sustento, conseguindo também transformar um negócio estagnado ou malsucedido num empreendimento rentável. O certo é que viver materialmente dessa maneira é viver sob constante estado de pressão. Porém, é isso que motiva o nascido com Plutão na casa 2 a se empenhar no trabalho e a querer investir mais na sua capacidade produtiva.

Plutão ♇ na casa 3

Plutão na casa que simboliza a comunicação aponta para a pessoa que faz da informação o instrumento da sua transformação pessoal. A força do planeta a liberta das ideias ultrapassadas e potencializa a criação de novas. O indivíduo nascido sob tal configuração astrológica é bastante curioso, já que Plutão tem a ver com a fascinação que o oculto desperta. O aprendizado é facilitado se houver algum mistério para ser desvendado, pois a mente é inquieta e investigadora. Por isso, é recomendável estudar em instituições que despertem seu intelecto criativo e intuitivo quando criança. Caso tenha tido uma formação rígida ou conservadora, a pessoa provavelmente busca outros caminhos que lhe abram a mente e possibilitem o desenvolvimento de seus talentos intelectuais. Os estudos e as informações são o território fértil no qual são semeadas suas transformações. Até o mais simples comentário pode provocar modificações significativas no modo de ser e ver o mundo da pessoa nascida com Plutão na casa 3. As conversas e discussões a atraem, principalmente se houver divergências de opinião. Aliás, quando fala, algo além do seu controle vem à tona, enriquecendo seu discurso. Esse mesmo talento também pode se manifestar como uma língua ferina, capaz de impactar os desavisados.

Por ser intensa e profunda em suas opiniões, também pode ser muito intransigente em relação ao que pensam os outros. Tal temperamento pode lhe render tensões elevadas nas discussões, gerando um cenário propício para conflitos e desafetos. Sabendo usufruir dos benefícios das polêmicas, pode ser capaz de transformar conceitos ultrapassados em ideias inovadoras.

É provável, também, que venha a produzir obras de grande valor intelectual. De posse da capacidade de reconhecer a intenção por detrás do que é dito, mais do que o propriamente dito, a comunicação ganha um poder extraordinário, seja pelo que fala ou pelo que escuta. Na contramão dessa tendência, esse tipo de talento pode dificultar a comunicação quando os assuntos são mais superficiais. Sempre mergulhado na densidade dos pensamentos, quem nasce com esse desenho astrológico faz associações inteligentes e não costuma se satisfazer com conceitos fechados e ideias prontas. Pensar não é simplesmente repassar na cabeça o que escutou ou aprendeu. Pensar é desafiar a mente e colocá-la sob pressão. Por isso, não tem o menor interesse de receber um conhecimento mastigado, considerado entediante, além de ser, provavelmente, um dos motivos de um mau desempenho nos estudos, caso isso aconteça. Na direção oposta, o interessante é conhecer pessoas de opiniões diferentes das suas e que despertem seu intelecto investigativo. Aliás, quando vê em alguém um potencial adormecido, sabe bem como despertá-lo, apontando caminhos para seu desenvolvimento.

Plutão ♀ na casa 4

Estando a casa 4 associada às relações íntimas, o ameaçador poder de Plutão pode provocar certo desconforto quando o assunto envolve a dinâmica familiar. Essa área da vida está condicionada a frequentes transformações, já que o nascido sob essa configuração não aguenta se sentir pressionado pelos modelos repetitivos, normalmente presentes nas relações em família. Ainda que o ambiente no qual foi criado tenha sido acolhedor, é sensível às faltas e, por isso, costuma sentir-se excluído da cena familiar. Entretanto, se sua educação foi marcada pelo desamparo, essa falta deixa marcas importantes no seu desenvolvimento emocional. A pessoa cresce imbuída do desejo de encontrar para si um espaço em que se sinta acolhida e amada. Como tem dificuldade de reconhecer o afeto, tende a se frustrar nessa busca, aumentando as chances de conflitos em família e de obtenção de estabilidade emocional na fase adulta. Ainda assim, essas são as pessoas mais capacitadas a transformar tais problemas em força de superação e modificação pessoal. Por intermédio das dores vividas, limpam o lodo psíquico no qual se sentem aprisionadas. Nos períodos de maior pressão emocional, elas despertam a potência adormecida, renovando-se e dando condições de semear o desenvolvimento saudável da afetividade.

O relacionamento com a família pode ser experimentado como um território ameaçador à estabilidade ou como objeto de transformação interior. Tanto uma como outra experiência são computadas como importantes. O que costuma acontecer com quem nasce com Plutão na casa 4 é carregar no histórico familiar as marcas da mudança e, por isso, suas referências não são estáveis e dificilmente se repetem. Se hoje as lembranças são de um jeito, amanhã são absolutamente diferentes. Ainda em relação às forças ocultas de Plutão na casa que simboliza o passado, tudo que ficar armazenado emerge em situações de tensão emocional com uma força semelhante à do vulcão, incontida e descontrolada. Quando a pressão diminui, o resultado se revela transformador. A pessoa se torna capaz de compreender seu potencial afetivo, modificando o jeito de se relacionar e de acolher o afeto dos outros.

Esta casa astrológica tem uma relação delicada com a natureza densa de Plutão, já que os laços afetivos representados nesse setor se veem às voltas com um planeta que cutuca fatos e sentimentos inconfessáveis. Se for capaz de transformar tais revelações em ferramenta de regeneração e organização psíquica, a pessoa estará capacitada, então, a se relacionar e se entregar emocionalmente na maturidade.

Plutão ♇ na casa 5

Plutão na casa das paixões e da criatividade constrói um cenário propício a experiências emocionais intensas e dramáticas. A natureza densa desse planeta favorece a extração do potencial, inclusive como forma de extravasar as paixões. Aliás, esse é um excelente modo de lidar com sentimentos que, em situações-limite, estão fora do controle e que, se liberados, aliviam as pressões e evitam as explosões desmedidas. Quem nasce com Plutão na casa 5 vive e expressa os impulsos emocionais com tamanha intensidade que, em vez de se aproximar do objeto amado, pode impedir-lhe o contato. O mesmo ocorre quando se vê tomado por sentimentos obstinados. Quanto mais focar o desejo, mais se distancia das chances de realizá-lo. Nas situações de profundo envolvimento emocional, a experiência amorosa pode ser tanto um palco de transformações radicais, como o cenário de tormentas. Frequentemente, por lidar com desejos inconfessáveis, expressa o que sente de forma obscura, misteriosa e altamente sedutora. Por essa razão pode atingir o âmago daqueles com quem se envolve simplesmente os desnudando e, consequentemente, abrindo espaço para se transformarem.

Amar é sinônimo de desconstrução dos padrões repetitivos das relações, e quando há sinais de acomodação, de um jeito ou de outro, o nascido com Plutão na casa 5 encontra meios para mudar tal situação. Em contrapartida, convive com o fantasma da perda atormentando o coração, o que pode ser um dos grandes motivos de sua tendência a querer controlar o cenário amoroso. Também é possível que, para evitar o sofrimento causado pela perda, destrua um relacionamento valoroso inconscientemente, o que apenas antecipa a materialização do seu medo. A sensação de poder por ter sido o agente da ruptura poupa um pouco da dor que não deseja sentir. Essa maneira ardilosa de lidar com a paixão pode se transformar em uma poderosa armadilha ou, no sentido contrário, uma preciosa ferramenta de criatividade. As frustrações amorosas o libertam dos vícios nocivos e abrem espaço para envolvimentos bem mais positivos, ainda que intensos. Mesmo assim, é preciso aprender a administrar sua intolerância quanto aos assuntos afetivos, pois tal tendência pode impedi-lo de usufruir dos benefícios da paixão e também da sua manutenção.

Semelhante à vida amorosa, a criatividade se presta às experiências transformadoras, estimulando-o a se descobrir e se reinventar. A potência alquímica de Plutão provoca o afloramento do processo criativo, o que também ocorre em relação ao modo como experimenta a relação com os filhos ou suas obras. Quem apresenta tal desenho astrológico deve ficar atento à sua tendência controladora ou mesmo de projetar seus anseios e angústias nos filhos ou nas pessoas que ama. Caso não consiga transformar suas inseguranças em força regeneradora, as dificuldades do amor podem gerar as rupturas que tanto tenta evitar. Em contrapartida, como a natureza de Plutão também é de cura, as experiências amorosas o levam a reconhecer o quanto é capaz de se regenerar das perdas e renascer irreconhecível para a construção de um novo e saudável modo de amar e ser amado.

Plutão ♇ na casa 6

Palco dos acontecimentos cotidianos, a casa 6 recebe Plutão com certa desconfiança, pois a função desse planeta é desarrumar para reorganizar. É claro que o resultado é bem-vindo numa área da vida em que, se houver sistematização, as atividades do dia a dia transcorrem com menos percalços. Entretanto, a desorganização associada a essa posição astrológica instala durante tal processo uma instabilidade e, consequentemente, uma falta de domínio, dificilmente acolhidos com serenidade pelas pessoas que precisam controlar e planejar obstinadamente suas atividades. Por ser uma área regrada, o papel de Plutão é exatamente o oposto, quebrar os hábitos automáticos e, aí, sim, encontrar um sistema de ordem capaz de se autorrenovar. Quem nasce com Plutão na casa 6 encara toda e qualquer atividade produtiva com vigor e, em muitos casos, com obstinação. A monotonia do dia a dia é incômoda, deixa-o com o humor abalado e desperta o desejo de transformação. Uma boa saída é eleger atividades que empreguem seu espírito investigativo, pois evitam que o trabalho seja aborrecido. Se houver espaço para mudanças, pode trabalhar com mais eficiência e aproveitar melhor o seu potencial produtivo.

Outro aspecto dessa combinação é mergulhar de cabeça no trabalho, pois este, quando o interessa, pode tomar todo o seu tempo, gerando perda de energia e esgotamento emocional. Em contrapartida, sua capacidade de regeneração pode ser fantástica. Quando se descobre capaz de curar seus próprios males, começa a reformular seus hábitos e o modo como enfrenta o estresse decorrente das pressões do trabalho e dos afazeres diários. É o tipo de pessoa que, quando enfrenta um problema profissional, não sossega até resolvê-lo, confirmando sua natureza obstinada no trabalho. Em relação à força densa de Plutão, trabalhar sob pressão não costuma ser um grande problema, pelo contrário, nessas condições, capacidades adormecidas despertam, e mudanças são realizadas.

Mas, na contramão dessa tendência, é muito difícil se submeter a ordens. Mesmo que possam gerar tais pressões, nesse caso o resultado dificilmente é favorável. Na medida em que é muito difícil evitar hierarquias, o bom é ter autonomia e empregar criatividade no que faz, por um lado, e, por outro, saber delegar tarefas para não se sobrecarregar. Raramente se acomoda numa atividade que não lhe dá perspectivas de renovação, o que só deve acontecer por força absoluta da necessidade. Mesmo assim, é provável que concentre todos os seus esforços para sair dessa situação. A estabilidade de um emprego não é o que mais importa, e sim a possibilidade de descobrir novos recursos. Aliás, o nascido com Plutão na casa 6 é capaz de abandonar um tipo de trabalho, que muitos desejariam ter, quando estiver atraído por algo totalmente novo, preferindo arriscar-se a ter que passar o resto de sua vida fazendo a mesma coisa. É evidente que, para isso, precisa ter o mínimo de confiança em si mesmo. Caso não tenha, pode ocorrer exatamente o contrário: sente medo de perder o que tem por não acreditar que pode começar tudo de novo. Entretanto, quando se sente à vontade na sua atividade, é capaz de abrir mão de tudo para fazer o melhor.

Plutão ♀ na casa 7

O encontro de Plutão — planeta de natureza densa e turbulenta — com a casa que trata da experiência conjugal pode, no mínimo, soar ameaçador. O motivo é que a força transformadora de Plutão atua numa área que exige compreensão para que um relacionamento possa se desenvolver saudável provocando o desejo de mudar o jeito de ser do outro, desencadeando conflitos. Entretanto, ainda que possa aceitar o outro como é, quem nasce com Plutão na casa 7 não consegue manter um relacionamento sem a adrenalina da mudança. Por essa razão, costuma ser atraído por pessoas de temperamento inquieto, intolerantes à acomodação e que portem boa dose de mistério no modo de ser e de enxergar o mundo.

Profundidade e relacionamento devem ser vividos como um par de experiências indissociáveis, caminhando lado ao lado ao longo de toda a história construída a dois. Na hipótese de isso não ocorrer, o relacionamento fica sujeito a tensões extremadas, geradas inconscientemente pelo desejo de mergulhar mais fundo nos mistérios do amor, do sexo e da paixão. Quando nem tais pressões são capazes de transformar a relação, dificilmente evita rupturas que, em geral, causam sofrimento, tanto para si, quanto para o parceiro.

Além do mais, sempre que um dos dois se sentir abafado pela tendência dominadora do outro, ainda que haja amor, este finda por enfraquecer, faltando energia suficiente para mantê-lo. Em contrapartida, os relacionamentos se transformam em palco das descobertas do inconfessável. Relacionar-se é, portanto, um rito de passagem para uma nova vida, enaltecendo o enorme potencial de transformação gerado pelos encontros. Na mesma medida em que as transformações enriquecem o modo de se relacionar, as tensões provocam atritos capazes de atrapalhar a construção de um relacionamento estável. O fato de apreciar pessoas densas ou com dificuldade de entrega amorosa aumenta consideravelmente a tendência a relacionamentos tumultuados.

O que verdadeiramente fascina quem nasce sob essa configuração é apontar novos caminhos para o parceiro. A pessoa que estiver ao seu lado não pode evitar ser tocada por essa habilidade, ficando sujeita a descobertas que jamais ocorreriam se estivesse sozinha. De qualquer modo, tais situações costumam produzir relacionamentos profundos e, ao mesmo tempo, estressantes. Se houver predominância deste último, a tendência natural é de rompimentos ou de se sujeitar a viver sob a ditadura dos jogos e chantagens emocionais.

Na direção oposta, é capaz de se transformar profundamente para conquistar o afeto da pessoa amada ou, ainda, para manter um relacionamento. Aliás, as perdas amorosas são vividas na sua mais radical intensidade, até o esgotamento total da dor, para, então, renovadas suas forças, renascer modificado e pronto para iniciar um novo relacionamento, liberto dos padrões negativos do passado. O certo é que nenhum deles é o mesmo depois do encontro.

Plutão ♇ na casa 8

Como Plutão é um planeta afinado com as mudanças representadas na casa 8, a combinação dos dois cria um ambiente fértil para a formação de uma poderosa aliança. Quem nasce com essa configuração está constantemente submetido a pressões internas responsáveis pelas transformações. Mergulhar no âmago do seu psiquismo é um hábito que o coloca sempre diante dos fantasmas, sejam anjos ou demônios, que habitam as profundezas. Atravessar a fronteira do totalmente desconhecido para as regiões da consciência abre-lhe a mente para o enfrentamento dos riscos das novas experiências, especialmente quando elas são de natureza emocional. A pessoa que nasce com Plutão na casa 8 costuma enfrentar a estagnação com desconforto e, quando é este o caso, não mede esforços para extrair forças capazes de gerar transformações.

A despressurização das forças internas é um ato absolutamente necessário para evitar explosões destrutivas. Entretanto, as atitudes desmesuradas podem surgir em momentos em que se sente desmotivado ou pressionado por situações que fogem ao seu controle. Na direção oposta, dispõe de incrível capacidade de regeneração quando atravessa experiências de perda ou conflitos emocionais. Esse aspecto astrológico facilita a liberação dos ressentimentos quando a pessoa percebe o mal que causam à alma. Aliás, se não reconhecer seus limites emocionais, a perda de energia é inevitável. De todo modo, as experiências tempestuosas são responsáveis pelas mais profundas e radicais mudanças, levando a pessoa a buscar um novo espaço para si. Tais vivências liquidificam os padrões emocionais engessados pelo tempo, proporcionando-lhe um novo modo de se relacionar com o mundo.

Outro aspecto da pessoa com essa configuração astrológica é ter a necessidade vital de se relacionar intimamente. Aliás, raramente se sente satisfeita com algum tipo de monotonia na relação sexual. Sente ânsia de penetrar nos mistérios emocionais e sexuais, quebrando seus tabus. Caso isso não aconteça, deixa de viver uma parte essencial da sua natureza e dificilmente se sente satisfeita nessa fuga ou repressão. Afinal, o sexo é uma experiência transformadora, capaz de escavar as entranhas e lá encontrar emoções inconfessáveis e reveladoras.

Plutão ♇ na casa 9

Associar o planeta das profundezas com a casa das viagens e do conhecimento é mergulhar de corpo e alma nesses temas. Como para essa pessoa não há assunto que possa se esgotar, o espírito investigador lhe confere uma habilidade magistral nos estudos e nas pesquisas. A fascinação por conhecer mundos ainda por descobrir — sejam geográficos, intelectuais ou espirituais — a impulsiona a rejeitar ideias ultrapassadas e a voltar seu olhar para onde o horizonte é aberto à criação de novos campos do saber. Ainda que muitas pessoas considerem o aprendizado mais fácil quando as informações são passadas já "mastigadas", as que nascem sob essa configuração consideram que, quanto mais for exigido, mais capacidade podem ter de assimilar e produzir intelectualmente, interessando-se por assuntos que escondem algo e que as obrigam a garimpar, e posteriormente, lapidar as joias encontradas. A experiência com o saber é, portanto, transformadora, conferindo-lhes a possibilidade de oferecer ao mundo novas maneiras de pensar. Apesar de toda essa potência, nem sempre suas ideias são bem aceitas. Tanto o rigor das escolas quanto o engessamento intelectual ao qual a sociedade está submetida justificam tal realidade. Por isso, é importante despojar-se de suas vaidades intelectuais para assumir e afirmar o que pensa, sendo preferível frequentar instituições de ensino que acolham o fluxo de transformações culturais com abordagens instigadoras, a se submeter àquelas que se distanciam da atualidade. Algumas pessoas com esse perfil astrológico esbarram em grandes dificuldades no que diz respeito ao saber. Ao expor suas abordagens, conquistam desafetos e, muitas vezes, são excluídos dos espaços destinados à produção de conhecimento.

De outro modo, talvez por não se sentir acolhido, quem tem Plutão na casa 9 se agarra com fervor às suas crenças, ainda que sejam atuais e renovadoras. Pode se tornar obstinado num assunto e não sossegar enquanto não o esgotar. No entanto, por oferecer uma contundente avaliação das ideias vigentes com agudeza e atualidade, valoriza o acesso cultural para o aperfeiçoamento do saber. Aliás, quando se sentir sufocado, deve buscar estímulos viajando, fazendo contato com culturas diferentes da sua, aliando-se a quem aceita novidades. Assim como ter a mente aberta é uma de suas mais preciosas habilidades, viajar também pode ser uma experiência profundamente transformadora de si e do seu modo de ver o mundo. Distante das fronteiras que demarcam o universo conhecido, talvez se sinta mais bem-compreendido, adquirindo confiança no seu modo irreverente de pensar.

Plutão ♇ na casa 10

Por se posicionar próximo ao lugar mais alto do Céu, Plutão na casa 10 indica a força com que suas características marcam o jeito de viver de quem nasce com essa configuração, ou seja, espírito contestador, intolerante e transformador. Essas tendências o acompanham, marcando a vida com desconstruções e reconstruções, turbulências e descobertas inconcebíveis aos olhos dos conservadores. Para essa pessoa o mundo é um enigma transitório e sujeito, portanto, a transformações. Quando há estabilidade, acontecimentos que fogem ao seu controle abrem fissuras na estrutura construída, ameaçando sua continuidade e, muitas vezes, destruindo tudo. O jeito, então, é começar tudo de novo, transformando definitivamente o destino até então traçado. Depois de algumas experiências dessa natureza, acostuma-se a mudar e compreende que tais transformações o conduzem ao encontro de suas maiores potências. Neste sentido, as questões essenciais da vida só fazem sentido se contiverem um quê de risco, se abordarem assuntos inspiradores e até desconcertantes.

Ainda que compreenda ou aceite a transitoriedade das coisas, também sente desejo de controle, não se dobrando diante de ordens e hierarquias. Aliás, toda vez que é pressionado a contrariar seu desejo, suas reações podem ser agressivas, sendo capaz de abrir mão de qualquer posição de valor em nome da liberdade de gerir seu próprio destino. Se agisse com contundência e, ao mesmo tempo, com quietude, talvez alcançasse mais facilmente o que almeja. Tal atitude cria uma atmosfera bem mais favorável para construir uma trajetória pessoal de realizações e resultados.

Com Plutão na casa 10 a pessoa deve submeter seus projetos profissionais a constantes faxinas, com o objetivo de abrir espaço para um novo fluxo de energia. Renovada, é capaz de encontrar caminhos bem mais adequados para chegar ao lugar que melhor valoriza seus talentos profissionais. Pessoas com essa configuração astrológica costumam simplesmente sair da cena social, seja porque algo se esgotou e deixou um vazio instigante, seja porque alguma situação lhe arrancou do palco no qual encena suas realizações. Em todo caso, em ambas as situações, é preciso se reinventar e arriscar novos caminhos para retomar seu status.

Essa combinação inclina ao desapego do poder quando é uma pessoa consciente e segura dos seus potenciais, que não é seduzida pelas fogueiras da vaidade. Caso contrário, o poder pode consumi-la até destruir toda e qualquer chance de realização. Por isso, é comum preferir profissões que abriguem o complexo desafio de viver desapegada, optando por uma carreira instigante, porém instável, em vez de um tipo de trabalho repetitivo e que não estimula mudanças. A pessoa com essa posição aponta caminhos capazes de transformar algo no mundo, mesmo que tais transformações cutuquem e incomodem muita gente.

Plutão ♇ na casa 11

O encontro entre um planeta de tendência cirúrgica com a casa dos valores humanitários implica na tendência de ser um investigador das omissões sociais. A imensa habilidade de garimpar os anseios da coletividade promove mais facilmente ações modificadoras dos males sociais. Quem nasce sob essa configuração é corajoso o suficiente para mexer nas feridas que destroem o tecido da sociedade e perspicaz na identificação dos vícios sociais. Nascer com Plutão na casa 11 é ser sensível ao sofrimento dos outros e ter o dom de apontar caminhos para superá-lo. Além de ser afetado pelos conflitos sociais, também é intolerante com a passividade das pessoas diante dessas situações. Isso tanto pode ocorrer em relação a grandes grupos, como diante dos amigos ou de uma equipe de trabalho. Quando alguém demonstra acomodação, remexe os desejos adormecidos, provocando um novo fluxo de energia. Para quem é tocado por essa pessoa, as oportunidades de mudança batem à porta. Essa configuração é típica de quem, ao chegar num grupo, mexe na sua estabilidade e desperta novos interesses, de maneira que nada mais fica como antes. Em contrapartida, sua intolerância quanto aos relacionamentos superficiais pode ser responsável por atitudes hostis ou pela aquisição de alguns desafetos. Como nem sempre as pessoas se relacionam com profundidade, pode se isolar e sair da cena social. Portanto, para manter a tranquilidade nos relacionamentos, é preciso cutucar com docilidade, pois o que realmente importa é investir nas transformações para a construção de relações humanas saudáveis. Entretanto, se suas atitudes forem por demais intolerantes, pode se sujeitar a perder amigos e bons relacionamentos.

Outro viés dessa posição é a capacidade de transformações profundas no seu jeito de ser e de ver o mundo a partir do convívio com as pessoas. Quando compreende as diferenças sociais e entre indivíduos, também se sente fortalecido para afirmar a sua própria diferença. No mais, tudo num relacionamento deve ser intenso, desde as trocas, passando pelas conversas e incluindo os desentendimentos.

Plutão ♇ na casa 12

Plutão é o tipo de planeta que, por ter uma natureza introspectiva, vai ao encontro das experiências associadas à casa 12, ou seja, mergulhar no universo dos mistérios, sejam os que a vida apresenta, sejam os que habitam as profundezas da alma. Portanto, Plutão na casa 12 é capaz de cavar o âmago da estrutura psíquica e garimpar seu solo lodoso na busca das riquezas lá escondidas. O encontro com os temores, sejam anjos ou demônios que lá habitam, é quase sempre um momento tenso, mas também responsável pela liberação do que se encontra reprimido. Tal esboço astrológico expressa o tipo de força que a pessoa dispõe para efetuar as transformações interiores e que é uma espécie de força cirúrgica, cortando camadas e mais camadas, até atingir o núcleo a ser remexido e transformado. O que assombra e imobiliza passa a ser utilizado como instrumento de criatividade; o desejo de modificar-se impulsiona o mergulho na sua interioridade e, sempre que precisa fazê-lo, necessita isolar-se de tudo e de todos. Entretanto, como a casa 12 costuma ser vivida de maneira cautelosa e até ameaçadora, o isolamento pode configurar fuga e, nesse caso, impedir o maior potencial dessa posição que é a de transformação. A natureza sombria de Plutão fica, dessa maneira, confinada nas cavernas da alma angustiada, assombrando ainda mais quem está evitando sofrer com as possíveis perdas decorrentes de tais transformações. O acúmulo das tensões resulta em explosões, conflitos ou desconforto psíquico. Nesse sentido, uma terapia e até mesmo uma prática espiritual caem como uma luva.

Outra abordagem desse aspecto astrológico diz respeito ao quanto Plutão colabora para dilatar a sensibilidade em relação aos segredos, que dificilmente passam despercebidos, já que a curiosidade dificilmente pode ser controlada. Aliás, os próprios segredos ocupam um lugar nobre na vida de quem nasceu com Plutão na casa 12. Guardar para si o inconfessável é uma forma de proteger-se de cobranças, críticas e falsos moralismos. Em vez de combatê-los frontalmente, faz uso do poder das entrelinhas.

A posição de Plutão, que trata do sombrio e das perdas, nessa casa implica em agir com sangue-frio em situações-limite, contraditando completamente a tendência constante de sentir medo ou mesmo aversão à hipótese dessas mesmas situações. Portanto, se houver um mínimo de organização psíquica ou espiritual, a pessoa consegue salvar-se dos seus próprios inimigos ocultos.

CAPÍTULO 11
Planetas em aspectos

ASPECTOS COM O SOL

Sol e Lua ☉ ☾

Como um casal no Céu, esses dois astros se relacionam de maneira oposta e complementar. O Sol, com luz própria, inspirando confiança e certeza. A Lua, com luz refletida, simbolizando a sensibilidade e a sutileza de uma luminosidade indireta. O encontro entre os dois põe frente a frente razão e emoção, ativo e passivo, luz e sombra, consciente e inconsciente, praticidade e intuição. O aspecto entre eles indica o modo como a pessoa conecta essas tendências opostas. O certo é que a sensibilidade se interliga à esfera da razão, ao mesmo tempo que o universo das emoções é influenciado pela racionalidade. As duas forças se unem, mesclando-se e formando as bases para a construção de uma individualidade segura.

Palavras-chave

Totalidade, fusão, unidade, síntese, fecundidade, comunhão, parceria, equilíbrio, sintonia, harmonia, união, casamento, composição, criação, associação, plenitude, integração, encaixe, compartilhamento, conexão, cooperação, dualidade, autoestima, complementação, polaridade, alicerce, integração, cumplicidade.

Aspectos favoráveis — conjunção, sextil e trígono

Nos aspectos favoráveis, a aparente contradição desse encontro não se apresenta como um problema, ao contrário, racionalidade e intuição, ação e receptividade, masculino e feminino agem em parceria e se mesclam com elegância e harmonia. Para a pessoa, o que importa é a possibilidade de os dois lados atuarem, sem que seja necessário abrir mão de um deles, e ela sabe quando e como utilizar um ou outro. Além do mais, é hábil nas relações íntimas e mantém-se centrada em situações de pressão emocional. No sentido oposto, em atividades que lhe exigem força mental, tem intuição para encontrar pausas e dar espaço para seus desejos românticos e de lazer. Como os dois astros se referem à luminosidade, pode se tornar uma pessoa popular, o que se manifesta tanto na esfera pessoal quanto na social. Quando se trata da vida íntima, via de regra se relaciona com sabedoria em família, e tende a agir com sensibilidade na vida profissional, conquistando a confiança das pessoas do trabalho. Enfim, ela entende que a riqueza encontrada nas diferenças pode ser muito mais interessante do que a encontrada nas semelhanças.

A conjunção entre o Sol e a Lua apresenta características muito peculiares, um pouco diferentes das conjunções entre os demais planetas. Quando ocorre esse aspecto, quer dizer que é uma Lua Nova. Com exceção do eclipse solar, que também acontece nessa fase, a Lua não aparece visível no Céu, nem de dia, nem de noite. Isso confere à pessoa nascida sob esse aspecto introspecção, dificuldade de expressar as emoções e instabilidade. No mais, a ação dos dois astros em conjunto amenta a ênfase das características do signo envolvido, que tende a ser expresso sob forma de extremos. Ademais, muitas das características favoráveis descritas nos aspectos de sextil e trígono comparecem também na conjunção.

Aspectos conflitantes — quadratura e oposição

Nos aspectos conflitantes entre o Sol e a Lua, a difícil conciliação entre os opostos — masculino e feminino, razão e percepção, ativo e passivo, fantasia e realidade — produz insegurança, perda de energia e estresse. Há sensibilidade, ainda que pouco elaborada, e racionalidade, mas a intuição não costuma ser ouvida. Razão e emoção custam a chegar a um acordo, já que a lógica da dinâmica entre os dois é "ou um, ou outro". No fim das contas, resultam a dificuldade de dar cabo dos seus projetos, instabilidade emocional e mental, problemas de relacionamento em família e em situações de exposição. Essas situações causam impopularidade, pois a pessoa transmite insegurança e, consequentemente, não inspira confiança. Os conflitos encontrados nesses aspectos promovem mudanças importantes no seu desenvolvimento, sendo necessário transformar a tensão gerada pelas oposições em ponderação e a instabilidade, em adaptação e flexibilidade, promovendo um bom trânsito entre diferentes realidades.

Sol e Mercúrio ☉ ☿

O único aspecto possível entre o Sol e Mercúrio é a conjunção, pois a máxima distância angular formada entre eles é 28°. A tendência a ser favorável ou conflituoso, dependendo dos outros aspectos envolvidos. Se a conjunção entre os dois receber uma maior quantidade de sextis ou trígonos, tem qualidade positiva. Se prevalecem as quadraturas e oposições, a conjunção é conflitante.

Palavras-chave

Expressão, elucidação, transmissão, insight, inteligência, sinceridade, clareza, articulação, eloquência, discernimento, extroversão, sagacidade, consciência, raciocínio, lógica, opinião, objetividade, lucidez, equacionamento, tradução, perspicácia, vivacidade, comunicabilidade, autoexpressão, concentração, interatividade, destreza, aprendizado, expressividade, curiosidade, autocrítica, entendimento, persuasão, dispersão, irritação, ansiedade.

Aspecto favorável ou conflitante — conjunção

A conjunção entre o Sol e Mercúrio produz atividade mental frenética, pensamento analítico, clareza e objetividade ao raciocinar e, dependendo do signo envolvido, inteligência prática. No caso de o aspecto ser favorável, a mente é rápida e precisa, há concentração, discernimento, senso crítico e organização intelectual. No entanto, se for conflituoso, tende à dispersão, pensamentos repetitivos, inquietude, impaciência e nervosismo.

Para alguns que nasceram com esse aspecto, pensar é fazer bom uso da razão, já que Mercúrio rege a mente e o Sol, a racionalidade. Para outros, o ato de pensar tem a ver com meditação, ponderação e abstração. A tendência a um ou a outro depende dos signos e, quando houver, dos outros aspectos abarcados por essa conjunção. Além das qualidades já descritas, a pessoa dispõe de criatividade intelectual, curiosidade, boa capacidade de comunicação mas, via de regra, fala em demasia. Por fim, questiona a realidade, sabe se sair bem numa discussão, tem poder de argumentação e, em tese, adapta-se bem ao ambiente que a circunda.

Sol e Vênus ☉ ♀

Dentre os aspectos abordados neste livro, a conjunção é o único possível entre o Sol e Vênus, já que a máxima distância angular formada entre os dois é 46°. Via de regra, essa conjunção é favorável. No entanto, se for afetada por outros aspectos exclusivamente conflituosos, manifesta, também, traços negativos.

Palavras-chave

Êxtase, encantamento, desejo, satisfação, paixão, voluptuosidade, sedução, atração, compartilhamento, exuberância, glamour, riqueza, criatividade, autoestima, vaidade, sofisticação, magnetismo, refinamento, carisma, charme, amor-próprio, apego.

Aspecto favorável ou conflitante — conjunção

O encontro entre os dois reúne, por um lado, os domínios do Sol — razão, consciência, comando, brilho, magnetismo e calor —, e, por outro, as qualidades de Vênus — amor, afetividade, gentileza, amor ao belo, diplomacia e finura. A pessoa nascida sob esse aspecto tem bom gosto, exerce seu magnetismo com beleza, é capaz de gestos harmoniosos e é gentil nas relações. Ademais, se sai bem em situações em que está exposta ou no contato com pessoas de poder. Circula com destreza nos encontros sociais e, sempre que possível, vive plenamente os prazeres, conferindo-lhe viço, alegria e leveza. Mesmo quando é enérgica, mantém a suavidade, dilatando as possibilidades de sucesso quando está numa posição de comando ou quando simplesmente quer ver seus desejos atendidos.

Outra instância relacionada com essa conjunção diz respeito ao amor e ao sexo, já que Vênus rege os seus domínios. O encontro de Vênus com o Sol lhe concede o privilégio de viver as paixões com intensidade, vivacidade e vigor. E, por fim, o amor ao belo se coloca no pedestal da consciência, não pondo dúvidas da sua relevância.

Sol e Marte ☉ ♂

O encontro entre o Sol e Marte reúne qualidades semelhantes, pois os dois astros regem o dinamismo masculino. Enquanto o Sol se relaciona à energia vital, criatividade, comando, calor e magnetismo, Marte tem a ver com vigor, guerra, liderança, assertividade e impulsividade. A conexão entre os dois intensifica as características de ambos, ou seja, há sempre um excesso, e as atitudes são extremas. A bem da verdade, Sol e Marte se unem para dar forma às conquistas, aos confrontos, à agressividade, à masculinidade e às ações.

Palavras-chave

Liderança, energia, disposição, vitalidade, garra, explosão, força, coragem, identidade, autoafirmação, entusiasmo, ousadia, criação, vigor, competição, potência, urgência, desempenho, vitória, combatividade, autonomia, empolgação, febre, conquista, assertividade, virilidade, poder, propulsão, sobrevivência, fervor, iniciativa, impulsividade, combustão, artilharia, determinação, voluntariedade, atividade, prontidão, bravura, fortaleza, arrojo, sagacidade, vontade, autoridade, heroísmo, narcisismo, destemor, agressividade, impaciência, intolerância, egoísmo, arrivismo.

Aspectos favoráveis — conjunção, sextil e trígono

A força conjunta de Sol e Marte — astros que reinam no universo das disputas e do vigor —, quando produzida por um aspecto favorável, é transformada em criatividade, já que a pessoa dispõe de talento para associar de forma positiva vontade e ação. A disposição para lutar aparece sempre que provocada, seja no orgulho, seja na competência. A pessoa é inquieta, impaciente e até mesmo tumultuosa, apesar de tais características normalmente se transformarem em atitudes construtivas e soluções imediatas. Sempre que há conflito, uma disputa a enfrentar ou uma briga para apartar, ela está de prontidão. A propósito, seu modo enérgico e agressivo de agir encontra a medida justa e adequada para domar os excessos, sem lhe tolher a liderança e a intensidade. É consciente de que, quando há descontrole, o pulso firme funciona. A pessoa com esse aspecto costuma ser hábil em posições de comando, é assertiva, rápida nas decisões, enérgica, vigorosa, quente e impulsiva. Pode ser bem-sucedida em atividades que exijam grandes esforços, principalmente físicos, capacidade de mando, que ofereçam perigo, ou em esportes.

Aspectos conflitantes — conjunção, quadratura e oposição

Os aspectos conflitantes entre o Sol e Marte, planetas masculinos, provocam atitudes explosivas, ainda que corajosas, e descontrole da agressividade. Elas surgem, principalmente, quando a pessoa se vê às voltas com a perda em uma disputa, um insucesso num empreendimento ou mesmo em situações de tensão e ameaça de conflito. No entanto, um aspecto conflitante sempre aponta para inseguranças que, nesse caso, estão relacionadas com medo da derrota, dificuldade de reconhecer a própria força, vacilo diante do perigo e o fantasma de achar que tudo está contra si. Por esses motivos, reage com violência, reativamente, com decisões irrefletidas, com impaciência e, muitas vezes, com impulsos destrutivos. O resultado dessas tendências é faltar-lhe habilidade para comandar com pulso firme sem perder a razão, precipitar decisões que venham a lhe causar danos pessoais e de carreira, gerar desafetos, e não atingir níveis de desempenho satisfatórios por dispender energia excessiva logo ao começo, faltando-lhe ao final. Considerando que toda conexão conflitante é também um alerta para mudanças, a força gerada nesse aspecto pode transformar impulsividade desmedida em criatividade, intolerância em ações revolucionárias, tensão física em prática de esportes e despotismo em liderança.

Sol e Júpiter ☉ ♃

Os dois astros, Sol e Júpiter, regem signos de Fogo. O primeiro, Leão, e o segundo, Sagitário. Portanto, o contato entre ambos exacerba suas atribuições. Enquanto o Sol reina no universo da luminosidade, do controle, da razão, da masculinidade, da vaidade e do calor, Júpiter se ocupa do entusiasmo, do progresso, da abundância, da sorte, do merecimento, das leis e da justiça. O que mais os aproxima é o fato de ambos exaltarem a vida, terem apreço à luminosidade da consciência, à nobreza do espírito, à disciplina e à ordem.

Palavras-chave

Sorte, juízo, benesses, alegria, disposição, determinação, proteção, merecimento, intensidade, fé, sabedoria, grandiosidade, objetividade, glória, esplendor, bênção, confiança, voluptuosidade, alto-astral, pompa, amplitude, generosidade, projeção, fartura, riqueza, autenticidade, exuberância, entusiasmo, prepotência, credibilidade, retidão, esperança, otimismo, discernimento, bom senso, boa-fé, magnanimidade, altivez, nobreza, prosperidade, fortuna, benevolência, profecia, convicção, certeza, obstinação, verdade, maestria, exaltação, humor, lealdade, brilhantismo, triunfo, egoísmo, vaidade, orgulho, insatisfação.

Aspectos favoráveis — conjunção, sextil e trígono

A energia resultante dos aspectos favoráveis entre o Sol e Júpiter produz confiança e bom senso, o que se reflete na capacidade que a pessoa nascida sob tal aspecto tem de associar com fluidez a alegria de viver e a consciência simbolizadas pelo Sol, com o bom juízo e o entusiasmo de Júpiter. Para ela, a vida tem significado elevado, pois é entendida como uma chance de evolução. Por ter nascido sob essa influência, via de regra é insatisfeita consigo e, por tal razão, deseja ardentemente crescer. Tem amor pelo conhecimento, pelas viagens e por tudo que a ajude a atingir seus objetivos de progresso. Não obstante, é uma pessoa de sorte, sua colheita é quase sempre próspera e tem o reconhecimento merecido pelos seus esforços. Com mais forte motivo, reconhece tais privilégios e transforma seus ganhos em atos de generosidade e gratidão. Além do mais, mantém-se fiel aos seus princípios, sob pena de não se perdoar caso traia suas crenças pessoais. Para concluir, trata-se de uma pessoa normalmente expansiva, alegre, de bem com a vida, sincera e otimista. Também pode obter bons resultados em alguns dos assuntos relacionados a estudos, magistério, justiça, leis, esportes, mente criativa, produção de saber, línguas, aventuras ou viagens.

Aspectos conflitantes — quadratura e oposição

Esses aspectos provocam excesso de confiança, de modo que a pessoa ultrapassa seus limites, desperdiça energia e se frustra por calcular mal suas chances de êxito. Aprofundando a análise, esse excesso é produto das defesas geradas pelas suas inseguranças, sendo uma delas o fantasma do fracasso. Em função de tal fragilidade, age com arrogância, abusa do poder, faz mau juízo da realidade ou gasta além do que pode. Pode faltar-lhe discernimento para tomar as decisões corretas, ter problemas com as regras, leis ou justiça, ter dificuldades em evoluir nas práticas esportivas, causar danos na sua carreira por se expor em demasia ou, por falta de planejamento, prometer e não cumprir. Sabendo-se de antemão que todo aspecto conflitante aponta para mudanças que favorecem seu crescimento, a canalização dessas energias transformam prepotência em potência, arrogância em confiança no possível, mau juízo em crítica construtiva e dificuldade com as regras em apreciação ética.

Sol e Saturno ☉ ♄

A conexão entre o Sol e Saturno aproxima universos muito distantes. O Sol rege a luminosidade, a confiança, a alegria de vida, a consciência, o calor e a energia vital. Saturno, por sua vez, reina na esfera cinzenta da realidade, tem relação com a rigidez, a frieza, a secura, os limites e as provações. Confirma-se, portanto, o afirmado antagonismo. A aproximação possível entre os dois se dá à custa de disciplina e organização, atribuições válidas para ambos. Mas a maneira como a pessoa vai viver esse encontro depende de como se constitui a conexão entre eles — se é fluente ou conflitante.

Palavras-chave

Empreendimento, perseverança, fidelidade, sabedoria, autoconfiança, persistência, compromisso, rigor, resistência, retidão, estruturação, sensatez, bom senso, exigência, severidade, verdade, autoridade, eficiência, autossuficiência, credibilidade, contenção, respeito, reserva, racionalidade, ponderação, regularidade, retenção, comedimento, austeridade, ambição, duração, seriedade, realismo, previsão, poder, autocontrole, inibição, conservadorismo, prudência, melancolia, obediência, discrição, firmeza, sustentação, disciplina, cautela, tenacidade, parcimônia, lealdade, ordem, controle, hierarquia, determinação, status, clareza, estratégia, egoísmo, rispidez, autoritarismo.

Aspectos favoráveis — conjunção, sextil e trígono

Quando a vinculação entre o Sol e Saturno — planetas que regem qualidades antagônicas — é favorável, ela produz senso de realidade sem perda do otimismo, resistência à frustração, ainda que com alegria, e capacidade de organização, acrescida de disciplina. A razão de ser dessas qualidades se fundamenta na relação harmoniosa entre os atributos do Sol, ou seja, amor à vida e confiança, e os de Saturno, a sabedoria ao enfrentar provações e noção de responsabilidade. Para quem nasce sob esses aspectos, compromissos, responsabilidades e promessas devem ser levados a sério e, por isso, raramente deixa de honrá-los. Ser influenciado por esse aspecto é ter o privilégio de resolver por si mesmo os seus problemas, de enfrentá-los com firmeza e superar frustrações sem deixar rastros de ressentimento. Além disso, a pessoa tem confiança em si mesma, amor ao trabalho, é fiel aos seus princípios, lida bem com a realidade e faz da prudência a sua mais fiel aliada. Tudo o que obtém é fruto do seu esforço, do passo a passo da escalada em direção às suas ambições, sem temer os sacrifícios nem os esforços para chegar onde deseja. E, finalmente, costuma ser bem-sucedida na carreira, tem uma boa relação com pessoas mais velhas ou maduras, se estrutura melhor com idade avançada e obtém bons resultados em assuntos envolvendo posições de poder e responsabilidade e bem-estar com solidão.

Aspectos conflitantes — conjunção, quadratura e oposição

A dificuldade de estabelecer uma interação fluente entre o Sol e Saturno gera falta de confiança, punindo a pessoa com um excessivo medo de errar. O peso da responsabilidade e do dever podem exercer tamanha pressão sobre ela, a ponto de se sentir ainda mais presa ao receio de cometer erros irreparáveis. Em decorrência disso, raramente perdoa suas próprias falhas, podendo custar-lhe admiti-las, pois, com o intuito de não falhar, controla exageradamente suas ações, criando limites para si mesma e aumentado as chances de frustração. Dessa roda-viva de incertezas resultam intransigência, teimosia, retraimento, falta de alegria e vigor, enrijecimento e demora para obter bons resultados. Todavia, um aspecto conflitante denota fragilidade, ainda que, nesse caso específico, a pessoa se comporte como se não a tivesse. Tal fragilidade pode ter origem no fantasma da derrota, no receio de perder poder, nas repressões ou restrições oriundas do passado, na falta paterna ou no pai castrador. Por tais motivos, pode ser inábil para lidar com hierarquias e ter dificuldade de conciliar vontade com realidade, organização com disciplina, comando com discrição. Ademais, essas tendências dificultam o progresso profissional e podem gerar problemas com a exposição, seja por demasia, seja por falta. Por fim, levando em consideração que um aspecto conflitante aponta para mudanças essenciais à evolução do sujeito, a energia produzida nesse aspecto pode transformar restrição em resistência, rigidez em firmeza, intolerância em ações produtivas e receio de falhar em prudência.

Sol e Urano ☉ ♅

Enquanto o Sol, regente de Leão, simboliza o mundo da luminosidade, o poder centralizador, a força, o vigor, a autoridade, o comando, o calor e o magnetismo, Urano, regente de Aquário e oposto a Leão, comanda as inovações, a imprevisibilidade, o altruísmo, as revoluções, a rebeldia e a liberdade. Trata-se, portanto, de um aspecto instigante, já que a conexão entre os dois astros aproxima universos opostos e complementares. O desafio de quem nasce com essa influência é encontrar a justa medida entre extremos.

Palavras-chave

Criação, vibração, insight, intuição, explosão, distribuição, energia, excentricidade, clarividência, liberação, sintonia, sincronicidade, captação, originalidade, boas-novas, premonição, antevisão, previsão, vidência, altruísmo, amplitude, descentralização, elucidação, inspiração, alerta, genialidade, individualidade, singularidade, curiosidade, intolerância, inconstância, irritação, agressividade, precipitação, extremismo, egoísmo, radicalidade.

Aspectos favoráveis — conjunção, sextil e trígono

A força resultante da conexão favorável entre o Sol e Urano — planetas que regem qualidades opostas — produz capacidade de comandar com liberdade; de manter-se sob controle, porém com abertura aos imprevistos e inovações, e atrair o que é bom para si, compartilhando-o com os demais. Tais qualidades resultam da boa relação que a pessoa estabelece entre as atribuições do Sol — energia vital e confiança — e Urano — renovação e altruísmo. Com esse aspecto, ela é impetuosa, é livre no pensar e na autonomia para ir e vir, prefere partilhar o comando a assumi-lo sozinha, é amante do progresso e das inovações, tem facilidade de abrir mão de posições reconhecidamente glamorosas na sociedade para obtê-las ao seu modo, e é portadora de inteligência rápida. Além do mais, é inconformada com repetições e, por isso, cria e recria seu estilo de vida toda vez que avista sinais de acomodação. Afinal, sente-se mais viva quando consegue se reinventar. Nascer com esse aspecto é ter uma intuição privilegiada, uma mente criativa e uma alma revolucionária. Enfim, a pessoa sob tal influência é bem-sucedida em atividades inusitadas, conquista cedo a liberdade, produz benefícios para a coletividade e obtém bons resultados em assuntos que envolvam avanços tecnológicos, redes de relacionamento e comunicação.

Aspectos conflitantes — conjunção, quadratura e oposição

A tensão nos aspectos conflitantes entre o Sol e Urano indica crises internas produzidas pelo desejo de mudança e, na mesma medida, a dificuldade de promovê-la com segurança. O confronto constante com esse nível de pressão provoca irritabilidade e ações imprevisíveis, quando não, destrutivas. Em decorrência disso, a pessoa fica instável, não conclui seus objetivos e fica sujeita a rupturas desnecessárias. Como sua intenção é renovar, a impaciência aumenta consideravelmente as probabilidades de realizar as mudanças fora do tempo, de maneira destemperada e de seguir numa direção indesejada. O resultado desse padrão interno é a repetição da dinâmica que envolve o desejo de mudança, a impaciência para encontrar os meios adequados para fazê-la, a ruptura precipitada e, finalmente, a insatisfação com o resultado. Contudo, o aspecto conflitante denota insegurança que, nesse caso, diz respeito à falta de confiança em si mesma, principalmente no que diz respeito às suas diferenças. Ao comparar-se com a maioria, sente-se isolada. No seu exílio interno, busca mudanças. Como decorrência desse modo de agir, pode faltar-lhe discernimento, disciplina e reconhecimento dos limites. Ademais, a pessoa tende a ser inábil para lidar com hierarquias, não suporta ser comandada, tem dificuldade de conciliar controle e liberdade, alegria e pressentimento, bom senso e criatividade. As dificuldades do aspecto conflitante entre o Sol e Urano podem ter origem no medo de ser pega desprevenida ou de perder repentinamente a liberdade, ou em dificuldades em relação às referências paternas ou ruptura com o pai. No mais, essas inseguranças podem lhe custar problemas com autoridade, frustrações profissionais ou sociais. Entretanto, todo aspecto conflitante incita mudanças importantes para a evolução do sujeito. Desse modo, a força gerada no aspecto em questão pode transformar irritabilidade em ações inovadoras e criativas, instabilidade em flexibilidade e extravagâncias em singularidade.

Sol e Netuno ☉ ♆

A vinculação entre o Sol e Netuno deixa próximos mundos completamente distintos. O primeiro reina na luminosidade, na certeza, na consciência, no controle e na razão. O segundo é senhor do universo das incertezas, das percepções sutis, da fantasia, do psiquismo, do inconsciente, da suscetibilidade e da espiritualidade. Fica bem evidente a distância entre os dois, e saber conectá-los não deixa de ser uma arte. Para aproximá-los é preciso ter sabedoria, calma e firmeza. Ademais, a maneira como a pessoa vai estabelecer esse contato depende do tipo de aspecto formado entre os dois. Se for favorável, a aproximação se dá com suavidade; se conflitante, de forma desafiadora.

Palavras-chave

Magia, intuição, revelação, sublimação, sombra, sintonia, canal, mistério, holismo, meditação, transcendência, iluminação, vidência, síntese, antevisão, amplitude, espiritualidade, compaixão, recolhimento, maestria, generosidade, compreensão, integração, reflexão, inspiração, milagre, etéreo, captação, unidade, profecia, plenitude, conexão, sagrado, fuga, decepção, melancolia, desilusão, suscetibilidade, nebulosidade.

Aspectos favoráveis — conjunção, sextil e trígono

Quando favorável, a conexão entre o Sol e Netuno produz alto grau de sensibilidade sem perda da noção de realidade; força para lidar com as desilusões sem que, no entanto, se desista de um novo sonhar; e intuição acrescida de foco, pois a pessoa nascida sob essa influência associa com sabedoria os atributos do Sol — objetividade, coragem e raciocínio — às qualidades de Netuno — percepção, imaginação e suscetibilidade. Ter esse aspecto no horóscopo confere o dom de penetrar facilmente nas esferas intangíveis da mente. A pessoa é capaz de perceber imediatamente as atmosferas sutis, intuindo o que a aparência não revela; tem o gosto apurado para as artes; é portadora de inteligência criativa; e tem facilidade para lidar com a dor e o sofrimento alheios, sentimentos que é capaz de absorver para conseguir acalmar uma alma aflita. A propósito, sua natureza é camaleônica, posto que se adapta às condições do entorno. Via de regra, se apaixona com intensidade, embora saiba manter os sentimentos dentro dos limites da razão. Não obstante, com a mesma tranquilidade que se entrega ao amor e às fantasias românticas, também se recolhe e cultiva os tempos de retiro espiritual. Ambos, amor e espiritualidade, lhe aumentam o vigor e lhe conferem alegria de vida. Para completar, costuma ser bem-sucedida em assuntos relacionados à alma, às terapias, espiritualidade, artes, criatividade, intuição, mediunidade, memória visual, viagens, química e farmácia.

Aspectos conflitantes — conjunção, quadratura e oposição

Quando o Sol e Netuno estão subordinados a um aspecto conflitante, o produto dessa conexão revela o conflito da mente nebulosa, mergulhada nas águas profundas da imaginação, sujeita às tormentas psíquicas e aos sofrimentos da alma. O enfrentamento de tais pressões incita a pessoa ao escapismo ou a atitudes dramáticas e sem lógica. Da mesma maneira que percebe o mundo com a intervenção da fantasia, também se vê às voltas com suas próprias indefinições, especialmente as que lhe impedem de ver a si mesma com clareza e objetividade. Como consequência, costuma interromper seus projetos bem antes da conclusão, se perder por conta dos estímulos fantasiosos e se sentir marginalizada, exilando-se no seu universo interior. Em função do conflito gerado entre as qualidades do Sol e de Netuno, essas dificuldades têm a ver com a tensão produzida pela relação entre razão e sensibilidade, controle mental e intuição, realidade e fantasia. A dinâmica desse aspecto envolve o anseio por desvendar grandes enigmas, a impressionabilidade e submissão à fantasia, a angústia, a tentativa de fuga e, se encontrar a saída, novamente a atração por novos mistérios. Todavia, um aspecto conflitante sempre revela inseguranças. No caso da relação entre o Sol e Netuno, elas dizem respeito à falta de confiança em si mesma, principalmente por idealizar uma individualidade impossível de ser atingida. O abismo que se impõe entre um eu idealizado e um eu possível é a fonte da maioria das suas angústias. A origem das suas fragilidades também pode decorrer do medo de se expor e não ser reconhecida, de sofrimentos emocionais não elaborados, de dificuldades em relação à figura paterna ou à omissão do pai na sua formação. Em consequência desse padrão, faltam-lhe discernimento, crítica e limites, tendo inclinação ao desânimo e à ingenuidade. Finalmente, considerando que um aspecto conflituoso sempre aponta também para transformações importantes no desenvolvimento da pessoa, as turbulências emocionais podem ser transformadas em criatividade; a impressionabilidade, em intuição e espiritualidade; e o escapismo, em amor pelas viagens geográficas, mentais ou espirituais.

Sol e Plutão ☉ ♇

O Sol reina na luminosidade e se relaciona a controle, consciência, racionalidade, energia e alegria de vida. Já Plutão, no sentido inverso, abriga em seus domínios os assuntos relativos às sombras, ao inconsciente, à morte, ao renascimento, à regeneração, à destruição, aos mistérios e às profundezas. A aproximação dos dois exige sabedoria, pois reunir força centralizadora com energia dissipadora, alegria de viver com dignidade para morrer e expansão de consciência com transformação psíquica certamente não é tarefa fácil. O desafio de quem nasce sob essa influência é aproximar o abismo que separa os dois mundos. A maneira como a pessoa fará essa aproximação depende de como é formado esse aspecto — se favorável ou conflitante.

Palavras-chave

Cura, germinação, explosão, domínio, revelação, exaustão, elucidação, poder, renascimento, força, autoridade, intensidade, organização, regeneração, criação, determinação, alquimia, renovação, purificação, mediunidade, reestruturação, diligência, obstinação, magnetismo, liderança, comando, controle, libido, concentração, consciência, intuição, lucidez, carisma, revitalização, prepotência, autoritarismo, agressividade, destruição, negação.

Aspectos favoráveis — conjunção, sextil e trígono

Quando a união das forças de Sol e Plutão — astros que regem mundos muitos distintos — é favorável, o resultado é um alto potencial criador, já que ambos, cada um à sua maneira, têm a ver com a criatividade. Por um lado, o Sol simboliza energia vital, por outro, Plutão faz emergir a vida latente. Para a pessoa nascida com esse aspecto, o bom encontro entre essas duas forças também é responsável pelo significado profundo que ela dá à existência, pela intensidade como experimenta a vida e pela ânsia de remexer o que existe de mais oculto em si. Também tem habilidade para lidar com as perdas sem se destruir, põe a inteligência a serviço das transformações e o desapego vem acompanhado de consciência do valor das coisas. Tudo isso é produto da boa articulação entre os valores do Sol — clareza, vitalidade e raciocínio — e de Plutão — transformação e impermanência —, pois nascer sob a combinação favorável desses dois astros é ter o privilégio de perceber a realidade pelo lado avesso, ser capaz de estar presente sem se expor e de trazer à luz o que se esconde. A visão profunda da existência garante o exercício da sua vontade e lhe fornece vontade de poder. A pessoa tem facilidade em lidar com situações-limite, pois lhe foi dada a virtude de ter sangue-frio para essas situações. Graças às qualidades de Plutão, se regenera bem das perdas e tem sabedoria para lidar com os novos ciclos, além de ser alguém que se apaixona com facilidade sem se tornar escravo dos seus sentimentos. Aliás, sempre que correr o risco de perder o controle, sabe escolher a hora certa para se retirar e assegurar o domínio sobre si. Em última análise, pode obter bons resultados em alguns dos assuntos que envolvam sexualidade, poder, planejamento, cura, psicoterapias, especulações e relação com as massas.

Aspectos conflitantes — conjunção, quadratura e oposição

Por haver uma distância profunda entre os mundos do Sol e de Plutão, o conflito provocado por esses aspectos se intensifica e a fenda que os separa é responsável por ações inconscientes, descontroladas e explosivas, e por angústias e compulsões, ocorridas especialmente quando a pessoa não consegue impor sua vontade ou fica à mercê de situações que fogem ao seu governo. Sabendo que um aspecto conflitante aponta essencialmente para as inseguranças, nesse caso elas se manifestam como dificuldade de lidar com perdas, sentimento de desamparo, marcas emocionais passadas geradas por rupturas, mortes ou separações, e dificuldades na relação com o pai ou falta deste. Por defesa, costuma agir com arrogância, faz uso inadequado do poder, põe a perder coisas que lhe são importantes e toma decisões que podem lhe prejudicar. Ainda como efeito dessas inseguranças, pode agir inconscientemente de forma destrutiva, ter problemas com autoridade — tanto a exercida pelos outros, como a por ela própria —, faltar-lhe controle para comandar com firmeza sem perder o juízo, gerar desafetos e prejudicar sua expressão profissional. Entretanto, todas as dificuldades apontadas por um aspecto conflitante podem ser transformadas de forma criativa. No caso da combinação entre o Sol e Plutão, as angústias e compulsões se tornam força de produção; a agressividade, liderança; a irreflexão, intuição; e o poder destrutivo, capacidade de regeneração.

Sol e Ascendente ☉ ASC

A conexão entre o Sol e o Ascendente reúne dois universos semelhantes, já que os dois tratam de questões que envolvem a individualidade. Os aspectos entre os dois intensificam as características de ambos, ou seja, há uma forte inclinação a preocupar-se consigo mesmo e com sua autenticidade. A bem da verdade, Sol e Ascendente se unem para dar forma às conquistas pessoais e à confiança nas decisões.

Palavras-chave

Identidade, estilo, brilho, comando, independência, centralização, controle, autoridade, firmeza, alegria, bom humor, confiança, lealdade, determinação, energia, vitalidade, ação, arrogância, prepotência, autoritarismo, vaidade, orgulho.

Aspectos favoráveis — conjunção, sextil e trígono

A boa conexão entre o Sol e o Ascendente — forças relacionadas ao mundo das disputas e do vigor — produz criatividade, talento para associar confiança e ação, disposição física e mental para enfrentar as provocações e os desafios impostos pela vida e pelos outros, além de atitudes pensadas, mas rápidas. A pessoa é enérgica, age com assertividade, exerce a liderança com determinação e tem pulso firme para fazer valer sua vontade. É hábil quando o comando e as decisões estão nas suas mãos, é impulsiva e vigorosa.

Aspectos conflitantes — conjunção, quadratura e oposição

Os aspectos conflitantes entre o Sol e o Ascendente — forças masculinas, relacionadas com a competição e o vigor — geram agressividade, impaciência na tomada de decisões, reações precipitadas em situação de risco ou com insegurança, falta de disciplina com o corpo, perda de vigor. Faltam-lhe racionalidade quando acuado ou ameaçado de perigo, perseverança nas decisões e habilidade para fazer valer suas vontades. Essas tendências geram estresse físico, desafetos e danos aos seus relacionamentos pessoais. Elas são um alerta para mudanças importantes no seu desenvolvimento pessoal, tratando da possibilidade de transformar impulsividade em criatividade e agressividade, em atividades físicas saudáveis.

Sol e Meio do Céu ☉ MC

A conexão entre o Sol e o Meio do Céu aproxima universos semelhantes. O Sol rege a luminosidade, a confiança, a alegria de vida, a consciência, o calor e a energia vital. O Meio do Céu, por sua vez, simboliza o ápice, a projeção e o reconhecimento. Tem relação com o esforço empregado nas conquistas, principalmente aquelas que se referem à esfera profissional e ao status social. A conexão entre os dois se dá à custa de disciplina, confiança e organização, atribuições válidas para ambos. Mas a maneira como a pessoa vai viver esse encontro depende de como se constitui a conexão entre eles — se é fluente ou conflitante.

Palavras-chave

Projeção, reconhecimento, ambição, determinação, produtividade, empenho, força, poder, sucesso, exposição, palco, brilho, arrogância, cobiça, prepotência, vaidade, orgulho.

Aspectos favoráveis — conjunção, sextil e trígono

Os aspectos favoráveis entre o Sol e o Meio do Céu produzem talento para associar confiança e perseverança no trabalho; criatividade profissional; reconhecimento e projeção; disposição física e mental para enfrentar os desafios impostos pela construção de uma carreira sólida; consciência das suas ambições. A pessoa é segura de seu potencial produtivo, age com pulso firme em situações às quais está exposta, exerce o comando com destreza e tem disciplina para comandar um empreendimento profissional. É competente no comando e costuma ser bem-sucedida quando cabe a ela o poder de decisão.

Aspectos conflitantes — conjunção, quadratura e oposição

Os aspectos conflitantes entre o Sol e o Meio do Céu geram frustrações profissionais sempre que a vaidade domina; falta de clareza na tomada de decisões de trabalho; dificuldade de manter a disciplina; perda de vitalidade causada pela má administração das suas obrigações profissionais. Faltam-lhe racionalidade quando suas competências são postas à prova, perseverança na execução de tarefas difíceis e habilidade para posições de comando. O excesso de exigência profissional causa estresse físico. Essas tendências são um alerta para mudanças importantes no desenvolvimento da sua carreira, tratando da possibilidade de transformar vaidade em inventividade e canalizar suas excessivas exigências para uma produtividade saudável.

ASPECTOS COM A LUA

Lua e Mercúrio ☾ ☿

A associação entre dois astros de natureza cambiante fertiliza a ação das qualidades flexíveis, mutáveis e inconstantes, presentes no simbolismo de ambos. Já outros atributos são bem distintos. Se, por um lado, a Lua rege a maternidade, os cuidados, a afetividade e as emoções, por outro, Mercúrio se encarrega da inteligência, da racionalidade, da curiosidade e da adaptação. Eis, portanto, o efeito duplo: eles se aproximam quanto à qualidade instável, e se afastam quando intercambiam razão e sensibilidade. Além disso, o encontro dos dois diz respeito ao modo como a pessoa estrutura a relação entre linguagem e afetividade. Dependendo do tipo de aspecto formado entre os dois, essa conexão pode ser favorável ou conflitante.

Palavras-chave

Símbolo, arquétipo, sintonia, persuasão, companheirismo, gentileza, atenção, conselho, metáfora, galanteio, eufemismo, subterfúgio, inspiração, memória, extroversão, poesia, empatia, telepatia, história, nuances, interação, confiabilidade, dissimulação, entonação, sotaque, inteligência emocional, desabafo, afinidade, interpretação, fofoca, instabilidade, dispersão, irritabilidade, ansiedade.

Aspectos favoráveis — conjunção, sextil e trígono

O resultado dessa conexão produz habilidade para absorver e memorizar informações, pois a pessoa é capaz de associar com destreza raciocínio lógico e intuição. Ou seja, o uso da inteligência — qualidade de Mercúrio — não impede o fluxo dos sentimentos e afetividades — atribuição da Lua. O inverso também é verdadeiro. Mesmo quando afetada pelas emoções, a pessoa ainda é capaz de manter a crítica e o poder analítico. Ter esse aspecto no horóscopo lhe confere um raciocínio rápido, boa comunicação, facilidade de extrair dos outros o que está em seu íntimo e o dom de transitar com a mente pelas vias da imaginação. Ela é capaz de intuir e traduzir as atmosferas sutis, driblar os climas pesados e dissipar os humores inconvenientes. Tem gosto pela informação, por viagens, aprendizado, cultura, e se interessa pela história, seja de alguém em particular, seja da humanidade. Via de regra, é bem-sucedida em um ou mais assuntos relacionados à comunicação, relações-públicas, ciências sociais, habilidades manuais, línguas, magistério ou viagens.

Aspectos conflitantes — conjunção, quadratura e oposição

A conexão conflitante entre Lua e Mercúrio produz dispersão mental e desgaste emocional, deixando a pessoa sujeita a instabilidades, indecisões, mudanças constantes de humor e dificuldade de concentração. A luta interna para se organizar provoca estresse, ansiedade e, especialmente, irritabilidade. Da mesma forma que é extremamente curiosa, perde o interesse com rapidez, denotando instabilidade e superficialidade. A difícil relação entre raciocínio lógico e intuição pode gerar erros de avaliação, comunicação confusa e interpretações distorcidas da realidade. Também pode se deixar influenciar sem crítica e criticar sem medir as palavras. A propósito, pode falar em demasia, inadequadamente ou sem organização lógica. Tendo em mente que todo o aspecto conflitante tem origem em inseguranças e fragilidades, nesse caso elas têm relação com medo de não ser aceita e reconhecida intelectualmente, dificuldades de relacionamento e aprendizado no passado, e problemas de comunicação e relacionamento com a figura materna ou instabilidade e fragilidades absorvidas da mãe. Considerando, ainda, que os desafios desses aspectos se relacionam a aprendizado e aprimoramento pessoais, conclui-se que a inconstância pode ser transformada em flexibilidade; dispersão, em curiosidade; e superficialidade, em abrangência intelectual.

Lua e Vênus ☾ ♀

Os aspectos entre a Lua e Vênus aproximam dois astros que, cada um à sua maneira, regem a natureza feminina. Enquanto a Lua reina nos universos da emoção, da sensibilidade, da família, da casa, das raízes e do passado, Vênus se ocupa do amor, da beleza, das artes, da diplomacia, da sexualidade e da paixão. Por isso, a conexão entre os dois intensifica a atuação das suas qualidades, ou seja, há um quê de excesso nesse encontro. O que define a maneira como a pessoa lida com o aspecto em questão é se a conexão que se estabelece entre eles é favorável ou conflitante.

Palavras-chave

Provento, deslumbramento, sensibilidade, fragilidade, feminino, afetividade, acolhimento, carisma, prazer, gentileza, afeto, romance, chamego, aconchego, fertilidade, doçura, proteção, vínculo, ternura, autoestima, carinho, compartilhamento, segurança, cativação, envolvimento, cumplicidade, receptividade, suavidade, zelo, cuidado, intimidade, conforto, atração, desejo, beleza, vaidade, romance, preguiça, passividade, grude, apego, conservadorismo, acomodação, carência, dependência.

Aspectos favoráveis — conjunção, sextil e trígono

Esses aspectos fornecem habilidade para lidar com a dinâmica feminina, seja em horóscopos de homens, seja de mulheres. A aproximação favorável dos dois astros resulta em delicadeza sem perda da sensualidade, e intimidade acrescida de refinamento. Há, também, sensibilidade para perceber os desejos do outro, facilitando os encontros não somente eróticos, mas também com amigos, parceiros de trabalho e com a família, pois a pessoa consegue unir com sabedoria os atributos da Lua — intuição, proteção e segurança — com os de Vênus — amor, sexualidade e prazer. Nascer com esse aspecto lhe confere o dom da doçura, a capacidade de produzir atmosferas acolhedoras e de estabelecer relacionamentos estáveis. A pessoa é capaz de perceber facilmente as sutilezas do amor e das seduções, intuindo o que o outro não revela. Tem gosto apurado para a arte, sabe se portar com elegância, preza a diplomacia e tem um bom trânsito com as mulheres ou com qualquer pessoa que seja especialmente feminina. Via de regra, é bem-sucedida em alguns dos assuntos relacionados a artes, direito, diplomacia, ganhos materiais, parcerias, casamento, paixões, namoros, sexo, relacionamento materno, filhos, casa e família.

Aspectos conflitantes — quadratura e oposição

O aspecto conflitante entre a Lua e Vênus provoca afetividade instável, já que a pessoa fica subordinada à variação dos humores. A tensão provocada por esse aspecto, que se traduz como conflito entre a necessidade de segurança e os anseios da paixão, dissipa energia, produz insatisfação e, seja em relacionamentos estáveis, seja nos que oferecem risco, torna a pessoa vulnerável às carências e à fuga da realidade. Assim como sonha com segurança afetiva, valoriza pouco as relações possíveis, dificultando a realização do seu desejo. O resultado produzido por esse padrão são afetos intensos, mas pouco duradouros ou insustentáveis. Também é possível que um amor seja deixado de lado e, ainda assim, sustente um relacionamento por pura insegurança de ficar só. Não é raro se desiludir emocionalmente e, no sentido inverso, também provocar sofrimento nas pessoas com as quais cria algum tipo de envolvimento íntimo. Esse aspecto também pode indicar problemas de relacionamento familiar. Aliás, entendendo que todo aspecto conflitante tem origem nas fragilidades e inseguranças, nesse caso, elas dizem respeito à falta de estabilidade no ambiente em que a pessoa cresceu ou dificuldades afetivas entre os pais e entre eles e ela. Em decorrência, as crises emocionais comparecem sempre que uma situação trouxer à tona os fantasmas do passado. Na verdade, o aspecto conflitante e o sofrimento advindo dele incitam mudanças importantes para o desenvolvimento sadio da individualidade. Nesse caso, a instabilidade pode se transformar em adaptação e carência, em trabalho criativo.

Lua e Marte ☾ ♂

Os universos regidos pela Lua e por Marte são totalmente distintos um do outro. Enquanto a Lua rege a sensibilidade, os afetos, os laços familiares, o romantismo, a casa, a proteção e a estabilidade, Marte, ao contrário, trata da guerra, de disputas, conflitos, adversários, força, coragem e vigor. Fica entendido, portanto, que lidar com a dinâmica desse aspecto exige sabedoria. O desafio, portanto, é encontrar o elo que patrocina a aproximação entre as duas qualidades. Entretanto, a forma como a pessoa lida com essa conexão depende de o aspecto ser favorável ou conflituoso.

Palavras-chave

Intuição, impulsividade, competição, paixão, instinto, primórdio, inocência, territorialidade, ebulição, primitivo, adrenalina, resistência, empolgação, catarse, excitação, irritação, pirraça, vulcão, fúria, destempero, reatividade, compulsão, paixão, arreto, grito, reação, intolerância, segurança, entusiasmo, má digestão, ansiedade, à flor da pele, manha.

Aspectos favoráveis — conjunção, sextil e trígono

A energia produzida por esse aspecto denota facilidade em reunir assertividade e sensibilidade, independência e vínculo, intuição e decisão. Com tais atributos, a pessoa produz relacionamentos pautados no respeito à livre decisão, mas adaptando-os às exigências emocionais de proteção, afeto e compreensão. A Lua — astro de luminosidade indireta, associada às atribuições femininas — encontra na força de Marte — guerreiro, assertivo e impetuoso — a confiança para enfrentar e superar tanto os conflitos internos quanto os que são produzidos na intimidade dos relacionamentos. A intuição, acrescida de coragem, facilita a tomada de decisões estratégicas, especialmente as que possam interferir na vida de pessoas de seu convívio próximo. A pessoa é capaz, também, de brigar sem recuar quando o problema exige. Além disso, tem sabedoria e pulso firme para aplacar brigas acaloradas, mas, caso seja necessário, não se recusa a enfrentar um conflito. Não obstante é vitoriosa, seja na disputa, seja na conquista de um recanto para repousar o corpo e a alma. A tendência desse aspecto é lhe conferir sucesso em alguns dos assuntos relacionados a família, atividades competitivas, esportes e posições de liderança.

Aspectos conflitantes — conjunção, quadratura e oposição

Esse aspecto denota a existência de tensões na conexão entre as qualidades da Lua — astro essencialmente feminino — e as de Marte — o planeta guerreiro, regente das ações imediatas, da coragem e da liderança. O resultado são ações destemperadas e explosivas geradas pela suscetibilidade emocional às pressões, às provocações e às disputas. A pessoa se deixa afetar muito facilmente pelo que entende como ameaça e, para se proteger, reage sem ponderação e sem assertividade. Esse padrão emocional é responsável por dissipação de energia e consequente estresse, que, nesse caso, se manifesta como irritação, impaciência e mais chances de brigas. Como há intenção de se mostrar forte diante do outro, nem sempre expressa o que realmente sente. Em razão desse padrão defensivo, aparenta ser uma pessoa agressiva e, como consequência, pode ser invasiva e provocar indisposição nos outros para lidar com suas irritações. Como todo aspecto conflitante, indica fragilidades, nesse caso têm origem no medo de fracassar nos relacionamentos, na fantasia de que os outros estão sempre contra ela e nas dificuldades com a figura materna ou em problemas da mãe que possam ter lhe afetado. Por isso, ela vive constantemente sob fortes tensões emocionais, é agitada, intolerante e gera desafetos. Tudo isso pode prejudicar o êxito em situações competitivas, no trabalho e no bom convívio familiar. Por fim, um aspecto conflitante aponta para mudanças importantes para o desenvolvimento do sujeito. Portanto, a agressividade pode ser transformada em vitalidade e espírito esportivo, e a sensibilidade às provocações, em alerta efetivo do perigo.

Lua e Júpiter ☾ ♃

Enquanto a Lua se responsabiliza simbolicamente pelos universos feminino, da família, dos afetos, da casa, das raízes, da sensibilidade e da fantasia, Júpiter reina nos domínios da grandeza, do progresso, das terras distantes, da justiça, da lei e das crenças. Trata-se, portanto, de um encontro interessante. Se, por um lado, seus mundos são muito distintos, por outro, eles se aproximam pela fertilidade e fantasia, qualidades encontradas na simbologia desses astros. Além disso, a maneira como a pessoa vive esse encontro depende de o aspecto ser favorável ou conflitante.

Palavras-chave

Idealização, fertilidade, proteção, hipersensibilidade, popularidade, educação, imaginação, arte, conselho, orientação, anseio, provento, generosidade, aconchego, gratidão, simpatia, formação, cultura, ciganagem, boemia, refúgio, humor, expansividade, carisma, solidariedade, fartura, carência, sonhos, gula, nomadismo, peregrinação, insaciabilidade, compulsão, drama.

Aspectos favoráveis — conjunção, sextil e trígono

O aspecto favorável entre a Lua e Júpiter amplia a sensibilidade, desenvolve a capacidade imaginativa e dá ao sujeito confiança para lidar com seus sentimentos, pois a pessoa dispõe da facilidade de associar com harmonia as qualidades da Lua — astro que rege os domínios do feminino — com Júpiter — planeta responsável pelo progresso e pelas certezas. Para essa pessoa, os relacionamentos íntimos têm um valor especial, pois os compreende como oportunidade de evolução pessoal. Em tese, tende à insatisfação, principalmente no que diz respeito à afetividade. Entretanto, raramente essa insatisfação lhe é prejudicial, visto que é capaz de transformar descontentamento em amor às viagens, ao conhecimento e em relacionamentos evoluídos, principalmente. De qualquer modo, é uma pessoa com sorte em suas relações e encontros, seja sorte para protegê-la nos momentos difíceis, seja para ampliar seus horizontes e oferecer-lhe facilidades. Por isso, sabe reconhecer esses privilégios, e os recompensa com generosidade. Também colhe bons frutos do afeto e dos cuidados semeados nas terras férteis das relações, conferindo-lhe popularidade e sucesso social. Ademais, costuma ser fiel às regras e aos pactos afetivos e sociais. Por fim, é uma pessoa expansiva, faz bons contatos, tem bom senso emocional e é bem-sucedida em alguns dos assuntos que envolvam exposição da sua imagem, viagens, cultura, magistério, produção de saber ou na formação da família, no que absorveu dos pais e, principalmente, do relacionamento materno.

Aspectos conflitantes — conjunção, quadratura e oposição

A dificuldade de estabelecer uma conexão harmoniosa entre a Lua e Júpiter faz com que a pessoa sinta tudo de maneira exagerada, vivendo sob a ditadura dos extremos. Sendo assim, os limites costumam ser desrespeitados, muita energia é jogada fora e tende a se tornar uma pessoa obstinada, principalmente nos assuntos relativos à esfera emocional. O fato de confiar exageradamente nos outros também pode ser o motivo de algumas decepções. Na verdade, esse excesso é produzido por suas inseguranças e fragilidades, diga-se de passagem, algo bastante difícil de admitir ou, ao menos, demonstrar. Uma delas é o fantasma de não ser reconhecida e, principalmente, amada. Ainda como consequência, transmite arrogância, falta de tato para lidar com o sentimento do outro, reações de defesa agressivas e erro de avaliação quanto à intenção das pessoas. Tais comportamentos podem levá-la ao mau desempenho em atividades que exijam concentração ou em esportes, descontrole financeiro, gerar problemas com a família, na educação dos filhos, e danos à sua imagem pública, já que conquista alguns desafetos. Entretanto, entendendo que um aspecto difícil também produz mudanças importantes para seu desenvolvimento pessoal, conclui-se que a insatisfação pode ser transformada em voos mais altos; as desmedidas, em criatividade; e a agressividade, em energia canalizada para atividades competitivas.

Lua e Saturno ☾ ♄

Os universos da Lua e de Saturno se encontram muito distantes um do outro. Os domínios da emoção, feminilidade, família, casa e imaginação estão sob o reinado da Lua, regente de Câncer. Já Saturno rege o signo oposto, Capricórnio, e seu universo diz respeito à concretude, às medidas, às regras, à organização, à disciplina, à secura e à maturidade. Vê-se, pois, o tamanho da distância que os separa. Lidar com essa combinação, portanto, exige sabedoria e ponderação.

Palavras-chave

Isolamento, solidão, reclusão, timidez, rotina, provento, tradicionalismo, medo, silêncio, introspecção, retraimento, sobrevivência, rejeição, circunspecção, segurança, confiança, reatividade, maturação, memória, resgate, reflexão, silêncio, inibição, retenção, recorrência, saudade, melancolia, censura, desmemória, amargura, tradição, abrigo, costume, nostalgia, manutenção, comprometimento, bagagem, recolhimento, enraizamento, lembranças, desconfiança, secura, carência, rejeição, exílio, deserto, fundação, alicerce, paciência, conservadorismo, consideração.

Aspectos favoráveis — conjunção, sextil e trígono

A ligação favorável entre os dois astros denota sensibilidade acrescida de objetividade, imaginação sem perda da noção de realidade, entrega emocional com medida e maturidade para lidar com problemas de ordem afetiva, pois a pessoa é hábil em fazer boas conexões entre os valores da Lua — envolvimento emocional e sensibilidade — com as qualidades de Saturno — racionalidade e prudência. Para a pessoa nascida sob essa influência, um compromisso deve ser cumprido à risca, exigindo do outro a mesma atitude. Um vínculo afetivo é algo a ser levado a sério, e não uma passagem eventual na vida de duas pessoas. Por isso, demora a consolidar um relacionamento, mas, quando o faz, tem durabilidade e lastro para enfrentar as crises e os momentos difíceis. Aceita de bom grado os duros encargos da responsabilidade que envolvem o comprometimento com o outro. Tem a sabedoria de trazer os sentimentos à luz da razão, o senso de dever sem que isto prejudique sua vida pessoal, e a crítica que faz às intuições nunca as compromete, ao contrário, as fortalece. Tudo o que diz respeito às relações em família e à estruturação emocional é fruto dos seus esforços pessoais, do cuidado com cada passo dado, respeitando limites e insistindo nos seus desejos. Ademais, gosta de estar só, é emocionalmente estável, tem habilidade para lidar com os sentimentos do outro e atender os seus anseios. Por fim, costuma ser bem-sucedida em alguns dos empreendimentos que envolvam senso de organização, relações humanas, pessoas mais velhas ou idosas, tino empresarial, indústria e comércio e capacidade de sistematização.

Aspectos conflitantes — conjunção, quadratura e oposição

Os problemas decorrentes da má articulação entre a Lua e Saturno conferem à pessoa severidade excessiva, não só consigo mesma, mas também com os outros. Há, ainda, dificuldade de relaxar e deixar fluir naturalmente as emoções. Além disso, a conexão entre os dois astros produz falta de confiança nos sentimentos dos outros, o que não quer dizer que confie nos seus próprios. A origem das manifestações negativas de um aspecto conflitante são as inseguranças — dentre elas o medo da rejeição e, especialmente, de exclusão — e a difícil relação de afetividade com os pais. Por isso, o medo de errar habita o seu imaginário e pode se tornar um sério inimigo no campo das relações, dificultando a livre e espontânea expressão da sensibilidade e dos afetos, de maneira que reage duramente às críticas, não as aceitando e transferindo a responsabilidade dos seus erros para o outro. Ser criticada ou ter seus desejos negados por alguém é traduzido como falta de amor e consideração a ela. Tal modelo é propício à cristalização de sentimentos, mágoas e ressentimentos que demandam grande empenho de sua parte para dissolvê-los, reestruturá-los e encontrar uma nova e mais tranquila dinâmica emocional. O caminho para auxiliá-la na supressão dos efeitos negativos desse aspecto é fazer do tempo e da maturidade seus grandes aliados, transformar rejeição em força de resistência, cristalização em firmeza e medo de errar em atitudes prudentes.

Lua e Urano ☾ ♅

Entre os universos regidos pela Lua e por Urano há, seguramente, uma grandiosa distância. A Lua se encarrega dos domínios femininos, dos afetos e dos vínculos seguros. Já o mundo de Urano é do progresso, da novidade, da liberdade e das revoluções. De naturezas antagônicas, portanto, esses dois astros se aproximam de forma estranha, mas desafiante.

Palavras-chave

Ruptura, separação, ciganagem, intuição, ansiedade, espevitamento, esquivamento, tempestuosidade, reatividade, rebeldia, irrequietude, apreensão, intempestivo, jovialidade, estranheza, destrambelhamento, desvinculação, chilique, catarse, desenraizamento, instabilidade, cosmopolitismo, rompante, inconstância, desapego, peregrinação, nomadismo, adrenalina, ebulição.

Aspectos favoráveis — conjunção, sextil e trígono

As grandes vantagens de nascer com esse aspecto são a de ter habilidade para estabelecer uma boa vinculação entre segurança afetiva e liberdade; ter amor ao novo, sem deixar de dar valor ao antigo; inquietude, que não compromete o conforto emocional; e abertura ao imprevisível, sem perder o controle quando ele ocorre. Todos esses privilégios são resultantes da boa conexão entre os valores da Lua — sensibilidade, estabilidade emocional e memória do passado — com as qualidades de Urano — autonomia, renovação e imprevisibilidade. Com essa configuração, a pessoa tende a ter uma imaginação fértil e abundante, liberdade para escolher quem lhe toca o coração, a não se deixar influenciar pelos outros e estar à frente, abrindo novos horizontes para aqueles com quem convive. É amante das mentes brilhantes, é intuitivamente inteligente e reinventa a dinâmica dos seus relacionamentos ao menor sinal de estagnação. Por fim, costuma ter sucesso em alguns dos assuntos que envolvam ideais sociais, inovações tecnológicas ou pessoas envolvidas com essas inovações, o uso da fantasia ou atividades que independam de hierarquias.

Aspectos conflitantes — conjunção, quadratura e oposição

Este aspecto denota crises emocionais oriundas de um forte desejo de mudança, mas uma equivalente dificuldade de agenciar essa mudança com segurança. As tensões internas produzidas por tais crises produzem intolerância, irritabilidade, instabilidade emocional, humores que variam ao extremo e atitudes imprevisíveis no campo das relações. O resultado desse padrão emocional é bastante paradoxal, pois, se por um lado gera rupturas bruscas em relacionamentos aparentemente seguros, por outro, a pessoa pode se aprisionar numa relação estagnada, simplesmente por não saber como renová-la. Todavia, as manifestações negativas de um aspecto conflitante têm origem nas inseguranças e fragilidades que, nesse caso, são principalmente os fantasmas da exclusão e do exílio, do medo de ver seus relacionamentos rompidos inesperadamente e das prováveis dificuldades com a figura materna ou com as faltas oriundas de rupturas com a mãe. Além disso, tais inseguranças lhe tiram o discernimento em situações emergenciais, geram uma afetividade instável e provocam mudanças ou rupturas fora do tempo adequado. Quem nasce sob esses aspectos também não tem habilidade para lidar com hierarquias, sente-se isolado na sua intimidade, desperdiça energia com suas aflições e dificulta o gerenciamento das atividades domésticas. Entretanto, todas essas tendências lhe servem como instrumento de desenvolvimento pessoal, apontando para a possibilidade de transformar irritação em movimento criativo e instabilidade emocional em adaptação, tanto no que diz respeito às novas possibilidades afetivas quanto aos antigos relacionamentos, mas, agora, reinventados.

Lua e Netuno ☾ ♆

Os dois astros, Lua e Netuno, regem signos de Água. O primeiro, Câncer, e o segundo, Peixes. Enquanto a Lua governa nos universos da imaginação, da sensibilidade, da afetividade e da intimidade dos relacionamentos, Netuno se incumbe das intuições, da impressionabilidade, das fantasias e da espiritualidade. Portanto, a aproximação dos dois intensifica a potência de ambos, podendo levar a comportamentos extremos.

Palavras-chave

Abismo, gratidão, passividade, devoção, fuga, nostalgia, absorção, sugestionabilidade, hipnotismo, martirização, fantasia, projeção, compaixão, osmose, idealização, suscetibilidade, romantismo, intuição, influência, sonho, introspecção, entrega, recolhimento, poesia, ilusão, inspiração, saudade, autopiedade, vitimização, sensibilidade, recolhimento, torpor, melancolia, ressentimento, transe, encantamento, languidez, mergulho, sintonia, preguiça, sono, mágoa, emotividade.

Aspectos favoráveis — conjunção, sextil e trígono

A conexão favorável entre a Lua e Netuno promove alto grau de sensibilidade e intuição, tornando possível que a pessoa ingresse facilmente na intimidade do outro, sendo emocionalmente capaz de lidar com desilusões sem que elas lhe impeçam de sonhar novamente. Essas qualidades são decorrentes do bom intercâmbio entre os atributos da Lua — afetividade e lastro emocional — com o reino de Netuno — o imponderável e a imaginação. A pessoa tem o dom de transitar livremente nas vias subjetivas do psiquismo, auferindo boa qualidade de relacionamento na intimidade. Ela é capaz de perceber facilmente as atmosferas sutis, intuindo o inconfessável. É amante das artes, tem apuro estético e desperta a simpatia dos demais. Absorve com facilidade o sofrimento alheio e tem boas bases emocionais para amparar os outros e aliviar sua dor. Apaixona-se profundamente, se entrega ao amor e às suas fantasias sem pudor e é portadora de uma alma romântica. Em compensação, também lida bem com a solidão, pois necessita de momentos de isolamento e claustro para recuperar energias eventualmente perdidas. Costuma ser bem-sucedida em alguns dos assuntos que envolvam artes, espiritualidade, psicoterapias, intuição, mediunidade e sensibilidade poética.

Aspectos conflitantes — conjunção, sextil e trígono

Nos aspectos difíceis, o aumento da sensibilidade representada pelos dois astros pode chegar a extremos. Essa conexão aponta para crises internas que envolvem fantasias, muitas delas destrutivas, mas invariavelmente distantes da realidade. A pessoa se vê mergulhada num mar de emoções desordenadas que lhe afligem a alma. O contato com essas angústias levam-na ao escapismo, produzindo atitudes evasivas ou dramáticas. Em razão do conflito gerado pela difícil relação entre as qualidades da Lua — sensibilidade e imaginação — e de Netuno — fantasia e intuição —, a pessoa nascida sob essa configuração tende a se sentir isolada no seu mundo interno, perdida nas próprias emoções. Entretanto, nada disso a impede de ser amante dos mistérios, do universo das artes e de buscar com frequência ajuda psicoterápica. Na verdade, esses conflitos são originados nas inseguranças que, nesse caso, tem a ver com sentimento de abandono, medo de ser dominada pelos fantasmas da loucura, confusões emocionais ocorridas no passado, difícil relação com a figura materna ou mãe hipersensível. Também tende a idealizar as pessoas, e a distância que se impõe entre o relacionamento idealizado e o possível é um grande obstáculo para manter uma zona de conforto emocional. Falta-lhe crítica e, portanto, há propensão a desilusões e enganos. Entretanto, as marcas produzidas por esse aspecto difícil deve conduzir a pessoa ao aprimoramento de sua individualidade. Trata-se de transformar escapismo em criatividade e arte, instabilidade emocional em flexibilidade para se relacionar, e suscetibilidade em intuição e espiritualidade.

Lua e Plutão ☾ ♀

Há um estranho encontro entre os dois astros, pois, apesar de regerem signos de Água, portanto com características semelhantes, comandam universos muito distantes um do outro. As qualidades sensíveis, femininas e emotivas da Lua encontram em Plutão atributos parecidos, como a intuição e o faro para o oculto. Entretanto, a parte do universo de Plutão que abriga as perdas, as separações e os cortes para transformações está muito longe do aconchego, da proteção e da segurança representados no mundo lunar. Portanto, associá-los exige profunda sabedoria.

Palavras-chave

Compulsão, catarse, instinto, ancestralidade, obsessão, interiorização, abandono, rejeição, reintegração, regressão, explosão, implosão, abismo, controle, útero, fixação, sofreguidão, posse, magnetismo, manipulação, resgate, recuperação, exílio, caverna, mágoa, ressentimento, nó na garganta, esconderijo, agridoçura, mistério, matriarcado, comoção.

Aspectos favoráveis — conjunção, sextil e trígono

O intercâmbio favorável entre a Lua e Plutão produz um bom controle das emoções, apesar de serem vividas intensamente na profundidade, pois, enquanto a Lua diz respeito ao desejo de estabilidade e conforto psíquicos, Plutão vai às profundezas no intuito de renovar os sentimentos estagnados, transformando-os em novas e promissoras experiências sensíveis. A pessoa dispõe de alto poder criativo, além de ter sabedoria para enfrentar momentos de perda, separações, sofrimento e dor. Uma de suas mais valiosas capacidades é a regeneração, o que lhe confere forças para reerguer-se das situações já mencionadas. Apesar de não ser apegada ao extremo, sabe dar valor às relações estáveis, sendo determinada quando quer manter um relacionamento e mergulha com paixão no cuidado dos filhos e da família. Entretanto, quando há sinais de acomodação, repetição de problemas sem chances de solução e de degeneração, não tem pudor de romper e, passado o luto, virar a página e partir para um novo relacionamento, ou para uma forma transformada de se relacionar. É também discreta, o que não a impede de ser popular. Aliás, quando se encanta por determinadas atividades, tem o dom de tocar as massas. Sabe disfarçar sentimentos quando lhe convém, ou expressá-los com intensidade quando necessário. Em geral, tem bons resultados em alguns dos assuntos relacionados às psicoterapias, cura, criatividade, área médica, descobertas, investigação, bastidores e poder associado aos cuidados com o outro.

Aspectos conflitantes — conjunção, sextil e oposição

A difícil conexão entre os valores lunares — sensibilidade, apreço à estabilidade, intuição, feminilidade, casa e família — e o universo de Plutão — profundezas obscuras da psique, perdas, transformações e capacidade de regeneração — produz falta de controle emocional, irritabilidade, impaciência com os demais e, principalmente, intolerância às transformações, quando estas vêm acompanhadas de perdas. Entretanto, à revelia das suas intransigências, ou mesmo do medo de sofrer, vive as emoções no seu extremo. Esse círculo vicioso se repete com a seguinte dinâmica: medo da perda, atração pelo perigo, entrega inconsequente e, como resultado, a realização da experiência temida, ou seja, a perda. Na verdade, onde existe um aspecto conflitante, existem graves inseguranças que, nesse caso, se referem ao fantasma do abandono, medo de não ser acolhida, problemas com a mãe ou ausência da função materna, ainda que conviva ou tenha convivido intensamente com ela. As expressões negativas e destrutivas desse aspecto são, portanto, defesas psíquicas e emocionais que, de forma inconsciente, se manifestam como mau humor, más escolhas afetivas, atitudes irrefletidas e explosivas, intemperança, angústia ou ansiedade. Entretanto, todas essas tendências podem ser canalizadas e a pessoa vir a, portanto, obter um resultado construtivo. O recurso é transformar tendência destrutiva em poder de regeneração, intolerância em liderança e angústias ou compulsões em força de realização pessoal ou profissional.

Lua e Ascendente ☾ ASC

Os universos regidos pela Lua e pelo Ascendente são totalmente distintos um do outro. Enquanto a Lua rege a sensibilidade, os afetos, os laços familiares, o romantismo, a casa, a proteção e a estabilidade, o Ascendente, ao contrário, trata da criação de uma individualidade, das ações independentes e do vigor e aparência físicos, força, coragem e vigor. O desafio, portanto, é encontrar o elo que patrocina a aproximação entre as duas qualidades. Entretanto, a forma como a pessoa lida com essa conexão depende de o aspecto ser favorável ou conflituoso.

Palavras-chave

Intuição, sensibilidade, raízes, passado, memória, infância, família, afetividade, instabilidade, humor, melancolia, ressentimento, mágoa, saudosismo, proteção, amparo, desamparo, carência, cuidado, casa, destempero, impulsividade.

Aspectos favoráveis — conjunção, sextil e trígono

Os aspectos favoráveis entre a Lua e o Ascendente provocam destreza em reunir ação e sensibilidade; afirmação da vontade e capacidade de olhar para o outro; decisão e intuição. Os relacionamentos afetivos são construídos com base no respeito à livre vontade e na afetividade, adaptando seus desejos aos desejos do outro. Há uma boa conexão entre os valores femininos da intuição e a força assertiva simbolizada pelo Ascendente. Além disso, a pessoa se sente segura para enfrentar com coragem os conflitos emocionais e de relacionamento, tomando sempre as providências necessárias para resolvê-los. Esse aspecto também denota liderança provida de docilidade.

Aspectos conflitantes — conjunção, quadratura e oposição

Os aspectos conflitantes entre a Lua e o Ascendente denotam dificuldade de conexão entre a vontade própria e o atendimento ao desejo dos outros; impaciência nos relacionamentos íntimos; conflitos familiares que influenciam sobremodo sua estabilidade emocional. A pessoa tende a agir com destempero e de forma impulsiva; deixa-se afetar intimamente por disputas e provocações; reage com intolerância e irritabilidade. Sua defesa é o ataque, atitude responsável por estresse físico e psíquico. Tende a ser invasiva quando insegura, mas também intolerante por ter dificuldade em aceitar a suscetibilidade das pessoas. Essas tendências apontam para mudanças importantes no seu crescimento pessoal e afetivo, transformando irritabilidade em espírito esportivo e intolerância em cultivo à intuição e sensibilidade.

Lua e Meio do Céu ☾ MC

Os universos da Lua e de Meio do Céu se encontram muito distantes um do outro. Os domínios da emoção, feminilidade, família, casa e imaginação estão sob o reinado da Lua, regente de Câncer. Já o Meio do Céu tem relação com o signo oposto, Capricórnio, e seu universo diz respeito à profissão, à ambição, ao desejo de sucesso, à organização e à hierarquia. Lidar com essa combinação, portanto, exige sabedoria e sensibilidade.

Palavras-chave

Popularidade, parceria, flexibilidade, empatia, simpatia, receptividade, educação, imaginação, bagagem, manutenção, confiança, instabilidade, passividade, suscetibilidade.

Aspectos favoráveis — conjunção, sextil e trígono

Os aspectos favoráveis entre a Lua e o Meio do Céu produzem sensibilidade para dirigir a carreira; capacidade de envolver-se afetivamente com a profissão e com companheiros de trabalho; intuição como talento a ser explorado profissionalmente. As relações de trabalho são construídas na base da parceria e da proteção. Há uma boa conexão entre os valores femininos e a ambição profissional, produzindo as descritas qualidades. Além disso, com esse aspecto, a pessoa é conhecida pelo que produz e pela sutileza como trata os problemas e conflitos relacionados com hierarquias e jogos de poder.

Aspectos conflitantes — conjunção, quadratura e oposição

Os aspectos conflitantes entre a Lua e o Meio do Céu produzem na pessoa nascida sob esse aspecto excesso de envolvimento emocional com as questões de trabalho; instabilidade de humor quando pressionada pelas responsabilidades profissionais; dificuldade de associar vida pessoal e familiar com os compromissos do trabalho. Há instabilidade quando à vocação e tendência a se deixar influenciar nas decisões que definem o rumo da carreira. Essas tendências geram mudanças importantes no seu desenvolvimento profissional e afetivo, transformando vulnerabilidade no trabalho em sensibilidade, e instabilidade em flexibilidade na lida com questões profissionais.

ASPECTOS COM MERCÚRIO

Mercúrio e Vênus ☿ ♀

Dentre os aspectos abordados neste livro, são possíveis entre Mercúrio e Vênus a conjunção e o sextil, já que a máxima distância angular formada entre os dois é de 76°. Via de regra, a conjunção entre Mercúrio e Vênus é favorável. No entanto, quando afetada por outros aspectos conflituosos, manifesta, também, traços negativos.

Palavras-chave

Diplomacia, poesia, sedução, declaração, correspondência, galanteio, polidez, oratória, simpatia, mutualidade, flexibilidade, inconstância, dissimulação, conquista, conciliação, retórica, persuasão, entendimento, gentileza, contemporização, empatia, facilitação, cupido, namoro, flerte, equilibrismo, negociação, incerteza, dúvida, intercâmbio, cultura.

Aspectos favoráveis ou conflitantes — conjunção e sextil

O mundo de Mercúrio é marcado pelo movimento, pela inteligência, pela agilidade, pela esperteza e pela comunicação. Vênus reina nos universos do amor, das relações, da diplomacia, da arte e da estética. A conexão entre os dois gera inteligência afetiva, já que a pessoa lida bem com a linguagem do amor e sabe dizer as palavras certas nos momentos apropriados. Fala com elegância e é sedutora quando se comunica. Graças à desenvoltura de Mercúrio, circula bem em ambientes distintos, adapta-se ao jeito de ser do outro, é flexível para se relacionar e aprecia viver socialmente. Também é interessada nas artes, na beleza e no bom convívio com as pessoas em geral. Sabe ser diplomática e dissimula bem quando a situação lhe convém. Também é flexível em relação ao sexo, aprecia variações e se desinteressa quando há repetições. Esse aspecto favorece alguns dos assuntos relativos ao intercâmbio cultural e artístico, comunicação, encontros em viagens, jovens e ao comércio.

Mercúrio e Marte ☿ ♂

O encontro entre os dois astros reúne, por um lado, os domínios de Mercúrio — agilidade, poder de adaptação, linguagem, comunicação e inteligência — e, por outro, os atributos de Marte — ação, coragem, vigor, determinação, objetividade, liderança e impulso. Lidar com esse aspecto é aproximar a ligeireza de Mercúrio à prontidão de Marte com sabedoria e inteligência.

Palavras-chave

Eloquência, oratória, destreza, reflexo, instigação, intriga, gritaria, afirmação, estratégia, polêmica, respondão, atrevimento, sarcasmo, discussão, satírico, debate, espontaneidade, implicância, veemência, provocação, persuasão, convencimento, franqueza, intromissão, encrenca, impertinência, ênfase, desaforo, instantaneidade, incontestabilidade, palavrão, contundência, nervosismo.

Aspectos favoráveis — conjunção, sextil e trígono

A combinação favorável entre os dois astros gera inteligência estratégica, destreza nas atitudes enérgicas e ponderação para tomar decisões, ainda que o faça em curto espaço de tempo. A razão de tais qualidades é a boa conexão entre a agilidade mental de Mercúrio com os impulsos assertivos de Marte. Ainda como resultado, a mente funciona em ritmo frenético, a pessoa não perde tempo com divagações e é impaciente ou intolerante com quem tem raciocínio lento, apesar de não pressioná-lo devido ao aspecto astrológico ser favorável. Além disso, a comunicação costuma ser objetiva, sem muitas voltas, e até brusca em alguns casos. Se, por um lado, a pessoa pondera suas ações, por outro, é impulsiva ao falar e costuma ser sincera nas suas opiniões, fato que inspira confiança naqueles que querem ouvi-la. Também tem bastante vigor para atividades físicas, assim como é capaz de se concentrar num assunto de seu interesse, em estudos ou pesquisas. Entretanto, via de regra, prefere cursos ou leituras rápidas a ficar anos a fio dedicada a um só objetivo. Aliás, já que Marte também representa o que impulsiona a vida, as atividades culturais e intelectuais ajudam-na a se expandir e desenvolver. Esse aspecto favorece alguns dos empreendimentos relacionados a esportes, atividades comerciais, liderança estratégica, cargos de comando e habilidade corporal.

Aspectos conflitantes — conjunção, quadratura e oposição

A subordinação de Mercúrio e Marte a uma conexão conflitante aponta para o desgaste provocado por uma atividade mental frenética, incansável e estafante. O confronto frequente com esse nível de pressão faz cair a resistência física e a produção intelectual, provoca irritabilidade, impaciência, explosões por mínimas coisas e atitudes imprevisíveis. Como consequência, desestabiliza também quem está à volta, interrompe suas atividades antes de concluí-las, expondo-se à falta de confiança dos demais em relação às suas competências e responsabilidades. Falta-lhe paciência para fazer bom juízo das opiniões, sejam as suas ou as dos outros. Todas essas manifestações negativas advêm de inseguranças e fragilidades, o que, quando envolve Marte, dificilmente a pessoa consegue admitir. Não obstante, tais fragilidades têm a ver com medo de fracassar intelectualmente, levando-a a se impor pelas palavras, sem ouvir direito o que os outros têm a lhe dizer. O caráter competitivo e arrivista também está relacionado às incertezas, dúvidas e instabilidade de opinião. As dificuldades de um aspecto conflitante são um alerta para mudanças importantes no seu desenvolvimento pessoal. Portanto, a impaciência pode ser transformada em indignação construtiva, a rivalidade em espírito competitivo e de liderança e as inseguranças intelectuais em aquisição de um belo e valioso lastro cultural.

Mercúrio e Júpiter ☿ ♃

Os aspectos entre Mercúrio e Júpiter aproximam dois universos de conteúdo simbólico opostos. O primeiro — regente de Gêmeos —, reina no mundo das ideias concretas, da flexibilidade de opinião, da curiosidade, do interesse pelo entorno, da linguagem e da comunicação. O segundo — ligado ao signo oposto, Sagitário —, reina nos domínios do pensamento abstrato, da expansão, do progresso, dos ideais, das metas, das leis e da justiça. Para conectá-los, portanto, é preciso ponderar e equilibrar forças opostas e, mais do que tudo, ter tolerância e sabedoria.

Palavras-chave

Discurso, tese, espirituosidade, enciclopédia, conselho, ensino, eloquência, filosofia, didatismo, irreverência, doutrina, turismo, extroversão, política, objetividade, persuasão, prolixidade, conhecimento, professorado, discurso, sermão, poliglotismo, verborreia, congruência, dogma, profecia, pesquisa, maestria, escrita, ensinamento, oratória.

Aspectos favoráveis — conjunção, sextil e trígono

Reunir favoravelmente dois astros de conteúdo simbólico oposto, neste caso, é pôr em cada um dos pratos da balança informação variada e profundidade de reflexão; interesses imediatos e objetivos a longo prazo; flexibilidade e convicção. O resultado é uma cultura ampla, mente aberta e pensamento reflexivo. Com essas qualidades a pessoa vai longe, viaja bastante, conhece muita gente e faz contato com pessoas inteligentes e cultas. Tem facilidade com o raciocínio abstrato, é uma pessoa estudiosa e, quando dedicada, é capaz de vasta produção intelectual. Além dessas qualidades, também faz bom uso da palavra e tem grande poder de argumentação. Por isso, obtém bons resultados em discussões, principalmente as que envolvem algum campo do saber. Por outro lado, é dotada de bom humor, otimismo e confiança.

É flexível com as regras e sabe usá-las e impô-las com discernimento. Por fim, é bem-sucedida em alguns dos assuntos que envolvam magistério, pesquisa, aprendizado, viagens, línguas, comunicação, justiça, leis, negócios, propaganda ou espiritualidade.

Aspectos conflitantes — conjunção, quadratura e oposição

A conexão difícil entre os valores de Mercúrio — adaptação, flexibilidade, negociação, curiosidade e comunicação — e de Júpiter — progresso, ideais, metas distantes — demonstra o conflito gerado pela aproximação de dois mundos opostos. O primeiro rege Gêmeos e o segundo, o signo oposto, Sagitário. Se a distância entre eles já é inerente à sua própria natureza, nesses aspectos a tentativa de conciliação é dificultada. O resultado é dispersão mental, inflexibilidade nas opiniões, dificuldade de argumentação e problemas ao defender seu ponto de vista. Uma das expressões mais frequentes desses conflitos é aparentar excesso de confiança, de modo que não respeita seus limites de absorção e produção mental, dissipando energia e causando estresse. Para a pessoa nascida com esses aspectos, tudo isso tem origem em suas fragilidades, dificilmente demonstradas. Dentre elas está o receio de fracassar e ser criticada, tanto nas suas considerações quanto na sua inteligência. É por esse motivo que pode ser vista como uma pessoa arrogante quanto às suas opiniões e no modo de se comunicar. A propósito, também pode haver dificuldade de ser entendida quando fala e de fazer um bom julgamento do que dizem os outros. No mais, é importante compreender a função transformadora de um aspecto conflitante no seu desenvolvimento pessoal. Quando Mercúrio e Júpiter estão envolvidos, trata-se de transformar insegurança intelectual em produção criativa, dispersão em mente aberta e inflexibilidade em perseverança para atingir objetivos.

Mercúrio e Saturno ☿ ♄

A conexão entre Mercúrio e Saturno aproxima universos completamente distintos. O primeiro se relaciona às incertezas, ao movimento, à flexibilidade e à comunicação. O segundo é regente do mundo das certezas, da concretude, da praticidade, da realidade e das realizações concretas. Dessa maneira, fica clara a extensão da distância que os separa, sendo necessário paciência e sabedoria para conectá-los.

Palavras-chave

Ironia, bússola, pragmatismo, sinceridade, objetividade, promessa, silêncio, laconismo, resumo, brevidade, convencimento, síntese, timidez, concisão, minimalismo, verificação, concentração, inventário, advertência, seletividade, priorização, vistoria, burocracia, revisão, contrato, profecia, sarcasmo, reflexão, ponderação, lógica, análise, persuasão, cientificidade, sisudez, sistematicidade, desconfiança, linguística.

Aspectos favoráveis — conjunção, sextil e trígono

A ligação favorável entre Mercúrio e Saturno produz organização mental sem rigidez; senso de realidade acrescido de capacidade para driblá-la e sagacidade diante das frustrações. Pois, quando há uma boa interligação entre esses planetas, Mercúrio se encarrega das artimanhas e das ações inteligentes, e Saturno, por sua vez, é responsável pela disciplina, noção dos limites e contato com a realidade. Além dessas facilidades, a pessoa cumpre o prometido, se responsabiliza por suas opiniões e sugestões, tem senso crítico apurado e discernimento para fazer e acolher as críticas. Com essas qualidades, a pessoa constrói um excelente lastro intelectual, tem competência para produzir informação, atua com destreza nos campos do saber e é preparada para enfrentar discussões duras e provas que exijam inteligência. Também é bastante rigorosa ao se comunicar e exigente em relação ao modo de falar dos outros, principalmente aqueles com os quais precisa conviver e trocar. Ademais, respeita a opinião dos mais velhos ou mais maduros e é leal nas negociações e nos pactos. Os bons resultados obtidos nos assuntos já referidos é fruto do seu esforço, da paciência em perseverar e de transpor, com agilidade, as barreiras capazes de impedi-la de alcançar as metas que cuidadosamente traçou para si. Por fim, é bem-sucedida em alguns dos assuntos que envolvam ensino, magistério, planejamento, organização, cálculo, lógica, mente pragmática, metodologia ou ciência.

Aspectos conflitantes — conjunção, quadratura e oposição

As dificuldades oriundas desses aspectos produzem insegurança intelectual, dificuldade de concentração, rigidez ao pensar e pessimismo. O peso causado pelo receio de fazer uma avaliação errada pesa sobre seus ombros, aumentando as chances de repressão mental. Como consequência de uma crítica acirrada e, por vezes, cruel, dificilmente perdoa falhas, sejam suas ou dos outros. Por isso, pode se tornar intransigente, ter opiniões cristalizadas e remoer os pensamentos. Tais dificuldades têm origem nas suas inseguranças, dentre as quais a mais visível é o medo da rejeição intelectual, de maneira que a pessoa pode tentar se afirmar protegendo-se das críticas, evitando se expor, o que pode se transformar, inclusive, em timidez. Essas tendências dificultam-lhe o progresso profissional, o bom trânsito social, discussões e negociações. Ademais, pode lhe ser muito custoso associar flexibilidade e disciplina, organização e fluidez, curiosidade e prudência. Todos esses aspectos, gerados pela difícil conexão entre Mercúrio e Saturno, sugerem mudanças vitais no seu desenvolvimento pessoal. Portanto, trata-se de transformar repressões em força de resistência, rigidez intelectual em produções maduras e pessimismo em realismo criativo.

Mercúrio e Urano ☿ ♅

Os dois planetas regem signos de Ar. O primeiro, Gêmeos, e o segundo, Aquário. Suas características têm, portanto, pontos em comum, facilitando e, ao mesmo tempo, exacerbando suas atribuições. Enquanto Mercúrio reina nos universos das comunicações, da elasticidade, da inteligência e da curiosidade, Urano se ocupa da inventividade, das tecnologias, da ciência e da rapidez mental. Entretanto, o que mais os aproxima é o apreço à informação, a liberdade de ir e vir, os movimentos, a agilidade e a mente aberta. Essa conexão, portanto, estreita o que os separa e intensifica o que nos dois é semelhante.

Palavras-chave

Radar, antena, polêmica, insight, clarividência, ficção, inventividade, repente, multimídia, atenção, premonição, internet, conexão, mobilidade, rapidez, tensão, descompasso, antevisão, inteligência, instigação, gíria, telepatia, protesto, coloquialidade, hiperatividade, dispersão, ansiedade, espevitamento, sagacidade, mutabilidade, atrevimento, intolerância, impaciência.

Aspectos favoráveis — conjunção, sextil e trígono

O aspecto favorável entre Mercúrio e Urano produz inteligência intuitiva, mente criativa, rapidez de raciocínio e capacidade de associação analógica. A pessoa é capaz de pensar com liberdade, memorizar intuições, atrair bons pensamentos e, ao mesmo tempo, partilhá-los com os outros. Essas atribuições resultam da boa relação entre as qualidades de Mercúrio — agilidade mental, inteligência lógica, memória — e as de Urano — intuição, noção espacial e inventividade. Por ter esse aspecto, a pessoa é capaz de pensar de modo original, aproveita com inteligência a liberdade de ir e vir, é intelectualmente generosa, tem facilidade de fazer escolhas que fogem ao senso comum e é amante do progresso. Além disso, é inconformada com a estagnação e, por isso, não consegue ficar parada. Gera movimento e barulho por onde passa, tem facilidade de comunicação, mas, como raciocina muito rápido, não é muito paciente com quem pensa devagar e custa a falar. Ainda assim, pode ser tolerante, esquivando-se de discussões. Ademais, tem senso humanitário e é preocupada com a educação, a cultura e a informação. Por tais atributos, lhe caem bem alguns dos assuntos que envolvam ensino, comunicação, propaganda, ciência, tecnologia, invenções, descobertas e pesquisas.

Aspectos conflitantes — conjunção, quadratura e oposição

A tensão presente nos aspectos conflitantes entre Mercúrio e Urano aponta para instabilidade mental, crises provocadas por indecisões, impaciência, irritabilidade e nervosismo. Há ânsia por novidades, mas dificuldade em identificar o momento exato em que as oportunidades aparecem. Isso acontece devido à má articulação existente entre as qualidades de Mercúrio — agilidade, inteligência lógica, flexibilidade e movimento — e as de Urano — rapidez, intuição, pressa, inovação. Essas tendências geram pressão interna, uma mente inquieta e patrocinadora de inseguranças, que constituem a origem das dificuldades apontadas por esse aspecto. Sua fragilidade diz respeito ao medo de exclusão e ao exílio intelectual, na medida em que percebe que pensa diferente dos demais. Quando compara sua mente com a da maioria, sente-se isolada, irritada e reage com timidez ou com intolerância. Além do mais, não é hábil com regras, disciplina e organização. Pode ter problemas para se organizar na rotina, nas burocracias e no trabalho. Na comunicação não é muito diferente, pois não dispõe de paciência para dar muitas explicações, nem para ouvi-las. É evidente que essa tendência prejudica o convívio social e a tranquilidade de uma rotina a dois. Entretanto, qualquer uma dessas dificuldades é de grande valia para as mudanças no seu desenvolvimento pessoal. Trata-se, então, de canalizar essas energias, transformando irritabilidade em inventividade, intolerância em firmeza de opinião, rebeldia em ações libertárias.

Mercúrio e Netuno ☿ ♆

Enquanto Mercúrio — regente de Virgem — simboliza os universos da comunicação, discernimento, crítica, análise, organização mental, Netuno rege o signo oposto, Peixes, sendo responsável pela intuição, pela imaterialidade, pela fantasia, pela síntese e pelo misterioso. Esta é, pois, uma conexão desafiadora, já que aproxima mundos opostos e complementares. Para facilitar o contato, é preciso ponderar e agir com sabedoria.

Palavras-chave

Enigma, poesia, símbolo, mito, oração, divagação, distração, labirinto, meditação, musicalidade, mediunidade, delírio, intuição, metáforas, ilusionismo, quebra-cabeça, contemplação, sensitividade, dispersão, silêncio, síntese, escuta, evasão, reticências, segredo, oráculo, profecia, caleidoscópio, alienação, sintonia, subtexto, subentendido, conto do vigário, mal-entendido, dúvida, fofoca, inspiração, analogia, telepatia, antena, incógnita, decifração, senha, confissão.

Aspectos favoráveis — conjunção, sextil e trígono

A conexão favorável entre Mercúrio e Netuno denota uma mente intuitiva, inspiração, alto grau de sensibilidade sem prejudicar o raciocínio lógico, inteligência abstrata e refinamento mental. Isto porque, com esse aspecto, a pessoa tem habilidade de associar as qualidades de Mercúrio — inteligência, fluência mental, adaptabilidade — com as de Netuno — intuição, abstração, mediunidade e imaginação. Por isso, tem talento para mergulhar seu pensamento nas profundezas da alma e de lá extrair emoções intraduzíveis, que se manifestam como capacidade de interpretação simbólica, facilitando seu trânsito pela linguagem artística, mediúnica e do inconsciente. A pessoa também é capaz de pôr legendas nas atmosferas sutis, conferindo-lhe o dom de se relacionar bem com o silêncio, ser boa conciliadora e ser capaz de entender o que diz a alma dos outros. Quando não está calada, sabe usar as palavras com intuição e utiliza largamente o dom da imaginação quando quer convencer alguém das suas opiniões. Tem gosto apurado para o belo e sabe contemplá-lo com sensibilidade. No mais, é bem-sucedida em alguns dos assuntos que envolvam sensibilidade artística, psicoterapias, linguagem imagética, química e mediunidade.

Aspectos conflitantes — conjunção, quadratura e oposição

Por haver grande diferença entre os mundos de Netuno e de Mercúrio, as tensões produzidas por esses aspectos ficam mais elevadas e são responsáveis por nebulosidade mental, raciocínio confuso, dispersão, dificuldade de concentração e indecisão. Tais tendências são decorrentes da difícil articulação entre as qualidades de Mercúrio — senso crítico, pensamento lógico e comunicação — e os atributos de Netuno — sensibilidade, imaginação e profundidade. Há intuição, mas, também, enganos; sensibilidade, porém acompanhada de impressionabilidade; rica imaginação, entretanto, desordenada. Tais sofrimentos geram a fuga da mente para o mundo da fantasia, aumentando ainda mais o risco de ficar fora da realidade. Assim como é sensível para intuir as atmosferas sutis, também se perde ao absorvê-las sem crítica. Esse aspecto dificulta também a boa comunicação, já que não lhe é fácil traduzir com clareza o que percebe, nem o que os outros tentam lhe dizer. A consequência é produzir enganos e compreender mal as opiniões alheias. Essas tendências têm origem nas suas inseguranças, relacionadas, por sua vez, ao medo de não ser compreendida e aceita intelectualmente. Entretanto, um aspecto conflitante aponta para mudanças importantes no seu crescimento, o que se traduz como possibilidade de transformar impressionabilidade em produção artística, absorção sem crítica em compaixão e mente confusa em poder de síntese.

Mercúrio e Plutão ☿ ♀

Mercúrio se ocupa dos universos da linguagem, da comunicação, do movimento, da informação, da inteligência lógica e das negociações. Plutão, por sua vez, reina nos mundos infernais, sombrios, do inconsciente, da morte, do renascimento, da regeneração, dos mistérios e das profundezas. O encontro entre os dois é de uma riqueza ímpar, mas exige agilidade, destemor e muita sabedoria.

Palavras-chave

Lábia, ironia, invocação, superstição, perspicácia, traição, artimanha, sagacidade, estratégia, tripúdio, entrelinhas, esclarecimento, revelação, sátira, contra-argumentação, dissecação, persuasão, sarcasmo, denúncia, reflexão, causticidade, investigação, convencimento, instigação, dissimulação, intuição, manipulação, subtexto, silêncio, intriga, discussão, acusação, profecia, mentalização, confissão, paranoia, conspiração, oráculo, pessimismo, ofensa, difamação, tramoia, desabafo.

Aspectos favoráveis — conjunção, sextil e trígono

Da conexão favorável entre os dois astros resulta uma mente investigativa, perspicaz, assaz aguda, impertinente e instigadora. Para a pessoa que a tem, o valor de uma informação não é medido pelo que diz, mas pelo que se oculta, e a pessoa sabe como traduzi-lo. A força da comunicação nas suas mãos tem o poder de transformar e, quando não, de curar. Esses talentos são o resultado da boa interligação entre as qualidades de Mercúrio — raciocínio lógico e comunicação — e os atributos de Plutão — sensibilidade ao oculto e profundidade. Ademais, há grande poder de comunicação, tanto na esfera íntima de um relacionamento quanto com as massas. Tem apreço pelas pessoas que aprofundam o conhecimento, e ela própria, quando se interessa por um assunto, vasculha cada brecha inexplorada de um saber, tendo o privilégio de visitar o lado escuro da mente e extrair de lá sensibilidade não encontrada no mundo luminoso. Por isso, suas intuições raramente falham. No mais, é bem-sucedida em alguns dos assuntos que envolvem psicoterapias, escrita, cura pela palavra ou pelas mãos, práticas que exijam concentração mental, investigação, educação e produção intelectual.

Aspectos conflitantes — conjunção, quadratura e oposição

Os aspectos conflitantes entre Mercúrio e Plutão produzem uma mente inquieta, pensamentos negativos ou obstinados e compulsões. Essas tendências são responsáveis pela dissipação de uma enorme quantidade de energia, geram estresse mental e tem a ver com a difícil conexão entre as aptidões de Mercúrio — inteligência, curiosidade, informação — e as qualidades de Plutão — descer às profundezas e desvendar o oculto. Pois disso também resultam desejo de controle sem estabilidade para mantê-lo, intuição subordinada à mente fantasiosa e profundidade sem sustentação. Ademais, a comunicação também sofre com as inquietações internas, de maneira que, mesmo com a tentativa obstinada de controle, a pessoa é capaz de dizer o que não quer e ferir com ou sem intenção, pois o poder de Plutão de cortar na ferida para curar se alia às palavras nesse aspecto. O receio de perder a razão, de não ser bem-sucedida intelectualmente, são algumas das fontes das suas dificuldades. Como todo aspecto desafiador envolve mudanças importantes para o seu desenvolvimento pessoal, trata-se aqui de transformar inquietude mental em produção intelectual, obstinação em perseverança construtiva e a palavra ferina em comunicação curativa.

Mercúrio e Ascendente ☿ ASC

Mercúrio lida com o universo da linguagem, do movimento, da curiosidade e da adaptação. O Ascendente, por sua vez, está relacionado ao estilo, à individualidade, às decisões e à autonomia. A conexão entre eles reúne flexibilidade e ação, movimentos opostos e complementares.

Palavras-chave

Inteligência, flexibilidade, rapidez de decisão, linguagem expressiva, nervosismo, inquietude, bons reflexos, eloquência, instabilidade, indecisão.

Aspectos favoráveis — conjunção, sextil e trígono

A combinação favorável entre Mercúrio e Ascendente denota inteligência estratégica, ações pensadas e refletidas, flexibilidade para expor suas vontades e para aceitar mudá-las quando for o caso, mente ativa, intuição ao falar. A pessoa é sincera e direta ao emitir suas opiniões, é bem-articulada para fazer intermediações e é capaz de ouvir os outros sem se deixar influenciar pelo que dizem. Seu raciocínio é rápido e intuitivo, conferindo-lhe um bom desempenho em atividades intelectuais. Ademais, se sente segura para enfrentar desafios que exigem boa destreza com a comunicação e o emprego da inteligência.

Aspectos conflitantes — conjunção, quadratura e oposição

Os aspectos conflitantes de Mercúrio com o Ascendente denotam desgaste físico e mental provocados por uma mente instável e dispersiva, irritabilidade e impaciência ao falar ou escutar as pessoas, impulsividade ou precipitação nas avaliações críticas da realidade. A pessoa não se sente à vontade com o ritmo de raciocínio dos outros e, muitas vezes, com o seu próprio. Por insegurança, provoca competições de ordem intelectual e discussões desgastantes nas quais não há ganhadores. Suas tendências conflitantes a conduzem a mudanças importantes no seu crescimento pessoal e intelectual, tratando-se, portanto, de transformar intolerância em ações de iniciativa criativa e competitividade em aquisição de boas bases de informação e cultura.

Mercúrio e Meio do Céu ☿ MC

A conexão entre Mercúrio e Meio do Céu põe universos distintos mais próximos. O primeiro se relaciona às incertezas, ao movimento, à flexibilidade e à comunicação. O segundo é regente do mundo das ambições, da concretude e do reconhecimento social. Lidar com esse aspecto é aproximar a ligeireza de Mercúrio com a escalada em direção ao topo das realizações profissionais.

Palavras-chave

Flexibilidade, racionalidade, comunicação, multiplicidade, indecisão, dispersão, articulação, intermediação.

Aspectos favoráveis — conjunção, sextil e trígono

As conexões favoráveis entre Mercúrio e o Meio do Céu produzem destreza ao lidar com as oportunidades profissionais e habilidades na área de comunicação, troca e assuntos sociais. A pessoa costuma refletir e escutar opiniões antes de tomar qualquer decisão importante relacionada à carreira; há flexibilidade para modificar o rumo da sua profissão e variar atividades. Ademais, sua inteligência é posta à disposição da produtividade e é responsável pelo sucesso e reconhecimento profissionais.

Aspectos conflitantes — conjunção, quadratura e oposição

Os aspectos conflitantes de Mercúrio e Meio do Céu denotam dispersão nos assuntos relativos à carreira, indecisões profissionais e de vocação, inconstância nos empregos e dificuldade de comunicação com as pessoas envolvidas no trabalho. Há irritabilidade e impaciência com hierarquias e regras, dificultando o progresso na profissão. As inseguranças geram dúvidas quando se fazem necessárias decisões precisas, mas, em contrapartida, são elas que motivam mudanças importantes no desenvolvimento da sua carreira. Trata-se de transformar inconstância em flexibilidade e dispersão em variedade.

ASPECTOS COM VÊNUS

Vênus e Marte ♀ ♂

As qualidades desses dois planetas, semelhantes aos amantes, se atraem e se complementam. As de Vênus, femininas, e as de Marte, masculinas. Os atributos do primeiro planeta são amor à arte, à delicadeza, à finura, ao amor, à beleza, à paixão e à sensualidade. O segundo rege as competições, a iniciativa, a impulsividade, a liderança, as disputas e a assertividade. Este é um aspecto que aproxima os universos masculino e feminino que, quando se encontram, formam um par unido pela paixão.

Palavras-chave

Paixão, desejo, atração, romance, conquista, relação, paquera, prazer, fogo de palha, carisma, química, amor, sedução, encontro, ímã, empolgação, sexo, jovialidade, instinto, criatividade, magnetismo, casamento, parceria, sensualidade, fascínio, libido.

Aspectos favoráveis — conjunção, sextil e trígono

A conexão favorável entre os mundos de Vênus e de Marte gera paixão, desejo ardente, afetividade intensa, sexualidade ativa, sensualidade e natureza emotiva. A pessoa é sedutora e, ao mesmo tempo, se deixa seduzir. Entrega-se aos seus desejos, promovendo e facilitando as experiências amorosas e sexuais, que, a propósito, não costumam ser mornas, repetitivas ou triviais. Essas tendências e qualidades são decorrentes do encontro positivo entre as características de Vênus — feminilidade, amor, prazer e beleza — com as de Marte — impulso, instintos e assertividade. Ademais, os estímulos provocados por esses aspectos normalmente se dirigem para o campo dos afetos, mas também se manifestam como facilidade de conquista dos objetos do seu desejo, que podem ser relacionados ao trabalho ou, especialmente, ao lazer. O bom gosto acrescido de ousadia e amabilidade mesclada à firmeza são combinações que lhe conferem um jeito especial de ser e de viver socialmente. Seus talentos colaboram para que seja bem-sucedida em alguns dos assuntos que envolvam parcerias, namoros, casamento, arte, criatividade e atividades associadas ao lazer.

Aspectos conflitantes — conjunção, quadratura e oposição

A difícil conexão entre Vênus e Marte produz paixões ardentes, mas rapidamente dissipadas, e forte sensualidade, eventualmente mal-aproveitada. Os impulsos nem sempre se sustentam, há desmedida, instabilidade afetiva e inconstância nos desejos. A pessoa se entrega aos impulsos da paixão, alimenta-se da fogueira emocional, mas a consome com pressa, restando-lhe a frustração de ver seu desejo esvaziado. Há, também, dificuldade com conquistas, já que se sente atraída por quem não a corresponde ou é desejada por quem não a atrai. Essas tendências têm origem nas suas inseguranças e na fragilidade para lidar com o amor. Há receio de não ser atraente, sente-se insegura quanto à sexualidade, temor de não conseguir sustentar um relacionamento e dificuldade de associar afetividade a sexo. Suas fragilidades podem produzir escolhas erradas, mas que lhe servem como um valoroso aprendizado no campo do amor e da sexualidade. As dificuldades geram mudanças importantes no seu desenvolvimento pessoal. Trata-se de transformar excesso em força criativa e paixões instáveis em amores possíveis.

Vênus e Júpiter ♀ ♃

O brilho desses dois planetas é de tal grandeza que embelezam o espaço sideral, destacando-se das incontáveis estrelas espalhadas no Céu. As conexões entre eles resultam na amplificação dessa luz, representada pelas qualidades de Vênus — amor, beleza, sensualidade, paixão, delicadeza e magnetismo — e de Júpiter — expansão, proteção, alegria, bom humor, progresso e amplitude. Juntá-los é ampliar os horizontes do amor e promover fertilidade.

Palavras-chave

Fertilidade, felicidade, satisfação, volúpia, insaciabilidade, glamour, prazer, charme, gratificação, idealização, vaidade, exuberância, simpatia, abundância, capricho, sedução, fissura, compulsão, turismo, chamego, carisma, gula, fama, preguiça, esplendor, hedonismo, galanteio, entretenimento, teimosia, requinte, extravagância, luxo, fartura, diplomacia, justiça, respeito, prosperidade.

Aspectos favoráveis — conjunção, sextil e trígono

As conexões favoráveis entre Vênus e Júpiter produzem generosidade, afeto em abundância, desejo focado, feminilidade acompanhada de vigor masculino, bom trânsito com as mulheres e com a dinâmica feminina. É exigente quanto à qualidade das relações amorosas, e se atira com ímpeto nos relacionamentos e na sexualidade. Essas qualidades são decorrentes da boa articulação entre as características de Vênus — amor, paixão, beleza e sexualidade — e as de Júpiter — abundância, progresso e amplitude. Além do mais, tem intuição para perceber os desejos do outro, condição que lhe privilegia com experiências eróticas bem-sucedidas, bons relacionamentos e convívio social. Costuma ser uma pessoa simpática, alegre, bem-humorada e com prestígio social. É apreciadora das artes, dos prazeres sensoriais, da diplomacia e da polidez. Também é capaz tanto de reconhecer como de deixar claro seus desejos, facilitando suas escolhas. Tais tendências lhe proporcionam chances de alcançar sucesso em alguns dos assuntos que envolvam estética, arte, viagens, lazer e charme.

Aspectos conflitantes — conjunção, quadratura e oposição

Da conexão conflitante entre Vênus e Júpiter resulta uma afetividade imoderada, difícil de ser saciada e, paradoxalmente, carente. A pessoa idealiza o amor e o ser amado que, fatalmente, não correspondem às suas expectativas. De outro modo, o objeto do seu interesse sempre está distante, e depois de incessantemente lutar para conquistá-lo, perde o encanto. Portanto, há tendência à compulsão e insatisfações constantes, sejam de natureza afetiva ou material. Essas características têm origem na dificuldade de se estabelecer uma boa e natural conexão entre amor e abundância, desejo e intensidade, beleza e amplitude. Além disso, também há fragilidades, que são igualmente desencadeadoras das expressões negativas desse aspecto. O medo de não corresponder às expectativas amorosas e sexuais do parceiro e as dúvidas quanto à sua beleza são algumas das inseguranças. Entretanto, quando Júpiter está envolvido num aspecto conflitante, sua expressão costuma ser contrária à comentada anteriormente, ou seja, a pessoa se mostra segura do seu poder de sedução. No mais, como Vênus também diz respeito ao conforto material, nesse aspecto há tendência a gastos excessivos, falta de organização financeira e mau julgamento do valor das coisas. As dificuldades de um aspecto conflitante produzem mudanças importantes para o seu desenvolvimento, tratando-se de transformar insatisfações amorosas em boa qualidade de relacionamento e desejo incontrolado em persistência e realizações.

Vênus e Saturno ♀ ♄

Há uma enorme distância entre os significados simbólicos de Vênus e Saturno. Sob a regência de Vênus estão os prazeres, o amor, a delicadeza, a sexualidade, a beleza e a diplomacia. No sentido oposto, Saturno governa a disciplina, o rigor, o senso de dever, a realidade, a racionalidade, a segurança e a estabilidade. Trata-se, aqui, de construir alicerces sólidos para que amor e sexualidade, prazeres e materialidade, possam se desenvolver seguros e resistentes com o passar do tempo. Para conectar esses dois universos é preciso sabedoria, paciência e, acima de tudo, maturidade.

Palavras-chave

Fidelidade, serenidade, porto seguro, lealdade, compromisso, reclusão, solidão, reserva, parcimônia, respeito, permanência, timidez, fixação, elegância, monasticismo, temperança, sobriedade, discrição, recato, comedimento, refinamento, ressentimento, amargura, dieta, pechincha, defesa, vínculo, casamento, celibato, cumplicidade, distanciamento, estabilidade, segurança, melancolia, seletividade, confiabilidade, cerimônia, carência, rejeição.

Aspectos favoráveis — conjunção, sextil e trígono

A boa conexão entre Vênus e Saturno denota sensibilidade afetiva acrescida de racionalidade; paixões sem perda da noção de realidade; desejos na medida justa; gosto por companhia, mas sabendo ficar bem sozinha. A origem dessas qualidades é a boa relação entre os valores de Vênus — amor e sensualidade — e Saturno — organização e objetividade. Ademais, a pessoa é responsável nos seus relacionamentos, sabe controlar bem seus desejos e é prudente diante dos jogos de sedução. Para ela, o amor é discreto e deve ser vivido devagar. É cautelosa na entrega, mas estabelece vínculos sólidos e duradouros. Um dos maiores privilégios desse aspecto é ter grande resistência para atravessar momentos difíceis e viver frustrações na vida amorosa. Por esse motivo, as rupturas são evitadas, garantindo a manutenção dos elos afetivos tão cuidadosamente construídos. Essas tendências podem produzir experiências amorosas e sexuais precoces quando a pessoa amadurece muito rápido, ou, contrariamente, ser mais bem-vividas na maturidade. Na verdade, o tempo é seu melhor aliado, seja para quem começou muito cedo, seja para quem demorou a se entregar para o amor. Ademais, é prudente com os gastos, organizada financeiramente, socialmente discreta, fiel aos amigos e parceiros de trabalho e com refinado senso estético. Tais características podem lhe trazer sucesso em assuntos que envolvam economia, arte antiga, museus, idosos e diplomacia.

Aspectos conflitantes — conjunção, quadratura e oposição

A difícil conexão entre Vênus e Saturno produz dificuldade de entrega afetiva, ainda que a pessoa leve bastante a sério as experiências amorosas. O rigor excessivo a impede de relaxar e deixar fluir seus desejos. Os jogos de sedução, tão importantes para a construção e manutenção dos relacionamentos afetivos, ficam duros e, muitas vezes, comprometidos com esse tipo de comportamento. Há charme, mas a pessoa não sabe bem como usá-lo. Se suas inseguranças não se cristalizarem, na maturidade pode se apropriar melhor da sua sensualidade. Essas tendências advêm da difícil articulação entre as qualidades de Vênus — amor, sexualidade e prazer — com as de Saturno — segurança, maturidade e solidez. Além disso, há desconfiança em relação aos sentimentos e intenções do outro, o que não significa que seja segura dos seus. O sentimento de rejeição, o medo de não ser desejada e de não conseguir satisfazer o outro são algumas das fragilidades responsáveis por atitudes defensivas e duras em relação ao amor e até mesmo no convívio social. Também é reativa às críticas, que se traduzem como falta de amor. De outro modo, há dificuldade em administrar as finanças, fazendo más escolhas materiais e sacrificando, às vezes, prazeres para garantir estabilidade futura. As dificuldades representadas nesse aspecto astrológico apontam para mudanças importantes para o seu desenvolvimento pessoal, transformando sentimento de rejeição em atitude cuidadosa nos seus relacionamentos e reatividade às críticas em reconhecimento e aceitação das suas limitações e das do outro.

Vênus e Urano ♀ ♅

Como ocorre com todos os aspectos nos quais Urano está envolvido, o relacionado a Vênus também produz um resultado instigante, já que Urano é sempre responsável pela manifestação da face inusitada do planeta ao qual está conectado. Vênus governa o amor, a sensualidade, os prazeres, a beleza e a arte. Urano, por sua vez, rege a autonomia, a atualidade, as inovações e a excentricidade. A função desse encontro é promover liberdade nas experiências emocionais e de relacionamento, de modo que o amor possa ser sempre reinventado.

Palavras-chave

Arrepios, amizade, altruísmo, despojamento, permissividade, indiferença, excitação, frisson, temperamento instável, fissura, jovialidade, descompromisso, fraternidade, desprendimento, frugalidade, androgenia, desafino, separação, mutirão, solidariedade, extravagância.

Aspectos favoráveis — conjunção, sextil e trígono

A conexão favorável entre Vênus e Urano produz habilidade privilegiada de uma boa articulação entre amor e liberdade, capacidade de renovar os relacionamentos e bom convívio social sem comprometer a qualidade de sua vida afetiva íntima. Essas tendências são o resultado do bom trânsito entre os atributos de Vênus — amor, afetos e sensualidade — com os de Urano — autonomia e inventividade. Com esse aspecto, a pessoa tem criatividade para lidar com os imprevistos e as reviravoltas do amor e das relações; sabe escolher com liberdade seus parceiros e amigos; é atraída por pessoas diferentes, que andam na contramão do senso comum; seu senso estético não segue o da maioria; tem apreço pelos ideais humanitários. Ademais, há inteligência afetiva, bons contatos sociais, bom uso das redes sociais. Tais qualidades colaboram para que seja bem-sucedida em alguns dos assuntos que envolvam estética e tecnologia, ideais sociais e arte.

Aspectos conflitantes — conjunção, quadratura e oposição

A conexão conflitante entre Vênus e Urano promove instabilidade afetiva, ansiedade ao se relacionar, inquietude com estagnação emocional e impulsividade no amor. Há carisma, mas a pessoa se sente estranha ao comparar-se com os demais; paixão, entretanto há dificuldade de mantê-la ou transformá-la; o pêndulo emocional oscila entre dois extremos, ou seja, o da liberdade, por um lado, e o do desejo de segurança amorosa, por outro. Essas tendências são decorrentes da difícil interligação entre o universo de Vênus — amor, beleza e sensualidade — e o mundo de Urano — liberdade e inovações. O sentimento de exílio, de exclusão e rejeição dá origem às suas fragilidades. Ademais, há instabilidade ao lidar com finanças, gastos ou economias extremadas e sem lógica. Seus valores variam com facilidade e frequência, dificultando as escolhas, e, quando elas precisam ser feitas, tem dificuldade de sustentá-las. Entretanto, todo aspecto conflitante aponta para mudanças importantes no seu desenvolvimento. Trata-se, aqui, de transformar inconstância emocional em adaptação e renovação e extremismos em ações modificadoras das relações estagnadas ou deterioradas.

Vênus e Netuno ♀ ♆

Se há dois mundos que se alimentam com voracidade, esses são os de Vênus e Netuno. O primeiro governa os amores, a sensualidade, o sexo, os desejos, a beleza e a arte. O segundo rege a sedução, as fantasias, a imaginação, a sensibilidade e a intuição. As conexões entre os dois planetas são responsáveis pelas experiências românticas e pela sensibilidade estética.

Palavras-chave

Humanitarismo, servidão, idealização, arte, ermitagem, mitificação, projeção, compaixão, doação, romantismo, desapego, entrega, amor universal, piedade, sintonia, empatia, irmandade, doação, êxtase, fé, idolatria, desilusão, poesia, encanto, amor platônico, solidão, rendição, devoção, refinamento.

Aspectos favoráveis — conjunção, sextil e trígono

Os grandes benefícios de nascer com um aspecto favorável entre Vênus e Netuno são a habilidade de estabelecer uma boa conexão entre amor e sensibilidade, permitir-se tocar pelas atmosferas e pelos climas produzidos no encontro amoroso e noutras relações e intuir o que acontece nas profundezas da alma das pessoas. Tais qualidades facilitam experiências que envolvem as paixões e a sexualidade, o convívio social e as amizades. Essas aptidões decorrem da interligação fluente entre os atributos de Vênus — amor, sensualidade e beleza — e Netuno — fantasia e sensibilidade. Além disso, há apurado senso estético, inclinação para as artes, amor ao belo, bom convívio social, solidariedade e identificação com ideais elevados. É atraída por pessoas sensíveis, mais silenciosas do que estridentes, e, apesar de toda a facilidade de convívio, aprecia profundamente a solidão. Esses atributos colaboram para que seja bem-sucedida em alguns dos assuntos que envolvam belas-artes, psicoterapias, viagens, esoterismo e filantropia.

Aspectos conflitantes — conjunção, quadratura e oposição

Os aspectos conflitantes entre Vênus e Netuno produzem amores profundos, porém nebulosos; fantasias incríveis, mas acompanhadas de desilusão; desejos confusos; imprecisão de sentimentos. A imaginação excessiva leva a pessoa a se distanciar do outro, já que este e o amor são idealizados. Essa tendência impossibilita uma realização adequada e satisfatória na esfera emocional. Além do mais, como seus sentimentos são indefinidos, é difícil expressar com clareza o que sente, podendo deixar o outro inseguro ou iludido. A origem dessas dificuldades são fragilidades, dentre as quais estão o medo da rejeição e um profundo sentimento de solidão. Também no que diz respeito às finanças, é uma pessoa desorganizada, sem muita noção dos seus limites, gastando indevidamente ou sofrendo com fantasias de perda e inseguranças materiais. Ademais, é sensível às questões sociais, mas absorve indiscriminadamente os sentimentos das pessoas, intoxicando-se sem filtrar o que não lhe pertence. Tem amigos, mas tem dificuldade de se organizar, gerando problemas de falta ou inconstância nos seus encontros. Entretanto, um aspecto conflitante gera mudanças importantes para o seu desenvolvimento. Trata-se de transformar nebulosidade em inspiração e amor idealizado em amor possível.

Vênus e Plutão ♀ ♀

Enquanto Vênus — regente de Touro — simboliza os universos da materialidade, do amor, da sexualidade, da estabilidade e do conforto, Plutão rege o signo oposto, Escorpião, responsável pela intuição, pela imaterialidade, pelas transformações, pela morte, pelo renascimento, pela regeneração, pelo psiquismo e pela cura. Essa é, pois, uma conexão desafiadora, já que aproxima mundos opostos e complementares. Para facilitar o contato é preciso agir com ponderação e sabedoria.

Palavras-chave

Sedução, fissura, paixão, arrebatamento, entrega, fascínio, magnetismo, desejo, frenesi, irresistibilidade, despojamento, desprendimento, paixão, amor bandido, perversão, fetiche, traição, compulsão, insaciabilidade, posse, ciúmes, desapego, intimidade, manipulação, solidão, abandono, desamor, erotismo, tempero, frisson, tabu, atração, obsessão, controle, gozo, volúpia, êxtase, pudor, atração fatal, vício.

Aspectos favoráveis — conjunção, sextil e trígono

A conexão favorável entre Vênus e Plutão produz domínio das emoções, mas com o privilégio de serem experimentadas com profundidade e intensidade; capacidade de depuração emocional; plasticidade dos sentimentos; transmutação dos desejos. A pessoa é capaz de ler nos olhos do outro seus sentimentos, especialmente os que se escondem. É carismática, provocativa, sensual e intuitiva nos assuntos do amor e da sexualidade. Essas qualidades são provenientes do bom contato entre o universo de Vênus — amor, sensualidade e prazer — e os atributos de Plutão — profundidade, mistério e transformação. Além disso, quando se relaciona, especialmente na intimidade, provoca mudanças profundas tanto no outro quanto em si mesma. Aliás, sempre que uma relação dá sinais de estagnação, agiliza-se para mudar. Entretanto, se as mudanças não acontecem, sabe romper um relacionamento para ceder lugar a novas experiências, a despeito de sofrer profundamente. Ademais, é desapegada, mas sabe dar valor às pessoas, aos relacionamentos e às coisas. Sabe quebrar os tabus, o que lhe dá chances de viver encontros intensos e uma sexualidade aberta. Sente-se atraída por pessoas com poder, sensualidade e sem preconceitos. De outro modo, administra bem suas finanças, gasta quanto deseja e economiza quando é preciso. Essas qualidades ajudam-na a obter sucesso em alguns assuntos que envolvam lazer, psicoterapias, arte e finanças.

Aspectos conflitantes — conjunção, quadratura e oposição

A conexão conflitante entre as qualidades de Vênus — atração, sensualidade, amor e arte — e o universo de Plutão — profundezas, psique, perdas, transformações e regeneração — gera falta de domínio das emoções, ainda que a pessoa as viva com intensidade; sentimento de falta ao se relacionar; tendência compulsiva; marcas profundas deixadas pelas paixões. Além disso, a difícil articulação entre entrega e segurança a leva à construção de uma dinâmica de relacionamento em que, ou ela domina, ou se deixa dominar. Ambos os casos são motivo de profundo desconforto e tensão emocional. Entre as suas fragilidades, o fantasma do abandono e da perda perseguem sua alma, dando origem ao hábito de interromper, conscientemente ou não, relacionamentos em crise para evitar que o outro o faça e, com isso, sofra profundamente por ter sido abandonada. Em contrapartida, quando é o caso de ficar refém de um amor, é capaz de provocar tensões insustentáveis, levando o outro, então, a não sustentar o relacionamento. Mais uma vez, vê-se aqui o jogo "dominar ou ser dominada". Essas tendências dão origem a dificuldades no convívio social e em relações que envolvam poder, apesar de ser sensível à dor dos outros e se desdobrar para ajudá-los. De outro modo, também há descontrole e desorganização financeira, já que os valores são subjetivos e não se moldam à realidade. No mais, considerando que um aspecto conflituoso é uma poderosa ferramenta para transformações importantes no desenvolvimento pessoal, conclui-se que é possível transformar compulsão em produtividade, dominação em atuação transformadora e sentimento de falta em poder de regeneração.

Vênus e Ascendente ♀ ASC

Como ocorre com todos os aspectos nos quais o Ascendente está envolvido, a individualidade se molda às características do planeta, que, no caso de Vênus, tem a ver com magnetismo, atração, sedução, delicadeza e diplomacia.

Palavras-chave

Carisma, charme, sedução, delicadeza, diplomacia, apego, teimosia, glamour, refinamento, vaidade, amor-próprio.

Aspectos favoráveis — conjunção, sextil e trígono

A conexão favorável entre Vênus e o Ascendente produz impulsividade afetiva, pulso firme sem perder a docilidade, segurança em relação à aparência física, boa relação com a estética e a arte. A pessoa é afirmativa ao se relacionar, mas não perde o olhar para o outro. Ademais, há facilidade de se entregar ao amor e à sexualidade, emanando sensualidade e carisma. É também ligada aos outros, sem perder sua individualidade, impulsionando os demais a agirem por meios próprios, estando sempre pronta para ampará-los caso seja necessário. A constituição de uma individualidade segura tem como base a afetividade, o bom gosto e o prazer.

Aspectos conflitantes — conjunção, quadratura e oposição

A difícil conexão entre Vênus e o Ascendente produz intensidade nas paixões, mas com dificuldade de mantê-las; precipitações em decisões afetivas e inseguranças em relação à sua aparência. Também suas decisões são influenciadas por quem esteja afetivamente envolvida. Ademais, há dificuldades com as conquistas amorosas, já que se identifica com quem lhe inspira insegurança. Pode não se sentir atraente, ou usar artifícios de sedução que, mais tarde, não têm sustentação. As tendências conflitantes desse aspecto apontam para mudanças importantes na sua evolução pessoal e afetiva, tratando-se, portanto, de transformar o fogo de palha das paixões em calor manso e constante, e a insegurança estética em estilo próprio.

Vênus e Meio do Céu ♀ MC

A conexão entre Vênus e o Meio do Céu põe lado a lado o planeta do amor e o ponto mais alto do Céu, mesclando afetividade com ambição, diplomacia com persistência e estética com sucesso. Ter esse aspecto é promover as realizações por intermédio do carisma e da habilidade de se relacionar.

Palavras-chave

Estética, diplomacia, arte, prazer, bom gosto, popularidade, apego.

Aspectos favoráveis — conjunção, sextil e trígono

A conexão favorável entre Vênus e o Meio do Céu denota talento nas áreas que envolvam estética, bom gosto e capacidade de agenciar o encontro entre as pessoas. Há afeto envolvido com o trabalho; segurança quanto ao valor da sua produtividade; facilidade de se estabilizar financeiramente num trabalho que lhe proporcione prazer. A pessoa é talentosa ao se relacionar profissionalmente e colhe frutos por conta desse dom. Além disso, trata da carreira com cuidado e concilia profissão e vida pessoal com habilidade. Também é ligada às pessoas do trabalho, impulsionando-as a crescer profissionalmente.

Aspectos conflitantes — conjunção, quadratura e oposição

As conexões conflitantes entre Vênus e o Meio do Céu geram dificuldades de relacionamento com as pessoas do trabalho; falta de prazer no exercício da profissão; escolhas equivocadas por conta das inseguranças vocacionais. A pessoa deixa-se influenciar pelas opiniões de quem admira, pondo de lado os seus desejos pessoais. Há dificuldade de conciliar vida amorosa com a carreira, ora voltando-se mais para uma, ora interessando-se pela outra. Suas dificuldades, porém, a encaminham para mudanças importantes no seu desenvolvimento profissional e pessoal, devendo canalizar seus desejos de prazer para uma carreira que a satisfaça e recompense financeiramente.

ASPECTOS COM MARTE

Marte e Júpiter ♂ ♃

Tanto Marte quanto Júpiter regem signos de Fogo. O primeiro, Áries, e o segundo, Sagitário. A conexão entre eles gera, portanto, a intensificação das qualidades de ambos. Marte governa a disputa, a coragem, a iniciativa, a impulsividade, o vigor; Júpiter se encarrega da alegria, da confiança, do progresso, da expansão, da abundância e da sorte. Seus reinos se interpenetram em vários territórios, tendo destaque sua aproximação pelo entusiasmo, pela intensidade e pelo foco. Na verdade, Marte e Júpiter se unem para dar forma às grandes conquistas e força para manter vivos os ideais.

Palavras-chave

Obstinação, inflamação, convicção, invencibilidade, determinação, vitória, portento, jactância, disposição, fervor, aventura, esporte, entusiasmo, descuido, franqueza, abuso, petulância, conquista, desbravamento, teimosia, espontaneidade, precisão, liderança, radicalismo, triunfo, justiça, intolerância.

Aspectos favoráveis — conjunção, sextil e trígono

A força de Marte — competitiva, guerreira e impulsiva —, conectada favoravelmente à força de Júpiter — entusiasmo, progresso, metas e leis —, é transformada em assertividade, força combativa expandida, pulso firme nas decisões e no comando, bom senso ao se impor. A pessoa é capaz de pôr lado a lado impulsividade e reflexão; medos e perigos não a intimidam e raramente entra em brigas sem acreditar que os motivos sejam justos. Ela é enérgica, mas age com sabedoria; é corajosa sem perder a razão; não recua diante de uma situação adversa; e as derrotas a fortalecem. Além disso, luta pela verdade e preza a boa-fé. Ainda que possua outros aspectos no seu horóscopo que lhe confiram passividade, transforma-se em líder quando a situação exige e se houver identificação com a causa em questão. De outro modo, a força primitiva de Marte pode ser dirigida para alvos elevados representados por Júpiter. Assim, o vigor do primeiro se põe à disposição do conhecimento, do desenvolvimento pessoal, da produção intelectual, das viagens ou do progresso espiritual, que são encarados como desafios, mobilizando e revitalizando uma enorme quantidade de energia. Tanto a pessoa que tem espírito atlético quanto a que tem ânsia de saber se comportam de maneira obstinada visando a conquista. Ademais, é independente, as práticas esportivas lhe caem bem, é amante da liberdade, tem vigor sexual, age de acordo com o que crê ser a verdade e luta por espaço respeitando seus princípios. Com essas qualidades, pode obter bons resultados em alguns dos assuntos que envolvam esportes, viagens, liderança, justiça, magistratura, direito, cargos elevados e riscos.

Aspectos conflitantes — conjunção, quadratura e oposição

Da conexão conflitante entre as qualidades de Marte — impulsividade, liderança, coragem e ação — e os atributos de Júpiter — bom senso, regras, leis, justiça e ideais —, resulta força sem medida; vigor com desperdício de energia; ação com imprudência. Há também intolerância, temperamento indomável, impaciência e agressividade. Nesse aspecto astrológico, a impulsividade se sobrepõe à razão, de modo que a pessoa age sem pensar, gera conflitos e imprudências e fica sujeita a explosões. Também há dificuldade de lidar com hierarquias, de se submeter às regras, não conseguindo se adaptar aos formalismos. A pessoa é enérgica, mas pode perder a medida; é destemida, porém sem reflexão; lidera sem paciência com o tempo e o modo de ser do outro; tem energia sexual vigorosa acompanhada de falta de tato e impulsividade desmesurada. Considerando que um aspecto conflitante denota fragilidade, nesse caso, se destacam o medo de fracasso, a insegurança de sua própria força e o fantasma de que os outros são melhores do que ela. Essas fragilidades se manifestam como reação violenta às contestações e críticas, desprezo pela força dos seus opositores. Esse comportamento pode lhe render algumas duras derrotas. Entretanto, todo aspecto conflitante gera mudanças importantes na evolução pessoal. Portanto, trata-se de transformar impaciência em liderança construtiva e força sem medida em progresso ordenado.

Marte e Saturno ♂ ♄

Marte se ocupa dos universos da guerra, das disputas, da liderança, da ação, da força e da coragem. Saturno rege o tempo, o esforço, a resistência e a maturidade. A conexão entre os dois reúne mundos antagônicos, de difícil interação, mas com resultados eficientes e duradouros. Na Antiguidade, tanto Marte quanto Saturno foram qualificados como maléficos. Na atualidade, esses dois planetas convidam o sujeito a enfrentar desafios e superar frustrações.

Palavras-chave

Contração, amargura, determinação, nervos de aço, paciência, empreendedorismo, firmeza, resolução, presteza, assertividade, eficácia, persistência, indestrutibilidade, rocha, incontestação, estratagema, pontaria, teimosia, autocrítica, inflexibilidade, contenção, pressão, opressão, arredamento, aprisionamento, jaula, agressividade, intolerância, impaciência.

Aspectos favoráveis — conjunção, sextil e trígono

A conexão favorável entre Marte e Saturno produz coragem acompanhada de prudência; ação acrescida de firmeza e determinação; gosto pelo risco, porém calculado; impulsividade assertiva. A pessoa, além de ser firme ao tomar decisões, o faz com responsabilidade. Quando em situação de perigo, os instintos e a racionalidade se aliam, de modo a preservar tanto as forças vitais quanto o discernimento. O resultado é o enfrentamento do oponente quando este está à sua altura e, de outro modo, a sabedoria de recuar e resistir quando se encontra em desvantagem. Outras grandes qualidades são perseverança, consistência, firmeza e determinação. Todas essas tendências são fruto da boa relação entre os universos de Marte — lutas, coragem e ação — e os de Saturno — resistência, responsabilidade e maturidade. Além do mais, quanto mais a realidade se apresentar dura, mais exaustivamente tentará superar as dificuldades. A pessoa reconhece bem seus limites quando incitada a lutar, o que lhe dá o porte de uma boa guerreira. Suas vitórias são conquistadas lentamente, no entanto, se revelam seguras e duradouras. Ademais, há segurança no seu vigor sexual, que dificilmente é desmesurado. Concluindo, tais potências colaboram para que seja bem-sucedida em assuntos que envolvam engenharia, cargos executivos, administração, cálculo, senso prático, raciocínio lógico e esportes.

Aspectos conflitantes — conjunção, quadratura e oposição

A tensão presente nos aspectos conflitantes entre Marte e Saturno apontam para determinação acompanhada de inflexibilidade; força sem paciência; atitudes sem se calcular as consequências. Também é possível que a pessoa bloqueie impulsos, demore para agir ou tomar providências em situações de conflito ou de risco, e encontre dificuldades para enfrentar os efeitos das suas decisões equivocadas. Tais características são oriundas da difícil conexão entre as qualidades de Marte — ação, força e coragem — com os atributos de Saturno — organização, firmeza e disciplina. Dentre suas maiores fragilidades estão o medo do fracasso e da impotência, o fantasma de que tudo está contra ela e dificuldades no relacionamento com o pai. Essas inseguranças dão origem a atitudes altamente defensivas, com a intenção de se proteger das adversidades, à rispidez e introspecção. Também são tendências desse aspecto atitudes agressivas, duras, arrivistas e provocativas. Ademais, há uma difícil combinação entre razão e impulsividade, coragem e prudência, ação e contenção. A tendência é que demore a entrar numa briga, mas que, ao fazê-lo, não conheça limites e não perceba quando é hora de parar. Considerando que um aspecto conflituoso gera mudanças importantes para o desenvolvimento pessoal, trata-se, aqui, de compreender que o reconhecimento dos limites significa sabedoria e maturidade, que as derrotas fazem parte de quem luta e disputa e que agressividade e intolerância podem ser transformadas em liderança construtiva.

Marte e Urano ♂ ♅

Ainda que Marte e Urano rejam signos de elementos opostos — o primeiro rege Áries, de Fogo, e o segundo, Aquário, de Ar —, há territórios comuns nos mundos por eles representados. Marte governa a guerra, a autonomia, as disputas, as competições, a impulsividade, a ação e a assertividade. Urano se encarrega das mudanças, das revoluções, da liberdade e das ações sociais. As conexões entre eles aproximam dois astros explosivos, frenéticos, intensos e libertários. Exigem, portanto, atenção, perspicácia e precisão.

Palavras-chave

Furacão, turbina, potência, centelha, propulsão, ansiedade, alarmismo, cirurgia, estopim, impaciência, pavio curto, explosão, ruptura, detonação, libertação, provocação, alerta, audácia, risco, impetuosidade, arrojo, ímpeto, liberação, vigília, petulância, agressividade, atrevimento, rompante, adrenalina, aventura, choque, sobressalto, bomba, velocidade, precipitação, revolução, agressão, belicismo, pressão, engenhosidade, urgência, abuso, ousadia.

Aspectos favoráveis — conjunção, sextil e trígono

Devido à boa interatividade entre os valores de Marte — impulsividade e independência — e os de Urano — inventividade, inovações e progresso —, o resultado é prontidão e rapidez nas ações, estado de alerta, engenhosidade e energia incessante. A pessoa costuma ser incansável, responde prontamente às provocações e aos chamados para a luta, é destemida, amante dos riscos e tem espírito esportivo. Também é capaz de mandar com liberdade, ter controle sem se esquivar dos imprevistos e das inovações, e toma para si causas elevadas. Há presença de espírito, habilidades com tecnologia e assuntos contemporâneos, além de ser amante dos desafios ousados. Funciona bem sob pressão, aguenta rupturas — ainda que possa sofrer com elas — e renova rapidamente suas energias depois de passadas as crises, sejam físicas ou mentais. É segura para tomar decisões sozinha, apesar de saber também partilhá-las quando necessário. Além disso, é livre na sexualidade, inconformada com acomodação e, por isso, procura desafios, inventa grandes empreitadas e se lança ao desconhecido com confiança. De outro modo, tais qualidades e tendências colaboram para que possa ser bem-sucedida em assuntos que envolvam disputas, liderança, inovações, tecnologia, cálculos, esportes e riscos.

Aspectos conflitantes — conjunção, quadratura e oposição

A difícil conexão entre Marte e Urano provoca ações precipitadas, ainda que intuitivas; vigor, porém com alta dissipação de energia; pressa; impulsividade desmedida; irritação e agressividade. A pessoa não consegue ficar parada, é tensa e ansiosa. Sua inquietação resulta em atitudes que lhe fogem ao controle, intolerância com o ritmo lento das coisas, falta de apreço pela rotina. Essas tendências têm origem na dificuldade de estabelecer boa interatividade entre as qualidades de Marte — ação, impulsividade e autonomia — e os atributos de Urano — renovação, progresso e liberdade. Também tem a ver com suas fragilidades, das quais se destacam o medo de ser pego ou mesmo agredido sem esperar ou acreditar que será vencido por um golpe fora das regras do jogo. Ademais, na sexualidade é instável, impaciente e se desinteressa quando há repetição. De outro modo, há dificuldade de estabelecer limites, ainda que enfrente os riscos com destemor. Não suporta ser comandada, não é hábil com hierarquias, e mesmo quando está no comando não se sente à vontade o suficiente para aí se manter por muito tempo. Por fim, todo aspecto conflitante aponta para mudanças importantes no crescimento e evolução pessoais. Trata-se, aqui, de transformar ansiedade em atividades produtivas e agressividade em força de resistência aos impactos da vida.

Marte e Netuno ♂ ♆

A conexão entre Marte e Netuno aproxima dois universos muito distantes. Marte reina nas guerras, nas ações, na impulsividade, na assertividade, na liderança, na masculinidade e nos desafios. Netuno rege o universo das sensibilidades, da intuição, das incertezas, da nebulosidade, da espiritualidade, da fantasia e do inconsciente. Visto assim, não há dúvida do quanto esses mundos são distintos, e para aproximá-los é preciso arte, inteligência e, sobretudo, inspiração.

Palavras-chave

Missão, languidez, pacifismo, erotismo, ideologia, burros n'água, ressaca, naufrágio, depressão, angústia, preguiça, à deriva, intuição, fluidez.

Aspectos favoráveis — conjunção, sextil e trígono

A boa conexão entre Marte e Netuno produz assertividade em decorrência da intuição; firmeza acrescida de sensibilidade, e vigor para lidar com decepções. Com a mesma força que as enfrenta, a pessoa consegue levantar-se e construir novos sonhos. Há intuição, facilidade de entrar na intimidade dos outros sem ser invasiva, capacidade de síntese, percepção imediata das atitudes que devem ser tomadas em caso de urgência, tranquilidade nessas situações e dom para evitar brigas desnecessárias. Ela age com calma e colhe excelentes resultados, pois as qualidades de Marte — agressividade, ação e vigor — estão bem-articuladas com as de Netuno — sensibilidade, intuição e calma. Quando briga com alguém ou luta por algo, o faz silenciosamente, sem muito estardalhaço, e raramente expõe suas armas. A propósito, suas causas costumam ser elevadas, e é capaz de se sacrificar por um ideal. De outro modo, há vigor sexual temperado de fantasia, sensibilidade e intuição. Percebe o prazer sexual como um todo, incluindo climas e seduções. Essas atribuições colaboram para que se realize em assuntos que envolvam psicoterapias, esportes, esoterismo, ideais humanistas e o misterioso.

Aspectos conflitantes — conjunção, quadratura e oposição

A difícil conexão entre Marte e Netuno resulta em iniciativa nebulosa; intuição tratada de modo impressionável, tornando-se prejudicial; sensibilidade com falta de foco. As ações são confusas, há incertezas quanto às decisões e estas, quando acontecem, vêm carregadas de fantasias, diminuindo as chances de se atingir os objetivos. Isso acontece em função da dificuldade de interação entre as qualidades de Marte — assertividade, decisões e luta — e de Netuno — intuição, sensibilidade e imaginação. Portanto, há má conexão entre assertividade e intuição; espírito de luta e idealização das causas; ação e imaginação. Há ânsia para desvendar mistérios, mas receios durante o percurso, dispersão com as fantasias e perda de concentração. Dentre suas mais importantes fragilidades estão as inseguranças quanto a situações, às quais não tem acesso ou são dissimuladas, e sentir-se perseguida sem saber pelo que nem por quem. Há instabilidade no vigor sexual, muitas vezes canalizado para as fantasias. Como todo aspecto conflitante provoca mudanças importantes no desenvolvimento do sujeito, trata-se, aqui, de transformar fantasias em inspiração, idealismo em ações possíveis e incertezas em flexibilidade.

Marte e Plutão ♂ ♀

Tanto Marte quanto Plutão, cada um ao seu modo, regem o signo de Escorpião. Sendo assim, a conexão entre eles intensifica seus atributos, como transformação, impulsividade, força, coragem, intensidade, provocação, morte e regeneração. Portanto, o excesso é um traço presente nesse encontro. Lidar com ele exige determinação, consciência e sabedoria.

Palavras-chave

Profundidade, explosão, detonação, libertação, sangue-frio, destemor, exploração, regeneração, provocação, impaciência, compulsão, vulcão, obsessão, imposição, brutalidade, convulsão, cabeça quente, pilha, vingança, risco, perigo, adrenalina, depuração, abscesso, choque, acidente, impacto, invencibilidade.

Aspectos favoráveis — conjunção, sextil e trígono

O resultado da conexão favorável entre Marte e Plutão é uma intensa liberação de energia; potencial para grandes e profundas transformações; instintos viscerais de sobrevivência; extração de forças de regiões sombrias e desconhecidas da psique; destemor incompreensível. A pessoa age com uma intuição aguda, afastando temores e adquirindo poder. É fascinada pelo desconhecido e pelo perigo, facilitando cortes, rupturas e términos. Há um enorme poder de regeneração, seja física, psíquica ou espiritual. Essas tendências são consequência da boa interatividade entre as qualidades de Marte — coragem e ação — e de Plutão — morte e transformação. Via de regra, a agressividade se expressa de forma positiva. Tem uma firmeza inabalável, principalmente diante dos conflitos, de um perigo, ou mesmo dos seus próprios fantasmas. As perdas são encaradas como desafios e ferramentas importantes de evolução pessoal. Mesmo com muito sofrimento, passados os lutos, recupera o vigor e abre-se para um novo ciclo. Suas transformações não consomem energias em excesso, mantendo intactas suas reservas. De outro modo, sua sexualidade é vivida com intensidade, profundamente e com plena entrega. Nela se revigora e se afirma. Esse aspecto astrológico lhe confere possibilidade de sucesso em alguns dos assuntos que envolvam poder, liderança, cura, ocultismo ou esportes.

Aspectos conflitantes — conjunção, quadratura e oposição

Os aspectos desfavoráveis entre Marte e Plutão geram intensa liberação de energia sem controle dos impulsos; desejo voraz de transformação sem planejamento; obstinação; agressividade; explosões; intensidade acompanhada de potencial destrutivo. Os instintos ora são estancados ou reprimidos, ora vêm à tona como um vulcão em erupção. Sem saber o que fazer com sua energia, a pessoa costuma canalizá-la de forma improdutiva, desperdiçando-a, gerando baixa de resistência e perda de vigor. Isso ocorre pela má articulação entre as qualidades de Marte — ação, agressividade e luta — e os atributos de Plutão — morte e regeneração. Dentre suas mais importantes fragilidades estão o medo da perda e o fantasma da derrota. Por conta dessas inseguranças, torna-se duramente competitiva, mas não admite derrotas. Por isso, transformar-se pode ser doloroso em demasia, uma vez que implica em perder algo que, por sua vez, é sentido como fracasso. Não suporta pressões externas, mas produz muito bem quando as pressões são autoimpostas. De outro modo, sua sexualidade é vivida com intensidade, porém com descontrole, inconstância ou repressão, quando se deixa dominar pelas inseguranças. No mais, considerando que todo aspecto conflituoso indica mudanças importantes para o desenvolvimento pessoal, conclui-se que é possível transformar agressividade em luta construtiva, descontrole em entrega e obstinação em produtividade.

Marte e Ascendente ♂ ASC

A conexão entre Marte e Ascendente reúne dois universos semelhantes. O Ascendente é regido por Marte, que tem relação com a impulsividade, a assertividade, o vigor e as decisões. Os dois simbolismos são responsáveis pelas ações e pela afirmação da individualidade.

O seu encontro, portanto, amplia a potência de ambos e favorece a criação de um estilo próprio de ser e de ver o mundo.

Palavras-chave

Impulsividade, intuição, assertividade, agressividade, impaciência, liderança, competitividade, invasão, independência, vigor.

Aspectos favoráveis — conjunção, sextil e trígono

A força resultante da conexão favorável entre Marte e o Ascendente — ambos relacionados ao universo das disputas e do vigor — é transformada em criatividade, atividade e disposição física. A pessoa dispõe de talento para liderar, tem iniciativa em situações tensas ou que envolvam riscos, é firme para manter suas decisões e é enérgica e vigorosa nas suas ações. Sempre que provocada ou ameaçada a sua segurança pessoal, sabe reagir com precisão e assertividade. Geralmente, é hábil em posições de comando, é rápida nas decisões, calorosa e impulsiva.

Aspectos conflitantes — conjunção, quadratura e oposição

Os aspectos conflitantes entre Marte e o Ascendente, valores masculinos, provocam descontrole nas atitudes; agressividade e impaciência; ações precipitadas; explosões por impaciência. Não sabe como lidar quando perde uma disputa e reage com atitudes destrutivas. Na verdade, a pessoa se sente insegura quanto à sua força física ou capacidade de se impor, motivando-a a reagir daquela maneira. As decisões são irrefletidas e falta-lhe habilidade para comandar com o pulso firme sem passar das medidas. Tais tendências provocam mudanças importantes para o seu crescimento pessoal, devendo, portanto, canalizar a agressividade para atividades vigorosas e para a competição construtiva.

Marte e Meio do Céu ♂ MC

Os aspectos entre Marte e o Meio do Céu reforçam a ambição, já que o primeiro trata do espírito competitivo e o segundo, do sucesso e da projeção. Apesar de a energia de Marte ser impulsiva e a do Meio do Céu ser determinada, a combinação entre eles aumenta as chances de realização.

Palavras-chave

Projeção, vitória, assertividade, intuição, precipitação, competição, liderança.

Aspectos favoráveis — conjunção, sextil e trígono

As conexões favoráveis entre Marte e o Meio do Céu produzem vigor no exercício da profissão; sucesso em carreiras que envolvam competição, liderança, assertividade e poder de comando. A pessoa é decidida em relação às suas escolhas profissionais, que são realizadas de forma intuitiva e rápida. Também é hábil em enfrentar as vicissitudes do trabalho, persistindo até superá-las. Ademais, sempre que for desafiada ou provocada profissionalmente, seu impulso é encarar e entrar na briga para vencer. Costuma ser bem-sucedida nas ações importantes que envolvam seu trabalho.

Aspectos conflitantes — conjunção, quadratura e oposição

Os aspectos conflitantes entre Marte e o Meio do Céu provocam decisões imprudentes ou precipitadas nos assuntos profissionais; impaciência ao lidar com hierarquias e pressões de superiores; quando desafiada, a pessoa tende a explodir e perder o controle por insegurança. Quem nasceu com esse aspecto não é hábil em lidar com competições profissionais, ora invadindo os limites do outro, ora deixando que invadam o seu território de trabalho. Suas dificuldades também geram mudanças importantes no seu crescimento e desenvolvimento profissional, sendo necessário, portanto, canalizar suas forças competitivas em assertividade nas decisões, viabilizando bons resultados na sua carreira.

ASPECTOS COM JÚPITER

Júpiter e Saturno ♃ ♄

Júpiter e Saturno regem universos antagônicos. Enquanto o primeiro governa a expansão, o progresso, o bom humor, a alegria, a confiança, a abundância e a sorte, Saturno é responsável pelo esforço, pela retração, pela noção de limites e pela realidade, pela rigidez e pela estabilidade. São dois pilares, representando, de um lado, os direitos e, do outro, os deveres; o primeiro é responsável pela juventude e pelo vigor, o segundo, pela maturidade e pelo envelhecimento. Para conectar esses dois universos é preciso agilidade, destreza, consciência e sabedoria.

Palavras-chave

Planejamento, precisão, temperança, bom senso, estruturação, credibilidade, balanceamento, perseverança, sensatez, ponderação, estratégia, organização, fidelidade, otimização, legitimidade, sabedoria, excesso, integridade, previdência, equilíbrio, respeito, qualidade, ortodoxia, paradigma, promessa, comprometimento, regras, confiança, cidadania, incumbência, ética, onipotência, sustentabilidade, exatidão, mensuração, avaliação, engajamento, gerenciamento.

Aspectos favoráveis — conjunção, trígono e sextil

As conexões favoráveis entre Júpiter e Saturno produzem a boa medida entre expansão e contração; abundância e restrições; fé e realidade; otimismo e pessimismo. Essa boa articulação é produto da dinâmica favorável da aproximação dos universos de Júpiter — crescimento e progresso — com o reino de Saturno — estruturação e solidez. A pessoa é estável sem deixar de ser dinâmica, cresce consciente dos seus limites e aprende a superá-los. Razão e idealismo caminham juntos e, por isso, ela raramente faz planos sem garantias de realização. As limitações também são enfrentadas com otimismo; os desafios, com humor; e nos momentos difíceis há consciência do papel e da importância do sofrimento no seu progresso pessoal. Ademais, confia num futuro promissor, tem visão ampla e seus horizontes são largos. Seus projetos se desenvolvem com organização e bom planejamento, estabelece metas confiáveis, corta excessos, mas deixa folgas. Ademais, negocia com inteligência direitos e deveres e acredita na sorte como merecimento dos esforços empreendidos. De outro modo, a fidelidade aos seus princípios e o senso de justiça são coordenadas que a orientam ao longo da sua jornada pessoal e social. Aliás, é estável no convívio social, age com medida e diplomacia. Tais tendências lhe conferem sucesso em alguns dos assuntos relacionados à justiça, organização, gerenciamento, cargos executivos ou ensino.

Aspectos conflituosos — conjunção, quadratura e oposição

A conexão conflituosa entre Júpiter e Saturno produz uma difícil articulação entre as qualidades de Júpiter — confiança e otimismo — e as de Saturno — racionalidade e precisão. Disso advém obstinação, mas a ausência de medida entre excesso e falta produz desperdício de energia. Em certas situações, peca pelo excesso; em outras, o limite é tão rígido que lhe impede de conseguir suas realizações. Ora é otimista demais, ora desacredita no que não é palpável. Os momentos difíceis são encarados como falta de sorte, ao passo que olha com desconfiança as oportunidades que a vida lhe oferece de mão beijada. Razão e idealismo quando caminham juntos não acertam o passo. Assim, perde os limites da realidade, seja para mais ou para menos, dificultando a realização dos objetivos traçados. Dentre as fragilidades desse aspecto, o medo de ser julgada e condenada pelos seus erros é uma das mais potentes. Tal insegurança gera indecisão, dificuldade de progresso ou progresso lento e desgosto com o próprio desempenho pessoal. Ademais, encontra dificuldades no convívio social por não saber lidar com regras e pactos sociais. Como todo aspecto conflituoso gera mudanças importantes para o crescimento pessoal, nesse caso é preciso transformar instabilidade em equilíbrio, extremos em bom senso e obstinação em produtividade.

Júpiter e Urano ♃ ♅

Apesar de Júpiter reger um signo de Fogo — Sagitário — e Urano, um de Ar — Aquário —, além de reinarem em mundos distintos, há muito em comum entre eles. Dentre algumas dessas proximidades estão a liberdade, a mente aberta e os horizontes amplos. As diferenças se relacionam às certezas, à fé, à confiança e ao bom humor de Júpiter e à liberdade e ao espírito humanitário e intempestivo de Urano. Essa conexão, portanto, põe mais próximas as qualidades que os separam e intensifica o que neles é comum.

Palavras-chave

Reorientação, redimensionamento, revolução, liberalismo, desbravamento, pioneirismo, humanitarismo, idealismo, empolgação, altruísmo, aventura, progressivismo, legalidade, transgressão, liberdade, extravagância, radicalismo, espaço, exploração, intolerância, engenhoca, inspiração, subversão, profecia, liderança, atalho.

Aspectos favoráveis — conjunção, sextil e trígono

A conexão favorável entre Júpiter e Urano favorece o exercício da liberdade, a mente aberta, o espírito progressista, a intuição para ver longe, os projetos de larga expressão e as descobertas e pesquisas inovadoras. A pessoa lida bem com imprevistos, aprecia as novidades e mudanças, além de se desenvolver rapidamente quando elas ocorrem. Tudo isso se deve à boa articulação entre o universo de Júpiter — expansão e confiança — com o de Urano — inovações e intuição. As incertezas fazem crescer sua força, os riscos são encarados com otimismo, como oportunidades de mudança para melhor. Acredita num futuro promissor, a mente é inquieta e sedenta de saber. Não aceita conceitos preestabelecidos ou ultrapassados. As informações são questionadas e sempre atualizadas. Quanto mais inovador lhe parecer o que tem a enfrentar, com mais confiança se lança ao desconhecido, ainda que os resultados possam ser diferentes dos esperados. O que a guia é a certeza de que as tempestades ocorrem a seu favor. Estas mudam o curso da sua trajetória pessoal e colaboram inestimavelmente para o seu desenvolvimento. Ademais, tem ótimo convívio social, muitos amigos e é bem-aceita com as suas diferenças. Há necessidade de espaço físico, mental, emocional e espiritual. Esse aspecto astrológico colabora para o sucesso em alguns dos assuntos que envolvam o saber, descobertas no campo de pesquisas, ciências humanas, relações-públicas, tecnologia, progresso e indústria.

Aspectos conflituosos: conjunção, quadratura e oposição

A difícil conexão entre os universos de Júpiter — leis, regras, expansão, progresso e confiança — e os atributos de Urano — liberdade, inovações, mudanças e ações sociais — provoca liberalidade com falta de regras; amplitude sem orientação; espírito renovador, porém sem foco. A pessoa tem dificuldade de traçar seus próprios limites e, por isso, seu crescimento ocorre de forma desordenada. Ademais, lhe falta constância para levar um objetivo até o fim, é inquieta em relação ao futuro, precipita decisões e planeja sem critério. Dentre suas inseguranças, o fantasma de lhe ser tolhida a liberdade é o que mais produz reações negativas. A toda e qualquer situação ameaçadora à sua autonomia, reage com agressividade e intolerância. Necessita obstinadamente de espaço, mas administrá-lo é um problema. Por idealizar a própria noção de liberdade, tem dificuldade de torná-la possível. Ademais, pode cometer extravagâncias, inclusive materiais. Mais uma vez, a questão se dá por falta da noção dos limites. Sua impaciência é responsável por rupturas sem motivos graves, dificuldades no convívio social e frustrações quanto à realização dos seus ideais. Por fim, como um aspecto desafiador provoca também mudanças importantes para o desenvolvimento, é preciso transformar intolerância em ações sociais construtivas, e idealismo em realizações possíveis.

Júpiter e Netuno ♃ ♆

Tanto Júpiter quanto Netuno, cada um ao seu modo, regem o signo de Peixes. Sendo assim, a conexão entre eles intensifica seus atributos, quais sejam, a confiança no imponderável e amplitude. Do mesmo modo, há uma enorme distância entre eles, pois Júpiter também rege Sagitário, signo que tem características muito diferentes das de Peixes. Portanto, os atributos que os separam são, do lado de Júpiter, bom humor, alegria, foco, determinação; de Peixes, sensibilidade, intuição, melancolia e passividade. Essa conexão, portanto, aproxima as qualidades que os separam e intensifica o que neles é comum.

Palavras-chave

Esperança, escapismo, idealização, pacifismo, abrangência, plenitude, altruísmo, abstração, intensidade, benevolência, mistificação, beatificação, credibilidade, sublimação, amplitude, escapismo, suscetibilidade, inspiração, delírio, ilusão, milagre, intuição, impressionabilidade, intangibilidade, fuga, superstição, mito, magnanimidade, expansão, infiltração, boa-fé, mito, fantasia.

Aspectos favoráveis — conjunção, sextil e trígono

O encontro favorável entre Júpiter e Netuno alarga a visão, amplia a sensibilidade, confere inspiração, intuição elevada, além de sorte. A pessoa não necessariamente precisa viajar para um lugar geograficamente distante para conhecer outros mundos. O poder de expansão da mente é grande, a imaginação é fértil e há sensibilidade para enxergar além do horizonte visível. Há criatividade em abundância, talento para lidar com imagens, amor à arte e ao pensamento. Os ideais são elevados e a mente é aberta ao imponderável. Ademais, aprecia viajar, valoriza a cultura e tem boa relação com a espiritualidade. É uma pessoa intuitiva para perceber o objetivo dos outros e, especialmente, as aspirações coletivas. Transita bem na esfera psíquica, tem talento para aconselhar e costuma não interferir na escolha dos demais. As qualidades conferidas por esse aspecto astrológico colaboram para que seja bem-sucedida em assuntos relacionados a ideais sociais, psicoterapias, arte, cultura, viagens, espiritualidade, mistérios, intuição ou artes visuais.

Aspectos conflitantes — conjunção, quadratura e oposição

A conexão difícil entre os mundos de Júpiter e de Netuno exacerbam a sensibilidade e conferem intuição, mas há dificuldade de direcioná-las para uma situação objetiva. A pessoa fica sujeita a vagar pelas suas fantasias, perdendo a noção da realidade. Apesar de ser extremamente perceptiva e sensível às atmosferas sutis, intoxica-se mais com elas do que as utiliza a seu favor ou mesmo a favor do outro. Ademais, suas crenças costumam ser generalistas, tendendo a se perder por falta de foco. A mente é aberta ao imponderável, mas é igualmente impressionável e suscetível à imaginação, perdendo o caráter positivo de tal qualidade. Dentre as inseguranças mais importantes desse aspecto, está o medo de se perder no caos interior. As defesas geram idealização da realidade e visão distorcida, apesar de enxergar o que a maioria normalmente não vê. A fenda que separa uma meta possível de uma meta imaginária é a origem da maioria das suas frustrações no que diz respeito à realização dos seus sonhos. No entanto, essas dificuldades apontam para mudanças importantes no seu desenvolvimento pessoal, como transformar falta de foco em inspiração e as turbulências internas em ideais sociais ou espiritualidade.

Júpiter e Plutão ♃ ♇

Os universos de Júpiter e de Plutão se opõem facilmente um ao outro. O primeiro reina na esfera dos êxitos, da expansão, da confiança e do conhecimento. O segundo se encarrega das regiões obscuras e sombrias, da morte, da regeneração e das transformações. Portanto, o intercâmbio entre os dois é responsável pelas reflexões e pela compreensão da impotência diante de forças que fogem ao controle, construindo as bases sobre as quais a alquimia interior se faz possível. Conectá-los exige agudeza e entrega.

Palavras-chave

Obstinação, denúncia, iniciação, revelação, obsessão, fissura, implacabilidade, descoberta, tenacidade, indomesticabilidade, fiscalização, reação em cadeia, efeito dominó, magia, onipotência, curandice, convencimento, tragicomédia, humor negro, corrupção, militância, veredicto, transgressão, advogado do diabo, fanatismo, insaciabilidade, turbilhão, intolerância, rebelião, determinação, desmascaramento.

Aspectos favoráveis — conjunção, sextil e trígono

Os aspectos favoráveis entre Júpiter e Plutão produzem controle diante do inevitável, acesso fácil aos recursos ocultos e confiança para ultrapassar experiências-limite. Esse aspecto conecta duas posturas opostas diante do imponderável, ou seja, nos domínios de Júpiter, há sempre a esperança de uma bênção; nos de Plutão, quando não há mais esperança, resta-lhe somente a possibilidade de transformação interior. O resultado desse intercâmbio é a sabedoria de, em momentos difíceis, confiar nas dádivas e na sorte sem se recusar a lançar mão de sua força interior e mudar o que for preciso. A pessoa nascida com esse aspecto também é capaz de encontrar saídas quando um problema parece insolúvel. Seus recursos internos emergem diante de situações que fogem ao controle, reconhecendo que é inútil querer dominá-las e aprendendo que não pode perder a fé. Além disso, há grande interesse pelas descobertas, pelas pesquisas e por desvendar mitos e tabus culturais. A pessoa é reservada em relação ao sucesso, preferindo mantê-lo sob o seu comando. De outro modo, esse aspecto astrológico lhe confere grandes chances de sucesso em assuntos relacionados a pesquisa, leis, ocultismo ou economia.

Aspectos conflitantes — conjunção, quadratura e oposição

Os aspectos desfavoráveis entre Júpiter e Plutão indicam espírito reformador, apesar de lhe faltar organização para conduzir adequadamente as mudanças; força interna, ainda que seja dissipada pela obstinação; interesse pelo oculto, embora não faça bom proveito das suas descobertas. Essas tendências têm origem na difícil articulação entre as qualidades de Júpiter — fé, confiança, determinação — e os atributos de Plutão — morte, regeneração e transformação. A pessoa testa seus limites até estourá-los e se esgota nesse processo. A recuperação das energias perdidas é dificultada por não saber dar pausas nem encontrar espaço para o descanso. Além disso, pode perder as esperanças quando ainda restam chances e, paradoxalmente, agarrar-se a elas com unhas e dentes quando a única saída é mudar o olhar. Mais uma vez, a difícil conexão entre fé e transformação interna se impõe.

Dentre as inseguranças relativas a esse aspecto está o temor da perda, sentimento do qual pode se tornar refém, impedindo-lhe as mudanças importantes para a constituição da sua individualidade. Por fim, pode se expor em demasia, principalmente quando é bem-sucedida. Entretanto, essas dificuldades fazem parte do seu desenvolvimento pessoal, pois trata-se, aqui, de transformar obstinação em metas realizáveis e temor à perda em desapego e alquimia interior.

Júpiter e Ascendente ♃ ASC

O Ascendente corresponde a Áries, um signo de Fogo, e Júpiter rege Sagitário, também do mesmo elemento. Isso indica que o encontro entre os dois amplia a impulsividade, a intuição, a determinação e a força para a constituição da individualidade.

Palavras-chave

Expansividade, alegria, bom humor, objetividade, segurança, prepotência, vaidade, orgulho, magnanimidade, inteligência, interesse, confiança.

Aspectos favoráveis — conjunção, sextil e trígono

A força de Júpiter — entusiasmo, progresso, metas e leis — conectada favoravelmente com a do Ascendente — individualidade e impulsividade — resulta em pulso firme nas ações e no comando, bom senso ao agir, assertividade e confiança em si mesmo. Há uma boa conexão entre reflexão e impulsividade; entre energia vigorosa e meta; entre decisões e foco. A pessoa tem coragem, mas não perde a razão, transformando-se num líder com objetivos claros, sem dispersão nem exageros. Há também bom desempenho quando interessada em alguma área do saber, planejamento e decisões de larga escala. Ademais, é independente, tem bom humor e confia na capacidade de ser bem-sucedida nos seus empreendimentos pessoais.

Aspectos conflitantes — conjunção, quadratura e oposição

Da conexão conflitante entre as qualidades do Ascendente — impulsividade e individualidade— e os atributos de Júpiter — bom senso, regras, leis, justiça e ideais — resulta desperdício de energia por conta dos excessos; ações irrefletidas; temperamento irredutível; opiniões inflexíveis. Há inabilidade ao exercer o comando e tomar decisões, já que, aparentemente, a pessoa confia excessivamente em si mesma. Na verdade, esse é um mecanismo de defesa resultante de suas inseguranças pessoais, do medo de errar e ser julgada injustamente. Tais tendências apontam para mudanças importantes para o seu crescimento pessoal, podendo transformar intolerância em persistência e desmedida em visão ampla e ações bem-sucedidas a médio e longo prazo.

Júpiter e Meio do Céu ♃ MC

Os aspectos entre Júpiter e o Meio do Céu reforçam o desejo de sucesso, já que o primeiro trata do merecimento e da sorte, e o segundo, das realizações e da ambição. O fato de a energia de Júpiter ser obstinada e a do Meio do Céu ser persistente, a combinação entre eles aumenta as chances de reconhecimento e de projeção.

Palavras-chave

Sucesso, reconhecimento, projeção, proteção, sorte, desmedida, prepotência, cultura, conhecimento, viagens, desafios.

Aspectos favoráveis — conjunção, sextil e trígono

Os aspectos favoráveis de Júpiter e do Meio do Céu produzem progresso profissional, prosperidade na carreira, sorte em relação às oportunidades da vida e que lhe favoreçam no trabalho. A pessoa colhe os frutos que plantou e é reconhecida pelos seus dons. É independente profissionalmente e tem entusiasmo e alegria ao trabalhar, contagiando aqueles que convivem com ela no dia a dia de trabalho. Além disso, é hábil em interligar conhecimento e profissão, favorecendo carreiras que envolvam estudos, pesquisas e um bom lastro cultural.

Aspectos conflitantes — conjunção, quadratura e oposição

As conexões conflitantes entre Júpiter e Meio do Céu geram insatisfação profissional, já que a pessoa exige sempre mais de si mesma e espera demasiadamente da carreira escolhida. Tratando-se das escolhas, falta-lhe visão de suas possibilidades, ora acreditando dar conta do impossível, ora imaginando-se incapaz de realizar suas metas profissionais. Há desperdício de energia por exceder seus limites e trabalhar mais do que o devido. Tais dificuldades, entretanto, apontam para importantes mudanças no seu desenvolvimento no trabalho, transformando excessos em reciclagem de energia e insatisfação em confiança para atingir seus objetivos profissionais.

ASPECTOS COM SATURNO

Saturno e Urano ♄ ♅

Saturno reina no universo das certezas, das estruturas sólidas, da realidade, dos compromissos e da responsabilidade. Urano, por sua vez, rege a liberdade, o progresso, as inovações, as revoluções e as ações sociais. Fica claro, portanto, que suas qualidades se antagonizam. A função das conexões entre Saturno e Urano é estruturar bases sólidas para o exercício responsável da liberdade. Interligá-los exige um constante ajuste entre prudência e liberalidade.

Palavras-chave

Planejamento, reestruturação, projeto, impenetrabilidade, secura, reformulação, imperiosidade, inadiabilidade, revisão, objetividade, sistematização, inevitabilidade, metodologia, organograma, operacionalidade, estratégia, sincronicidade, frieza, aridez, descompromisso, inflexibilidade, inacessibilidade, terremoto, cabo de guerra, desconstrução, ciência, metafísica, reinvenção, atemporalidade.

Aspectos favoráveis — conjunção, sextil e trígono

Os aspectos favoráveis entre Saturno e Urano promovem inventividade, capacidade de solucionar problemas com rapidez e agilidade, concentração e racionalidade. A pessoa é capaz de interligar com facilidade intuição e praticidade, segurança e risco, prudência e ousadia. Isso porque há uma boa conexão entre o universo de Saturno — estabilidade e segurança — e o de Urano — inovação e liberdade. Por essa razão, a pessoa inova com base em reflexões que lhe garantam um bom resultado, raramente ignora uma intuição e sabe associar com destreza criatividade e técnica. Ademais, é hábil em definir os limites entre razão e sensibilidade e aproveita bem as experiências passadas para projetar o futuro. Acolhe com o mesmo apreço a cultura de outrora e a contemporânea. As grandes mudanças são construídas passo a passo, calculando os prováveis resultados. Isso lhe garante estabilidade para adaptar-se bem aos novos ciclos. Por essas qualidades, pode obter sucesso em assuntos relacionados a engenharia, administração, capacidade projetiva ou cálculo.

Aspectos conflitantes — conjunção, quadratura e oposição

Nos aspectos conflitantes entre Saturno e Urano, há dificuldade de conectar percepção e praticidade; limites e liberdade; raciocínio lógico e sensibilidade. A pessoa resiste às mudanças ou encara riscos sem ponderar. Tem boas intuições, porém falta-lhe confiança para segui-las. No sentido oposto, há senso de realidade, mas os relâmpagos de percepção tiram-lhe rapidamente o chão; e há instabilidade e dificuldade de levar adiante seus projetos. Além disso, as falhas e as frustrações passadas são responsáveis por sua insegurança em relação aos bons resultados futuros. Em decorrência disso, as mudanças, quando ocorrem, são excessivamente demoradas, desgastantes, e consomem mais energia do que o necessário. A pessoa teme não ser socialmente acolhida tanto por suas diferenças, quanto por conservadorismo. Isso ocorre, mais uma vez, em decorrência da difícil articulação entre estabilidade e renovação, atributos respectivamente de Saturno e de Urano. Considerando que todo aspecto conflitante aponta para mudanças importantes na evolução do sujeito, trata-se, aqui, de transformar rigidez em lastro de estabilidade e desorganização em flexibilidade.

Saturno e Netuno ♄ ♆

Saturno e Netuno comandam mundos muito distantes um do outro. Enquanto o primeiro reina no universo do tempo, da estabilidade, da realidade, da prudência e do cálculo, o segundo rege as fantasias, a imaginação, a sensibilidade, a intuição, o imponderável e a espiritualidade. A conexão entre os dois é responsável, então, pela qualidade da articulação dos seus atributos, pelas bases sobre as quais o imaginário é vivido e os sonhos se tornam possíveis. Essa associação exige, portanto, ponderação e equilíbrio.

Palavras-chave

Metáfora, moldagem, permeabilidade, erosão, lodo, infiltração, missão, isolamento, ilusionismo, destino, reclusão, confinamento, desilusão, ritual, abnegação, sacrifício, introspecção, abstinência, dedicação, concessão, renúncia, distanciamento, psicanálise, devoção, frustração, areia movediça, amorfismo, foco.

Aspectos favoráveis — conjunção, sextil e trígono

Os aspectos favoráveis entre Saturno e Netuno denotam a boa articulação entre o universo do possível e o da fantasia; praticidade e intuição; prudência e imponderabilidade. A pessoa é capaz de lidar com a realidade dos fatos com compreensão, ainda que árida. Os momentos difíceis e os problemas cotidianos são enfrentados com paciência, facilitando o caminho que conduz às boas soluções. Isso decorre também do fato de ela associar habilidade e perseverança com tranquilidade e não misturar as fantasias com as experiências palpáveis. Tem, ainda, equilíbrio para lidar com as pressões internas, com as forças psíquicas e com seus fantasmas. Tem destreza para organizar o caos e, ao mesmo tempo, dissolver as amarras da disciplina que a impedem de relaxar. Ademais, esse aspecto gera persistência e esforço de produção quando lhe falta a esperança, e fé quando as probabilidades palpáveis já foram esgotadas. Por tais habilidades, obtém bons resultados em assuntos relacionados à concentração, produção de saber de utilidade social, política, diplomacia ou engenhosidade.

Aspectos conflitantes — conjunção, quadratura e oposição

Os aspectos desfavoráveis entre Saturno e Netuno provocam a inabilidade em articular com destreza raciocínio e sensibilidade; realidade e sonho; o universo palpável e as intuições. As consequências são pessimismo, fuga da realidade e percepção do sutil acompanhada de desconfiança. A pessoa ora se perde nos seus fantasmas, ora se engessa com a racionalidade. As fantasias distorcem a realidade na mesma medida em que a dureza dos fatos lhe tira a esperança. Há tendência a confundir os dois mundos — realidade e fantasia —, faltando-lhe equilíbrio para lidar com as turbulências internas com firmeza e atravessar os momentos difíceis com tranquilidade. Ademais, as intuições são pesadas e o temor ao desconhecido e sentimento de perseguição são algumas das suas maiores fragilidades. Como todo aspecto conflitante aponta para mudanças importantes no seu desenvolvimento pessoal, deve transformar pessimismo em pés no chão, fuga da realidade em imaginação produtiva e desordem interna em flexibilidade para lidar com o imponderável.

Saturno e Plutão ♄ ♇

Saturno governa os universos da razão, das certezas, das garantias, da realidade, da organização, da reponsabilidade e das limitações. Plutão, por sua vez, rege a morte, a regeneração, as transformações e as regiões sombrias e profundas. Quando conectados, esses dois universos geram forças capazes de suportar qualquer tipo de pressão. Para viver essa articulação é preciso ter firmeza e sagacidade.

Palavras-chave

Reestruturação, organização, poder, obsessão, impenetrabilidade, recalque, frieza, imperiosidade, pressão, endurecimento, resistência, nervos de aço, purgação, suportabilidade, precisão, autocontrole, corretivo, implacabilidade, inexorabilidade, controle, restauração, buraco, punição, determinação, reciclagem, intolerância, rispidez, crueldade, abandono, falência, administração, metamorfose, impotência, onipotência, implosão, conspiração, impiedade, saneamento.

Aspectos favoráveis — conjunção, sextil e trígono

A boa interligação entre Saturno e Plutão produz confiança no imponderável, estabilidade psíquica e organização interna. A pessoa calcula com precisão o quanto é capaz de superar um sofrimento e se prepara bem para enfrentar um momento difícil. Suporta com destemor as transformações, reorganizando-se após o caos que, porventura, elas tenham provocado. Também é capaz de agir com frieza quando a situação assim exige, toma providências objetivas sob pressão e age com prudência quando há riscos envolvidos nas decisões. Isso tudo se deve à conexão favorável entre os atributos de Saturno — maturidade, responsabilidade e prudência — e as qualidades de Plutão — morte, regeneração e transformações. Ademais, aproveita com sabedoria o aprendizado obtido por frustrações e sofrimentos passados, tornando-se calejada pelos esforços empregados na superação das dificuldades. Por fim, a maturidade é uma grande aliada, tanto em relação à organização psíquica, quanto à capacidade de se transformar. Suas potencialidades são apropriadas para a obtenção de sucesso em assuntos envolvendo psicoterapia, pesquisas de longa duração, história, museus ou descobertas.

Aspectos conflitantes — conjunção, quadratura e oposição

A difícil conexão entre Saturno e Plutão produz obstinação, embora haja desperdício de energia e baixa produtividade; densidade, apesar de ser mais paralisadora do que criativa. A pessoa é submetida ao excessivo desejo de controle, sendo raramente capaz de enfrentar situações que envolvam segredos ou jogos psíquicos perigosos. Os esforços empregados para superar frustrações também geram bastante estresse físico ou emocional. A origem dessas dificuldades se encontra no temor da perda, impelindo-a ao comportamento defensivo sempre que houver sinais de rupturas e dissoluções. Em contrapartida, se coloca sempre em teste quanto à sua capacidade de suportar os fracassos e as perdas. Apesar de não suportar pressões externas, se vê constantemente às voltas com suas turbulências interiores. Além disso, há rigidez, dificuldade de lidar com autoridade e poder e excessivo controle da sexualidade. Enfim, sabendo-se que todo aspecto conflitante gera mudanças importantes no crescimento pessoal, é possível transformar controle em estabilidade e prudência; obstinação em produtividade; dureza em perseverança.

Saturno e Ascendente ♄ ASC

Saturno é o universo das certezas, da determinação, do tempo e da maturidade. O Ascendente, por sua vez, lida com uma realidade muito distinta, qual seja, a impulsividade, a infância e a afirmação da individualidade. O encontro entre os dois denota paciência para construir um estilo próprio de ser e de compreender o mundo.

Palavras-chave

Seriedade, responsabilidade, dureza, determinação, lealdade, rispidez, insensibilidade, praticidade, racionalidade.

Aspectos favoráveis — conjunção, sextil e trígono

A conexão favorável entre Saturno e o Ascendente produz ações refletidas; prudência ao decidir; firmeza e determinação da vontade; impulsividade assertiva. A pessoa decide e age com base no senso de dever e responsabilidade, sendo, portanto, suas decisões racionais e pragmáticas. É segura de seus limites pessoais e físicos, tratando do seu bem-estar com cuidado e prevenindo-se de eventuais surpresas. Sabe encarar com firmeza as vicissitudes da vida, muitas vezes com a frieza necessária para encontrar boas soluções nos momentos difíceis.

É resistente às pressões e produz bem quando elas existem. Apesar de lentas, suas conquistas são duráveis.

Aspectos conflitantes — conjunção, quadratura e oposição

Os aspectos conflitantes entre Saturno e o Ascendente produzem obstinação com perda de energia; inflexibilidade nas decisões; ações duras e frias, principalmente quando dizem respeito a si próprio. Há, na verdade, incertezas profundas quanto à sua capacidade de agir por conta própria e acertar nas decisões. O rigor a que se impõe é produto dessa insegurança. Em contrapartida, tem dificuldade de reconhecer as atitudes falhas, levando um bom tempo para conseguir assumir a responsabilidade pelos seus erros. Ademais, há bloqueio da impulsividade, denotando, mais uma vez, dureza. Esses aspectos da sua individualidade conduzem a mudanças fundamentais para seu amadurecimento pessoal, podendo transformar rigor em eficiência e medo de errar em responsabilidade.

Saturno e Meio do Céu ♄ MC

O encontro entre Saturno e o Meio do Céu aproxima valores semelhantes. O primeiro rege o segundo e ambos tratam da ambição, do desejo de ser bem-sucedido na carreira, da perseverança de subir a montanha dos desejos e não desistir enquanto não chegar ao topo. Portanto, os aspectos entre os dois intensificam seus valores, produzindo aumento de potência e, ao mesmo tempo, excesso.

Palavras-chave

Projeção, estabilidade, lentidão, obstruções, determinação, raciocínio, praticidade, organização.

Aspectos favoráveis — conjunção, sextil e trígono

A conexão favorável entre Saturno e o Meio do Céu produz responsabilidade com os compromissos profissionais; ascensão lenta, porém segura; passos firmes no desenvolvimento da carreira; preocupação e prudência com o futuro profissional. A pessoa é segura de seus limites no trabalho e decide sobre a profissão associando vocação e praticidade. Além disso, é realista quanto às dificuldades que envolvem a boa produtividade e o reconhecimento social. Ela é resistente às pressões externas e tem paciência para lidar com ordens e disciplina.

Aspectos conflitantes — conjunção, quadratura e oposição

Os aspectos conflitantes entre Saturno e o Meio do Céu produzem insegurança quanto ao sucesso profissional; dificuldade de associar talento e praticidade; desorganização e falta de planejamento quanto ao futuro da carreira. A pessoa é rígida demais com suas competências ou se sente limitada para produzir de acordo com suas exigências. Também há dificuldade de lidar com as hierarquias no trabalho e não produz com qualidade quando sob pressão ou submetida a ordens. Tais tendências são capazes, ainda, de produzir mudanças importantes para o desenvolvimento da sua carreira, transformando rigidez em perseverança e sentimento de impotência em resistência criativa.

ASPECTOS COM URANO

Urano e Netuno ⛢ ♆

As conexões entre Urano e Netuno influenciam os ideais libertários de um momento histórico e social, e tê-los presentes no horóscopo é fazer parte de um grupo de pessoas que responderão pelas mudanças que o mundo atravessava no momento em que nasceram.

Palavras-chave

Mistério, transcendência, esclarecimento, clarividência, tempestuosidade, revolução, magia, sensitividade, antevisão, dramaticidade, misticismo, vestígio, sinal, utopia, intuição, esperança, infinito, insight, improviso, inspiração, distância, evasão, instabilidade.

Aspectos favoráveis — conjunção, sextil e trígono

Essa geração presenciou momentos históricos importantes e participou de movimentos progressistas que mudaram radicalmente os costumes de uma época — diferentes ideias foram criadas e novas atitudes foram tomadas. A esperança depositada nos ideais dessa geração ajudou as minorias a conquistar espaço na sociedade — uma nova mentalidade passou a reger a humanidade. Essa revolução, apesar de turbulenta, libertou o homem de inúmeros preconceitos e abriu caminho para o desejo de construir um mundo melhor.

Aspectos conflitantes — conjunção, quadratura e oposição

Quem faz parte dessa geração participou de movimentos que transformaram os costumes de uma sociedade falida e, ao mesmo tempo, viu o sonho acabar. O que ficou foi uma sensação de vazio na alma daqueles que acreditaram na possibilidade de um mundo sem guerras, de amor e de paz. Por isso, essa geração se vê obrigada a reformular suas ideias sem, entretanto, abrir mão da essência do que idealizou. É possível verificar isso na forma como educam seus filhos e na ausência de inúmeros preconceitos que antes faziam a humanidade tanto sofrer.

Urano e Plutão ♅ ♇

As conexões entre Urano e Plutão influenciam as grandes transformações de um momento histórico e social, e tê-los presentes no horóscopo é fazer parte de um grupo de pessoas que responderão pelas descobertas que o mundo atravessava no momento em que nasceram.

Palavras-chave

Desconhecimento, desabrochamento, rompimento, explosão, transmutação, abertura, eclosão, tremor, temor, implosão, radicalismo, revelação, resolução, transfiguração, expulsão, desprendimento, conspiração, sangue-frio, exílio, marginalidade, rebeldia, erupção, catarse, hemorragia, renovação, invasão, descobrimento, pessimismo, curandice, vulcão, urgência, revolução, incontinência, intransigência.

Aspectos favoráveis — conjunção, sextil e trígono

Quem nasceu com esse aspecto faz parte de uma geração em que novos ideais são incorporados à sociedade, e que é capaz de se reerguer dos rastros da destruição. O velho é substituído pelo novo; são feitas descobertas surpreendentes no campo da ciência; uma nova maneira de ver o mundo suaviza a dor dos tempos difíceis em que nasceram. Tudo o que foi destruído teve que ser recuperado para manutenção do patrimônio histórico e cultural da humanidade.

Aspectos conflitantes — conjunção, quadratura e oposição

Quem nasceu com esse aspecto faz parte de uma geração que pagou um alto preço pelas revoluções ocorridas nessa época — a associação da força desses dois planetas pode ser explosiva e caracteriza um tempo de fortes pressões emocionais. Os ideais de paz acabam se perdendo no meio de tanta tormenta social. As insatisfações coletivas surgem de maneira drástica através de manifestações radicais e posturas agressivas. Entretanto, é essa geração que precisará buscar novos horizontes, viver em tempos de grandes descobertas e construir o caminho da liberdade.

Urano e Ascendente ♅ ASC

Urano é um planeta libertário, rebelde e impaciente. O Ascendente marca um estilo próprio de ser no mundo, a individualidade e a capacidade de tomar decisões por iniciativa própria. O encontro entre eles amplifica o desejo de ser independente, de agir sem a interferência dos outros e de ter a liberdade de ser diferente dos demais.

Palavras-chave

Intuição, inovação, diferença, exotismo, instabilidade, radicalismo, imprevisibilidade, criatividade, impaciência, intolerância.

Aspectos favoráveis — conjunção, sextil e trígono

A boa conexão entre Urano e o Ascendente se reflete em rapidez de decisão, criatividade, genialidade e atitude aberta diante das inovações. A pessoa se põe em frequente estado de alerta, sabe reagir bem em situações imprevistas, é ágil e intuitiva. Sua impulsividade é criativa e abre-lhe portas para progredir. É capaz de comandar com liberdade, tem habilidade com tecnologias e assuntos revolucionários. Sabe decidir melhor sozinha, ainda que ouça outras opiniões, e, se for convencida, sabe mudar de direção. Aguenta com firmeza rupturas e mudanças radicais, renova suas energias com facilidade e rapidez e precisa constantemente ter contato com pessoas para manter-se atualizada.

Aspectos conflitantes — conjunção, quadratura e oposição

A difícil conexão entre Urano e o Ascendente provoca dissipação rápida de energia, mudanças bruscas de humor; ações precipitadas; irritação e instabilidade. A pessoa é irrequieta, tensa e ansiosa, agindo muitas vezes sem pensar. Suas atitudes fogem ao seu controle, surpreendendo aos outros e a ela própria. Esses aspectos têm a ver com a falta de confiança em si mesma, ou seja, com suas inseguranças pessoais. Por essa razão, lhe faltam as medidas, e não é capaz de avaliar com precisão os riscos, o que pode levá-la a decisões maltomadas. Tais tendências promovem também mudanças importantes no seu desenvolvimento pessoal e social, canalizando as tensões para atividades interativas e ações que beneficiem a si mesma e a coletividade.

Urano e Meio do Céu ⛢ MC

O Meio do Céu reina no universo da ambição, do passo seguro para alcançar o sucesso, dos compromissos e do desejo de sucesso. A função das conexões entre os dois é estruturar bases sólidas para o exercício responsável da liberdade. Interligá-los exige um constante ajuste entre prudência e liberalidade.

Palavras-chave

Mutabilidade, instabilidade, inventividade, renovação, antevisão, humanitarismo.

Aspectos favoráveis — conjunção, sextil e trígono

A boa conexão entre Urano e o Meio do Céu se manifesta como agilidade nas decisões relativas à carreira; criatividade profissional; habilidade em conciliar inspiração e praticidade. A pessoa é bem-sucedida em profissões que envolvam inovações, inventividade, uso de tecnologias, comunicação, espírito humanitário e rapidez de raciocínio. Além do mais, é capaz de mudar sempre que seu trabalho estagnar, e é hábil em lidar com imprevistos na carreira. Tem uma visão ampla e sabe ver à frente projetos que venham lhe conferir reconhecimento e prestígio profissionais.

Aspectos conflitantes — conjunção, quadratura e oposição

Os aspectos conflitantes entre Urano e o Meio do Céu provocam instabilidade em assuntos relacionados à carreira; dispersão por desejar sempre um trabalho diferente do que tem nas mãos; mudanças bruscas na profissão. Suas ações no trabalho costumam ser precipitadas; sob pressão ou sob ordens, age com intolerância. Além do mais, a pessoa é indisciplinada e se revolta quando seu olhar visionário não é acolhido pelos demais. Suas inseguranças e dificuldades também a conduzem a mudanças importantes no desenvolvimento da sua profissão, devendo transformar intolerância em ações capazes de mudar o destino da sua carreira construtivamente e que favoreçam a coletividade.

ASPECTOS COM NETUNO

Netuno e Plutão ♆ ♇

Esta conexão está presente no mapa de várias gerações, sugerindo que muitas pessoas nasceram com essa mesma configuração astrológica. Ao longo de todo o século XX e até os dias atuais, o único aspecto formado entre os dois é o de sextil, portanto, um aspecto favorável.

Palavras-chave

Mergulho, garimpo, esclarecimento, dissolução, evidência, percepção, abismo, iluminação, cura, angústia, pessimismo.

Aspecto favorável — sextil

Quem faz parte dessas gerações precisa acreditar em grandes mudanças — são elas que possibilitam o desenvolvimento da coletividade. Durante esse período, as novas ideias vão enriquecendo o patrimônio da humanidade e libertam a sociedade de vícios do passado. Esse aspecto é indicador de tempos de descobertas que, no entanto, podem gerar polêmicas, pois muitos custam a acreditar que possam ser reais. Fazer parte dessas gerações significa viver em uma época em que tudo está em constante mutação. Novos conceitos estão constantemente sendo superados por outros ainda mais recentes, de modo que não há tempo suficiente para incorporá-los.

Netuno e Ascendente Ψ ASC

A conexão entre Netuno e o Ascendente aproxima dois universos muito distintos. O Ascendente diz respeito à individualidade, à independência e a um estilo próprio de ser. Netuno rege o universo das sensibilidades, da intuição, das incertezas, da nebulosidade, da espiritualidade, da fantasia e do inconsciente. Para aproximá-los, é preciso sensibilidade, inteligência e, sobretudo, inspiração.

Palavras-chave

Intuição, nebulosidade, mistério, sedução, sonho, sensibilidade, confusão, indefinição, instabilidade, melancolia.

Aspectos favoráveis — conjunção, sextil e trígono

A boa conexão entre Netuno e o Ascendente se reflete em decisões assertivas calcadas na intuição; firmeza acompanhada de sensibilidade; e força para lidar com as eventuais desilusões da vida. A pessoa é capaz de se empenhar inteiramente para realizar seus sonhos; tem facilidade de fazer contato e compreender a intimidade dos outros sem ser invasiva; mas é bastante intuitiva para perceber vontades ocultas na profundidade da sua própria alma. Além do mais, age sem deixar transparecer, sendo silenciosa no modo de fazer valer o que quer; tem capacidade de síntese na hora das decisões mais complexas e constitui uma individualidade rica de fantasia e intuição.

Aspectos conflitantes — conjunção, quadratura e oposição

A difícil conexão entre Netuno e o Ascendente produz ações nebulosas; incertezas; variações de humor; atmosferas pesadas quando sob pressão de uma decisão. Por sua impressionabilidade, a pessoa é facilmente influenciável; costuma ser evasiva nas iniciativas, deixando dúvidas do que quer; tem pouca habilidade de unir pulso firme e sensibilidade, pois em geral vêm dissociados. Ademais, há perda de energia e tendência a se intoxicar, seja no campo físico ou psíquico. Ela funciona como uma esponja e não é eficiente para filtrar o que absorve. Há identificação com o misterioso, mas as fantasias podem transformar interesse em temor. Tais tendências provocam mudanças importantes no seu desenvolvimento pessoal e psíquico, podendo transformar suscetibilidade em inspiração e nebulosidade em fantasia criativa.

Netuno e Meio do Céu ♆ MC

Os dois simbolismos tratam de mundos diferentes, pois, enquanto Netuno tem a ver com sensibilidade e intuição, o Meio do Céu diz respeito ao esforço empregado em ambições concretas e no desejo de realização profissional e social. A associação entre os dois exige sensibilidade e prudência para que possam favorecer-se mutuamente.

Palavras-chave

Sonho, evasão, intuição, pessimismo, inspiração, sensibilidade, ampla visão, poder de síntese, ilusão, desilusão.

Aspectos favoráveis — conjunção, sextil e trígono

Os aspectos favoráveis entre Netuno e o Meio do Céu produzem habilidade em conectar intuição e exercício profissional; sensibilidade para conduzir a carreira; uso da imaginação como forma de ampliar os horizontes de trabalho. A pessoa é bem-sucedida em carreiras que envolvam fantasia, sensibilidade para escutar os desejos da alma dos outros, compaixão, intuição e capacidade de síntese. Ademais, a pessoa é hábil em ficar fora dos holofotes do poder sem deixar de ser reconhecida e prestigiada nas suas conquistas profissionais e sociais.

Aspectos conflitantes — conjunção, quadratura e oposição

Os aspectos conflitantes entre Netuno e o Meio do Céu se manifestam como falta de foco nos assuntos profissionais; nebulosidade e incerteza na escolha da carreira; fuga dos compromissos de trabalho por não se sentir capaz de cumpri-los. Aliás, isso ocorre em função da fantasia, que ora amplia exageradamente seus horizontes profissionais, ora gera temor e falta de visão das possibilidades e habilidades no trabalho. A questão aqui é transformar a tendência à fantasia em escolhas profissionais que envolvam sensibilidade, intuição, capacidade de enxergar as profundezas da alma e compaixão.

ASPECTOS COM PLUTÃO

Plutão e Ascendente ♀ ASC

A reunião entre os dois simbolismos aproxima a objetividade simbolizada pelo Ascendente com a obscuridade e o mistério associados a Plutão. O produto é um charme especial, carisma e intensidade no modo de ser e de viver a vida.

Palavras-chave

Profundidade, sensibilidade, intuição, pessimismo, rancor, intensidade, temperamento difícil.

Aspectos favoráveis — conjunção, sextil e trígono

As conexões favoráveis entre Plutão e o Ascendente geram coragem para efetuar transformações profundas; desapego da vaidade; poder de regeneração física e psíquica; enfrentamento firme dos sentimentos sombrios. Suas ações são intuitivas; é atraído pelo misterioso e desconhecido; recupera-se rapidamente das perdas e dos sofrimentos profundos. A firmeza de suas decisões é inabalável e a pessoa é fria quando necessário. Ademais, sua individualidade está em constante transformação, pois acompanha com entusiasmo as mudanças que a vida lhe apresenta.

Aspectos conflitantes — conjunção, quadratura e oposição

Os aspectos desfavoráveis entre Plutão e o Ascendente geram obstinação; falta de controle dos seus impulsos; atitudes e decisões nem sempre construtivas. Há uma boa dose de agressividade, momentos de explosão e profundas variações de humor. Os medos ou sentimentos reprimidos quando vêm à tona saem desordenadamente, causando grande perda de energia física e psíquica. A pessoa custa a se recuperar das perdas e o enfrentamento dos momentos difíceis quase sempre é dramático. Muitas vezes, precipita rupturas por pura insegurança, recusando-se a atravessar os processos de transformação com paciência e entrega. Tais tendências apontam para mudanças importantes no seu desenvolvimento pessoal e psíquico, podendo transformar obsessão em insistência e impulsividade destrutiva em capacidade de reorganizar-se física e emocionalmente.

Plutão e Meio do Céu ♇ MC

Enquanto Plutão rege o mundo dos mistérios, o Meio do Céu tem relação com os objetivos palpáveis de realização profissional e social. O encontro entre os dois simbolismos exige habilidade para pôr à disposição da ambição forças que exigem o domínio da sensibilidade e da intuição.

Palavras-chave

Instigação, transformação, reforma, planejamento, intuição, densidade, ambição.

Aspectos favoráveis — conjunção, sextil e trígono

As conexões favoráveis entre Plutão e o Meio do Céu produzem força para lidar com as perdas decorrentes das transformações no trabalho; poder de regeneração após conflitos e crises profissionais; habilidade ao lidar com o poder, especialmente nos bastidores. A pessoa é bem-sucedida em carreiras que envolvam cura, capacidade de desconstruir para reorganizar, planejamento, assuntos psíquicos e o misterioso. Além do mais, sua frieza é inabalável para cortar o desnecessário e aproveitar melhor seu potencial criativo.

Aspectos conflitantes — conjunção, quadratura e oposição

Os aspectos desfavoráveis entre Plutão e o Meio do Céu produzem receio de perda de poder no trabalho; inabilidade em tomar decisões profissionais sob pressão; tendência a perder oportunidades importantes por se sentir incapaz de efetuar mudanças e lidar com as perdas decorrentes dela. Há também dissipação de energia a ponto de esgotar todas as suas reservas, tendência decorrente da falta de consciência de seus limites profissionais. Suas inabilidades e inseguranças sugerem mudanças importantes no desenvolvimento da carreira, transformando o controle e o medo da perda em desapego e capacidade de regeneração.

CAPÍTULO 12
Lilith

APRESENTAÇÃO

No começo, Lilith não se revelou para mim, não me permitiu o acesso, eu respeitei, e fiquei quieta, apenas flertando com aquela instigante e sedutora personagem, até que um dia ela me deu licença para visitá-la. Assim, entrei de cabeça, me apaixonei por ela, passei anos e anos estudando Lilith e, principalmente, fazendo anotações sobre sua influência a partir da prática do atendimento astrológico.

Antes desse encontro, sentia que algo faltava na interpretação quando o assunto se referia aos afetos. Lilith, a excluída e exilada, se excluía e se exilava do meu trabalho. Ela não aparecia para mim. Compreendi que sua ausência tinha a ver com o meu amadurecimento como mulher, até que eu pudesse acessar minha própria potência Lilith e, então, me aprofundar e desvelar seu significado.

Neste livro, quero compartilhar algumas considerações sobre a minha travessia nesse estudo. Acompanhada de Lilith — a Lua Negra —, atravessei desertos, desidratei corpo e alma e fui obrigada a sondar e descobrir recursos que pudessem salvar meu feminino da dominação patriarcal. Das minhas entranhas nasceram filhas mulheres que, por sua vez, também trouxeram ao mundo outras mulheres. Elas foram os anjos do deserto que mataram minha sede.

Masculino e feminino no contexto histórico

As ossadas pré-históricas e as silhuetas humanas nos murais não mostram qualquer diferença marcante de estatura ou força física entre os dois sexos. Hoje se reconhece que talvez tenha sido a divisão de tarefas de acordo com o sexo o que conduziu lentamente à diferença atual, e não o contrário. A partir do Alto Paleolítico já apareciam incisões sob a forma de vulvas, símbolo de fecundidade, marcando o culto ao feminino. Posteriormente, foram produzidas milhares de estatuetas femininas até 15000 a.C.

Em torno de 10000 a.C., a caça-colheita passa à agricultura-criação de gado. A invenção da agricultura da enxada é feita pelas mulheres no período Neolítico. Até esse momento, o relacionamento entre homens e mulheres era de parceria, característica e manifestação da dinâmica feminina de se relacionar. A agricultura com a relha de arado começou em Sumer, cerca de 5000 a.C., marcando o início da produção excedente de alimento, da estocagem e, consequentemente, da competição e do uso da força pela posse.

Na idade dos metais o homem descobre não ser uma divindade que fecunda a mulher, à semelhança do macho do seu gado que fecunda a fêmea. Segundo Françoise D'Eaubonne,[53] as duas descobertas — o arado e a participação do homem na reprodução — são as responsáveis pela formação do sistema patriarcal, marcado pela existência de um dominador e um dominado. O culto ao ventre feminino lentamente se enfraqueceu e deu lugar ao falo, separando definitivamente as tarefas e funções de acordo com o sexo, entre 3000 e 1500 a.C. no Oriente, e 2500 e 1500 a.C. na Europa. A partir do progresso da cultura, com o advento do comércio, o homem se muniu de recursos que o libertaram dos caprichos da natureza e, sendo essa associada ao feminino, seus valores foram deixados para trás.

A imposição dos valores masculinos e a desvalorização dos femininos produzem uma dinâmica de relacionamento competitiva, com a dominação do homem sobre a mulher, deixando marcas até os dias atuais, em que ainda vivemos sob um sistema de dominação e com valores masculinos inflacionados na alma dos homens e das mulheres.

Nas palavras de Camille Paglia:[54]

A mulher era um ídolo da magia do ventre. Ela parecia inchar e dar à luz por si só. Desde o começo dos tempos, a mulher parece um ser estranho. O homem cultuava-a, mas a temia. Era o negro bucho que o cuspira para fora e voltaria a devorá-lo. Os homens, juntando-se, inventaram a cultura como uma defesa contra a natureza feminina. O culto ao Céu foi o passo mais sofisticado nesse processo, pois essa transferência do locus criativo da Terra para o Céu é uma passagem da magia do ventre para a magia da cabeça. E dessa defensiva magia da cabeça veio a glória espetacular da civilização masculina, que ergueu a mulher consigo. Até a linguagem e a lógica que a mulher moderna usa para atacar a cultura patriarcal foram invenção do homem.

---

53 D'EAUBONNE, Françoise. *As mulheres antes do patriarcado*. Lisboa: Vega, 1977.
54 PAGLIA, Camille. *Personas sexuais*. São Paulo: Companhia das Letras, 1992. p. 20.

Masculino e feminino nas mitologias

Riane Eisler[55] comenta em seu livro *O cálice e a espada* que diversos mitos da Antiguidade relatam a convivência pacífica entre homens e mulheres. O Tao Te Ching chinês nos fala de uma época em que o princípio feminino *yin* não era dominado pelo masculino, *yang*. Hesíodo também relata a existência de uma raça dourada, que cultivava o solo com tranquilidade, antes que uma raça menor trouxesse seu deus guerreiro. No Antigo Testamento, Adão, criado à semelhança de Deus, macho e fêmea, andrógeno, habitava o Jardim do Éden, onde vivia harmonicamente com a natureza, até a criação de Eva, subserviente ao homem. O Gênesis relata:

Deus criou o homem à sua imagem, à imagem de Deus ele o criou, homem e mulher os criou. (Gênesis 1:27)[56]

Nesse momento, o homem era homem e mulher, inseparáveis, usufruindo iguais regalias na terra fértil. Homem e mulher eram "um". Ainda no Gênesis, se declara:

Não é bom que o homem esteja só. Vou fazer uma auxiliar que lhe corresponda. (Gênesis 2:18)[57]

Nessa passagem, Adão já está só. Segundo os relatos do Zohar, a mulher se recusou à submissão e, desamparada, transformou-se em Lilith e se exilou. Agora o homem está só, separado da mulher e sentindo sua falta. A mulher e tudo o que ela representa já não usufrui a terra próspera. Seu lugar agora é o deserto infértil. E o homem exclamou:

Esta, sim, é osso dos meus ossos e carne da minha carne! Ela se chamará 'mulher' porque foi tirada do homem. (Gênesis 2:23)[58]

---

55 EISLER, Riane. *O cálice e a espada*. São Paulo: Palas Athena, 2007.
56 *Bíblia de Jerusalém*. São Paulo: Paulus, 2002. p. 34.
57 *Idem*, p. 36.
58 *Idem*, p. 37.

A fêmea do "macho e fêmea os criou" dá lugar a Eva, criada da própria matéria masculina, da falta da "outra". Roberto Sicuteri assim descreve sua fuga:

Como Lilith fugiu do Éden deixando uma mensagem de rancor e ódio, assim a deusa Lua "foge" do Céu e se faz negra, isto é, vingativa e irritada.[59]

Esses relatos bíblicos deixam clara a diminuição dos valores femininos de parceria, representados pela Mãe generosa — a fertilidade da terra e a fecundidade das mulheres —, e a sua substituição pelo Pai divino, que impõe com a lei da espada.

Masculino e feminino no contexto social

Tem-se discutido que a forma de organização social do período pré-patriarcal seria, então, matriarcal. A questão não se resume exclusivamente a quem domina quem, e, para melhor explicar, recorremos a Françoise D'Eaubonne:

Permaneceu-se amarrado a uma oposição simples e dualista: ou patriarcado, ou matriarcado. O homem teria sido sempre chefe de família, senhor da ou das mulheres, [...] ou teria existido antes esta forma de comunidade humana ou cultura centrada na mulher e na sua fecundidade. Neste caso, a mulher teria então reinado incontestavelmente, divinizada com o nome de Grande Mãe, possuidora da terra e dos homens, até o aparecimento do patriarcado.[60]

O que também Riane Eisler discute é:

O que não faz sentido algum é concluir que as sociedades onde os homens não dominavam as mulheres eram sociedades onde as mulheres dominavam os homens.[61]

---

59 SICUTERI, Roberto. *Lilith. A lua negra*. Rio de Janeiro: Paz e Terra, 1985. p. 63.
60 D'EAUBONNE, Françoise. *As mulheres antes do patriarcado*. Lisboa: Vega, 1977. p. 7.
61 EISLER, Riane. *O cálice e a espada*. São Paulo: Palas Athena, 2007. p. 29.

O que está em jogo na contemporaneidade é a possível convivência pacífica entre as diversidades, entre os dois sexos e entre seus valores correspondentes. Como resultado, a força masculina é usada não para matar e vencer, mas como defensora e mantenedora da vida.

Masculino e feminino no firmamento

O Sol e a Lua atravessam o Céu diurno e noturno como um casal, ora próximos, ora afastados. A diferença de velocidade com que se deslocam no firmamento produz sua aproximação e seu afastamento. Quanto mais a Lua se aproxima do Sol, menor o seu tamanho e luminosidade. No momento do encontro, na fase da Lua Nova, ela se ausenta e desaparece na abóboda celeste. Na fase Cheia, quando está mais distante do Sol, ela se mostra plena, iluminada em toda a sua superfície. Desde a Antiguidade, a Lua foi encarregada de simbolizar o feminino, a fertilidade do solo e a fecundidade das mulheres. Françoise D'Eaubonne[62] comenta que o feminino enquanto vida é definido pelo duplo aspecto nutritivo: o agrícola e o parturiente. Quando a Lua está ausente, na fase Nova, é chamada de Lua Negra, sendo associada à infertilidade, às secas, à fome e à morte. Dialeticamente, a vida remete para o polo da morte. O feminino é a terra, o húmus que desenvolve a semente e o solo que recebe o defunto. Esse é o paradoxo feminino: um ser que sangra todos os meses e que de vez em quando carrega no ventre um novo ser.

A Lua Cheia foi associada ao solo produtivo, às boas colheitas, à gravidez e, portanto, à prosperidade. A Lua Nova, em contrapartida, ao solo que pede descanso para se recuperar, à morte, à menstruação nas mulheres. Com a apropriação por parte dos homens da força fertilizadora — a mulher era apenas o húmus no qual o homem depositava o sêmen, semente sagrada —, coube ao feminino, unicamente, a qualidade de decomposição, da devastação, da morte e, por fim, o exílio. A força lunar, que antes reinava plena no Céu como símbolo da fertilidade feminina, agora era apenas o reflexo da luz solar. Às mulheres restou o exílio na simbologia da Lua Nova, oculta, ofuscada pela luz

---

62 D'EAUBONNE, Françoise. *As mulheres antes do patriarcado*. Lisboa: Vega, 1977.

própria emanada do deus Sol. A Lua Nova, mais do que nunca, se afirmou como a Lua Negra, transmutando-se no simbolismo de Lilith.

Nas palavras de Barbara Koltuv:[63]

Toda a mitologia a respeito de Lilith é repleta de imagens de humilhação, diminuição, fuga e desolação, sucedidas por uma profunda raiva e vingança...

O ponto da órbita da Lua mais afastado da Terra, denominado astronomicamente de apogeu da Lua, se incumbiu, na astrologia, de representar o sofrimento e a força oculta de Lilith. É o lugar próprio do simbolismo da Lua Negra, e lá estão as forças da negação, o desamparo e a travessia solitária pelos desertos da alma sofrida com a separação, a competição e a dominação. Ela é o exílio do feminino, da sua sexualidade e dos seus legítimos desejos. Ela é a força que se recusa à submissão, que prefere a exclusão à humilhação. E por isso ela paga um preço alto, sendo, também, a devassa, a cruel e a destruição.

Por fim, no horóscopo, tanto dos homens quanto das mulheres, a posição de Lilith assume o duplo papel de força reprimida e rebelada; ressentida e insubmissa; vingativa e transmutadora; fatal e sedutora. O signo, a casa e os aspectos a ela associados são ferramentas libertárias e, ao mesmo tempo, potências represadas. São indícios dos desejos reprimidos e também os assuntos aos quais não se deve ficar submetido. Em relação a eles, quando negados, é preferível a solidão. Também trata das separações, das rupturas, do desamparo, da ferida da exclusão, da sexualidade podada, das forças cruéis que impedem o exercício da liberdade de ser dono do seu corpo e do seu desejo. Da mesma maneira que as mulheres sangram mensalmente para limpar o útero não fertilizado e ovulam para conceber a vida, trabalhar com Lilith é encontrar um caminho seguro tanto para o exílio, para nele restaurar as forças desgastadas de uma alma explorada à exaustão, quanto para o seu retorno, fecundando-a para trazer à luz outras vidas.

---

63 KOLTUV, Barbara Black. *O livro de Lilith*. São Paulo: Cultrix, 1997. p. 37.

LILITH NOS SIGNOS

Lilith em Áries ⚸ ♈

O exílio

Com Lilith em Áries, a dualidade feminina se expressa como repressão aos seus impulsos e à sua vontade e, ao mesmo tempo, como contestação às atitudes que submetem a pessoa às ordens do outro. A ausência de pulso firme nas decisões é proveniente do impedimento da livre escolha, provocando situações de desamparo por não fazer valer suas resoluções. A reatividade à força do outro é sempre violenta, explosiva e competitiva. As mágoas produzidas pelo desamparo são revertidas em ataques ao desejo do outro, causando danos profundos nas marcas que definem o que é seu e o que é do parceiro. Os valores femininos de Lilith aliados ao guerreiro signo de Áries devem transformar as armas de destruição em recursos de proteção e manutenção da sua autonomia.

As separações

São motivos das separações para quem tem Lilith em Áries a agressividade; a falta de livre-arbítrio, seja seu, seja do outro; a covardia no enfrentamento dos conflitos; a competição; o egocentrismo; a dependência do outro.

A insubordinação

Em Áries, a insubordinação de Lilith transparece sempre que a pessoa sentir sua autonomia ameaçada. Ela não suporta ser comandada, ter sua vontade tolhida e ser tratada com agressividade. As decisões devem ser tomadas em conjunto, caso contrário, se exila em si mesma, deixando o outro só. Quando se respeitam suas decisões e sua autonomia para agir de acordo com seus impulsos, o espírito guerreiro de Áries se coloca à disposição da constituição de um relacionamento quente, dinâmico e independente.

A sedução e a sexualidade

Se o potencial de Lilith é exercido de maneira positiva, a pessoa escolhe parceiros fortes, corajosos, impetuosos e decididos. Se é negativa, é atraída por companheiros agressivos, dominadores e desrespeitosos com relação à sua individualidade. Nas duas situações, o papel da Lilith em Áries é fazer com que os valores femininos da sensibilidade e da inteligência criativa garantam sua proteção, afastando-se do parceiro violento e não competindo com aquele que preza seu modo próprio de ser.

Sua sexualidade é ativa se forem respeitados seus impulsos e iniciativas, que ficam mais intensos quando aliados à intuição e à sensibilidade femininas.

Lilith em Touro ⚸ ♉

O exílio

A dualidade feminina de Lilith em Touro se manifesta como repressão dos prazeres materiais e, ao mesmo tempo, como revolta por depender financeiramente de alguém. A ausência de iniciativa nas decisões relativas ao consumo e à administração dos seus recursos é proveniente das repressões aos seus desejos materiais, provocando situações de desamparo por não poder obter o que deseja ou não conseguir valorizar seu trabalho. A reatividade às imposições de valores por parte do outro é sempre acompanhada de descontrole financeiro, seja gastando além do limite, seja se punindo com restrições materiais. As mágoas produzidas por não obter o que deseja são revertidas em investimentos que comprometem a estabilidade econômica de um casal. Os valores femininos de Lilith aliados ao provedor signo de Touro devem transformar o dinamismo de dominação material em força de trabalho e estabilidade financeira.

As separações

Para quem tem Lilith em Touro, são motivos das separações a instabilidade material; a dependência financeira de um dos parceiros; o apego demasiado; a possessividade; a competição salarial.

A insubordinação

Em Touro, a insubordinação de Lilith se manifesta sempre que a pessoa sentir sua independência material ameaçada. Ela não suporta que interfiram em suas decisões financeiras nem ver seus recursos e valores desrespeitados. A organização financeira do casal deve ser administrada em conjunto, caso contrário, separa o que é seu do que é do outro, impedindo-o de usufruir de suas posses. Respeitados seus valores de trabalho e suas necessidades materiais, o espírito preservador de Touro se coloca à disposição da construção de um bom lastro financeiro, garantindo sua estabilidade financeira e, se for o caso, a do casal.

A sedução e a sexualidade

Se a potência de Lilith for vivida de maneira positiva, a pessoa é atraída por parceiros empreendedores, amantes da arte e dos prazeres e impetuosos sexualmente. Se for negativa, escolhe companheiros possessivos, financeiramente dependentes ou invejosos das suas posses. Entretanto, invariavelmente, o papel da Lilith em Touro é fazer com que os valores femininos da sensibilidade e inteligência criativa garantam sua estabilidade material, afastando-se do parceiro ciumento, no caso da manifestação negativa, e não competindo financeiramente com o parceiro empreendedor.

Sua sexualidade é ativa se forem respeitados seus desejos de conforto e estabilidade, sejam materiais ou, principalmente, afetivos.

Lilith em Gêmeos ⚸ ♊

O exílio

Quando Lilith está em Gêmeos, a dualidade feminina se configura como repressão das opiniões e, ao mesmo tempo, como contestação às atitudes que submetem o sujeito ao modo de pensar do outro. A ausência de firmeza na comunicação é proveniente de repressões intelectuais, configurando desamparo por não ser reconhecida a sua inteligência. A reatividade à força de opinião do outro se manifesta com palavras e críticas cruéis, destrutivas e competitivas. Os ressentimentos produzidos pelo abandono são revertidos em ataques à inteligência do outro, causando danos profundos na comunicação com o parceiro. Os valores femininos de Lilith aliados ao inteligente signo de Gêmeos devem transformar os embates intelectuais em recursos de entendimento e convívio social criativo.

As separações

As separações são provocadas, para quem tem Lilith em Gêmeos, pela falta de comunicação; pelos desentendimentos intelectuais; pela ausência de vida social, seja sua, seja do outro; pela competição intelectual e pelas mentiras e ocultações de ambas as partes.

A insubordinação

A insubordinação de Lilith em Gêmeos vem à tona sempre que a pessoa sentir sua inteligência ser desprestigiada. Ela não suporta ser dominada intelectualmente, ter suas opiniões menosprezadas e ser tratada com superficialidade. As opiniões devem ser discutidas sem disputa, caso contrário, ela se exila na sua própria mente, deixando o outro conversar sozinho. Respeitadas suas ideias e o seu jeito feminino de raciocinar, ou seja, com intuição e sensibilidade, a inteligência de Gêmeos se coloca à disposição da constituição de um relacionamento de trocas e de desenvolvimento intelectual e cultural de ambos.

A sedução e a sexualidade

Quando a força de Lilith é experimentada positivamente, a pessoa é atraída por parceiros inteligentes, ágeis, diplomáticos e flexíveis. Se sua atuação é negativa, escolhe companheiros instáveis, pouco confiáveis e desrespeitosos da sua inteligência. Em ambos os casos, o papel de Lilith em Gêmeos é fazer com que os valores femininos relacionados à inteligência intuitiva e criativa garantam sua realização no cenário cultural, afastando-se do parceiro instável quando sua manifestação for negativa e não competindo intelectualmente quando o outro demonstra conhecimento e sabedoria.

Seus recursos de sedução e sua sexualidade estão associados à boa comunicação, à inteligência e à admiração pelas diferenças.

Lilith em Câncer ⚸ ♋

O exílio

No signo de Câncer, a dualidade feminina de Lilith se manifesta como repressão dos sentimentos e da sensibilidade e, ao mesmo tempo, como contestação às atitudes que submetem a pessoa à dependência emocional do outro. A ausência de segurança afetiva é proveniente de repressões emocionais, configurando desamparo por não se sentir amada. A reatividade à dependência afetiva é deixar o outro desamparado e só. Os ressentimentos produzidos pelo abandono são revertidos em ataques à sensibilidade do outro, causando danos profundos na intimidade dos dois. Os valores femininos de Lilith aliados ao afetivo e sensível signo de Câncer devem transformar a força proveniente das chantagens emocionais em recursos para a construção de um cenário confortável para acolher duas pessoas sensíveis.

As separações

Os responsáveis pelas separações para quem tem Lilith em Câncer são a falta de sensibilidade; os desentendimentos familiares; a ausência na relação com os filhos; e o excesso de proteção de ambas as partes.

A insubordinação

A insubordinação de Lilith em Câncer aparece sempre que a pessoa sentir sua afetividade ou seus valores familiares desprestigiados. Ela não suporta ser dominada afetivamente, ter seus sentimentos menosprezados e ser tratada com mau humor. As decisões familiares devem ocorrer sem disputa, caso contrário, se exila em sua própria casca, deixando o outro absolutamente desamparado. Respeitadas suas emoções e seu jeito feminino de se relacionar, ou seja, com intuição e cuidado, a sensibilidade de Câncer se coloca à disposição da constituição de um relacionamento de bases afetivas seguras.

A sedução e a sexualidade

Se a força de Lilith é experimentada positivamente, a pessoa escolhe parceiros intuitivos, que prezam as relações familiares, sensíveis e afetivos. Se sua atuação é negativa, é atraída por companheiros de humor instável, dramáticos e manipuladores. Em ambos os casos, o papel de Lilith em Câncer é fazer com que os valores femininos da inteligência intuitiva e criativa garantam sua realização no cenário afetivo e familiar, afastando-se do parceiro chantagista quando sua manifestação for negativa e não competindo afetivamente quando o outro demonstra sensibilidade e confiança.

Seus recursos de sedução e sua sexualidade estão associados ao conforto produzido na intimidade, à forte imaginação e à capacidade de despertar no outro um bom sentimento de proteção.

Lilith em Leão ⚸ ♌

O exílio

A dualidade feminina de Lilith em Leão se expressa como repressão à autoestima e, ao mesmo tempo, como contestação às atitudes que submetem a pessoa ao comando do outro. A ausência de confiança em si mesmo é proveniente de situações de desamparo por não serem reconhecidos ou aceitos seus valores pessoais e de criatividade. A reatividade às imposições do outro é sempre grave, ameaçadora e competitiva. As mágoas produzidas pelo desamparo são revertidas em contestação às vontades e decisões do outro, causando grandes avarias nas individualidades sua e do parceiro. Os valores femininos de Lilith aliados ao centralizador signo de Leão devem transformar a força proveniente das competições em recursos para promover admiração de ambos os lados.

As separações

Para quem tem Lilith em Leão, os responsáveis pelas separações são o autoritarismo; a falta de liberdade, seja sua, seja do outro; a covardia com a fragilidade do outro; o espírito arrivista; o egocentrismo; a dependência do outro.

A insubordinação

A insubordinação de Lilith em Leão se manifesta sempre que a pessoa sentir seu comando ameaçado. Ela não admite ser dominada, ter sua vontade tolhida e ser tratada com agressividade. O comando deve ficar na mão dos dois e as decisões devem ser tomadas em conjunto, caso contrário, ela se fecha em si mesma, deixando o outro inseguro e só. Respeitadas suas decisões e sua autonomia para agir de acordo com sua vontade, o espírito centralizador de Leão se coloca à disposição da constituição de um relacionamento intenso, independente e de admiração de ambos os lados.

A sedução e a sexualidade

Quando Lilith é exercida de maneira positiva, a pessoa se relaciona com parceiros fortes, corajosos, centralizadores e brilhantes. Se sua atuação é negativa, escolhe companheiros dominadores, egocêntricos e desrespeitosos da sua individualidade ou covardes e submissos. Em ambos os casos, o papel de Lilith em Leão é fazer com que os valores femininos da sensibilidade e da inteligência criativa garantam a proteção do seu território, afastando-se do parceiro narcisista ou submisso, caso a tendência seja negativa, ou não competindo por sucesso e brilho com aquele que admira o seu jeito singular de ser.

Sua sexualidade é ativa se forem respeitadas suas iniciativas e se sentir no centro das atenções do parceiro. Esses fatores se intensificam quando aliados à intuição e à sensibilidade femininas.

Lilith em Virgem ⚸ ♍

O exílio

Lilith em Virgem manifesta a dualidade feminina como negação à rotina e, ao mesmo tempo, como revolta por depender de alguém para administrar as tarefas do cotidiano. A ausência de iniciativa nas resoluções do dia a dia é proveniente das repressões à sua competência de executar um trabalho com qualidade, provocando situações de desamparo pelo fato de a pessoa não se sentir valorizada nas pequenas tarefas da rotina. A reatividade às imposições de organização da casa ou do trabalho é sempre acompanhada de dispersão e mau aproveitamento do tempo disponível para o trabalho, seja se estressando com o excesso de atividades, seja se punindo com pouca produtividade e eficiência. As mágoas produzidas por não conseguir se organizar são revertidas em mau funcionamento do organismo e abandono das obrigações do dia a dia. Os valores femininos de Lilith aliados à fertilidade do signo de Virgem devem transformar a dependência para se organizar em força de trabalho e boa qualidade de vida.

As separações

Para quem nasceu com Lilith em Virgem, as separações são provocadas pela banalização de um relacionamento com o convívio cotidiano; pela falta de divisão de tarefas no dia a dia; pelo excesso de crítica de ambos os lados; pela falta de transparência.

A insubordinação

Em Virgem, a insubordinação de Lilith se manifesta sempre que a pessoa sentir sua organização ameaçada. Ela não suporta que interfiram em suas decisões de trabalho e seu trabalho seja desrespeitado. O dia a dia da casa deve ser administrado em conjunto, caso contrário, o convívio se torna inviável. Respeitadas sua força e competência profissionais, o espírito empreendedor de Virgem se coloca à disposição da construção de uma boa qualidade de vida e de satisfação com o seu trabalho.

A sedução e a sexualidade

Quando Lilith é exercida de maneira positiva, a pessoa é atraída por parceiros empreendedores e amantes do trabalho e da organização. Se sua atuação é negativa, escolhe companheiros obsessivos, ansiosos ou excessivamente críticos. Em ambos os casos, o papel de Lilith em Virgem é fazer com que os valores femininos da sensibilidade e da inteligência criativa garantam sua boa produção de trabalho, afastando-se do parceiro que só tem olhos para a crítica, no caso da manifestação negativa, e não competindo profissionalmente com o parceiro empreendedor.

Seus recursos de sedução e sua sexualidade estão associados à simplicidade, à transparência e ao senso de praticidade e organização.

Lilith em Libra ⚸ ♎

O exílio

Com Lilith no signo de Libra, a dualidade feminina se configura como negação da experiência conjugal e, ao mesmo tempo, como contestação às atitudes que submetem a pessoa às influências exercidas pelo outro. A ausência de confiança na parceria é proveniente de repressões afetivas, configurando desamparo por não ser reconhecida a sua habilidade de se relacionar. A reatividade às vontades do outro se dá, primeiro, negando e, depois, cedendo e, portanto, perdendo sua força. As mágoas produzidas pelo abandono são revertidas em distanciamento do parceiro, causando consideráveis estragos no relacionamento. Os valores femininos de Lilith aliados às qualidades de Libra devem transformar os jogos de controle em recursos de harmonização e de respeito à própria relação.

As separações

O que provoca as separações da pessoa que tem Lilith em Libra são a falta de delicadeza; as indecisões; a ausência de vida social, seja sua, seja do outro; a competição.

A insubordinação

Em Libra, a insubordinação de Lilith se manifesta sempre que a pessoa sentir sua capacidade de se relacionar desprestigiada. Ela não suporta ser dominada pelo outro, nem se relacionar com alguém submisso, e ser tratada com agressividade. As decisões devem ser discutidas sem disputa, caso contrário, ela abandona o parceiro, deixando-o só. Respeitada sua maneira feminina de se relacionar, ou seja, com intuição e sensibilidade, a delicadeza de Libra se coloca à disposição da constituição de um relacionamento harmonioso.

A sedução e a sexualidade

Se a pessoa exerce as qualidades de Lilith de maneira positiva, ela é atraída por parceiros gentis, amantes da arte e da beleza, diplomáticos e flexíveis. Se sua potência é experimentada negativamente, escolhe companheiros indecisos, pouco confiáveis e invasivos. De qualquer forma, a função de Lilith em Libra é fazer com que os valores femininos da inteligência intuitiva e criativa garantam sua realização afetiva, afastando-se do parceiro instável quando sua manifestação for negativa e não competindo com o outro quando ele demonstra equilíbrio e delicadeza.

Seus recursos de sedução e sua sexualidade estão associados à diplomacia, ao bom gosto, à beleza e à capacidade de compreender o outro.

Lilith em Escorpião ⚸ ♏

O exílio

Quem nasceu com Lilith em Escorpião, vive a dualidade feminina como recusa às transformações e contato com sentimentos profundos e, ao mesmo tempo, como contestação às atitudes que submetem a pessoa à dependência emocional. A ausência de segurança para lidar com as perdas é proveniente de repressões emocionais, configurando desamparo quando diante de situações fora de seu controle. A reatividade à dependência afetiva é abandonar o outro. Os ressentimentos produzidos pelo desamparo são revertidos em explosões e atitudes destrutivas, causando danos profundos na intimidade do casal. Os valores femininos de Lilith aliados à intensidade do signo de Escorpião devem transformar a força proveniente das chantagens emocionais em recursos para a construção de um cenário confortável para acolher duas pessoas intensas e apaixonadas.

As separações

Para quem tem Lilith em Escorpião, as separações ocorrem sempre que há falta de intimidade; desentendimentos sexuais; dominação e chantagens emocionais; ciúmes e controle de ambas as partes.

A insubordinação

Com Lilith em Escorpião, a insubordinação aparece sempre que a pessoa sentir sua intimidade ou sua sexualidade desprestigiada. Ela não suporta ser dominada afetivamente, ter suas emoções menosprezadas e ser tratada com indiferença. A sexualidade deve ocorrer sem disputa, caso contrário, se afasta sexualmente, deixando o parceiro inseguro. Respeitadas suas emoções e o seu jeito feminino de lidar com a sensualidade, ou seja, com intuição e inteligência criativa, a intensidade emocional de Escorpião se coloca à disposição da constituição de um relacionamento de bases sexuais e afetivas seguras.

A sedução e a sexualidade

A pessoa, quando experimenta Lilith de maneira positiva, é atraída por parceiros intuitivos, que respeitam sua sensualidade, sedutores e poderosos. Se sua experiência é negativa, escolhe companheiros destrutivos, manipuladores e frios emocionalmente. Em ambos os casos, o papel de Lilith em Escorpião é fazer com que os valores femininos da inteligência intuitiva e criativa garantam sua realização no cenário afetivo e sexual, afastando-se do parceiro chantagista quando sua manifestação for negativa e não competindo afetivamente quando o outro demonstra sensibilidade e confiança.

Seus recursos de sedução e sua sexualidade estão associados à sua forma misteriosa de exercer o poder, de ser intenso na intimidade e à capacidade de despertar no outro o desejo de penetrar nas regiões insondáveis da sua alma.

Lilith em Sagitário ⚸ ♐

O exílio

Com Lilith em Sagitário, a dualidade feminina se expressa como repressão mental e, ao mesmo tempo, como contestação às atitudes que submetem a pessoa a influências intelectuais do outro. A ausência de confiança intelectual é proveniente de situações de desamparo por não ser reconhecido ou aceito seu bom desempenho nas áreas do saber. A reatividade às suas inseguranças é sempre dogmática e inflexível no pensar. As mágoas produzidas pelo desamparo são revertidas em contestação às opiniões do outro, causando grandes avarias na sua individualidade e na do parceiro. Os valores femininos de Lilith aliados à inteligência de Sagitário devem transformar a força proveniente das competições intelectuais em recursos para promover admiração de ambos os lados.

As separações

São motivos das separações para quem tem Lilith em Sagitário a falta de sonhos de ambos os lados; a falta de liberdade, seja sua ou do outro; a dominação intelectual.

A insubordinação

Em Sagitário, a insubordinação de Lilith transparece sempre que a pessoa sentir suas concepções e princípios ameaçados. Ela não suporta ser humilhada intelectualmente, ter sua liberdade de pensamento tolhida e ser tratada com intolerância e dogmatismo. As decisões relativas aos sonhos do casal devem ficar nas mãos dos dois, caso contrário, ela viaja sozinha, deixando o outro desamparado. Respeitadas suas opiniões, o espírito desbravador de Sagitário se coloca à disposição da constituição de um relacionamento intenso, com trocas de conhecimento e de admiração intelectual de ambos os lados.

A sedução e a sexualidade

Se a função de Lilith é vivida de maneira positiva, a pessoa é atraída por parceiros inteligentes, cultos, entusiasmados e de bem com a vida. Entretanto, quando sua atuação é negativa, escolhe companheiros intolerantes, intelectualmente prepotentes e desrespeitosos do seu conhecimento. Em ambos os casos, o papel de Lilith em Sagitário é fazer com que os valores femininos da sensibilidade e da inteligência criativa garantam a possibilidade de sonhar, afastando-se do parceiro arrogante ou desinteressado, caso a tendência seja negativa, ou não competindo com o sucesso intelectual daquele que admira o seu jeito singular de pensar e de ver o mundo.

Seus recursos de sedução e sua sexualidade estão associados à sua forma de pensar, de ser intensa nos sonhos e projetos de vida e à capacidade de despertar no outro o desejo de conhecer o mundo e se expandir culturalmente.

Lilith em Capricórnio ⚸ ♑

O exílio

A dualidade feminina de Lilith em Capricórnio se expressa como negação das capacidades de trabalho e de produção e, ao mesmo tempo, como revolta pela sua submissão às críticas e por permitir que elas esmaguem seu sucesso profissional. Essa ausência de confiança é proveniente das repressões à sua competência de produzir um trabalho digno de reconhecimento, provocando sentimento de desamparo por não se sentir prestigiada. A reatividade às estruturas hierárquicas de poder, seja no trabalho, seja na vida pessoal, é sempre acompanhada de indisciplina, desorganização e desrespeito aos limites físicos por excesso de trabalho. As mágoas produzidas por não conseguir se organizar se refletem em rigidez e pessimismo. Os valores femininos de Lilith aliados à competência do signo de Capricórnio devem transformar a aspereza em perseverança e confiança nos bons resultados.

As separações

Os responsáveis pelas separações para quem tem Lilith em Capricórnio são a frieza; o pessimismo; o excesso de exigência de ambos os lados; a falta de ambição ou o excesso dela.

A insubordinação

Em Capricórnio, a insubordinação de Lilith se manifesta sempre que a pessoa sentir sua independência profissional ameaçada. Ela não suporta que interfiram em suas responsabilidades e sua organização seja desrespeitada. Os compromissos devem ser partilhados pelo casal e suas profissões prestigiadas, caso contrário, o convívio se torna inviável. Respeitadas sua força e competência profissionais, o espírito empreendedor de Capricórnio se coloca à disposição da construção de uma carreira sólida e de relacionamentos maduros e estáveis.

A sedução e a sexualidade

Quando Lilith é exercida de maneira positiva, a pessoa é atraída por parceiros ativos, responsáveis, maduros e amantes do trabalho e da organização. Se sua atuação é negativa, escolhe companheiros duros, frios e excessivamente voltados para o trabalho. Em ambos os casos, o papel de Lilith em Capricórnio é fazer com que os valores femininos da sensibilidade e da inteligência criativa garantam seu sucesso profissional, afastando-se do parceiro que atrapalha sua carreira, no caso da manifestação negativa, ou não competindo profissionalmente com o parceiro empreendedor.

Seus recursos de sedução e sua sexualidade estão associados a um charme discreto e à naturalidade ao lidar com o próprio corpo.

Lilith em Aquário ⚸ ♒

O exílio

Com Lilith no signo de Aquário, a dualidade feminina se configura como negação da liberdade e, ao mesmo tempo, como contestação à sua própria submissão às opiniões alheias. A ausência de confiança social é proveniente de repressões afetivas, configurando desamparo por não ser reconhecida sua habilidade de conviver bem socialmente. A reatividade às exigências das pessoas se dá afastando-se dos seus amigos e do convívio social. As mágoas produzidas pelo abandono são revertidas em isolamento, causando consideráveis estragos nas relações com os amigos. Os valores femininos de Lilith aliados às qualidades de Aquário devem transformar a reatividade social em recursos de harmonização e participação na coletividade.

As separações

São motivos das separações para quem tem Lilith em Aquário a falta de liberdade e a ausência de vida social, seja sua, seja do outro.

A insubordinação

No signo de Aquário, Lilith manifesta a insubordinação sempre que a pessoa sentir sua atuação social desprestigiada. Ela não suporta ser dominada por conceitos preestabelecidos, nem se relacionar com pessoas centradas em si mesmas, e ser tratada com intransigência. No casal, as decisões devem ser discutidas com liberdade, caso contrário, ela se rebela e escolhe ficar só. Respeitadas a sua liberdade e os valores femininos deflacionados na cultura, a irreverência de Aquário se coloca à disposição da constituição de uma vida social livre de preconceitos e de um relacionamento amoroso que respeita as diferenças.

A sedução e a sexualidade

Se a pessoa vive as qualidades de Lilith de maneira positiva, ela é atraída por parceiros inteligentes, amantes da liberdade e do convívio social e fora dos padrões do senso comum. No entanto, se for negativa, escolhe companheiros frios, irritáveis e instáveis. Em ambos os casos, o papel de Lilith em Aquário é fazer com que os valores femininos da inteligência intuitiva e criativa garantam sua boa atuação social, afastando-se do parceiro pouco participativo quando sua manifestação for negativa, ou, no caso de ser positiva, não se rivalizando com o outro, quando este respeita sua liberdade.

Seus recursos de sedução e sua sexualidade estão associados ao seu modo diferente de se portar na vida, liberalidade e capacidade de inspirar as fantasias do parceiro.

Lilith em Peixes ⚴ ♓

O exílio

Com Lilith no signo de Peixes, a dualidade feminina se configura como negação das fantasias e, ao mesmo tempo, como contestação à perda de controle diante da sua impotência quando tais fantasias afloram com agressividade. A ausência de segurança para lidar com seus fantasmas é proveniente de repressões emocionais, manifestando-se como desamparo quando está diante do que a mente é capaz de produzir. A reatividade à dependência emocional do outro é provocar temor no parceiro. Os ressentimentos produzidos pelo desamparo são revertidos em climas pesados, causando danos profundos à intimidade do casal. Os valores femininos de Lilith aliados à sensibilidade do signo de Peixes devem transformar as intimidações emocionais em recursos para a construção dos sonhos do casal.

As separações

São motivos das separações para quem tem Lilith em Peixes a falta de sonhos; os humores instáveis; a falta de comunicação; e as fantasias destrutivas.

A insubordinação

Em Peixes, a insubordinação de Lilith aparece sempre que a pessoa sentir sua sensibilidade e suas fantasias desprestigiadas. A pessoa não suporta ser dominada emocionalmente, ter seus sentimentos menosprezados e ser tratada com frieza. Os projetos do casal devem ser construídos sem disputa, caso contrário, ela se torna evasiva, deixando o parceiro à mercê das suas próprias fantasias. Respeitado o seu jeito feminino de lidar com as emoções, ou seja, com intuição e inteligência criativa, a capacidade de imaginação de Peixes se coloca à disposição da constituição de um relacionamento emocionalmente intenso.

A sedução e a sexualidade

Quando Lilith é exercida de maneira positiva, a pessoa é atraída por parceiros intuitivos, que respeitam seus sentimentos, sedutores e românticos. Se é vivida negativamente, escolhe companheiros evasivos, manipuladores e destrutivos. Em ambos os casos, o papel de Lilith em Peixes é fazer com que os valores femininos da inteligência intuitiva e criativa garantam sua liberdade, afastando-se do parceiro destrutivo quando sua manifestação for negativa e não competindo afetivamente quando o outro demonstra sensibilidade.

Seus recursos de sedução e sua sexualidade estão associados ao silêncio, a um misterioso carisma, à intensidade emocional, ao romantismo e à capacidade de despertar no outro suas mais inconfessáveis fantasias.

LILITH NAS CASAS

Lilith ⚸ na casa 1

O exílio

Na primeira casa, a dualidade Lilith ora oculta o impulso de expressão de segurança de si, ora denota o comportamento de alguém que se revolta contra suas próprias submissões. Individualidade e negação caminham juntas, provocando profundos ressentimentos oriundos das experiências marcadas pela rejeição, e adquirindo poder para transformar a si mesmo durante a travessia solitária para encontrar seu próprio estilo de ser, imune às carências e consequente dependência emocional de aprovação. A casa habitada por Lilith é marcada pela falta e, no que diz respeito à casa 1, a falta se refere ao próprio corpo, muitas vezes descuidando dele, maltratando-o de alguma forma, conscientemente ou não. Tal atitude é uma reação às marcas deixadas pela vida e que têm relação com sua sensualidade, seu carisma e sua forma provocativa de não submissão. Como se pode ver, o preço de Lilith é sempre muito alto. Nessa casa, o peso dos ressentimentos influencia a maneira como o corpo se molda e o modo como a pessoa dispõe dele. O complexo de inferioridade pode causar danos devastadores na constituição de um "eu" seguro, apropriado dos seus desejos, da sua sensualidade e da alma livre do jugo da razão, da competição e da dominação. Somente ao afirmar sua silhueta física e deixar fluir a intuição, o poder sedutor se revela fecundo. Momentos sagrados de reclusão são necessários para o reabastecimento das forças físicas e das que mantêm viva sua individualidade.

As separações

O que provoca as separações são o desrespeito à autonomia da pessoa, seja oriundo de alguém ou de si mesma; o abandono do corpo; o fechamento em si mesma; e a imposição das suas vontades sem escutar a demanda do outro.

A insubordinação

Na casa 1, Lilith diz respeito à sua identificação com as qualidades femininas desvalorizadas pela cultura, recusando os impulsos de castração de tais qualidades. Sempre que se vê às voltas com sentimentos de inferioridade por reconhecer sua natureza feminina, a pessoa se revolta e se exila voluntariamente de si mesma. Ao recuperar as forças devastadas pela recusa, retorna ao seu corpo e, com a sua individualidade revigorada, traz à luz os poderes que guardava de si e para si. Sua autonomia é sagrada. Seu desejo, idem.

A sedução e a sexualidade

Quando respeitados, sua autonomia e seu desejo são as mais poderosas ferramentas de sedução. E, por fim, atrai para si parceiros que respeitam seu corpo e seu modo de ser no mundo e que a eles se entregam com despudor e profundidade.

Lilith ⚸ na casa 2

O exílio

Quando está na casa 2, a dualidade de Lilith é experimentada como repressão do desejo de consumo e obtenção de conforto materiais por um lado e, por outro, como indignação com submissão e dependência financeiras. A negação do apego provoca mágoas por não produzir o que precisa para satisfazer seus prazeres ou se frustrar em relação às suas expectativas de sucesso com o sustento. Com o abandono material, seus ressentimentos podem tornar escassos seus recursos tanto quanto despertar forças para a conquista de sua total independência material, suprindo as carências e o sentimento de inferioridade decorrentes da negação da sua capacidade de produzir um trabalho de valor. Nessa casa, o exílio de Lilith diz respeito às perseguições e humilhações relacionadas às suas condições econômicas. Tais tendências causam sérios danos à estabilidade financeira, ora negando, ora se submetendo a meios que despreza para custear sua vida.

As separações

As separações ocorrem quando há desrespeito à sua autonomia financeira; abandono do controle material; necessidade de ser sustentada ou sustentar o parceiro; e competição baseada nos valores materiais.

A insubordinação

Na casa 2, a desobediência de Lilith diz respeito à apropriação da prosperidade material e à fecundidade do solo profissional, responsável pelo seu sustento. Nessa posição, Lilith se recusa à dominação por meios financeiros, pondo à disposição do trabalho suas forças reprimidas pelo desamparo. Caso se sinta materialmente inferiorizada, encontra exílio nas forças de produção, retornando ao seu lugar revigorada e dignamente valorizada no que produz. Sua independência financeira é indispensável para um relacionamento baseado na parceria e não na competição.

A sedução e a sexualidade

A autonomia financeira é condição fundamental para a pessoa dispor plenamente do seu potencial de sedução. Quando Lilith é vivida de forma positiva, quem a tem na casa 2 é atraído por parceiros estáveis materialmente e seguros dos seus valores. Se, ao contrário, for negativa, tende a se relacionar com pessoas dependentes financeiramente ou que sintam inveja das suas posses. Por fim, a sexualidade é ativa quando o conforto e a estabilidade são valorizadas.

Lilith ⚸ na casa 3

O exílio

Na casa 3, Lilith manifesta sua dualidade ora reprimindo a liberdade de expressão, ora se revoltando contra a submissão intelectual. A ocultação da inteligência e o sentimento de desamparo cultural são resultantes dos ressentimentos marcados pelas humilhações enfrentadas pela pessoa. Tais fatores são responsáveis pelo exílio social e pela improdutividade intelectual caso a pessoa não se disponha a atravessar um caminho de transformação pessoal, resgatando ou até mesmo descobrindo sua inteligência intuitiva, especial, diferenciada, de maneira a não precisar competir com o outro intelectualmente. As perseguições sofridas em função do seu modo de pensar podem causar estragos profundos no seu desenvolvimento social e intelectual, ora se escondendo do convívio com as pessoas, ora se submetendo a encontros que ferem o seu modo de ser e de pensar.

As separações

O que provoca as separações são o desrespeito à liberdade de pensamento; a exclusão da vida social; a falta de troca com o companheiro; e a competição intelectual.

A insubordinação

Quando está na casa 3, a insubordinação de Lilith se dá no campo das ideias. A pessoa precisa ser livre para pensar e manifestar o que pensa. Nessa casa, ela se recusa à dominação intelectual, transformando a repressão exercida sobre suas opiniões em instrumento de libertação de sua inteligência feminina, intuitiva e emocional. Toda vez que se sentir intelectualmente desamparada, procura exílio em outras paragens, recuperando as forças depauperadas pelas humilhações para voltar revigorada e dar vida a um novo e ainda mais provocador modo de dizer as coisas. A liberdade de opinião, tanto sua quanto do parceiro, é condição indispensável para a manutenção de um relacionamento com base na parceria e não na competição.

A sedução e a sexualidade

Sendo vivida de forma positiva, quem tem Lilith na casa 3 é atraída por pessoas inteligentes, comunicativas, cultas e flexíveis. Se for de maneira negativa, a pessoa se relaciona com quem compete intelectualmente com ela ou não respeita suas opiniões. A força sedutora e sexual é produzida pelos encontros marcados pelas trocas intelectuais, pelo diálogo e pelas discussões, pela habilidade no convívio social e pelo respeito às diferenças.

Lilith ⚸ na casa 4

O exílio

Lilith na casa 4 manifesta a dualidade tanto como repressão das emoções e das experiências passadas, quanto como revolta pela suscetibilidade à qual a pessoa se vê sujeita, a começar pelas omissões familiares. A negação do desejo de estabilidade emocional é produzida pelo desamparo afetivo como defesa à repetição da dor. Essa dinâmica é marcada por frustrações emocionais, mas também é capaz de despertar o desejo de constituir uma família fora dos moldes instituídos pela cultura patriarcal. A dinâmica deve ser feminina, de sensibilidade, intuição e parceria. O sentimento de desamparo pode produzir estragos profundos nas raízes da sua constituição emocional, às vezes negando o desejo gregário, às vezes se submetendo às imposições familiares.

As separações

A pessoa com Lilith nessa posição vive as separações quando há desamparo afetivo; ausência de participação nas tarefas domésticas e nos cuidados com os filhos; e a submissão a valores conservadores da dinâmica de relacionamento familiar.

A insubordinação

Na casa 4, a desobediência está diretamente associada às leis patriarcais, de dominação afetiva e de diminuição dos valores femininos de cuidar e se deixar cuidar. Nessa casa, Lilith se recusa a sucumbir às humilhações domésticas, transformando emoção contida em construção de um lar que emana calor, acolhe e ampara e respeita a sensibilidade, a intuição e a afetividade. E sempre que a pessoa se sente desamparada em casa, parte para outras terras, distantes da sua de origem, para recuperar as forças enfraquecidas por relacionamentos competitivos, criando um lugar seu onde dá vida aos seus descendentes ou abriga os que batem à sua porta.

A sedução e a sexualidade

A segurança de se entregar intimamente e o conforto de se sentir em território conhecido são condições indispensáveis para a constituição de relacionamentos com base na parceria. A força sedutora e a sexualidade vêm à tona sem pudor quando sua sensibilidade é respeitada, seja por si mesma, seja pelo parceiro.

Lilith ⚸ na casa 5

O exílio

Nessa casa, Lilith manifesta sua dualidade ora reprimindo a criatividade, ora se rebelando contra o que a impede de expressar o seu jeito genuíno de ser no mundo. A ocultação da vaidade de ser única é resultado de exposições malsucedidas, nas quais a pessoa se sente humilhada e desamparada, levando-a a esse modelo de repressão do seu próprio valor, ou a uma dinâmica competitiva que produz, invariavelmente, frustrações. De outro modo, o exílio amoroso ao qual se sente submetida produz forças capazes de transformar os ressentimentos e a revolta em libertação do hábito de se submeter a paixões devastadoras que consomem as forças da alma e a deixam profundamente desnutrida e infértil. A dinâmica dos encontros amorosos e da criação dos filhos deve ser feminina, sensível, intuitiva e não competitiva.

As separações

São motivos das separações a falta de admiração, seja do parceiro por ela ou o inverso; a ausência de paixão; a competição pela criatividade ou por um lugar de destaque na cena da relação amorosa.

A insubordinação

A rebeldia de Lilith quando está na casa 5 se torna visível na esfera do amor, da criatividade e da paixão. O impedimento de viver livremente os desejos de prazer, de sexualidade e de criação causa revolta. A pessoa não admite ser controlada nos seus impulsos emocionais, nas decisões quanto à educação dos filhos ou mesmo no desejo de se expor. A recusa a tal dominação transforma os ressentimentos e as mágoas produzidas pelo desamparo em reconhecimento das suas qualidades intuitivas e de sensibilidade. Sempre que se sente amorosamente traída ou quando trai seu próprio desejo, sai de cena para recobrar a autoestima destruída. Depois de recuperar as forças, a pessoa retorna segura de si, trazendo à luz as obras geradas nas entranhas da alma.

A sedução e a sexualidade

O fogo da paixão e a apropriação da sensibilidade como força criativa são os seus mais poderosos recursos de sedução e de liberação sexual. E, por fim, se sente atraída por pessoas ardorosas, seguras do seu lugar no mundo, expressivas e expansivas. Se souberem compartilhar o palco sem que haja disputa, o encontro amoroso pode se constituir numa relação de parceria.

Lilith ⚸ na casa 6

O exílio

Quando se encontra na casa 6, a dualidade de Lilith é vivida ora como recusa à rotina, ora como indignação com atitudes submissas em relação à organização do cotidiano. A inibição dos seus recursos produtivos é proveniente das marcas de rejeição e de repressões ao seu modo intuitivo de resolver os problemas diários. Em condições ordinárias de trabalho, nas quais simplesmente repete mecanicamente as atividades cotidianas, o não aproveitamento da sua criatividade produz isolamento profissional, desorganização, improdutividade e falta de cuidado com o bem-estar físico, deixando-se abater pelo estresse do dia a dia. No sentido oposto, as frustrações ou humilhações sofridas no trabalho — se os ressentimentos não a impedirem — fazem com que se recuse a produzir sob condições autoritárias e encontre um caminho de satisfação com o que faz. A dinâmica da organização diária da casa e do trabalho deve ser feminina, intuitiva, orgânica e, principalmente, com uma divisão justa das tarefas.

As separações

As separações são decorrentes da falta de parceria nos compromissos cotidianos; de uma rotina sem criatividade; do desrespeito à liberdade de trabalho; da competição profissional.

A insubordinação

A indignação de Lilith na casa 6 se manifesta nas atividades relativas à organização da casa e na área de trabalho. Também não se submete à banalização resultante das repetições e da falta de criatividade no convívio diário. A pessoa não suporta receber ordens de como ou quando deve fazer isso ou aquilo, conviver com horários impostos, ou não ter liberdade para decidir sobre seu trabalho ou sobre sua saúde. Ao se recusar à dominação nas pequenas coisas do dia a dia, é capaz de transformar seus ressentimentos e mágoas. Por não se sentir reconhecida no seu trabalho, desenvolve intuição e a utiliza em tudo o que produz. Toda vez que se desrespeitar ou se sentir desrespeitada, abandona as tarefas cotidianas e deixa de produzir para regenerar sua saúde e dignidade de trabalho perdidas. Ao restaurar suas forças, retorna mais criativa do que nunca e disposta a cuidar do seu corpo e a produzir com qualidade, sensibilidade e intuição.

A sedução e a sexualidade

Com Lilith nessa casa, a pessoa se sente atraída por pessoas empenhadas no seu trabalho e, para que um relacionamento seja mantido, é preciso ficar atenta às competições que envolvam competência profissional. As realizações de trabalho devem ser compartilhadas e as tarefas cotidianas, divididas. A sexualidade está associada à simplicidade e à transparência.

Lilith ⚸ na casa 7

O exílio

Quando Lilith está na casa 7, sua dualidade se manifesta ora se recusando à experiência conjugal, ora se revoltando com sua submissão aos caprichos do outro. A repressão do desejo de viver a dois é proveniente das marcas de rejeição afetiva, da experiência de exclusão da cena dos encontros amorosos. Sob forma de reação às vontades do parceiro, a pessoa acaba cedendo e produzindo mágoas profundas por se sentir impotente diante da força do outro. O que lhe resta é repetir a exclusão, saindo novamente de cena. Sob o peso do controle, num modelo de relacionamento em que a questão é quem domina quem, o não aproveitamento da potência do encontro produz isolamento afetivo, resfriamento das emoções e abandono de si e do parceiro. De outro modo, se suas mágoas assim permitirem, as humilhações sofridas na vida em casal são transformadas em recusa a se relacionar sob condições autoritárias, seja da parte de quem for, encontrando prazer em compartilhar a vida com o outro. A dinâmica de um relacionamento estável deve ser feminina, orgânica, de parceria e não de dominação ou competição.

As separações

As razões das separações são os jogos de dominação e controle; a falta de espaço para outros interesses que não só o de estar junto ao parceiro; os relacionamentos simbióticos; a competição como forma de relacionamento.

A insubordinação

A insubordinação de Lilith na casa 7 aparece na própria dinâmica do relacionamento amoroso. Ela recusa a submissão às vontades do parceiro, principalmente quando chegam marcadas pelo tom autoritário. A pessoa não suporta ser comandada pelo outro e não aceita parceiros comandáveis. Havendo disputa por poder, ela abandona ou inconscientemente induz o parceiro a abandoná-la. Ao não se subordinar à dominação do outro, suas mágoas produzidas pelo desamparo amoroso são transformadas em inteligência afetiva, usando estrategicamente seu poder de sedução para manter intactos e respeitados os seus desejos mais profundos. E sempre que se sentir humilhada pelas imposições do companheiro, busca exílio distante dele para restaurar a dignidade perdida. Feitas as reflexões e recuperadas as forças, retorna mais apaixonada ou decidida a seguir o seu próprio caminho.

A sedução e a sexualidade

Seu poder de sedução e sua sexualidade afloram positivamente se não houver os jogos de dominação. Caso contrário, pode usar o sexo como meio de destruir a relação ou, simplesmente, perder o desejo sexual.

Com Lilith nessa casa, a pessoa se sente atraída por parceiros sensíveis, fortes, dominadores e inteligentes. Portanto, para manter seus relacionamentos é imprescindível que ambos respeitem suas próprias vontades e que acolham com sabedoria os desejos do outro, evitando a competição destrutiva. As vitórias de ambos devem ser partilhadas e levadas conjuntamente ao pódio das conquistas do casal.

Lilith ⚸ na casa 8

O exílio

Na casa 8, a dualidade de Lilith é vivida ora como recusa às transformações, ora como indignação com sua passividade diante das mudanças. A repressão do desejo de renovação é proveniente das marcas deixadas pelas perdas, um sentimento de abandono sempre presente quando, numa escolha, é preciso abrir mão de algo. Sob forma de reação violenta às situações que fogem ao seu controle, a pessoa desperdiça sua intuição e sensibilidade tão importantes para enfrentar esses momentos, levando-a a exilar-se da sua própria alma. O não aproveitamento dos seus recursos internos de transformação produz angústia, desorganização emocional e perda de vigor. De outro modo, as frustrações ou humilhações sofridas com o seu descontrole fazem com que se recuse a reagir destrutivamente, encontrando um caminho de satisfação com a possibilidade de se modificar. O contato com as regiões sombrias da alma e o lidar com os tabus do sexo e da morte devem ser vividos de forma intuitiva, orgânica e, principalmente, segura de que há ganhos com o desapego e com a entrega.

As separações

O que determina as separações são a falta de renovação; o descontrole emocional; a dificuldade de entrega; os jogos de manipulação sexual e de poder; e as tendências autodestrutivas, tanto a da pessoa, quanto a do parceiro.

A insubordinação

A revolta de Lilith na casa 8 é visível nas situações em que a pessoa é ameaçada de perda ou abandono. Ela não se submete às manipulações emocionais de poder e dominação, principalmente, por medo. A pessoa não suporta se ver às voltas com infidelidades, chantagens ou incapacidade de suportar perdas. Ao se recusar às manipulações, é capaz de transformar seus ressentimentos adquiridos com experiências de abandono e falta em desapego e entrega. Sempre que desrespeitar ou não respeitarem seu desejo de mudança, abandona tudo e todos, exilando-se dentro de si mesma para recuperar as forças depauperadas com a recusa. Revigorada, retorna mais fria com as perdas e irreconhecível com as mudanças vividas no exílio.

A sedução e a sexualidade

Com Lilith nessa casa, se sente atraída por pessoas intensas, provocadoras, amantes do perigo e, para que possa manter um relacionamento estável, é preciso ficar atenta à competição de forças, na qual o vencedor também é sempre um perdedor. Para que sua sexualidade aflore sem pudor e tenha em mãos o seu poder sedutor, é preciso confiar em alguém com quem divida os momentos de dor e perda e que a acompanhe até sua plena regeneração.

Lilith ⚸ na casa 9

O exílio

Na casa 9, a dualidade de Lilith é vivida ora como recusa à abertura intelectual, ora como indignação com sua submissão às estruturas hierárquicas e de poder na área do conhecimento. A inibição dos seus recursos intelectuais criativos é proveniente das marcas de rejeição, de repressões ao seu modo feminino e intuitivo de pensar e de ver o mundo. Sob forma de reatividade às situações que a ameaçam intelectualmente, há um enorme desperdício de energia e isolamento social sempre que estiverem em jogo as competências no campo do saber. A consequência é também o hábito de medir forças quando se trata de mostrar conhecimento. Em tais disputas, seu ganho certo é o exílio cultural. No sentido oposto, se os ressentimentos assim permitirem, as frustrações intelectuais fazem com que se recuse a produzir sob condições autoritárias e encontre prazer no ato de pensar e produzir conhecimento. A dinâmica das viagens, sejam geográficas, mentais ou espirituais, deve ser feminina, intuitiva, orgânica e não imposta por uma necessidade de serem suas ideias ou suas viagens melhores do que as dos outros.

As separações

O que provoca as separações são a falta de troca intelectual; a competição por conhecimento; a dificuldade de mudar as opiniões e de aceitar a do parceiro; e os jogos de manipulação mental.

A insubordinação

A insubordinação de Lilith na casa 9 é sentida nas atividades relativas ao conhecimento e nas suas concepções. A pessoa não se submete aos imperativos intelectuais, às hierarquias e às imposições no campo do saber. Não suporta que lhe engessem o pensamento, que lhe imponham teorias e que não tenha liberdade para discutir e expressar seus pensamentos. Ao se recusar a tal dominação sem reagir com violência, é capaz de transmutar ressentimentos e mágoas por não se sentir reconhecida intelectualmente em capacidade de raciocinar livremente, em pensamento intuitivo e, sem nenhum pudor, em simples prazer de pensar ou viajar, não se deixando influenciar pelo que pensam os outros. Sempre que se sente humilhada e desrespeitada no seu saber, se isola para alimentar a alma desnutrida de reconhecimento e abrigo. Restauradas as forças, retorna de posse das suas mais potentes ferramentas intelectuais, produzindo com sensibilidade e conforto. As viagens, os estudos e as atividades culturais devem ser compartilhadas e não disputadas.

A sedução e a sexualidade

Com Lilith nessa casa, se sente atraída por pessoas inteligentes, viajadas e cultas e, para que mantenha o bem-estar num relacionamento, é preciso não haver competição intelectual. Para exercer com eficiência seu poder sedutor — que tem a ver com a inteligência — e sua sexualidade, necessita de um encontro que lhe estimule a pensar.

Lilith ⚸ na casa 10

O exílio

A dualidade de Lilith na casa 10 se expressa tanto como repressão ao desejo de ascensão profissional, quanto como revolta com sua subordinação às forças de poder que esmagam o desenvolvimento da sua carreira. A inibição das suas potências produtivas é originária dos traumas de rejeição, de repressões e de pudor com o seu modo intuitivo e criativo de conduzir sua ambição no trabalho. Sob forma de forte reatividade às situações que a ameaçam profissionalmente, há uma grande perda de energia e isolamento social sempre que se tratar das relações hierárquicas no trabalho. Outro sintoma produzido por suas marcas emocionais de exclusão social é disputar espaço justamente com as pessoas que têm força para lhe tolher o poder. Nessas disputas, o único ganho é a sua retirada da cena de projeção profissional. De outro modo, se não ficar refém dos ressentimentos, as frustrações no trabalho fazem com que se recuse a exercer uma profissão sob condições autoritárias e sob a ditadura da razão, encontrando um modo prazeroso de subir os degraus de sua realização. A dinâmica da escalada deve ser feminina, orgânica, intuitiva e não competitiva, imposta por uma insegurança que visa provar ao mundo que é capaz de ser bem-sucedida.

As separações

As separações ocorrem por consequência da falta de ambição e consequente acomodação, seja sua, seja do parceiro; da competição por sucesso; da dificuldade de aceitar ou de ser aceita a projeção e o reconhecimento sociais; e do uso indiscriminado do poder social na dinâmica de um relacionamento.

A insubordinação

A indisciplina de Lilith na casa 10 manifesta-se nas atividades relativas à profissão e reconhecimento social. A pessoa não se submete às hierarquias e não suporta que lhe engessem o crescimento na carreira. Ao se recusar a tal dominação, sem reagir negativamente, habilita-se a transformar ressentimentos causados pela exclusão social em liberdade de subir a montanha profissional de posse dos seus mais poderosos instrumentos de realização, ou seja, a intuição e a inteligência criativa. Segura da sua qualidade feminina de produzir trabalho, se desenvolve sem pudor e usufrui com liberdade o simples prazer de trabalhar. Sempre que for diminuída na sua carreira, sai da cena profissional para curar as feridas da humilhação. Alimentado o ego, retorna transmutada e segura da sua posição solitária no cenário social e de trabalho.

A sedução e a sexualidade

Com Lilith nessa casa, se sente atraída por pessoas com projeção, reconhecimento e com poder. Mas para que possa manter um relacionamento saudável deve ficar atenta às fogueiras de vaidade e à disputa por poder. Para exercer com eficiência seu poder sedutor — organização e responsabilidade — e sua sexualidade, precisa de um encontro que a estimule a alcançar suas ambições. O sucesso no trabalho, tanto o seu quanto o do parceiro, deve ser compartilhado e não disputado.

Lilith ⚸ na casa 11

O exílio

Quando está na casa 11, Lilith manifesta sua dualidade ora reprimindo o desejo de fazer amigos e de participação social, ora como revolta contra a sua submissão aos ditames patriarcais de disputa e dominação nas relações sociais. A repressão das habilidades de conviver e de se sensibilizar com questões que envolvem a vida de outros é resultado dos traumas relacionados às experiências sociais, principalmente as de exclusão social. Tais condições são responsáveis pelo exílio ao qual a pessoa se submete e às perdas nos relacionamentos, caso não se proponha a fazer transformações pessoais, assumindo sua qualidade feminina de se relacionar e de tratar as questões e os problemas sociais. Sua inteligência intuitiva, diferenciada da racionalidade e praticidade imposta pela cultura patriarcal, pode ser um dos grandes motivos das perseguições sofridas, causando danos profundos no seu desenvolvimento social, às vezes se isolando, às vezes lidando com relacionamentos que ferem o seu jeito de ser e de pensar socialmente.

As separações

As causas das separações são a exclusão do convívio social para atender os desejos egocêntricos de um dos parceiros numa relação e as discordâncias profundas quanto aos amigos ou valores sociais.

A insubordinação

A desobediência de Lilith na casa 11 se expressa nas relações sociais, com os amigos e em qualquer atividade que junte pessoas em torno de um objetivo comum. A pessoa não se submete aos valores patriarcais e paternalistas presentes na cultura e marcados no modo como as pessoas se relacionam e não suporta que lhe retirem a liberdade de convívio social. Ao se recusar às dinâmicas de dominação e competitividade — desde que não reaja destrutivamente —, habilita-se a transformar suas mágoas advindas do sentimento de exclusão social em afirmação do seu jeito feminino, intuitivo e orgânico de lidar com as pessoas. Segura das suas diferenças e de posse dos seus mais profundos desejos, se sente livre dos tabus sociais e usufrui o simples prazer de compartilhar a vida com os demais. Toda vez que for diminuída socialmente, sai de cena para recuperar a dignidade ferida. Restauradas as forças, retorna ciente do seu papel feminino na sociedade, oferecendo sua sensibilidade, intuição e fertilidade.

A sedução e a sexualidade

Com Lilith nessa casa, se sente atraída por pessoas socialmente ativas, que façam algo relativo ao bem-estar da coletividade e que tenham bons amigos e uma rica rede social. Mas é preciso ficar atento à tendência competitiva do casal na cena social. Qualquer um que venha a ser excluído impossibilita a manutenção de um relacionamento. Sua sensualidade é provocada e a sexualidade é ativa quando se sente livre para ir para o mundo e também retornar livre para os braços do parceiro. Sem essa condição, perde o poder de sedução e a libido fica inativa.

Lilith ⚸ na casa 12

O exílio

Na casa 12, a dualidade de Lilith se manifesta ora como recusa ao contato com o misterioso e com sua espiritualidade, ora como indignação com sua submissão diante do imponderável. A repressão do desejo de se embrenhar pelos labirintos da alma é proveniente das marcas deixadas pela falta de controle ao lidar com o desconhecido, um sentimento de abandono sempre presente quando se vê sozinha às voltas com seus fantasmas. Sob a forma de reação violenta às situações de pressão emocional, a pessoa desperdiça sua intuição e sensibilidade, afastando-se da sua própria interioridade. O mau aproveitamento dos seus recursos espirituais produz angústia, desorganização psíquica e perda de confiança no misterioso. De outro modo, as frustrações ou humilhações sofridas com o seu descontrole fazem com que se recuse a ficar inerte, encontrando práticas para recuperar um estado de prazer espiritual. O convívio com seus mais inconfessáveis desejos deve obedecer sua intuição, prezando os valores femininos da inteligência criativa, da sensibilidade e da entrega.

As separações

As separações são geradas pela falta de confiança em situações que fogem ao controle; pelas ocultações que provocam insegurança tanto em si quanto no parceiro; pelas confissões que visam desestabilizar o outro; pelos jogos de manipulação psíquica; e pelas tendências escapistas, tanto a da pessoa, quanto a do parceiro.

A insubordinação

A indisciplina de Lilith na casa 12 revela-se nas situações em que a pessoa é ameaçada por algo que não conhece. Ela não se submete às manipulações psíquicas de poder e dominação, especialmente, por temor. A pessoa não suporta se ver às voltas com ocultações, chantagens ou revelações indevidas. Ao se recusar às manipulações, é capaz de transformar seus rancores em tranquilidade interior e bom convívio com suas angústias e medos. Sempre que desrespeitar sua intuição ou for humilhada pelos seus medos, mais do que nunca, encontra exílio na alma ferida. De lá, volta curada e capacitada a manter em segredo seus poderes femininos, de modo a exercê-los, não escancaradamente, mas com a sabedoria de quem conhece a força do silêncio.

A sedução e a sexualidade

Com Lilith nessa casa, é seduzida pelas pessoas sensíveis, intensas e misteriosas. Entretanto, para manter o bem-estar e preservar um relacionamento deve ficar atenta às competições veladas, nas quais, em vez de ter ao seu lado um aliado, sem saber, dorme com um adversário. Para exercer livremente seus poderes de sedução e sexualidade, deve partilhar com o companheiro seus medos e suas fantasias, sem se sentir invadida ou recriminada pelo que sente.

ASPECTOS COM LILITH

Sol e Lilith ☉ ⚸

Palavras-chave

Insubordinação à autoridade, vontade reprimida, inteligência intuitiva, criatividade.

Aspectos favoráveis — conjunção, sextil e trígono

O encontro entre o Sol — razão, consciência do "eu", comando, magnetismo e calor — e Lilith — desejo reprimido, insubordinação, recusa à dominação e desprestígio dos valores femininos na cultura — produz uma individualidade marcada pela recusa às hierarquias e ao poder autoritário, pela expressão sem pudor dos desejos inconfessáveis e pela valorização da inteligência intuitiva e criativa. A pessoa nascida sob esse aspecto é altamente sedutora e exerce seu magnetismo através da sensibilidade e concilia com habilidade o valor masculino solar da racionalidade com o feminino da intuição. É rebelde quanto à dinâmica de dominação num relacionamento, de maneira que não se submete a ordens e exerce o comando pelas vias da afetividade.

A sexualidade é vivida com intensidade e considerada uma experiência vital. É criativa no sexo, não se submete ao domínio do parceiro, exerce bem a sedução e se sente atraída por pessoas fortes, intensas, decididas, seguras de si, brilhantes e bem-sucedidas.

Aspectos conflitantes — conjunção, quadratura e oposição

Os aspectos conflitantes entre Lilith e o Sol provocam repressão da vontade; negação de si; falta de racionalidade; submissão à força repressora exercida pelo poder autoritário. De outro modo, denota reações violentas quando a pessoa toma consciência de que se submete à dinâmica de dominação e arrivista num relacionamento. Essas tendências geram isolamento em cenários nos quais a vaidade é protagonista, ora se recusando a entrar no jogo, ora se submetendo a ordens, mesmo que discorde. Esse comportamento dual produz ressentimentos que podem ser revertidos em disputas destrutivas ou em exercício de poder através das qualidades femininas da intuição, da sensibilidade e do afeto.

A sexualidade é vivida como um jogo de dominação, seja de sua parte, seja por parte do parceiro. Essa disputa de poder consome energia vital e é capaz de tornar o sexo uma experiência destrutiva.

Lua e Lilith ☾ ⚸

Palavras-chave

Insubordinação aos jogos emocionais, sensibilidade reprimida, inteligência afetiva.

Aspectos favoráveis — conjunção, sextil e trígono

Os aspectos favoráveis entre Lilith e a Lua produzem habilidade para lidar com as qualidades femininas. Há uma boa conexão entre a arte de cuidar do outro e a autonomia emocional; liberdade para atender seus próprios desejos e atenção em relação aos do outro; a vida familiar e social ou profissional. Além disso, a pessoa é dotada de intuição para perceber o que se passa na intimidade do outro, facilitando tanto os encontros eróticos e românticos, quanto as relações familiares e com os amigos. Quem nasceu com tal configuração se recusa às chantagens emocionais como dinâmica de dominação. Lida com as fragilidades amparando, sendo claro nas suas intenções e emitindo sinais de confiança para o outro.

A sexualidade é experimentada com profunda intimidade, romantismo e imaginação. As fantasias são partilhadas, sendo a pessoa extremamente hábil na sedução e atraída por parceiros sensíveis, amorosos, que transmitam segurança afetiva e românticos.

Aspectos conflitantes — conjunção, quadratura e oposição

Esses aspectos produzem inibição da sensibilidade, repressão das fantasias, sentimento de rejeição afetiva, desamparo e submissão às chantagens emocionais. No entanto, quando toma consciência de sua dependência emocional, a pessoa reage se negando a cuidar do outro e a atender seus caprichos. Esse comportamento gera isolamento sempre que sua autonomia afetiva está em jogo, ora se afastando do parceiro e da família, ora abrindo mão dos seus próprios desejos, isolando-se de si mesma. O resultado é produção de mágoas profundas que podem ser revertidas em relacionamentos destrutivos, ou em construção afetiva pautada nos valores femininos de sensibilidade, intuição e inteligência criativa.

Na sexualidade o que está em jogo é a dominação afetiva, na qual um dos parceiros ocupa o lugar de excluído. Essa dinâmica, que aparentemente mantém a libido ativa, a destrói lentamente.

Mercúrio e Lilith ☿ ⚸

Palavras-chave

Insubordinação à racionalidade, repressão das opiniões, intelecto intuitivo, comunicação criativa.

Aspectos favoráveis — conjunção, sextil e trígono

O encontro favorável entre Mercúrio — linguagem, inteligência e comunicação — com Lilith — desejo reprimido, insubordinação, recusa à dominação e desprestígio dos valores femininos na cultura — se reflete em inteligência intuitiva, capacidade de falar sobre seus desejos mais íntimos e compreender as intenções das palavras. A pessoa não se submete às disputas intelectuais nem às influências das opiniões do outro. É sedutora ao se comunicar e exerce sua inteligência de modo criativo, conciliando bem racionalidade e intuição.

A sexualidade é vivida com flexibilidade, variação e troca. Exerce sedução por intermédio da inteligência, da habilidade de se relacionar com o outro e de seu poder de comunicação. É atraída por pessoas cultas, dispostas a conversar e maleáveis nas suas opiniões.

Aspectos conflitantes — conjunção, quadratura e oposição

Os aspectos conflitantes entre Mercúrio e Lilith produzem repressão da linguagem, inibição intelectual, sentimento de rejeição ao seu modo de pensar e às suas ideias, submissão às opiniões do outro. De outro modo, quando se conscientiza dessa dependência, reage com palavras cruéis e carregadas de ressentimento. Esse comportamento isola a pessoa das trocas com o parceiro, precisando lidar com as fantasias produzidas por uma mente ferida e desamparada. As mágoas produzidas nesse processo podem destruir um relacionamento, ou levantá-lo com base num diálogo que respeita a sensibilidade, provido de intuição e de respeito intelectual mútuo.

Na sexualidade, os jogos de verdade e mentira, antes de promover a intensificação da libido, provocam insegurança, ciúmes e sentimento de traição. A pessoa se sente atraída por pessoas instáveis, pouco confiáveis e inflexíveis nas suas opiniões.

Vênus e Lilith ♀ ⚸

Palavras-chave

Independência, afetividade reprimida, sedução, inteligência afetiva.

Aspectos favoráveis — conjunção, sextil e trígono

Os aspectos favoráveis entre Vênus — amor, sensualidade e beleza — e Lilith — desejo reprimido, insubordinação, recusa à dominação e desprestígio dos valores femininos na cultura — produzem desenvoltura para lidar e expressar as qualidades femininas. Há liberdade para lidar com seus mais íntimos desejos, boa relação entre sedução e afetividade, intuição e inteligência emocional. Ademais, a pessoa se apropria da sensualidade do seu corpo, facilitando os encontros eróticos e românticos. Ela se recusa às intimidações emocionais como dinâmica de relacionamento. A forma como lida com o amor é intensa, há entrega e disponibilidade para atender o desejo do outro sem abrir mão do seu próprio.

A sexualidade é experimentada intensamente com profunda intimidade e fantasia. Sabe confessar e guardar seus desejos com sabedoria, é extremamente hábil na sedução e é atraída por parceiros amantes do bom gosto e da arte, amorosos, sexualmente ardorosos, que transmitam segurança afetiva.

Aspectos conflitantes — conjunção, quadratura e oposição

Esses aspectos produzem inibição da afetividade, repressão dos desejos eróticos, sentimento de abandono, desamparo, submissão aos jogos de dominação afetiva com base na ausência. Apesar de querer agradar o outro, quase sempre se desagradando, ao tomar consciência de sua dependência emocional reage não se entregando e se recusando a atender às exigências amorosas e sexuais do outro. Esse comportamento gera um afastamento brutal do parceiro mas, também, chances de modificar essa dinâmica de relacionamento. Caso não consiga, surgem como resultado mágoas profundas que se transformam em relacionamentos destrutivos. Entretanto, se houver mudança, os ressentimentos são canalizados para a construção de uma relação baseada em valores femininos de sensibilidade, intuição e inteligência criativa.

Na sexualidade o que está em jogo é submissão às fantasias do outro, sem atender às suas. Essa dinâmica a exclui da participação ativa e, sujeita à manipulação emocional do parceiro, o prazer sexual sai de cena. Tende a ser atraída por pessoas altamente sedutoras, manipuladoras ou mesmo inseguras afetivamente.

Marte e Lilith ♂ ⚸

Palavras-chave

Insubordinação à ordens, repressão da vontade, inteligência estratégica.

Aspectos favoráveis — conjunção, sextil e trígono

O encontro favorável entre Marte — independência, impulsividade e ação — e Lilith — desejo reprimido, insubordinação, recusa à dominação e desprestígio dos valores femininos na cultura — produz uma verdadeira recusa à dinâmica competitiva nas relações de afeto, atitudes pautadas na intuição, a valorização da parceria como instrumento de conquista. A pessoa exerce o comando através da sensibilidade e concilia com habilidade o valor masculino da assertividade com o feminino da percepção. É avessa à dominação num relacionamento, não se submetendo a ordens e se impondo por meio da afetividade.

A sexualidade é vivida com intensidade e vigor. É ativa no sexo, não se submete ao domínio do parceiro, exerce bem a sedução e se sente atraída por pessoas firmes, decididas, impulsivas e fisicamente vigorosas.

Aspectos conflitantes — conjunção, quadratura e oposição

Os aspectos conflitantes entre Lilith e Marte provocam repressão da impulsividade, negação da vontade, falta de assertividade, submissão à força autoritária. De outro modo, denota reações agressivas quando a pessoa toma consciência de que se submete à dinâmica competitiva num relacionamento. Essas tendências geram isolamento em situações nas quais as disputas estão presentes, ora se recusando a entrar no jogo, ora se submetendo à competição destrutiva. Tal comportamento produz ressentimentos que podem ser revertidos em disputas destrutivas ou, caso queira mudar o padrão, em decisões baseadas nas qualidades femininas de intuição, sensibilidade e afeto.

A sexualidade é vivida com competição e agressividade, seja de sua parte, seja por parte do parceiro. Essa disputa é capaz de tornar o sexo uma experiência destrutiva.

Júpiter e Lilith ♃ ⚸

Palavras-chave

Insubordinação às normas impostas, pessimismo, instinto de proteção.

Aspectos favoráveis — conjunção, sextil e trígono

O encontro favorável entre Júpiter — lei, progresso, normas, fartura — e Lilith — desejo reprimido, insubordinação, recusa à dominação e desprestígio dos valores femininos na cultura — produz recusa às normas autoritárias, fantasias inconfessáveis em abundância e valorização do progresso sem abrir mão nem ferir os valores femininos da sensibilidade e do afeto. A pessoa é altamente sedutora e exerce seu magnetismo pela conciliação entre a determinação masculina de Júpiter com a intuição feminina de Lilith. É rebelde quanto a estabelecer normas num relacionamento, não se submetendo a conceitos preestabelecidos e orientando-se pela afetividade.

A sexualidade é vivida com intensidade, generosidade e fartura. É ativa no sexo, não se submete à regras impostas pelo parceiro, exerce bem a sedução e se sente atraída por pessoas alegres, bem-humoradas, decididas, seguras dos seus objetivos, generosas e bem-sucedidas.

Aspectos conflitantes — conjunção, quadratura e oposição

Os aspectos conflitantes entre Lilith e Júpiter provocam repressão da força de vontade, falta de objetividade e submissão à força repressora exercida por leis autoritárias. De outro modo, incita reações graves quando, num relacionamento, a pessoa toma consciência de que se submete às normas impostas pelo outro. Essas tendências geram isolamento sempre que se depara com ordens a serem cumpridas, afastando-se do parceiro. Tal comportamento produz ressentimentos que podem ser revertidos em relacionamentos destrutivos ou, caso a pessoa se proponha a mudar, em pactos baseados nas qualidades femininas de intuição, sensibilidade e afeto.

A sexualidade é vivida com excessos e como um jogo sem regras, fazendo dessa experiência uma constante ameaça. Essa dinâmica sexual exaure as energias e é capaz de tornar o relacionamento uma experiência insuportável. Sente-se atraída por pessoas sem compromisso, desregradas, levianas ou constantemente insatisfeitas.

Saturno e Lilith ♄ ⚸

Palavras-chave

Reclusão, distanciamento, pessimismo, inteligência estratégica, criatividade profissional.

Aspectos favoráveis — conjunção, sextil e trígono

O encontro favorável entre Saturno e Lilith resulta em uma profunda recusa à dinâmica patriarcal de dominação e castração das qualidades femininas nas relações de afeto; uma excelente relação entre profissão e afetividade; a experiência da sexualidade e afeto como instrumento de amadurecimento. A pessoa se relaciona com a realidade através da sensibilidade e harmoniza os relacionamentos pela via da responsabilidade. É avessa à imposição de limites num relacionamento, preferindo lidar com eles em parceria e por meio da afetividade.

A sexualidade é intensificada à medida que o tempo passa e a relação amadurece. É cuidadosa no sexo, não se submete às regras do parceiro, exerce a sedução com discrição e se sente atraída por pessoas determinadas, maduras, responsáveis e bem-sucedidas na carreira.

Aspectos conflitantes — conjunção, quadratura e oposição

Os aspectos conflitantes entre Lilith e Saturno provocam repressão da libido, negação da realidade, falta de perseverança, submissão às regras sociais de dominação. De outro modo, denota reações ressentidas quando a pessoa toma consciência de que se submete aos limites impostos pelo parceiro num relacionamento. O isolamento provocado pelas mágoas dificultam seu desenvolvimento no trabalho e a superação de dificuldades no âmbito da paixão. Tal comportamento pode produzir investimentos afetivos frustrados ou, caso queira mudar o padrão, ser revertido em amadurecimento baseado no respeito às qualidades femininas de intuição, sensibilidade e afeto.

A sexualidade é vivida com inibição ou imaturidade, seja de sua parte, seja por parte do parceiro, tornando-se um campo de provas, endurecendo a entrega e dificultando o prazer. Com tal perfil, se sente atraída por pessoas castradoras, excessivamente exigentes ou muito imaturas.

Urano e Lilith ♅ ⚸

Palavras-chave

Liberalidade, intuição, independência, rejeição.

Aspectos favoráveis — conjunção, sextil e trígono

O encontro favorável de Urano — liberdade, inteligência e intuição — com Lilith — o desejo reprimido, insubordinação, recusa à dominação e desprestígio dos valores femininos na cultura — produz uma inteligência criativa e intuitiva, uma capacidade de dar vazão sem pudor aos desejos mais íntimos e uma sexualidade livre de preconceitos. A pessoa não se submete à falta de liberdade, principalmente em relação aos afetos e nos relacionamentos. É sedutora ao seu modo, sem se preocupar com o que pensam os outros. Exerce sua inteligência sem restrições, conciliando bem inovação e sensibilidade. Se rebela contra os valores preestabelecidos, não aceitando concepções que firam seu modo livre de pensar e de ver o mundo.

A sexualidade é vivida com liberalidade e inovação. Exerce sedução por intermédio da genialidade e da habilidade de conviver com as diferenças. É atraída por pessoas diferentes, livres, dispostas a partilhar seus ideais e abertas nas suas opiniões.

Aspectos conflitantes — conjunção, quadratura e oposição

Os aspectos conflitantes entre Urano e Lilith produzem repressão da liberdade, inibição sexual, sentimento de rejeição social, submissão às ideias impostas pela coletividade. De outro modo, quando a pessoa se conscientiza dessa dependência, reage com atitudes bruscas e imprevisíveis, debatendo-se contra a dominação. Esse comportamento a isola dos demais e do parceiro, tendo que lidar com seus preconceitos, com a solidão e com o desamparo. As mágoas produzidas nesse processo podem destruir amizades ou uma relação amorosa, mas, havendo a intenção de mudança, podem transformar os ressentimentos em relacionamentos que respeitem as diferenças e capazes de oferecer a oportunidade de ser livre no sexo, na intimidade e no afeto.

Na sexualidade a instabilidade impede a obtenção de prazer, ao mesmo tempo que promove ciúmes, incertezas e fantasias com rupturas bruscas. Com esse perfil, quem apresenta esse aspecto em seu desenho astrológico se sente atraído por pessoas instáveis, avessas a compromissos ou repressoras da sua liberdade.

Netuno e Lilith ♆ ⚸

Palavras-chave

Sensibilidade, criatividade, isolamento, pessimismo.

Aspectos favoráveis — conjunção, sextil e trígono

Os aspectos favoráveis entre Lilith e Netuno produzem habilidade para lidar com as qualidades femininas da intuição e sensibilidade. Há boa conexão entre fantasia e sexualidade, facilidade de se envolver com os desejos do outro e livre inspiração. Essas tendências facilitam não só os encontros eróticos e românticos, mas também manifestações artísticas. A pessoa com tal configuração se recusa às chantagens emocionais como forma de imposição de medo. A maneira como lida com os temores, tanto seus como do outro, contém sensibilidade suficiente para apaziguar a alma e produzir segurança.

A sexualidade é experimentada com profundidade, fantasia e intimidade. Os desejos inconfessáveis são partilhados, é extremamente hábil na sedução e é atraída por parceiros sensíveis, com imaginação fértil, sedutores e amantes do belo.

Aspectos conflitantes — conjunção, quadratura e oposição

Esses aspectos produzem inibição das fantasias; repressão dos desejos; sentimento de desamparo espiritual; submissão às manipulações psíquicas. No entanto, quando toma consciência de suas dependências, reage com descontrole emocional. Esse comportamento gera fuga ora se afastando do parceiro, ora abrindo mão dos seus sonhos, o que, nesse caso, significa distanciar-se da sua própria alma. O resultado é a produção de mágoas profundas que podem gerar relacionamentos nebulosos e destrutivos. Mas, se houver intenção de mudança, os ressentimentos são revertidos em inspiração, criatividade e afetos livres da subserviência ao medo.

Na sexualidade o que está em jogo é a dominação psíquica, na qual um ocupa o lugar de atemorizador e o outro, de atemorizado. Essa dinâmica que aparentemente mantém a libido ativa, corrompe-a sem que se perceba. Com esse perfil, é atraído por pessoas evasivas, com desequilíbrios psíquicos e emocionalmente instáveis.

Plutão e Lilith ♇ ⚸

Palavras-chave

Recusa à dominação, abandono, rejeição, inteligência intuitiva.

Aspectos favoráveis — conjunção, sextil e trígono

O encontro favorável entre Plutão — morte e regeneração — e Lilith — desejo reprimido, insubordinação, recusa à dominação — produz uma negação profunda às chantagens emocionais como mecanismo de dominação nos relacionamentos; intuição para perceber o perigo; e a valorização do silêncio como instrumento de conquista. A pessoa faz contato com as regiões sombrias da alma com sensibilidade e lida bem com o desapego e a entrega. É avessa à manipulação pelo medo, não se submetendo aos temores, ainda que eles existam ou sejam provocados pelo outro.

A sexualidade é vivida com intensidade e sem pudor. É ativa no sexo e, ao mesmo tempo, se entrega aos caprichos do parceiro, exerce intensamente a sedução e se sente atraída por pessoas profundas, silenciosas, sedutoras, intensas e misteriosas.

Aspectos conflitantes — conjunção, quadratura e oposição

Os aspectos conflitantes entre Plutão e Lilith provocam repressão do desejo de mudança; falta de frieza em situações de pressão emocional; submissão provocada pelo medo da perda. De outro modo, denota reações explosivas quando a pessoa toma consciência de que se submete às manipulações emocionais num relacionamento. Essas tendências geram esgotamento psíquico, isolamento e profundo desamparo. Tal comportamento produz ressentimentos que se manifestam em disputas destrutivas ou, caso queira mudar o padrão, em relacionamentos baseados nas qualidades femininas de intuição, sensibilidade e afeto.

A sexualidade é vivida com intensidade e agressividade, seja de sua parte, seja por parte do parceiro. A disputa de poder no sexo é capaz de torná-lo uma experiência destrutiva. Com esse perfil, é atraída por pessoas manipuladoras, insensíveis ou destrutivas.

CAPÍTULO 13
Nodos Lunares

APRESENTAÇÃO

Os Nodos Lunares Norte e Sul são pontos virtuais obtidos pelo encontro de dois planos de órbita: o da Terra em torno do Sol e o da Lua em torno da Terra. A linha que resulta desse encontro "fura" a Esfera Celeste em dois pontos, um no norte e outro no sul. Esses pontos também são chamados, respectivamente, de Cabeça e Cauda do Dragão. Uma curiosidade: quando o Sol e a Lua na conjunção ou na oposição — Lua Nova ou Lua Cheia — se alinham aos Nodos Lunares, ocorre um eclipse. Na Lua Nova, um eclipse do Sol e na Cheia, da Lua.

A interpretação dos Nodos Lunares é usada especialmente em análises astrológicas que levam em consideração a existência de outras vidas além da vida atual. A posição do Nodo Lunar Sul indica a bagagem trazida do passado e sua influência no presente. É um lugar de familiaridade, ainda que não seja possível para a maioria das pessoas lembrar-se conscientemente do que foi vivido em vidas passadas. A Cauda do Dragão representa comportamentos, sentimentos, desejos e intenções experimentados em uma zona de conforto, mesmo aqueles que se manifestam de forma conflituosa ou desagradável. Entretanto, são essas experiências que nos referenciam e dão chão para prosseguir evoluindo nessa existência.

Já a Cabeça do Dragão funciona como uma flecha que indica um caminho a seguir. A direção é do sul para o norte. Portanto, os Nodos Lunares sempre se encontrarão em signos e em Casas opostas, mostrando de onde viemos e para onde vamos. Esses dois pontos virtuais são os extremos de uma linha que definem a trajetória que a alma escolheu percorrer nessa existência e que é portadora de uma bagagem de conhecimento, sabedoria e experiências que ainda evoluirão no transcorrer dessa vida. Em resumo, a análise dos Nodos Lunares está diretamente relacionada à espiritualidade.

Pode-se comparar os Nodos Sul e Norte, respectivamente, com a cabeça e a cauda de um espermatozoide. A cauda deve ser ágil e forte para alcançar o objetivo da fecundação quando a célula reprodutora masculina encontra o óvulo feminino. Após a fecundação, a cauda perde sua função e uma nova vida é gerada. Outra analogia é a da hélice de um barco que, localizada na poupa, impulsiona-o a seguir viagem e atingir seu destino. Caso a hélice esteja presa nas redes representadas pelos hábitos passados, o barco não prosseguirá. Entretanto, sem a hélice, também não se realizará a jornada prometida pela posição dos Nodos na hora do nascimento.

Tudo o que estiver relacionado ao Nodo Sul é indicativo do que precisa ser trabalhado para que nos libertemos e concluamos o que foi vivido no passado. Por esse motivo, não é simplesmente se livrar do que está representado nele. É necessário darmos atenção especial a essas indicações, sempre atuando de forma a usá-las como força impulsionadora da nossa evolução, em vez de nos acomodarmos em comportamentos que nos são familiares e, consequentemente, aprisionadores.

A função do Nodo Norte é nos dar a direção a seguir, apontar para o destino a ser realizado nessa existência. Ele atua como um mestre que nos orienta e que nos mostra o caminho de nossa evolução espiritual. A posição da Cabeça do Dragão representa a grande intenção da alma, o grande Mantra, a grande Oração que nos guiará nessa jornada atual.

NODOS LUNARES NOS SIGNOS

Nodo Lunar Norte em Áries e Sul em Libra

A pessoa que nasceu com o Nodo Lunar Sul em Libra traz na sua bagagem espiritual, além da habilidade de propiciar o equilíbrio e a harmonia com as pessoas, também o costume de pensar nos outros antes de pensar em si mesma. Todavia, se ela se mantiver aprisionada a esse hábito e não evoluir para alcançar autoconfiança, o exercício de sua vontade e a capacidade de ter iniciativa ficarão comprometidos, deixando, portanto, de agir e decidir em acordo com seu verdadeiro desejo para não desagradar os outros. É provável que carregue marcas de dependência e indecisão, sendo necessário, por conseguinte, que delas se liberte para que seus relacionamentos transcorram sem grandes atribulações. A bem da verdade, os encontros e as parcerias dessa vida são, sobretudo, reencontros que ocorrem para que sejam concluídas as experiências de relacionamento vividas no passado.

De outro modo, o Nodo Norte dirigido para Áries indica que, ainda que tente manter o equilíbrio com os outros, é preciso orientar seus objetivos para a conquista da autossuficiência e da coragem de seguir seus impulsos, além de aprender a ser fiel a si mesma. Por fim, sua jornada espiritual tem como objetivo exercitar a franqueza sem deixar de ser uma pessoa ponderada, justa e harmoniosa, qualidades indicadas pela posição do Nodo Lunar Sul no signo de Libra.

Nodo Lunar Norte em Touro e Sul em Escorpião

Nascer com o Nodo Lunar Sul no signo de Escorpião significa que a pessoa guarda na memória um passado marcado por experiências transformadoras, a exemplo daquelas que têm relação com as perdas. Em contrapartida, traz em sua bagagem a habilidade de fazer mergulhos abissais, a coragem de visitar as profundezas psíquicas, a capacidade de se regenerar e, por conseguinte, de começar uma nova vida após as mudanças radicais. Suas recordações espirituais são a de transformar, depurar, limpar, transmutar, mas, também, de destruir e abandonar o que ainda tem potência de garantir a segurança. O segredo aqui é concluir o luto que ainda não foi vivido por completo, livrando-se dos hábitos destrutivos, dos ressentimentos e das mágoas que costumam acompanhá-lo após os términos. Além da compreensão da finitude das coisas e da vida, também é preciso mergulhar em sua sexualidade, desfazendo-se de tabus, repressões ou até mesmo as compulsões trazidas do passado espiritual.

De outro modo, o Nodo Lunar Norte dirigido para o signo de Touro indica que, embora seja de extrema importância viver de forma profunda, a pessoa deve orientar seus objetivos para o cultivo da brandura, da tenacidade, da dedicação e da paciência. Seu caminho de elevação espiritual aponta para o investimento no trabalho e na valorização daquilo que é capaz de produzir, mesmo que saiba o quanto é fundamental para seu equilíbrio se libertar de todos os seus excessos.

Nodo Lunar Norte em Gêmeos e Sul em Sagitário

Quando o signo de Sagitário se associa ao Nodo Lunar Sul, a indicação é a de que o passado de outras vidas se manifesta por meio de comportamentos baseados em ideais, no apreço ao conhecimento e no desejo de visitar horizontes distantes. Diante disso, a identificação com pessoas sábias faz parte da história que deve ser concluída nessa existência. Tais encontros resgatam as crenças passadas, que, sobretudo, devem servir como força libertadora. Outrossim, há lembranças de intolerância, inflexibilidade e insatisfação. Por ser o signo de Sagitário o universo das certezas e da eterna busca pelo melhor, a pessoa tende a ficar aprisionada ao narcisismo dos que sabem mais do que outros. De mais a mais, sentir-se nômade, sem raízes e identificada com outras culturas, revela um passado de viagens e mudanças para terras distantes de sua origem.

Em contrapartida, o Nodo Norte dirigido para Gêmeos indica que, mesmo sendo uma pessoa profunda no que se refere ao conhecimento, é importante que dirija sua atenção ao encontro com pessoas que pensem diferente de si, às trocas imediatas e à flexibilidade de opinião. Seu caminho de evolução aponta para a adaptação e a leveza, sem deixar de lado a importância de confiar em seus objetivos, metas e valores. O Nodo Norte em Gêmeos mostra que sua elevação espiritual é alcançada por meio da curiosidade pelo diferente, da boa comunicação e da paciência dos que ouvem opiniões distintas das suas.

Nodo Lunar Norte em Câncer e Sul em Capricórnio

Aquele que nasce com o Nodo Lunar Sul em Capricórnio carrega em sua bagagem espiritual, além dos hábitos de racionalizar, planejar e organizar, também as marcas das experiências que envolveram responsabilidade, segurança, estabilidade e anseio por bons resultados. Ainda no que diz respeito à Cauda do Dragão em Capricórnio, há modelos de comportamento repetitivos de dureza e austeridade gerados pela ambição de alcançar os mais altos graus de eficiência no que produz — principalmente se tiver relação com o trabalho —, o que colocará em risco sua liberdade e dificultará o contato com sua intuição, com seus sentimentos e sua afetividade.

Em compensação, com o Nodo Norte apontando para o signo de Câncer, ainda que a pessoa seja disciplinada e esteja comprometida com a sensatez, é importante que desenvolva a sensibilidade e reconheça a importância das emoções que carrega consigo. Embora saiba o quanto é importante para ela ter os pés no chão e confiar na racionalidade, sua jornada de evolução espiritual tem como objetivo aprender a lidar com seus afetos e construir laços emocionais que lhe garantam a segurança na esfera de sua intimidade, casa e família.

Nodo Lunar Norte em Leão e Sul em Aquário

A presença do Nodo Lunar Sul no signo Aquário revela não só um passado marcado por experiências de cooperação e solidariedade, como também pelo sentimento de ser uma pessoa diferente do que reza o senso comum. A memória dessa pessoa está estreitamente associada tanto ao espírito de doação, à originalidade, como também à exclusão, à introversão e ao pessimismo. Por essa razão, a hesitação e a irritabilidade são padrões que costumam se repetir sem que ela saiba exatamente o porquê. A identificação com causas sociais ou problemas das outras pessoas tem origem em experiências de vidas passadas e que, na atual, devem ser concluídas. Entretanto, o aprisionamento na tendência de querer resolver tudo para todo mundo põe em risco a própria liberdade, a autoestima e o contato com o calor de vida que pulsa em suas veias.

Em compensação, o Nodo Norte dirigido para Leão indica que, embora seja isenta de arrogância, a pessoa deve ter como meta o encontro com o próprio valor e força pessoal. Isso porque seu caminho de evolução tem como objetivo tomar para si o comando da própria vida sem deixar de lado a manutenção de um espaço livre para cultivar suas amizades, de alimentar a vida social e de praticar a solidariedade. O Nodo Norte em Leão mostra que sua elevação espiritual depende da alegria de viver de forma autêntica e da certeza de que, sendo fiel a si mesma, poderá, então, brilhar com sua singularidade e criatividade.

Nodo Lunar Norte em Virgem e Sul em Peixes

Quem nasceu com o Nodo Lunar Sul em Peixes, traz do passado de outras vidas nostalgia, densidade emocional, além de alta sensibilidade e compaixão. Suas recordações a remetem não só ao universo da intuição e intensidade, como ao da confusão, nebulosidade e desordem. Por um lado, sua história espiritual traz como referência a facilidade de transitar no universo do imaginário, de crenças ou de religiosidade e, por outro, a tendência à fuga da realidade, de ilusões e decepções. O hábito de idealizar a vida e as pessoas, de misturar-se a seu contorno, acaba por aprisioná-la na zona de conforto produzida pela imaginação, dificultando a execução de sua capacidade produtiva, crítica e purificadora.

O Nodo Norte apontado para o signo de Virgem indica que, do mesmo modo que é importante para essa pessoa desfrutar de sua sensibilidade, ela deve aprender nesta vida a fincar os pés no chão, observando e aceitando de bom grado a realidade. Para facilitar seu caminho de evolução é fundamental que saiba se organizar e selecionar o que serve do que não é útil, sempre apoiada na certeza de que só irá crescer se estiver tranquila em relação a sua subjetividade. O Nodo Norte em Virgem mostra que sua jornada espiritual será realizada através do cultivo do obrar, de purificar seu corpo e sua saúde e de transmutar o que fere sua emotividade.

Nodo Lunar Norte em Libra e Sul em Áries

O Nodo Lunar Sul no signo de Áries aponta para um passado talhado pela coragem, pelo espírito guerreiro, pela disposição física e pela aptidão ao manejar sua vontade. Todavia, sua memória espiritual carrega igualmente o hábito de se envolver em conflitos marcados por comportamentos impulsivos ou até mesmo agressivos. A manutenção e repetição do narcisismo infantil de querer que tudo saia a seu modo e de acordo com seu desejo acaba por atrapalhar o bom andamento dos relacionamentos, principalmente os afetivos ou de parceria de trabalho.

Estando o Nodo Norte no signo de Libra, ainda que seja uma pessoa independente e que tenha iniciativa própria, é importante que oriente seus propósitos na direção da ponderação, harmonia, justiça e temperança. Seu desenvolvimento espiritual nesta vida é aprender a olhar o outro com amor e a ceder quando necessário, lembrando-se sempre da importância de manter sua liberdade e de ter as rédeas dos atos sob seu próprio controle. O signo de Libra associado ao Nodo Norte e Áries ao Sul revelam que sua evolução espiritual é alcançada por meio do cultivo do equilíbrio entre a ação do Eu e o e o respeito ao Outro.

Nodo Lunar Norte em Escorpião e Sul em Touro

A existência do Nodo Lunar Sul no signo de Touro denota um passado espiritual marcado não só pela perseverança, tenacidade e fortaleza, como igualmente pelo apego, pelo hábito de acumular e pela acomodação naquilo que é capaz de fornecer estabilidade e conforto.

Nessa perspectiva, a pessoa costuma agir com uma teimosia repetitiva, principalmente quando não se sente à vontade com o que produz materialmente ou com afetividade. De outro modo, esses comportamentos poderão torná-la refém da segurança, impedindo-a de arriscar emoções fortes simplesmente para não perder o que tem.

Analisando no sentido oposto, ou seja, o Nodo Norte apontando para o signo de Escorpião, a despeito de manter a estabilidade, ela deve buscar como propósito espiritual o desapego, a confiança em seus impulsos emocionais e aprender a se transformar sempre que for preciso. Seu desenvolvimento será promovido a partir do investimento na profundidade, do encontro de suas potências interiores e da consciência da finitude da vida e das coisas, não obstante saber que ser doce e manter-se em segurança é exatamente o que a mantém na direção certa de sua jornada.

Nodo Lunar Norte em Sagitário e Sul em Gêmeos

Quando o Nodo Sul está em Gêmeos significa que, tanto curiosidade e inquietude, quanto dispersão e dualidade são hábitos condicionados que a pessoa carrega em sua bagagem espiritual. Suas referências do passado são de querer dissipar as dúvidas e de buscar respostas para suas indagações. Em contrapartida, os parâmetros trazidos das outras vidas incluem modelos de indecisão e inconstância. Nessa existência será preciso concluir o aprendizado iniciado no passado, seja reencontrando seus irmãos espirituais, seja através de experiências que envolvem práticas intelectuais. No entanto, ao se fechar em suas incertezas e instabilidade, não conseguirá alargar seus horizontes, dificultando, assim, o estabelecimento de metas para sua vida.

De outro modo, estando o Nodo Norte no signo de Sagitário, a indicação é a de que, mesmo que seja uma pessoa de intelecto ativo, ela deve ter como finalidade a busca de um caminho que lhe dê sentido à vida e, dessa maneira, poder acreditar que é capaz de ir mais longe. Sua evolução nessa existência depende do aprofundamento do conhecimento, utilizando a curiosidade como meio de ampliar as fronteiras do saber, do encontro com seus mestres e da confiança de poder atingir seus ideais. Tudo isso deve ser obtido sem deixar de lado a habilidade de se relacionar com pessoas que tenham opiniões diferentes.

Nodo Lunar Norte em Capricórnio e Sul em Câncer

Quando o Nodo Lunar Sul se conecta com o signo de Câncer, significa que, espiritualmente, a pessoa mantém um forte elo com seu passado e que este pode se manifestar como uma nostalgia de algo que ela não sabe de onde vem, mas que a coloca diante de uma sensação de constante saudade. Da mesma forma que sua memória espiritual está carregada de sensibilidade e afetividade, ela carrega as mágoas relacionadas às experiências que tocaram sua fragilidade emocional. Outro aspecto importante dessa configuração é a de que a relação familiar é um resgate das vidas passadas e que deve ser acolhida nessa existência. Em contrapartida, se as dificuldades emocionais do passado passam a se repetir indefinidamente, o problema será viver o aqui e agora, levando-a provavelmente à ociosidade.

O Nodo Norte direcionado para o signo de Capricórnio assinala que sensibilidade e intuição devem ser os alicerces que a orientarão para o desenvolvimento da razão, organização e praticidade. Sua evolução espiritual se realizará através do investimento na construção de um trabalho sólido e da confiança de ser bem-sucedida em seus empreendimentos, ainda que saiba o quanto é importante estar conectada com sua força emocional. O Nodo Norte em Capricórnio mostra que seu propósito nessa vida é dar o passo firme no presente e escalar a montanha da realidade com perseverança, determinação e solidez.

Nodo Lunar Norte em Aquário e Sul em Leão

A conexão do Nodo Lunar Sul com o signo de Leão significa que o passado de outras vidas foi marcado por experiências que envolveram a ação do ego, da autoconfiança e da capacidade de atrair para si o poder. Na mesma medida em que sua memória espiritual é de alegria e confiança na vida, também é de narcisismo e de modelos de comportamento baseados na prática do domínio e do controle. Sem embargo, caso a pessoa fique dependente da necessidade de admiração e de ser sempre o polo das atenções, sua liberdade ficará tolhida e tenderá a se sentir muito só nessa existência.

No sentido contrário, a presença de Aquário no Nodo Norte indica que, embora deva contar com a força e a coragem trazidas do passado, ela deve direcionar seu propósito espiritual para a solidariedade, abrindo-se para o encontro com os outros. Ela se realizará aprendendo a correr riscos e a ser pioneira com sua originalidade, sem deixar de lado a confiança em si mesma e a consciência do próprio valor. O Nodo Norte em Aquário revela que seu aperfeiçoamento é alcançado através da doação de sua força solar.

Nodo Lunar Norte em Peixes e Sul em Virgem

A presença do signo de Virgem no Nodo Lunar Sul revela que o passado de outras vidas carrega sinais do anseio de não falhar e da exigência de ser a pessoa mais perfeita possível em tudo o que faz. As referências que a deixam segura, além das de produzir, trabalhar e organizar, são também as que se referem à autocrítica excessiva e, consequentemente, de não perdoar erros. Desse modo, ao se aprisionar à rigidez da organização e da ansiedade de querer fazer tudo correto, a pessoa que nasceu nessa configuração irá, por fim, bloquear sua sensibilidade e intuição.

De outro modo, com o Nodo Norte no signo de Peixes a indicação é a de que, mesmo sendo disciplinada, é preciso que aponte suas setas para alcançar experiências emocionais profundas, seguindo seus impulsos intuitivos e buscando a tranquilidade interior. Sua evolução depende do investimento na visão do todo, no perdão e na obtenção de uma visão ampla por cima de toda a balbúrdia que é o mundo à volta, embora saiba o quanto é importante ser analítica, ter os pés no chão e viver o bem-estar de uma rotina organizada.

NODOS LUNARES NAS CASAS

Nodo Lunar Norte na casa 1 e Sul na casa 7

Quem nasceu com o Nodo Sul na casa 7 ingressou nessa vida com a memória marcada por um estilo de vida no qual se acostumou a viver em companhia cultivando o equilíbrio em seus relacionamentos. Em contrapartida, a submissão à aprovação por parte das pessoas que ama está igualmente incluída nessa bagagem espiritual. Os grandes encontros nessa vida são reencontros com seu passado afetivo e que têm como objetivo concluir as experiências que viveu em outras vidas. No entanto, a tendência à repetição dos padrões de carência, indecisão e insegurança em suas ações e dependência emocional afetará sua autonomia, de forma a não agir em acordo com seu desejo para tentar agradar os outros.

O Nodo Norte apontando para a casa 1 indica que, mesmo que se sinta confortável em parceria e que saiba respeitar o jeito de ser do outro, a meta nessa vida é conquistar a independência, construir um espaço próprio para si, buscar a coragem de seguir seus impulsos e ser fiel a si mesma.

Nodo Lunar Norte na casa 2 e Sul na casa 8

Ingressar nessa vida com a posição do Nodo Lunar Sul na casa 8 significa ser uma pessoa marcada espiritualmente por um estilo de vida que traz memórias de grandes e profundas mudanças, por experiências associadas à sexualidade, ao hábito de limpar, transformar e transcender. Em compensação, o pouco valor que dá ao que é seu e a tendência a destruir o que tem valor são hábitos que estão incluídos igualmente em sua memória espiritual. É importante que, nessa existência, aprenda a lidar bem com a impermanência e finitude das coisas e da vida sem se prender a comportamentos repetitivos de destrutibilidade, garantindo, dessa maneira, sua estabilidade no plano material. Além disso, as experiências sexuais dessa vida têm relação com o que já foi vivido em vidas passadas, resgatando e transmutando o que ficou para trás.

Por outro lado, a conexão do Nodo Norte com a casa 2 indica que, do mesmo modo que carrega consigo o hábito de ser uma pessoa densa e profunda, seu aprendizado espiritual tem como meta nessa vida o cultivo da preservação e da produtividade, aprendendo a investir em seu trabalho e na valorização daquilo que é capaz de produzir. Seu aperfeiçoamento se dará através do desenvolvimento da perseverança realizadora, sem, entretanto, deixar de lado a prática do desapego.

Nodo Lunar Norte na casa 3 e Sul na casa 9

A localização do Nodo Lunar Sul na casa 9 indica que a pessoa veio para essa vida carregando do passado um estilo de vida marcado pela necessidade de possuir um ideal para orientar seu modo de ser no mundo, de crer que sempre há mais o que buscar, embora haja, também, uma constante insatisfação com suas buscas. Sua memória espiritual pode carregar padrões de intransigência, tal como o de achar que está sempre com razão, resistindo às opiniões que divergem das suas. Sendo desse modo, tais comportamentos devem ser revistos para melhorar a qualidade de seu relacionamento com as demais pessoas. Sua relação com estudos profundos, com viagens para terras distantes e seu encontro com pessoas que tem como mestres de sabedoria são reencontros com vivências de seu passado espiritual. Essa vida lhe serve como resgate do que foi trazido em sua bagagem. No entanto, se ficar aprisionada às certezas, às crenças e aos ideais passados, a pessoa deixará de usufruir novas informações e de encontrar diferentes e novos caminhos de evolução.

Com o Nodo Norte apontando para a casa 3, é preciso que oriente seu propósito espiritual para a flexibilidade, para o encontro com pessoas que pensam diferente de si, sem deixar para trás seus valores maiores, a admiração pelos mestres e sua ética. O que ela veio a aprender e a evoluir nessa existência diz respeito ao desenvolvimento da tolerância, fraternidade, boa comunicação, escuta e diversificação de seus interesses.

Nodo Lunar Norte na casa 4 e Sul na casa 10

A casa 10 simboliza o escalar da montanha das realizações de trabalho, enquanto o Nodo Sul trata do passado de outras vidas. Por conseguinte, nascer com esse posicionamento significa que a relação da pessoa com a construção de sua carreira e o anseio de obter bons resultados em seus empreendimentos são experiências de resgate e de transmutação espiritual. A pessoa ingressa nessa existência carregando a lembrança de um estilo de vida marcado pela necessidade de segurança, embora tenda a repetir experiências que geram frustrações diante de fracassos. A repetição de modelos de comportamento baseados na exigência de sucesso tende a endurecê-la e deve ser transformada em quietude para acabar com o estresse constante ao qual ela se vê sujeita. A trajetória profissional e o encontro com os relacionamentos que envolvem o exercício do poder são experiências que servem como conclusão do que ficou incompleto no passado. De outro modo, ela deixará de viver as experiências que envolvem a vida pessoal, os encontros familiares e o contato com os próprios sentimentos se ficar encarcerada ao desejo de resolver seus problemas com a profissão e sua posição social. Tal situação está relacionada com a posição do Nodo Norte na casa 4 mostrando que, embora a pessoa tenda a ser disciplinada e deseje obter um bom desempenho profissional, sua evolução nessa vida deve ter como meta a construção dos laços afetivos que sustentarão seus alicerces emocionais. Seu grande aprendizado é lidar, criar e cultivar sua relação com a família, com suas raízes e com suas lembranças afetivas.

Nodo Lunar Norte na casa 5 e Sul na casa 11

A casa 11 está associada às ações sociais e às relações de amizade. Sendo o Nodo Lunar Sul o ponto que representa a bagagem trazida das vidas passadas, nascer com essa posição significa ingressar nessa existência trazendo na memória o espírito de solidariedade, o amor às amizades e o hábito de ajudar outras pessoas. Em contrapartida, carrega na esteira de seu passado um sentimento de inadequação social que, em geral, se manifesta como exclusão. Esta dificuldade de integração deve ser bem elaborada e transmutada de forma que a pessoa possa se sentir bem no meio social. Além do mais, os amigos dessa vida e os chamados sociais são resgates de tempos passados, completando um ciclo de aprendizado e crescimento. De outro modo, se a pessoa ficar exclusivamente voltada para resolver os problemas alheios, colocará em risco a confiança em si mesma e a autoestima.

O Nodo Norte apontando para a casa 5 indica que, apesar de ser sensível às questões sociais, a pessoa irá evoluir quando exercer sua criatividade e com a ajuda de sua força pessoal. Sem deixar de lado o desejo de promover o bem comum, sua jornada de aperfeiçoamento espiritual aponta para o despertar da consciência do próprio valor, sendo que seu maior e mais elevado aprendizado tem a ver com o prazer de viver as alegrias da vida.

Nodo Lunar Norte na casa 6 e Sul na casa 12

Com seu papel de resgate espiritual, o Nodo Lunar Sul se abriga numa casa astrológica que evidencia as experimentações transcendentais, psíquicas e espirituais. Nascer com essa posição significa ingressar nessa existência portando em sua bagagem tanto a memória de já ter mergulhado nas águas profundas do isolamento e a intimidade com a solidão, quanto as marcas do medo e da angústia de não ter domínio de suas emoções diante do misterioso. O hábito de fugir da realidade é um ponto importante a ser trabalhado nessa vida para aliviar suas pressões internas, pois, se tal costume se repete e aprisiona, sua saúde, capacidade de organização e produtividade serão prejudicadas.

Com a localização do Nodo Lunar Norte na casa 6, a finalidade espiritual nessa existência é a de fortalecer a disciplina, a praticidade e a criação de uma rotina com boa qualidade de vida. Sem deixar de lado intuição, sensibilidade e práticas que nutrem sua alma, o aprendizado proposto por essa configuração é o de cultivar hábitos saudáveis, de cuidar da saúde física e de produzir um trabalho que lhe garanta a satisfação de ser útil.

Nodo Lunar Norte na casa 7 e Sul na casa 1

A combinação do Nodo Lunar Sul com a casa 1 deve ser interpretada levando em consideração que a pessoa vem de um passado espiritual marcado pela liberdade e pelo hábito de que as decisões dependem exclusivamente de sua vontade própria. Além de trazer na bagagem um estilo de vida em que ela não se sente à vontade dependendo de alguém, ela traz igualmente traços de impaciência e precipitação em suas ações. O costume de se fechar em si mesma deverá ser transformado em escuta e tolerância em relação às outras pessoas, pois, caso não se abra para tais qualidades, poderá se sobrecarregar e não conseguir partilhar com o outro aquilo que sozinha não consegue realizar.

O Nodo Norte apontando para a casa 7 indica que, embora seja uma pessoa hábil na arte de comandar e costume resolver sozinha os próprios problemas, ela deve direcionar seus propósitos mais elevados para a cooperação e para a escolha de parceiros que aumentem sua potência de ser. Sua elevação espiritual tem a ver com a força dos encontros, e a memória espiritual de somente acreditar em si mesma deve ser complementada com o cultivo das boas relações, fortalecendo assim a parte que lhe cabe na conquista de sua independência e em seu poder de decisão.

Nodo Lunar Norte na casa 8 e Sul na casa 2

A posição do Nodo Lunar Sul na casa 2 significa que a memória dessa pessoa está marcada por um estilo de vida pautado na segurança material e no costume de produzir com as próprias mãos. Em contrapartida, o apego e a tendência a acumular mais do que o necessário por medo de ficar sem ter o que precisa para viver bem causam a dificuldade de lidar com as transformações e perdas pelas quais deverá passar. Sua memória espiritual carrega o hábito de se envolver obstinadamente na busca de estabilidade — o que deve ser bem trabalhado para que lide de forma equilibrada com sua vida financeira.

No sentido oposto, o Nodo Norte conectado à casa 8 indica que, não obstante seja relevante para ela conservar a estabilidade e segurança material, é essencial que a pessoa aprenda a se desapegar, a desenvolver o hábito de doar o que não lhe é necessário e, com coragem, mergulhar profundamente em seus sentimentos para que possa transformá-los em sabedoria espiritual.

Nodo Lunar Norte na casa 9 e Sul na casa 3

A localização do Nodo Lunar Sul na casa 3 indica que o passado de outras vidas se manifesta através de uma insaciável curiosidade e da necessidade constante de troca e de movimento. Em compensação, tanto a indecisão quanto a dispersão fazem parte desse pacote espiritual e podem ser transmutadas com a aquisição de foco e de metas que estimulem seu desejo de crescer e de evoluir. Com seus interesses pulverizados, suas energias físicas e intelectuais se perdem e a desorientam em relação a sua jornada espiritual.

O Nodo Norte apontando para a casa 9 sugere que, ainda que seja uma pessoa atenta à pluralidade das demandas da vida, é essencial que oriente suas intenções para a busca do aprofundamento do saber. A incerteza, a desatenção e a melhora em seu relacionamento com as demais pessoas podem ser amenizadas quando ficar aberta a encontrar seus mestres e a investir nas grandes viagens que possibilitem que vá mais longe e que abram novos horizontes, visando o alcance da grande sabedoria.

Nodo Lunar Norte na casa 10 e Sul na casa 4

A casa 4 representa o passado dessa vida, enquanto o Nodo Lunar Sul refere-se às vidas passadas. Nascer, portanto, com essa posição indica que a relação com sua origem, com sua família e com sua história pessoal são experiências de resgate espiritual. A alma ingressa nessa existência conduzida pela habilidade de cuidar, pela sensibilidade e pelo apego afetivo, e marcada pela nostalgia e pelos ressentimentos trazidos do passado. No entanto, se a pessoa se aprisionar à repetição desses padrões, ela deixará de viver o dia presente e poderá não sentir forças para realizar seus projetos de vida.

O Nodo Norte quando apontado para a casa 10 direciona a pessoa para o bom desenvolvimento de sua carreira, para a construção de um trabalho sólido e para o desejo de se tornar uma pessoa bem-sucedida. Sem que se desfaça das fortes ligações com a família e com seu passado, seus traumas emocionais devem ser transmutados para que não atrapalhem seu aprendizado espiritual, que deve seguir na direção da responsabilidade e da maturidade de andar com as próprias pernas.

Nodo Lunar Norte na casa 11 e Sul na casa 5

Quando a casa 5 é ocupada pelo Nodo Lunar Sul, a pessoa tem como referência do passado de outras vidas experiências associadas ao amor, às paixões e à criatividade. Ainda que seu estilo de vida antes de ingressar nessa existência tenha sido marcado pela confiança no valor próprio, ela carrega nessa bagagem espiritual a necessidade de ser admirada em tudo o que faz e o sofrimento causado pelo narcisismo, pelos comportamentos infantis. Daí é importante dizer que esses padrões deverão ser transmutados para que não fique isolada e afastada do bom convívio com seu meio social e não se torne refém do julgamento das outras pessoas.

Com o Nodo Norte direcionado para a casa 11, ainda que seja generosa com aqueles que a admiram, sua meta espiritual deverá ser orientada para o cultivo da solidariedade e das amizades. Sem perder seu brilho pessoal, seu aprendizado espiritual está intimamente associado a sua realização na esfera social e seu propósito mais elevado nessa vida é o de doação.

Nodo Lunar Norte na casa 12 e Sul na casa 6

A pessoa que nasceu com o Nodo Lunar Sul na casa 6 veio para essa existência carregando na bagagem espiritual tanto o hábito de ser perfeccionista e de precisar se ocupar o tempo todo de alguma atividade produtiva, quanto a tendência de somatizar por conta da má gestão de sua qualidade de vida, do estresse causado pela ansiedade de produzir mais e melhor. Para que não fique exausta com as tarefas do cotidiano, o segredo é introduzir hábitos saudáveis que mantenham sua saúde em equilíbrio. Estas serão importantes ferramentas para que possa compreender o outro lado da moeda, ou seja, seu equilíbrio nas esferas mais sutis do ser.

Com o Nodo Norte apontando para a casa 12, ainda que seja extremamente importante manter a organização de sua vida prática, seu propósito espiritual é o de se dedicar às práticas que visam sua organização interior. Seu aprendizado tem a ver com introspecção, espiritualização e perdão que poderão ser atingidos com a prática do silêncio, da solidão e de escolhas que beneficiem seu bem-estar psíquico e espiritual.

ASPECTOS COM OS NODOS LUNARES NORTE E SUL

Sol e os Nodos Lunares Norte e Sul

Aspectos favoráveis: sextil, trígono com os Nodos Lunares Norte e Sul e conjunção com o Nodo Lunar Norte.

As conexões favoráveis entre o Sol e a Linha dos Nodos Lunares apontam tanto para a importância, quanto para a facilidade de a pessoa se tornar consciente do que é necessário para que venha a alcançar a meta traçada pela alma ao ingressar nessa vida. Não obstante, sua jornada será iluminada pelo desejo de viver plenamente cada passo de sua trajetória espiritual, levando-a, então, a seu desenvolvimento e a sua evolução. A chave que abre o portal de acesso a tal percurso é um trabalho constante sobre a ação exercida pelo ego, pois, se este estiver sob controle e for posto à disposição de seu crescimento, as portas se abrirão e a caminhada será leve. Por fim, outro aspecto dessa conversa harmoniosa entre o Sol e os Nodos Lunares é o fato de suas metas apontarem para o alcance da autoestima — valor atribuído ao simbolismo solar —, de maneira que o valor que a pessoa dá a si mesma não se torne nem exagerado, nem lhe falte.

Aspectos conflituosos: quadratura com os Nodos Lunares Norte e Sul e conjunção com o Nodo Lunar Sul.

Por ter nascido com essa configuração astrológica, um grande desafio foi traçado pela alma para seu engrandecimento nessa existência, seja de trabalhar os efeitos nocivos provocados pelas ações passadas do ego, seja equilibrar a autoestima, de forma que ela facilite tal jornada espiritual. Caso a pessoa se aprisione à vaidade, ou à negação do próprio valor, a caminhada que a conduz à evolução se tornará bem mais penosa. Além do mais, a bagagem trazida do passado ao ingressar nessa vida pode conter sentimentos que estão associados à força da dominação e ao exercício do poder. Isso significa que a pessoa não deve se colocar nem no lugar do dominador, nem do dominado. Na medida em que ela vai fazendo os ajustes necessários para se encontrar em equilíbrio, um novo caminho se abrirá e a vida passará a fluir com mais alegria e dignidade.

Lua e os Nodos Lunares Norte e Sul

Aspectos favoráveis: sextil e trígono com os Nodos Lunares Norte e Sul e conjunção com o Nodo Lunar Norte.

Nascer com a Lua em conversa harmoniosa com os Nodos Lunares é compreender que seu caminho espiritual aponta para o acolhimento, assunto relacionado ao simbolismo lunar. O segredo para a plena evolução da alma nessa existência é o desenvolvimento da sensibilidade, da afetividade e do acolhimento. A intuição facilitará sua jornada, sendo importante que a pessoa a sinta e a respeite, principalmente em momentos em que a dúvida pairar sobre sua mente e a deixar dividida ou insegura em relação à qual direção tomar nos momentos mais cruciais da vida. De mais a mais, é sua tarefa espiritual cultivar e manter os elos afetivos, além de, na sua trajetória de vida, acolher e cuidar daqueles que fazem ou que virão a fazer parte de seu núcleo familiar — que não precisa ser necessariamente sua família de origem ou de laços consanguíneos. A experiência familiar atravessará o destino que a alma traçou ao ingressar nessa vida. Em conclusão, as vivências do passado lhe servirão como referência para a pavimentação da estrada que a pessoa irá percorrer e que a levará à elevação espiritual.

Aspectos desafiadores: quadratura com os Nodos Lunares Norte e Sul e conjunção com o Nodo Sul.

Ter nascido sob essa configuração significa que a tarefa espiritual que lhe é destinada é libertar-se dos prejuízos motivados por tristezas, desgostos e ressentimentos trazidos do passado — assunto relacionado ao simbolismo lunar. Tais sentimentos, quando guardados ou reprimidos, tornam-se barreiras que dificultam prosseguir na direção de sua jornada espiritual. Além do mais, muito das dúvidas associadas à escolha de seu caminho têm relação também com o fato de a pessoa poder estar presa a tais sentimentos ou aos laços afetivos que, por serem um território conhecido, colaboram para sua acomodação. Por essa razão, a chave que abre as portas para sua evolução é atualizar os sentimentos que estão guardados na memória afetiva e transformar suas inseguranças emocionais em combustível para alcançar os objetivos traçados pela alma quando ela ingressou nessa existência.

Mercúrio e os Nodos Lunares Norte e Sul

Aspectos favoráveis: sextil e trígono com os Nodos Lunares Norte e Sul e conjunção com o Nodo Lunar Norte.

Portar no seu mapa de nascimento um aspecto favorável entre Mercúrio e os Nodos Lunares significa orientar sua jornada espiritual para o aprendizado, para a curiosidade que leva a pessoa a fazer perguntas e buscar por respostas — questões associadas a Mercúrio. Sob outra perspectiva, esse aspecto aponta igualmente para um constante questionamento acerca do caminho que ela deverá escolher e que a levará a evoluir nesse plano da existência. O segredo é confiar em sua capacidade racional, na força contida em suas ideias e na potência da comunicação. Com efeito, estas deverão ser postas à disposição de seus questionamentos e usá-las como ferramenta que facilita o encontro de boas soluções para as dúvidas que surgem ao longo da jornada traçada pela alma ao ingressar nessa vida. O grande propósito espiritual diz respeito ao desenvolvimento intelectual, à abertura da mente para diversos interesses e, acima de tudo, ao diálogo aberto e livre.

Aspectos conflitantes: quadratura com os Nodos Lunares Norte e Sul e conjunção com o Nodo Lunar Sul.

Ao nascer com um aspecto desafiador entre Mercúrio e os Nodos Lunares, à pessoa é dada a tarefa de se libertar dos eventuais problemas de comunicação e dos danos causados pela dispersão, ambos trazidos na bagagem de seu passado espiritual. É importante saber que a curiosidade e a busca por respostas serão sempre um importante elo que ligará o passado ao presente e que serão sua referência na escolha de um caminho de evolução. Todavia, é imprescindível não se aprisionar em opiniões formadas em tempos passados. Se o que a pessoa pensa acompanhar nos passos do tempo presente, toda informação adquirida irá ajudá-la a seguir confiante nessa jornada. De outro modo, o caminho será bem mais difícil de ser percorrido e a incerteza, a indecisão e a desatenção acabam por invadir a tranquilidade da alma. Por esse motivo, o segredo é se empenhar num trabalho que a ajude a se concentrar, sem, no entanto, deixar de lado os demais interesses. Finalmente, ao fazer das dúvidas um instrumento poderoso de crescimento e evolução, o propósito espiritual se cumprirá.

Vênus e os Nodos Lunares Norte e Sul

Aspectos favoráveis: sextil e trígono com os Nodos Lunares Norte e Sul e conjunção com o Nodo Lunar Norte.

A conexão favorável entre Vênus e os Nodos Lunares é indicativa do quanto a experiência amorosa da pessoa que nasceu com esse aspecto colabora para seu aperfeiçoamento interior. Mesmo os desencontros ou as dores provocadas pelo amor a orientarão para o encontro de um propósito que traga um significado mais profundo para sua existência. Sua jornada conta com o encontro de pessoas queridas que significam muito em sua história de vida. Além do que, há a facilidade de compreender que o afeto, a harmonia e a beleza produzida pelos encontros fazem parte de suas tarefas no âmbito espiritual. De outro modo, a conquista do conforto material, assunto igualmente associado a Vênus, fará parte da rota traçada por sua alma. Por fim, tanto o amor quanto a aquisição de recursos lhe servirão como referência para cumprir a jornada que a levará a sua elevação espiritual.

Aspectos conflitantes: quadratura com os Nodos Lunares Norte e Sul e conjunção com o Nodo Lunar Sul.

Tal configuração é indicativa de que libertar-se das dores causadas pelos desencontros e frustrações afetivas trazidas do passado faz parte da empreitada que visa o aprimoramento espiritual da pessoa nascida com esse aspecto. As marcas deixadas por tais experiências, quando não liberadas, formam enormes barreiras que atrapalham ou até mesmo a impedem de se manter na rota traçada pela alma ao nascer. Grande parte das dificuldades para acolher um propósito de vida se dá pelo fato de estar aprisionada aos modelos afetivos que necessitam ser atualizados. O segredo para superar essas propensões é ter como parâmetro o que já foi vivido sem, no entanto, ficar presa ao que já viveu no passado e, consequentemente, não repetir o que bloqueia a trajetória de sua evolução. Ao solucionar seus problemas de relacionamento, a pessoa alcançará com muito mais facilidade os objetivos que espiritualmente irão realizá-la.

Marte e os nodos lunares norte e sul

Aspectos favoráveis: sextil e trígono com os Nodos Lunares Norte e Sul.

Nascer com Marte em uma conexão favorável com os Nodos Lunares indica que a jornada espiritual traçada pela alma encontrará com os apoios tanto do espírito empreendedor, quanto das práticas da autonomia e da independência. Dificilmente faltará à pessoa garra diante dos desafios que ela possa vir a enfrentar na realização de tal jornada. Sua evolução estará diretamente associada ao desenvolvimento da coragem sempre que sentir medo ou quando vacilar diante de alguma insegurança. Ao resolver as áreas da vida em que se sente dependente e insegura, ficará mais fácil atingir as metas que visam sua evolução espiritual. Ainda mais, um dos maiores propósitos nessa existência será o de se manter fortalecida, especialmente nas ocasiões em que você se sentir derrotada. Por fim, é importante lembrar que a capacidade de se reerguer lhe servirá permanentemente como uma referência importantíssima para guiá-la no caminho que a levará a sua elevação espiritual.

Aspectos conflitantes: quadratura e conjunção com os Nodos Lunares Norte e Sul.

Nascer com essa configuração significa que a pessoa terá como tarefa liberar-se dos danos causados por conflitos, provocações, disputas e, eventualmente, derrotas vividas no passado. Ao se aprisionar às cicatrizes deixadas por tais experiências, elas se tornarão barreiras que a impediram de seguir adiante em seu propósito espiritual. A maioria dos erros cometidos quanto à escolha do seu caminho tem relação com a precipitação, com a impaciência e até mesmo com a raiva acumulada e que costuma vir à tona pela pressão do momento. Isto posto, para facilitar a realização da trajetória espiritual, é importante que suas energias sejam liberadas com consciência, que lute por sua independência com sabedoria e paciência e que tenha coragem ao enfrentar as situações em que possa se sentir insegura ou com medo.

Júpiter e os Nodos lunares Norte e Sul

Aspectos favoráveis: sextil e trígono com os Nodos Lunares Norte e Sul e conjunção com o Nodo Lunar Norte.

A conexão favorável entre Júpiter e os Nodos Lunares Norte e Sul significa que a pessoa pode contar com sua estrela da sorte quando o assunto é definir e investir em sua jornada de evolução espiritual. Essa proteção virá travestida de amor ao conhecimento e de autoconfiança, qualidades que a astrologia associa ao planeta gigante. Como os Nodos Lunares simbolizam a direção a ser tomada para cumprir com a trajetória que a alma escolheu trilhar ao nascer, esse aspecto espelha a tendência de estar sempre buscando um sentido maior e de querer explorar cada vez mais e a razão da existência. Além disso, o código que irá abrir o portal para o ingresso no caminho espiritual é dilatar a mente e acolher os professores e os mestres que cruzarem seu percurso. Estas serão peças preciosas para montar o quebra-cabeça de sua evolução, seu desenvolvimento, e, por fim, alcançar sua realização. Em conclusão, o propósito que deve ser alcançado nessa vida diz respeito à expansão do conhecimento, seja este conquistado através de cursos ou viagens, seja através das experiências que a ajudem a abrir os horizontes do olhar.

Aspectos desafiadores: quadratura com os Nodos Lunares Norte e Sul e conjunção com o Nodo Sul.

Ao nascer com essa conexão desafiadora, a pessoa terá como encargo nessa vida libertar-se dos eventuais danos causados pela obstinação e pela inflexibilidade — tendências associadas ao planeta gigante — trazidas dos tempos passados. Concomitantemente, deve confiar em seus valores mais elevados, pois são eles o elo perdido que liga o passado ao momento presente. São eles que servem como referência para progredir com segurança no caminho e, finalmente, que facilitam sua evolução espiritual. No entanto, o que importa mesmo é que não se deixe aprisionar em opiniões pré-condicionadas e, sim, que atualize constantemente seus conceitos para que possa seguir adiante. Caso ocorra o contrário, o percurso será bem mais difícil de ser percorrido. Por fim, o segredo é desenvolver a fé sem deixar de questionar, dedicar-se aos estudos e pesquisas e fazer do conhecimento um instrumento de elevação espiritual.

Saturno e os Nodos Lunares Norte e Sul

Aspectos favoráveis: sextil e trígono com os Nodos Lunares Norte e Sul.

A conexão favorável entre o planeta dos anéis e os Nodos Lunares indica que a maturidade aliada à disciplina auxilia o alcance dos propósitos espirituais traçados pela alma para essa existência. Quanto mais a pessoa se vê capaz de superar frustrações e de acolher a realidade tal qual ela é, a jornada se torna mais leve e confortável. Para que isso aconteça é fundamental que a pessoa se estruture, que construa bases sólidas para si e seja perseverante — qualidades também associadas ao simbolismo de Saturno. Estas a ajudarão a ultrapassar com segurança as barreiras que encontrará ao longo do caminho de elevação espiritual. De todo o modo, nos momentos cruciais ela terá recursos para encontrar saídas para os problemas. Além do mais, quando se sentir perdida, saberá que ao cumprir com responsabilidade seus compromissos e levar a sério os pactos que estabeleceu consigo mesma, encontrará novamente seu caminho. Por fim, este deverá ser realizado passo a passo, sem pressa, com persistência e sem desistir nos momentos mais difíceis, aqueles em que será posta à prova e que, se vencidos, servirão como estímulo para seguir adiante.

Aspectos conflitantes: quadratura e conjunção com os Nodos Lunares Norte e Sul.

Quando há um aspecto conflitante entre Saturno e os Nodos Lunares, a pessoa precisa se fortalecer espiritualmente para enfrentar com firmeza as frustrações e as provas que encontra ao longo do caminho de sua jornada de evolução. E o primeiro passo é tornar-se maduro para aceitar a realidade do jeito que ela é. Em seguida, é necessário que tenha paciência para construir alicerces sólidos o suficiente para sustentar seus propósitos mais elevados de tal maneira que possa, passo a passo, alcançar o topo da montanha espiritual. É no cumprimento de seus deveres e na fidelidade aos acordos que faz consigo mesma que a pessoa recuperará o caminho quando estiver perdida. Nas fases cruciais da vida, é preciso que tire proveito do momento presente, que vá sem pressa ao pote das riquezas da alma e não desista de prosseguir quando for posta à prova. Vencidos os desafios, estes servirão como estímulo para seguir adiante.

Urano e os Nodos Lunares Norte e Sul

Aspectos favoráveis: sextil e trígono com os Nodos Lunares Norte e Sul.

A força que flui no encontro entre Urano e os Nodos Lunares é indicativa do quão facilitador é o cultivo de um espírito livre quando o que está em jogo é o progresso espiritual. Certamente, a vida se encarregará de promover as mudanças necessárias para que a pessoa se abra para caminhos que podem ser considerados não convencionais. As experiências que venham acompanhadas por um sentimento de estranheza, além de todas aquelas que forem capazes de modificar radicalmente seus preconceitos, terão extremo valor para sua evolução, ainda que algumas vezes essas mesmas vivências possam trazer algum tipo de resistência ou sofrimento. Por esse motivo, o segredo é não evitá-las, já que as tempestades da vida, assim como as da natureza, libertam as sementes para que germinem e renovem a vida. A chave que abre as portas de sua jornada espiritual é a manutenção constante da mente aberta e a entrega de corpo e alma à liberdade que acolhe o imprevisível.

Aspectos conflitantes: quadratura e conjunção com os Nodos Lunares Norte e Sul.

Nascer sob essa configuração é compreender que a acomodação e a sujeição a padrões de comportamento ultrapassados dificultarão sua evolução espiritual. Dito isso, um primeiro passo para aliviar essa tensão é cultivar um espírito livre e acolher as tempestades da vida como processos de renovação. Quando essas condições não são atendidas, a vida se encarregará de sacudir o que está estagnado e promover as mudanças necessárias para que seu caminho se abra para prosseguir na jornada com mais tranquilidade. A seguir, é importante que saiba lidar com a estranheza provocada pelo encontro com sua espiritualidade, pois é ela que a ajudará a quebrar os padrões repetitivos e aprisionadores do espírito. A senha que abrirá os portais da grande viagem de crescimento e evolução é se entregar à prática da liberdade e confiar que as mudanças do presente germinarão a iluminação no futuro.

Netuno e os Nodos Lunares Norte e Sul

Aspectos favoráveis: sextil e trígono com os Nodos Lunares Norte e Sul.

A conexão favorável entre Netuno e os Nodos Lunares é indicativa do quanto a intuição e a sensibilidade contribuem para que a pessoa se desenvolva espiritualmente. Além do mais, sempre que houver dúvidas quanto ao caminho a seguir, seja por questões objetivas, seja por motivos internos, ela é capaz de ter calma e de entrar em estado de introspecção até a nebulosidade dissipar e voltar a enxergar a luz. Aliás, este estado de reflexão será uma das suas ferramentas mais eficientes nas ocasiões em que precisar decidir qual direção tomar quando o que está em pauta é o desejo de evoluir. Na esfera de Netuno, as coisas jamais são sentidas de forma lógica e é dessa maneira que ela toma consciência do propósito de estar aqui nesse planeta. Outra face dessa configuração é a de ter facilidade de dar forma às fantasias e realizar os sonhos que tenham a ver com suas buscas espirituais, abrindo seus caminhos, especialmente nos momentos desorientados e sujeitos a grandes pressões psíquicas e emocionais.

Aspectos conflitantes: quadratura e conjunção com os Nodos Lunares Norte e Sul.

Nascer com essa configuração significa se encarregar da libertação dos sofrimentos causados pelas experiências psíquicas trazidas do passado, aquelas que geram angústias e, muitas vezes, negação da realidade. O aprisionamento em fantasias e temores é o maior empecilho para o alcance da elevação espiritual. As dúvidas que dizem respeito à escolha do caminho que irá conduzir a pessoa à evolução de sua alma têm origem no apego às antigas mágoas e ressentimentos. Entretanto, por mais que sejam desconfortáveis, o fato de serem conhecidos, a tendência e a melancolia tende a acomodá-los. Contudo, é importante se desintoxicar de dores psíquicas para que acesse uma intuição clara e reveladora. As práticas de cuidado de si iluminarão sua jornada, especialmente nos momentos desorientados e sujeitos a grandes pressões emocionais. Por fim, as experiências que a levarem a mergulhar no fundo de sua alma farão parte do destino que esta traçou ao ingressar nessa existência.

Plutão e os Nodos Lunares Norte e Sul

Aspectos favoráveis: sextil e trígono com os Nodos Lunares Norte e Sul.

A pessoa que nasceu com esse aspecto é favorecida espiritualmente sempre que cultiva o hábito de se desapegar e, igualmente, quando deixa para trás o que não mais a alimenta no momento presente. Viver com profundidade e acolher as transformações que a tornam alguém diferente do que foi até então tem um extremo valor para sua evolução espiritual, ainda que sofra com as perdas naturais de toda e qualquer mudança. A chave que abrirá o portal da jornada de sua alma nessa existência é se libertar de tudo que está estagnado e que necessite de renovação. A meta que a orientará no aperfeiçoamento de sua espiritualidade é sempre estar disposta a mergulhar em seu ser e aceitar que nem tudo na vida depende de sua vontade. Assim sendo, encontre seu propósito espiritual conduzindo com sabedoria as decisões que aquietam as turbulências de sua alma.

Aspectos conflitantes: quadratura e conjunção com os Nodos Lunares Norte e Sul.

Quando há uma comunicação tensa entre Plutão e os Nodos Lunares, a primeira providência a ser tomada no que diz respeito ao cenário espiritual é promover profunda desintoxicação de hábitos destrutivos, aqueles que desvalorizam o que deve ser preservado e que deixam cicatrizes profundas no âmago da alma. O aprisionamento num passado marcado por dores causadas pela impotência, pelas perdas e pelo desamparo só dificulta mais ainda a abertura dos portais que dão acesso à jornada de elevação espiritual. O segredo aqui é tratar da saúde psíquica e emocional, transformar a si mesma e se desapegar do passado. Por fim, ter como propósito vasculhar a própria alma é garantir a realização do que foi traçado como meta quando esta ingressou nessa existência.

Ascendente e descendente e Nodos Lunares Norte e Sul

Aspectos favoráveis: sextil, trígono com os Nodos Lunares Norte e Sul.

Na medida em que a linha do horizonte — Ascendente e Descendente — define a criação de uma individualidade e o modo como a pessoa se relaciona com o outro, essa posição indica que o caminho de crescimento espiritual de quem nasceu com essa conexão tem a ver tanto com o desenvolvimento da autoconfiança, da aquisição da independência enquanto indivíduo dono da própria vontade, quanto da capacidade de alcançar harmonia com seus parceiros. Contemplar seus desejos sem, entretanto, deixar de acolher o desejo do outro é o grande facilitador da jornada de evolução da alma nessa existência. Sem se perder de si e sem se perder do outro, as portas que dão acesso a seu desenvolvimento espiritual se abrem e a pessoa reconhece a potência dos encontros, seja consigo mesmo, seja com seus parceiros de vida.

Aspectos conflitantes: quadratura e conjunção com os Nodos Lunares Norte e Sul.

Os aspectos tensos formados entre a linha do horizonte e os Nodos Lunares indicam a necessidade da pessoa de atender, por um lado, a própria vontade e, por outro, os desejos dos parceiros. O desafio aqui é manter a independência sem deixar de acolher a demanda do outro. Esse desafio é o compromisso que foi selado pela alma ao ingressar nessa vida, e que lhe dá garantia de poder se elevar espiritualmente. O código secreto que abre a porta de sua jornada espiritual depende tanto da libertação dos excessos do ego quanto da dependência tóxica do outro. No primeiro caso, têm-se a conjunção do Nodo Sul com o Ascendente. No segundo, a conjunção com o Descendente. Quando for quadratura, tanto o narcisismo quanto a subordinação devem ser transformadas em autoconfiança e boa parceria.

Meio do Céu, Fundo do Céu e os Nodos Lunares Norte e Sul

Aspectos favoráveis: sextil e trígono com os Nodos Lunares Norte e Sul.

A pessoa que nasceu com essa posição carrega consigo a facilidade de fazer de suas escolhas profissionais e pessoais uma ferramenta para evolução espiritual. Cultivar laços familiares sem se aprisionar a eles e, igualmente, se esforçar para atingir suas metas sem se perder na fogueira da vaidade do poder são as bênçãos trazidas por esse aspecto. O eixo astrológico que simboliza de onde viemos e qual a missão que nos é destinada se conecta em harmonia com a trajetória que a alma escolheu trilhar no momento que ingressou nessa vida. Portanto, estando bem resolvida o que quer alcançar no mundo e nutrida emocionalmente, a pessoa seguirá firme e segura pelo caminho que a elevará espiritualmente.

Aspectos conflitantes: quadratura e conjunção com os Nodos Lunares Norte e Sul.

Quando a conexão entre a linha do meridiano e a linha dos Nodos Lunares é tensa, significa que a pessoa que nasceu com ela tem como desafio equilibrar o tempo dispensado na construção da carreira e do empregado na manutenção do equilíbrio familiar. Tal desafio faz parte da jornada da evolução espiritual e deve ser encarado como uma prática que engrandece a alma. Dito isso, para que ela se sinta livre para escolher o que seu íntimo deseja realizar, é preciso ficar desimpedida das referências passadas que a influenciaram e que a desviaram do verdadeiro caminho. Além de contemplar o aspecto da quadratura, essa interpretação é especialmente sentida quando há a conjunção do Nodo Norte com o Meio do Céu. No caso da conjunção do Nodo Norte com o Fundo do Céu, o que deverá ser libertado é a vaidade excessiva causada pelo desejo de poder, levando a pessoa a buscar o acolhimento emocional e tornando-o seu mais alto propósito espiritual.

Quíron e os Nodos Lunares Norte e Sul

Aspectos favoráveis: sextil e trígono com os Nodos Lunares Norte e Sul.

O encontro fluente entre Quíron e os Nodos Lunares Norte e Sul facilita a compreensão de que aquilo que dói se transmuta em cura espiritual. A jornada de evolução da alma compreende saber lidar com as cicatrizes dos ferimentos produzidos pela vida e encontrar os bálsamos que aliviam seus sofrimentos mais profundos. A pessoa estará sempre comprometida em cuidar de si no que há de mais frágil nela, da mesma forma que ajudará os outros a aliviar suas dores. Portanto, a chave que abrirá seus caminhos é exercer o dom da cura, seja no âmbito físico, psíquico ou até mesmo espiritual, e as metas que a orientarão no percurso espiritual estão direcionadas para cuidar de tudo o que sofre no planeta. Dessa maneira, ela encontra um sentido maior para sua existência e conduz melhor sua alma no cumprimento do destino que ela escolheu realizar ao nascer.

Aspectos conflitantes: quadratura e conjunção com os Nodos Lunares Norte e Sul.

A conexão tensa entre Quíron e os Nodos Lunares é indicadora de algum grau de dificuldade que a alma enfrenta para encontrar as ferramentas adequadas que possam aliviar as dores oriundas das experiências passadas. Para começo de conversa, um bom caminho que ajudará a pessoa no processo evolutivo espiritual é desatar os nós que a aprisionam em sofrimentos que, vira e mexe, reaparecem e se manifestam como sintoma de desequilíbrio. Em compensação, ela também carrega na memória o dom de curar e, por esse motivo, deverá arcar com o compromisso de, além de cuidar das próprias fragilidades, também o de ajudar os outros, seja diante de dores físicas, psíquicas ou espirituais. Assim, os caminhos se abrem e a pessoa encontra, enfim, um propósito verdadeiro que irá guiá-la em sua jornada de elevação espiritual.

Lilith e os Nodos Lunares Norte e Sul

Aspectos favoráveis: sextil e trígono com os Nodos Lunares Norte e Sul.

Os aspectos entre esses dois pontos virtuais conectam o propósito espiritual e a liberação das energias libidinais contidas ou não manifestadas objetivamente. Portanto, o encontro fluente entre eles sugere que a jornada de autoconhecimento e de expansão nessa existência é facilitada pela tomada de consciência dos mais profundos desejos e da sexualidade, despertando-a para a aurora espiritual. Outro fator que colabora para a elevação da alma é a libertação dos tabus e das repressões sociais que impedem seu pleno desenvolvimento. Vale lembrar igualmente que, ao respeitar seus desejos e ao não se submeter aos jogos de dominação e poder, o portal de sua jornada interior é aberto e revela a estrada iluminada que a conduz ao comprimento do propósito espiritual.

Aspectos conflitantes: quadratura e conjunção com os Nodos Lunares Norte e Sul.

Essa conexão revela o desafio da alma em cumprir sua jornada espiritual sem cair nas armadilhas emocionais geradas pelo sentimento de desamparo e de exclusão. Estas dificultam a pessoa a se manter firme no propósito de evolução sendo, portanto, necessário liberar-se dos sentimentos reprimidos, dos tabus repressores e das pressões sociais que contraditam seus verdadeiros desejos. Além do mais, é importante compreender que, na trajetória espiritual, a realização plena da sexualidade colabora igualmente para seu autoconhecimento e consequente amadurecimento.

Roda da Fortuna e os Nodos Lunares Norte e Sul

Aspectos favoráveis: sextil, trígono e conjunção com os Nodos Lunares Norte e Sul.

Nascer com essa conexão significa que o caminho espiritual da pessoa será facilitado pela arte de deixar fluir os acontecimentos da vida e por confiar no brilho da estrela da sorte. De posse dessa bênção, ela se alicerça na certeza de que, ao procurar uma direção a seguir que vise sua evolução, a vida se torna mais leve, tornando-se capaz de superar suas dificuldades com maior tranquilidade. Sempre que a pessoa se encontrar numa situação atrapalhada, ela pode recorrer em sua memória a certeza de que as buscas espirituais facilitarão o encontro das boas soluções e, por fim, conseguir ultrapassar tais momentos sem tantas atribulações. No mais, nascer com esse aspecto é ter a certeza que seu destino espiritual nessa existência está intimamente relacionado à generosidade de saber aproveitar as graças que a vida lhe presentear.

Aspectos conflitantes: quadratura com os Nodos Norte e Sul.

A existência de um aspecto tenso entre a Roda da Fortuna e os Nodos Lunares significa que um dos grandes desafios na existência dessa pessoa é ela compreender que a elevação espiritual só será facilitada quando puder confiar no fluir dos acontecimentos da vida, desobstruindo, assim, as energias represadas. É importante que tenha sempre em mente que, ao iniciar sua jornada espiritual, seus caminhos se abrirão e a vida se tornará bem mais leve. É bom lembrar também que, nos momentos turbulentos da vida, é fundamental a pessoa se concentrar nas práticas espirituais, compreendendo que são elas as facilitadoras das boas resoluções. Por fim, é importante saber reconhecer que as dificuldades não são necessariamente falta de sorte, mas um aprendizado para que confie mais na bondade da própria vida.

CAPÍTULO 14
Quíron

APRESENTAÇÃO

Na mitologia grega, Quíron é o sábio centauro, ser híbrido, criatura com cabeça, braços e peito de homem, com corpo e patas de cavalo. Quíron passou sua vida buscando os bálsamos para tratar a ferida que carregava e que tanto doía. Sua história começa com um adultério — Filira, sua mãe, é amante do deus Cronos (Saturno, na mitologia romana), e os dois, em dado momento, são flagrados pelo marido de Filira. Acovardado, Cronos foge da situação transmutado em cavalo e, quando o bebê nasce na forma de um centauro, a mãe, envergonhada, o abandona na base do Monte Pélion — local onde habitavam os grandes mestres da Grécia. Toda a sabedoria de Quíron foi, então, adquirida pelo convívio com seus instrutores, o que o fez se tornar, igualmente, um grande professor.

Jovem, Quíron se aproxima de Apolo que, por sua vez, portava flechas com venenos mortais em suas pontas. Um dia, Apolo lutava contra os centauros que eram seres nada amistosos e, sem perceber que Quíron estava na linha de frente, acaba acertando sem querer seu grande amigo — a flecha atingiu profundamente a coxa de Quíron. Já que Quíron era imortal por ser filho de um deus, a ferida não matava, mas, como seu veneno era mortal, também não curava.

Quíron se dedicou a realizar diversas alquimias para encontrar medicamentos que poderiam aliviar sua dor. Por essa razão, tornou-se o padroeiro da medicina, já que descobriu unguentos eficientes capazes de curar os mais diversos males.

No mapa, Quíron é a ferida incurável que nos acompanha — e que, justamente por isso, torna-se um ponto fundamental a ser acolhido e compreendido. De posse dessa consciência, aumentamos significativamente a possibilidade de desfrutarmos de uma vida mais saudável, em sintonia com o que antes comprometia tão fortemente o próprio equilíbrio físico, mental ou espiritual.

Ao revelar a natureza da dor que nos atormenta, o signo em que se encontra Quíron traz à consciência qual caminho deve ser seguido e que nos levará ao encontro do alívio desejado. Por exemplo, os signos de fogo apontam para um caminho de autoconhecimento; os de Terra devem seguir uma trajetória pragmática e produtiva; os de Ar precisam seguir numa trilha de natureza intelectual e social; e os de Água, emocional e espiritual. Entretanto, é na alquimia entre o signo em que está Quíron e a casa em que ele se encontra que uma análise ampla e eficiente se dará, abrindo o caminho rumo ao bem-estar. Ademais, os aspectos que envolvem Quíron no Mapa possibilitam a percepção dos maiores desafios e facilidades que precisam ser reconhecidos para levar assertividade a essa jornada sensível e altamente potente.

Além de analisar o signo onde se encontra Quíron, é de extrema importância verificar qual setor da existência precisa ser cuidado para que possamos manter o bem-estar da nossa saúde, curando os males que lhe causam desequilíbrio. É nessa área da vida que adquirimos consciência de que certas experiências nos dão acesso à dor que é capaz de promover grandes curas. É nesse ponto que mora a ferida que incomoda, que evidencia constantemente as questões e os hábitos que precisam ser tratados, sejam eles mentais, físicos ou espirituais. Podemos, então, dizer que a casa em que habita Quíron é o lugar onde encontramos os meios que nos permitem viver bem.

QUÍRON NOS SIGNOS

Quíron em Áries

A posição de Quíron em Áries, signo que exalta essencialmente a autonomia, a independência e a força de vontade, indica que o processo de construção da individualidade pode ser fonte de dor, já que tal conquista acaba por deixar marcas profundas que carecem de cuidado e consolo. Observando ações, decisões e padrões de comportamento em que haja a participação de agressividade — fruto de uma postura muitas vezes impulsiva e impensada —, a pessoa entende que é justamente esse modo de agir que inflama sua ferida. O que vale nesse caso é ter em mente que os momentos desafiadores e conflitantes podem ser desagradáveis, mas são, ao mesmo tempo, a grande oportunidade de tomar consciência do que precisa ser acolhido e tratado para que torne possível viver de forma mais equilibrada. O olhar generoso e honesto voltado para si mesmo é o que permite a compreensão da natureza do que se sente, desfrutando, a partir disso, de um espaço interno mais leve e harmonioso. O segredo é acreditar na possibilidade da restauração da autoconfiança através das ações pautadas em uma autossuficiência sadia.

Quíron em Touro

Quíron em Touro, signo que simbolicamente se encarrega dos assuntos associados à matéria, ao conforto e à potência de produção, indica que são esses assuntos a ponta do iceberg que denuncia um sofrimento que precisa ser tratado. A necessidade de ter e de viver com a garantia de que não lhe faltarão recursos e, sobretudo, o excesso de apego, acabam por inflamar a ferida associada ao simbolismo de Quíron. A expressão "botar a mão na massa" é extremamente pertinente quando se trata de buscar o alívio para seu sofrimento. A propósito, quando o corpo físico, emocional ou espiritual adoece, o bom remédio é se dedicar a um trabalho sadio capaz de restaurar o seu bem-estar. De outro modo, Touro tem associação também com o prazer, com a satisfação do desejo libidinal e com a necessidade de preencher as carências afetivas. Portanto, os bons encontros que são redutos de trocas agradáveis, favoráveis e positivas, tornam-se forças essenciais para o processo de amenização das dores causadas pelas experiências amorosas e sexuais. A segurança produzida pela presença das pessoas amadas é capaz de apontar as saídas e soluções nos momentos mais desafiadores de sua vida.

Quíron em Gêmeos

Gêmeos é o universo das trocas, das informações e do raciocínio, e sua relação com Quíron é indicadora de que tal universo é, ao mesmo tempo, causador de sofrimento e remédio que alivia a dor. A dualidade, a divisão, a dúvida e os dilemas são sintomas que denunciam seu desequilíbrio, podendo este se manifestar no corpo, na mente ou no espírito. Por causa disso, é extremamente importante que a pessoa invista em boas informações, nas trocas produtivas e na satisfação que o conhecimento é capaz de proporcionar. Para tratar das dores do encontro entre Quíron e Gêmeos, a pessoa precisa estar certa de ter a seu lado gente com quem ela possa dialogar livremente, trocando ideias e pontos de vista que ampliem e acrescentem um vasto conteúdo à sua bagagem intelectual. Tudo que nutre a mente e traz esclarecimento é muito bem-vindo, a exemplo dos bons estudos, dos amigos generosos ou de terapias adequadas que o ajudem a investigar os porquês de sua inquietude. Ademais, é valido reconhecer que, muitas vezes, o que não é dito pode se tornar fonte de dores profundas e, por essa razão, é muito importante que aprenda a expressar de algum modo o que sente, evitando mal-entendidos ou desacordos que são igualmente razão de seu sofrimento. Fato é que a convivência saudável com quem está ao redor e a capacidade de se comunicar bem são determinantes para a construção de um bem viver.

Quíron em Câncer

A posição de Quíron no signo de Câncer, reino da ancestralidade, indica que a cura dos ferimentos produzidos pela vida se encontra no esclarecimento das dores do passado que tendem a voltar à tona sempre que a pessoa estiver emocionalmente fragilizada. Em razão disso, é importante que ela zele pela estabilidade de suas relações de afeto para que as antigas experiências dolorosas não sejam projetadas nas pessoas que mais ama. É bom reforçar que, ao dar uma especial atenção aos relacionamentos mais íntimos, ela evitará ruídos desnecessários que tendem a gerar mágoas e ressentimentos. Olhando por outro ângulo, o signo de Câncer trata da relação com a moradia e da necessidade de nos sentirmos protegidos dentro dela. Ao mesmo tempo que angústias e sofrimentos podem ser aliviados se recolhendo e se aconchegando no seu lar, este é igualmente um lugar de sofrimento que denuncia suas desarmonias internas ou familiares. Pois, ao se permitir entrar e ficar na própria "concha", os unguentos restauradores se revelam e lhe devolvem a um estado emocional saudável. De mais a mais, o acolhimento das experiências vividas no passado produz o grande alívio de poder olhar para a própria história com coragem, crescendo com o que já passou.

Quíron em Leão

A posição de Quíron no signo de Leão indica que é na energia desse signo — autoestima e magnetismo pessoal — que são produzidas tanto as feridas que consomem a paz, quanto a cura que alivia as dores provocadas por elas. O que inflama as cicatrizes produzidas pela ação do ego evidencia que a relação da pessoa com sua autoimagem precisa ser tratada de maneira que possa alcançar uma vida saudável. Portanto, ao encontrar recursos que mantêm a autoconfiança em equilíbrio, também a ferida passa a se manter sob seu controle. É preciso que a pessoa busque um relacionamento sadio com o valor que dá a si mesma para não se tornar escrava do amor-próprio ou de quem ela idealiza ser e que está fora de seu alcance se tornar. Vale ressaltar que, ao conhecer profundamente a forma como se manifesta sua dor — seja por se sentir autossuficiente demais, desvalorizando parcerias e relações, ou por falta de confiança em si própria por causa de baixa autoestima —, a pessoa estará bem próxima dos unguentos que trarão alívio para seu sofrimento. Em suma, tanto a necessidade de reconhecimento quanto a dificuldade de se expor são questões que devem ser tratadas para manter sua saúde integral. A chave para o encontro com esse bem-estar está na arte de saber reverenciar a autoconfiança como se faz com um mestre que ilumina a jornada e propicia sua evolução.

Quíron em Virgem

O simbolismo de Virgem trata essencialmente dos processos de aperfeiçoamento e purificação. Por conseguinte, quando associado ao sábio centauro, as qualidades do signo se transformam em terapias que tratam dos desequilíbrios produzidos pela má gestão dos afazeres do dia a dia. A bem da verdade, os maus resultados e a incerteza de produzir bem o que a pessoa se propôs a fazer são questões que podem agravar os traumas representados por Quíron em Virgem. A crítica é uma questão assaz sensível e, para aliviar as aflições provocadas por ela, a chave é investir no discernimento capaz de distinguir as opiniões que servem das que não. Virgem é um signo de elemento Terra, portanto, o simbolismo acolhe o senso pragmático e a capacidade produtiva. Visto que Quíron trata de dores e males que pedem por alívio, o segredo é se dedicar à realização de algum projeto que faça a pessoa se sentir útil. Entretanto, quando se trata de produtividade, vale ressaltar que o trabalho excessivo ou estressante compromete significativamente a qualidade de sua saúde. Isso posto, uma rotina equilibrada, somada a hábitos saudáveis, ajustam os eventuais desequilíbrios, sejam eles do corpo, da mente ou do espírito.

Quíron em Libra

Estando Quíron no signo que simboliza a potência dos encontros, relacionar-se é uma experiência que ao mesmo tempo abre cicatrizes que foram produzidas pelos conflitos amorosos e é capaz de tratar as dores decorrentes de tais atritos. Pelo fato de Quíron encontrar os bálsamos onde habita a ferida, é justamente através dessas trocas que a pessoa encontrará a cura para seus aborrecimentos emocionais. Logo, a conexão de Quíron com o signo da balança indica que a habilidade em lidar com suas relações — sobretudo as de cunho amoroso — está associada à qualidade da saúde integral. Quando a troca não flui como o desejado, as feridas inflamam, e a maneira mais eficiente de tratar a dor é se unindo a quem a acolhe, permitindo o amparo capaz de nutrir o coração que se abre e compartilha o que sente. As reflexões e novos pontos de vista trazidos pelo outro são capazes de amenizar o desconforto provocado pelas inseguranças afetivas. Nessa posição, as dinâmicas de afeto são causa e solução. Ademais, é necessário que a pessoa reconheça a importância do próprio valor no território dos encontros, desfrutando assim um maior equilíbrio emocional, favorecendo a serenidade, a saúde e o bem-estar em geral.

Quíron em Escorpião

Por estar em Escorpião — signo da regeneração e da transmutação —, o astro que fala do alívio de nossas dores encontra uma potente habilidade de promover a cura. Dito isso, é certo interpretar essa posição como sendo um encontro entre terapeutas. Ademais, Escorpião é o signo das profundezas, lugar na alma onde habitam os sentimentos mais intensos, misteriosos e igualmente sombrios. Certamente acessá-los não é uma tarefa fácil, mas é o contato com suas feridas e cicatrizes interiores que a pessoa encontrará os bálsamos que levarão luz às cavernas escuras. As profundezas representadas por Escorpião exigem que tal acesso seja efetuado com uma enorme intensidade, demandando da pessoa um grande investimento emocional de maneira tal que consiga se descolar das emoções que corroem sua alma. No momento de uma doença, dificuldade ou profunda dor, é inevitável que a pessoa mergulhe para dentro de si mesma para encontrar formas de se transformar e se curar. O segredo é ter em mente que terapias e práticas espirituais podem promover a purificação gentil daquilo que vem sendo guardado a sete chaves nos confins da alma. Sendo assim, estas talvez sejam as melhores maneiras de resolver questões subjetivas que possam causar dores representadas pelo encontro entre Quíron e o signo de Escorpião.

Quíron em Sagitário

Quíron é o próprio centauro do mito de Sagitário e, por essa razão, o encontro entre os dois híbridos tem um valor especial. Ainda que guardem um mesmo simbolismo, tratam, porém, de assuntos ligeiramente distintos: Sagitário honra seus mestres e, através dessas referências, busca a própria evolução. Por sua vez, a jornada representada por Quíron é a incansável busca da cura, onde a própria dor é a mestre, já que é ela quem torna possível o autoconhecimento. Portanto, a conexão de Quíron com a força simbolizada em Sagitário é indicativa de que a dor é uma das mais eficazes ferramentas do trabalho de aprendizagem. Fato é que, ainda que a pessoa deseje ardentemente conhecer mais e mais, seu incômodo é reconhecer que ainda sabe muito pouco. Durante esse processo, a busca pela expansão do intelecto deve ser vivida com humildade para que não cause a inevitável frustração de se sentir incapaz de conquistar a compreensão tão almejada. Em contrapartida, é importante não cessar suas buscas, pois são elas que, ao se sentir doente, ferida ou enfraquecida, restaurarão suas forças. Para além disso, deve-se somar o alimento intelectual como um poderoso medicamento para seus males. Por fim, essa posição de Quíron aponta para a necessidade de se manter atenta à saúde do corpo físico, seja por conta de eventual sedentarismo ou, ao contrário, por atividades que, quando em excesso, causem desgaste e exaustão.

Quíron em Capricórnio

Sendo Capricórnio o signo que simboliza a força de trabalho e o senso de responsabilidade, a ferida exaltada por Quíron nessa posição é fruto dos desequilíbrios ocasionados pelas preocupações da pessoa com bons resultados, pelo excesso de compromissos assumidos por ela e pela pressão exercida por suas ambições. Fato é que o caminho rumo ao topo da montanha é quase sempre doloroso e desafiador. Entretanto, é nessa jornada que a pessoa restaura seu bem-estar. De mais a mais, ao lançar mão do pragmatismo como forma de escalar a escarpa de suas aspirações, ela se vale dessa qualidade como força terapêutica que a auxiliará a conquistar o topo almejado. Sendo assim, ao se planejar criteriosamente, caminhando com segurança e humildade, a pessoa encontrará os bálsamos que aliviarão a sobrecarga de seus desassossegos. Na medida em que Capricórnio representa a noção do tempo cronológico, este pode ser sentido com desconforto. Em contrapartida, será a passagem do tempo a própria terapia. "Quanto tempo passou? Quanto ainda tenho para realizar?" Tais questões devem ser levantadas como forma de auxiliar o cumprimento das responsabilidades de forma eficiente, e não para causar ansiedade e tensão, prejudicando a saúde e o bem-estar. Sendo assim, o caminho saudável indicado por Quíron em Capricórnio se faz no cumprimento possível dos deveres, e, principalmente, no respeito a seus limites.

Quíron em Aquário

Quíron no signo que corresponde ao espírito fraterno e à solidariedade indica que a pessoa sofre as dores do coletivo como sendo suas, nascendo daí o desejo de assistir aqueles que necessitam de amparo. Para quem nasceu com essa posição, é muito árduo desfrutar do bem-estar pessoal diante das injustiças e do sofrimento alheio. As feridas sociais inflamam suas próprias feridas. Isso posto, a maneira mais eficiente de remediar tais dores é ajudando e se permitindo ser ajudado. Fato é que o sofrimento de um amigo toca sua fragilidade, já que o papel de Quíron em Aquário é, essencialmente, compartilhar, dividir e apoiar. Por outro lado, recorrer a essa teia de amizades, reduto de nutrição e acolhimento, é encontrar o alívio para suas inquietações e libertação de suas angústias. A cooperação e a colaboração devem estar presentes em sua jornada de autoaperfeiçoamento, somando forças para conseguir agir em benefício daqueles que necessitam de amparo. Ademais, a liberdade a marca registrada de Aquário deve ser vivenciada com consciência para que não se torne um motivo de tormenta, sabendo que é diante de qualquer sensação de aprisionamento que a ferida acaba por se revelar.

Quíron em Peixes

Peixes é reduto de espiritualidade e, ao mesmo tempo, de oscilação emocional. Portanto, a dor representada pela conexão de Quíron com esse signo se dá, essencialmente, na alma. A ferida causada pelas angústias psíquicas revela que os tratamentos capazes de trazer alívio são encontrados nas práticas e atividades espirituais ou psicoterapêuticas. É dentro de si mesma que a pessoa sente a dor, e é igualmente no seu interior que ela encontra os recursos capazes de restaurar sua saúde psíquica e espiritual. Ademais, o recolhimento e a introspecção que permitem o silêncio são fundamentais para haver um olhar verdadeiro sobre si e uma conexão genuína com o todo. É na visita à imensidão de seu universo interior, acolhendo a presença do inefável e investindo no autoconhecimento, que o bem-estar se torna possível. Pelo fato de Peixes tratar da relação com a imaterialidade, alguns desequilíbrios podem se revelar tanto pela crença excessiva e pela negação da realidade, quanto pela ausência da fé. É preciso, antes, permitir o bom fluxo das águas internas para então acessar, acolher e tratar aquilo que angustia e que gera dor.

QUÍRON NAS CASAS

Quíron na casa 1

A posição de Quíron na primeira casa do Mapa Natal destaca a existência de um sofrimento adquirido no processo da construção do "eu" e sempre que a pessoa luta pela conquista de sua independência. É provável que tal dor tenha origem em experiências vividas na infância, nos primeiros passos que deu na obtenção da autoconfiança, ou seja, são marcas antigas do viver. Desse modo, ao olhar para si, revela-se o que precisa ser contemplado e tratado para que a pessoa se sinta mais segura para ser ela mesma. Em contrapartida, pode-se afirmar que o sofrimento provocado tanto pela baixa autoestima quanto pelo excesso de confiança em si mesma é um dos responsáveis por se tornar uma pessoa verdadeira consigo mesma. O certo é que, na esfera da autoconsciência, ela encontra a chave para a cura de angústias e desconfortos. O melhor bálsamo para o que incomoda é o olhar generoso sobre as próprias feridas, praticando o autocuidado. É igualmente valioso investir em terapias e atividades físicas que propiciam o equilíbrio do corpo e da mente. Essas são ótimas formas de se dedicar a seu bem-estar e ao acolhimento de sua autoimagem. Além do mais, saber enaltecer as próprias virtudes, encontrar satisfação quando está a sós consigo mesmo e investir na força da autoestima são também caminhos promissores para restaurar a saúde física, mental e espiritual.

Quíron na casa 2

A dor simbolizada por Quíron na casa 2 está estreitamente associada com a materialidade, com a segurança de ter os pés firmes no chão e com a capacidade de produzir recursos financeiros suficientes para promover seu bem-estar. Por essa razão, é fundamental que a pessoa tenha consciência do quão importante é zelar pelo que é seu, organizando-se para evitar gastos excessivos ou desnecessários, assim como confusões financeiras que possam contribuir para seu desequilíbrio. Ademais, cuidar dos bens que foram conquistados com seu próprio esforço é primordial para a manutenção da paz de espírito. Em contrapartida, o caminho para aliviar a dor simbolizada por essa posição astrológica é fazer um uso consciente do que lhe proporciona prazer. Melhor dizendo: quando surgem os problemas que inflamam tais feridas internas, o mais acertado a fazer é investir no conforto, valorizando os momentos de contentamento e reconhecendo as sensações que ajudam a restaurar o bem-estar e que aliviam aquilo que tanto importuna. Além do mais, a relação da pessoa com seu trabalho é um investimento positivo, pois, colocando a "mão na massa", ela direciona a mente e equilibra o corpo físico e espiritual, harmonizando-se como um todo. Nesse contexto, fazer o que dá prazer é uma forma de se curar, e a materialização de seus mais profundos desejos é um verdadeiro recurso para manter-se saudável.

Quíron na casa 3

Quando Quíron ativa a Casa 3, a ferida por ele simbolizada se abre e inflama sempre que a pessoa estiver em desarmonia com situações relacionadas à inteligência, ao conhecimento e à vida social. Os maus encontros ou até mesmo os desencontros deixam cicatrizes que denunciam o quão importante é para ela conviver com as pessoas e as trocas que são feitas. Pode-se afirmar, portanto, que o bom convívio social e o raciocínio lúcido compõem o palco que permite encontrar os bálsamos e antídotos capazes de promover uma vida sadia. Sendo assim, o interesse por estudar e obter informação será sempre de grande ajuda, expandindo as fronteiras do saber e restaurando, naturalmente, seu equilíbrio. De mais a mais, movimentar-se e conhecer novos lugares e pessoas são experiências fundamentais para espairecer o que arde e incomoda, reciclando ideias e promovendo boas permutas. Por esse motivo, é valoroso manter-se aberto para conhecer novos mundos e assuntos, saciando, desse modo, a curiosidade. Além do mais, é essencial lembrar que, quando o que está em jogo é o simbolismo de Quíron, aquilo que dói é justamente o remédio que trata e alivia a dor. Portanto, quando uma escolha não funcionar, o importante é que a pessoa olhe para os lados e acolha outras oportunidades, caminhos e soluções que cruzem seu caminho. Quanto mais possibilidades forem contempladas, mais chance para suas feridas cicatrizarem.

Quíron na casa 4

A interação de Quíron com a quarta casa do Mapa Astral indica que a dor representada por esse centauro sábio e ferido diz respeito às marcas deixadas pelo tempo e à relação da pessoa com sua ancestralidade. Portanto, o que a molesta e a atormenta tem origem nas experiências familiares. Por esse motivo, as vivências do presente que fazem surgir sentimentos armazenados em seu celeiro emocional clamam por libertação. Tais recordações se conectam com sofrimentos passados, mas, em contrapartida, contribuem para dar uma atenção especial à qualidade de seus vínculos afetivos, acolhendo as questões emocionais que estes carregam. Outro ponto importante que a casa 4 traz à tona nesse encontro com Quíron é a forte conexão da pessoa com sua terra de origem e/ou com o lugar que escolheu para viver, ajudando-a a reconhecer qual território a acolhe e qual não lhe assegura proteção. Problemas relacionados à morada e à origem são as experiências que mais devem ser elaboradas para que possa encontrar as soluções que cicatrizam seus males. Tal morada deve ser compreendida também como sua casa interna, ou seja, a própria alma. Independentemente de ser o lar interno ou externo, o importante é lembrar que, diante de um desafio, alguma indisposição física, problema no trabalho ou na vida afetiva, a cura será encontrada na própria intimidade. É dentro da concha que estão armazenados os remédios que desinflamam suas feridas emocionais. O segredo é contar com sua família ou seus melhores amigos, compartilhando seguramente o que sente e, consequentemente, favorecendo o restabelecimento do bem-estar.

Quíron na casa 5

A força de Quíron na Casa 5 do Mapa Natal, além de inflamar a ferida causada pela relação da pessoa com sua autoestima e suas paixões, é também capaz de curá-la de toda espécie de insegurança relativa à sua criatividade e à consciência de que ela é única e pode ser amada pelo seu modo de ser e de viver a vida. Por esse motivo, é imprescindível que dê importância à própria luz e reconheça seus talentos, mantendo-se firme diante das circunstâncias que possam abalar a confiança em si mesma. Ademais, é imprescindível para sua saúde integral saber o valor de seu brilho pessoal, evitando, tanto se esconder do que há de mais talentoso no seu modo de ser, quanto se expor em demasia para provar o próprio valor. De posse dessa informação, pode-se afirmar que a conexão de Quíron com a casa 5 aponta essencialmente para a presença de uma ferida narcísica. O segredo está em compreender que a vulnerabilidade em relação ao ego pode ser equilibrada através da criatividade e da autoestima. De mais a mais, diante de uma baixa vitalidade ou por ocasião de um adoecimento, o que vale é perceber, de coração aberto, aquilo que não vai bem no amor e que precisa ser fortalecido. Nos momentos em que a energia baixar, uma boa forma de restaurá-la é cuidando de si, enaltecendo seus mais fortes atributos, percebendo o que precisa ser iluminado e ficando aberto para os amores sadios.

Quíron na casa 6

O encontro entre Quíron e a casa astrológica associada à saúde, à rotina e aos bons hábitos indica que a dor representada pelo símbolo do Centauro sábio e ferido é proveniente dos esforços que a pessoa emprega na organização dos afazeres de seu dia a dia. Para acalmar as dores representadas por Quíron nessa posição, é fundamental encontrar formas sustentáveis de disciplina e organização. A partir do momento em que o planejamento de seus rituais diários e a produção de seu trabalho se tornam, não fonte de contentamento, mas sim de ansiedade e cansaço, as dificuldades que surgem desse ritmo desordenado revelam a urgência de ela investir energia no aperfeiçoamento de uma forma de vida saudável. Portanto, pode-se afirmar que a disciplina — interna e externa — é uma excelente ferramenta para curar suas aflições, afinal, agindo dessa maneira, afasta os imprevistos, auxilia a obtenção de bons resultados e viabiliza um ritmo sadio de produtividade e organização. Além do mais, é importante ressaltar o valor do cuidado em escolher ambientes nos quais possa viver e trabalhar bem. Estes devem operar como facilitadores de seus deslocamentos e da boa produtividade, amenizando o estresse causado pelas pressões cotidianas. Por fim, a casa 6 é também uma área de purificação e, por isso, toda a prática de desintoxicação se torna também bálsamo que trata aquilo que importuna. Tal limpeza deve ser feita tanto na mente, quanto no corpo e na alma, compreendendo que a eliminação dos excessos é o segredo de uma vida mais harmoniosa e equilibrada.

Quíron na casa 7

A presença de Quíron na Casa 7 do mapa de nascimento aponta para o fato de serem os desencontros e os conflitos de relacionamento as experiências que mais provocam as dores associadas ao simbolismo do centauro sábio e ferido. Levando em consideração que a casa 7 é uma área do mapa natal que tradicionalmente concerne aos encontros amorosos, é nesse contexto que as flechas envenenadas pelas inseguranças são desferidas. Desse modo, ao vivenciar sentimentos e sensações dolorosas junto aos parceiros, o segredo é lembrar o que restaura o bem-estar. Quíron orienta para a compreensão de que na dor habita também o remédio que alivia e, no que se refere ao conteúdo da casa 7, o verdadeiro bálsamo para a melhoria da saúde está nas boas relações, afinal, é justamente a falta de qualidade de um encontro o responsável pelos ferimentos mais profundos. Relacionar-se é, ao mesmo tempo, um sofrimento e uma cura. A relação pautada no respeito e no amor e a presença acolhedora de quem a pessoa confia são forças potentes capazes de amenizar a inflamação gerada pelas experiências tóxicas de relacionamento. É abrindo o coração e compartilhando com franqueza o que sente e acolhendo a dor do outro que suas enfermidades serão curadas.

Quíron na casa 8

Quando Quíron está associado à área do mapa natal que trata essencialmente da realidade inexorável da impermanência da vida, há o indicativo de que as feridas associadas ao simbolismo do centauro erudito e machucado são causadas, essencialmente, pelas experiências marcadas por perdas, separações e pela impotência diante do que foge ao alcance da pessoa resolver. Por esse motivo, é necessário que seja feito um trabalho psíquico e espiritual para lidar com tais processos de forma mais leve, nutrindo a alma e regenerando-se de suas dores mais profundas. O bálsamo que acalma seu sofrimento é, sobretudo, aprender a abrir mão daquilo que precisa ir, em outras palavras, a aceitação madura de que tudo, um dia, acaba. A nutrição excessiva do apego compromete a experiência saudável do ciclo natural de fins e recomeços. Portanto, o confronto com situações duras e desafiadoras demandam um olhar generoso para acessar os recursos que trazem amparo, conforto e estrutura. Dessa maneira, as feridas se transformam em desapego harmonioso, revelando em cada perda e cada fim novos caminhos e novas possibilidades.

Quíron na casa 9

A posição de Quíron na casa que simboliza a orientação concedida pelos mestres e a evolução do seu aprendizado indica que a dor relacionada ao arquétipo desse Centauro é decorrente dos esforços empreendidos na ampliação de seus horizontes intelectuais. A partir do momento que a dedicação e o comprometimento com a conquista de um saber não resultam no entendimento desejado, inflama-se a ferida que é causa de sofrimento. Ademais, dentro do contexto da casa 9, o percurso que a levará a alcançar a sabedoria almejada é, ao mesmo tempo, fonte de incômodo e terapia que alivia o desconforto. É, por conseguinte, se aprofundando nas metas que direcionam a mente para o alto que as curas se dão, auxiliando-a a restabelecer sua saúde física e seu equilíbrio mental. A casa 9 está também associada às viagens, tanto geográficas, quanto intelectuais ou espirituais. À vista disso, sempre que a pessoa sentir a ferida de Quíron agravar, um tratamento eficaz é investir nas aventuras, desbravando novos lugares e novas perspectivas de vida. Também é fundamental fortalecer a fé que abençoa os ideais para expandir os horizontes da existência. Por fim, um dos unguentos mais poderosos dessa posição astrológica é a união com os mestres que iluminam seus caminhos e que são antídoto para essa dor.

Quíron na casa 10

A força de Quíron na casa 10 indica que as agruras da vida profissional ou as atribulações dos grandes projetos de vida são causadores de dores profundas que, tratadas, servirão como orientadoras para realização e reconhecimento social. Quando enxergamos a casa 10 como a grande montanha que devemos escalar para que possamos chegar aonde tanto almejamos, compreendemos que invariavelmente a caminhada pode ser um tanto dura e desafiadora. O encontro entre Quíron e a casa 10 faz vir à tona a dor sentida nos momentos de incerteza acerca do sucesso ou insucesso de seus empreendimentos. Quando tal ferida inflama, o melhor a fazer é ir de encontro a métodos e ferramentas eficientes de produtividade e competência para tornar tal jornada promissora, proporcionando melhores condições para que as realizações ocorram sem exaustão. Nessa perspectiva, podemos dizer que o trabalho é causador de dor, da mesma forma que é o consolo que cessa o sofrimento. Portanto, o segredo aqui é que a pessoa se dedique à realização de seus planos de forma madura e pragmática, evitando os caminhos que apresentem obstáculos maiores dos que ela está preparada para superar. Ademais, manter-se comprometido com a escalada segura e perseverante é a melhor forma de equilibrar e manter sua saúde física, mental e espiritual.

Quíron na casa 11

A casa 11, área do mapa destinada à confraternização e ao espírito de solidariedade, quando visitada por Quíron, denuncia os esforços da pessoa na obtenção de um bom convívio social e na aproximação e construção de verdadeiras amizades. Tal empenho pode suscitar incômodos profundos, uma vez que a sensação de pertencimento nem sempre se faz facilmente. Nessa posição astrológica, as dores simbolizadas pelo sábio centauro aumentam diante dos problemas que tocam a humanidade como um todo, principalmente injustiças e sofrimentos que acometem os que estão isolados da teia social. Ainda mais, pode-se dizer que a má interação da pessoa com seu universo social é motivo de dor e que, ao mesmo tempo, a conduz a tratar de si mesma. Pelo fato de não existir unguento melhor para amenizar uma dor do que a conexão com ela própria e a consequente compreensão da causa, é sábio se aproximar ainda mais daqueles com quem tem boas relações nos momentos em que esteja passando por desconfortos físicos, mentais ou emocionais. Enfim, outra alternativa promissora é investir em conversas honestas com quem confia, abrindo a mente e o coração para acolher novas perspectivas e que haja liberdade para compartilhar o que sente.

Quíron na casa 12

Quíron na casa 12, área de profunda receptividade e compaixão, indica que a dor que deve ser tratada nessa existência é psíquica, subjetiva e espiritual e, por isso, muitas vezes difícil de ser identificada. Sendo assim, o caminho é um só: mergulhar dentro de si, reconhecendo e acolhendo desejos e fantasias e percebendo as mensagens que tais sentimentos têm a passar. Ainda que seja desafiador compreender o que a alma quer evidenciar, existem maneiras eficientes de vivenciar esse processo com leveza: os grandes bálsamos representados pelo mestre ferido são as práticas espirituais capazes de acalmar o que dói por dentro. O encontro da pessoa consigo mesma inflama a ferida, mas também se mostra capaz de promover o bem-estar. A introspecção faz vir à tona as mais diversas luzes e sombras, prazeres e fantasmas, que podem e devem ser reverenciados quando se está em silêncio. O importante nessa configuração astrológica é reconhecer os gestos que favorecem essa escuta interna e que fomentam a serenidade. Ainda que seja um processo doloroso, é nele que residem os bálsamos capazes de prevenir as doenças e de restaurar a saúde sempre que esta estiver em desequilíbrio.

ASPECTOS COM QUÍRON

Sol e Quíron

Aspectos favoráveis: conjunção, sextil e trígono

A conexão favorável entre Sol e Quíron indica que a consciência de quem a pessoa é carrega as marcas de algum tipo de sofrimento e tende a ser a experiência de conquista de sua individualidade o bálsamo capaz de aliviar as dificuldades em relação à própria identidade. Sendo assim, a autoconfiança será de grande ajuda para aliviar a dor das feridas abertas pela vida, sinalizando a importância de olhar para si, percebendo os traços de sua personalidade que precisam ser trabalhados e iluminados. Tal olhar consiste em investir profundamente no autoconhecimento, encontrando nesse trabalho as forças luminosas que possam fazer brilhar seus melhores talentos e dons. Aliás, um deles é o poder de curar, muito encontrado em terapeutas. Além do mais, o bom resultado dessa dedicação é a consciência do próprio valor, a segurança de entrar em cena quando for preciso se expor e a manutenção da energia vital, possibilitando a manutenção de um bom estado de espírito. Por fim, esse aspecto também indica que, ao desenvolver um maior controle das ações do ego, a pessoa poderá prevenir os males que venham a prejudicar sua saúde física, psíquica ou espiritual.

Aspectos conflitantes: conjunção, quadratura e oposição

Quíron é o astro que representa tanto o lugar onde reside a ferida que dói, quanto o poder que temos de curá-la. Portanto, a conexão desafiadora do Centauro ferido com o Sol indica que o processo de construção da identidade carrega marcas de sofrimento, denunciando o quanto é trabalhoso para a pessoa chegar à consciência do que ela verdadeiramente é. Entretanto, sendo a dor de Quíron a mesma força capaz de promover as soluções que a aliviam, é o olhar corajoso diante de tais desconfortos existenciais que o bem-estar será restaurado. Por ser a autoconfiança um ponto vulnerável, quando as flechas da fragilidade ferirem seu poder pessoal, esse é o momento inadiável de olhar para si e para sua vida, buscando um ponto de luz. Por sinal, este é aceso através do acolhimento e da nutrição de tudo o que enaltece seus talentos. E, para auxiliar tal tarefa, nada é mais adequado do que se autoconhecer. Em última análise, no sentido oposto, a pessoa deve ficar atenta à vaidade capaz de denunciar suas inseguranças e, mais do que nunca, inflamar suas feridas pessoais. Por esse motivo, construir um caminho onde a libertação de uma autoimagem falsa se torne possível, aceitando a si como é, com todas as luzes e sombras, favorecerá sobremaneira a manutenção de uma vida saudável.

Lua e Quíron

Aspectos favoráveis: conjunção, sextil e trígono

A conexão fluente e favorável entre Quíron e a Lua — universo da sensibilidade e das oscilações de humor — indica que, quando um fluxo de emoções desperta dores vividas no passado, ele será o alerta que evitará progredir algum tipo de desequilíbrio, principalmente o que afeta a saúde emocional. Para quem nasceu com esse vínculo, a tendência é que exista uma maior facilidade de tratar as feridas da alma e, ao mesmo tempo, fazer de sua história uma ferramenta de cura. A sensibilidade de reconhecer o que dói facilita a tratar tanto o que faz a pessoa sofrer, como a ter a habilidade de cuidar do sofrimento de outras pessoas. A tendência é a de não deixar que os sentimentos causadores de mal-estar se acumulem, buscando entrar em contato com cada um à procura de recursos para resolvê-los. Sendo assim, tal configuração tende a colaborar significativamente para a manutenção do equilíbrio emocional, auxiliando igualmente a preservação da saúde como um todo.

Aspectos conflitantes: conjunção, quadratura e oposição

Os desafios resultantes do encontro tenso entre Quíron e a Lua são os relativos aos sofrimentos da alma, ou seja, às dificuldades emocionais, principalmente aquelas que têm origem nas experiências passadas ou familiares. As marcas de sofrimento ardem quando a pessoa reacende emoções que foram postas debaixo do tapete, demandando um trabalho terapêutico para acessá-las, limpar o que ficou escondido e curar os fantasmas do que foi vivido com pesar. A Lua diz respeito ao que é sensível, subjetivo e abstrato e, já que Quíron representa a dor que cura, é nesse universo que a pessoa encontrará os recursos para se manter saudável. O importante é nutrir um olhar generoso, aconchegante e atento às suas questões emocionais, percebendo como chegam as sensações que doem para poder acolhê-las, trabalhá-las e conduzi-las da maneira mais suave possível. É no passado, seja ele recente ou não, que se produzem as feridas e a cura simbolizadas por Quíron e, por esse motivo, olhar para trás é o caminho que conduz ao alívio das dores. Raízes, ancestralidade, família, maternidade são os reinos da Lua, os lugares da alma que a pessoa nascida com tal posição precisa afetuosamente zelar.

Mercúrio e Quíron

Aspectos favoráveis: conjunção, sextil e trígono

O encontro favorável entre o astro que aponta a dor que espera por alívio e aquele que detém a energia da curiosidade e do movimento, assinala a importância do papel das atividades intelectuais e da liberdade de deslocamento na preservação de um corpo e uma mente saudáveis. Esse aspecto favorece a pessoa a prestar atenção aos padrões mentais repetitivos e reconhecer imediatamente o incômodo que provocam. Na medida em que o simbolismo de Quíron remete à consciência de que a mesma dor que incomoda é a que se desdobra em cura, a mente exausta se ampara em novos interesses, nos encontros que proporcionam trocas leves e no aperfeiçoamento de seu modo de se comunicar. Uma boa forma terapêutica de aliviar suas inquietações é conhecer novas pessoas, mudar de ares com frequência e compreender que sua saúde depende da manutenção de uma mente aberta para acolher as mudanças de percurso que a vida oferece.

Aspectos conflitantes: conjunção, quadratura e oposição

A função de Quíron é ser a ponta do iceberg que denuncia o que precisa ser cuidado para manter uma vida saudável. Por sua vez, Mercúrio guarda as potências intelectuais, de troca e de comunicação. À vista disso, a conexão desafiadora entre eles indica que as dificuldades relacionadas ao aprendizado, ao convívio social e ao uso da linguagem são os venenos que atormentam a alma e que alertam para o cuidado com a saúde. Serão essas mesmas dificuldades que, superadas, ajudarão a pessoa a atravessar os momentos difíceis, os desequilíbrios do próprio corpo e, principalmente, as inquietudes da mente. A possibilidade de se entregar a novas perspectivas com leveza, de viver interações que permitam a livre expressão do pensamento e de negociar com destreza as cobranças internas e externas, alivia as pressões, as angústias e a ansiedade. Ao lidar melhor com dúvidas, questionamentos e até incoerências próprios haverá uma dinâmica mais saudável e mais acolhedora nos encontros. Por último, é importante lembrar que o investimento na aprendizagem e no desenvolvimento intelectual é uma das boas ferramentas para curar a dispersão que, nesse caso, é também responsável pelas inquietudes.

Vênus e Quíron

Aspectos favoráveis: conjunção, sextil e trígono

Se por um lado, Vênus é o planeta relacionado ao amor, à estética e ao conforto material, Quíron retrata a ferida que espera pela recuperação. Portanto, por estarem conectados favoravelmente, a indicação é a de que não é difícil para essa pessoa reconhecer que os encontros afetivos são bálsamos capazes de auxiliá-la a se manter saudável ou a se recuperar de desequilíbrios, aflições e doenças que eventualmente venha a enfrentar. Dar as mãos a quem possa confiar é a chave para suavizar dores, tornando o processo de cura mais harmônico e surpreendentemente mais belo. Afinal, sendo Vênus o planeta que louva as boas parcerias, ter com quem contar, poder abrir o coração e expressar o que sente facilita a jornada rumo ao bem-estar. Ademais, analisando Vênus sob o ponto de vista dos recursos materiais, o encontro positivo com Quíron aponta para as escolhas que definem um caminho materialmente fecundo, já que a manutenção de sua saúde financeira ajuda em grande medida a pessoa a se afastar das desorganizações do corpo, da mente ou do espírito.

Aspectos conflitantes: conjunção, quadratura e oposição

Os desafios resultantes da conexão tensa entre Quíron e Vênus tendem a ocorrer tanto na esfera das experiências afetivas, quanto nos processos de conquista de estabilidade financeira. Sendo fiel ao simbolismo do Centauro ferido e sábio, pode-se dizer que, no primeiro caso, o amor, ainda que costume doer, também será um grande colaborador para a cessação das dores físicas e, principalmente, emocionais. Por conseguinte, uma das chaves da cura é se manter atento às insatisfações, às carências e aos sentimentos relacionados ao abandono. Esses são os sintomas que levam a pessoa a querer aliviar seu sofrimento e, portanto, encaminhá-la para a manutenção de um corpo e uma mente saudável. No segundo caso, quando há desequilíbrios financeiros, a saída é enfrentar o sofrimento que clama por alívio com delicadeza, levando a pessoa a encontrar os meios adequados para recuperar a estabilidade material e, consequentemente, ajudá-la a voltar para seu prumo, para sua saúde e seu bem-estar.

Marte e Quíron

Aspectos favoráveis: conjunção, sextil e trígono

Quíron é o astro que simbolicamente significa "a dor que leva à cura". Posto que Marte está associado à força do guerreiro, o encontro favorável entre os dois significa que a luta por autonomia e a conquista de espaço para si serão prioridade, ainda que possam por vezes deixar as marcas das feridas provocadas pela batalha. Mas é justamente a coragem de enfrentar esses desafios que irá ajudar a pessoa a se curar. Reafirmando o que foi dito, a manutenção da autoconfiança será imprescindível no que diz respeito a se manter saudável ou para auxiliar à restauração do bem-estar sempre que a pessoa for acometida por algum tipo de desequilíbrio, seja ele físico, mental ou espiritual. Ao projetar luz em suas vontades, reconhecendo aquilo que é seu real desejo, as energias se harmonizam e colaboram para aumentar sua capacidade de lutar. Ademais, a tendência é que haja uma maior facilidade de enfrentar as demandas do ego de forma luminosa, seja diante de um desafio, de uma discussão ou de uma competição, agindo de maneira criativa e elevada, deixando de lado a agressividade e colaborando para a produção de uma vida saudável.

Aspectos conflitantes: conjunção, quadratura e oposição

O encontro desafiador entre Quíron e Marte indica a existência de dores associadas à luta da pessoa para conquistar a autonomia e a se sentir segura o suficiente para confiar em seus instintos. As marcas deixadas pelas disputas e pelo mau emprego da agressividade são a ponta do iceberg que denuncia a necessidade de tratar com mais profundidade questões que dependem de autoconfiança e de uma coragem equilibrada. Pois é dessa forma que suas aflições serão superadas, compreendendo o quão importante é para sua saúde voltar-se para si mesma, apropriando-se de sua força pessoal e enfrentando os desafios da vida com o controle saudável de sua agressividade. Uma vez que a ferida representada por Quíron é também a porta de entrada para a cura, a tomada de consciência do valor da própria luz se torna essencial para restaurar o bem-estar. O protagonismo consciente e a posse das rédeas que comandam sua vontade são essenciais para amenizar as inflamações provocadas por inseguranças, destemor nocivo ou falta de coragem. E, para alcançar esse equilíbrio, é preciso que haja um trabalho insistente no autoconhecimento e nas boas práticas físicas de forma que consiga enfrentar as vitórias e perdas das batalhas de cabeça erguida.

Júpiter e Quíron

Aspectos favoráveis: conjunção, sextil e trígono

Júpiter tem como função a amplificação da consciência, despertando o interesse pelas áreas do saber e servindo como um guia que nos orienta rumo ao encontro com o caminho de evolução. Por sua vez, Quíron, o centauro que, na mitologia, é conhecido tanto como mestre como médico, é o astro que, na astrologia, simboliza o poder que a dor tem de nos ensinar, nos elevar e nos tornar ainda mais conscientes das nossas forças e também das questões que merecem maior cuidado e atenção. O encontro entre os dois, Quíron e Júpiter, grandes mestres, indica a tendência de ser através dos recursos intelectuais, dos estudos e do amor ao conhecimento que o alívio daquilo que incomoda pode ser alcançado. Além do mais, não só o aprendizado, mas também o contato com pessoas que possam servir como exemplo a ser seguido poderá ajudar a amenizar, como um bálsamo, as feridas quando inflamam. A bem dizer, a grande bênção representada por esses aspectos é saber-se consciente de que a jornada do autoconhecimento levará a pessoa a ser merecedora dos louros que, mais do que qualquer outra coisa na vida, podem garantir-lhe a manutenção de um corpo e de uma mente saudável.

Aspectos conflitantes: conjunção, quadratura e oposição

Júpiter é o planeta associado à expansão da consciência, à busca da maestria no campo do saber. Quíron, por sua vez, é o centauro do mito de Sagitário, signo regido por Júpiter e, por essa razão, a relação entre eles carrega um simbolismo especial. Quando os dois se deparam com uma conexão tensa, a indicação é a de que o aprendizado é vivido como um processo que dói, porque importuna as cicatrizes deixadas pelo seu desejo de conhecer cada vez mais e mais. De outra parte, é essa mesma aprendizagem que atuará como recurso capaz de curar os males que afligem sua alma no que tange às questões filosóficas e existenciais. É preciso que a pessoa avalie o quanto sua autoconfiança pode estar sendo afetada pela obstinação de obter resultados intelectuais, nem sempre alcançáveis. Em contrapartida, a dedicação saudável para manter as setas de seus desejos apontados para sua evolução pessoal lhe servirão de alívio para qualquer situação que venha afligir sua saúde física e, principalmente, mental.

Saturno e Quíron

Aspectos favoráveis: sextil e trígono

Saturno é o planeta responsável simbolicamente pela presença da força firme e segura diante dos obstáculos da vida, enquanto Quíron simboliza a dor que tem o poder de curar. Portanto, o encontro favorável entre os dois astros significa que, ao amadurecer, a pessoa facilmente reconhece o que a incomoda e, por conta disso, trata em tempo o que poderia abalar sua saúde física, mental ou espiritual. Sejam situações de cunho pessoal, profissional, social, mental ou afetivo, fato é que a construção de uma existência cada vez mais sólida e estruturada suaviza sobremaneira os momentos de desequilíbrio, dor, doença ou aflições. Ademais, se usado com parcimônia, o compromisso com seus deveres e responsabilidades é um excelente instrumento de construção e manutenção de um estilo de vida sadio e equilibrado. A organização estrutural da vida, pondo em ordem a rotina, as finanças e a boa produtividade, servirão igualmente como recursos que restauram o bem-estar nos momentos de desordem na sua saúde. Por fim, o respeito a seus limites é também uma maneira eficiente de contornar os desequilíbrios, proporcionando uma melhor qualidade de vida.

Aspectos conflitantes: conjunção, quadratura e oposição

Sendo Saturno o astro que governa o tempo, aquele que cobra disciplina e resultados, e Quíron, o que evidencia os sintomas que apontam para os desequilíbrios, o aspecto tenso entre os dois revela o quão grande para a pessoa é o desafio de amenizar o peso dos compromissos e responsabilidades assumidos ao longo da vida. Além disso, há o desconforto causado, tanto pelas cobranças externas, quanto pelas inquietações internas. A pressão pode ser tamanha que acaba por comprometer o alcance dos resultados almejados. Em contrapartida, ao conseguir se organizar para resolver suas pendências, para realizar suas ambições com leveza e arcar com suas responsabilidades levando em consideração seus limites, certamente as dores simbolizadas pelo Centauro sábio e ferido servirão como objeto de cura dos males que possam afligir seu corpo ou sua alma.

Urano e Quíron

Aspectos favoráveis: conjunção, sextil e trígono

A função atribuída a Quíron é a de revelar os sintomas que apontam para nossos desequilíbrios, auxiliando o processo de cura. Já Urano é o criador das grandes revoluções que rompem com a inércia e atualizam a vida. Sendo assim, a conexão favorável entre os dois indica a disposição da pessoa de se libertar de padrões de vida envelhecidos sempre que algo não anda bem com sua saúde. A estagnação e a falta de liberdade são extremamente desconfortáveis, alertando-a para a necessidade do autocuidado. Até mesmo uma postura rebelde diante da dor lhe serve como combustível para a regeneração de seu bem-estar. Pois é justamente na liberdade que a pessoa encontrará os recursos necessários para escolher as terapias certas que restauram seu equilíbrio e previnem seu corpo ou sua mente de adoecer. Ao não se prender exclusivamente a métodos tradicionais, acrescentando a estes alternativas novas, o resultado tende a ser bastante promissor.

Aspectos conflitantes: conjunção, quadratura e oposição

Enquanto Quíron nos permite reconhecer o que compromete o bem viver e indica os recursos capazes de resolver os desequilíbrios, Urano é o astro que, tal qual um grande vendaval, lança para longe as sementes da vida propiciando sua renovação. Logo, a conversa tensa entre os dois aponta para o reconhecimento de que a manutenção de uma boa saúde depende da abertura da pessoa ao desconhecido, despojando-se das acomodações e conquistando certo grau de confiança no imprevisível, principalmente em relação a seu futuro. O certo é que toda e qualquer transformação mais radical pela qual a pessoa passar, os sintomas denunciarão a ponta do iceberg que guarda as causas das inseguranças que colaboram para a desarmonia, seja do corpo, da mente ou do espírito. Uma postura conservadora acaba por tornar bastante dolorosa sua relação com tudo que fugir das normas. Essas dores serão amenizadas através do cultivo de um olhar visionário, sem deixar de ser, ao mesmo tempo, maduro e construtivo. Planejar o amanhã, usando a sensatez, pode tornar sua jornada em direção à manutenção de sua saúde mais leve e até mais prazerosa.

Netuno e Quíron

Aspectos favoráveis: conjunção, sextil e trígono

Netuno é o planeta que rege a sensibilidade, a imaginação e a espiritualidade, enquanto Quíron é o astro que leva luz à dor que tem o poder de ensinar. A habilidade apontada por esse encontro harmonioso diz respeito à confiança da pessoa na própria intuição sempre que ela se sentir desconfortável com sua saúde. A sensibilidade será sempre uma fiel companheira que a ajudará a fazer as escolhas certas em momentos de sofrimento, auxiliando-a a encontrar a luz. Sempre que águas profundas de seu psiquismo encresparem a superfície, haverá um alerta para que ela pare tudo e cuide de sua organização interior. Os fantasmas que a fazem sofrer serão igualmente excelentes terapeutas por anunciarem o que precisa ser tratado. Por fim, ela poderá contar com sua sabedoria espiritual como um recurso inigualável para desfrutar do bem-estar.

Aspectos desafiadores: conjunção, quadratura e oposição

Sendo Netuno na astrologia aquele que conduz os humanos à alma e seus mistérios, a conexão desafiadora entre esse planeta e Quíron assinala os esforços que a pessoa deve empregar para curar as angústias e se libertar de seus fantasmas. De todo modo, as experiências de natureza espiritual trazem à tona o que para ela é de difícil compreensão. Em outros termos, as impressões que costumeiramente dão margem a interpretações nebulosas ou equivocadas. Como mestre, Quíron tem como função ensiná-la tanto a surfar nas ondas encrespadas de seu oceano psíquico, quanto instrumentá-la para mergulhar nas profundezas desse misterioso, sombrio e fascinante universo. Pois, já que a sombra é proporcional à incidência da luz, ao acolher sua espiritualidade e sua matéria psíquica, investindo em práticas de cuidado de si, os fantasmas darão lugar ao luminoso, e os pesadelos aos sonhos tranquilos.

Plutão e Quíron

Aspectos favoráveis: sextil e trígono

Na medida em que Plutão e Quíron estão associados aos processos de regeneração, o encontro favorável entre os dois potencializa a capacidade da pessoa de encontrar os meios eficientes para se curar. Em vista disso, e considerando o fato de que Plutão versa sobre o desapego, desvencilhar-se dos excessos é um recurso auxiliar do tratamento para cuidar dos desequilíbrios físicos, mentais ou espirituais. Sempre que a pessoa estiver sofrendo por algo que a perturba, o que melhor funciona é uma bela faxina, seja ela na esfera da materialidade das coisas, ou, principalmente, na imaterialidade das questões interiores. Mudar! Eis o grande poder de recuperação, resultado da disposição da pessoa de enfrentar o sofrimento, mantendo o equilíbrio de suas energias e devolvendo-lhe a boa saúde quando ela, por acaso, vier a lhe faltar.

Aspectos conflitantes: conjunção, quadratura e oposição

Uma vez que Plutão e Quíron se aproximam simbolicamente dos processos de regeneração e cura, a conexão tensa entre eles significa que a cicatrização dos ferimentos psíquicos exige um enorme esforço de desapego, uma alquimia que se realiza nas profundezas da alma. O grande aprendizado trazido pelo simbolismo de Quíron, o mestre ferido, é de que há sempre a opção de transformar força destrutiva em energia renovadora. De posse desse recurso, sempre que for preciso tratar algum desequilíbrio, sofrimento ou doença, o segredo é começar a mudar o que lhe desagrada, eliminar o que estiver em excesso e, principalmente, mudar seu olhar diante da vida. Há uma enorme sensibilidade para reconhecer o que dói, fato que propicia uma imediata interferência para tratar a causa, e não somente o sintoma. Entretanto, se houver a recusa a buscar a origem do sofrimento, a tendência é dar chances às energias destrutivas agirem, dificultando o processo de cura.

Quíron e Ascendente

Aspectos favoráveis: conjunção, sextil e trígono

Quando Quíron se conecta com o Ascendente em um aspecto favorável, a primeira coisa a ser avaliada é a capacidade da pessoa de se autorregenerar, isto porque o Ascendente é simbolicamente a força destinada à criação de uma identidade própria, ao uso das energias que é capaz de acionar por conta própria. Sendo assim, a disponibilidade que ela possui de agir de forma independente contribui a uma boa recuperação sempre que atravessar momentos críticos, principalmente aos que se relacionam a um desequilíbrio na saúde. A percepção de que algo não vai bem consigo, a insegurança com suas decisões ou que a pessoa não se sente bem fisicamente é o sinal de que é preciso parar um pouco para cuidar de si antes que somatize e que produza mais dor e sofrimento. Semelhante ao mito do Centauro médico e professor, o dom de curar a si lhe confere igualmente a capacidade de tratar quem sofre.

Aspectos conflituosos: conjunção, quadratura e oposição

Tendo em vista que o Ascendente representa a criação da individualidade, da autoconfiança e do vigor físico, e Quíron é o portador dos recursos que aliviam o sofrimento, pode-se afirmar que o encontro tenso entre eles denuncia a dificuldade da pessoa de crescer sem dor. Em contrapartida, é a apropriação do que lhe é genuíno que a ajudará a se recuperar dos baques sofridos ao longo dos processos de individuação. Com muita frequência, verifica-se a propensão à somatização e a perda de energia vital, já que o corpo participa intensamente da construção de quem ela de fato quer ser. Por outro lado, as dificuldades relativas às experiências afetivas concorrem para o enfraquecimento da saúde, embora seja a balança que pondera a vontade própria com a vontade do outro o magnífico instrumento que a pessoa dispõe para ajudá-la a se recuperar do que não vai bem em seu corpo, sua mente ou seu espírito.

Quíron e Meio do Céu

Aspectos favoráveis: conjunção, sextil e trígono

A escalada de Quíron pelo ponto mais alto da carta natal é facilitada quando o encontro entre os dois se dá de forma favorável. Sendo o Meio do Céu a montanha das mais elevadas aspirações no que tange principalmente à realização profissional, quando flui bem, concorre fortemente para reaver a saúde quando esta estiver enfraquecida. Isso posto, é evidente que o exercício da profissão caminha ao lado da balança que equilibra as energias vitais. O excesso de trabalho, o peso das responsabilidades e as eventuais derrotas profissionais rapidamente denunciam que é preciso cuidar de si para não adoecer. Como o aspecto é fluente, a reorganização das tarefas mais exaustivas se dá de forma consciente e raramente não resulta em auxílio imediato para o restabelecimento do bem-estar.

Aspectos conflituosos: conjunção, quadratura e oposição

As tensões representadas pelas conexões conflituosas entre Quíron e o Meio do Céu sinalizam para a dificuldade da pessoa de equilibrar os compromissos profissionais e familiares de maneira a não prejudicar o bom fluxo das energias físicas e mentais. O desânimo diante da montanha que precisa ser escalada para se chegar ao topo de suas realizações pode ser a ponta do iceberg que revela a necessidade de cuidar de si antes que adoeça. Analisando de forma holística, o segredo para a manutenção de um corpo saudável é dosar o peso das responsabilidades, tanto na esfera de trabalho, quanto na vida pessoal. Organização e disciplina são procedimentos que, se ausentes, colaboram para desequilíbrios e enfermidades. Mágoas alimentadas são também uma porta aberta para somatizações, e, ao resolvê-las e dissipá-las, o organismo como um todo tem mais facilidade de manter um equilíbrio saudável.

Quíron e Lilith

Aspectos favoráveis: conjunção, sextil e trígono

O encontro favorável entre Quíron, o curador ferido, e Lilith, a mulher insubordinada, aquela que reverencia e honra a liberdade de escolha, indica que a ferramenta auxiliar dos tratamentos que aliviam o sofrimento é a recusa a submeter-se ao que contraria seus mais profundos e verdadeiros desejos. Além disso, a pessoa guarda na manga a carta que revela o que está submerso, compreendendo que é apenas o começo de uma enorme investigação em relação às experiências que foram reprimidas e varridas para baixo do tapete de seu psiquismo. Os assuntos associados a tabus e repressões em geral se referem não só à sexualidade, mas a tudo que foi abafado pela espada cruel da moralidade social. Portanto, desabafar o que pede por renovação é uma das grandes chaves que abrem as portas da cura e da regeneração.

Aspectos conflitantes: conjunção, quadratura e oposição

Quando Quíron — aquele que apresenta os caminhos da cura — e Lilith — a que se exilou no deserto ao se ver sem liberdade escolha — se conectam por uma relação desafiadora, a tendência é que haja maior dificuldade da pessoa em resolver os problemas decorrentes dos jogos de dominação, principalmente aqueles que têm o poder de minar a saúde dos relacionamentos. O que ajuda ao adoecimento é justamente a submissão às dinâmicas emocionais pautadas na diminuição e desvalorização de seus desejos mais profundos. Ao se deixar conduzir por tais comportamentos, as marcas de sofrimento podem ser tão grandes a ponto de dificultar a abertura e a confiança em novas relações. Há também a possibilidade de a pessoa adotar uma postura dominadora como mecanismo de defesa na tentativa de não se ferir. Entretanto, o resultado será exatamente o oposto. Por isso, observando pela ótica de que todo desafio é uma oportunidade, tais experiências dolorosas terão o poder de encaminhá-la para a construção de encontros saudáveis e, consequentemente, uma melhor relação com sua saúde física, mental e espiritual.

Quíron e a Roda da Fortuna

Aspectos favoráveis: conjunção, sextil e trígono

Dado que a incumbência da Roda da Fortuna é facilitar o fluxo das energias, sua conexão com Quíron é indicadora de que o cuidado da pessoa em manter-se saudável a ajudará a manter o fluxo da vida livre de obstáculos indesejados. Outro aspecto associado a esse encontro é o de que a conexão com aquilo que incomoda a pessoa, ou que está em desequilíbrio, possibilita a abertura de horizontes e abre as nuvens que encobrem o brilho de sua estrela da sorte. De outro modo, se ela não dificultar o fluxo natural das coisas, também evitará que as cicatrizes dos ferimentos causados pelas circunstâncias adversas da vida se abram e sejam causa de dor novamente. O segredo é acreditar em seu poder de cura, favorecendo a energia circular de forma favorável e compreendendo, enfim, que sua grande fortuna é a capacidade de encarar a dor como uma bênção que alerta quando as coisas não andam bem, ciente de que essa mesma dor a conduzirá a tomar as providências devidas a tempo, de modo que consiga restabelecer sua saúde quando ela faltar.

Aspectos conflitantes: conjunção, quadratura e oposição

A troca desafiadora entre Quíron e a Roda da Fortuna indica que as desordens que dificultam o fluir da vida com desenvoltura e desimpedimentos contribuem sobremodo aos desequilíbrios na saúde. Visto que o simbolismo de Quíron está associado à potência de cura da dor, desobstruir o estrangulamento do fluxo das energias vitais encontrando caminhos mais abertos que facilitam a solução dos problemas é um grande passo para regenerar as feridas causadas pelas adversidades. Por ser a Roda da Fortuna o ponto virtual que se associa à presença da sorte, todo e qualquer movimento na direção do autoconhecimento aproximará a pessoa das benesses de sua estrela generosa e protetora. Por essa razão, e por haver nesse encontro um aspecto de tensão, o grande aprendizado será desenvolver a habilidade de navegar bem, principalmente quando os ventos não soprarem a seu favor, seguindo o ditado de que "bons ventos não fazem um bom marinheiro".

CAPÍTULO 15
Roda da Fortuna

APRESENTAÇÃO

Presume-se que o Sistema das Rodas, também denominadas de Partes, teve origem com os árabes em uma cultura sabidamente desenvolvida, além de outros saberes, em cálculos matemáticos e na geometria. Entre as inúmeras Rodas — como a Roda do Espírito, do Amor, da Paixão, do Comércio ou da Discórdia —, a Roda da Fortuna foi a mais acolhida pelos astrólogos europeus e chegou até os dias de hoje como um ponto virtual de grande importância na análise de cartas astrológicas.

Mas qual é, afinal, a sua importância? Comecemos pela compreensão de como esse ponto virtual é calculado e então seguir para o entendimento de seu significado astrológico. As Rodas são cálculos que revelam, para cada indivíduo, o tipo de relação que existe entre dois astros — no caso da Roda da Fortuna, entre o movimento do Sol e o da Lua. O primeiro ponto a ser anotado é a distância entre a posição do Sol e da Lua no momento do nascimento de uma pessoa. Essa distância é medida em graus e sempre no sentido anti-horário, considerando o Sol como ponto de partida e a Lua, o ponto final. Depois, soma-se ao ascendente, também no sentido anti-horário, o número de graus encontrados no cálculo anterior. É aí que está a Roda da Fortuna.

Considerando os simbolismos dos dois astros, que desde a Antiguidade foram denominados por "luminares" — o Sol iluminando o dia e a Lua, a noite —, a relação entre eles aponta para o tipo de dinâmica entre os dois, demonstrando como tal relacionamento se dá. Esse é o segredo guardado no simbolismo do ângulo formado entre as energias Yang e Yin, respectivamente, a do Sol e da Lua. Prosseguindo nesse raciocínio, ao posicionar a distância angular formada pelos "luminares" — tendo como origem o grau do Ascendente de uma carta natal —, chegaremos à grande importância simbólica atribuída à Roda da Fortuna para um indivíduo. A dinâmica da relação entre os "luminares" é vivida como um lugar no qual as energias vitais e o curso dos acontecimentos da vida fluem com mais naturalidade e, consequentemente, com mais facilidade, proporcionando-lhe felicidade. Daí a nomeação dessa Roda como a da Fortuna, a promessa de que no fim do arco-íris teremos à nossa disposição o merecido pote de ouro. O signo, a casa e os aspectos relacionados à Roda da Fortuna formarão o arco-íris que nada mais é do que o caminho onde o fluxo das energias ocorre sem obstruções. Ao nos orientarmos nessa direção, encontraremos as bênçãos que a vida destinou a cada um de nós.

RODA DA FORTUNA NOS SIGNOS

A Roda da Fortuna é um ponto virtual que indica a força por meio da qual encontramos mais fluidez nos momentos tensos da vida. Por ser uma espécie de facilitadora, o signo em que se encontra a Roda é potencializado e representa um importante caminho para simplificar os desafios e, por conseguinte, nos tornar mais felizes.

Roda da Fortuna em Áries

Quando no signo de Áries, a Roda da Fortuna aponta para o exercício da autonomia como a chave que abre os canais por onde fluem as energias vitais. De posse da coragem para enfrentar os desafios e tomar decisões importantes, a pessoa será abençoada com a tranquilidade de se sentir capaz de superar os tempos de crise. Não esperar que os outros façam no seu lugar o que lhe compete é um tesouro que sua estrela da sorte sempre há de lhe presentear. Aqueles que possuem a Roda da Fortuna no primeiro signo do zodíaco devem se guiar pela intuição e por seus impulsos criativos quando se trata do desejo de facilitar o curso dos acontecimentos. Por fim, ser fiel a seus desejos, confiando de que eles impulsionam o girar das energias, é a bênção concedida pela vida que a pessoa não pode deixar de honrar.

Roda da Fortuna em Touro

Nascer com a Roda da Fortuna no signo de Touro significa que produzir é o segredo para que as experiências da vida sejam atravessadas com uma boa dose de fluidez e tranquilidade. Do mesmo modo, também a perseverança e, por consequência, a firmeza de propósito servem como facilitadoras na solução de problemas quando estes surgem. Cuidando do que tem valor, dando preferência ao que é prazeroso e duradouro, a pessoa estará bem mais receptiva a receber as bênçãos da sua estrela da sorte. E, por fim, o cultivo da paciência e a compreensão de que os resultados almejados não são alcançados sem constância e tenacidade são tesouros com que a vida lhe presenteou.

De posse dessa riqueza será possível enfrentar as adversidades sem que elas a desestabilizem.

Roda da Fortuna em Gêmeos

Em Gêmeos, a Roda da Fortuna simboliza a riqueza do potencial intelectual e comunicativo — que, quando exercidos, funcionam como produtores de felicidade. Por meio dos estudos e das informações que suprem suas curiosidades, a pessoa encontrará os segredos que apontam para a resolução de todo e qualquer problema que venha a se apresentar. De mais a mais, a sorte dará seu sinal de graça sempre que ficar aberta a diferentes ideias e pessoas, mostrando-lhe o caminho da flexibilidade e adaptação. Outro sinal da presença dos bons ventos na sua navegação é quando ela é chamada a intermediar conflitos, facilitando acordos e entendimentos. Em contrapartida, a fortuna representada por esse ponto virtual lhe trará novos interesses ou oportunidades de conhecer ou habitar outros lugares, ampliando, dessa maneira, seu tesouro de conhecimento e saber.

Roda da Fortuna em Câncer

Ter a Roda da Fortuna em Câncer significa dizer que a doçura é uma das chaves para que as experiências da vida sejam atravessadas com menos turbulência. A memória e, por consequência, as referências do passado, trarão as respostas que ajudarão a pessoa a resolver problemas e superar obstáculos quando estes cruzarem seus caminhos de vida. A felicidade de ver o curso dos acontecimentos transcorrerem com tranquilidade pode ser alcançada por meio das experiências que envolvem laços de afetividade, como os de natureza familiar. É a partir do enraizamento em um lugar seguro, seja em uma casa, ou no aconchego do lar, que ela se sentirá abençoada com a luminosidade da sua estrela da sorte. Isso dito, as alegrias da vida dependem, nesse caso, diretamente da qualidade das relações de intimidade. Para suavizar os conflitos emocionais, o segredo é se entregar ao poder nutritivo do amor.

Roda da Fortuna em Leão

Por estar no signo de Leão, a riqueza simbolizada pela Roda da Fortuna tem a ver com os impulsos que vêm do coração, deixando fluir o brilho de sua natureza e iluminando tudo que a pessoa toca. Pois, ao exercitar tal poder, ela encontrará a chave que abre seus caminhos, facilitando a boa circulação de suas energias e desobstruindo o que a impede de avançar em sua jornada de vida. Além disso, ao expressar o que a emociona, ela irradiará sua luz inspirando as demais pessoas com sua criatividade. Eis mais um segredo que, descoberto, a ajudará a alcançar a alegria de ver o curso dos acontecimentos da vida transcorrerem sem grandes contratempos. Por fim, ser notada e valorizada por seus talentos será a contrapartida concedida pela sua estrela e que ampliará sua experiência de felicidade.

Roda da Fortuna em Virgem

Em Virgem, a Roda da Fortuna aponta para a importância da disciplina e da organização como meios que facilitam o fluir natural e desimpedido dos acontecimentos da vida. A sistematização é considerada um tesouro, já que é uma das ferramentas responsáveis pela alegria e felicidade alcançadas com a obtenção de bons resultados, principalmente aqueles que tem a ver com a solução de problemas. Outro aspecto essencial no que tange a boa fluência e circulação de energia é o hábito de lançar mão da autocrítica e do poder de análise, qualidades que são sentidas como graças que lhe foram concedidas ao ingressar nessa existência. Semelhante aos bons ventos na navegação, uma vida simples e o olhar analítico, perfeccionista e minucioso lhe fornecerá as condições necessárias para usufruir o que a vida tem de melhor a lhe oferecer.

Roda da Fortuna em Libra

Estando no signo de Libra, a Roda da Fortuna revela o inestimável tesouro que é a capacidade de conciliação, poder que igualmente abre as portas para o fluir livre das energias vitais. Sempre que a pessoa beneficia o outro, a alegria invade sua alma e ela recebe a luz da sua estrela da sorte. Bênção, para ela, é a força que um encontro tem de dilatar sua potência de ser e, da mesma forma, ampliar os horizontes de quem caminha a seu lado. O segredo que possibilita a presença dos bons fluidos é sua natureza gentil e equilibrada que, além do mais, lhe rende bons encontros a partir dos quais ela exerce seu poder pacificador. De mais a mais, o senso de justiça e o amor ao belo são bênçãos que foram concedidas à pessoa ao nascer e, quando exercidas, lhe fornecem o prazer da alegria e a conexão com o sentimento de felicidade.

Roda da Fortuna em Escorpião

Por estar no signo de Escorpião, o que impulsiona a Roda da Fortuna a girar favoravelmente é o poder de regeneração. As ações cirúrgicas que visam a cura e o pleno restabelecimento do equilíbrio das energias são tesouros cedidos pela vida que, se bem utilizados, levam a pessoa aos estados de contentamento e de felicidade. Aliás, sempre que mudar a direção do olhar quando estiver em situações fora do controle, mais facilmente atravessará as crises e conseguirá solucioná-las com mais suavidade. Em situações-limites, ela é tocada pelas boas energias de sua estrela, que lhe concede a coragem e a frieza necessárias para agir acertadamente. Outro grande tesouro guardado no seio do simbolismo da posição da Roda da Fortuna em Escorpião é o de captar o que está oculto, despertando poderes adormecidos. Por fim, renascer das cinzas do que foi destruído é mais uma riqueza que lhe foi agraciada e que lhe acompanhará ao longo de toda a sua existência.

Roda da Fortuna em Sagitário

Quando no signo de Sagitário, a Roda da Fortuna fornece à pessoa a bênção de ser alguém que se sente atraída por um livre pensar e pela disponibilidade de não se prender às opiniões prefixadas. A experiência de felicidade ocorre quando ela debruça sua atenção nos estudos, nas pesquisas e nos interesses intelectuais. Seu grande tesouro é a inquietude por querer saber mais e mais, e é exatamente este estado de desejo que abre as portas para que sua vida transcorra com fluidez e que suas energias circulem sem grandes obstruções. Outra interpretação é a de que o otimismo e a sinceridade acrescida de humor diante dos grandes desafios serão sempre verdadeiras joias que lhe facilitarão solucionar crises e conflitos. Outrossim, as viagens, sejam elas geográficas, mentais ou espirituais, funcionam como legítimos passaportes que abrem as fronteiras para seu encontro com a sorte representada por esse ponto virtual chamado Roda da Fortuna.

Roda da Fortuna em Capricórnio

Em Capricórnio, a Roda da Fortuna funciona como um verdadeiro gerador de energia produtiva e realizadora. O sentimento de felicidade ocorre quando a pessoa conclui com eficiência uma tarefa planejada. Em outras palavras, o trabalho é uma das maiores riquezas que ela pode e deve explorar sempre que quiser alcançar um estado de contentamento. Ainda mais, para que as coisas transcorram sem muitas dificuldades, nada é mais eficaz do que planejá-las com antecedência, pisando firme no solo da realidade, subindo um degrau de cada vez na escalada que a levará a realizar seus maiores desejos. As bênçãos que a Roda da Fortuna lhe concede dizem respeito à seriedade com que é capaz de assumir responsabilidades e à capacidade de amadurecer sem dramas desnecessários.

Roda da Fortuna em Aquário

Aqui a liberdade é a força que produz movimento e faz girar a energia que facilita o fluxo sereno dos acontecimentos da vida. Para essa pessoa, sentir-se livre produz felicidade, motivando-a a viver com mais plenitude. De outro modo, agir de maneira solidária, de mãos dadas com o que contribui para o progresso da humanidade, é uma das maiores riquezas guardadas no simbolismo da posição da Roda da Fortuna nesse signo. Além disso, ela será abençoada com bons amigos e a convivência com o meio social iluminará seus passos, reconhecendo que é aí que brilha a luz de sua poderosa estrela. De resto, sempre que estiver atravessando maus tempos, é bom que a pessoa lembre que as crises serão mais facilmente superadas se optar por ações que fujam ao senso comum, abrindo novos espaços para que mais pessoas cultivem a liberdade tanto quanto ela.

Roda da Fortuna em Peixes

A Roda da Fortuna no signo de Peixes significa que a força que faz circular as energias de modo a facilitar o fluxo dos acontecimentos da vida tem a ver com a intuição, qualidade misteriosa e indefinível, mas, que se bem utilizada, conduz a pessoa a experimentar uma profunda sensação de felicidade. Silenciar e explorar seu universo interior, seu inconsciente e sua espiritualidade, são experiências que a levarão à descoberta de tesouros submersos que naufragaram em suas tempestades emocionais. Deixar por alguns momentos a superfície conhecida da racionalidade e da consciência é o meio mais eficiente para dar conta das crises e dos momentos mais atribulados. As bênçãos representadas pela Roda da Fortuna vêm das forças imateriais, ou seja, tanto das entidades espirituais quanto da espiritualidade que habita em sua alma.

RODA DA FORTUNA NAS CASAS

Roda da Fortuna na casa 1

A pessoa que possui a Roda da Fortuna na casa 1 nasceu com a força representada pela fase da Lua Nova, que simboliza o começo do ciclo lunar. Ela representa um momento mais reservado da natureza, repleto de privacidade e enigmas. Juntos, Sol e Lua intensificam os impulsos emocionais que vêm de dentro de alguém, sem que haja, no entanto, percepção das fragilidades. Desse modo, a pessoa sente que precisa de pouco ou quase nada do outro e compreende que o bom fluxo das suas energias depende do que ela fizer por si mesma. Tudo flui melhor quando fica reclusa dentro de si, enxergando o mundo e se relacionando a partir de seus próprios referenciais. Por outro lado, sob o ponto de vista dos relacionamentos, a tendência natural dessa posição é a de procurar parceiros com os quais se identifique. Atrai-se mais pelo seu igual do que por alguém que a complemente. Relacionar-se com uma pessoa diferente pode ser uma experiência desconfortável, pois enxergaria no outro algo que ela mesma não consegue ver em si mesma. Por fim, sua estrela da sorte prontamente a abençoa quando tenta entender a velha questão humana do "quem sou eu?". A resposta é a semente para o amor que a pessoa anseia por expressar. Este é o mistério guardado na Lua Nova que, desde os tempos imemoriais, impressionou o homem com sua ocultação.

Roda da Fortuna na casa 2

Ter a Roda da Fortuna na casa 2 significa que a pessoa nasceu com a força representada pela fase da Lua em que ela, logo após a Lua Nova, se mostra tímida como um filete desenhado no céu. Ela aponta para um indivíduo guiado pelo instinto de preservação e pela necessidade de segurança. Sua atitude frente às questões emocionais se apoia no desejo de materializar os sentimentos, seja expressando-os de uma forma realista, ou por meio de algo palpável. A sensibilidade, por sua vez, é aflorada quando percebe que é possível alcançar o objeto de seu desejo. Entretanto, esse tipo de sentimento comumente intensifica a sensação de apego, em especial em momentos de insegurança — tanto material quanto emocional. Desse modo, não é raro que a pessoa necessite de provas concretas para acreditar que está sendo amada, ou que é capaz de produzir o suficiente para se sustentar com dignidade. Neste sentido, toda transformação emocional poderá gerar uma mudança radical de valores e, por consequência, ajudá-la a valorizar aquilo que verdadeiramente tem valor. E, como último ponto a ser avaliado, tudo fluirá melhor na vida dela quando se sentir segura materialmente, gerenciando seus recursos com sabedoria e descomplicação. A força representada por essa fase da Lua é a mesma da semente que luta por sua sobrevivência.

Roda da Fortuna na casa 3

Nascer com a Roda da Fortuna na casa 3 significa que o bom fluxo de suas energias se assemelha ao dinamismo representado pela fase da Lua que antecede o Quarto Crescente, quando Sol e Lua se encontram a uma distância tal que o disco lunar se torna mais visível, mesmo que ainda não tenha atingido a metade de seu tamanho total. À vista disso, o simbolismo dessa fase remete à uma fluidez no aprendizado e no poder de comunicação. Aqueles com quem a pessoa se relaciona e a boa troca de informações facilitam a desobstrução das dificuldades que surgem ao longo de sua jornada de desenvolvimento intelectual. Para que a vida siga descomplicada, a chave é sempre investir no bom diálogo e evitar dúvidas insolúveis. De outro modo, é preciso ouvir as opiniões que lhe favoreçam, afastando-se daquelas que a influenciam negativamente. Por fim, a comunicação clara, a curiosidade diligente e a liberdade de ir e vir são experiências abençoadas pela força da sua estrela da sorte. A pessoa se sentirá mais feliz quando estiver aberta a respirar novos ares, mudar de ambiente, viajar para outros lugares e, principalmente, nutrir-se de muita informação.

Roda da Fortuna na casa 4

Aqueles que possuem a Roda da Fortuna na casa 4 sentem que a vida flui com mais facilidade quando se aproximam da força representada pela fase da Lua em que o Sol "empresta" metade da sua luz a nosso satélite — ou seja, quando ocorre o Quarto Crescente. Essa fase simbolicamente se associa à presença de bases emocionais sólidas e seguras. Desse modo, tal estabilidade concorre para que a vida da pessoa flua sem muitas adversidades, com menos complicações — e, quando eventualmente as coisas ficarem mais difíceis, ela conseguirá resolvê-las com mais tranquilidade. Essa fase da Lua está associada às raízes que se prendem firmemente ao solo e que garantem a nutrição propícia para o crescimento saudável da vida. Do mesmo modo, ao nutrir sua alma com boas memórias do passado e ao investir na manutenção dos laços afetivos que lhe garantem um bom amadurecimento, a pessoa conhecerá a generosidade da sua estrela da sorte. Entretanto, é bom lembrar que as raízes afetivas não podem se afogar em água emocional, garantindo o crescimento saudável em direção às suas realizações no mundo exterior. A pessoa deve guardar sentimentos desconfortáveis mal resolvidos longe dos bons ventos que sopram a favor da manutenção de uma vida íntima, afetiva e familiar, acolhedora e tranquila.

Roda da Fortuna na casa 5

A presença da Roda da Fortuna na casa 5 corresponde à força representada pela fase da Lua, dias após o Quarto Crescente — estágio que se refere aos sentimentos da paixão, próprios de momentos em que expressamos alegria e emanamos vitalidade. São os estímulos que levam os seres vivos a se atraírem e a comungarem a sexualidade. Assim, os nascidos nessa configuração tendem a retirar das emoções, das aventuras e da paixão o material necessário para a formação de sua identidade emocional. É explorando a potencialidade amorosa e criativa que a pessoa abre espaço para que o fluxo de suas energias se libere das obstruções e obstáculos que a impedem de viver bem. A fase que sucede à Lua Crescente aponta para o aumento da luz no nosso satélite e, por analogia, tem a ver com o início do amadurecimento do fruto que será colhido na fase da Lua Cheia. É a vida sendo celebrada em toda a sua grandeza e essa é a chave que abre as portas para a chegada da sua estrela da sorte representada pela Roda da Fortuna. No entanto, tal fortuna escapará quando a pessoa se deixar dominar pela força do ego ou se menosprezar e se diminuir. O segredo é manter a autoestima equilibrada de modo a honrar seus verdadeiros potenciais criativos.

Roda da Fortuna na casa 6

A Roda da Fortuna na casa 6 tem relação com o simbolismo associado à fase da lua que antecede a Lua Cheia. Embora seu brilho ainda não seja total, a Lua se mostra no céu ao longo de quase toda a noite. Esse estágio representa, portanto, os últimos preparativos e reparos para garantir uma boa colheita. As pessoas nascidas com essa posição são como as abelhas que trabalham incessante e incansavelmente, objetivando nada menos que a perfeição. A disciplina e os rituais de organização do cotidiano são o segredo que as levam ao tesouro representado pela Roda da Fortuna. E a maior riqueza, aquela que as ajudará a manter o bom fluxo de suas energias e à vida transcorrer sem muitas atribulações, é a simplicidade. Entretanto, da mesma maneira que a busca pela perfeição lhes trará bons frutos, é preciso que fiquem atentas aos desequilíbrios físicos decorrentes das pressões impostas pela rotina de trabalho. Por esse motivo, cuidar da saúde e manter hábitos saudáveis é a outra parte da riqueza contida no tesouro representado pela posição da Roda da Fortuna na casa que se refere ao trabalho e à saúde. Reiterando o que já foi dito, apesar de essa posição se referir ao estágio da Lua próximo à sua fase de plenitude, talvez esse seja o motivo dessa pessoa ser tão rigorosa consigo e com os demais. Ao compreender que ninguém é infalível, a senha que dá acesso a seu tesouro é posta prontamente à sua disposição.

Roda da Fortuna na casa 7

Os mapas que apresentam a Roda da Fortuna na casa 7 retratam uma configuração que se assemelha ao simbolismo da Lua Cheia, momento em que a Lua na sua órbita ao redor da Terra se encontra oposta à posição do Sol. Na astrologia, essa disposição espelha o equilíbrio dos dois pratos da balança, no qual as forças da razão e da sensibilidade adquirem valores equipotentes. Esse estágio, que corresponde à fase em que a Lua brilha a noite inteira, pode ser comparado à semente que, após cumprir todas as etapas de desenvolvimento, da semeadura até o pleno amadurecimento, torna-se capaz de oferecer seus frutos à colheita. A propósito, o grande tesouro representado pela Roda da Fortuna nessa casa é a capacidade da pessoa de dar e receber em outras palavras, fortalecer-se com a companhia dos seus parceiros de vida, sejam eles relacionados à esfera afetiva, ou a sócios no trabalho. Outro aspecto importante é o ato de ponderar ou de pesar as emoções na balança racional. Sempre que precisar de uma ajuda extra da sua estrela da sorte, a pessoa deverá recorrer a tais habilidades, pois nelas moram os tesouros que facilitam a vida fluir sem muitas atribulações.

Roda da Fortuna na casa 8

Quando a Roda da Fortuna está na casa 8, a força representada por esse ponto virtual se assemelha às características relacionadas ao período subsequente à fase da Lua Cheia, ou seja, o começo do encolhimento da luz lunar, apontando para um processo transformador. Tal movimento é reconhecido como a preparação para o despojamento da abundância representada na plenitude da fase Cheia. Daí a associação com a bênção de ser possível renascer, não para fora, mas sim em direção à interioridade. Assim como a Roda da Fortuna simboliza a força que facilita o livre fluxo das energias, sua posição nessa área do mapa denota que o desapego e o aprofundamento em questões de ordem subjetiva abrem espaço para que a pessoa viva melhor, sem grandes atropelos. De outro modo, sempre que atravessar momentos de perda, separação ou pressões relacionadas a experiências ameaçadas por preconceitos ou tabus, a pessoa pode contar com a ajuda da sua estrela. Tais vivências farão as energias vitais circularem com maior facilidade, colaborando para a regeneração de seus sofrimentos. Por fim, vale lembrar que, nessa fase, embora o seu disco ainda se encontre quase totalmente iluminado, a Lua começa a perder parte de seu brilho, apontando para o mergulho em um universo de mistérios a serem desvendados. Portanto, as revelações relativas ao mais íntimo do seu ser desobstruem o que impede que a vida flua com facilidade.

Roda da Fortuna na casa 9

A posição da Roda da Fortuna na casa 9 equivale à força representada pela fase da Lua que antecede ao Quarto Minguante — em outras palavras, à propagação das descobertas simbolizadas pela diminuição da luz e crescimento da área sombria. Isso significa que o livre fluxo das energias é facilitado pelo desejo corajoso de se lançar ao desconhecido, transpondo as fronteiras do meio circundante que se encontra ao alcance das mãos. A redução da luminosidade no disco lunar antes de atingir a metade do seu tamanho simboliza a potência presente nos sonhos e ideais. As pessoas nascidas com a Roda da Fortuna nessa casa são como pássaros que migram em busca de melhores condições de vida, ou seja, anseiam por ampliar seu universo pessoal, seja viajando geograficamente, seja por meio de investimentos na esfera intelectual, ou ainda na busca de elevação espiritual. De mais a mais, sempre que estiverem diante de alguma obstrução que os impeça de seguir o fluxo natural da vida, o segredo é dedicar um tempo para refletir, estudar e aumentar seu conhecimento sobre as coisas. Aliás, o grande tesouro representado pelo ponto virtual denominado de Roda da Fortuna é o encontro com seus mestres, seres de saber elevado que servirão como estrela guia, iluminando sua jornada espiritual.

Roda da Fortuna na casa 10

Ter a Roda da Fortuna na casa 10 significa ter como estrela guia a força simbolizada pelo Quarto Minguante — fase em que o disco lunar se encontra metade iluminado, metade na sombra. Tal força é o desejo da pessoa de materializar os ideais que, nessa posição, se encontram com maturidade suficiente para serem executados na realidade. A sensação de felicidade alcançada por intermédio do fluir natural dos acontecimentos tem relação direta com as realizações que contribuem para o engrandecimento social. O legado que será deixado pela pessoa é uma bênção, não só para ela como indivíduo, mas para a sociedade como um todo. Ademais, sempre que sentir sua vida obstruída ou suas energias bloqueadas, a chave para solucionar tais problemas estará no trabalho, no cumprimento de suas responsabilidades e no ato de honrar seu compromisso com o que planejou para o próprio futuro. Semelhante à fase da Lua Minguante, que simboliza a liberação da semente para garantir a renovação futura da vida, a Roda da Fortuna na casa 10 diz respeito à consciência de que a riqueza contida no interior de suas ambições é bem mais grandiosa do que o trivial desejo de reconhecimento e de autorrealização.

Roda da Fortuna na casa 11

O simbolismo da posição da Roda da Fortuna na casa 11 tem estreita relação com a força representada pela fase da Lua que sucede o Quarto Minguante, momento em que o lado escuro da Lua começa a ganhar espaço. A face não iluminada simbolicamente se relaciona com a consciência do coletivo, enquanto a luminosa, do singular. Portanto, quem nasceu com essa posição sente-se muito mais afortunado quando participa de empreendimentos que visam o bem comum ou, no mínimo, quando está entre amigos. Sua maior fortuna é o espírito de solidariedade, cooperação e fraternidade. Dito isso, pode-se afirmar que, semelhante à fase da Lua que está associada à nutrição das sementes pela generosa riqueza do solo onde está envolvida, a pessoa que nasceu com a Roda da Fortuna nessa posição navegará mais facilmente pelo fluxo dos acontecimentos da vida sempre que der as mãos às pessoas em sinal de ajuda mútua. Isso significa que é necessário que o ego seja deixado de lado e que se posicione em congruência com o todo. Essa é a simbologia representada pela fase na qual a Lua inicia sua trajetória de ocultação no céu.

Roda da Fortuna na casa 12

A presença da Roda da Fortuna na casa 12 denota a riqueza existente em experiências que espelham o simbolismo relacionado à fase que precede a Lua Nova, aquela em que a Lua se recolhe e se assemelha a alguém que se prepara para dormir. Por analogia, a pessoa nascida nessa configuração descobre sua fortuna bem no fundo da alma, em contato com seus sentimentos mais ocultos e na dedicação para desvendá-los. Ela encontrará a felicidade de ver as suas energias fluindo sempre que se recolher em seu templo interior, isolando-se do barulho externo e acalmando os ruídos internos, não sem antes escutá-los de maneira acolhedora. O desaparecimento quase completo da luminosidade no disco lunar sugere que pessoas nascidas com o

Nodo Lunar na casa 12 precisam se recolher em seu universo interior e se fortalecer espiritualmente para abrir o portal por onde sua estrela da sorte possa brilhar e apontar-lhe os caminhos que desobstruem o que a impede de viver com tranquilidade e fluidez. Nessa fase está simbolizada a semente que perdeu toda sua forma e que se prepara para realizar o maior mistério de todos: o desabrochar do potencial que existe dentro dela.

ASPECTOS COM A RODA DA FORTUNA

Roda da Fortuna e Sol

Aspectos favoráveis: conjunção, sextil e trígono

Tal aspecto aponta para as bênçãos que facilitam a pessoa realizar seu grande propósito de vida. Uma delas é ter à sua disposição a autoconfiança acrescida de um enorme desejo de viver intensamente cada momento de sua existência. De posse desse tesouro, a alegria de se sentir alguém realizado estará bem mais perto de seu alcance do que ela possa imaginar. Outra é ser capaz de ter controle sobre si mesma, mantendo-se dentro do território onde se sinta segura e capaz de realizar o que verdadeiramente está de acordo com sua vontade. Por fim, o brilho que emana das autenticidades de suas emoções irá protegê-la nos momentos difíceis, principalmente aqueles onde o que está em jogo é vencer a influência nociva do orgulho e da vaidade.

Aspectos conflitantes: quadratura e oposição

A tensão entre a Roda da Fortuna e o Sol denota a dificuldade da pessoa de manter o fluxo de suas energias vitais livres de obstruções devido, ou a falta de confiança em si mesma, ou o contrário, o excesso de expectativa e exigência autoimposta. A bem da verdade, há oscilações e, ora ela excede em autoconfiança, ora entra em estado de baixa autoestima. A dica aqui é aprender a equilibrar as ações do ego para usufruir com mais facilidade um estado de alegria e contentamento consigo e com a vida.

Roda da Fortuna e Lua

Aspectos favoráveis: conjunção, sextil e trígono

O aspecto fluente entre a Roda da Fortuna e a Lua aponta para a existência de um bom fluxo emocional, facilitando a construção de relacionamentos seguros e acolhedores. Estar em um lugar em que a pessoa se sinta à vontade e protegida, seja em casa, em uma cidade ou um país, é algo que colabora imensamente para que ela encontre boas soluções para os eventuais contratempos da vida. Em se tratando de uma conexão com o astro que abriga as memórias afetivas, as referências do passado guardarão sempre uma riqueza imensa que a auxiliará como bússola, orientando-a nos momentos emocionalmente críticos.

Aspectos conflitantes: quadratura e oposição

O desafio marcado por essa conexão diz respeito à manutenção da estabilidade emocional que, quando ausente, obstrui o bom fluxo das energias, principalmente aquelas que são necessárias para o enfrentamento dos conflitos de relacionamento. Com efeito, mágoas, sentimentos represados e comportamentos repetitivos originados no passado atrapalham a ação benéfica representada pela Roda da Fortuna. É como se, em vez de fazer girar as forças no sentido criativo, tais emoções provocassem obstrução e redução de poder. O importante aqui é passar a limpo o passado, libertando-se do que não a ajuda a viver com tranquilidade momentos emocionalmente críticos e desgastantes.

Roda da Fortuna e Mecúrio

Aspectos favoráveis: conjunção, sextil e trígono

Nesse aspecto, a boa comunicação é tida como um recurso profícuo capaz de facilitar o curso natural dos acontecimentos da vida e a boa circulação de energia. É com flexibilidade e agilidade em se movimentar que a pessoa resolve as crises, principalmente às que foram provocadas por mal-entendidos, desencontros ou desatenção. Da mesma forma que Mercúrio é relacionado à informação, às notícias e à livre circulação, sua conexão favorável com a Roda da Fortuna significa que, ao se manter atualizada e com liberdade de ir e vir, a pessoa resolve suas dúvidas e inquietudes com mais destreza e, consequentemente, atinge mais facilmente um estado de contentamento.

Aspectos conflituosos: quadratura e oposição

Nesse caso, a dispersão é o que distancia a pessoa das bênçãos e tesouros representados pela Roda da Fortuna, facilitando a boa fluidez das energias e do curso dos acontecimentos da vida. A desatenção atrapalha a resolução de conflitos gerados por equívocos, má comunicação e discordâncias de opinião. Por outro lado, inquietude que dissipa suas forças e, mais do que tudo, a desorganização que complica a administração de tempo e produtividade, quando resolvidas, levam a pessoa ao encontro com o sentimento de felicidade. Por fim, é imprescindível que se fale sobre o quanto um aprimoramento no modo dela se comunicar é um tesouro que produzirá, do mesmo modo, um estado de contentamento.

Roda da Fortuna e Vênus

Aspectos favoráveis: conjunção, sextil e trígono

Essa conexão favorece a boa fluência no idioma amoroso, já que a Roda da Fortuna tem como incumbência facilitar o fluxo das energias que, nesse caso, diz respeito ao amor e à sexualidade. As experiências produzidas pelos bons encontros são uma espécie de tesouro que facilita o aprendizado de se relacionar com mais tranquilidade ou, no mínimo, a não complicar demais a situação quando atravessar alguma crise emocional. A conexão com a força representada pela Roda da Fortuna faz dos valores de Vênus, ou seja, da libido e da afetividade, um lugar afortunado por contribuir com a produção de contentamento e felicidade. Por fim, sempre que a pessoa atravessar uma crise afetiva, é bom lembrar que a diplomacia e o investimento no território do prazer serão ferramentas que facilitarão a solução dos problemas.

Aspectos desafiadores: quadratura e oposição

Essa tensão significa que desencontros ou relacionamentos tóxicos interferem negativamente na forma como suas energias fluem, dificultando o equilíbrio da balança que, em um dos pratos contém o próprio valor e, no outro, o significado que um parceiro tem na sua vida. Especialmente nos momentos de crise afetiva, quanto mais estiver apegada à necessidade de ter alguém ao lado, mais difícil será de encontrar boas soluções. A carência e a dependência do outro bloqueiam o acesso às bênçãos representadas no símbolo da Roda da Fortuna — protegê-la da negatividade, infelicidade e má fluência dos acontecimentos da vida. Por essa razão, fortalecer a autoestima e prestar mais atenção às suas escolhas amorosas é a forma de desanuviar o céu que encobre o brilho de sua estrela da sorte.

Roda da Fortuna e Marte

Aspectos favoráveis: conjunção, sextil e trígono

Para quem nasceu com essa conexão favorável, uma das bênçãos generosas concedida pela Roda da Fortuna é dispor de coragem para enfrentar inseguranças e medos em momentos de crise, principalmente aqueles que se referem às tomadas de grandes decisões. Os bons ventos da sorte também lhe acompanharão, auxiliando a pessoa a conquistar as vitórias desejadas e, igualmente, ter garra para se levantar dos tombos, das derrotas. A felicidade é alcançada no exercício da autonomia e quando há segurança para agir segundo seus impulsos. De outra maneira, ao atravessar os contratempos do campo de batalha das incertezas *versus* as afirmações, a pessoa se apodera de uma força de vontade e de um vigor tamanhos que certamente facilitarão as boas deliberações.

Aspectos desafiadores: quadratura e oposição

Sendo dada à Roda da Fortuna a incumbência simbólica de facilitar o fluxo das energias, a conexão tensa com o planeta guerreiro significa que a falta de coragem ou até mesmo o destemor irracional são alguns dos obstáculos que dificultam alcançar o contentamento produzido pelo transcorrer tranquilo dos acontecimentos da vida. A impulsividade desmedida e a agressividade mal-empregada, tanto pela falta, ou pelo excesso, a impedem de resolver as crises de forma adequada e vitoriosa. O segredo é agir com firmeza de propósito, força de vontade e vigor diante dos desafios, principalmente aqueles que têm a ver com importantes tomadas de decisão.

Roda da Fortuna e Júpiter

Aspectos favoráveis: conjunção, sextil e trígono

O grande tesouro guardado no simbolismo da Roda da Fortuna quando em conexão com Júpiter é o afã por conhecimento e a alegria alcançada quando viaja para longe do seu lugar de origem. Ambos ampliam suas fronteiras mentais, dando-lhe a oportunidade de obter sucesso em áreas que exijam uma mente aberta e com certo grau de cultura ou de expertise. O brilho de sua estrela ilumina a estrada que a conduz ao encontro com pessoas que lhe servirão de guia na sua jornada de evolução intelectual ou espiritual. Por fim, sempre que estiver diante de crises, principalmente as que se referem às questões filosóficas e existenciais, os bons ventos soprarão para que navegue sem muitas atribulações na direção de respostas que aliviarão inquietudes e indecisões.

Aspectos conflituosos: quadratura e oposição

A tensão retratada nesse aspecto alerta para o fato de que a obstinação por um determinado caminho, ideal ou crença poderá atravancar o bom fluxo das energias de tal forma que, em situações críticas, as soluções fujam de sua alçada. O segredo aqui é a pessoa ser flexível sem perder a firmeza de seus propósitos, desviando-se dos obstáculos que a impedem de evoluir em seu crescimento, aprendizado e sua sabedoria. Além do mais, a chave que dá acesso à riqueza simbolizada pela Roda da Fortuna é escutar os outros mantendo a mente conectada com seus valores mais elevados e confiar que sempre haverá caminhos que abrirão seu olhar para acolher horizontes distantes do que está à mão e que, certamente, em algumas situações de vida não colaboram para sua evolução.

Roda da Fortuna e Saturno

Aspectos favoráveis: conjunção, sextil e trígono

O grande tesouro representado por essa conexão favorável é fazer do tempo um grande aliado, de forma que este venha a trabalhar a seu favor. Isso quer dizer que a vida flui com mais facilidade sempre que houver um bom planejamento, com os passos de agora sendo firmes e garantindo bons resultados no futuro. Da mesma maneira que Saturno simboliza a âncora que impede a embarcação de ficar à deriva, esse aspecto indica que a estabilidade e a segurança são boas maneiras de a pessoa promover um estado de contentamento e felicidade. No mais, ao cumprir com compromissos e responsabilidades, tudo fluirá melhor em sua vida e o curso dos acontecimentos ganham a direção mais favorável para a realização de seus empreendimentos.

Aspectos conflituosos: quadratura e oposição

Havendo uma conexão tensa entre a Roda da Fortuna e Saturno, o que está em jogo é a rigidez e o excesso de autoexigência, grandes responsáveis pela má fluência das energias e dificuldade em atravessar crises, principalmente aquelas que envolvem a administração do tempo. Nesse sentido, quanto mais ela for dura consigo ou, ao contrário, muito imatura no exercício de suas responsabilidades, mais atribulada ficará diante de obstruções que, eventualmente, atribuirá à falta de sorte. O que ocorre é que, para que sua estrela brilhe e ilumine seu caminho, é necessário saber suportar as frustrações com maturidade e reconhecer seus limites, do mesmo modo que deve se empenhar ao máximo para enfrentar as inseguranças que, seguramente, são passíveis de serem superadas. Essas vitórias lhe garantirão momentos de contentamento e felicidade.

Roda da Fortuna e Urano

Aspectos favoráveis: conjunção, sextil e trígono

Por ser um ponto virtual que denota riqueza, a Roda da Fortuna nesse signo diz respeito ao imensurável valor da liberdade que, quando exercida, fornece à pessoa um estado de prazer e alegria. Ainda é importante ressaltar o quanto as mudanças, principalmente aquelas que chegam sem aviso prévio, são bênçãos concedidas pela sua estrela da sorte. Isso porque as reviravoltas repentinas têm o poder de desobstruir o que está impedindo o bom fluxo das energias e o curso tranquilo dos acontecimentos da vida. Daí a importância de a pessoa aproveitar a facilidade que é, para ela, promover rupturas e deixar chegar as inovações que a estimulam progredir. Reafirmando o que foi dito, seu pote de ouro é possuir a sabedoria de acolher o imprevisível com rapidez, ainda que possa, momentaneamente, provocar-lhe inseguranças. Entretanto, ao agir com despojamento, intuição e liberdade, ela terá nas mãos a riqueza que facilita a superação dos momentos críticos da vida.

Aspectos conflituosos: quadratura e oposição

Uma importante função atribuída à Roda da Fortuna é facilitar o fluxo dos acontecimentos e, sobretudo, ajudar a pessoa a encontrar o caminho mais fácil para a solução de suas crises. À vista disso, e considerando a tensão de seu encontro com o planeta que trata das grandes revoluções, esse aspecto aponta para a dificuldade de se deixar fluir nas mudanças, especialmente aquelas que chegam de surpresa. A resistência à novidade, ainda que desejada, a afasta do sentimento de felicidade e, igualmente, torna um problema bem mais trabalhoso de ser solucionado. A chave para que os ventos soprem favoravelmente é manter a mente aberta às novidades, acolher a imprevisibilidade dos acontecimentos e se libertar de seus preconceitos. Quanto mais agir dessa maneira, mais fluidez e facilidade obterá no enfrentamento dos momentos que lhe causam sofrimento.

Roda da Fortuna e Netuno

Aspectos favoráveis: conjunção, sextil e trígono

Por ser a Roda da Fortuna um ponto virtual que aponta para a riqueza e, por Netuno ser o planeta associado à sensibilidade e ao poder de imaginação, a grande bênção cedida pela estrela da pessoa que nasceu com esse aspecto é saber usufruir os benefícios gerados pela intuição e, igualmente, ter a mente aberta para o misterioso. De outro modo, ela terá sempre à disposição as ferramentas necessárias para o enfrentamento dos momentos de crise na vida, sejam práticas espirituais, fé ou bom proveito da imaginação fértil. Além do mais, a sorte a acompanhará abrindo seus caminhos por intermédio do silêncio, da sabedoria de conviver bem consigo mesma e no contato com suas reflexões mais profundas. É desse modo que ela é capaz de usufruir um estado de alegria e felicidade.

Aspectos conflituosos: quadratura e oposição

Pela razão de haver uma conexão tensa entre o ponto virtual que indica o caminho da fluidez das energias e o planeta associado à sensibilidade e à imaginação, pode-se deduzir que a falta de confiança da pessoa na própria intuição é uma das grandes responsáveis por atravancar a serenidade do curso dos acontecimentos. Soma-se a isso que, ao absorver como uma esponja os climas ao redor, ela se afasta das benesses que sua estrela da sorte guarda para si, o que torna mais difícil solucionar as crises em momentos difíceis. O segredo é filtrar o que lhe faz mal e usar a imaginação para abrir as portas que iluminam seu caminho, sem fugir da realidade. O que facilita o aproveitamento dos bons ventos em mares turbulentos é cultivar o silêncio, mergulhar na profundidade de sua alma e encontrar os verdadeiros sonhos que lhe proporcionarão um estado de felicidade e contentamento.

Roda da Fortuna e Plutão

Aspectos favoráveis: conjunção, sextil e trígono

Nesse aspecto, a boa estrela da pessoa irá guiá-la sempre que ela estiver diante de situações que exijam desapego nos momentos das transformações mais profundas que atravessará. Ela poderá contar com as bênçãos concedidas pela consciência da finitude das coisas, ajudando-a a fluir com serenidade ao longo dos processos de desconstrução do velho e o despertar para o novo. O certo é que, ao viver de maneira profunda o que lhe toca a alma, ela terá nas mãos seu mais valioso tesouro, pois é dessa forma que o fluxo de suas energias correrá sem obstruções, facilitando lidar com términos e recomeços. Enfim, ao se submeter às transformações sem resistência, desintoxicando-se de sentimentos ou comportamentos nocivos e destrutivos, a pessoa encontrará um lugar na alma que é responsável pela produção de um estado de prazer e contentamento. Eis o tesouro guardado no simbolismo da conexão da Roda da Fortuna com o planeta que, simbolicamente, trata da morte e do renascimento.

Aspectos conflituosos: quadratura e oposição

Pode-se afirmar que, nessa conexão tensa, quanto mais apego houver, mais difícil será a pessoa lidar com o curso natural dos acontecimentos da vida. A resistência às transformações decorrentes dos términos, da finitude das coisas e das separações dificulta os recomeços, ou seja, bloqueia as energias vitais responsáveis pelo surgimento dos novos desejos que darão sentido às perdas que, necessariamente, todos experimentamos no decorrer da existência. Ao se entregar de corpo e alma às mudanças que transformam a si e a seu olhar, a pessoa abrirá as portas que revelarão o tesouro oculto em sua subjetividade, seu inconsciente. Dessa forma, saberá reconhecer as benesses obtidas nesse garimpo em mundos insondáveis, em zonas sombrias que, quando descobertas as riquezas e iluminada a escuridão, lhe proporcionarão um estado de profundo contentamento e o sentimento de felicidade.

Roda da Fortuna e Ascendente

Aspectos favoráveis: conjunção, sextil, trígono e oposição

Deve-se destacar aqui a diferença entre uma conexão favorável quando a Roda da Fortuna faz uma conjunção com o Ascendente e aquela que faz oposição, ou seja, quando há uma conjunção com o Descendente. No primeiro caso, a grande riqueza apontada pelo simbolismo da Roda da Fortuna diz respeito ao exercício da autonomia e às práticas de autoconhecimento. Já no segundo, as bênçãos têm relação com a força dos encontros, às experiências adquiridas nos relacionamentos e às escolhas de bons parceiros. Dito isso, qualquer outro aspecto favorável tem a ver com a facilidade da pessoa de equilibrar seus desejos com a vontade de outra pessoa e, com isso, desobstruir o que impede o bom fluxo das energias, principalmente aquelas que ela necessita para se sentir bem consigo e, igualmente, nos seus relacionamentos.

Aspectos conflituosos: quadratura

Aqui deve-se levar em consideração o fato de que, ao fazer uma quadratura com o Ascendente, a Roda da Fortuna faz, igualmente, uma quadratura com o Descendente. Entendido isso, deduz-se que há dificuldades em encontrar uma medida justa e fluida entre atender os desejos próprios e os de um parceiro, seja amoroso ou de trabalho. Esse esforço é extremamente válido quando a pessoa consegue equilibrar o fiel da balança que atende o que é essencialmente importante para si e, ao mesmo tempo, o que lhe traz felicidade em um relacionamento. Ela será abençoada com a sorte de se sentir bem tanto em sua própria companhia, como no convívio com o outro, se souber abrir mão do seu narcisismo, na mesma medida das dependências afetivas.

Roda da Fortuna e Meio do Céu

Aspectos favoráveis: conjunção, sextil, trígono e oposição

Na medida que o Meio do Céu é um dos extremos da linha do Meridiano, e que no lado oposto encontra-se o Fundo do Céu, a conjunção com cada um desses pontos deve ser analisada de forma diferente. Na primeira situação, o fluir das energias transcorre sem atribulações quando a pessoa está conectada com um propósito que traz sentido à construção de sua carreira, enquanto que na segunda posição é quando ela se sente nutrida em seus relacionamentos íntimos, familiares e no lar. Isso compreendido, os demais aspectos tratam da felicidade proporcionada pelo equilíbrio entre as forças empregadas no trabalho e as que se destinam ao bem-estar na intimidade na casa e com a família. Sua grande fortuna diz respeito a essa boa distribuição de energia que estará sempre disponível para facilitar o encontro de boas soluções sempre que a pessoa atravessar um momento de crise, dificuldade e sofrimento.

Aspectos conflituosos: quadratura

Como a Roda da Fortuna faz uma quadratura com o Meio do Céu, e também com o ponto oposto, o Fundo do Céu, o desafio aqui é encontrar um ponto de equilíbrio entre as energias empregadas para a realização de suas ambições profissionais e as direcionadas para a obtenção de conforto e harmonia na esfera afetiva e familiar. O resultado dessa tensão, quando obtida a boa distribuição de seus esforços nessas duas esferas da vida, será o de felicidade e bem-estar. Ademais, sempre que a pessoa se encontrar em uma situação crítica, atravessando problemas e com a vida atribulada, a chave é se dedicar a seu trabalho, respeitando limites, e, ao mesmo tempo, nutrir sua casa e sua família de afeto, afastando-se das projeções emocionais que contaminam a boa fluência dos relacionamentos.

APÊNDICE 1
Noções básicas de mecânica celeste

Apesar de dispormos atualmente de sofisticados softwares de cálculos astrológicos, noções de astronomia sempre são bem-vindas àqueles que se dedicam ao estudo das relações entre os fenômenos celestes e terrestres.

A esfera celeste

Os antigos viam o Céu noturno como uma esfera incrustada de estrelas, um globo imaginário, no qual as estrelas estavam aparentemente fixas, de raio indefinido, cujo centro era o observador. Na esfera celeste, a posição dos astros e das estrelas é marcada e medida.

Os movimentos da Terra

São muitos os movimentos da Terra, mas, para efeito de cálculos e correlações astrológicas, basta-nos conhecer três desses movimentos: rotação, revolução e precessão equinocial.

Movimento de rotação da Terra

Com o decorrer das horas, os astros nascem a leste e se põem a oeste, causando a impressão de que a esfera celeste gira em torno de nós no sentido horário, ou seja, de leste para oeste. Pois bem, o denominado movimento diurno dos astros é consequência do movimento de rotação da Terra, que representa o giro feito pela Terra em torno de si mesma, ou seja, ao redor do seu próprio eixo, definindo os Polos Norte e Sul terrestres. Na verdade, esse movimento se faz de oeste para leste, no sentido anti-horário, e tem duração de aproximadamente 24 horas.

O prolongamento do eixo imaginário da terra na esfera celeste define os Polos Norte e Sul celestes.

Coordenadas terrestres

Para que se possa definir a posição de um ponto na superfície da Terra utilizam-se linhas imaginárias que cortam o planeta nos sentidos horizontal e vertical. As coordenadas geográficas são medidas em graus, minutos e segundos.

Linhas horizontais — Paralelos — Latitude

A linha que divide a Terra em duas partes iguais, perpendicular ao eixo de rotação, denomina-se Equador terrestre. As demais linhas que cortam a Terra, no sentido horizontal, são chamadas Paralelos, e a coordenada geográfica, Latitude.

As latitudes são medidas para o norte e para o sul do Equador. O Equador corresponde à latitude 0 grau, dividindo o globo terrestre nos Hemisférios Norte e Sul. As latitudes variam de 0 a 90 graus, tanto ao norte quanto ao sul.

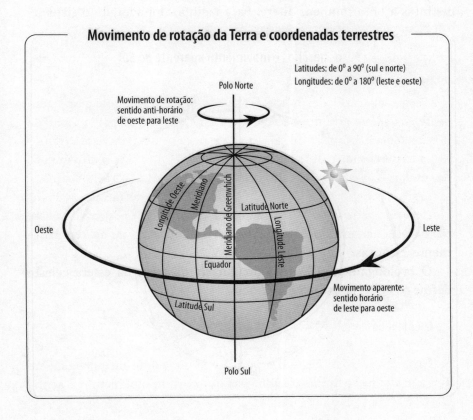

Linhas verticais — Meridianos — Longitude

As linhas que dividem a Terra em partes iguais, passando pelo eixo de rotação, são denominadas meridianos, e a coordenada geográfica, longitude. Como são infinitas, adotou-se como padrão internacional o Meridiano de Greenwich (Inglaterra) como ponto de partida, correspondendo à longitude 0 grau. O meridiano de Greenwich divide o globo terrestre em hemisfério ocidental, a oeste, e oriental, a leste. As longitudes variam de 0 a 180 graus, tanto a leste, quanto a oeste.

Fusos horários

Devido ao movimento de rotação da Terra, a hora não é a mesma nas diferentes longitudes, ou seja, nas cidades situadas em longitudes distintas a hora também difere. Para facilitar, foi adotado o sistema

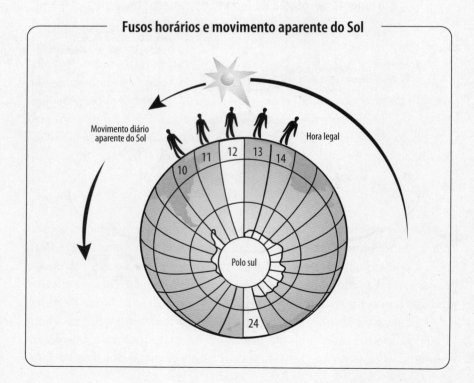

Fusos horários e movimento aparente do Sol

de fusos horários, com base na divisão dos 360 graus do globo terrestre em 24 "gomos" de 15 graus cada um, 12 a leste e 12 a oeste de Greenwich. Considerando que a Terra leva 24 horas para fazer uma rotação completa, deduz-se que cada fuso corresponde a uma hora. Cada fuso abrange uma distância geográfica de 7°30' a leste e 7°30' a oeste.

Países de grande extensão territorial são cortados por mais de um fuso horário, como é o caso do Brasil. Além disso, por questões práticas, muitos países fizeram adaptações dos fusos horários respeitando os limites jurídicos dos seus territórios.

Movimento de revolução da Terra e eclíptica

O movimento elíptico que a Terra executa em torno do Sol é denominado movimento de revolução e tem a duração de aproximadamente 365 dias e seis horas, ou um ano. Como não são computadas no calendário anualmente as seis horas, para compensar, de quatro em quatro anos, com o acúmulo de 24 horas, instituiu-se os anos bissextos com 366 dias, acrescentando ao mês de fevereiro um dia a mais. O movimento de revolução é feito de oeste para leste, ou seja, no sentido anti-horário. A linha imaginária descrita pelo movimento de revolução da Terra é denominada Eclíptica. O modo como percebemos esse movimento é através do percurso aparente do Sol pela Eclíptica ao longo do ano. O que nos parece, e assim viam os antigos, é que o Sol gira em torno da Terra, também no sentido anti-horário. As constelações localizadas na Eclíptica foram denominadas constelações zodiacais.

Inclinação do eixo terrestre e as estações do ano

O eixo de rotação da Terra não está "em pé" em relação ao seu plano de revolução em torno do Sol e, sim, inclinado em 23°27'. Para nós, a consequência mais importante dessa inclinação é o fenômeno das quatro estações do ano. Se a Terra não se inclinasse no seu eixo, os dias seriam sempre iguais, ou seja, 12 horas de luz e 12 horas de noite.

Ao longo da revolução anual, os Hemisférios Norte e Sul recebem mais ou menos incidência da luz solar. Isso significa que, em determinadas épocas do ano, as temperaturas e a duração dos dias variam.

Movimento de revolução da Terra

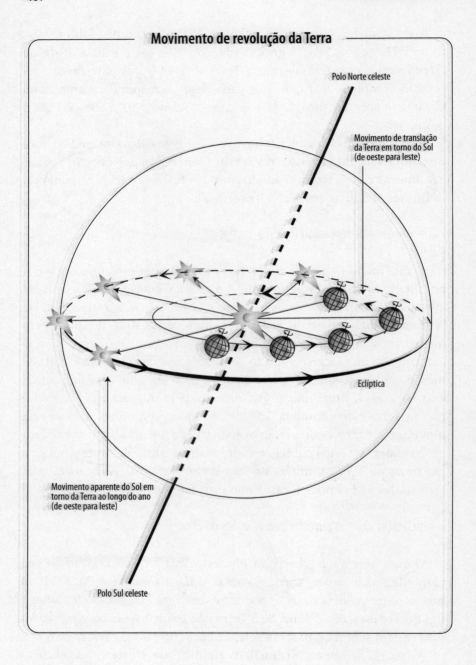

Inclinação do eixo de rotação da Terra

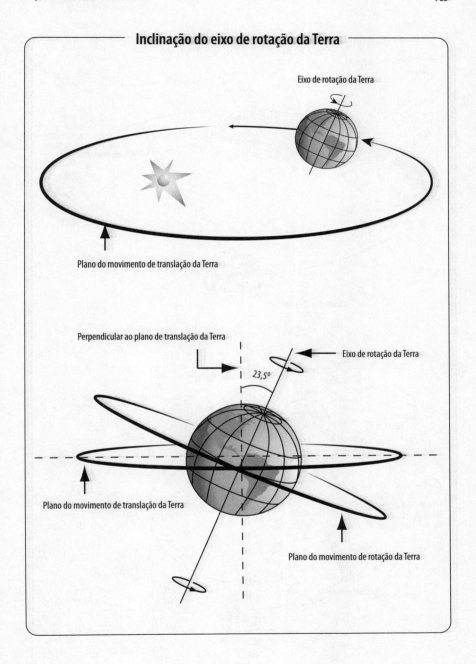

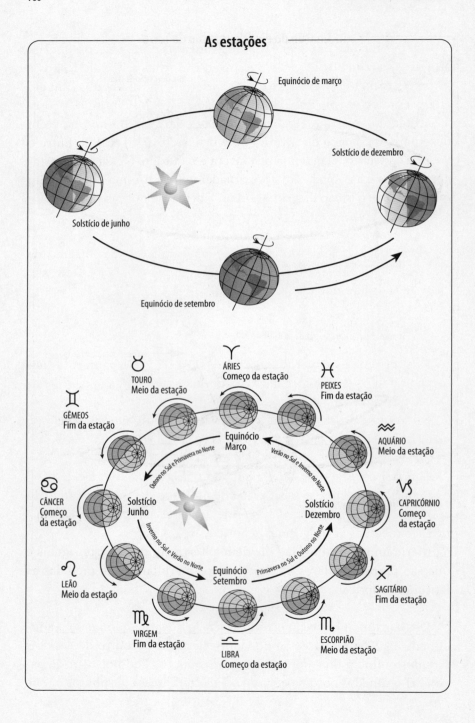

Durante o verão ocorrem os dias mais longos e as noites mais curtas do ano. Na medida em que a estação avança, as noites aumentam, até atingirem sua maior duração. No inverno os dias são mais curtos e as noites mais longas, e, avançando a estação, os dias aumentam até atingirem novamente sua maior duração no verão. Em julho ocorre a entrada do verão no Hemisfério Norte e do inverno no Sul, e em dezembro, o começo do inverno no Norte e do verão no Sul. Entre o verão e o inverno, ocorrem a primavera e o outono. Nessas duas estações os dias e as noites têm aproximadamente a mesma duração. Em março ocorre o início da primavera no Norte e do outono no Sul, e em setembro, o começo do outono no Norte e da primavera no Sul.

As entradas do verão e do inverno, quando ocorrem o dia e a noite mais longas do ano, são chamadas de solstícios, e as entradas da primavera e do outono, quando o dia é exatamente igual à noite, são chamadas de equinócios.

Coordenadas celestes

Existem dois sistemas de coordenadas celestes, mas aqui, para efeito dos cálculos astrológicos, serão abordadas somente as coordenadas eclípticas.

Para que se possa definir a posição de um ponto na esfera celeste, utilizam-se círculos que a cortam e se cruzam. São eles:

Equador celeste: projeção do Equador da Terra na esfera celeste.
Eclíptica: caminho aparente do Sol em torno da Terra ao longo do ano, ou a própria órbita da Terra projetada na esfera celeste. Na eclíptica são medidas as longitudes eclípticas.
Meridianos: círculos que dividem a Terra em duas partes iguais e que são perpendiculares à eclíptica. Nos meridianos são medidas as latitudes eclípticas.

Devido à inclinação do eixo da Terra, a eclíptica também está inclinada 23°27' em relação ao Equador celeste. O encontro desses dois círculos definem dois pontos, chamados pontos equinociais. São assim denominados porque, quando o Sol cruza esses dois pontos na sua

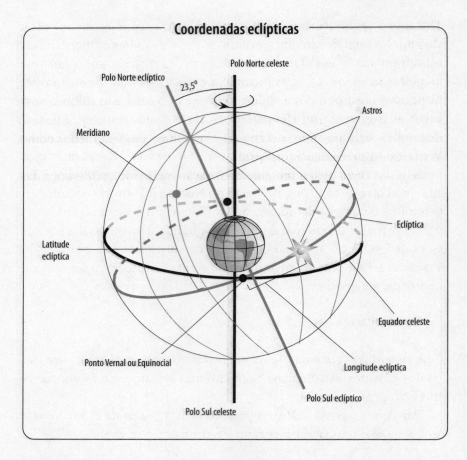

Coordenadas eclípticas

trajetória anual, ocorre o início da primavera e o início do outono. Na sua passagem pelos pontos mais distantes entre os dois círculos, ou seja, onde a inclinação é máxima, se dão os solstícios, ou seja, a entrada do verão e do inverno.

O ponto equinocial que ocorre em março, ou seja, primavera no Hemisfério Norte e outono no Sul, é também chamado de ponto vernal. O ponto vernal é o ponto de partida para a contagem das longitudes eclípticas, que são medidas na eclíptica, variando de 0 a 360 graus.

As latitudes são medidas para o norte e para o sul da eclíptica. A eclíptica corresponde à latitude 0 grau, e as latitudes variam de 0 a 90 graus, tanto ao norte quanto ao sul da eclíptica.

O ponto vernal corresponde à longitude 0 grau, e as longitudes variam de 0 a 360 graus.

Movimento de precessão dos equinócios

Devido à rotação, a Terra não é perfeitamente esférica e sim oval, mais achatada nos polos e dilatada no equador. Outra contribuição é a diferença das forças gravitacionais que o Sol e a Lua exercem sobre nosso planeta. Essas forças diferenciais resultam em fenômenos como as marés e a precessão equinocial.

Sendo a Terra oval e seu eixo de rotação inclinado, a diferença das

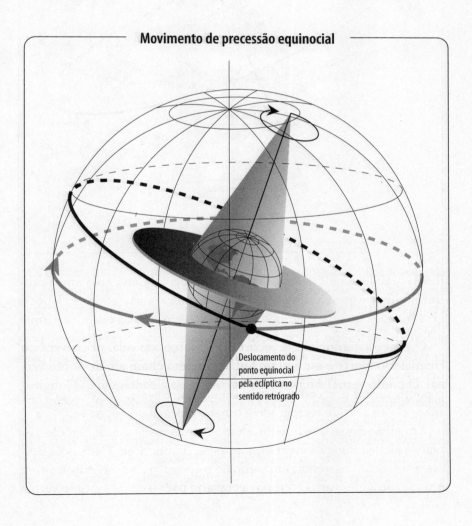

Movimento de precessão equinocial

Deslocamento do ponto equinocial pela eclíptica no sentido retrógrado

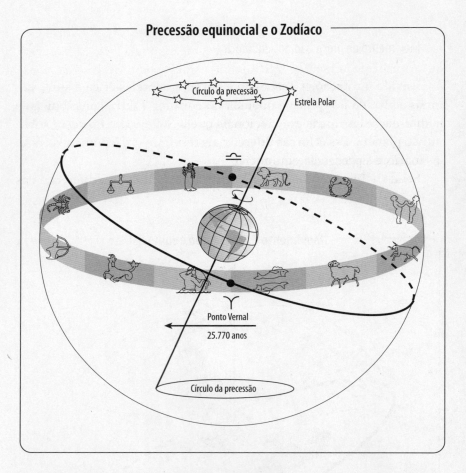

forças gravitacionais exercidas pelo Sol e pela Lua sobre o planeta produzem um torque em torno do centro de sua massa, tendendo a pôr o eixo "em pé", ou seja, tentando alinhá-lo com o eixo da eclíptica. Como a Terra está girando, tal correção não acontece, mas o resultado é a precessão do eixo da Terra em torno dele, semelhante ao giro de um pião que precessiona em torno do eixo vertical ao solo. Da mesma maneira, o ponto vernal precessiona sobre o equador celeste, ou seja, "desliza" sobre ele no sentido retrógrado à trajetória anual do Sol na eclíptica.

Em razão desse movimento, chamado precessão dos equinócios, os polos celestes não possuem uma posição fixa no Céu. Cada polo descreve uma circunferência em torno do respectivo eixo da eclíptica com um raio de 23,5 graus. O tempo necessário para o eixo e o ponto vernal completarem uma volta é 25.770 anos. Atualmente, o Polo Norte Celeste está próximo da estrela Polar, na constelação da Ursa Menor. Daqui a aproximadamente 13 mil anos ele estará próximo da estrela Vega, na constelação de Lira.[64] Da mesma forma, o ponto vernal se move no mesmo sentido e ritmo, percorrendo as constelações zodiacais. Atualmente, ele se encontra no início da constelação de Aquarius.

Zodíaco e signos zodiacais

O Zodíaco é uma faixa de 18 graus, nove graus ao norte e ao sul da eclíptica, formada pelas constelações zodiacais: Aries, Taurus, Gemini, Cancer, Leo, Virgo, Libra, Scorpius, Sagittarius, Capricornus, Aquarius e Pisces.

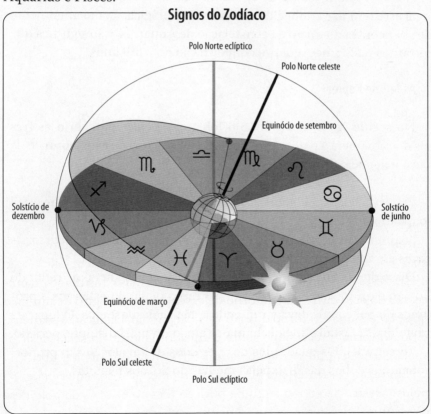

Signos do Zodíaco

---

64 http://astro.if.ufrgs.br/fordif/node8.htm

Os 12 signos zodiacais são o produto da divisão matemática da eclíptica em 12 partes iguais. Cada signo, portanto, ocupa um espaço de 30 graus, começando no ponto vernal. São eles: Áries, Touro, Gêmeos, Câncer, Leão, Virgem, Libra, Escorpião, Sagitário, Capricórnio, Aquário e Peixes.

Nos primórdios da astrologia, o ponto vernal apontava para a constelação de Aries, coincidindo com o signo zodiacal de Áries. Atualmente, devido à precessão dos equinócios, não mais coincidem. Vale ressaltar aqui a importância de distinguir constelação zodiacal de signo do Zodíaco.

Como o período de precessão equinocial é completado em aproximadamente 26 mil anos, o ponto vernal percorre cada uma das 12 constelações num tempo de aproximadamente 2 mil anos. Na astrologia esse tempo é conhecido como Era astrológica. Como atualmente ele se encontra no início da constelação de Aquarius, isso significa que entramos na Era de Aquário, com duração de 2 mil anos.

As leis de Kepler

No século XVII, o astrônomo Johannes Kepler descobriu as três leis do movimento planetário, mudando o cenário da astronomia e da física na época. São elas:

Primeira lei: Os planetas descrevem órbitas elípticas, em que o Sol ocupa um dos focos.

Segunda lei: O raio vetor que liga um planeta ao Sol varre áreas iguais em tempos iguais.

Disso deriva que a velocidade de revolução dos planetas ao redor do Sol não é uniforme. Eles andam mais rápido quando estão mais próximos do Sol e mais devagar quando estão mais afastados. O lugar da órbita mais afastada do Sol chama-se afélio e a mais distante, periélio.

Terceira lei: Os quadrados dos períodos de revolução são proporcionais aos cubos das distâncias médias do Sol aos planetas.

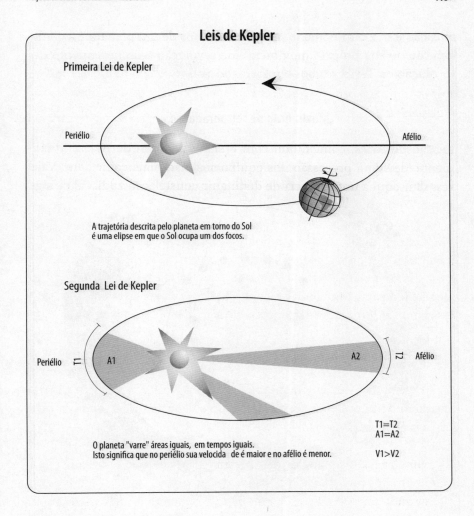

Movimento retrógrado dos planetas

O que observamos no Céu é que os planetas, na sua trajetória de revolução em torno do Sol, geralmente se movem de oeste para leste ao longo do ano na eclíptica. Em certas épocas, a direção do seu movimento muda, passando a se dar de leste para oeste, para retomar tempos depois novamente o movimento normal. Esse movimento é conhecido como movimento de retrogradação e é aparente, pois os planetas sempre se deslocam na sua órbita na mesma direção. A explicação é que o movimento que observamos de um planeta é a combinação do seu próprio movimento de revolução e do movimento de revolução da Terra, ambos em torno do Sol.

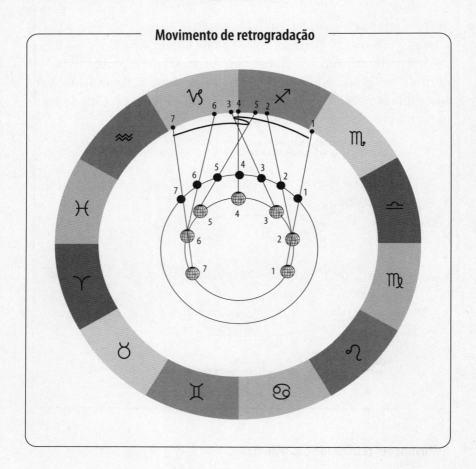

As fases da Lua

No decorrer da revolução que a Lua faz em torno da Terra, sua forma varia gradualmente, passando por um ciclo de fases. Esse ciclo completo dura aproximadamente 29,5 dias. A variação da sua forma ocorre porque, dependendo da sua posição na órbita, parte de sua superfície iluminada pelo Sol está voltada também para a Terra.

O início do ciclo ocorre quando a parte iluminada está totalmente e exclusivamente voltada para o Sol. Nesta fase, não é possível ver a Lua no Céu, nem de dia, nem de noite, e corresponde à fase denominada Lua Nova. Dia após dia, a porção luminosa voltada para a Terra aumenta gradualmente até atingir a metade do disco lunar, a Lua Crescente. A próxima fase é a Lua Cheia, quando todo o disco da Lua iluminado se volta para o nosso planeta. A partir daí, ela diminui aos poucos, chegando à Lua Minguante e, finalmente, após aproximadamente 29,5 dias, desaparece novamente no Céu diurno e noturno, retornando à Lua Nova.

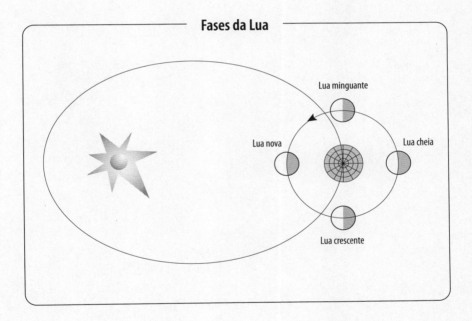

Fases da Lua

APÊNDICE 2
Planetas retrógrados

PLANETAS RETRÓGRADOS

O movimento de retrogradação de um planeta é um movimento aparente, porque ele segue uma única direção ao orbitar em torno do Sol. Na verdade, nenhum astro do Sistema Solar "anda para trás". Como a anotação da sua posição é feita a partir de um observador na Terra, a impressão que se tem é de que em determinado momento os planetas param de evoluir, começam a retroceder, passam um tempo indo no sentido inverso ao seu movimento natural — denominado "direto" —, param novamente e retornam seu caminho até a próxima retrogradação.

Esse fenômeno causou muita inquietação nos estudiosos da Antiguidade. Tentando entender o que observavam no céu, eles criaram sistemas mirabolantes para justificar o movimento de retrogradação. Com a descoberta de que era o Sol e não a Terra o centro do Sistema Solar, tudo ficou esclarecido e muito mais fácil de teorizar. Entretanto, repetindo: tudo em astrologia considera a visão do observador. Por conseguinte, as interpretações levam em consideração o fato de um planeta ser retrógrado no mapa de nascimento, distinguindo-o dos que se encontravam em movimento direto.

A solução da questão relacionada aos retrógrados está estreitamente relacionada à noção de tempo. Quando um planeta se encontra em sua órbita normal, pode-se afirmar que, simbolicamente, experimentamos sua potência ajustada ao tempo cronológico. Porém, os que parecem "andar para trás" no mapa são vividos fora desse tempo, quebrando a noção de que existe um ontem, um hoje e um amanhã nessa respectiva ordem. O que esse planeta representa está deslocado para um tempo passado — que é vivido como se ocorresse na atualidade, sem termos a consciência de que tais experiências aconteceram há muito tempo. Por essa razão, o signo e a casa onde esse planeta se localiza trazem a sensação de déjà-vu. A sua potência é amplificada quando investigamos a origem das experiências e dos comportamentos que se repetem, com a pessoa direcionando o seu olhar para a espiritualidade. As interpretações negativas, tão comumente encontradas nos livros e nas escolas de astrologia, são manifestações evidentes da falta de compreensão da ordem espiritual. Levando em conta que planetas retrógrados apontam para experiências anteriores a essa encarnação e que a vida atual dá continuidade ao que não foi concluído no passado, por que as interpretações têm quase sempre um caráter negativo? Por que não considerar qualidades, vivências, fatos e intenções que a alma traz consigo ao ingressar nessa existência como também positivas? Isso sim é uma interpretação não preconceituosa em relação àquilo que o indivíduo precisa realizar na dimensão espiritual. Como tudo que existe nesse plano tem luz e sombra, evidentemente as qualidades de planetas em tal movimento trarão as inquietudes associadas a seu simbolismo. Aliás, isso é válido também para os planetas se movimentando no sentido direto.

Vamos então às diferenças. Os planetas em movimento direto dizem respeito às vivências que ocorrem nesse plano material delimitado pelas coordenadas do tempo e do espaço. Já os retrógrados são uma espécie de anzol que "pesca" na imaterialidade espiritual o que aconteceu em outra dimensão e que encontra nesse tempo atual a matéria-prima para dar continuidade aos ciclos de evolução que ainda não foram concluídos — e, quem sabe, finalizá-los. Costumo comparar a função dos planetas retrógrados e a do Nodo Lunar Sul com o resgate das temporadas de uma série de TV que teve início em vidas passadas e que não terminou. Ao ingressar nessa existência, a alma tem como função dar continuidade à qualquer história não concluída e, para que isso faça sentido, precisa dar sinais do que foi vivido no passado. Esses sinais são revelados pelo signo e pela casa onde se encontram o Nodo Lunar Sul e os planetas retrógrados. Quanto mais retrógrados houver no mapa, mais histórias e temporadas já foram vividas antes dessa encarnação. Se não houver registros no mapa, tais vivências são interpretadas pela posição do Nodo Lunar Sul.

BIBLIOGRAFIA

ALPHERAT. *Tratado de astrologia: construcción científica del horóscopo.* Buenos Aires: Kier, 1984.

ANTARES, Georges. *El arte de la interpretacion astrológica.* Barcelona: Obelisco, 1982.

ARROYO, Stephen. *Astrologia, karma e transformação.* Portugal: Publicações Europa-América, 1978.

_____. *Astrologia, psicologia e os quatro elementos.* São Paulo: Pensamento, 1993.

ARROYO, Stephen e GREENE, Liz. *New insights in modern astrology.* Califórnia: CRCS, 1991.

ASIMOV, Isaac. *Saturno.* Rio de Janeiro: Francisco Alves, 1981.

ASSURAMAYA. *Manual de astrologia.* Rio de Janeiro: Renes, 1977.

BARBAUT, Andre. *Del psicoanalises a la astrologia.* Buenos Aires: Dedalo, 1975.

_____. *Connaissance de l'astrologie.* Paris: Ceuil, 1975.

BATISTA, Rodrigo Siqueira. *Deuses e homens: Mito, filosofia e medicina na Grécia Antiga.* São Paulo: Landy, 2003.

BEAUVOIR, Simone. *O segundo sexo.* Rio de Janeiro: Difel, 1975.

Bíblia de Jerusalém. São Paulo: Paulus, 2002.

BLAVATSKY, Helena. *A voz do silêncio.* São Paulo: Ground, 2008.

BRANDÃO, Junito de Souza. *Mitologia grega,* 3 volumes. Petrópolis: Vozes, 1988.

_____. *Dicionário mítico-etimológico da mitologia grega,* 2 volumes. Petrópolis: Vozes, 1991.

_____. *Dicionário mítico-etimológico da mitologia e da religião romana.* Petrópolis: Vozes, 1993.

CAMPBELL, Joseph. *Mito e transformação.* São Paulo: Ágora, 2008.

CARDOSO, Paulo. *Fernando Pessoa — Cartas Astrológicas.* Lisboa: Bertrand, 2011.

CASTRO, Maria Eugênia de Castro. *O livro dos signos.* Rio de Janeiro: Campus, 2000.

COMMELIN, P. *Mitologia grega e romana.* São Paulo: Martins Fontes, 1997.

CONFÚCIO. *Os analectos.* São Paulo: Editora UNESP, 2012.

CORNELL, H. L. *Encyclopaedia of medical astrology.* York Beach, ME: Samuel Weiser, 1072.

CUNNINGHAM, Donna. *Um guia astrológico para o conhecimento de si mesmo.* São Paulo: Pensamento, 2000.

_____. *Plutão no seu mapa astrológico.* São Paulo: Pensamento, 1995.

D'EAUBONNE, Françoise. *As mulheres antes do patriarcado.* Lisboa: Vega, 1977.

DIEL, Paul. *O simbolismo na mitologia grega.* São Paulo: Attar, 1991.

DIONE, Arthur. *Jung e astrologia.* Rio de Janeiro: Nova Fronteira, 1997.

DUNCAN, David Ewing David. *Calendário.* Rio de Janeiro: Ediouro, 1999.

EBERTIN, Reinold. *The influence of Pluto on human love life.* Aalen: Ebertin-Verlag, 1970.

EPICURO. *Carta sobre a felicidade (a Meneceu).* São Paulo: Editora UNESP, 2002.

EISLER, Riane. *O cálice e a espada.* São Paulo: Palas Athena, 2007.

FERREIRA, Martha Pires. *Metáfora dos astros*. Rio de Janeiro: Vida, 2004.

FRANZ, Marie-Louise von. *Alquimia — Introdução ao simbolismo e à psicologia*. São Paulo: Cultrix, 1993.

GAMMON, Margaret H. *A astrologia e as leituras de Edgar Cayce*. São Paulo: Pensamento, 1997.

GRAVE, Robert. *O grande livro dos mitos gregos*. São Paulo: Ediouro, 2008.

GREEN, Jeff. *O livro de Plutão: a jornada evolutiva da alma*. Rio de Janeiro: Objetiva, 1992.

_____. *O livro de Urano: a libertação do conhecido*. Rio de Janeiro: Objetiva, 1991.

GREENE, Liz. *Os astros e o amor*. São Paulo: Cultrix, 1997.

_____. *A astrologia do destino*. São Paulo: Cultrix/Pensamento, 1995.

_____. *Os planetas exteriores e seus ciclos*. São Paulo: Pensamento, 1995.

_____. *The astrology of fate*. Londres: Mandala, 1989.

_____. *Os planetas exteriores e seus ciclos*. São Paulo: Pensamento, 1995.

GREENE, Liz e SASPORTAS, Howard. *Os luminares*. São Paulo: Roca, 1994.

GREENE, Liz e SHARMAN-BURKE, Juliet. *Uma viagem através dos mitos: Os significados dos mitos como um guia para a vida*. Rio de Janeiro: Zahar, 2001.

GRIMAL, Pierre. *Dicionário da mitologia grega e romana*. Rio de Janeiro: Bertrand, 2000.

GUTTMAN, Ariel e JOHNSON, Kenneeth. *Mythic astrology*. St. Paul: Llewellyn, 1993.

HADÈS. *Guide pratique de l'interprétation en astrologie*. Paris: Bussière, 1969.
_____. *Soleil et Lune Noire ou lês états angéliques et les lieux infernaux*. Paris: Bussièrre, 1978.

HAND, Robert. *Horoscope symbols.* Pensilvânia: Whitford Press, 1981.

HEINDEL, Max e HEINDEL, Augusta Foss de. *El mensaje de las estrellas.* Buenos Aires: Kier, 1982.

HICKEY, Isabel M. *Astrology: A cosmic science.* Califórnia: CRCS, 1992.

HIRATA, Helena; LABORIE, Françoise; LE DOARÉ, Hélène; SENOTIER, Danièle (orgs.). *Dicionário crítico do feminismo.* São Paulo: Editora UNESP, 2009.

HOMERO. *Ilíada.* São Paulo: Ediouro, 2009.

_____. *Odisseia.* São Paulo: Ediouro, 2009.

HUTIN, Serge. *História da astrologia.* Lisboa: Edições 70, 1989.

JAY, Delphine Gloria. *Interpreting Lilith.* Temp, AZ: American Federation of Astrologers, 1993.

JONES, Marc Edmund. *Astrology how and why it works.* Santa Fé: Aurora, 1993.

JUNG, Carl G. *O homem e seus símbolos.* Rio de Janeiro: Nova Fronteira, 1964.

_____. *Sincronicidade.* Petrópolis: Vozes, 2007.

_____. *Tipos psicológicos.* Rio de Janeiro: Zahar, 1981.

KENTON, Warren. *Astrology, the celestial mirror.* Londres: Thames and Hudson, 1991.

KOLTUV, Barbara Black. *O livro de Lilith.* São Paulo: Cultrix, 1997.

KOPPEJAN, Helene e KOPPEJAN, Willem. *The cardinal signs.* Grã-Bretanha: Element, 1990.

_____. *The fixed signs.* Grã-Bretanha: Element, 1990.

_____. *The mutable signs.* Grã-Bretanha: Element, 1991.

KURY, Mário da Gama. *Dicionário de mitologia grega e romana*. Rio de Janeiro: Zahar, 2008.

LAO, Tzu. *Tao Te Ching*. São Paulo: Martins Fontes, 2002.

LEITE, Bertília. *Fim de milênio: uma história dos calendários, profecias e catástrofes cósmicas*. Rio de Janeiro: Zahar, 1999.

LEO, Alan. *Astrologia para todos*. Barcelona: Teorema, 1980.

LINDEMANN, Ricardo. *A ciência da astrologia e as escolas de mistérios*. Brasília: Teosófica, 2006.

LYNCH, John. *The coffee table book of astrology*. Nova York: Viking Press, 1962.

MANILIUS, Marcus. *Os astrológicos ou a ciência sagrada do Céu*. Rio de Janeiro: Artenova, 1974.

MASCHEVILLE, Emma Costet. *Luz e sombra*. Brasília: Teosófica, 1997.

MATERNUS, Firmicus. *Matheseos Libri VIII*. Notts, Reino Unido: Ascella, 1995.

OKEN, Alan. *Alan Oken's complete astrology*. Nova York: Bantam Books, 1981.

PARKER, Derek e PARKER, Julia. *The compleat astrologer*. Londres: 1975.

PTOLEMY. *Tetrabiblos*. Cambrige: Harvard University Press, 1998.

RIBEIRO, Ana Maria Costa. *Conhecimento da astrologia*. Rio de Janeiro: Hipocampo, 1986.

ROZENTHAL, Eduardo, "Cuidado de si e cuidado do outro: sobre Foucault e a psicanálise". In: MAIA, Marisa Schargel. *Por uma ética do cuidado*. Rio de Janeiro: Garamond, 2009.

_____. "Por uma ética e uma estética da psicanálise." In: Tedesco, Silvia e NASCIMENTO, Maria Lívia do. *Ética e subjetividade*. Porto Alegre: Sulina, 2009.

RUDYAR, Dane. *A dimensão galáctica da astrologia*. São Paulo: Pensamento, 1995.

_____. *Ritmo do Zodíaco — O pulsar da vida*. Rio de Janeiro: Alhambra, 1986.

_____. *O tríptico astrológico*. São Paulo: Pensamento, 1995.

_____. *As casas astrológicas*. São Paulo: Pensamento, 1999.

_____. *Astrologia da personalidade*. São Paulo: Pensamento, 1995.

_____. *Astrologia tradicional e astrologia humanista*. São Paulo: Pensamento, 1997.

_____. *Preparações ocultas para uma nova era*. São Paulo: Pensamento, 1995.

_____. *A prática da astrologia*. São Paulo: Pensamento, 1993.

SAMDUP, Lama Kazi Dawa. *O livro dos mortos tibetano*. São Paulo: Hemus, 1980.

SASPORTAS, Howard. *The twelve houses*. São Francisco: The Aquarian Press, 1985.

SCHULMAN, Martin. *O ascendente*. São Paulo: Pensamento, 2000.

SHULMAN, Sandra. *The encyclopedia of astrology*. Londres, Nova York, Sydney, Toronto: Hamlyn, 1976.

SICUTERI, Roberto. *O livro de Lilith*. Rio de Janeiro: Paz e Terra, 1985.

SOLÁ, José Comas. *Astronomia*. Barcelona: Ramón Sopena, 1941.

SOUZA, Eudoro de. *Mitologia*. Brasília: Editora Universidade de Brasília, 1980.

SOUZA, José Cavalcante de (org.). *Os pré-socráticos: vida e obra*. São Paulo: Nova Cultural, 1996.

SPALDING, Tassilo Orpheu. *Dicionário de mitologia greco-latina*. Belo Horizonte: Itatiaia, 1965.

STEPHANIDES, Menelaos. *Os deuses do Olimpo*. São Paulo: Odysseus, 2004.

_____. *Jasão e os argonautas.* São Paulo: Odysseus, 2004.

TESTER, Jim. *Historia de la astrologia occidental.* México: Siglo Veintiuno Editores, 1990.

TIERNEY, Bil. *Dynamics of aspect analysis.* Califórnia: CRCS, 1980.

TOURINHO, Plínio Alves Monteiro. *Tratado de astronomia.* Curitiba: Gráfica Mundial, 1950.

VIEIRA, Fernando. *Identificação do Céu.* Rio de Janeiro: Fundação Planetário da Cidade do Rio de Janeiro, 2002.

Este livro foi composto na tipografia Warnock Pro
em corpo 11/14,5, e impresso em papel
Pólen Natural na Plena Print